本书列入中国科学技术信息研究所学术著作出版计划

2024年版
中国科技期刊引证报告（核心版）
自然科学卷

中国科技核心期刊（中国科技论文统计源期刊）

中国科学技术信息研究所

科学技术文献出版社
SCIENTIFIC AND TECHNICAL DOCUMENTATION PRESS
·北京·

图书在版编目（CIP）数据

2024年版中国科技期刊引证报告：核心版. 自然科学卷 / 中国科学技术信息研究所编著. -- 北京：科学技术文献出版社, 2024. 9. -- ISBN 978-7-5235-1798-7

Ⅰ. Z89：N55

中国国家版本馆CIP数据核字第2024NZ0008号

2024年版中国科技期刊引证报告（核心版）自然科学卷

策划编辑：张　丹　　责任编辑：李　鑫　邱晓春　　责任校对：王瑞瑞　　责任出版：张志平

出 版 者　科学技术文献出版社
地　　址　北京市复兴路15号　邮编　100038
出 版 部　（010）58882952，58882870（传真）
发 行 部　（010）58882868，58882870（传真）
官方网址　www.stdp.com.cn
发 行 者　科学技术文献出版社发行　全国各地新华书店经销
印 刷 者　北京地大彩印有限公司
版　　次　2024 年 9 月第 1 版　2024 年 9 月第 1 次印刷
开　　本　787 × 1092　1/16
字　　数　718千
印　　张　29.75
书　　号　ISBN 978-7-5235-1798-7
定　　价　180.00元

2024年版中国科技期刊引证报告（核心版）

自然科学卷

主任编委　赵志耘

副主任编委　潘云涛

主　　编　杨代庆　高继平

编写人员　俞征鹿　田瑞强　许晓阳　焦一丹　盖双双

杨　潇　翟丽华　潘　尧　王　璐　时欣雨

张　轩　周王傲

本书受国家科技统计专项工作“中国科技论文统计”资助。

通信地址：北京市海淀区复兴路15号　100038

中国科学技术信息研究所　科学计量与评价研究中心

网　　址：www.istic.ac.cn

电　　话：010-58882027，58882537，58882539，58882552

传　　真：010-58882028

电子信箱：cstpcd@istic.ac.cn

前　言

1987年，中国科学技术信息研究所（ISTIC，原中国科学技术情报研究所）受科技部（原国家科委）的委托，开始对中国科技人员在国内外发表论文的数量和被引用情况进行统计分析，并利用统计数据建立了《中国科技论文与引文数据库》（CSTPCD）。这项工作开展后受到了社会各界的普遍重视和广泛好评。30多年来，中国科学技术信息研究所通过艰苦繁杂的劳动，积累了大量的宝贵数据，为科技部等各级管理部门、高等院校、科研机构、期刊编辑部和科研工作者提供了各类论文统计基础数据和期刊评估指标。

《中国科技期刊引证报告》（CJCR）的研制出版始于1997年，是一种专门用于期刊引用分析研究的重要检索评价工具。利用CJCR所提供的统计数据，可以清楚地了解期刊引用和被引用的情况，以及进行引用效率、引用网络、期刊自引等统计分析。同时，利用CJCR中的期刊评价指标，还可以方便地定量评价期刊的相互影响和相互作用，正确评估某种期刊在科学交流体系中的作用和地位。自CJCR问世以来，在开展科研管理和科学评价期刊方面一直发挥着巨大的作用。

《中国科技期刊引证报告》选用的"中国科技核心期刊（中国科技论文统计源期刊）"是在经过严格的定量和定性分析的基础上选取的各学科的重要科技期刊。《2024年版中国科技期刊引证报告（核心版）自然科学卷》中收录自然科学与工程技术领域期刊共2165种。"中国科技核心期刊（中国科技论文统计源期刊）"上刊发的论文构成了《中国科技论文与引文数据库》（CSTPCD），即中国科学技术信息研究所每年进行中国科技论文统计与分析的数据库。该数据库的统计结果编入国家统计局和科技部编制的《中国科技统计年鉴》，统计结果被科技管理部门和学术界广泛应用。

中国科学技术信息研究所在与国际评价机制接轨的同时，充分利用长期积累的科技论文和期刊评价工作经验和丰富数据，选择了总被引频次、影响因子等重要的期刊科学计量指标进行统计和分析，同时注意结合中国科技期刊发展的实际情况，创新了基金论文比、地区分布数、机构分布数、核心他引率、离均差率等多种期刊评价指标。《中国科技期刊引证报告》从一个角度反映出我国学术期刊取得的长足进步。期刊的发展带动了相关的指标和评价体系研究工作的不断进步，我们将研究成果应用在《中国科技期刊引证报告》中，适时进行指标的增补和修正。《2024年版中国科技期刊引证报告（核心版）自然科学卷》中使用了24项科学计量指标，并发布200多幅插图。

读者可以看到，每一年的《中国科技期刊引证报告》都有新的变化和进步。我们衷心希望《中国科技期刊引证报告》能成为广大读者开展工作时的友好助手和得力工具，并愿为大家奉献一份独一无二的科技期刊分析与评价报告。

考虑到我国英文科技期刊的特点和发展状况，为了更加科学准确地评价我国科技期刊的学术质量和影响状况，同时也为了促进我国英文版科技期刊的繁荣发展，根据同类比较的统计分析和评价原则,《2024 年版中国科技期刊引证报告(核心版)自然科学卷》仍将中国科技核心期刊中以中文出版的期刊和以英文出版的期刊列入不同的表格分别统计。

《中国科技期刊引证报告》的出版，是我国科技界的一件大事。这些丰富和适用的期刊评价指标使我国的广大科技工作者、期刊编辑(部)和科研管理部门能够科学、快速、准确地选择和利用期刊，为科技期刊出版单位和科研人员客观地了解期刊的学术影响力，提供公正、合理、科学、客观的评价依据。同时，也为决策管理部门科学地评价我国科学活动的宏观水平、微观绩效，以及建立科学交流传播机制积累基础数据。多年来,《中国科技期刊引证报告》已经为国家期刊奖的评定，中国科学技术协会、国家自然科学基金委员会、中国科学院和地方省市及行业机构的期刊管理部门提供了大量的各类评估数据，大大提高了我国科技期刊科学管理的水平，促进我国科技期刊评价管理工作进一步向科学化、定量化和规范化方向发展。同时,《中国科技期刊引证报告》的发行，也有力地填补了我国在期刊评价数据方面的空白。

在整个编写过程中，我们力求严格规范，细致准确，精益求精。但由于一些实际情况，如期刊的更名合并、期刊引用文献著录不规范等，给我们的统计、分析与编辑工作带来很大困难。因此错误和疏漏在所难免，诚望广大读者不吝赐教，批评指正。

中国科学技术信息研究所
2024 年 9 月

主要计量指标

2023 年自然科学领域中国科技核心期刊（中国科技论文统计源期刊）* 主要计量指标分布情况

指标名称	平均值	统计数字
核心总被引频次	1673 次 / 刊	≥ 2000 次的期刊共有 524 种，≥ 10000 次的期刊共有 26 种
核心影响因子	1.068	≥ 1.000 的期刊共有 893 种，≥ 2.000 的期刊共有 203 种
核心即年指标	0.18	≥ 0.100 的期刊共有 1322 种，≥ 0.500 的期刊共有 117 种
基金论文比	0.65	≥ 0.80 的期刊共有 663 种，≥ 0.95 的期刊共有 69 种
海外论文比	0.03	≥ 0.20 的期刊共有 102 种（其中 100 种是英文期刊） 1109 种期刊无海外论文
核心他引率	0.83	≥ 0.95 的期刊共有 227 种
平均作者数	5.0 人 / 篇	≥ 5 人 / 篇的期刊共有 1023 种
平均引文数	30.1/ 篇	≥ 20 条 / 篇的期刊共有 1749 种，≥ 50 条 / 篇的期刊共有 176 种
综合评价总分	40.29 分	≥ 50 分的期刊共有 561 种

* 中国科技核心期刊（中国科技论文统计源期刊）包括 1998 种中文期刊和 167 种英文期刊。

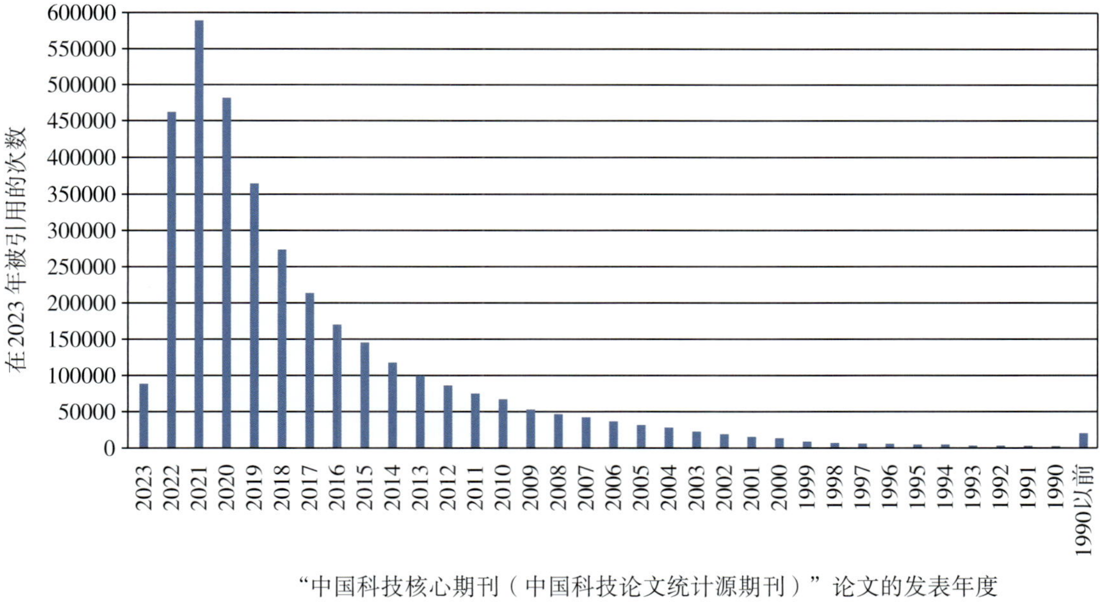

2023 年被引用的“中国科技核心期刊（中国科技论文统计源期刊）”论文的发表时间分布图

说明：图中被引用次数统计来源为《2023 年度中国科技论文与引文数据库》（CSTPCD 2023）。柱状图示分别表示“中国科技核心期刊（中国科技论文统计源期刊）”各年度发表的论文在 2023 年被引用的次数。

目　录

1　编制说明

《2024年版中国科技期刊引证报告（核心版）自然科学卷》以《中国科技论文与引文数据库》（CSTPCD）为基础，采用科学客观的研究方法与评价方式，遴选中国自然科学领域各学科分类的重要期刊作为统计来源期刊。《2024年版中国科技期刊引证报告（核心版）自然科学卷》收录了在中国（不含港澳台地区）正式出版的1998种中文期刊和167种英文期刊，共2165种中国科技核心期刊（中国科技论文统计源期刊）。自然科学卷与社会科学卷收录的期刊范围有少量重复。

1.1　总体设计说明

《2024年版中国科技期刊引证报告（核心版）自然科学卷》包括4个主要部分：

（1）期刊指标总表：期刊被引用指标和期刊来源指标；

（2）各学科期刊指标：各学科期刊整体情况和期刊在学科内相对位置的主要指标和图表；

（3）期刊综合评价指标：综合评价总分、核心影响因子和核心总被引频次的总排名；

（4）中国科技核心期刊（中国科技论文统计源期刊）名录和变更情况。

这4个部分独立成系统，又互相联系，构成《2024年版中国科技期刊引证报告（核心版）自然科学卷》的综合评价指标体系，从各个角度对期刊进行统计描述和分析评价。根据这些数据，读者可以对期刊的学术水平、学科地位、编辑状况、交流范围，以及对读者满意程度有一个客观、概括的了解。在内容组织和编排上，设计了多角度、多层次查询和评价期刊的丰富功能，图文并茂，可以满足读者在多样化的评估、管理和研究工作中的不同需求。

1.2　各类统计表格的编排

《2024年版中国科技期刊引证报告（核心版）自然科学卷》采用了多种形式的排序格式，包括全部期刊名称字顺排序、学科内期刊名称排序、全部期刊综合评价总分排序和来源期刊总目录等，帮助读者综合全面地评价分析期刊，迅速有效地检索出所需要的期刊统计信息。

（1）期刊被引用计量指标和来源指标是本报告的主体部分，分为4个主表：

• “表4-1　2023年中国科技核心期刊（中文）被引用指标刊名字顺索引”包含中文期刊被引用方面的8项指标数据。全表按照期刊名称汉语拼音字顺排列。

• “表4-2　2023年中国科技核心期刊（中文）来源指标刊名字顺索引”包含中文期刊来源文献方面的10项指标数据。全表按照期刊名称汉语拼音字顺排列。

• “表5-1　2023年中国科技核心期刊（英文）被引用指标刊名字顺索引”包含英文

期刊被引用方面的 8 项指标数据。全表按照期刊名称英文字母顺序排列。

• “表 5-2　2023 年中国科技核心期刊（英文）来源指标刊名字顺索引”包含英文期刊来源文献方面的 10 项指标数据。全表按照期刊名称英文字母顺序排列。

（2）各学科分类期刊情况是本报告的另一个重要组成部分，包括 1 个学科分类主表，以及 112 个分类学科的数据分表与总被引频次、影响因子和互引图，其编排格式和指标如下：

• 2023 年各学科分类期刊整体情况——各学科期刊数量、核心总被引频次平均值和中值，以及核心影响因子的平均值和中值。用于了解由于学科差异所导致的各学科指标差异的整体情况。

• 各学科分类期刊核心总被引频次和核心影响因子离均差率的分布散点图——根据各学科分类中，核心期刊总被引频次和核心影响因子数值相对于学科平均水平的距离，分别计算每个期刊核心总被引频次和核心影响因子的“离均差率”，并分别作为横坐标和纵坐标位置绘制各学科的核心总被引频次和核心影响因子离均差率的分布散点图。通过核心总被引频次和核心影响因子离均差率的分布散点图，可以了解整个学科期刊的指标分布情况和期刊绝对影响能力（核心总被引频次方面）和相对影响效率（核心影响因子方面）的平衡程度。

• 各学科分类期刊基于互引网络的互引关系示意图——根据各学科中所收录的期刊相互引用次数的统计数据，以图形方式显示学科内不同期刊之间的引用强度和相似性。图中每个节点代表一个期刊，节点面积大小表示期刊综合评价总分的大小，节点之间的连线粗细程度表示期刊引用关系关联程度。为了让图示更加清晰，两个互相遮挡的节点，显示其中综合评价总分值较大的节点标签。通过互引网络的互引关系示意图，可以清晰地看到学科内期刊相互之间的联系与聚合状态。

• 各学科分类期刊主要指标与排名——分别列出各学科分类中，按期刊名称排序的 112 个数据分表，分表列出了各学科期刊的核心总被引频次和核心影响因子的数值与在学科内的排位，以及核心总被引频次和核心影响因子的离均差率。同时还排出了各期刊的综合评价总分和在学科中的排名，便于读者评价和查询期刊。

（3）综合评价总分排名表——将中国科技核心期刊按综合评价总分排序，并列出了各期刊核心影响因子和核心总被引频次的数值及在全部期刊中的排名，可以大致了解期刊学术质量和影响在全国范围内所处的综合排名。被引用计量指标显示期刊被读者使用和重视的程度，以及在科学交流中的地位和作用，是评价期刊影响的重要依据和客观标准。综合评价总分是对期刊整体状况的一个综合描述。根据中国科学技术信息研究所研制的中国科技期刊综合评价指标体系，计算多项科学计量指标，采用层次分析法确定重要指标的权重，分学科对每种期刊进行综合评定，计算出每个期刊的综合评价总分。

（4）刊名目录和变更情况——“中国科技核心期刊（中文）目录”和“中国科技核心期刊（英文）目录”包括将收录的期刊编码（CODE）、刊名、主编姓名和学科分类，按期刊名称排序——中文期刊按汉语拼音字顺排列，英文期刊按英文字母顺序排列。期刊的变更情况是指与上一年度引证报告相比，收录期刊名称的变化情况和下一年度新入选的核心期刊名称。期刊改名后，按新刊名计算被引用指标；原刊名被引用数据计入新刊名的统计指标中。新入选的自然科学领域中国科技核心期刊（中国科技论文统计源期刊）的各项指标会在下一年度的统计分析中体现。

1.3 期刊评价指标

为了全面、准确、公正、客观地评价和利用期刊,《2024年版中国科技期刊引证报告(核心版)自然科学卷》借鉴国际通用评价体系，并在此基础上，结合我国期刊的实际情况，设计计算了24项学术计量指标，基本涵盖和描述了期刊的各个方面。计算各项指标的数据范围仅为正式刊期中的数据，“增刊”等正刊以外的数据未予以计入。这些指标包括：

（1）期刊被引用计量指标

核心总被引频次、核心影响因子、核心即年指标、核心他引率、核心引用刊数、核心开放因子、核心扩散因子和核心被引半衰期。

（2）期刊来源计量指标

来源文献量、文献选出率、AR论文量、平均引文数、平均作者数、地区分布数、机构分布数、海外论文比、基金论文比和引用半衰期。

（3）学科分类内期刊计量指标

综合评价总分、学科扩散指标、学科影响指标、红点指标、核心总被引频次（数值、排名与离均差率）和核心影响因子（数值、排名与离均差率）。

此外，报告还分别计算了期刊综合评价总分、核心总被引频次和核心影响因子在其所在学科分类内和全部自然科学领域“中国科技核心期刊（中国科技论文统计源期刊）”中的排名。

《2024年版中国科技期刊引证报告（核心版）自然科学卷》引用部分指标是采用《中国科技论文与引文数据库》（CSTPCD）2563种自然科学和社会科学期刊作为统计源，为了方便读者使用，从2012年版开始,《中国科技期刊引证报告(核心版)自然科学卷》以“核心影响因子”和“核心总被引频次”等名称来替代以前出版的“核心版”报告中相应的“影响因子”和“总被引频次”等指标，与“扩刊版”报告中的“扩展影响因子”和“扩展总被引频次”等指标加以区别。尽管指标名称有所改变，但是相关指标与往年出版的“核心版”报告计算方法仍然保持一致。

1.4 期刊的学科分类

学科是随着科学技术的发展而不断融合、衍生和变化的。一些交叉领域的期刊，刊载内容是跨学科的科研成果。《2024年版中国科技期刊引证报告（核心版）自然科学卷》根据每个期刊刊载论文的主要分布领域，将覆盖多学科和跨学科内容的期刊复分归入2个或3个学科分类类别。依据《学科分类与代码》（GB/T 13745—2009）和《中国图书资料分类法（第四版）》的学科分类原则，同时考虑到我国科技期刊的实际分布情况，《2024年版中国科技期刊引证报告（核心版）自然科学卷》将来源期刊分别归类到112个学科类别（表1–1）。

表 1-1 学科分类

领域	学科分类		
自然科学综合	· 自然科学综合	· 自然科学综合大学学报	· 自然科学师范大学学报
理学	· 数学 · 信息科学与系统科学 · 力学 · 物理学 · 化学 · 天文学	· 地球科学综合 · 大气科学 · 地球物理学 · 地理学 · 地质学 · 海洋科学、水文学	· 生物学基础学科 · 生态学 · 植物学 · 昆虫学、动物学 · 微生物学、病毒学 · 心理学
农学	· 农业综合 · 农业大学学报 · 农艺学 · 园艺学	· 土壤学 · 植物保护学 · 林学 · 畜牧、兽医科学	· 草原学 · 水产学
医学	· 医学综合 · 医药大学学报 · 基础医学 · 临床医学综合 · 临床诊断学 · 保健医学 · 内科学综合 · 呼吸病学、结核病学 · 消化病学 · 血液病学、肾脏病学 · 内分泌病学与代谢病学、风湿病学 · 感染性疾病学、传染病学 · 外科学综合	· 普通外科学、胸外科学、心血管外科学 · 心血管病学 · 泌尿外科学 · 骨外科学 · 烧伤外科学、整形外科学 · 妇产科学 · 儿科学 · 眼科学 · 耳鼻咽喉科学 · 口腔医学 · 皮肤病学 · 性医学 · 神经病学、精神病学 · 核医学、医学影像学 · 肿瘤学	· 护理学 · 预防医学与公共卫生学综合 · 流行病学、环境医学 · 优生学、计划生育学 · 军事医学与特种医学 · 卫生管理学、健康教育学 · 药学 · 中医学 · 中医药大学学报 · 中西医结合医学 · 中药学 · 针灸、中医骨伤
工程技术	· 工程与技术科学基础学科 · 工程技术大学学报 · 信息与系统科学相关工程与技术 · 生物工程 · 农业工程 · 生物医学工程学 · 测绘科学技术 · 材料科学综合 · 金属材料 · 矿山工程技术 · 冶金工程技术 · 机械工程设计 · 机械制造工艺与设备	· 动力工程 · 电气工程 · 能源科学综合 · 石油天然气工程 · 核科学技术 · 电子技术 · 光电子学与激光技术 · 通信技术 · 计算机科学技术 · 化学工程综合 · 高聚物工程 · 精细化学工程 · 应用化学工程 · 仪器仪表技术	· 兵器科学与技术 · 纺织科学技术 · 食品科学技术 · 建筑科学与技术 · 土木工程 · 水利工程 · 交通运输工程 · 公路运输 · 铁路运输 · 水路运输 · 航空、航天科学技术 · 环境科学技术及资源科学技术 · 安全科学技术
管理	· 管理学		

2 使用说明

《中国科技期刊引证报告》是用于中国科技期刊分析与评价的科学计量工具。报告可用于定量分析和科学评价期刊的学术特征和学科地位，较为客观地反映期刊发展的趋势和规律，为科研管理和决策提供依据。因此，本报告在期刊分析评价和科学计量学研究与应用等方面具有其他检索评价工具无法取代的独特功能。正确使用和充分开发本报告，可以使其成为科研工作者、期刊编辑（部）、图书情报人员、科研管理人员和科学计量学家的得力助手和有效工具。

2.1 主要功能

《中国科技期刊引证报告》应用引文分析方法及各种量化指标，可以清楚地表明：

- 某一学科领域内，哪些期刊学术影响力较大；
- 某一学科领域内，期刊之间指标分布情况和互引关系分布情况如何；
- 某一种期刊被引用了多少次；
- 某一种期刊出版后多久被引用；
- 某一种期刊引用其他期刊多少次；
- 某一种期刊的各项学术指标在学科中所处的位置。

根据使用者的工作性质，本报告可以给使用者不同的有益提示。例如：

- 帮助科研人员发表论文时，选择相关领域最适合的期刊，提高论文的知名度和影响力；
- 帮助期刊编辑与同类刊物相比较并评估本刊的地位，从而确定编辑和出版策略；
- 帮助科研管理人员科学地评价管理期刊，为开展期刊评比和择优资助提供决策依据；
- 帮助图书情报人员更有效地管理馆藏期刊文献，合理运用有限的预算订购重要期刊；
- 帮助科学计量学家开展相关的期刊评价与分析研究，以及进行学科的科学评估。

2.2 查阅方法

2.2.1 查询期刊指标

在报告的第 4 和第 5 部分，包括 4 个表格："表 4–1　2023 年中国科技核心期刊（中文）被引用指标刊名字顺索引""表 4–2　2023 年中国科技核心期刊（中文）来源指标刊名字顺索引""表 5–1　2023 年中国科技核心期刊（英文）被引用指标刊名字顺索引""表 5–2　2023 年中国科技核心期刊（英文）来源指标刊名字顺索引"。这 4 个表格分别按照期刊名称的汉语拼音字顺和英文字母顺序排列，列出了期刊的多项科学计量指标。

2.2.2 期刊在学科领域内学术指标位置

如果读者希望了解某一种期刊在其所属学科领域中的位置，可查询“表 9-1 2023 年中国科技核心期刊（中文）目录”和“表 9-2 2023 年中国科技核心期刊（英文）目录”，找到该刊所在的分类。再到“表 6-1 2023 年各学科分类期刊数量、核心总被引频次和核心影响因子”中检索到这一分类的具体位置，也就是在第 7 部分中相应的表格。在第 7 部分各学科分类的插图和数据表中，可以进一步查阅该刊在期刊核心总被引频次和核心影响因子的分类排序，以及综合评价总分的数值，还可以对照各学科平均总被引频次和平均影响因子，以及离均差率分布图，了解期刊在学科中的具体位置和在期刊群的互引关系。在使用时需要考虑指标分布的整体情况及其由于学科不同所造成的指标差异。

2.2.3 期刊在所有期刊中的学术指标位置

根据查询所得的期刊综合评价指标，可以在“表 8-1 2023 年中国科技核心期刊综合评价总分排名（自然科学）”中检索出该期刊在全部期刊中的学术指标位置。同时还可以检索出中国科技核心期刊的核心总被引频次总排名和核心影响因子总排名及各期刊在全国期刊中的排名。

2.3 评价方法

利用《2024 年版中国科技期刊引证报告（核心版）自然科学卷》评价期刊有两种方式，即单一指标评价和综合指标评价。具体方法分述如下。

2.3.1 单一指标评价

单一指标评价主要是指按照影响因子和总被引频次这两个国际通行评价指标，对期刊进行评价。这时可通过期刊的核心影响因子排序表和核心总被引频次排序表确定该期刊在同类期刊中所处的位置，从而对该期刊的学术影响力和学科地位进行评价和评估。还可以通过核心影响因子总排序表和核心总被引频次总排序表在不同学科领域中进行横向比较，确定该期刊的位置。单一指标评价也可以通过期刊来源指标刊名字顺索引表对期刊的编辑状况、交流范围、论文质量和老化速率等进行统计、分析、比较和评估。

2.3.2 综合指标评价

由于期刊评价工作是一项非常复杂的工作，涉及领域广，学科差异大，因此单一指标往往难以全面、准确地评价期刊的学术水平和学科地位，这时一般需要通过综合指标评价，以使期刊评价更加客观、全面和准确。要进行期刊的综合指标评价，首先需要建立期刊综合评价指标体系，利用数学方法确定各指标的权重值，然后求出综合指标排序值，最终得到期刊指标的综合排序。

这种期刊评价方法已被广泛地推广和使用，1999 年中国科学技术信息研究所在国内首先提出了中国科技期刊综合评价指标体系。根据这一指标体系，计算得出的综合评价总分，即是一种综合评价的结果。中国科学技术信息研究所在每年的中国科技论文统计结果发布中提出的“中国百种杰出学术期刊”，就是利用几个主要学术指标通过隶属度转换、加权评分，最终得出每一种期刊的综合指标排序值，完成对期刊的评价。

3 名词解释

核心总被引频次：期刊自创刊以来所登载的全部论文在统计当年被引用的总次数，可以显示该期刊被使用和受重视的程度，以及在科学交流中的绝对影响力的大小。

核心影响因子：期刊评价前两年发表论文的篇均被引用的次数，用于测度期刊学术影响力。

$$核心影响因子=\frac{该期刊前两年发表论文在统计当年被引用的总次数}{该期刊前两年发表论文总数}$$

核心即年指标：期刊当年发表的论文在当年被引用的情况，表征期刊即时反应速率的指标。

$$核心即年指标=\frac{该期刊当年发表论文的被引用次数}{该期刊当年发表论文总数}$$

核心他引率：期刊总被引频次中，被其他期刊引用次数所占的比例，测度期刊学术传播能力。

$$核心他引率=\frac{被其他期刊引用的次数}{该期刊被引用的总次数}$$

核心引用刊数：引用被评价期刊的期刊数，反映被评价期刊被使用的范围。

核心开放因子：期刊被引用次数的一半所分布的最小施引期刊数量，体现学术影响的集中度。

核心扩散因子：期刊当年每被引 100 次所涉及的期刊数，测度期刊学术传播范围。

$$核心扩散因子=\frac{总被引频次涉及的期刊数\times 100}{总被引频次}$$

学科扩散指标：在统计源期刊范围内，引用该期刊的期刊数与其所在学科全部期刊数之比。

$$学科扩散指标 = \frac{引用期刊数}{所在学科期刊数}$$

学科影响指标：指期刊所在学科内，引用该期刊的期刊数占全部期刊数量的比例。

$$学科影响指标 = \frac{所在学科内引用被评价期刊的数量}{所在学科期刊数}$$

核心被引半衰期：指该期刊在统计当年被引用的全部次数中，较新一半是在多长一段时间内发表的。核心被引半衰期是测度期刊老化速度的一种指标，通常不是针对个别文献或某一组文献，而是对某一学科或专业领域的文献的总和而言。

来源文献量：指符合统计来源论文选取原则的文献的数量。在期刊发表的全部内容中，只有报道科学发现和技术创新成果的学术技术类文献用于中国科技论文统计工作的数据来源。

文献选出率：指来源文献量与期刊全年发表的所有文献总量之比，用于反映期刊发表内容中，报道学术技术类成果的比例。

AR 论文量：指期刊所发表的文献中，文献类型为学术性论文（Article）和综述评论性论文（Review）的论文数量，用于反映期刊发表的内容中学术性成果的数量。

平均引文数：指来源期刊每一篇论文平均引用的参考文献数。论文所引用的全部参考文献数是衡量该期刊科学交流程度和吸收外部信息能力的一个指标。

平均作者数：指来源期刊每一篇论文平均拥有的作者数，是衡量该期刊科学生产能力的一个指标。

地区分布数：指来源期刊登载论文所涉及的地区数，按全国 31 个省（自治区、直辖市）计（不含港澳台地区）。这是衡量期刊论文覆盖面和全国影响力大小的一个指标。

机构分布数：指来源期刊论文的作者所涉及的机构数。这是衡量期刊科学生产能力的另一个指标。

海外论文比：指来源期刊中，海外作者发表论文占全部论文的比例。这是衡量期刊国际交流程度的一个指标。

基金论文比：指来源期刊中，国家、省部级以上及其他各类重要基金资助的论文占全部论文的比例。这是衡量期刊论文学术质量的重要指标。

引用半衰期：指该期刊引用的全部参考文献中，较新一半是在多长一段时间内发表的。通过这个指标可以反映出作者利用文献的新颖度。

离均差率：指期刊的某项指标与其所在学科的平均值之间的差距与平均值的比例。通过这项指标可以反映期刊的单项指标在学科内的相对位置。

$$某项指标的离均差率=\frac{被评价期刊的指标-所在学科内该项指标的平均值}{所在学科内该项指标的平均值}$$

红点指标：指该期刊发表的论文中，关键词与其所在学科排名前 1% 的高频关键词重合的论文所占的比例。通过这个指标可以反映出期刊论文与学科研究热点的重合度。

综合评价总分：根据中国科技期刊综合评价指标体系，计算多项科学计量指标，采用层次分析法确定重要指标的权重，分学科对每种期刊进行综合评定，计算出每个期刊的综合评价总分。

综合评价总分是根据科学计量学原理，系统性地综合考虑被评价期刊的各影响力指标（核心总被引频次、核心影响因子、核心他引率、基金论文比、平均引文数等）在其所在学科中的相对位置，并按照一定的权重系数将这些指标进行综合集成。

具体的算法如下：

$$综合评价总分=\sum_{i=1}^{n}\mu_i k_i$$

其中，μ_i 为各指标的权重系数，k_i 为影响力指标的相对位置的得分。k_i 的计算公式如下：

$$k_i=\frac{x-x_{\min}}{x_{\max}-x_{\min}}$$

其中，x 为影响力指标的得分，如对于总被引频次指标来说就是该期刊的总被引频次。$x_{\max}$ 为该期刊所在学科的影响力指标的最大值，如对于总被引频次指标来说就是该期刊所在学科期刊的总被引频次的最大值。$x_{\min}$ 为该期刊所在学科的影响力指标的最小值，如对于总被引频次指标来说就是该期刊所在学科期刊的总被引频次的最小值。

各影响力指标对期刊的作用不是同等重要的。因此，不同的指标被赋予了不同的权重系数 μ，权重系数是采用专家打分和层次分析法确定的。在《2024 年版中国科技期刊引证报告（核心版）自然科学卷》中，权重系数总和为 100，即综合评价总分在 0 ～ 100。数值越大，说明该期刊的综合学术质量和影响力越高。

根据综合评价指标体系的设计原理，综合评价总分已经屏蔽了各学科之间总体指标背景值的差异，可以进行跨学科比较。

中国科学技术信息研究所每年定期出版《中国科技期刊引证报告》，公布《中国科技论文与引文数据库》（CSTPCD）收录的中国科技论文统计源期刊的多项科学计量指标。从1999年开始，中国科学技术信息研究所就开始以这些指标为基础，研制发布了“中国科技期刊综合评价指标体系”，采用层次分析法，由专家打分确定了重要指标的权重，并分学科对每种期刊进行了综合评定。并且从2002年开始应用于“中国百种杰出学术期刊”的评价中。其后随着研究的深入，又不断开发出新的评估和计量指标。10多年以来，根据各界对评价结果的反馈，先后召开了20余次由科学计量学专家、自然科学学术领域科学家、科技与期刊管理部门专家学者共同参与的专家研讨会，对指标的设置和权重进行了更新和调整，从而形成了目前这一套日臻完善的科技期刊评价体系和方法。

4　2023 年中国科技核心期刊（中文）指标

4.1　期刊（中文）被引用指标刊名字顺排序

表 4-1　2023 年中国科技核心期刊（中文）被引用指标刊名字顺索引

CODE	刊名	核心总被引频次	核心影响因子	核心即年指标	核心他引率	核心引用刊数	核心开放因子	核心扩散因子	核心被引半衰期
E626	CT 理论与应用研究	239	0.367	0.182	0.79	115	14	48.12	4.6
G549	癌变 · 畸变 · 突变	247	0.343	0.069	0.94	159	41	64.37	4.9
G011	癌症	475	1.362	0.063	1.00	279	77	58.74	6.8
A003	安徽大学学报自然科学版	265	0.476	0.061	0.86	175	42	66.04	4.5
H002	安徽农业大学学报	1088	0.749	0.086	0.96	332	57	30.51	5.9
A009	安徽师范大学学报自然科学版	184	0.181	0.012	0.92	141	49	76.63	7.7
G012	安徽医科大学学报	1505	0.702	0.101	0.86	465	62	30.90	3.8
G786	安徽医学	1202	0.559	0.084	0.91	385	55	32.03	3.6
Q906	安徽医药	2300	0.729	0.115	0.85	523	51	22.74	3.5
G013	安徽中医药大学学报	1123	1.109	0.230	0.92	235	22	20.93	4.6
E625	安全与环境工程	1290	1.197	0.078	0.82	400	37	31.01	3.9
Z549	安全与环境学报	3472	1.392	0.289	0.77	635	28	18.29	4.2
H340	桉树科技	203	0.516	0.105	0.56	52	2	25.62	5.2
R024	半导体光电	545	0.500	0.025	0.89	166	12	30.46	3.8
R063	半导体技术	427	0.352	0.073	0.78	122	12	28.57	5.5
U521	包装与食品机械	703	1.726	0.084	0.64	138	5	19.63	3.0
Q921	保健医学研究与实践	478	0.496	0.044	0.70	152	8	31.80	2.0
U645	保鲜与加工	1246	1.029	0.127	0.89	188	9	15.09	3.7
E045	暴雨灾害	1105	1.453	0.222	0.78	119	6	10.77	5.1
N017	爆破	999	1.281	0.090	0.64	138	4	13.81	5.2
N012	爆破器材	308	0.383	0.071	0.88	74	6	24.03	7.0
N006	爆炸与冲击	2158	1.325	0.215	0.82	262	11	12.14	5.9
H395	北方农业学报	551	0.550	0.035	0.95	176	25	31.94	5.5
H128	北方水稻	275	0.248	0.020	0.75	75	6	27.27	6.7
H999	北方园艺	5106	1.035	0.138	0.86	386	25	7.56	5.8
A652	北华大学学报自然科学版	448	0.459	0.070	0.90	248	52	55.36	4.1
G002	北京大学学报医学版	1476	0.962	0.218	0.97	539	96	36.52	4.8
A005	北京大学学报自然科学版	1541	1.086	0.130	0.99	568	96	36.86	7.6
J030	北京工业大学学报	1180	1.091	0.085	0.94	488	83	41.36	5.6
Y001	北京航空航天大学学报	2876	1.489	0.383	0.91	541	52	18.81	4.5
T020	北京化工大学学报自然科学版	490	0.525	0.082	0.94	264	55	53.88	6.6
X014	北京交通大学学报	805	0.810	0.102	0.93	325	46	40.37	5.3
G500	北京口腔医学	359	0.470	0.037	0.69	112	8	31.20	4.5
N001	北京理工大学学报	1708	1.432	0.175	0.78	458	33	26.81	4.7
H025	北京林业大学学报	2844	1.520	0.139	0.91	378	22	13.29	6.4

表 4-1　2023 年中国科技核心期刊（中文）被引用指标刊名字顺索引（续）

CODE	刊名	核心总被引频次	核心影响因子	核心即年指标	核心他引率	核心引用刊数	核心开放因子	核心扩散因子	核心被引半衰期
G004	北京生物医学工程	407	0.714	0.040	0.86	200	24	49.14	4.2
A010	北京师范大学学报自然科学版	938	0.961	0.043	0.97	376	62	40.09	5.7
G016	北京医学	1048	0.599	0.118	0.77	377	46	35.97	3.7
R018	北京邮电大学学报	544	0.774	0.025	0.93	233	36	42.83	3.9
G620	北京中医药	2846	1.160	0.184	0.83	260	15	9.14	4.5
G017	北京中医药大学学报	3542	2.559	0.405	0.90	311	16	8.78	6.8
G741	蚌埠医学院学报	1419	0.677	0.094	0.80	364	33	25.65	3.3
G410	标记免疫分析与临床	1434	0.681	0.068	0.82	367	31	25.59	3.3
T098	表面技术	3991	1.391	0.186	0.79	406	13	10.17	3.8
E135	冰川冻土	2736	1.190	0.082	0.81	387	28	14.14	9.2
N008	兵工学报	3548	1.313	0.340	0.77	420	17	11.84	5.3
R730	兵工自动化	842	0.463	0.083	0.75	222	12	26.37	4.8
N085	兵器材料科学与工程	786	0.519	0.057	0.91	216	23	27.48	5.5
T094	兵器装备工程学报	2204	0.707	0.055	0.82	381	19	17.29	3.8
G018	病毒学报	856	0.843	0.176	0.87	245	22	28.62	3.7
C060	波谱学杂志	243	0.792	0.125	0.66	101	8	41.56	4.5
M005	材料保护	1742	0.640	0.062	0.84	260	7	14.93	4.7
M103	材料导报	7844	1.517	0.374	0.88	773	40	9.85	4.3
Y007	材料工程	2247	1.184	0.160	0.87	355	21	15.80	5.4
M010	材料开发与应用	441	0.330	0.056	0.84	138	17	31.29	8.0
M008	材料科学与工程学报	1043	0.723	0.034	0.81	317	28	30.39	5.5
M006	材料科学与工艺	627	0.799	0.194	0.94	195	19	31.10	7.4
N026	材料热处理学报	2057	0.855	0.101	0.80	196	7	9.53	6.4
M009	材料研究学报	810	0.785	0.075	0.85	221	17	27.28	6.0
K512	采矿与安全工程学报	3456	2.502	0.298	0.90	186	7	5.38	5.9
K504	采矿与岩层控制工程学报	1005	3.103	0.473	0.89	107	6	10.65	4.1
H009	蚕业科学	627	0.660	0.043	0.79	151	15	24.08	6.8
H525	草地学报	4895	2.644	0.546	0.70	317	5	6.48	3.5
H234	草业科学	4313	1.547	0.190	0.86	361	9	8.37	6.2
H527	草业学报	5488	2.589	0.493	0.91	355	11	6.47	6.1
H538	草原与草坪	882	0.884	0.092	0.82	170	5	19.27	5.0
E616	测绘地理信息	870	0.838	0.127	0.70	222	5	25.52	3.8
E543	测绘工程	456	0.653	0.090	0.90	179	21	39.25	5.7
E600	测绘科学	2193	0.994	0.045	0.87	460	24	20.98	4.4
E510	测绘通报	2928	1.199	0.084	0.83	484	19	16.53	4.2
E152	测绘学报	4053	2.565	0.297	0.84	447	10	11.03	5.5
L017	测井技术	894	0.542	0.150	0.71	120	7	13.42	7.9
Y022	测控技术	998	0.518	0.072	0.87	310	32	31.06	5.0
R711	测试技术学报	245	0.371	0.085	0.95	133	28	54.29	5.3
H001	茶叶科学	1177	1.593	0.181	0.89	202	15	17.16	6.5
X036	长安大学学报自然科学版	1010	1.212	0.154	0.93	240	19	23.76	6.5
N056	长春理工大学学报自然科学版	377	0.333	0.043	0.81	174	20	46.15	5.7
G992	长春中医药大学学报	1861	0.827	0.120	0.96	325	25	17.46	4.2

表 4-1　2023 年中国科技核心期刊（中文）被引用指标刊名字顺索引（续）

CODE	刊名	核心总被引频次	核心影响因子	核心即年指标	核心他引率	核心引用刊数	核心开放因子	核心扩散因子	核心被引半衰期
W010	长江科学院院报	2602	1.196	0.288	0.81	454	31	17.45	4.7
Z029	长江流域资源与环境	5111	2.561	0.309	0.92	541	42	10.59	4.8
G264	肠外与肠内营养	631	1.122	0.179	0.78	199	19	31.54	4.5
N024	车用发动机	279	0.335	0.025	0.77	84	6	30.11	5.9
E113	沉积学报	3451	2.122	0.449	0.89	213	16	6.17	10.0
A907	沉积与特提斯地质	870	2.085	0.493	0.83	136	12	15.63	6.1
E102	成都理工大学学报自然科学版	1229	1.209	0.282	0.95	216	22	17.58	9.9
G670	成都医学院学报	739	0.930	0.179	0.97	265	33	35.86	3.0
V050	城市规划	3433	2.293	0.291	0.89	301	8	8.77	6.2
V028	城市规划学刊	2949	4.132	0.647	0.79	223	5	7.56	5.5
X043	城市轨道交通研究	1297	0.289	0.030	0.72	266	13	20.51	4.3
X046	城市交通	406	0.583	0.050	0.78	115	9	28.33	5.1
V062	城乡规划	199	0.444	0.040	0.93	71	8	35.68	3.6
J021	重庆大学学报自然科学版	1155	0.930	0.190	0.96	488	83	42.25	5.8
X029	重庆交通大学学报自然科学版	1533	0.879	0.083	0.82	374	24	24.40	4.5
A512	重庆师范大学学报自然科学版	366	0.453	0.037	0.91	236	54	64.48	5.4
G186	重庆医科大学学报	1112	0.647	0.087	0.98	435	84	39.12	3.9
R559	重庆邮电大学学报自然科学版	585	1.063	0.163	0.86	197	15	33.68	3.0
L508	储能科学与技术	1969	1.597	0.422	0.63	308	10	15.64	2.4
G432	川北医学院学报	1140	0.785	0.154	0.94	325	37	28.51	2.7
N060	传感技术学报	1656	0.858	0.033	0.85	400	30	24.15	4.6
R532	传感器与微系统	2754	1.028	0.092	0.69	482	14	17.50	3.6
G458	传染病信息	749	1.071	0.413	0.87	287	38	38.32	3.7
X010	船舶工程	1459	0.615	0.033	0.82	265	9	18.16	4.0
X633	船舶力学	1212	0.671	0.060	0.85	211	7	17.41	6.7
X635	船海工程	622	0.316	0.025	0.87	170	7	27.33	6.2
G322	创伤外科杂志	994	0.753	0.097	0.86	236	27	23.74	3.8
G085	创伤与急危重病医学	357	0.596	0.063	0.97	188	36	52.66	3.2
G552	磁共振成像	1557	1.020	0.224	0.71	294	8	18.88	2.7
G229	卒中与神经疾病	494	0.655	0.053	0.99	221	45	44.74	3.5
E144	大地测量与地球动力学	1548	0.732	0.082	0.86	254	12	16.41	5.9
E146	大地构造与成矿学	1846	1.652	0.209	0.93	154	13	8.34	8.0
R051	大电机技术	423	0.845	0.390	0.72	92	5	21.75	3.7
H038	大豆科学	1428	1.065	0.253	0.84	217	17	15.20	7.6
X024	大连海事大学学报	441	0.883	0.230	0.84	173	15	39.23	5.5
H005	大连海洋大学学报	1238	1.206	0.193	0.88	234	15	18.90	5.3
X001	大连交通大学学报	308	0.202	0.026	0.86	161	31	52.27	6.1
J024	大连理工大学学报	551	0.472	0.051	0.98	320	75	58.08	10.0
G020	大连医科大学学报	322	0.381	0.017	0.98	221	60	68.63	4.7
E109	大气科学	3223	1.929	0.285	0.86	269	10	8.35	10.3
E091	大气科学学报	1603	2.237	0.610	0.79	239	10	14.91	5.3
L512	大庆石油地质与开发	1611	2.582	0.320	0.81	141	8	8.75	3.6
S055	大数据	387	1.274	0.453	0.81	181	26	46.77	2.8

表 4-1　2023 年中国科技核心期刊（中文）被引用指标刊名字顺索引（续）

CODE	刊名	核心总被引频次	核心影响因子	核心即年指标	核心他引率	核心引用刊数	核心开放因子	核心扩散因子	核心被引半衰期
S086	单片机与嵌入式系统应用	480	0.396	0.054	0.76	115	5	23.96	3.3
H040	淡水渔业	1013	1.018	0.079	0.88	168	12	16.58	7.6
N004	弹道学报	475	0.782	0.185	0.85	114	8	24.00	7.6
N009	弹箭与制导学报	997	0.503	0.038	0.90	209	15	20.96	8.6
T941	当代化工	2094	0.620	0.140	0.58	378	6	18.05	3.6
Y503	导弹与航天运载技术	812	0.491	0.065	0.85	180	13	22.17	6.4
Y591	导航定位学报	478	0.674	0.157	0.73	129	10	26.99	3.4
Y563	导航定位与授时	518	0.850	0.143	0.82	151	16	29.15	3.4
T074	低碳化学与化工	641	0.761	0.234	0.75	130	9	20.28	3.9
N019	低温工程	325	0.407	0.082	0.84	122	14	37.54	7.2
C055	低温物理学报	72	0.112	0.047	0.79	41	9	56.94	6.8
E133	地层学杂志	880	1.329	0.515	0.85	104	9	11.82	13.1
E130	地理科学	7081	3.569	0.350	0.93	621	25	8.77	5.4
E584	地理科学进展	6270	3.536	0.473	0.90	604	23	9.63	5.8
E639	地理空间信息	1159	0.503	0.052	0.53	261	2	22.52	3.5
E315	地理信息世界	453	0.489	0.200	0.79	166	9	36.64	4.4
E305	地理学报	13658	6.104	0.590	0.93	788	25	5.77	6.3
E310	地理研究	8728	4.258	0.505	0.94	654	22	7.49	5.6
E527	地理与地理信息科学	1760	2.077	0.219	0.86	407	35	23.13	5.4
E024	地球化学	1628	0.730	0.078	0.96	218	20	13.39	16.8
E570	地球环境学报	427	0.831	0.059	0.93	190	35	44.50	5.3
E142	地球科学	5792	2.378	0.661	0.83	384	19	6.63	4.7
E115	地球科学进展	3372	1.728	0.313	0.96	591	68	17.53	10.4
E004	地球科学与环境学报	1082	1.959	0.181	0.94	269	30	24.86	6.4
E153	地球物理学报	8131	1.580	0.190	0.80	493	13	6.06	8.5
E308	地球物理学进展	3791	1.411	0.316	0.83	396	15	10.45	6.2
E656	地球信息科学学报	2855	2.233	0.254	0.91	522	42	18.28	4.3
E300	地球学报	2290	1.467	1.419	0.90	316	20	13.80	8.9
E549	地球与环境	1330	1.520	0.185	0.94	336	38	25.26	7.5
V031	地下空间与工程学报	3517	1.646	0.150	0.74	336	14	9.55	5.3
E357	地学前缘	5988	2.223	0.728	0.93	428	23	7.15	8.7
S741	地域研究与开发	2276	1.770	0.305	0.73	362	17	15.91	4.6
E306	地震	610	0.300	0.036	0.87	80	5	13.11	12.3
E150	地震地质	1849	1.200	0.025	0.86	190	8	10.28	10.2
E307	地震工程学报	1104	0.584	0.061	0.82	216	13	19.57	6.6
E118	地震工程与工程振动	1684	0.603	0.034	0.84	206	11	12.23	9.9
E143	地震学报	1196	0.707	0.138	0.93	142	7	11.87	13.1
E112	地震研究	809	1.149	0.242	0.82	133	7	16.44	6.9
E362	地质科技通报	2700	2.027	0.340	0.76	314	19	11.63	5.1
E139	地质科学	1503	1.285	0.212	0.88	161	17	10.71	14.4
E026	地质力学学报	1291	2.200	0.266	0.82	228	20	17.66	4.6
E009	地质论评	3377	1.678	0.371	0.87	259	17	7.67	9.5
E127	地质通报	3812	1.370	0.314	0.90	289	16	7.58	10.7

表 4-1　2023 年中国科技核心期刊（中文）被引用指标刊名字顺索引（续）

CODE	刊名	核心总被引频次	核心影响因子	核心即年指标	核心他引率	核心引用刊数	核心开放因子	核心扩散因子	核心被引半衰期
E010	地质学报	6788	2.048	0.529	0.91	327	17	4.82	8.2
E151	地质与勘探	2037	1.574	0.248	0.83	240	14	11.78	8.0
E525	地质与资源	659	0.876	0.043	0.77	154	13	23.37	5.3
E132	地质找矿论丛	456	0.355	0.031	0.93	100	12	21.93	9.8
E301	第四纪研究	2368	1.585	0.230	0.68	295	12	12.46	10.0
R007	电波科学学报	814	0.695	0.086	0.63	169	8	20.76	5.9
R673	电测与仪表	4585	2.505	0.480	0.86	310	15	6.76	3.5
R003	电池	483	0.670	0.161	0.71	133	6	27.54	3.3
T508	电镀与精饰	625	0.658	0.114	0.54	115	2	18.40	4.6
T598	电镀与涂饰	1026	0.476	0.102	0.69	189	3	18.42	4.3
R010	电工电能新技术	1052	1.615	0.125	0.73	207	15	19.68	4.1
R043	电工技术学报	12973	4.147	0.549	0.73	470	8	3.62	4.0
R740	电光与控制	1493	1.019	0.190	0.81	262	19	17.55	3.6
N067	电焊机	958	0.543	0.152	0.65	133	3	13.88	4.4
D036	电化学	327	0.719	0.060	0.88	117	13	35.78	3.8
R088	电机与控制学报	2058	1.710	0.269	0.78	260	11	12.63	4.0
R045	电机与控制应用	764	0.635	0.160	0.74	147	10	19.24	3.9
N027	电加工与模具	257	0.315	0.034	0.75	75	8	29.18	6.3
R011	电力电子技术	1089	0.397	0.038	0.82	185	19	16.99	3.9
R769	电力工程技术	1696	2.952	0.292	0.88	175	12	10.32	2.5
A199	电力建设	2599	3.447	0.335	0.84	262	12	10.08	3.0
R654	电力科学与技术学报	1826	3.907	0.173	0.89	172	6	9.42	2.6
N102	电力系统保护与控制	10399	5.115	0.597	0.80	382	11	3.67	3.0
R071	电力系统及其自动化学报	2238	1.888	0.450	0.88	243	16	10.86	3.4
S019	电力系统自动化	17921	5.571	0.910	0.83	412	9	2.30	4.3
R745	电力信息与通信技术	996	1.431	0.236	0.72	153	5	15.36	2.8
R750	电力需求侧管理	603	1.404	0.112	0.74	102	7	16.92	2.9
R090	电力自动化设备	6947	3.457	0.643	0.80	319	10	4.59	3.6
R044	电气传动	820	0.632	0.045	0.73	164	13	20.00	3.3
R428	电气工程学报	386	0.793	0.066	0.85	135	17	34.97	3.4
R058	电气自动化	408	0.344	0.044	0.90	132	18	32.35	3.6
R039	电网技术	15750	4.418	0.904	0.83	475	10	3.02	4.1
R116	电网与清洁能源	2075	3.007	0.238	0.91	204	8	9.83	2.5
R684	电信科学	870	0.768	0.148	0.75	199	10	22.87	3.5
R754	电讯技术	1009	0.568	0.158	0.66	196	7	19.43	3.9
R019	电源技术	1505	0.548	0.065	0.79	319	25	21.20	4.3
R055	电子测量技术	3370	1.258	0.126	0.76	465	8	13.80	2.9
R021	电子测量与仪器学报	3124	2.061	0.396	0.84	408	6	13.06	3.1
R067	电子技术应用	921	0.448	0.048	0.87	272	15	29.53	4.0
R036	电子科技大学学报	818	0.861	0.060	0.95	365	57	44.62	4.7
R512	电子器件	852	0.473	0.022	0.83	213	13	25.00	4.0
R724	电子设计工程	2516	0.586	0.076	0.74	392	11	15.58	3.1
R001	电子显微学报	565	0.613	0.119	0.63	214	15	37.88	5.7

表 4-1　2023 年中国科技核心期刊（中文）被引用指标刊名字顺索引（续）

CODE	刊名	核心总被引频次	核心影响因子	核心即年指标	核心他引率	核心引用刊数	核心开放因子	核心扩散因子	核心被引半衰期
R006	电子学报	3191	1.230	0.092	0.85	486	30	15.23	4.6
R022	电子与信息学报	3461	1.416	0.177	0.86	477	27	13.78	3.5
R020	电子元件与材料	661	0.518	0.049	0.65	179	11	27.08	4.4
J023	东北大学学报自然科学版	1908	0.776	0.111	0.94	552	68	28.93	5.6
H262	东北林业大学学报	2444	0.892	0.182	0.91	394	26	16.12	6.5
H006	东北农业大学学报	1451	1.219	0.113	0.92	322	38	22.19	7.3
H227	东北农业科学	1219	0.637	0.116	0.67	225	13	18.46	5.7
A030	东北师大学报自然科学版	354	0.405	0.080	0.92	215	49	60.73	5.8
L004	东北石油大学学报	860	1.730	0.254	0.75	151	11	17.56	5.2
U014	东华大学学报自然科学版	483	0.516	0.087	0.88	183	12	37.89	5.3
G057	东南大学学报医学版	762	0.848	0.190	0.98	332	57	43.57	3.8
J028	东南大学学报自然科学版	1597	0.913	0.178	0.91	455	49	28.49	7.1
P003	动力工程学报	1352	1.320	0.087	0.73	256	6	18.93	4.7
P018	动力学与控制学报	448	0.759	0.398	0.45	110	1	24.55	4.2
F043	动物学杂志	1002	0.530	0.054	0.87	188	12	18.76	11.3
G775	动物医学进展	1522	0.670	0.035	0.90	337	18	22.14	4.7
F231	动物营养学报	7671	1.990	0.395	0.82	343	4	4.47	3.6
X034	都市快轨交通	634	0.523	0.152	0.74	146	7	23.03	4.8
G542	毒理学杂志	420	0.584	0.022	0.95	220	47	52.38	5.0
T241	断块油气田	1926	2.693	0.228	0.77	148	7	7.68	3.6
N070	锻压技术	1639	1.090	0.036	0.69	188	3	11.47	2.8
G920	儿科药学杂志	643	0.514	0.088	0.78	220	24	34.21	3.6
R575	发电技术	869	3.088	0.406	0.74	151	6	17.38	2.3
C071	发光学报	946	1.142	0.280	0.58	177	5	18.71	3.0
G199	发育医学电子杂志	220	0.525	0.078	0.74	94	10	42.73	3.5
G874	法医学杂志	590	0.375	0.059	0.73	162	4	27.46	5.2
Z544	防灾减灾工程学报	981	0.578	0.058	0.89	260	36	26.50	6.4
U013	纺织高校基础科学学报	249	0.762	0.183	0.69	70	2	28.11	3.2
Q418	纺织科学与工程学报	183	0.319	0.052	0.90	77	9	42.08	4.4
U053	纺织学报	2449	0.976	0.064	0.66	266	4	10.86	4.8
G608	放射学实践	2225	1.382	0.185	0.75	320	6	14.38	3.6
Y006	飞行力学	599	0.824	0.039	0.87	158	16	26.38	6.5
K002	非金属矿	894	0.686	0.033	0.82	186	9	20.81	5.2
K581	分布式能源	258	1.317	0.133	0.79	95	10	36.82	2.7
D022	分析测试学报	2188	1.320	0.260	0.81	384	17	17.55	4.4
D005	分析化学	2189	1.043	0.124	0.91	521	30	23.80	6.4
D026	分析科学学报	656	0.735	0.078	0.88	234	22	35.67	4.5
D004	分析试验室	1573	1.071	0.182	0.78	302	12	19.20	4.3
D062	分析仪器	418	0.311	0.103	0.91	206	32	49.28	5.1
D015	分子催化	450	1.673	0.729	0.42	84	1	18.67	3.1
D035	分子科学学报	147	0.342	0.068	0.84	100	26	68.03	4.8
Q931	分子影像学杂志	405	0.582	0.092	0.83	214	35	52.84	2.7
G556	分子诊断与治疗杂志	1281	0.773	0.168	0.81	326	18	25.45	2.3

表 4-1　2023 年中国科技核心期刊（中文）被引用指标刊名字顺索引（续）

CODE	刊名	核心总被引频次	核心影响因子	核心即年指标	核心他引率	核心引用刊数	核心开放因子	核心扩散因子	核心被引半衰期
H845	分子植物育种	5242	0.987	0.362	0.87	338	26	6.45	3.4
V052	粉煤灰综合利用	284	0.144	0.008	0.87	102	10	35.92	6.5
M105	粉末冶金工业	946	1.481	0.500	0.45	128	1	13.53	3.4
M039	粉末冶金技术	526	0.743	0.125	0.67	113	4	21.48	5.4
V048	风景园林	1253	1.063	0.201	0.78	148	4	11.81	3.6
Q006	辐射防护	453	0.408	0.013	0.81	116	11	25.61	9.0
Q005	辐射研究与辐射工艺学报	244	0.474	0.087	0.77	110	15	45.08	4.8
H268	福建农林大学学报自然科学版	947	0.910	0.136	0.94	273	40	28.83	5.9
H265	福建农业学报	1312	0.847	0.040	0.95	287	43	21.88	5.3
A078	福建师范大学学报自然科学版	344	0.553	0.103	0.88	210	47	61.05	4.8
G024	福建医科大学学报	284	0.407	0.014	0.99	204	62	71.83	4.2
A029	福州大学学报自然科学版	557	0.707	0.032	0.93	304	67	54.58	4.5
M505	腐蚀与防护	1280	0.559	0.013	0.78	211	6	16.48	7.3
G068	复旦学报医学版	779	0.929	0.211	0.98	414	101	53.15	3.8
A001	复旦学报自然科学版	426	0.812	0.136	0.96	272	69	63.85	4.8
Y019	复合材料学报	3967	1.523	0.413	0.73	489	21	12.33	3.7
B029	复杂系统与复杂性科学	321	0.673	0.125	0.87	150	21	46.73	6.9
G957	腹部外科	314	0.561	0.156	0.90	127	16	40.45	3.6
G338	腹腔镜外科杂志	1120	0.907	0.117	0.67	198	8	17.68	3.6
H045	干旱地区农业研究	3322	1.729	0.175	0.92	319	27	9.60	6.3
E048	干旱气象	1627	1.969	0.255	0.75	222	7	13.64	5.2
E020	干旱区地理	2624	2.219	0.531	0.85	387	29	14.75	4.5
E105	干旱区研究	2965	2.702	0.417	0.84	394	24	13.29	4.3
A034	甘肃科学学报	253	0.248	0.037	0.92	190	63	75.10	4.5
H047	甘肃农业大学学报	1319	0.977	0.134	0.87	282	31	21.38	5.1
H844	甘蔗糖业	349	0.486	0.185	0.57	75	3	21.49	5.6
Q956	肝癌电子杂志	158	1.061	0.143	0.85	89	17	56.33	2.6
G879	肝胆外科杂志	480	0.546	0.043	0.91	157	18	32.71	4.3
G690	肝胆胰外科杂志	600	0.760	0.137	0.86	186	16	31.00	3.4
G803	肝脏	981	0.436	0.069	0.88	288	34	29.36	3.8
M050	钢铁	3405	2.537	0.843	0.72	186	3	5.46	4.3
M013	钢铁钒钛	631	0.456	0.041	0.76	116	7	18.38	4.9
M019	钢铁研究学报	1866	1.519	0.301	0.76	167	4	8.95	5.8
D020	高等学校化学学报	1532	0.649	0.083	0.82	396	37	25.85	4.9
B002	高等学校计算数学学报	50	0.038	0.000	0.82	32	7	64.00	12.0
R038	高电压技术	10589	3.643	0.644	0.72	480	6	4.53	3.9
T001	高分子材料科学与工程	1882	0.794	0.088	0.83	301	14	15.99	5.2
T002	高分子通报	858	0.636	0.144	0.85	251	20	29.25	5.8
D021	高分子学报	1243	1.222	0.208	0.78	229	12	18.42	4.9
A080	高技术通讯	498	0.343	0.030	0.88	234	34	46.99	4.5
T078	高科技纤维与应用	274	0.540	0.029	0.88	99	12	36.13	6.8
E358	高校地质学报	1482	0.669	0.259	0.96	225	19	15.18	13.2
T016	高校化学工程学报	780	0.556	0.043	0.84	272	26	34.87	5.9

表 4-1　2023 年中国科技核心期刊（中文）被引用指标刊名字顺索引（续）

CODE	刊名	核心总被引频次	核心影响因子	核心即年指标	核心他引率	核心引用刊数	核心开放因子	核心扩散因子	核心被引半衰期
B003	高校应用数学学报	102	0.074	0.068	0.90	51	9	50.00	7.6
R037	高压电器	3894	1.918	0.190	0.70	267	6	6.86	3.9
C056	高压物理学报	603	0.702	0.110	0.87	180	12	29.85	5.3
E005	高原气象	3535	2.811	0.238	0.76	265	8	7.50	7.3
E546	高原山地气象研究	531	0.905	0.027	0.61	123	4	23.16	6.0
V021	给水排水	2282	0.976	0.097	0.84	308	6	13.50	5.0
N105	工程爆破	664	0.944	0.087	0.67	105	3	15.81	4.3
E574	工程地球物理学报	845	1.015	0.094	0.71	185	9	21.89	5.7
E360	工程地质学报	3628	1.989	0.374	0.74	360	17	9.92	5.3
S712	工程管理学报	424	0.454	0.068	0.60	142	7	33.49	3.7
V030	工程勘察	809	0.472	0.038	0.72	236	16	29.17	8.2
V033	工程抗震与加固改造	470	0.221	0.031	0.82	100	9	21.28	7.9
M030	工程科学学报	2768	1.930	0.449	0.92	573	38	20.70	4.8
J051	工程科学与技术	1846	1.676	0.228	0.94	538	67	29.14	5.6
C002	工程力学	6244	2.054	0.399	0.78	479	17	7.67	6.3
C073	工程热物理学报	2272	0.511	0.058	0.89	437	27	19.23	6.6
N590	工程设计学报	463	0.767	0.094	0.93	187	27	40.39	4.4
B031	工程数学学报	173	0.322	0.041	0.92	101	23	58.38	5.2
T003	工程塑料应用	1941	0.946	0.202	0.70	240	4	12.36	4.0
N064	工具技术	1139	0.571	0.040	0.67	177	6	15.54	4.8
K018	工矿自动化	2344	2.067	0.429	0.67	218	5	9.30	3.2
T563	工业催化	503	0.310	0.056	0.84	116	7	23.06	6.0
J057	工业工程	367	0.444	0.009	0.86	142	19	38.69	4.3
N110	工业工程与管理	897	0.869	0.098	0.80	211	11	23.52	4.4
P009	工业加热	261	0.168	0.015	0.74	111	12	42.53	5.5
V010	工业建筑	1986	0.464	0.044	0.87	331	18	16.67	7.0
P005	工业炉	126	0.215	0.011	0.72	46	3	36.51	4.9
Z013	工业水处理	2163	1.253	0.206	0.75	308	11	14.24	3.9
G025	工业卫生与职业病	566	0.649	0.054	0.82	124	4	21.91	4.2
N037	工业仪表与自动化装置	343	0.466	0.078	0.86	132	12	38.48	3.2
Z032	工业用水与废水	607	0.888	0.156	0.50	108	2	17.79	4.3
G207	公共卫生与预防医学	1557	1.713	0.215	0.67	307	8	19.72	2.9
X579	公路	2958	0.512	0.084	0.79	358	13	12.10	4.4
X022	公路工程	1021	0.520	0.059	0.86	215	11	21.06	5.5
X026	公路交通科技	2506	0.931	0.077	0.77	363	11	14.49	6.1
N039	功能材料	1980	0.649	0.113	0.90	477	42	24.09	5.3
D503	功能高分子学报	297	0.808	0.148	0.81	133	18	44.78	4.4
R095	供用电	1090	2.019	0.221	0.76	115	6	10.55	2.5
E601	古地理学报	1892	1.419	0.500	0.89	161	13	8.51	7.6
E304	古脊椎动物学报	546	0.543	0.105	0.75	47	2	8.61	29.6
E022	古生物学报	797	0.437	0.143	0.69	85	4	10.66	20.4
G478	骨科	302	0.500	0.082	0.82	124	15	41.06	3.5
R047	固体电子学研究与进展	225	0.370	0.023	0.68	70	6	31.11	5.3

表 4-1 2023 年中国科技核心期刊（中文）被引用指标刊名字顺索引（续）

CODE	刊名	核心总被引频次	核心影响因子	核心即年指标	核心他引率	核心引用刊数	核心开放因子	核心扩散因子	核心被引半衰期
Y013	固体火箭技术	989	0.678	0.081	0.75	180	8	18.20	8.4
C103	固体力学学报	493	0.553	0.105	0.86	196	25	39.76	8.1
W007	管理工程学报	1485	1.517	0.500	0.84	274	14	18.45	4.1
W018	管理科学	1141	1.688	0.161	0.85	228	19	19.98	5.5
W008	管理科学学报	2285	2.711	0.214	0.82	311	13	13.61	5.6
W025	管理评论	4532	1.932	0.241	0.76	473	18	10.44	4.1
S744	管理世界	21939	14.461	1.793	0.97	611	44	2.78	4.5
S745	管理现代化	461	0.474	0.207	0.84	225	34	48.81	3.7
W016	管理学报	2980	2.127	0.358	0.83	397	19	13.32	4.6
H226	灌溉排水学报	2539	1.597	0.186	0.84	318	19	12.52	4.6
R026	光电工程	988	1.374	0.330	0.83	226	11	22.87	4.3
R082	光电子技术	112	0.185	0.036	0.75	64	10	57.14	5.4
C091	光谱学与光谱分析	4985	1.112	0.100	0.92	822	61	16.49	4.8
C097	光散射学报	189	0.382	0.295	0.70	86	7	45.50	6.0
R688	光通信研究	180	0.412	0.045	0.85	81	13	45.00	3.6
N015	光学技术	752	0.830	0.052	0.91	201	14	26.73	4.9
N033	光学精密工程	3600	1.850	0.131	0.76	434	12	12.06	4.6
C050	光学学报	6090	1.911	0.309	0.73	478	3	7.85	3.3
R097	光学与光电技术	377	0.597	0.064	0.67	116	8	30.77	4.9
C037	光子学报	1852	0.945	0.094	0.86	311	9	16.79	4.0
R547	广东电力	977	0.900	0.229	0.67	177	8	18.12	3.6
H272	广东海洋大学学报	818	1.065	0.097	0.91	176	15	21.52	4.7
H228	广东农业科学	2903	1.080	0.249	0.81	414	30	14.26	8.2
G027	广东药科大学学报	827	0.866	0.122	0.96	291	40	35.19	4.3
G026	广东医学	2559	0.769	0.111	0.97	575	81	22.47	5.0
A042	广西大学学报自然科学版	719	0.405	0.021	0.93	364	62	50.63	5.5
A535	广西科学	516	0.594	0.063	0.87	238	38	46.12	5.2
H364	广西林业科学	510	0.533	0.109	0.85	138	12	27.06	5.1
A062	广西师范大学学报自然科学版	574	0.996	0.236	0.75	248	24	43.21	3.3
G028	广西医科大学学报	1114	0.512	0.049	0.97	432	76	38.78	3.8
G816	广西医学	1903	0.505	0.049	0.97	491	70	25.80	3.6
F028	广西植物	1938	1.171	0.387	0.86	311	26	16.05	4.9
G030	广州中医药大学学报	2527	1.044	0.149	0.95	339	24	13.42	3.5
V572	规划师	2901	1.658	0.363	0.65	235	5	8.10	3.9
T004	硅酸盐通报	4126	0.994	0.203	0.83	434	13	10.52	4.7
T005	硅酸盐学报	2864	1.078	0.130	0.85	431	10	15.05	6.4
M048	贵金属	429	0.777	0.017	0.56	106	3	24.71	5.8
A077	贵州大学学报自然科学版	371	0.535	0.061	0.82	205	38	55.26	4.2
H275	贵州农业科学	1907	0.539	0.081	0.95	364	39	19.09	7.1
A527	贵州师范大学学报自然科学版	386	0.528	0.078	0.91	234	52	60.62	4.5
G031	贵州医科大学学报	790	0.552	0.116	0.95	334	55	42.28	3.6
M033	桂林理工大学学报	725	0.643	0.244	0.82	281	29	38.76	5.7
A040	国防科技大学学报	987	0.773	0.122	0.93	289	38	29.28	6.1

表 4-1 2023 年中国科技核心期刊（中文）被引用指标刊名字顺索引（续）

CODE	刊名	核心总被引频次	核心影响因子	核心即年指标	核心他引率	核心引用刊数	核心开放因子	核心扩散因子	核心被引半衰期
G495	国际病毒学杂志	387	0.720	0.045	0.91	121	15	31.27	3.4
V529	国际城市规划	1645	1.724	0.490	0.91	221	9	13.43	6.2
G936	国际儿科学杂志	690	0.644	0.081	0.74	252	26	36.52	3.8
G497	国际放射医学核医学杂志	233	0.269	0.016	0.82	109	14	46.78	4.0
G659	国际妇产科学杂志	651	0.686	0.116	0.95	248	40	38.10	3.9
G498	国际骨科学杂志	388	0.701	0.013	0.98	169	26	43.56	4.3
G938	国际呼吸杂志	1233	0.535	0.086	0.91	347	47	28.14	4.3
G362	国际检验医学杂志	2243	0.568	0.089	0.94	482	52	21.49	3.8
G929	国际精神病学杂志	1154	0.710	0.028	0.74	260	19	22.53	3.4
G997	国际口腔医学杂志	589	0.737	0.118	0.95	182	14	30.90	4.5
G496	国际老年医学杂志	424	0.796	0.158	0.68	172	16	40.57	2.6
G930	国际流行病学传染病学杂志	407	0.824	0.550	0.91	191	36	46.93	3.0
G975	国际麻醉学与复苏杂志	1122	0.868	0.132	0.74	275	18	24.51	3.4
G349	国际泌尿系统杂志	637	0.395	0.051	0.86	212	22	33.28	3.4
G983	国际免疫学杂志	372	0.623	0.008	0.80	186	32	50.00	3.6
G939	国际脑血管病杂志	559	0.615	0.133	0.61	164	7	29.34	3.7
G415	国际内分泌代谢杂志	500	1.433	0.120	0.98	252	55	50.40	2.8
G426	国际神经病学神经外科学杂志	461	0.610	0.057	0.86	210	39	45.55	4.0
S157	国际生殖健康 / 计划生育杂志	442	0.606	0.066	0.97	185	24	41.86	4.4
B525	国际输血及血液学杂志	179	0.323	0.000	0.96	104	20	58.10	4.6
G954	国际外科学杂志	506	0.516	0.089	0.83	209	31	41.30	3.8
G660	国际消化病杂志	360	0.571	0.074	0.92	184	32	51.11	4.4
G940	国际心血管病杂志	221	0.370	0.073	0.95	143	37	64.71	3.8
Q911	国际眼科杂志	2806	1.125	0.193	0.72	358	9	12.76	3.7
G661	国际医学放射学杂志	656	0.983	0.240	0.86	195	11	29.73	3.5
G934	国际中医中药杂志	938	0.588	0.060	0.89	219	18	23.35	4.0
G937	国际肿瘤学杂志	383	0.463	0.057	0.90	206	44	53.79	3.8
E578	国土资源科技管理	188	0.281	0.016	0.96	125	35	66.49	6.5
R683	国外电子测量技术	1635	1.244	0.243	0.78	274	3	16.76	2.8
H028	果树学报	3853	1.657	0.397	0.85	240	11	6.23	5.6
T008	过程工程学报	1152	0.778	0.235	0.81	315	22	27.34	5.5
X025	哈尔滨工程大学学报	1714	0.744	0.132	0.93	464	54	27.07	5.3
J003	哈尔滨工业大学学报	2555	1.042	0.214	0.95	621	84	24.31	5.6
J013	哈尔滨理工大学学报	667	0.909	0.071	0.79	248	20	37.18	3.8
G033	哈尔滨医科大学学报	306	0.355	0.014	0.98	205	56	66.99	3.8
J055	海军工程大学学报	477	0.521	0.020	0.95	182	21	38.16	6.3
Y029	海军航空大学学报	258	0.377	0.017	0.87	106	15	41.09	7.5
G005	海军军医大学学报	1210	0.665	0.114	0.92	483	80	39.92	4.7
G899	海军医学杂志	930	0.645	0.084	0.68	239	7	25.70	3.3
G416	海南医学院学报	1524	0.854	0.102	0.97	405	49	26.57	4.0
L037	海相油气地质	719	1.452	0.136	0.92	104	12	14.46	6.7
E651	海洋测绘	580	0.577	0.030	0.73	134	10	23.10	6.9
E569	海洋地质前沿	822	0.827	0.113	0.80	192	17	23.36	5.9

表 4-1　2023 年中国科技核心期刊（中文）被引用指标刊名字顺索引（续）

CODE	刊名	核心总被引频次	核心影响因子	核心即年指标	核心他引率	核心引用刊数	核心开放因子	核心扩散因子	核心被引半衰期
E155	海洋地质与第四纪地质	1522	0.803	0.128	0.88	229	14	15.05	10.1
E131	海洋工程	879	0.752	0.147	0.84	200	16	22.75	6.9
E312	海洋湖沼通报	823	0.595	0.028	0.94	231	27	28.07	6.2
Z010	海洋环境科学	1344	1.173	0.147	0.89	281	21	20.91	6.8
E564	海洋技术学报	473	0.322	0.100	0.89	186	25	39.32	7.4
E145	海洋科学	1755	0.684	0.006	0.90	378	23	21.54	7.7
E006	海洋科学进展	675	0.669	0.169	0.94	185	16	27.41	9.7
E311	海洋通报	963	0.733	0.119	0.90	272	24	28.25	8.5
E003	海洋学报	2171	0.901	0.071	0.90	340	19	15.66	8.0
E149	海洋学研究	369	0.417	0.000	0.95	137	19	37.13	10.7
H284	海洋渔业	845	1.166	0.122	0.83	112	8	13.25	6.9
E008	海洋与湖沼	1875	0.855	0.094	0.89	279	18	14.88	9.2
E108	海洋预报	505	0.748	0.045	0.74	128	12	25.35	6.8
L586	含能材料	1428	0.919	0.176	0.71	143	3	10.01	6.2
N076	焊接	757	0.814	0.080	0.74	119	4	15.72	5.4
N624	焊接技术	631	0.238	0.029	0.73	126	6	19.97	4.8
N021	焊接学报	2368	1.213	0.126	0.81	223	6	9.42	6.0
A191	杭州师范大学学报自然科学版	236	0.332	0.000	0.92	157	39	66.53	4.7
Y556	航空兵器	590	0.956	0.088	0.80	154	15	26.10	4.0
Y027	航空材料学报	1041	1.246	0.171	0.92	221	20	21.23	7.1
Y017	航空动力学报	3204	0.902	0.193	0.82	311	11	9.71	7.7
Y554	航空发动机	847	0.735	0.043	0.71	167	5	19.72	7.8
Y052	航空工程进展	475	0.580	0.174	0.75	162	16	34.11	4.0
Y031	航空计算技术	514	0.377	0.063	0.72	144	9	28.02	4.9
Y012	航空精密制造技术	234	0.257	0.009	0.88	106	16	45.30	6.8
Y002	航空学报	6195	2.142	0.405	0.80	521	24	8.41	4.0
Y014	航空制造技术	2550	0.929	0.089	0.87	315	23	12.35	6.5
Y034	航天返回与遥感	698	0.955	0.070	0.80	159	13	22.78	5.0
Y015	航天控制	444	0.652	0.141	0.74	131	9	29.50	5.4
Y033	航天器工程	902	0.747	0.026	0.84	201	12	22.28	6.2
Y032	航天器环境工程	648	0.607	0.141	0.84	198	16	30.56	7.8
T057	合成材料老化与应用	783	0.594	0.082	0.70	183	6	23.37	3.0
D602	合成化学	251	0.180	0.024	0.82	104	13	41.43	6.0
F258	合成生物学	288	0.958	1.176	0.65	87	5	30.21	2.1
T505	合成树脂及塑料	629	0.740	0.123	0.90	115	7	18.28	4.9
T067	合成纤维	520	0.550	0.071	0.76	107	7	20.58	4.3
T065	合成纤维工业	526	0.544	0.120	0.65	90	3	17.11	6.2
T018	合成橡胶工业	409	0.579	0.031	0.75	93	5	22.74	5.8
J053	合肥工业大学学报自然科学版	1095	0.534	0.023	0.93	481	82	43.93	4.7
A031	河北大学学报自然科学版	299	0.444	0.036	0.91	200	50	66.89	4.6
K032	河北工程大学学报自然科学版	207	0.391	0.049	0.84	129	28	62.32	6.1
J017	河北工业大学学报	244	0.187	0.030	0.97	184	62	75.41	7.5
J019	河北工业科技	182	0.329	0.103	0.83	123	32	67.58	4.9

表 4-1 2023 年中国科技核心期刊（中文）被引用指标刊名字顺索引（续）

CODE	刊名	核心总被引频次	核心影响因子	核心即年指标	核心他引率	核心引用刊数	核心开放因子	核心扩散因子	核心被引半衰期
J058	河北科技大学学报	338	0.764	0.088	0.88	214	45	63.31	4.6
H244	河北农业大学学报	869	0.879	0.050	0.91	271	35	31.19	6.8
A076	河北师范大学学报自然科学版	167	0.262	0.049	0.78	118	34	70.66	6.3
G035	河北医科大学学报	1162	0.694	0.094	0.97	406	68	34.94	3.6
G641	河北医学	1709	0.805	0.115	0.97	384	45	22.47	3.3
G898	河北医药	2736	0.562	0.067	0.92	497	54	18.17	3.5
G384	河北中医	1791	0.544	0.061	0.92	253	19	14.13	4.5
G301	河北中医药学报	494	0.768	0.075	0.96	140	20	28.34	4.1
W012	河海大学学报自然科学版	1515	2.273	0.527	0.81	355	12	23.43	4.9
A067	河南大学学报自然科学版	310	0.472	0.069	0.80	180	38	58.06	4.8
U004	河南工业大学学报自然科学版	941	1.198	0.127	0.90	168	8	17.85	4.9
J014	河南科技大学学报自然科学版	469	0.690	0.190	0.77	237	38	50.53	4.6
A011	河南科学	512	0.269	0.039	0.91	327	81	63.87	4.8
K526	河南理工大学学报自然科学版	760	0.855	0.115	0.92	291	35	38.29	4.7
H011	河南农业大学学报	1391	1.624	0.418	0.87	313	28	22.50	4.6
H356	河南农业科学	2571	1.323	0.271	0.90	342	28	13.30	5.4
A058	河南师范大学学报自然科学版	429	0.819	0.070	0.86	251	52	58.51	3.7
Q004	核动力工程	1192	0.462	0.054	0.76	226	7	18.96	6.9
Q002	核化学与放射化学	262	0.351	0.000	0.71	73	6	27.86	7.1
Q001	核技术	900	0.724	0.479	0.71	217	5	24.11	4.9
C092	核聚变与等离子体物理	199	0.240	0.013	0.64	64	6	32.16	7.9
Q009	核科学与工程	450	0.298	0.015	0.83	130	7	28.89	6.0
H042	核农学报	3725	1.795	0.277	0.91	373	31	10.01	4.7
A084	黑龙江大学自然科学学报	208	0.162	0.079	0.91	147	43	70.67	5.1
K505	黑龙江科技大学学报	292	0.331	0.028	0.87	155	29	53.08	4.7
R535	红外技术	1223	1.109	0.094	0.83	266	14	21.75	4.3
C035	红外与毫米波学报	623	0.615	0.009	0.88	213	17	34.19	5.6
R084	红外与激光工程	3888	1.101	0.199	0.77	416	7	10.70	4.3
A039	湖北大学学报自然科学版	260	0.414	0.075	0.94	190	60	73.08	4.3
H203	湖北农业科学	3472	0.361	0.023	0.96	593	61	17.08	6.3
G334	湖北中医药大学学报	1063	0.843	0.100	0.87	208	18	19.57	4.1
A028	湖南大学学报自然科学版	1882	1.020	0.186	0.81	483	37	25.66	5.1
K016	湖南科技大学学报自然科学版	325	0.515	0.033	0.93	187	39	57.54	6.9
H060	湖南农业大学学报自然科学版	1062	1.046	0.183	0.94	278	32	26.18	6.7
G548	湖南师范大学学报医学版	845	0.537	0.027	0.97	286	44	33.85	3.0
A055	湖南师范大学自然科学学报	455	1.141	0.313	0.90	253	54	55.60	2.9
G041	湖南中医药大学学报	2443	1.176	0.210	0.87	346	19	14.16	3.9
E111	湖泊科学	3958	2.631	0.409	0.84	343	18	8.67	5.4
G336	护理管理杂志	1733	1.699	0.813	0.65	215	4	12.41	3.4
G987	护理学报	3066	1.479	0.322	0.81	357	8	11.64	3.6
G503	护理学杂志	7972	2.001	0.306	0.78	468	8	5.87	3.7
G654	护理研究	6772	1.309	0.204	0.89	491	12	7.25	3.8
G734	护士进修杂志	3675	1.046	0.190	0.83	359	9	9.77	4.0

表 4-1　2023 年中国科技核心期刊（中文）被引用指标刊名字顺索引（续）

CODE	刊名	核心总被引频次	核心影响因子	核心即年指标	核心他引率	核心引用刊数	核心开放因子	核心扩散因子	核心被引半衰期
H665	花生学报	508	1.198	0.229	0.84	122	10	24.02	5.4
E141	华北地震科学	211	0.114	0.032	0.78	64	5	30.33	10.4
R046	华北电力大学学报自然科学版	695	1.371	0.532	0.93	207	27	29.78	3.7
H032	华北农学报	2673	1.377	0.106	0.94	293	25	10.96	7.0
W543	华北水利水电大学学报自然科学版	648	1.012	0.213	0.80	230	17	35.49	4.5
X003	华东交通大学学报	423	0.681	0.067	0.84	218	35	51.54	4.4
A054	华东师范大学学报自然科学版	455	0.582	0.068	0.95	264	60	58.02	5.9
E103	华南地震	325	0.455	0.000	0.83	93	8	28.62	9.0
J004	华南理工大学学报自然科学版	1489	0.780	0.078	0.93	539	80	36.20	5.6
H013	华南农业大学学报	1319	1.234	0.318	0.96	350	47	26.54	5.5
A052	华南师范大学学报自然科学版	436	0.697	0.035	0.90	276	65	63.30	4.7
G525	华南预防医学	1296	0.941	0.087	0.76	306	13	23.61	2.6
A021	华侨大学学报自然科学版	343	0.341	0.074	0.87	215	43	62.68	4.8
G043	华西口腔医学杂志	833	0.907	0.175	0.94	222	15	26.65	4.8
G044	华西药学杂志	972	1.026	0.113	0.83	253	20	26.03	4.7
G294	华西医学	1191	0.665	0.128	0.93	437	73	36.69	3.8
G077	华中科技大学学报医学版	632	0.859	0.077	0.97	350	85	55.38	3.7
J033	华中科技大学学报自然科学版	2061	1.104	0.133	0.89	561	71	27.22	4.9
H003	华中农业大学学报	1675	1.585	0.282	0.92	398	47	23.76	4.7
A004	华中师范大学学报自然科学版	677	0.846	0.102	0.96	351	68	51.85	4.2
Z009	化工环保	707	0.879	0.140	0.85	218	23	30.83	4.9
T006	化工机械	382	0.284	0.051	0.85	143	22	37.43	5.9
T101	化工进展	5441	1.376	0.235	0.85	648	33	11.91	4.2
T532	化工科技	220	0.255	0.021	0.90	126	29	57.27	5.8
T146	化工设备与管道	243	0.258	0.034	0.79	91	7	37.45	7.2
T007	化工学报	4464	1.034	0.169	0.81	622	32	13.93	5.3
T066	化工自动化及仪表	311	0.288	0.059	0.88	158	30	50.80	6.3
T009	化学反应工程与工艺	233	0.258	0.015	0.88	86	11	36.91	8.8
D604	化学分析计量	887	0.649	0.086	0.72	233	13	26.27	4.1
T025	化学工程	608	0.355	0.040	0.88	208	21	34.21	6.4
T567	化学工程师	808	0.491	0.059	0.90	305	42	37.75	3.8
T076	化学工业与工程	360	0.799	0.118	0.84	157	21	43.61	4.9
D506	化学进展	1535	0.826	0.089	0.95	462	61	30.10	7.0
D011	化学试剂	1119	1.079	0.307	0.68	282	12	25.20	2.7
D018	化学通报	695	0.510	0.062	0.93	325	58	46.76	5.5
D030	化学学报	1403	1.242	0.174	0.75	329	20	23.45	5.6
D501	化学研究	234	0.434	0.027	0.87	136	29	58.12	5.1
D037	化学研究与应用	1257	0.592	0.082	0.64	357	15	28.40	3.9
T553	化学与生物工程	603	0.467	0.104	0.94	279	46	46.27	5.5
T931	化学与粘合	336	0.350	0.038	0.90	144	20	42.86	5.0
Z017	环境保护科学	612	0.633	0.163	0.91	233	26	38.07	4.3
Z005	环境工程	3574	1.243	0.307	0.86	594	24	16.62	4.1
Z550	环境工程技术学报	1689	1.978	0.637	0.64	355	10	21.02	2.6

表 4-1　2023 年中国科技核心期刊（中文）被引用指标刊名字顺索引（续）

CODE	刊名	核心总被引频次	核心影响因子	核心即年指标	核心他引率	核心引用刊数	核心开放因子	核心扩散因子	核心被引半衰期
Z021	环境工程学报	4370	1.253	0.125	0.90	576	23	13.18	6.3
D024	环境化学	3594	1.370	0.208	0.85	542	22	15.08	4.5
Z554	环境监测管理与技术	704	1.196	0.033	0.71	216	11	30.68	4.8
Z525	环境监控与预警	355	0.596	0.094	0.86	120	13	33.80	4.2
Z506	环境科技	483	0.722	0.244	0.67	161	12	33.33	4.8
Z004	环境科学	15590	3.969	1.029	0.78	774	15	4.96	4.1
Z003	环境科学学报	7408	1.887	0.263	0.88	748	23	10.10	5.1
Z002	环境科学研究	5561	3.157	0.710	0.82	633	13	11.38	3.8
Z521	环境科学与管理	1127	0.341	0.045	0.91	381	38	33.81	6.3
Z025	环境科学与技术	3576	1.048	0.132	0.93	628	36	17.56	5.8
H049	环境昆虫学报	1527	1.157	0.128	0.87	182	7	11.92	4.8
Z518	环境生态学	448	0.631	0.096	0.84	190	28	42.41	2.6
Z035	环境卫生工程	491	0.837	0.050	0.70	134	6	27.29	4.5
G971	环境卫生学杂志	581	0.717	0.331	0.72	203	13	34.94	4.3
Z019	环境污染与防治	2015	1.056	0.099	0.91	451	24	22.38	4.5
G882	环境与职业医学	1357	0.840	0.376	0.85	312	11	22.99	4.2
G656	环球中医药	3353	1.202	0.117	0.87	290	16	8.65	3.7
M631	黄金	1116	0.638	0.107	0.55	115	2	10.30	5.4
M600	黄金科学技术	586	0.715	0.065	0.83	136	10	23.21	5.4
V560	混凝土	2897	0.599	0.061	0.75	266	8	9.18	6.1
Y040	火箭推进	611	0.935	0.103	0.73	116	6	18.99	5.6
N005	火力与指挥控制	1904	0.632	0.040	0.85	285	13	14.97	5.0
N007	火炸药学报	1115	1.056	0.139	0.69	120	3	10.76	6.8
X011	机车电传动	489	0.415	0.042	0.70	124	9	25.36	4.5
N069	机床与液压	3789	0.787	0.047	0.75	407	11	10.74	3.8
N672	机电工程	1373	1.387	0.183	0.87	281	16	20.47	2.9
S004	机器人	1486	1.971	0.475	0.94	299	28	20.12	5.4
G998	机器人外科学杂志中英文	166	0.781	0.229	0.80	74	12	44.58	2.1
N040	机械传动	1751	0.706	0.060	0.71	226	8	12.91	4.8
M004	机械工程材料	1235	0.539	0.039	0.92	237	18	19.19	6.7
N051	机械工程学报	10995	1.741	0.175	0.84	690	29	6.28	5.5
N050	机械科学与技术	1910	0.860	0.299	0.90	386	30	20.21	5.1
N057	机械强度	1313	0.660	0.069	0.75	302	20	23.00	5.5
N047	机械设计	1613	0.849	0.057	0.77	331	17	20.52	4.4
N054	机械设计与研究	1509	0.878	0.060	0.62	250	7	16.57	4.2
N028	机械设计与制造	3509	0.503	0.111	0.75	478	16	13.62	4.8
N063	机械设计与制造工程	570	0.268	0.019	0.85	221	28	38.77	4.4
N053	机械与电子	365	0.277	0.034	0.97	187	39	51.23	4.7
N515	机械制造与自动化	759	0.331	0.017	0.80	246	26	32.41	4.3
G003	基础医学与临床	1223	0.605	0.123	0.83	433	61	35.40	3.7
H245	基因组学与应用生物学	1928	0.405	0.083	0.99	561	77	29.10	4.8
R025	激光技术	970	1.166	0.250	0.77	208	7	21.44	4.2
F045	激光生物学报	310	0.486	0.141	0.95	196	46	63.23	5.0

表 4-1　2023 年中国科技核心期刊（中文）被引用指标刊名字顺索引（续）

CODE	刊名	核心总被引频次	核心影响因子	核心即年指标	核心他引率	核心引用刊数	核心开放因子	核心扩散因子	核心被引半衰期
R514	激光与光电子学进展	5985	1.436	0.303	0.82	639	9	10.68	2.8
R521	激光与红外	1669	0.922	0.085	0.81	288	9	17.26	4.4
R028	激光杂志	1244	0.511	0.071	0.82	355	22	28.54	3.4
E116	吉林大学学报地球科学版	2943	2.146	0.387	0.86	367	25	12.47	7.8
J042	吉林大学学报工学版	2261	1.289	0.285	0.82	511	39	22.60	3.8
A035	吉林大学学报理学版	734	0.690	0.164	0.84	286	24	38.96	3.4
R586	吉林大学学报信息科学版	393	0.602	0.082	0.74	186	16	47.33	3.6
G014	吉林大学学报医学版	1104	0.955	0.099	0.97	399	67	36.14	3.9
H243	吉林农业大学学报	1199	1.488	0.768	0.84	297	33	24.77	5.5
G719	吉林中医药	2691	0.896	0.157	0.93	301	18	11.19	4.3
E007	极地研究	280	0.465	0.038	0.76	117	13	41.79	6.7
G452	疾病监测	1805	1.163	0.314	0.87	274	15	15.18	3.8
A656	济南大学学报自然科学版	420	0.827	0.087	0.94	257	54	61.19	3.5
G439	脊柱外科杂志	464	0.796	0.104	0.71	127	6	27.37	4.2
N014	计量学报	1735	1.463	0.207	0.51	322	2	18.56	3.2
S050	计算机测量与控制	2247	0.582	0.118	0.71	416	17	18.51	4.5
S049	计算机仿真	3575	0.537	0.052	0.91	626	44	17.51	3.8
S013	计算机辅助设计与图形学学报	1425	0.898	0.073	0.89	378	33	26.53	4.7
S012	计算机工程	3594	1.464	0.271	0.84	588	21	16.36	3.5
S034	计算机工程与科学	1381	0.858	0.102	0.94	402	30	29.11	3.8
S022	计算机工程与设计	2379	0.802	0.089	0.90	493	23	20.72	3.8
S025	计算机工程与应用	7732	1.812	0.393	0.89	868	34	11.23	3.4
S030	计算机集成制造系统	4429	2.034	0.395	0.79	495	18	11.18	4.3
S520	计算机技术与发展	1159	0.447	0.039	0.88	387	28	33.39	3.9
S006	计算机科学	4714	1.465	0.173	0.92	700	30	14.85	3.8
S085	计算机科学与探索	1452	1.986	0.355	0.90	344	16	23.69	2.5
S509	计算机系统应用	1589	0.573	0.124	0.89	477	39	30.02	3.4
S018	计算机学报	3329	3.132	0.229	0.95	589	28	17.69	4.7
S021	计算机研究与发展	2864	1.886	0.302	0.92	491	24	17.14	4.4
S029	计算机应用	4474	1.557	0.250	0.90	685	30	15.31	3.7
S016	计算机应用研究	4337	1.077	0.173	0.88	663	29	15.29	3.7
S009	计算机应用与软件	2417	0.562	0.035	0.85	548	29	22.67	4.0
S048	计算机与数字工程	1036	0.345	0.011	0.90	361	31	34.85	3.9
S500	计算机与现代化	596	0.490	0.042	0.86	241	28	40.44	3.5
S507	计算技术与自动化	305	0.434	0.032	0.94	139	18	45.57	3.5
C003	计算力学学报	821	0.653	0.088	0.83	270	32	32.89	7.4
B014	计算数学	106	0.296	0.000	0.78	56	9	52.83	8.4
C094	计算物理	486	0.821	0.079	0.50	162	1	33.33	5.6
G292	寄生虫与医学昆虫学报	158	0.711	0.073	0.93	64	8	40.51	4.0
A045	暨南大学学报自然科学与医学版	409	0.799	0.052	0.98	265	67	64.79	4.4
H240	家畜生态学报	1158	0.643	0.080	0.92	187	6	16.15	5.3
G638	检验医学	981	0.643	0.061	0.91	321	35	32.72	3.8
G999	检验医学与临床	3124	0.581	0.129	0.93	549	53	17.57	3.4

表 4-1 2023 年中国科技核心期刊（中文）被引用指标刊名字顺索引（续）

CODE	刊名	核心总被引频次	核心影响因子	核心即年指标	核心他引率	核心引用刊数	核心开放因子	核心扩散因子	核心被引半衰期
V051	建筑材料学报	3019	2.000	0.429	0.83	291	10	9.64	5.5
V057	建筑钢结构进展	457	0.613	0.057	0.75	97	6	21.23	4.3
V523	建筑节能中英文版	758	0.449	0.030	0.53	163	2	21.50	4.0
V014	建筑结构	3369	0.669	0.176	0.66	305	6	9.05	5.0
V044	建筑结构学报	4905	1.534	0.306	0.84	289	11	5.89	6.2
V005	建筑科学	1496	0.513	0.077	0.79	307	11	20.52	5.2
V013	建筑科学与工程学报	697	0.741	0.122	0.90	185	17	26.54	5.3
V047	建筑学报	1289	0.443	0.070	0.79	187	7	14.51	7.9
Y522	舰船电子工程	1071	0.330	0.002	0.77	232	13	21.66	4.5
Y564	舰船科学技术	2321	0.257	0.030	0.78	388	14	16.72	4.6
G453	江苏大学学报医学版	429	0.863	0.359	0.80	195	26	45.45	3.2
J035	江苏大学学报自然科学版	680	0.902	0.137	0.94	306	43	45.00	4.5
H700	江苏农业科学	7574	1.074	0.153	0.89	662	44	8.74	4.7
H199	江苏农业学报	2137	1.761	0.156	0.93	345	33	16.14	4.5
G397	江苏中医药	2074	0.895	0.121	0.97	254	20	12.25	5.3
H283	江西农业大学学报	1566	1.328	0.229	0.93	340	44	21.71	5.8
H701	江西农业学报	1815	0.642	0.048	0.87	354	31	19.50	5.8
A112	江西师范大学学报自然科学版	365	0.643	0.256	0.81	173	22	47.40	3.6
X020	交通信息与安全	728	1.197	0.204	0.82	191	14	26.24	3.7
X672	交通运输工程学报	1962	2.123	0.207	0.89	348	24	17.74	4.2
X695	交通运输工程与信息学报	383	1.154	0.442	0.68	122	8	31.85	3.7
X685	交通运输系统工程与信息	2125	1.530	0.292	0.81	317	16	14.92	4.4
X516	交通运输研究	275	0.429	0.024	0.89	130	21	47.27	5.0
L587	节能技术	481	0.768	0.177	0.75	136	3	28.27	4.3
W567	节水灌溉	1667	1.254	0.272	0.79	265	13	15.90	4.5
K553	洁净煤技术	1313	1.509	0.338	0.75	216	12	16.45	2.9
V049	结构工程师	658	0.297	0.007	0.78	146	9	22.19	6.7
G869	结直肠肛门外科	626	0.692	0.088	0.88	193	22	30.83	3.6
G187	解放军医学院学报	1246	0.963	0.144	0.87	464	68	37.24	3.6
G048	解放军医学杂志	1679	1.740	0.383	0.86	511	69	30.43	3.5
G507	解剖科学进展	543	0.464	0.017	0.76	219	24	40.33	3.7
G049	解剖学报	510	0.491	0.077	0.78	219	25	42.94	4.4
G358	解剖学研究	489	0.613	0.079	0.62	181	6	37.01	3.6
G050	解剖学杂志	547	0.532	0.022	0.79	216	19	39.49	4.5
G886	介入放射学杂志	1725	1.049	0.098	0.72	336	13	19.48	4.0
N048	金刚石与磨料磨具工程	527	0.782	0.043	0.74	111	8	21.06	4.7
M051	金属功能材料	461	0.979	0.280	0.68	112	3	24.30	3.5
K022	金属矿山	3710	1.383	0.329	0.73	340	8	9.16	4.7
N083	金属热处理	3139	0.741	0.135	0.61	222	3	7.07	4.7
M012	金属学报	3380	1.837	0.177	0.92	282	14	8.34	6.9
E599	经济地理	9589	4.188	0.569	0.91	561	22	5.85	4.6
H333	经济动物学报	215	0.510	0.170	0.82	78	9	36.28	6.3
S759	经济管理	3316	4.412	0.624	0.93	343	32	10.34	3.7

表 4-1 2023 年中国科技核心期刊（中文）被引用指标刊名字顺索引（续）

CODE	刊名	核心总被引频次	核心影响因子	核心即年指标	核心他引率	核心引用刊数	核心开放因子	核心扩散因子	核心被引半衰期
S762	经济理论与经济管理	1118	1.649	0.323	0.90	245	41	21.91	4.7
H266	经济林研究	1431	1.821	0.175	0.83	181	12	12.65	4.7
S230	经济与管理评论	578	1.851	0.600	0.84	204	24	35.29	2.8
S773	经济与管理研究	1418	2.373	0.419	0.96	327	43	23.06	3.8
N992	精密成形工程	980	1.088	0.171	0.66	139	4	14.18	3.1
G953	精神医学杂志	601	0.915	0.028	0.64	161	6	26.79	3.7
T102	精细化工	1730	0.936	0.206	0.75	341	22	19.71	3.7
T955	精细化工中间体	272	0.300	0.171	0.58	111	6	40.81	5.2
T542	精细石油化工	310	0.294	0.018	0.91	104	12	33.55	7.9
G677	颈腰痛杂志	845	0.481	0.101	0.79	185	20	21.89	3.6
Z553	净水技术	1227	0.792	0.105	0.67	227	5	18.50	3.5
G553	局解手术学杂志	675	0.533	0.110	0.92	282	53	41.78	3.6
T512	聚氨酯工业	480	0.774	0.054	0.62	94	4	19.58	5.5
R016	绝缘材料	1538	1.271	0.128	0.48	160	1	10.40	4.1
G316	军事护理	2764	1.761	0.274	0.87	350	10	12.66	3.7
G052	军事医学	687	0.429	0.047	0.86	307	38	44.69	4.9
F018	菌物学报	2523	1.803	0.427	0.71	293	9	11.61	4.4
C325	菌物研究	395	1.205	0.364	0.92	131	12	33.16	6.1
M018	勘察科学技术	203	0.170	0.013	0.85	104	19	51.23	10.8
Q933	康复学报	693	1.273	0.162	0.95	197	25	28.43	4.2
A645	科技导报	2611	0.914	0.147	0.95	1005	176	38.49	5.6
S812	科技管理研究	4400	1.002	0.204	0.81	643	32	14.61	4.1
R588	科技进步与对策	4389	1.815	0.635	0.86	464	17	10.57	3.8
A083	科技通报	724	0.208	0.009	0.94	414	92	57.18	5.7
S816	科学管理研究	915	1.146	0.380	0.86	234	14	25.57	3.8
A537	科学技术与工程	12080	1.232	0.134	0.59	1113	22	9.21	3.4
A075	科学通报	8778	1.491	0.568	0.94	1258	89	14.33	9.5
W514	科学学研究	5963	3.603	1.347	0.94	642	24	10.77	4.9
S818	科学学与科学技术管理	2586	2.807	0.378	0.91	347	16	13.42	5.4
W531	科研管理	4813	2.735	0.374	0.91	440	18	9.14	4.0
L516	可再生能源	1938	1.276	0.151	0.78	373	18	19.25	4.0
E140	空间科学学报	395	0.516	0.010	0.85	147	18	37.22	4.9
Y051	空间控制技术与应用	427	0.881	0.132	0.74	120	7	28.10	4.7
J059	空军工程大学学报	515	0.712	0.092	0.92	203	27	39.42	4.5
Q907	空军航空医学	570	0.571	0.029	0.78	189	10	33.16	3.9
Y016	空气动力学学报	1383	1.123	0.203	0.85	239	11	17.28	5.8
Y571	空天技术	1093	1.018	0.030	0.96	193	14	17.66	5.0
S503	控制工程	1902	0.979	0.203	0.86	409	38	21.50	3.8
R060	控制理论与应用	2343	1.234	0.202	0.84	401	32	17.11	4.6
S001	控制与决策	4361	1.993	0.447	0.86	554	40	12.70	4.1
G672	口腔材料器械杂志	131	0.430	0.018	0.80	45	4	34.35	4.0
G246	口腔颌面外科杂志	252	0.369	0.013	0.88	104	12	41.27	5.4
G894	口腔颌面修复学杂志	271	0.527	0.052	0.76	77	6	28.41	4.2

表 4-1　2023 年中国科技核心期刊（中文）被引用指标刊名字顺索引（续）

CODE	刊名	核心总被引频次	核心影响因子	核心即年指标	核心他引率	核心引用刊数	核心开放因子	核心扩散因子	核心被引半衰期
G390	口腔疾病防治	517	0.606	0.167	0.88	161	14	31.14	3.8
G594	口腔生物医学	95	0.342	0.000	0.94	56	13	58.95	3.9
G325	口腔医学	792	0.537	0.064	0.84	189	11	23.86	4.0
G266	口腔医学研究	989	0.601	0.107	0.91	248	16	25.08	4.2
K525	矿产保护与利用	1318	1.356	0.144	0.85	217	15	16.46	4.1
V054	矿产勘查	1464	0.922	0.160	0.52	176	2	12.02	3.9
K025	矿产与地质	1075	0.482	0.045	0.65	124	6	11.53	6.7
K004	矿产综合利用	1666	1.145	0.167	0.60	183	4	10.98	3.9
E106	矿床地质	3133	1.796	0.269	0.92	136	10	4.34	11.1
K014	矿山机械	739	0.313	0.090	0.66	164	4	22.19	8.0
E350	矿物学报	1400	1.095	0.376	0.90	220	15	15.71	10.1
E354	矿物岩石	883	1.161	0.118	0.89	152	16	17.21	13.0
E504	矿物岩石地球化学通报	1619	1.260	0.179	0.94	252	21	15.57	7.6
M101	矿冶	556	0.580	0.121	0.87	127	8	22.84	5.9
M045	矿冶工程	1675	1.190	0.106	0.71	263	7	15.70	4.5
K554	矿业安全与环保	1405	1.610	0.269	0.78	148	6	10.53	4.2
K582	矿业科学学报	565	1.434	0.458	0.80	147	10	26.02	3.1
K010	矿业研究与开发	2127	1.076	0.126	0.73	301	8	14.15	3.5
F015	昆虫学报	2014	0.955	0.228	0.84	204	6	10.13	7.9
J020	昆明理工大学学报自然科学版	467	0.558	0.055	0.93	288	65	61.67	4.6
G053	昆明医科大学学报	1007	0.508	0.110	0.93	404	72	40.12	3.5
G395	兰州大学学报医学版	477	0.701	0.213	0.65	228	22	47.80	2.7
A016	兰州大学学报自然科学版	937	0.991	0.000	0.86	352	44	37.57	6.8
J008	兰州理工大学学报	541	0.433	0.021	0.89	254	41	46.95	5.2
G628	老年医学与保健	894	0.702	0.092	0.80	275	28	30.76	2.9
R096	雷达科学与技术	425	0.699	0.044	0.77	106	8	24.94	4.4
R758	雷达学报	996	1.885	0.349	0.80	174	9	17.47	3.8
T010	离子交换与吸附	190	0.296	0.000	0.86	97	18	51.05	10.0
M001	理化检验化学分册	1457	0.783	0.092	0.86	299	13	20.52	5.2
C101	力学季刊	485	0.959	0.109	0.68	190	13	39.18	5.2
C510	力学进展	911	2.389	0.261	0.96	321	44	35.24	12.1
C001	力学学报	2141	1.303	0.215	0.79	431	27	20.13	4.3
C104	力学与实践	894	0.621	0.276	0.60	263	10	29.42	7.0
G580	立体定向和功能性神经外科杂志	169	0.340	0.029	0.85	84	13	49.70	3.9
G340	联勤军事医学	604	0.478	0.050	0.85	247	28	40.89	3.8
U055	粮食与饲料工业	807	0.618	0.043	0.97	164	11	20.32	8.9
U626	粮油食品科技	894	0.829	0.318	0.87	170	9	19.02	4.4
C032	量子电子学报	331	0.511	0.010	0.74	109	8	32.93	4.5
K008	辽宁工程技术大学学报自然科学版	734	0.461	0.059	0.95	297	35	40.46	10.1
H261	辽宁农业科学	431	0.333	0.024	0.91	153	25	35.50	7.9
G850	辽宁中医药大学学报	5124	1.314	0.420	0.94	438	23	8.55	4.2
G646	辽宁中医杂志	5749	0.981	0.171	0.94	386	20	6.71	4.9
U037	林产工业	848	1.726	0.111	0.44	150	1	17.69	2.7

表 4-1　2023 年中国科技核心期刊（中文）被引用指标刊名字顺索引（续）

CODE	刊名	核心总被引频次	核心影响因子	核心即年指标	核心他引率	核心引用刊数	核心开放因子	核心扩散因子	核心被引半衰期
T017	林产化学与工业	693	0.621	0.082	0.88	231	26	33.33	6.4
H102	林业调查规划	447	0.246	0.009	0.81	160	18	35.79	6.0
H740	林业工程学报	1189	1.109	0.173	0.83	309	21	25.99	4.6
H280	林业科学	4387	1.187	0.138	0.93	430	23	9.80	8.6
H281	林业科学研究	2158	1.692	0.074	0.92	281	19	13.02	7.1
H289	林业与生态科学	296	0.504	0.047	0.91	135	26	45.61	5.9
G880	临床超声医学杂志	975	0.695	0.118	0.91	273	29	28.00	3.6
G607	临床儿科杂志	1101	0.644	0.124	0.95	364	48	33.06	4.9
G276	临床耳鼻咽喉头颈外科杂志	1886	0.998	0.201	0.85	350	16	18.56	5.1
G271	临床放射学杂志	3054	1.245	0.054	0.69	334	4	10.94	3.7
Q908	临床肺科杂志	1891	0.747	0.122	0.93	413	52	21.84	3.8
G501	临床肝胆病杂志	4615	1.546	0.296	0.88	513	44	11.12	3.8
G291	临床骨科杂志	941	1.120	0.108	0.69	173	8	18.38	2.9
G664	临床和实验医学杂志	2777	0.798	0.088	0.92	539	53	19.41	3.3
G345	临床急诊杂志	932	1.012	0.233	0.84	274	28	29.40	3.8
G204	临床检验杂志	867	0.636	0.086	0.88	325	35	37.49	3.9
G310	临床精神医学杂志	862	0.651	0.065	0.94	254	29	29.47	7.9
G881	临床军医杂志	1533	0.721	0.138	0.94	421	46	27.46	3.3
G287	临床口腔医学杂志	922	0.877	0.182	0.67	180	6	19.52	3.4
G222	临床麻醉学杂志	2563	1.702	0.248	0.82	355	21	13.85	3.4
G317	临床泌尿外科杂志	1010	0.897	0.156	0.77	221	9	21.88	3.6
G257	临床内科杂志	1131	1.153	0.185	0.78	340	26	30.06	2.8
G230	临床皮肤科杂志	1008	0.430	0.097	0.79	244	10	24.21	5.6
G309	临床神经病学杂志	519	0.625	0.091	0.87	223	40	42.97	4.4
G802	临床神经外科杂志	414	0.603	0.034	0.82	161	20	38.89	3.2
G423	临床肾脏病杂志	647	0.656	0.066	0.90	241	35	37.25	3.5
G797	临床输血与检验	619	0.678	0.199	0.82	178	8	28.76	3.7
G256	临床外科杂志	1288	0.702	0.124	0.80	326	36	25.31	3.5
G942	临床误诊误治	1362	0.925	0.134	0.89	364	33	26.73	3.3
G855	临床消化病杂志	353	0.513	0.127	0.97	192	43	54.39	3.8
Q909	临床小儿外科杂志	844	0.684	0.054	0.71	210	11	24.88	3.8
G261	临床心血管病杂志	1197	1.178	0.240	0.81	303	30	25.31	3.2
G293	临床血液学杂志	782	0.942	0.154	0.66	206	6	26.34	3.0
Q913	临床眼科杂志	336	0.278	0.062	0.91	109	11	32.44	4.5
G673	临床药物治疗杂志	875	0.808	0.162	0.92	270	21	30.86	3.5
G350	临床与病理杂志	1328	0.617	0.051	0.97	443	65	33.36	3.3
G274	临床与实验病理学杂志	1553	0.570	0.090	0.78	363	18	23.37	4.0
Q910	临床肿瘤学杂志	905	0.756	0.124	0.96	349	72	38.56	4.1
G491	岭南心血管病杂志	328	0.383	0.009	0.93	170	37	51.83	3.8
N023	流体机械	1659	1.786	0.153	0.67	236	5	14.23	4.0
G021	陆军军医大学学报	1676	0.681	0.094	0.96	576	92	34.37	4.3
H748	麦类作物学报	3019	1.656	0.129	0.84	216	12	7.15	6.8
T060	煤化工	349	0.445	0.083	0.68	92	6	26.36	4.2

表 4-1　2023 年中国科技核心期刊（中文）被引用指标刊名字顺索引（续）

CODE	刊名	核心总被引频次	核心影响因子	核心即年指标	核心他引率	核心引用刊数	核心开放因子	核心扩散因子	核心被引半衰期
K558	煤矿安全	3496	1.048	0.118	0.76	270	7	7.72	4.1
K517	煤矿机械	2345	0.443	0.078	0.52	218	2	9.30	4.6
K038	煤炭工程	3235	1.290	0.192	0.67	279	5	8.62	4.0
K005	煤炭科学技术	7285	2.644	0.849	0.86	409	8	5.61	4.2
K017	煤炭学报	16116	5.162	0.871	0.87	601	9	3.73	5.1
D027	煤炭转化	569	1.090	0.269	0.73	123	6	21.62	5.6
K009	煤田地质与勘探	2971	2.362	0.682	0.78	293	7	9.86	3.9
R119	密码学报	358	0.700	0.012	0.82	88	9	24.58	4.0
U036	棉纺织技术	780	0.541	0.151	0.62	112	2	14.36	4.3
H037	棉花学报	1027	2.033	0.256	0.91	154	9	15.00	6.9
G056	免疫学杂志	961	1.149	0.220	0.84	306	40	31.84	3.7
B017	模糊系统与数学	350	0.292	0.010	0.71	132	11	37.71	7.2
S015	模式识别与人工智能	825	0.970	0.125	0.91	250	24	30.30	4.3
T077	膜科学与技术	680	0.687	0.080	0.66	150	7	22.06	5.2
N084	摩擦学学报	1594	1.607	0.233	0.71	244	5	15.31	6.3
N107	模具技术	105	0.176	0.051	0.75	30	4	28.57	6.5
U533	木材科学与技术	387	0.667	0.138	0.67	93	4	24.03	5.1
A013	南昌大学学报理科版	313	0.423	0.047	0.87	182	37	58.15	4.8
G047	南昌大学学报医学版	392	0.398	0.057	0.99	259	69	66.07	4.7
R117	南方电网技术	2036	2.274	0.547	0.67	187	7	9.18	3.3
V089	南方建筑	494	0.719	0.060	0.79	103	7	20.85	3.7
H069	南方农业学报	3291	1.350	0.114	0.90	388	33	11.79	4.3
H068	南方水产科学	989	1.305	0.221	0.86	153	11	15.47	5.1
G023	南方医科大学学报	1903	1.203	0.106	0.95	625	109	32.84	4.0
A025	南京大学学报自然科学版	744	0.650	0.038	0.96	383	80	51.48	6.7
T011	南京工业大学学报自然科学版	619	0.835	0.100	0.81	292	43	47.17	6.0
Y026	南京航空航天大学学报	1028	0.938	0.083	0.92	335	41	32.59	6.3
N011	南京理工大学学报自然科学版	790	1.010	0.165	0.80	307	33	38.86	4.8
H033	南京林业大学学报自然科学版	2356	1.687	0.301	0.91	384	26	16.30	5.0
H021	南京农业大学学报	1673	1.356	0.380	0.94	329	41	19.67	6.0
A061	南京师大学报自然科学版	399	0.852	0.139	0.93	260	67	65.16	4.4
E120	南京信息工程大学学报自然科学版	426	0.888	0.235	0.84	250	51	58.69	3.5
G058	南京医科大学学报自然科学版	1213	0.756	0.116	0.83	477	79	39.32	3.5
R008	南京邮电大学学报自然科学版	446	0.949	0.066	0.73	156	13	34.98	3.7
G059	南京中医药大学学报	1942	1.836	0.219	0.96	294	21	15.14	4.5
A008	南开大学学报自然科学版	267	0.337	0.031	0.96	184	50	68.91	4.7
S776	南开管理评论	4275	4.442	1.119	0.95	328	25	7.67	5.1
W590	南水北调与水利科技	1650	1.825	0.281	0.77	304	12	18.42	4.9
G288	脑与神经疾病杂志	505	0.546	0.059	0.98	235	54	46.53	3.6
G662	内科急危重症杂志	529	0.716	0.101	0.72	213	22	40.26	3.7
G523	内科理论与实践	226	0.422	0.109	0.96	152	44	67.26	3.6
A026	内蒙古大学学报自然科学版	251	0.379	0.038	0.84	149	26	59.36	6.6
A111	内蒙古师范大学学报自然科学汉文版	195	0.260	0.044	0.87	133	35	68.21	5.8

表 4-1 2023 年中国科技核心期刊（中文）被引用指标刊名字顺索引（续）

CODE	刊名	核心总被引频次	核心影响因子	核心即年指标	核心他引率	核心引用刊数	核心开放因子	核心扩散因子	核心被引半衰期
G513	内蒙古医科大学学报	565	0.653	0.065	0.79	238	34	42.12	3.4
R533	内燃机工程	474	0.605	0.038	0.74	120	6	25.32	6.5
P004	内燃机学报	584	0.754	0.090	0.73	118	4	20.21	6.3
T501	能源化工	303	0.350	0.000	0.92	139	20	45.87	5.3
K570	能源与环保	1569	0.590	0.050	0.41	221	1	14.09	3.2
W002	泥沙研究	1048	1.170	0.134	0.77	158	8	15.08	9.1
A506	宁波大学学报理工版	224	0.317	0.043	0.97	170	58	75.89	5.1
A110	宁夏大学学报自然科学版	174	0.320	0.045	0.89	130	43	74.71	5.0
G665	宁夏医科大学学报	728	0.480	0.031	0.97	326	62	44.78	4.0
H071	农产品质量与安全	433	0.782	0.181	0.80	146	14	33.72	3.7
H105	农学学报	1209	0.629	0.076	0.95	294	35	24.32	5.2
T034	农药	1644	0.921	0.121	0.79	247	13	15.02	5.6
T924	农药科学与管理	494	0.479	0.101	0.84	142	8	28.74	6.4
H404	农药学学报	1433	1.366	0.415	0.81	224	12	15.63	4.3
H072	农业工程	581	0.290	0.012	0.77	194	17	33.39	3.9
H279	农业工程学报	21436	2.785	0.565	0.79	938	23	4.38	5.5
Z008	农业环境科学学报	5875	1.970	0.300	0.91	510	31	8.68	5.9
H278	农业机械学报	11817	3.024	0.648	0.72	769	10	6.51	4.3
H286	农业生物技术学报	1259	0.776	0.113	0.92	261	33	20.73	4.6
H222	农业现代化研究	1473	1.833	0.466	0.89	337	32	22.88	4.8
H773	农业资源与环境学报	1709	2.405	0.787	0.94	364	35	21.30	3.6
V032	暖通空调	1502	0.711	0.098	0.58	217	2	14.45	5.5
H219	排灌机械工程学报	1486	1.347	0.159	0.86	289	14	19.45	4.1
Q384	皮肤科学通报	252	0.318	0.022	0.91	124	24	49.21	4.5
U602	皮革科学与工程	683	1.179	0.394	0.57	82	2	12.01	3.5
U604	皮革与化工	246	1.063	0.404	0.74	50	2	20.33	3.1
E021	气候变化研究进展	1686	3.460	0.656	0.94	397	43	23.55	4.9
E361	气候与环境研究	1039	0.991	0.038	0.95	214	18	20.60	10.9
Y504	气体物理	141	0.446	0.104	0.90	62	10	43.97	4.0
E352	气象	4102	2.066	0.315	0.79	270	8	6.58	7.3
E566	气象科技	1828	1.867	0.229	0.57	231	3	12.64	5.8
E359	气象科学	1069	0.645	0.012	0.81	186	9	17.40	7.4
E001	气象学报	3145	2.097	0.333	0.92	271	9	8.62	10.0
E521	气象与环境科学	999	1.472	0.388	0.60	167	3	16.72	5.0
E633	气象与环境学报	1111	1.284	0.054	0.66	210	7	18.90	5.4
X532	汽车安全与节能学报	391	0.698	0.110	0.81	146	13	37.34	5.0
X018	汽车工程	2026	1.346	0.095	0.84	322	19	15.89	4.2
X500	汽车工程学报	212	0.503	0.120	0.81	111	18	52.36	4.0
X013	汽车技术	530	0.718	0.098	0.84	170	17	32.08	4.9
P001	汽轮机技术	472	0.350	0.025	0.69	96	4	20.34	5.9
G595	器官移植	797	1.548	0.611	0.79	198	11	24.84	2.9
Y009	强度与环境	393	0.619	0.186	0.69	114	7	29.01	6.2
C007	强激光与粒子束	1532	0.544	0.107	0.74	230	9	15.01	8.3

表 4-1 2023 年中国科技核心期刊（中文）被引用指标刊名字顺索引（续）

CODE	刊名	核心总被引频次	核心影响因子	核心即年指标	核心他引率	核心引用刊数	核心开放因子	核心扩散因子	核心被引半衰期
X021	桥梁建设	2165	2.735	0.529	0.71	164	2	7.58	3.8
G061	青岛大学学报医学版	342	0.279	0.044	0.91	233	62	68.13	3.7
T012	青岛科技大学学报自然科学版	281	0.587	0.163	0.78	150	22	53.38	3.4
U535	轻工机械	304	0.493	0.057	0.92	138	20	45.39	4.2
J001	清华大学学报自然科学版	2261	1.592	0.237	0.95	762	122	33.70	6.6
L044	全球能源互联网	583	2.244	0.219	0.84	110	8	18.87	3.0
D002	燃料化学学报	1538	1.064	0.199	0.84	237	12	15.41	5.8
P011	燃烧科学与技术	461	0.573	0.012	0.82	136	14	29.50	6.4
G448	热带病与寄生虫学	316	0.911	0.110	0.82	91	7	28.80	2.9
E563	热带地理	1481	1.329	0.138	0.87	355	26	23.97	4.9
E642	热带海洋学报	947	0.878	0.137	0.87	223	19	23.55	9.3
H516	热带农业科学	1148	0.446	0.074	0.90	249	25	21.69	5.9
E110	热带气象学报	1242	0.975	0.111	0.78	161	9	12.96	9.2
H415	热带生物学报	413	0.771	0.250	0.92	196	34	47.46	5.3
F228	热带亚热带植物学报	899	1.147	0.282	0.97	254	33	28.25	5.6
G609	热带医学杂志	1655	0.930	0.125	0.66	351	13	21.21	3.3
H223	热带作物学报	3038	1.113	0.257	0.89	330	32	10.86	4.9
T105	热固性树脂	392	0.797	0.103	0.80	110	12	28.06	4.7
N071	热加工工艺	4686	0.472	0.164	0.79	325	11	6.94	5.7
C134	热科学与技术	303	0.453	0.013	0.65	116	8	38.28	5.3
R501	热力发电	2231	1.472	0.268	0.78	314	11	14.07	3.7
P006	热能动力工程	1270	0.616	0.046	0.85	288	20	22.68	4.0
T013	人工晶体学报	977	0.391	0.053	0.74	251	16	25.69	5.5
N106	人类工效学	229	0.208	0.012	0.82	113	18	49.34	7.6
F041	人类学学报	734	0.663	0.083	0.53	82	2	11.17	10.9
W555	人民黄河	2888	1.181	0.154	0.74	412	15	14.27	4.3
W504	人民长江	3341	1.027	0.203	0.75	482	15	14.43	4.6
T070	日用化学工业	860	0.693	0.031	0.78	226	9	26.28	4.4
U515	肉类研究	1302	1.187	0.208	0.87	138	5	10.60	4.4
H097	乳业科学与技术	349	0.742	0.086	0.85	71	6	20.34	4.4
S011	软件学报	4084	2.180	0.312	0.80	541	17	13.25	4.3
N029	润滑与密封	1845	0.712	0.086	0.66	258	8	13.98	6.2
R086	三峡大学学报自然科学版	430	0.498	0.124	0.90	231	44	53.72	4.9
D012	色谱	1783	1.680	0.264	0.86	291	15	16.32	4.8
H382	森林工程	768	1.580	0.222	0.85	203	8	26.43	2.9
H051	森林与环境学报	987	1.488	0.325	0.88	206	20	20.87	4.4
E635	沙漠与绿洲气象	1067	1.230	0.212	0.63	124	3	11.62	4.7
H070	山地农业生物学报	578	0.868	0.131	0.84	200	29	34.60	6.4
E101	山地学报	1429	1.349	0.082	0.93	334	43	23.37	8.9
G742	山东大学耳鼻喉眼学报	607	0.702	0.149	0.66	179	8	29.49	3.8
J022	山东大学学报工学版	559	0.776	0.087	0.94	317	69	56.71	4.4
A020	山东大学学报理学版	455	0.378	0.047	0.81	224	30	49.23	4.6
G062	山东大学学报医学版	941	0.754	0.142	0.95	439	92	46.65	3.6

表 4-1　2023 年中国科技核心期刊（中文）被引用指标刊名字顺索引（续）

CODE	刊名	核心总被引频次	核心影响因子	核心即年指标	核心他引率	核心引用刊数	核心开放因子	核心扩散因子	核心被引半衰期
A141	山东科技大学学报自然科学版	502	0.759	0.101	0.82	215	23	42.83	4.8
A637	山东科学	323	0.443	0.086	0.95	215	53	66.56	4.7
H031	山东农业大学学报自然科学版	781	0.576	0.033	0.97	340	61	43.53	5.4
H804	山东农业科学	2304	1.019	0.155	0.91	336	29	14.58	5.2
G063	山东中医药大学学报	1298	1.169	0.121	0.91	207	18	15.95	6.1
G574	山东中医杂志	1876	0.809	0.123	0.92	238	19	12.69	5.2
A014	山西大学学报自然科学版	370	0.318	0.143	0.92	253	68	68.38	4.0
H393	山西农业大学学报自然科学版	729	1.133	0.228	0.94	224	36	30.73	5.2
H390	山西农业科学	1917	0.929	0.203	0.89	305	26	15.91	4.7
G064	山西医科大学学报	688	0.418	0.074	0.97	341	69	49.56	4.3
H217	陕西农业科学	883	0.423	0.015	0.92	250	31	28.31	5.3
A066	陕西师范大学学报自然科学版	499	0.811	0.184	0.91	296	70	59.32	5.4
G630	陕西医学杂志	2703	1.413	0.382	0.72	377	3	13.95	3.2
G725	陕西中医	4490	1.811	0.351	0.78	325	10	7.24	3.6
V088	上海城市规划	695	0.655	0.088	0.82	119	7	17.12	4.7
A056	上海大学学报自然科学版	350	0.434	0.059	0.93	255	80	72.86	5.6
U528	上海纺织科技	497	0.348	0.015	0.75	102	4	20.52	5.0
X038	上海海事大学学报	323	0.736	0.060	0.86	122	12	37.77	4.0
H292	上海海洋大学学报	1168	1.043	0.220	0.86	196	11	16.78	6.3
Y555	上海航天中英文版	868	0.984	0.067	0.69	229	12	26.38	4.5
X006	上海交通大学学报	1836	1.116	0.253	0.91	534	67	29.08	6.3
G066	上海交通大学学报医学版	1267	0.731	0.051	0.99	516	103	40.73	4.4
M021	上海金属	503	0.605	0.157	0.85	82	5	16.30	4.7
G283	上海口腔医学	642	0.625	0.016	0.89	182	14	28.35	5.0
H282	上海农业学报	729	0.505	0.043	0.93	223	30	30.59	5.9
G069	上海医学	614	0.581	0.062	0.94	322	75	52.44	3.9
Q219	上海预防医学	955	0.816	0.169	0.83	284	20	29.74	3.6
G596	上海针灸杂志	2317	1.056	0.143	0.91	212	14	9.15	5.2
G946	上海中医药大学学报	1042	1.286	0.146	0.97	234	25	22.46	5.5
G389	上海中医药杂志	2928	1.228	0.269	0.93	316	21	10.79	5.9
T763	深空探测学报中英文版	496	0.972	0.042	0.77	119	7	23.99	4.1
A515	深圳大学学报理工版	412	0.525	0.221	0.86	245	50	59.47	3.9
G329	神经疾病与精神卫生	433	0.654	0.105	0.92	174	25	40.18	2.9
G070	神经解剖学杂志	423	0.550	0.133	0.86	189	33	44.68	4.3
G319	神经损伤与功能重建	808	0.781	0.120	0.84	283	42	35.02	3.1
A074	沈阳大学学报自然科学版	182	0.324	0.071	0.92	147	56	80.77	5.1
J052	沈阳工业大学学报	712	0.835	0.078	0.82	248	19	34.83	4.0
V011	沈阳建筑大学学报自然科学版	611	0.438	0.037	0.82	229	24	37.48	6.0
H024	沈阳农业大学学报	1038	0.934	0.072	0.97	284	47	27.36	8.4
A586	沈阳师范大学学报自然科学版	169	0.211	0.021	0.74	100	17	59.17	5.4
G071	沈阳药科大学学报	1089	0.917	0.109	0.89	321	26	29.48	4.8
G202	肾脏病与透析肾移植杂志	658	0.906	0.112	0.87	248	31	37.69	4.5
F203	生理科学进展	619	0.866	0.210	0.96	311	63	50.24	4.8

表 4-1　2023 年中国科技核心期刊（中文）被引用指标刊名字顺索引（续）

CODE	刊名	核心总被引频次	核心影响因子	核心即年指标	核心他引率	核心引用刊数	核心开放因子	核心扩散因子	核心被引半衰期
F001	生理学报	686	0.888	0.371	0.93	341	73	49.71	4.4
F042	生命的化学	738	0.406	0.038	0.93	354	68	47.97	3.6
F215	生命科学	1140	0.746	0.194	0.98	507	102	44.47	6.0
F046	生命科学研究	356	0.634	0.103	0.97	225	59	63.20	5.3
Z034	生态毒理学报	1580	1.023	0.104	0.85	356	21	22.53	4.8
H784	生态环境学报	6093	2.276	0.154	0.95	584	43	9.58	6.4
Z512	生态科学	1935	1.497	0.163	0.92	397	46	20.52	4.9
Z014	生态学报	30962	3.726	0.684	0.86	821	38	2.65	5.9
Z028	生态学杂志	8781	2.474	0.509	0.92	606	43	6.90	6.2
Z023	生态与农村环境学报	2697	2.225	0.394	0.90	467	38	17.32	4.3
H080	生物安全学报	471	1.020	0.057	0.79	121	9	25.69	5.2
F049	生物多样性	4205	1.957	0.413	0.86	398	23	9.46	7.1
F003	生物工程学报	2094	1.276	0.753	0.77	498	30	23.78	2.8
G401	生物骨科材料与临床研究	410	0.628	0.078	0.68	145	8	35.37	3.8
F016	生物化学与生物物理进展	694	0.549	0.202	0.90	376	78	54.18	4.9
F229	生物技术	348	0.294	0.041	0.97	200	50	57.47	9.0
F214	生物技术进展	594	0.884	0.178	0.80	244	33	41.08	4.0
F205	生物技术通报	2833	1.223	0.304	0.92	477	42	16.84	4.3
F204	生物加工过程	486	1.243	0.200	0.96	209	26	43.00	3.3
F040	生物信息学	128	0.381	0.059	0.91	101	37	78.91	5.2
F213	生物学杂志	862	0.713	0.193	0.92	362	66	42.00	5.1
G006	生物医学工程学杂志	812	0.840	0.044	0.86	357	41	43.97	4.6
G332	生物医学工程研究	225	0.507	0.068	0.94	142	31	63.11	4.0
G603	生物医学工程与临床	310	0.384	0.022	0.95	185	40	59.68	3.6
GE01	生物医学转化	64	0.533	0.020	1.00	57	25	89.06	2.3
H083	生物质化学工程	435	0.992	0.158	0.91	174	24	40.00	4.8
F044	生物资源	506	0.673	0.015	0.95	237	43	46.84	5.7
G624	生殖医学杂志	1566	0.962	0.137	0.74	260	9	16.60	3.7
C033	声学技术	640	0.576	0.079	0.85	221	16	34.53	6.1
C054	声学学报	1060	0.795	0.119	0.68	189	5	17.83	7.8
E302	湿地科学	1312	1.513	0.076	0.79	253	17	19.28	6.1
E636	湿地科学与管理	400	0.762	0.096	0.63	117	4	29.25	4.4
A615	石河子大学学报自然科学版	515	0.534	0.087	0.96	270	56	52.43	5.9
T933	石化技术与应用	228	0.259	0.010	0.87	76	8	33.33	6.8
X042	石家庄铁道大学学报自然科学版	197	0.280	0.014	0.89	118	23	59.90	7.2
L016	石油地球物理勘探	2470	1.914	0.180	0.69	198	5	8.02	6.4
L015	石油化工	1206	0.618	0.083	0.80	210	11	17.41	6.9
L034	石油化工高等学校学报	326	0.592	0.133	0.89	107	10	32.82	4.7
L021	石油化工设备技术	175	0.135	0.014	0.81	65	7	37.14	9.3
L019	石油机械	2010	1.292	0.083	0.60	225	4	11.19	4.9
L031	石油勘探与开发	7324	6.277	1.314	0.92	288	13	3.93	5.9
L043	石油科学通报	485	1.783	0.250	0.93	114	16	23.51	3.5
L030	石油炼制与化工	1444	0.946	0.107	0.65	175	4	12.12	5.0

表 4-1 2023 年中国科技核心期刊（中文）被引用指标刊名字顺索引（续）

CODE	刊名	核心总被引频次	核心影响因子	核心即年指标	核心他引率	核心引用刊数	核心开放因子	核心扩散因子	核心被引半衰期
E126	石油实验地质	2535	3.686	0.328	0.87	145	11	5.72	4.9
L005	石油物探	1403	1.805	0.183	0.76	134	5	9.55	5.3
L028	石油学报	6719	4.879	1.088	0.85	323	14	4.81	6.9
L012	石油学报石油加工	1642	2.050	0.361	0.59	206	2	12.55	3.7
L006	石油与天然气地质	4589	5.296	0.750	0.87	162	12	3.53	5.2
L008	石油钻采工艺	1427	1.445	0.252	0.82	165	7	11.56	5.8
L025	石油钻探技术	1879	2.680	0.595	0.74	177	6	9.42	4.0
F257	实验动物科学	369	0.407	0.029	0.85	158	20	42.82	6.3
G387	实验动物与比较医学	336	0.610	0.260	0.75	120	5	35.71	4.0
N993	实验技术与管理	2504	0.664	0.081	0.79	422	2	16.85	3.9
C009	实验力学	752	0.562	0.039	0.79	254	30	33.78	6.9
Y018	实验流体力学	731	0.840	0.108	0.88	173	11	23.67	7.9
A115	实验室研究与探索	2744	0.603	0.046	0.49	496	1	18.08	3.9
G534	实用放射学杂志	2885	0.895	0.039	0.58	279	2	9.67	3.8
G586	实用妇产科杂志	1453	0.974	0.113	0.97	308	34	21.20	4.0
G746	实用肝脏病杂志	1506	0.959	0.215	0.78	316	25	20.98	3.8
G457	实用骨科杂志	1049	0.776	0.099	0.77	216	13	20.59	3.7
G224	实用口腔医学杂志	852	0.672	0.075	0.82	197	10	23.12	4.3
G700	实用老年医学	1009	0.671	0.133	0.93	334	50	33.10	3.1
Q919	实用临床医药杂志	2774	0.765	0.104	0.82	489	42	17.63	3.4
G652	实用皮肤病学杂志	355	0.388	0.021	0.77	127	9	35.77	4.8
G469	实用器官移植电子杂志	474	1.000	0.155	0.59	115	3	24.26	3.1
G766	实用心脑肺血管病杂志	1623	0.909	0.236	0.85	363	42	22.37	3.7
G834	实用药物与临床	991	0.779	0.117	0.94	310	40	31.28	3.8
G324	实用医学杂志	4598	1.363	0.202	0.83	676	65	14.70	3.7
G760	实用医院临床杂志	1344	0.660	0.121	0.95	417	51	31.03	3.5
G768	实用预防医学	2560	1.311	0.243	0.75	441	15	17.23	3.4
G856	实用肿瘤学杂志	366	0.710	0.090	0.85	176	30	48.09	3.3
G890	实用肿瘤杂志	605	1.404	0.209	0.77	260	41	42.98	2.9
U049	食品安全质量检测学报	7122	1.300	0.414	0.80	523	12	7.34	3.1
U005	食品工业科技	14654	1.751	0.521	0.83	626	9	4.27	4.0
U648	食品科技	4658	1.098	0.106	0.93	391	9	8.39	4.8
U006	食品科学	19755	2.500	0.631	0.87	667	8	3.38	4.7
A117	食品科学技术学报	1029	1.857	0.326	0.91	188	8	18.27	3.6
U617	食品研究与开发	6759	1.435	0.178	0.90	495	10	7.32	4.0
U035	食品与发酵工业	9298	1.650	0.496	0.85	472	6	5.08	3.2
U641	食品与发酵科技	784	0.855	0.088	0.94	169	8	21.56	4.2
U547	食品与机械	3501	1.246	0.133	0.81	433	9	12.37	4.1
U029	食品与生物技术学报	1415	1.139	0.133	0.88	276	10	19.51	5.5
G748	食品与药品	578	0.700	0.053	0.97	229	38	39.62	4.5
H838	食用菌学报	817	1.309	0.208	0.82	133	7	16.28	5.2
E655	世界地理研究	1411	1.893	0.352	0.83	300	14	21.26	3.8
E363	世界地震工程	751	0.620	0.033	0.86	153	12	20.37	8.1

表 4-1 2023 年中国科技核心期刊（中文）被引用指标刊名字顺索引（续）

CODE	刊名	核心总被引频次	核心影响因子	核心即年指标	核心他引率	核心引用刊数	核心开放因子	核心扩散因子	核心被引半衰期
E548	世界地质	606	0.590	0.111	0.87	175	17	28.88	7.9
E054	世界核地质科学	455	1.051	0.296	0.55	81	2	17.80	6.7
G906	世界科学技术 – 中医药现代化	4355	1.351	0.146	0.92	501	24	11.50	3.6
G485	世界临床药物	604	0.448	0.018	0.98	295	64	48.84	4.3
X538	世界桥梁	1193	2.423	0.490	0.70	112	2	9.39	3.1
G484	世界中西医结合杂志	2826	0.916	0.094	0.94	319	21	11.29	3.9
G483	世界中医药	5571	1.722	0.215	0.93	446	21	8.01	3.5
Q957	首都公共卫生	477	0.840	0.101	0.90	141	14	29.56	4.1
A023	首都师范大学学报自然科学版	251	0.280	0.011	0.91	191	65	76.10	6.8
G073	首都医科大学学报	905	0.953	0.194	0.97	401	79	44.31	3.9
F033	兽类学报	770	0.906	0.092	0.77	120	5	15.58	8.4
R005	数据采集与处理	610	0.752	0.083	0.91	246	31	40.33	4.5
W009	数理统计与管理	710	0.852	0.136	0.71	277	19	39.01	4.8
B015	数学的实践与认识	1526	0.226	0.029	0.88	537	74	35.19	5.0
B007	数学进展	134	0.116	0.000	0.93	60	14	44.78	9.8
B004	数学年刊 A	94	0.063	0.000	0.97	41	9	43.62	14.8
C036	数学物理学报	269	0.285	0.029	0.75	71	6	26.39	3.9
B006	数学学报	218	0.143	0.093	0.89	70	12	32.11	12.4
B012	数学杂志	85	0.136	0.000	0.85	46	9	54.12	7.9
H847	水产科学	1219	0.863	0.210	0.82	174	12	14.27	6.0
H008	水产学报	2942	1.438	0.332	0.89	231	12	7.85	7.1
Z016	水处理技术	1793	0.724	0.091	0.84	277	11	15.45	4.7
X533	水道港口	759	1.081	0.082	0.42	106	1	13.97	4.4
P007	水电能源科学	3076	0.803	0.081	0.80	469	14	15.25	4.3
W004	水动力学研究与进展 A	666	0.475	0.028	0.89	208	27	31.23	8.6
W013	水科学进展	3035	3.191	0.512	0.87	357	17	11.76	7.4
R050	水力发电	1117	0.523	0.095	0.83	275	12	24.62	4.8
R049	水力发电学报	3017	2.401	0.555	0.72	315	8	10.44	5.3
R587	水利经济	300	0.765	0.058	0.72	88	8	29.33	3.7
W011	水利水电技术	2198	1.299	0.247	0.90	430	24	19.56	4.3
W502	水利水电科技进展	1259	2.241	0.184	0.80	231	9	18.35	4.9
W006	水利水运工程学报	857	1.019	0.159	0.84	224	16	26.14	5.9
W003	水利学报	5057	3.086	0.474	0.88	509	18	10.07	7.8
F010	水生生物学报	2388	1.231	0.360	0.88	253	13	10.59	7.4
H850	水生态学杂志	1317	1.471	0.303	0.93	248	22	18.83	6.3
H015	水土保持通报	3474	1.764	0.119	0.90	424	35	12.20	5.1
H287	水土保持学报	6755	2.497	0.295	0.91	446	25	6.60	5.9
H056	水土保持研究	5174	2.481	0.531	0.90	480	35	9.28	4.5
E540	水文	1083	1.194	0.124	0.88	249	18	22.99	6.7
E154	水文地质工程地质	2356	2.127	0.386	0.85	346	22	14.69	6.0
N907	水下无人系统学报	543	0.464	0.080	0.73	130	5	23.94	5.2
X528	水运工程	1556	0.376	0.060	0.51	216	2	13.88	5.9
R566	水资源保护	2417	3.901	0.881	0.73	308	10	12.74	2.8

表 4-1　2023 年中国科技核心期刊（中文）被引用指标刊名字顺索引（续）

CODE	刊名	核心总被引频次	核心影响因子	核心即年指标	核心他引率	核心引用刊数	核心开放因子	核心扩散因子	核心被引半衰期
W570	水资源与水工程学报	1564	1.162	0.178	0.83	358	24	22.89	4.8
U056	丝绸	800	0.544	0.083	0.55	97	2	12.13	4.2
G045	四川大学学报医学版	1142	1.119	0.330	0.96	482	88	42.21	3.8
A006	四川大学学报自然科学版	713	0.662	0.119	0.86	352	52	49.37	4.3
F027	四川动物	686	0.596	0.026	0.88	177	14	25.80	9.6
Z007	四川环境	913	0.540	0.042	0.56	220	4	24.10	4.5
G710	四川精神卫生	350	0.471	0.096	0.81	146	17	41.71	4.2
H007	四川农业大学学报	897	1.080	0.142	0.96	272	45	30.32	4.8
A033	四川师范大学学报自然科学版	290	0.315	0.050	0.84	175	34	60.34	5.1
G575	四川医学	852	0.423	0.038	0.98	376	76	44.13	4.3
H862	饲料工业	2549	1.529	0.271	0.78	231	3	9.06	4.8
H864	饲料研究	3500	1.202	0.235	0.55	282	2	8.06	2.6
T106	塑料	976	0.717	0.124	0.72	173	4	17.73	4.6
T014	塑料工业	1841	0.760	0.167	0.81	279	5	15.15	4.2
T536	塑料科技	1390	0.888	0.199	0.70	207	4	14.89	3.4
T079	塑料助剂	231	0.385	0.032	0.76	70	6	30.30	4.0
T580	塑性工程学报	1777	1.218	0.095	0.76	177	3	9.96	3.2
X634	隧道建设中英文版	2997	2.121	0.280	0.71	295	7	9.84	4.2
R652	太赫兹科学与电子信息学报	496	0.379	0.031	0.63	161	11	32.46	4.4
L009	太阳能学报	5101	1.397	0.127	0.72	593	21	11.63	3.1
J011	太原理工大学学报	703	0.832	0.254	0.85	354	62	50.36	4.2
M544	钛工业进展	455	0.900	0.271	0.75	75	5	16.48	8.4
T500	弹性体	426	0.477	0.000	0.77	102	7	23.94	6.9
T015	炭素技术	318	0.452	0.038	0.75	119	12	37.42	5.8
N043	探测与控制学报	581	0.583	0.067	0.79	180	15	30.98	4.8
V531	陶瓷学报	456	0.594	0.072	0.67	147	9	32.24	3.9
H041	特产研究	547	0.615	0.111	0.86	199	26	36.38	3.9
L505	特种油气藏	1865	2.363	0.216	0.93	164	11	8.79	4.2
N065	特种铸造及有色合金	1549	0.605	0.056	0.63	168	3	10.85	4.9
R776	天地一体化信息网络	123	0.784	0.196	0.68	36	4	29.27	2.6
A041	天津大学学报	1197	0.711	0.101	0.91	496	79	41.44	6.3
U017	天津工业大学学报	288	0.549	0.041	0.86	148	25	51.39	4.7
A504	天津师范大学学报自然科学版	237	0.399	0.087	0.80	136	25	57.38	5.1
G076	天津医药	1162	0.762	0.158	0.95	429	77	36.92	3.7
G626	天津中医药	2007	1.068	0.159	0.91	281	20	14.00	3.9
G914	天津中医药大学学报	945	1.193	0.062	0.96	222	23	23.49	4.0
T611	天然产物研究与开发	2904	1.397	0.310	0.91	443	31	15.25	5.2
L518	天然气地球科学	3702	2.291	0.446	0.83	187	11	5.05	6.2
L029	天然气工业	6649	4.819	0.492	0.86	389	16	5.85	5.1
L507	天然气与石油	498	0.592	0.110	0.74	138	9	27.71	4.7
E023	天文学报	216	0.346	0.319	0.72	74	8	34.26	5.9
E114	天文学进展	87	0.181	0.000	0.89	50	12	57.47	8.9
X521	铁道工程学报	1511	0.683	0.018	0.85	256	15	16.94	5.8

表 4-1 2023 年中国科技核心期刊（中文）被引用指标刊名字顺索引（续）

CODE	刊名	核心总被引频次	核心影响因子	核心即年指标	核心他引率	核心引用刊数	核心开放因子	核心扩散因子	核心被引半衰期
X007	铁道科学与工程学报	2855	1.214	0.328	0.78	409	21	14.33	3.9
X005	铁道学报	3128	1.380	0.140	0.80	367	14	11.73	5.3
G238	听力学及言语疾病杂志	984	0.636	0.149	0.83	181	6	18.39	5.2
R065	通信学报	2370	1.682	0.183	0.90	365	26	15.40	3.7
G965	同济大学学报医学版	634	0.900	0.201	0.85	330	67	52.05	3.4
J032	同济大学学报自然科学版	2696	0.792	0.079	0.96	578	55	21.44	8.3
Q003	同位素	246	0.470	0.063	0.71	88	7	35.77	4.5
N061	图学学报	768	0.890	0.315	0.86	266	27	34.64	3.6
T103	涂料工业	735	0.536	0.092	0.71	160	9	21.77	5.4
V029	土木工程学报	5118	2.036	0.414	0.95	383	25	7.48	8.4
V035	土木工程与管理学报	627	0.385	0.017	0.88	205	27	32.70	5.1
V019	土木与环境工程学报中英文版	1195	1.184	0.351	0.92	320	37	26.78	4.7
H043	土壤	3295	2.073	0.149	0.92	383	25	11.62	6.3
H057	土壤通报	3729	2.186	0.308	0.95	424	32	11.37	7.2
H012	土壤学报	5675	3.956	0.710	0.92	445	22	7.84	7.2
H048	土壤与作物	456	1.344	0.102	0.95	160	24	35.09	4.6
Y025	推进技术	2628	0.783	0.174	0.76	273	7	10.39	5.3
S795	外国经济与管理	1862	2.562	0.800	0.92	286	19	15.36	4.0
G601	外科理论与实践	424	0.694	0.053	0.94	171	22	40.33	3.8
G996	皖南医学院学报	318	0.354	0.037	0.96	195	48	61.32	3.6
S017	网络新媒体技术	98	0.271	0.000	0.76	44	6	44.90	3.8
S082	网络与信息安全学报	323	0.711	0.099	0.87	113	15	34.98	3.3
R070	微波学报	584	0.628	0.051	0.70	140	8	23.97	5.5
G866	微创泌尿外科杂志	289	0.485	0.013	0.88	87	8	30.10	4.1
R057	微电机	686	0.444	0.057	0.69	154	6	22.45	4.3
R064	微电子学	439	0.356	0.012	0.73	115	7	26.20	5.1
R004	微电子学与计算机	810	0.616	0.082	0.89	241	20	29.75	4.5
R098	微纳电子技术	466	0.487	0.046	0.73	161	13	34.55	4.5
F004	微生物学报	2327	1.045	0.268	0.88	443	39	19.04	4.5
F206	微生物学免疫学进展	318	0.500	0.091	0.91	153	25	48.11	4.9
F011	微生物学通报	3671	1.281	0.334	0.88	547	41	14.90	4.2
F225	微生物学杂志	666	0.827	0.060	0.94	262	38	39.34	5.8
G651	微生物与感染	192	0.333	0.040	0.92	124	31	64.58	5.3
R085	微特电机	454	0.331	0.040	0.78	119	8	26.21	5.0
E052	微体古生物学报	449	0.238	0.000	0.84	82	4	18.26	16.6
S033	微型电脑应用	808	0.322	0.021	0.64	168	3	20.79	2.9
G210	微循环学杂志	266	0.652	0.120	0.97	170	44	63.91	3.7
S813	卫生软科学	820	0.808	0.179	0.82	177	12	21.59	2.9
G079	卫生研究	1320	0.978	0.172	0.94	387	32	29.32	5.0
G800	胃肠病学	797	0.486	0.000	0.98	280	44	35.13	6.4
G326	胃肠病学和肝病学杂志	1137	0.518	0.096	0.97	375	60	32.98	4.4
G702	温州医科大学学报	476	0.432	0.051	0.94	292	68	61.34	3.7
D003	无机材料学报	1094	0.804	0.220	0.86	278	21	25.41	5.0

表 4-1　2023 年中国科技核心期刊（中文）被引用指标刊名字顺索引（续）

CODE	刊名	核心总被引频次	核心影响因子	核心即年指标	核心他引率	核心引用刊数	核心开放因子	核心扩散因子	核心被引半衰期
D023	无机化学学报	1060	0.667	0.224	0.64	229	9	21.60	4.0
T072	无机盐工业	1600	1.040	0.221	0.73	288	14	18.00	3.8
N044	无损检测	791	0.309	0.050	0.72	221	16	27.94	6.8
W014	武汉大学学报工学版	1322	1.022	0.137	0.93	458	63	34.64	5.1
A024	武汉大学学报理学版	444	0.699	0.148	0.95	277	68	62.39	4.1
E107	武汉大学学报信息科学版	4287	2.048	0.752	0.84	532	15	12.41	5.0
G038	武汉大学学报医学版	642	0.585	0.153	0.96	341	82	53.12	3.5
M032	武汉科技大学学报自然科学版	314	0.585	0.048	0.96	184	43	58.60	6.0
X017	武汉理工大学学报交通科学与工程版	936	0.586	0.138	0.83	307	29	32.80	4.9
J018	武汉理工大学学报信息与管理工程版	360	0.485	0.085	0.63	162	13	45.00	4.2
G707	武警医学	701	0.420	0.077	0.81	299	43	42.65	3.7
D001	物理化学学报	2013	2.550	0.855	0.83	381	18	18.93	3.5
C006	物理学报	5993	0.711	0.169	0.80	757	29	12.63	5.9
C509	物理与工程	260	0.289	0.031	0.40	73	1	28.08	3.8
E136	物探化探计算技术	446	0.293	0.011	0.91	137	12	30.72	8.8
E138	物探与化探	1958	0.911	0.106	0.80	266	13	13.59	7.2
R009	西安电子科技大学学报自然科学版	810	1.199	0.171	0.74	244	23	30.12	3.3
U030	西安工程大学学报	466	0.846	0.153	0.81	169	11	36.27	3.7
J036	西安工业大学学报	228	0.282	0.015	0.95	151	38	66.23	6.0
V018	西安建筑科技大学学报自然科学版	726	0.601	0.044	0.84	256	29	35.26	6.3
X030	西安交通大学学报	2600	1.465	0.221	0.81	540	42	20.77	4.8
G081	西安交通大学学报医学版	800	0.888	0.226	0.97	370	78	46.25	3.9
A150	西安科技大学学报	1023	0.990	0.128	0.81	295	15	28.84	4.3
J002	西安理工大学学报	332	0.662	0.131	0.97	199	48	59.94	4.6
L010	西安石油大学学报自然科学版	854	0.921	0.087	0.88	205	23	24.00	6.4
R671	西安邮电大学学报	287	0.491	0.203	0.49	93	1	32.40	3.8
A032	西北大学学报自然科学版	846	1.074	0.108	0.95	384	71	45.39	5.9
E125	西北地质	1434	1.399	0.763	0.69	183	9	12.76	5.7
Y023	西北工业大学学报	1177	0.725	0.044	0.94	349	46	29.65	4.8
H224	西北林学院学报	2957	1.692	0.243	0.80	384	22	12.99	5.0
H018	西北农林科技大学学报自然科学版	2932	1.284	0.344	0.96	458	54	15.62	7.6
H288	西北农业学报	2615	1.191	0.183	0.94	339	31	12.96	6.7
A022	西北师范大学学报自然科学版	383	0.414	0.055	0.91	243	61	63.45	5.1
G792	西北药学杂志	1353	1.103	0.119	0.70	282	15	20.84	3.7
F020	西北植物学报	4102	1.456	0.260	0.85	351	27	8.56	7.7
H385	西部林业科学	1123	1.443	0.103	0.87	237	20	21.10	3.9
V573	西部人居环境学刊	489	0.906	0.123	0.71	117	7	23.93	3.4
G588	西部医学	1444	0.745	0.114	0.82	396	43	27.42	3.5
G699	西部中医药	2248	0.906	0.137	0.75	318	13	14.15	3.7
J045	西华大学学报自然科学版	314	0.445	0.078	0.94	211	56	67.20	4.4
H004	西南大学学报自然科学版	1918	1.139	0.152	0.86	570	65	29.72	4.5
X032	西南交通大学学报	1796	1.153	0.272	0.90	409	34	22.77	5.6
H270	西南林业大学学报	1390	1.191	0.200	0.88	300	25	21.58	4.2

表 4-1　2023 年中国科技核心期刊（中文）被引用指标刊名字顺索引（续）

CODE	刊名	核心总被引频次	核心影响因子	核心即年指标	核心他引率	核心引用刊数	核心开放因子	核心扩散因子	核心被引半衰期
A060	西南民族大学学报自然科学版	336	0.421	0.068	0.94	190	39	56.55	5.9
H061	西南农业学报	3948	1.290	0.163	0.91	430	36	10.89	5.4
A064	西南师范大学学报自然科学版	932	0.502	0.053	0.87	423	64	45.39	5.1
L002	西南石油大学学报自然科学版	1373	1.222	0.297	0.90	205	17	14.93	7.7
M041	稀土	776	0.611	0.119	0.75	198	10	25.52	6.8
M029	稀有金属	1777	1.897	0.086	0.83	226	9	12.72	4.4
M052	稀有金属材料与工程	4626	0.828	0.110	0.73	356	9	7.70	6.0
S505	系统仿真技术	106	0.193	0.000	0.93	71	18	66.98	5.4
S003	系统仿真学报	2861	1.359	0.359	0.89	588	52	20.55	5.4
B028	系统工程	909	1.035	0.179	0.93	308	31	33.88	6.2
B025	系统工程理论与实践	4440	2.255	0.392	0.82	666	17	15.00	5.1
B018	系统工程学报	735	0.691	0.045	0.77	183	7	24.90	6.1
R059	系统工程与电子技术	3520	1.332	0.271	0.85	459	27	13.04	4.0
B027	系统管理学报	966	1.245	0.218	0.84	250	16	25.88	4.4
B021	系统科学与数学	925	0.858	0.150	0.65	254	10	27.46	3.4
G188	细胞与分子免疫学杂志	1063	0.736	0.075	0.89	374	54	35.18	4.8
A063	厦门大学学报自然科学版	710	0.529	0.078	0.97	386	80	54.37	7.9
V087	现代城市研究	1425	0.780	0.063	0.87	261	15	18.32	5.0
E027	现代地质	2153	1.303	0.262	0.88	275	25	12.77	8.0
R089	现代电力	773	1.772	0.398	0.86	155	17	20.05	3.3
R748	现代电子技术	2417	0.476	0.081	0.81	492	17	20.36	3.7
Y561	现代防御技术	637	0.785	0.186	0.85	143	14	22.45	5.2
U634	现代纺织技术	428	0.718	0.211	0.74	86	4	20.09	2.7
G300	现代妇产科进展	1118	0.847	0.171	0.95	279	33	24.96	3.7
T063	现代化工	2245	0.682	0.113	0.89	490	38	21.83	3.9
G653	现代检验医学杂志	1015	0.969	0.081	0.66	273	9	26.90	3.2
G321	现代口腔医学杂志	281	0.302	0.026	0.85	96	10	34.16	5.0
R087	现代雷达	989	0.607	0.104	0.72	187	11	18.91	5.4
G438	现代临床护理	735	0.798	0.087	0.81	170	10	23.13	3.7
G798	现代泌尿生殖肿瘤杂志	192	0.347	0.011	0.84	90	13	46.88	4.3
G341	现代泌尿外科杂志	881	0.546	0.131	0.84	229	14	25.99	3.8
G067	现代免疫学	385	0.654	0.082	0.94	203	46	52.73	3.9
H417	现代农药	408	0.737	0.141	0.90	138	9	33.82	5.9
U010	现代食品科技	4317	1.253	0.286	0.92	431	9	9.98	4.5
T929	现代塑料加工应用	367	0.406	0.073	0.90	84	5	22.89	4.7
X673	现代隧道技术	2160	1.172	0.307	0.83	246	9	11.39	4.8
G451	现代消化及介入诊疗	1253	0.580	0.049	0.92	312	42	24.90	3.6
G421	现代药物与临床	2217	0.788	0.165	0.92	399	33	18.00	3.6
G223	现代医学	835	0.502	0.060	0.81	288	31	34.49	3.6
C093	现代应用物理	163	0.281	0.058	0.71	67	7	41.10	4.4
G963	现代预防医学	6781	1.472	0.218	0.88	725	28	10.69	3.5
N111	现代制造工程	1255	0.791	0.059	0.87	305	22	24.30	4.0
G951	现代中西医结合杂志	4914	0.916	0.069	0.95	487	29	9.91	4.0

表 4-1 2023 年中国科技核心期刊（中文）被引用指标刊名字顺索引（续）

CODE	刊名	核心总被引频次	核心影响因子	核心即年指标	核心他引率	核心引用刊数	核心开放因子	核心扩散因子	核心被引半衰期
G486	现代中药研究与实践	710	0.877	0.083	0.97	223	26	31.41	5.0
G896	现代中医临床	882	1.214	0.225	0.84	135	13	15.31	4.8
T073	香料香精化妆品	565	0.577	0.031	0.73	140	7	24.78	4.6
A018	湘潭大学学报自然科学版	241	0.559	0.041	0.62	122	11	50.62	3.9
T064	橡胶工业	728	0.756	0.049	0.69	141	3	19.37	4.4
T953	消防科学与技术	1482	0.517	0.073	0.63	276	4	18.62	4.2
Q937	消化肿瘤杂志电子版	201	0.604	0.220	0.66	90	8	44.78	3.3
P010	小型内燃机与车辆技术	124	0.106	0.017	0.76	49	5	39.52	4.6
S027	小型微型计算机系统	2211	1.119	0.188	0.83	392	16	17.73	3.3
G817	协和医学杂志	1111	1.836	0.500	0.93	433	83	38.97	2.7
G083	心肺血管病杂志	1097	0.874	0.210	0.74	309	27	28.17	3.2
S700	心理发展与教育	1311	1.030	0.289	0.83	194	8	14.80	6.9
S918	心理科学	2044	0.541	0.066	0.92	402	18	19.67	8.6
S919	心理科学进展	4226	1.404	0.195	0.91	631	32	14.93	9.3
E046	心理学报	2892	1.322	0.232	0.92	471	26	16.29	10.3
G476	心脑血管病防治	763	0.714	0.061	0.97	294	59	38.53	4.1
G419	心血管病学进展	709	0.479	0.058	0.97	282	56	39.77	3.7
G578	心血管康复医学杂志	552	0.605	0.088	0.98	229	39	41.49	3.5
G260	心脏杂志	396	0.477	0.106	0.91	195	40	49.24	3.6
Q368	新发传染病电子杂志	560	1.363	0.379	0.62	186	8	33.21	3.3
A087	新疆大学学报自然科学版中英文版	262	0.457	0.043	0.76	161	30	61.45	4.6
E159	新疆地质	759	0.451	0.070	0.86	130	12	17.13	11.8
H276	新疆农业科学	1990	0.748	0.042	0.86	274	26	13.77	5.7
L007	新疆石油地质	2108	3.110	0.191	0.83	155	12	7.35	5.8
G980	新疆医科大学学报	974	0.484	0.052	0.95	378	66	38.81	4.3
R516	新能源进展	266	0.467	0.067	0.88	148	31	55.64	4.3
G328	新乡医学院学报	846	0.728	0.146	0.94	329	58	38.89	3.3
V056	新型建筑材料	1637	0.511	0.092	0.71	229	6	13.99	4.6
M102	新型炭材料	646	1.414	0.115	0.78	209	16	32.35	4.1
G721	新医学	602	0.527	0.161	0.80	289	46	48.01	3.8
R034	信号处理	1130	0.828	0.133	0.81	264	19	23.36	3.5
S081	信息安全学报	294	0.863	0.049	0.96	103	14	35.03	3.5
S087	信息安全研究	460	0.722	0.142	0.57	123	5	26.74	2.9
R519	信息技术	1013	0.437	0.015	0.71	233	5	23.00	3.6
S046	信息网络安全	558	0.745	0.095	0.89	177	21	31.72	3.6
S002	信息与控制	733	1.745	0.145	0.91	280	33	38.20	3.9
A510	信阳师范学院学报自然科学版	385	0.572	0.138	0.73	207	33	53.77	4.1
G565	徐州医科大学学报	449	0.637	0.104	0.94	219	35	48.78	2.8
H023	畜牧兽医学报	2563	1.060	0.286	0.77	255	6	9.95	3.9
H218	畜牧与兽医	1484	0.730	0.105	0.94	199	9	13.41	4.9
H247	畜牧与饲料科学	797	0.620	0.076	0.96	171	9	21.46	6.5
Q958	血管与腔内血管外科杂志	411	0.397	0.082	0.81	147	14	35.77	2.5
G627	循证医学	259	0.360	0.000	1.00	171	46	66.02	7.5

表 4-1 2023 年中国科技核心期刊（中文）被引用指标刊名字顺索引（续）

CODE	刊名	核心总被引频次	核心影响因子	核心即年指标	核心他引率	核心引用刊数	核心开放因子	核心扩散因子	核心被引半衰期
R069	压电与声光	656	0.461	0.017	0.73	189	18	28.81	4.9
N052	压力容器	1152	1.684	0.192	0.62	163	3	14.15	3.7
H200	亚热带农业研究	268	0.758	0.175	0.87	120	22	44.78	5.4
E047	亚热带资源与环境学报	303	0.714	0.047	0.79	141	21	46.53	5.5
U562	烟草科技	2061	1.223	0.187	0.73	225	6	10.92	6.3
J025	燕山大学学报	411	0.847	0.121	0.78	195	27	47.45	4.1
E053	岩矿测试	1439	1.743	0.192	0.74	250	9	17.37	6.5
E157	岩石矿物学杂志	1264	1.205	0.161	0.91	171	12	13.53	11.5
C005	岩石力学与工程学报	15287	4.196	0.557	0.91	491	23	3.21	9.4
E309	岩石学报	9351	1.878	0.638	0.85	236	11	2.52	10.6
V574	岩土工程技术	217	0.279	0.033	0.77	105	15	48.39	6.0
V037	岩土工程学报	9378	2.320	0.403	0.91	439	26	4.68	8.6
C004	岩土力学	13021	2.583	0.222	0.91	494	27	3.79	7.8
E163	岩性油气藏	1750	2.498	0.489	0.77	149	12	8.51	4.9
S821	研究与发展管理	1342	2.706	0.266	0.93	247	15	18.41	4.1
E500	盐湖研究	407	0.767	0.264	0.85	150	14	36.86	6.8
T054	盐科学与化工	373	0.281	0.045	0.68	130	9	34.85	5.4
G962	眼科	292	0.323	0.044	0.89	91	8	31.16	5.0
G554	眼科新进展	1208	0.826	0.144	0.88	239	12	19.78	4.0
H016	扬州大学学报农业与生命科学版	674	0.671	0.111	0.93	239	34	35.46	5.3
S031	遥测遥控	257	0.407	0.085	0.61	85	5	33.07	4.8
Z543	遥感技术与应用	1601	1.131	0.116	0.87	363	37	22.67	5.8
S024	遥感信息	894	0.859	0.025	0.92	299	34	33.45	5.4
Z006	遥感学报	3285	2.708	0.336	0.86	492	25	14.98	4.8
G403	药物不良反应杂志	580	0.461	0.121	0.86	145	10	25.00	4.8
G087	药物分析杂志	2707	1.159	0.108	0.88	337	18	12.45	5.3
G877	药物流行病学杂志	619	0.632	0.099	0.90	201	20	32.47	3.9
G836	药物评价研究	2023	1.188	0.212	0.89	384	26	18.98	3.2
G514	药物生物技术	525	0.569	0.051	0.76	240	32	45.71	4.8
G440	药学实践与服务	511	0.575	0.029	0.95	212	34	41.49	5.0
G008	药学学报	3595	1.434	0.262	0.85	541	21	15.05	4.3
G331	药学研究	796	0.629	0.071	0.96	264	33	33.17	4.4
G527	药学与临床研究	437	0.428	0.059	0.97	181	28	41.42	4.6
M023	冶金分析	1025	0.785	0.101	0.61	150	3	14.63	5.2
M047	冶金能源	283	0.667	0.133	0.75	68	2	24.03	4.0
C503	液晶与显示	738	1.050	0.153	0.72	181	8	24.53	2.9
N079	液压气动与密封	953	0.418	0.033	0.59	141	2	14.80	4.9
N035	液压与气动	2079	1.022	0.089	0.70	230	3	11.06	4.0
G605	医疗卫生装备	1219	0.648	0.097	0.61	268	5	21.99	4.4
G482	医学动物防制	986	0.623	0.146	0.74	210	11	21.30	3.5
G333	医学分子生物学杂志	125	0.238	0.034	0.90	91	28	72.80	4.3
GB02	医学新知	191	0.719	0.094	0.96	118	31	61.78	3.1
G281	医学研究与战创伤救治	1410	0.945	0.064	0.78	474	64	33.62	4.1

表 4-1 2023 年中国科技核心期刊（中文）被引用指标刊名字顺索引（续）

CODE	刊名	核心总被引频次	核心影响因子	核心即年指标	核心他引率	核心引用刊数	核心开放因子	核心扩散因子	核心被引半衰期
G480	医学研究杂志	1488	0.530	0.054	0.95	495	80	33.27	4.1
G265	医学影像学杂志	2529	0.663	0.074	0.60	353	4	13.96	3.9
G964	医学与社会	1934	1.346	0.271	0.84	314	15	16.24	3.1
G308	医学与哲学	2323	0.811	0.125	0.76	426	13	18.34	4.9
G844	医药导报	2018	0.977	0.269	0.87	442	29	21.90	3.9
G088	医用生物力学	983	1.303	0.243	0.58	235	3	23.91	3.0
N074	仪表技术与传感器	1428	0.782	0.072	0.83	311	19	21.78	4.2
N066	仪器仪表学报	5280	2.329	0.253	0.84	611	19	11.57	4.2
F024	遗传	1293	0.814	0.302	0.92	404	47	31.25	8.1
G455	疑难病杂志	1352	1.051	0.255	0.86	365	31	27.00	3.1
T104	印染助剂	356	0.303	0.023	0.71	103	6	28.93	4.9
G089	营养学报	1337	0.840	0.099	0.96	423	47	31.64	6.7
D014	影像科学与光化学	561	0.622	0.138	0.98	230	28	41.00	2.8
G649	影像诊断与介入放射学	344	0.708	0.115	0.84	134	13	38.95	3.6
B008	应用概率统计	90	0.188	0.017	0.81	55	12	61.11	6.8
C109	应用光学	1009	0.812	0.052	0.78	194	7	19.23	4.6
E123	应用海洋学学报	760	1.089	0.077	0.92	212	21	27.89	8.0
T949	应用化工	3963	1.142	0.183	0.60	536	10	13.53	3.4
D016	应用化学	804	0.848	0.097	0.86	282	33	35.07	4.6
A580	应用基础与工程科学学报	1322	1.347	0.228	0.84	431	45	32.60	5.2
R033	应用激光	1374	1.118	0.085	0.62	209	4	15.21	3.6
X693	应用科技	269	0.362	0.039	0.86	162	33	60.22	4.4
A015	应用科学学报	423	0.988	0.036	0.91	200	30	47.28	3.6
F035	应用昆虫学报	2188	0.818	0.088	0.81	235	6	10.74	9.2
C008	应用力学学报	1230	0.623	0.189	0.85	352	43	28.62	4.3
E122	应用气象学报	2438	3.915	0.790	0.73	264	9	10.83	8.1
Z018	应用生态学报	14156	2.859	0.457	0.93	632	40	4.46	6.8
C052	应用声学	594	0.601	0.079	0.83	218	20	36.70	5.3
B011	应用数学	159	0.259	0.000	0.74	71	9	44.65	4.4
B020	应用数学和力学	891	1.123	0.115	0.59	265	6	29.74	4.4
B001	应用数学学报	204	0.118	0.015	0.90	100	14	49.02	7.9
F100	应用与环境生物学报	2410	1.517	0.427	0.91	396	43	16.43	5.1
M014	硬质合金	364	0.634	0.233	0.62	67	2	18.41	6.1
L359	油气藏评价与开发	859	2.106	0.277	0.91	119	10	13.85	2.8
L027	油气储运	1883	1.585	0.295	0.70	273	8	14.50	4.1
L504	油气地质与采收率	1751	2.454	0.415	0.84	172	10	9.82	4.5
L033	油田化学	1225	1.387	0.198	0.76	126	6	10.29	4.9
E051	铀矿地质	1033	0.912	0.207	0.68	97	4	9.39	9.6
K020	铀矿冶	263	0.254	0.098	0.56	59	2	22.43	8.6
T916	有机硅材料	374	0.568	0.069	0.60	86	4	22.99	5.4
D025	有机化学	1340	0.482	0.120	0.71	217	5	16.19	3.9
M036	有色金属工程	1196	1.028	0.182	0.74	229	9	19.15	3.4
M504	有色金属科学与工程	826	1.127	0.260	0.74	197	11	23.85	4.7

表 4-1 2023 年中国科技核心期刊（中文）被引用指标刊名字顺索引（续）

CODE	刊名	核心总被引频次	核心影响因子	核心即年指标	核心他引率	核心引用刊数	核心开放因子	核心扩散因子	核心被引半衰期
K013	有色金属矿山部分	575	0.768	0.145	0.72	123	5	21.39	3.9
K580	有色金属选矿部分	1169	1.304	0.206	0.60	78	2	6.67	4.5
M020	有色金属冶炼部分	1164	0.873	0.245	0.68	216	8	18.56	3.9
H998	渔业科学进展	1489	1.400	0.366	0.79	188	10	12.63	5.5
H220	渔业现代化	754	1.110	0.152	0.74	132	8	17.51	5.3
Y020	宇航材料工艺	768	0.683	0.020	0.92	205	26	26.69	7.8
Y008	宇航计测技术	248	0.278	0.021	0.84	115	20	46.37	5.9
Y024	宇航学报	2505	1.634	0.289	0.72	289	10	11.54	5.7
Y054	宇航总体技术	329	1.037	0.204	0.84	99	7	30.09	3.7
H909	玉米科学	2455	1.528	0.113	0.87	215	16	8.76	7.2
G479	预防医学	1727	1.135	0.271	0.74	318	13	18.41	3.5
G518	预防医学情报杂志	1176	0.849	0.201	0.83	266	12	22.62	3.3
H039	园艺学报	5147	2.353	0.259	0.86	250	14	4.86	6.7
C108	原子核物理评论	227	0.235	0.036	0.72	69	4	30.40	5.7
Q008	原子能科学技术	1612	0.507	0.078	0.78	295	9	18.30	6.3
A038	云南大学学报自然科学版	1053	0.862	0.092	0.87	450	66	42.74	5.0
A654	云南民族大学学报自然科学版	221	0.293	0.135	0.93	149	38	67.42	4.3
A053	云南师范大学学报自然科学版	253	0.642	0.096	0.83	165	38	65.22	4.3
B013	运筹学学报	127	0.234	0.070	0.86	68	10	53.54	5.0
B522	运筹与管理	2006	0.703	0.094	0.80	388	17	19.34	4.0
H989	杂草学报	354	0.966	0.000	0.75	87	7	24.58	6.6
H293	杂交水稻	974	0.598	0.181	0.59	114	3	11.70	6.3
E148	灾害学	1777	1.343	0.321	0.87	414	37	23.30	5.6
Y057	载人航天	678	0.599	0.157	0.77	171	7	25.22	6.2
U643	造纸科学与技术	244	0.359	0.129	0.48	68	1	27.87	3.6
C100	噪声与振动控制	1452	0.711	0.059	0.81	315	21	21.69	5.1
M043	轧钢	1010	1.261	0.358	0.45	79	1	7.82	4.1
Y521	战术导弹技术	639	0.899	0.216	0.82	144	11	22.54	4.1
A017	浙江大学学报工学版	2478	1.073	0.082	0.94	681	90	27.48	5.4
A002	浙江大学学报理学版	457	0.591	0.011	0.96	312	83	68.27	5.4
H035	浙江大学学报农业与生命科学版	1003	1.120	0.159	0.98	302	50	30.11	7.1
G091	浙江大学学报医学版	635	1.032	0.068	0.99	359	95	56.54	4.1
R777	浙江电力	895	1.297	0.058	0.84	149	9	16.65	2.8
J016	浙江工业大学学报	466	0.693	0.032	0.84	262	52	56.22	4.5
H019	浙江农林大学学报	1512	1.277	0.189	0.91	331	34	21.89	5.4
H201	浙江农业学报	2082	1.077	0.167	0.94	391	46	18.78	4.6
G810	浙江医学	1606	0.498	0.049	0.95	472	78	29.39	3.6
G092	浙江中医药大学学报	1748	1.055	0.095	0.82	253	17	14.47	4.4
G093	针刺研究	3254	2.980	0.398	0.85	289	13	8.88	4.0
G488	针灸临床杂志	2286	1.182	0.106	0.91	216	13	9.45	4.9
N086	真空	355	0.385	0.057	0.69	122	6	34.37	6.5
N994	真空科学与技术学报	710	0.443	0.023	0.78	211	16	29.72	6.1
C038	真空与低温	354	0.421	0.188	0.82	125	11	35.31	5.9

表 4-1　2023 年中国科技核心期刊（中文）被引用指标刊名字顺索引（续）

CODE	刊名	核心总被引频次	核心影响因子	核心即年指标	核心他引率	核心引用刊数	核心开放因子	核心扩散因子	核心被引半衰期
G259	诊断病理学杂志	804	0.407	0.016	0.81	232	21	28.86	4.1
G615	诊断学理论与实践	547	0.988	0.133	0.97	292	69	53.38	3.3
Y010	振动测试与诊断	1355	0.982	0.068	0.87	305	23	22.51	5.1
Y004	振动工程学报	1603	1.105	0.150	0.89	301	22	18.78	5.6
N030	振动与冲击	9642	1.303	0.105	0.77	627	30	6.50	4.9
E316	震灾防御技术	473	0.549	0.012	0.84	121	9	25.58	5.8
J012	郑州大学学报工学版	650	1.054	0.290	0.79	293	42	45.08	4.1
A019	郑州大学学报理学版	334	0.900	0.208	0.75	164	19	49.10	3.3
G036	郑州大学学报医学版	852	0.789	0.156	0.93	391	76	45.89	3.7
G835	职业卫生与应急救援	635	0.760	0.160	0.80	135	4	21.26	3.4
G884	职业与健康	3026	0.784	0.077	0.70	398	11	13.15	3.5
H577	植物保护	3557	1.221	0.127	0.87	265	15	7.45	5.1
H014	植物保护学报	2441	1.545	0.235	0.84	214	11	8.77	5.3
H052	植物病理学报	1302	1.111	0.145	0.91	181	20	13.90	7.1
H584	植物检疫	656	0.704	0.059	0.82	128	7	19.51	8.6
F008	植物科学学报	1126	1.043	0.094	0.97	256	35	22.74	7.3
F038	植物生理学报	3568	1.479	0.156	0.91	313	29	8.77	6.9
F009	植物生态学报	5045	2.692	0.226	0.94	389	20	7.71	9.8
F023	植物学报	1732	1.371	0.186	0.93	316	33	18.24	11.5
F050	植物研究	1137	0.945	0.163	0.95	239	28	21.02	7.0
H238	植物遗传资源学报	2764	1.746	0.512	0.87	211	17	7.63	5.6
H890	植物营养与肥料学报	6929	2.823	0.246	0.90	333	20	4.81	6.6
Z551	植物资源与环境学报	831	1.514	0.189	0.90	209	29	25.15	6.0
N091	指挥控制与仿真	686	0.554	0.064	0.88	147	8	21.43	5.2
N094	指挥与控制学报	518	1.422	0.100	0.63	92	4	17.76	3.8
U011	制冷学报	765	0.755	0.078	0.71	162	7	21.18	4.9
N046	制造技术与机床	1202	0.619	0.108	0.79	242	11	20.13	3.9
S023	制造业自动化	1499	0.554	0.159	0.78	329	18	21.95	3.6
C034	质谱学报	710	1.149	0.113	0.84	214	17	30.14	5.1
R072	智慧电力	2709	5.127	0.618	0.84	187	6	6.90	2.3
H106	智慧农业中英文	328	1.571	0.189	0.90	121	9	36.89	3.0
S999	智能科学与技术学报	267	1.077	0.592	0.60	96	3	35.96	2.9
S052	智能系统学报	984	1.253	0.168	0.84	315	33	32.01	3.8
G007	中草药	15354	3.132	0.583	0.83	676	18	4.40	4.0
G520	中成药	6625	1.498	0.215	0.88	548	24	8.27	4.0
G546	中国 CT 和 MRI 杂志	2867	0.938	0.201	0.61	320	5	11.16	2.9
Q940	中国癌症防治杂志	469	1.039	0.267	0.76	214	27	45.63	2.7
G538	中国癌症杂志	1684	3.471	0.345	0.97	435	73	25.83	3.0
G985	中国艾滋病性病	2583	1.493	0.437	0.72	201	7	7.78	3.3
G129	中国安全科学学报	3946	1.702	0.155	0.76	533	13	13.51	4.7
Z552	中国安全生产科学技术	2867	1.032	0.186	0.80	441	13	15.38	4.5
F048	中国比较医学杂志	1523	1.128	0.175	0.87	386	29	25.34	3.7
N103	中国表面工程	1080	1.109	0.151	0.80	180	8	16.67	4.8

表 4-1 2023 年中国科技核心期刊（中文）被引用指标刊名字顺索引（续）

CODE	刊名	核心总被引频次	核心影响因子	核心即年指标	核心他引率	核心引用刊数	核心开放因子	核心扩散因子	核心被引半衰期
G750	中国病案	1526	0.570	0.049	0.47	234	1	15.33	3.7
G769	中国病毒病杂志	584	1.456	0.262	0.95	203	25	34.76	3.5
G096	中国病理生理杂志	2320	1.356	0.195	0.82	448	38	19.31	3.8
G339	中国病原生物学杂志	1371	0.706	0.143	0.87	355	24	25.89	4.0
M053	中国材料进展	1146	0.820	0.106	0.96	336	33	29.32	6.2
H213	中国草地学报	2417	2.498	0.234	0.79	242	5	10.01	4.3
N830	中国测试	2047	1.262	0.200	0.70	497	18	24.28	3.4
G097	中国超声医学杂志	2473	1.357	0.244	0.74	330	11	13.34	3.4
G529	中国卒中杂志	1504	1.343	0.232	0.93	338	47	22.47	3.6
G901	中国当代儿科杂志	1895	1.553	0.410	0.94	408	47	21.53	3.8
H939	中国稻米	1397	1.698	0.257	0.85	191	12	13.67	4.1
E351	中国地震	761	0.772	0.177	0.77	120	5	15.77	8.2
E654	中国地质	4270	2.949	0.881	0.89	354	18	8.29	6.9
E169	中国地质调查	527	1.119	0.119	0.84	148	16	28.08	4.2
E604	中国地质灾害与防治学报	1405	2.263	0.320	0.80	243	17	17.30	4.9
R040	中国电机工程学报	26509	4.331	0.911	0.84	672	11	2.53	4.8
R511	中国电力	3648	2.902	0.612	0.79	375	13	10.28	2.9
G234	中国动脉硬化杂志	1199	1.398	0.409	0.79	315	33	26.27	3.2
H891	中国动物传染病学报	648	0.821	0.164	0.71	112	5	17.28	3.5
G825	中国儿童保健杂志	1862	0.825	0.172	0.82	358	28	19.23	4.2
G270	中国耳鼻咽喉颅底外科杂志	607	0.744	0.080	0.69	185	7	30.48	3.5
G543	中国耳鼻咽喉头颈外科	822	0.514	0.068	0.86	236	18	28.71	4.6
G100	中国法医学杂志	790	0.716	0.106	0.52	119	2	15.06	5.3
G290	中国防痨杂志	1763	1.660	0.333	0.79	239	10	13.56	3.4
V023	中国非金属矿工业导刊	667	0.689	0.134	0.48	115	1	17.24	6.5
G320	中国肺癌杂志	1294	1.455	0.299	0.97	375	60	28.98	4.2
G402	中国分子心脏病学杂志	245	0.390	0.055	0.93	143	34	58.37	3.3
V568	中国粉体技术	402	0.511	0.099	0.86	191	34	47.51	6.0
G587	中国辐射卫生	881	0.856	0.176	0.60	125	3	14.19	4.1
M007	中国腐蚀与防护学报	1404	2.004	0.297	0.60	173	3	12.32	4.2
G456	中国妇产科临床杂志	1273	1.071	0.172	0.82	259	17	20.35	3.3
G687	中国妇幼健康研究	1235	0.647	0.170	0.94	351	44	28.42	3.9
G475	中国肝脏病杂志电子版	292	1.081	0.068	0.83	122	11	41.78	4.4
G631	中国感染控制杂志	1988	2.075	0.286	0.87	396	25	19.92	3.5
G337	中国感染与化疗杂志	1299	1.680	0.252	0.94	289	32	22.25	3.5
X035	中国港湾建设	634	0.250	0.009	0.56	116	2	18.30	6.8
V036	中国给水排水	3771	0.817	0.083	0.76	386	6	10.24	5.1
N089	中国工程机械学报	525	0.781	0.017	0.87	163	16	31.05	4.1
N754	中国工程科学	2954	4.081	0.584	0.94	932	147	31.55	4.0
G244	中国工业医学杂志	766	0.582	0.069	0.87	153	5	19.97	4.6
G102	中国公共卫生	3763	1.565	0.291	0.88	613	28	16.29	4.4
X031	中国公路学报	5433	2.384	0.323	0.86	467	21	8.60	4.5
G103	中国骨伤	1850	1.165	0.369	0.80	284	17	15.35	4.2

表 4-1　2023 年中国科技核心期刊（中文）被引用指标刊名字顺索引（续）

CODE	刊名	核心总被引频次	核心影响因子	核心即年指标	核心他引率	核心引用刊数	核心开放因子	核心扩散因子	核心被引半衰期
G249	中国骨与关节损伤杂志	1890	0.805	0.063	0.78	243	14	12.86	3.6
G857	中国骨与关节杂志	778	0.667	0.070	0.93	226	24	29.05	4.1
G663	中国骨质疏松杂志	3571	1.785	0.355	0.79	419	25	11.73	3.7
W021	中国管理科学	4722	2.459	0.597	0.80	495	12	10.48	4.1
N104	中国惯性技术学报	1319	1.803	0.393	0.62	191	8	14.48	3.8
C099	中国光学	1114	1.654	0.190	0.73	191	5	17.15	3.7
G637	中国国境卫生检疫杂志	346	0.518	0.088	0.79	138	15	39.88	3.8
H215	中国果树	1668	1.253	0.185	0.75	182	7	10.91	3.4
L013	中国海上油气	1758	1.532	0.422	0.82	198	14	11.26	5.0
E313	中国海洋大学学报自然科学版	1743	0.714	0.109	0.95	455	32	26.10	7.4
L026	中国海洋平台	324	0.336	0.051	0.69	75	5	23.15	5.6
G104	中国海洋药物	366	0.489	0.028	0.91	144	24	39.34	6.2
X039	中国航海	526	0.846	0.118	0.81	138	8	26.24	4.9
G973	中国呼吸与危重监护杂志	752	0.718	0.025	0.85	256	35	34.04	4.0
G417	中国护理管理	4201	1.813	0.190	0.87	381	9	9.07	4.0
Z030	中国环境监测	1753	1.426	0.227	0.87	329	15	18.77	5.8
Z001	中国环境科学	9635	2.365	0.491	0.80	820	17	8.51	4.2
N059	中国机械工程	4699	1.463	0.254	0.91	538	26	11.45	5.3
A079	中国基础科学	301	0.392	0.000	0.99	218	67	72.43	7.7
R066	中国激光	5762	2.216	0.267	0.79	439	4	7.62	3.5
R013	中国激光医学杂志	299	0.778	0.102	0.76	110	10	36.79	4.0
G852	中国急救复苏与灾害医学杂志	1441	0.969	0.144	0.56	251	3	17.42	2.7
G241	中国急救医学	1705	1.552	0.234	0.95	388	47	22.76	4.0
G192	中国脊柱脊髓杂志	1543	1.049	0.069	0.89	237	14	15.36	5.4
G560	中国计划生育和妇产科	988	0.650	0.096	0.94	252	27	25.51	3.3
G907	中国计划生育学杂志	2087	0.858	0.141	0.78	303	17	14.52	2.8
G105	中国寄生虫学与寄生虫病杂志	1207	1.254	0.202	0.74	146	5	12.10	4.4
H414	中国家禽	1966	0.911	0.212	0.75	162	4	8.24	5.6
G787	中国健康教育	1859	1.131	0.093	0.87	285	16	15.33	4.3
N108	中国舰船研究	1307	1.479	0.302	0.71	235	3	17.98	3.9
T075	中国胶粘剂	906	1.043	0.269	0.51	131	2	14.46	4.4
G233	中国矫形外科杂志	3730	1.042	0.151	0.59	328	5	8.79	4.3
G239	中国介入心脏病学杂志	1167	1.695	0.469	0.70	266	14	22.79	2.9
G206	中国介入影像与治疗学	894	0.964	0.200	0.81	235	18	26.29	3.6
G323	中国康复	1389	1.437	0.208	0.73	258	11	18.57	3.8
G400	中国康复理论与实践	2521	1.471	0.224	0.83	410	25	16.26	4.9
G106	中国康复医学杂志	3398	1.363	0.189	0.89	454	29	13.36	4.8
G107	中国抗生素杂志	1131	1.011	0.206	0.85	333	34	29.44	4.0
A098	中国科技论坛	2154	1.531	0.288	0.89	396	16	18.38	3.9
A108	中国科学 地球科学	5982	2.558	0.432	0.92	529	33	8.84	9.9
A106	中国科学 化学	1049	0.565	0.119	0.95	445	80	42.42	9.4
A109	中国科学 技术科学	1672	1.350	0.169	0.94	576	82	34.45	6.0
A107	中国科学 生命科学	1800	1.947	0.273	0.97	667	105	37.06	4.5

表 4-1　2023 年中国科技核心期刊（中文）被引用指标刊名字顺索引（续）

CODE	刊名	核心总被引频次	核心影响因子	核心即年指标	核心他引率	核心引用刊数	核心开放因子	核心扩散因子	核心被引半衰期
A105	中国科学 数学	380	0.193	0.037	0.94	200	38	52.63	8.6
A103	中国科学 物理学 力学 天文学	995	0.710	0.300	0.89	326	37	32.76	4.8
Z317	中国科学 信息科学	1343	1.181	0.289	0.92	442	51	32.91	4.0
A081	中国科学基金	1080	1.405	0.285	0.90	456	63	42.22	4.0
A007	中国科学技术大学学报	393	0.177	0.026	1.00	283	86	72.01	9.4
Q442	中国科学数据中英文网络版	309	0.545	0.087	0.67	130	12	42.07	3.4
A102	中国科学院大学学报	596	0.719	0.132	0.90	329	71	55.20	5.1
A636	中国科学院院刊	3744	3.474	0.994	0.95	904	92	24.15	4.2
Y003	中国空间科学技术	605	1.198	0.191	0.79	154	13	25.45	4.5
G441	中国口腔颌面外科杂志	431	0.466	0.056	0.87	144	17	33.41	4.6
K030	中国矿业	2872	1.010	0.218	0.85	431	22	15.01	4.8
K015	中国矿业大学学报	3494	3.035	0.257	0.89	399	14	11.42	6.5
U001	中国粮油学报	3554	1.404	0.312	0.86	325	9	9.14	4.5
G447	中国临床保健杂志	912	0.892	0.134	0.78	285	35	31.25	3.5
G108	中国临床解剖学杂志	902	0.685	0.074	0.88	280	26	31.04	5.7
G536	中国临床神经科学	420	0.599	0.113	0.76	199	29	47.38	4.3
G794	中国临床神经外科杂志	861	0.477	0.090	0.72	236	19	27.41	3.7
G221	中国临床心理学杂志	3220	1.155	0.213	0.75	363	11	11.27	6.4
G583	中国临床新医学	807	0.685	0.117	0.69	322	33	39.90	3.1
G754	中国临床研究	1458	0.819	0.145	0.88	446	52	30.59	3.0
G870	中国临床药理学与治疗学	1193	0.879	0.124	0.89	337	39	28.25	5.2
G109	中国临床药理学杂志	4209	1.156	0.270	0.80	569	34	13.52	3.3
G544	中国临床药学杂志	309	0.355	0.017	0.94	157	25	50.81	3.8
G814	中国临床医生杂志	2495	1.193	0.251	0.88	486	44	19.48	3.1
G974	中国临床医学	798	0.684	0.143	0.97	360	74	45.11	3.7
G304	中国临床医学影像杂志	1231	0.767	0.093	0.79	261	13	21.20	4.0
G110	中国麻风皮肤病杂志	836	0.506	0.136	0.71	220	8	26.32	4.1
H212	中国麻业科学	266	0.649	0.075	0.63	82	7	30.83	7.0
G613	中国慢性病预防与控制	1942	1.761	0.212	0.89	384	26	19.77	3.5
G598	中国媒介生物学及控制杂志	1577	1.135	0.355	0.71	137	2	8.69	4.7
K579	中国煤炭	1327	1.396	0.301	0.83	239	9	18.01	3.6
K037	中国煤炭地质	1159	0.730	0.134	0.79	203	8	17.52	5.7
G582	中国煤炭工业医学杂志	474	0.503	0.085	0.94	217	40	45.78	3.9
G428	中国美容医学	2326	0.653	0.072	0.51	285	2	12.25	3.7
G297	中国美容整形外科杂志	974	0.646	0.094	0.78	170	3	17.45	4.0
K036	中国锰业	497	0.783	0.069	0.63	111	4	22.33	4.9
H211	中国棉花	990	0.841	0.172	0.55	105	2	10.61	5.7
G111	中国免疫学杂志	3217	1.137	0.201	0.83	558	49	17.35	3.3
K550	中国钼业	347	0.297	0.015	0.64	74	5	21.33	8.2
G303	中国男科学杂志	704	1.085	0.180	0.85	192	9	27.27	4.0
H273	中国南方果树	1532	0.778	0.070	0.78	173	10	11.29	5.5
G422	中国脑血管病杂志	1389	2.504	0.250	0.94	332	46	23.90	3.1
G277	中国内镜杂志	1065	1.009	0.147	0.94	284	42	26.67	3.9

表 4-1 2023 年中国科技核心期刊（中文）被引用指标刊名字顺索引（续）

CODE	刊名	核心总被引频次	核心影响因子	核心即年指标	核心他引率	核心引用刊数	核心开放因子	核心扩散因子	核心被引半衰期
R524	中国能源	507	0.757	0.111	0.85	226	32	44.58	3.6
U609	中国酿造	4510	1.569	0.205	0.67	306	4	6.78	3.9
W005	中国农村水利水电	2854	1.031	0.219	0.82	430	14	15.07	4.1
HA01	中国农机化学报	2348	1.095	0.136	0.70	375	5	15.97	3.7
H958	中国农学通报	8928	0.943	0.100	0.91	640	47	7.17	8.1
H027	中国农业大学学报	3310	1.683	0.300	0.93	532	48	16.07	4.4
H567	中国农业科技导报	2385	1.427	0.206	0.94	415	41	17.40	4.2
H030	中国农业科学	11967	2.392	0.234	0.93	532	35	4.45	7.3
H210	中国农业气象	1722	2.259	0.312	0.80	261	17	15.16	7.0
H221	中国农业资源与区划	3980	2.142	0.707	0.85	468	30	11.76	3.5
G311	中国皮肤性病学杂志	1639	0.854	0.229	0.85	323	18	19.71	4.0
U020	中国皮革	1154	0.934	0.161	0.44	116	1	10.05	2.6
G226	中国普通外科杂志	1621	1.363	0.317	0.73	323	16	19.93	3.9
G269	中国普外基础与临床杂志	1081	0.684	0.179	0.79	286	24	26.46	3.6
G776	中国全科医学	8610	2.425	0.763	0.92	770	68	8.94	3.3
H081	中国热带农业	421	0.775	0.078	0.91	113	11	26.84	4.9
G629	中国热带医学	1407	0.963	0.254	0.86	302	16	21.46	3.9
Z546	中国人口资源与环境	8183	4.273	0.432	0.93	684	43	8.36	5.5
G112	中国人兽共患病学报	1263	0.958	0.169	0.84	236	14	18.69	4.8
U052	中国乳品工业	914	0.878	0.095	0.87	138	8	15.10	5.0
S825	中国软科学	5205	3.327	0.732	0.91	578	42	11.10	4.6
H793	中国森林病虫	491	1.094	0.193	0.82	101	9	20.57	7.0
E124	中国沙漠	3335	2.216	0.225	0.81	367	16	11.00	7.7
G366	中国社会医学杂志	749	0.747	0.107	0.86	213	21	28.44	3.9
G114	中国神经精神疾病杂志	899	0.666	0.118	0.86	304	41	33.82	4.9
G242	中国神经免疫学和神经病学杂志	630	1.189	0.121	0.94	244	45	38.73	3.5
H555	中国生态农业学报中英文版	4867	2.799	0.534	0.95	451	36	9.27	6.1
H044	中国生物防治学报	1975	1.580	0.253	0.82	203	10	10.28	4.8
F255	中国生物工程杂志	876	0.960	0.107	0.95	362	54	41.32	4.7
F002	中国生物化学与分子生物学报	757	0.637	0.161	0.93	358	71	47.29	4.3
G115	中国生物医学工程学报	541	0.746	0.053	0.90	252	36	46.58	4.9
G258	中国生物制品学杂志	895	0.506	0.117	0.79	274	23	30.61	4.2
G715	中国生育健康杂志	456	0.640	0.085	0.96	208	35	45.61	3.6
L001	中国石油大学学报自然科学版	2130	1.496	0.256	0.86	326	23	15.31	7.5
L532	中国石油勘探	2668	5.118	0.449	0.87	161	11	6.03	4.0
F047	中国实验动物学报	825	1.047	0.165	0.86	281	24	34.06	3.7
G604	中国实验方剂学杂志	13946	3.110	1.100	0.88	704	22	5.05	3.8
G883	中国实验血液学杂志	1350	0.784	0.097	0.82	328	27	24.30	3.6
G853	中国实验诊断学	1785	0.566	0.090	0.97	496	72	27.79	3.6
G273	中国实用儿科杂志	1602	1.065	0.236	0.94	389	40	24.28	4.7
G228	中国实用妇科与产科杂志	3523	2.633	1.078	0.74	389	15	11.04	3.4
G305	中国实用护理杂志	2706	0.868	0.110	0.81	331	10	12.23	4.1
G867	中国实用口腔科杂志	708	0.714	0.218	0.73	148	7	20.90	4.1

表 4-1　2023 年中国科技核心期刊（中文）被引用指标刊名字顺索引（续）

CODE	刊名	核心总被引频次	核心影响因子	核心即年指标	核心他引率	核心引用刊数	核心开放因子	核心扩散因子	核心被引半衰期
G267	中国实用内科杂志	2371	1.455	0.226	0.93	517	74	21.81	5.1
G686	中国实用神经疾病杂志	1638	1.125	0.177	0.69	337	26	20.57	3.4
G272	中国实用外科杂志	4464	2.736	0.596	0.84	468	22	10.48	4.0
U635	中国食品添加剂	2079	1.310	0.198	0.84	303	9	14.57	3.4
G429	中国食品卫生杂志	1348	1.286	0.108	0.79	253	13	18.77	4.2
U007	中国食品学报	4919	1.594	0.176	0.92	442	8	8.99	4.0
U563	中国食物与营养	1335	0.762	0.196	0.95	377	29	28.24	5.2
H317	中国兽药杂志	572	0.462	0.027	0.83	167	15	29.20	5.6
H326	中国兽医科学	1102	0.772	0.167	0.82	169	7	15.34	4.3
H225	中国兽医学报	1808	0.761	0.098	0.82	239	8	13.22	4.4
G796	中国输血杂志	1918	0.807	0.127	0.64	232	2	12.10	4.7
H207	中国蔬菜	1936	1.148	0.226	0.80	218	15	11.26	4.7
G926	中国数字医学	1392	0.869	0.122	0.79	296	8	21.26	3.6
H290	中国水产科学	2054	1.117	0.089	0.89	182	10	8.86	7.0
H020	中国水稻科学	1759	2.669	0.600	0.92	194	15	11.03	7.5
W557	中国水利水电科学研究院学报	609	1.222	0.217	0.70	168	10	27.59	4.7
H295	中国水土保持科学	1392	1.202	0.099	0.94	262	23	18.82	6.1
T022	中国塑料	1455	0.925	0.117	0.85	244	5	16.77	4.1
G211	中国糖尿病杂志	1430	1.357	0.128	0.95	394	59	27.55	4.2
G521	中国疼痛医学杂志	1846	1.514	0.380	0.78	336	27	18.20	4.1
G444	中国体外循环杂志	346	0.741	0.095	0.70	121	11	34.97	3.8
U501	中国调味品	3966	1.578	0.223	0.60	268	3	6.76	3.6
X004	中国铁道科学	1743	1.079	0.191	0.85	292	14	16.75	7.6
G437	中国听力语言康复科学杂志	502	0.466	0.109	0.62	106	3	21.12	4.6
R083	中国图象图形学报	2177	1.928	0.119	0.77	432	23	19.84	3.4
H350	中国土地科学	3426	4.039	0.702	0.80	344	15	10.04	3.8
H233	中国土壤与肥料	3362	1.683	0.083	0.86	306	19	9.10	4.4
G373	中国微创外科杂志	1618	0.993	0.183	0.90	328	44	20.27	4.1
G517	中国微生态学杂志	1708	0.884	0.074	0.90	463	55	27.11	4.4
S725	中国卫生经济	2243	1.516	0.400	0.76	260	7	11.59	3.6
G253	中国卫生统计	2529	1.204	0.043	0.87	542	29	21.43	5.2
G540	中国卫生信息管理杂志	835	1.070	0.117	0.72	162	5	19.40	3.4
G716	中国卫生政策研究	1500	2.015	0.305	0.88	248	10	16.53	3.8
G752	中国卫生质量管理	1531	1.196	0.247	0.61	228	5	14.89	2.9
G541	中国卫生资源	891	1.146	0.173	0.89	192	14	21.55	3.3
K035	中国钨业	381	0.523	0.032	0.68	93	5	24.41	7.0
M022	中国稀土学报	976	1.257	0.279	0.74	233	15	23.87	5.6
F025	中国细胞生物学学报	933	0.496	0.071	0.94	404	80	43.30	4.2
G841	中国现代普通外科进展	784	0.588	0.127	0.92	236	26	30.10	3.4
G623	中国现代神经疾病杂志	838	0.829	0.497	0.84	281	39	33.53	3.7
G885	中国现代手术学杂志	260	0.458	0.022	0.95	143	39	55.00	3.7
G237	中国现代医学杂志	2677	1.114	0.221	0.94	583	69	21.78	3.7
G849	中国现代应用药学	3161	1.236	0.336	0.83	473	20	14.96	3.3

表 4-1 2023 年中国科技核心期刊（中文）被引用指标刊名字顺索引（续）

CODE	刊名	核心总被引频次	核心影响因子	核心即年指标	核心他引率	核心引用刊数	核心开放因子	核心扩散因子	核心被引半衰期
G377	中国现代中药	2641	1.315	0.196	0.90	365	23	13.82	3.9
G284	中国消毒学杂志	1469	0.828	0.104	0.65	270	4	18.38	3.9
G765	中国小儿急救医学	837	0.665	0.046	0.79	234	22	27.96	3.7
G845	中国小儿血液与肿瘤杂志	199	0.320	0.012	0.93	108	21	54.27	4.3
G298	中国斜视与小儿眼科杂志	236	0.385	0.059	0.84	62	5	26.27	5.1
G117	中国心理卫生杂志	2955	1.251	0.299	0.91	412	24	13.94	9.6
G718	中国心血管病研究	942	1.307	0.273	0.83	294	37	31.21	2.5
G380	中国心血管杂志	1373	1.478	0.193	0.91	353	42	25.71	4.2
G203	中国心脏起搏与心电生理杂志	456	0.344	0.082	0.73	147	12	32.24	4.9
G250	中国新药与临床杂志	959	0.921	0.232	0.97	320	40	33.37	4.1
G747	中国新药杂志	3074	1.282	0.316	0.90	519	27	16.88	4.2
G727	中国性科学	1839	0.661	0.087	0.81	306	23	16.64	3.5
G232	中国胸心血管外科临床杂志	1156	0.873	0.220	0.81	311	32	26.90	3.4
G118	中国修复重建外科杂志	2107	1.479	0.220	0.91	329	18	15.61	3.7
H294	中国畜牧兽医	3121	1.004	0.145	0.82	321	6	10.29	4.4
H242	中国畜牧杂志	3551	1.189	0.272	0.82	272	4	7.66	3.3
G908	中国学校卫生	3288	1.140	0.314	0.76	338	11	10.28	4.1
G464	中国血管外科杂志电子版	403	0.580	0.108	0.88	164	13	40.69	5.5
G675	中国血吸虫病防治杂志	1077	1.461	0.303	0.70	130	4	12.07	4.4
G633	中国血液净化	1131	0.782	0.066	0.85	242	19	21.40	4.3
G119	中国循环杂志	4100	4.036	1.116	0.92	528	59	12.88	3.6
G756	中国循证儿科杂志	760	1.320	0.135	0.95	264	38	34.74	5.4
G645	中国循证心血管医学杂志	1761	0.683	0.038	0.93	413	52	23.45	4.3
G396	中国循证医学杂志	2555	1.640	0.259	0.91	495	49	19.37	4.7
H208	中国烟草科学	1731	1.811	0.096	0.85	158	9	9.13	6.8
U647	中国烟草学报	1546	1.454	0.281	0.90	196	9	12.68	6.0
E303	中国岩溶	1491	1.211	0.202	0.60	252	9	16.90	6.3
G619	中国眼耳鼻喉科杂志	423	0.542	0.164	0.95	169	21	39.95	4.0
G318	中国药房	5255	1.412	0.222	0.94	607	31	11.55	4.5
G120	中国药科大学学报	559	0.582	0.098	0.95	237	32	42.40	7.2
G121	中国药理学通报	3029	1.503	0.199	0.85	482	33	15.91	4.3
G122	中国药理学与毒理学杂志	1108	1.168	0.088	0.97	341	38	30.78	4.7
G913	中国药事	1067	0.870	0.092	0.89	236	17	22.12	4.3
G220	中国药物化学杂志	421	0.683	0.103	0.91	174	21	41.33	4.2
G227	中国药物警戒	1166	0.774	0.246	0.78	232	13	19.90	3.6
G248	中国药物依赖性杂志	339	0.434	0.027	0.70	128	12	37.76	4.9
G713	中国药物应用与监测	437	0.792	0.112	0.75	142	9	32.49	3.5
G009	中国药学杂志	3266	1.181	0.164	0.89	492	21	15.06	5.8
G755	中国药业	2671	0.650	0.154	0.72	429	18	16.06	3.5
M628	中国冶金	1783	1.685	0.518	0.72	163	2	9.14	3.2
G809	中国医刊	1866	1.176	0.156	0.83	446	31	23.90	3.0
G123	中国医科大学学报	999	0.767	0.115	0.99	422	80	42.24	3.8
G124	中国医疗器械杂志	393	0.378	0.117	0.90	178	17	45.29	4.5

表 4-1　2023 年中国科技核心期刊（中文）被引用指标刊名字顺索引（续）

CODE	刊名	核心总被引频次	核心影响因子	核心即年指标	核心他引率	核心引用刊数	核心开放因子	核心扩散因子	核心被引半衰期
G679	中国医疗设备	2077	0.795	0.102	0.67	364	5	17.53	3.6
G306	中国医师进修杂志	1087	0.970	0.073	0.62	295	12	27.14	3.4
G313	中国医师杂志	1523	0.566	0.082	0.86	422	52	27.71	3.7
G236	中国医学计算机成像杂志	515	0.685	0.063	0.80	152	9	29.51	4.0
G125	中国医学科学院学报	950	0.911	0.141	0.98	453	102	47.68	4.3
G471	中国医学前沿杂志电子版	1486	1.177	0.137	0.99	482	92	32.44	4.1
G622	中国医学物理学杂志	939	0.613	0.082	0.88	312	24	33.23	3.8
G127	中国医学影像技术	2737	1.122	0.192	0.83	415	12	15.16	4.0
G193	中国医学影像学杂志	1562	1.241	0.134	0.79	312	12	19.97	3.3
S591	中国医学装备	1955	0.738	0.100	0.67	386	10	19.74	3.3
G519	中国医药	2431	1.404	0.401	0.86	449	23	18.47	2.7
G644	中国医药导报	6128	0.783	0.112	0.86	700	48	11.42	3.3
T019	中国医药工业杂志	957	0.580	0.119	0.86	211	14	22.05	4.9
G531	中国医药生物技术	284	0.410	0.071	0.95	194	52	68.31	4.7
Q918	中国医院	2160	1.540	0.521	0.73	240	7	11.11	2.6
G454	中国医院管理	3252	2.198	0.394	0.79	309	8	9.50	3.5
G243	中国医院药学杂志	3705	1.280	0.256	0.83	506	20	13.66	3.8
G625	中国医院用药评价与分析	1084	0.628	0.109	0.95	283	30	26.11	3.5
G314	中国疫苗和免疫	1458	1.861	0.298	0.73	156	7	10.70	3.9
G706	中国优生与遗传杂志	1108	0.391	0.065	0.89	282	29	25.45	4.0
H205	中国油料作物学报	2001	1.401	0.230	0.84	228	18	11.39	5.4
U032	中国油脂	2999	1.260	0.384	0.78	318	8	10.60	4.6
M028	中国有色金属学报	4339	1.774	0.284	0.82	431	17	9.93	5.7
H099	中国预防兽医学报	1484	1.338	0.260	0.57	137	3	9.23	4.0
G753	中国预防医学杂志	1401	1.513	0.342	0.93	378	34	26.98	3.5
V039	中国园林	2975	1.282	0.188	0.72	271	6	9.11	5.0
X012	中国造船	932	0.652	0.014	0.85	171	6	18.35	6.1
U033	中国造纸学报	245	0.670	0.141	0.74	105	8	42.86	4.3
H204	中国沼气	392	0.652	0.080	0.80	132	16	33.67	5.7
G600	中国针灸	5592	2.228	0.375	0.89	314	14	5.62	5.3
H067	中国真菌学杂志	399	0.523	0.068	0.67	137	10	34.34	4.7
G945	中国职业医学	1166	1.294	0.368	0.73	186	4	15.95	4.2
G347	中国中西医结合耳鼻咽喉科杂志	380	0.420	0.037	0.86	135	17	35.53	4.6
G843	中国中西医结合急救杂志	1065	0.958	0.164	0.76	226	5	21.22	4.2
G757	中国中西医结合皮肤性病学杂志	767	0.527	0.020	0.91	186	22	24.25	4.5
G846	中国中西医结合肾病杂志	1928	0.780	0.051	0.76	288	17	14.94	4.4
G758	中国中西医结合外科杂志	1016	0.975	0.194	0.91	275	35	27.07	3.6
G528	中国中西医结合消化杂志	1762	1.249	0.313	0.88	247	21	14.02	5.1
G678	中国中西医结合影像学杂志	463	0.577	0.123	0.85	179	20	38.66	3.5
G182	中国中西医结合杂志	4795	2.484	0.427	0.95	436	23	9.09	5.7
G132	中国中药杂志	15718	3.127	0.867	0.86	762	22	4.85	4.3
G240	中国中医骨伤科杂志	1463	0.864	0.104	0.79	221	14	15.11	4.4
G632	中国中医基础医学杂志	5853	1.551	0.176	0.92	366	17	6.25	5.1

表 4-1　2023 年中国科技核心期刊（中文）被引用指标刊名字顺索引（续）

CODE	刊名	核心总被引频次	核心影响因子	核心即年指标	核心他引率	核心引用刊数	核心开放因子	核心扩散因子	核心被引半衰期
G524	中国中医急症	4086	1.027	0.097	0.87	342	18	8.37	4.2
G749	中国中医眼科杂志	1180	1.045	0.396	0.48	137	1	11.61	3.2
G832	中国中医药信息杂志	3646	1.701	0.467	0.87	404	19	11.08	4.2
G642	中国肿瘤	1939	3.130	0.740	0.82	406	31	20.94	3.5
G133	中国肿瘤临床	1703	0.962	0.208	0.98	454	87	26.66	4.3
G255	中国肿瘤生物治疗杂志	632	0.574	0.192	0.87	270	50	42.72	3.7
G576	中国肿瘤外科杂志	408	0.707	0.057	0.93	228	52	55.88	3.4
G667	中国综合临床	380	0.514	0.120	0.98	216	53	56.84	4.1
G299	中国组织工程研究	6808	1.185	0.558	0.88	791	59	11.62	3.7
G134	中国组织化学与细胞化学杂志	303	0.397	0.020	0.90	178	39	58.75	4.4
G502	中华保健医学杂志	732	0.910	0.054	0.95	281	53	38.39	3.2
G135	中华病理学杂志	1845	0.918	0.171	0.87	381	23	20.65	4.1
G195	中华超声影像学杂志	1694	1.495	0.230	0.82	305	12	18.00	3.8
G136	中华传染病杂志	1069	1.140	0.204	0.92	304	37	28.44	3.9
G408	中华创伤骨科杂志	2016	1.663	0.216	0.82	234	10	11.61	4.2
G137	中华创伤杂志	1598	1.487	0.276	0.84	282	17	17.65	4.0
G098	中华地方病学杂志	1238	1.020	0.142	0.44	216	1	17.45	4.5
G138	中华儿科杂志	3896	1.844	0.397	0.94	498	42	12.78	6.2
G139	中华耳鼻咽喉头颈外科杂志	2369	1.016	0.142	0.87	350	14	14.77	6.0
G743	中华耳科学杂志	1318	0.938	0.076	0.70	201	6	15.25	4.4
G140	中华放射学杂志	2877	1.804	0.180	0.89	384	10	13.35	4.0
G141	中华放射医学与防护杂志	1064	0.826	0.076	0.83	210	8	19.74	4.8
G251	中华放射肿瘤学杂志	1006	0.695	0.061	0.89	232	16	23.06	4.3
G474	中华肺部疾病杂志电子版	841	0.673	0.147	0.58	234	6	27.82	3.3
G286	中华风湿病学杂志	883	0.491	0.036	0.94	319	61	36.13	7.1
G142	中华妇产科杂志	3481	2.568	0.391	0.94	408	30	11.72	5.2
G689	中华妇幼临床医学杂志电子版	395	0.518	0.051	0.83	176	29	44.56	4.4
G262	中华肝胆外科杂志	1350	1.218	0.178	0.75	237	12	17.56	3.6
G231	中华肝脏病杂志	2458	1.966	0.216	0.87	413	24	16.80	4.1
G054	中华肝脏外科手术学电子杂志	422	0.529	0.044	0.87	144	13	34.12	3.9
G235	中华高血压杂志	1500	1.216	0.101	0.80	345	42	23.00	4.5
G143	中华骨科杂志	2886	1.732	0.257	0.89	320	18	11.09	4.8
G648	中华骨与关节外科杂志	1159	1.060	0.232	0.91	261	22	22.52	4.1
G728	中华骨质疏松和骨矿盐疾病杂志	914	1.093	0.061	0.95	290	36	31.73	4.9
G691	中华关节外科杂志电子版	894	0.575	0.000	0.81	225	19	25.17	6.1
G335	中华航海医学与高气压医学杂志	815	0.655	0.082	0.55	169	2	20.74	3.9
GD01	中华航空航天医学杂志	294	0.272	0.017	0.75	48	2	16.33	9.3
G145	中华核医学与分子影像杂志	927	1.309	0.247	0.64	195	7	21.04	3.3
G146	中华护理杂志	8093	3.328	0.478	0.82	483	7	5.97	4.0
GF01	中华急危重症护理杂志	373	0.863	0.122	0.66	79	4	21.18	2.5
G555	中华急诊医学杂志	2815	1.703	0.263	0.78	447	31	15.88	3.9
G302	中华疾病控制杂志	2783	1.935	0.270	0.95	502	30	18.04	4.0
G055	中华肩肘外科电子杂志	223	0.468	0.017	0.74	64	6	28.70	4.4

表 4-1 2023 年中国科技核心期刊（中文）被引用指标刊名字顺索引（续）

CODE	刊名	核心总被引频次	核心影响因子	核心即年指标	核心他引率	核心引用刊数	核心开放因子	核心扩散因子	核心被引半衰期
G174	中华检验医学杂志	1560	1.308	0.464	0.85	381	26	24.42	3.7
G751	中华健康管理学杂志	940	1.440	0.204	0.73	289	28	30.74	3.5
G147	中华结核和呼吸杂志	3855	2.353	0.495	0.92	481	54	12.48	5.1
G060	中华结直肠疾病电子杂志	575	1.077	0.218	0.86	174	15	30.26	4.0
Q905	中华解剖与临床杂志	488	0.609	0.076	0.81	176	19	36.07	3.7
Q948	中华介入放射学电子杂志	247	0.481	0.042	0.89	128	19	51.82	3.9
G159	中华精神科杂志	912	1.121	0.085	0.93	265	29	29.06	6.6
G579	中华口腔医学研究杂志电子版	172	0.323	0.029	0.95	89	17	51.74	4.6
G148	中华口腔医学杂志	1879	1.310	0.144	0.76	251	8	13.36	4.7
G280	中华口腔正畸学杂志	237	0.600	0.100	0.88	55	7	23.21	5.1
G149	中华劳动卫生职业病杂志	1369	0.786	0.115	0.76	247	5	18.04	4.8
G639	中华老年多器官疾病杂志	809	0.691	0.114	0.97	333	61	41.16	3.8
Q949	中华老年骨科与康复电子杂志	223	0.639	0.091	0.76	96	13	43.05	3.8
G833	中华老年口腔医学杂志	347	0.669	0.110	0.72	112	8	32.28	4.3
G876	中华老年心脑血管病杂志	1733	0.957	0.148	0.95	398	59	22.97	3.4
G150	中华老年医学杂志	2308	1.350	0.135	0.89	469	52	20.32	3.8
G692	中华临床感染病杂志	651	1.333	0.500	0.94	247	45	37.94	4.3
G693	中华临床免疫和变态反应杂志	423	0.565	0.033	0.95	211	40	49.88	3.8
G504	中华临床医师杂志电子版	1042	0.269	0.009	0.96	467	102	44.82	7.9
G824	中华临床营养杂志	420	0.811	0.058	0.90	173	25	41.19	5.0
G152	中华流行病学杂志	5628	2.371	0.371	0.90	654	25	11.62	4.6
G153	中华麻醉学杂志	1643	0.930	0.038	0.88	350	31	21.30	3.8
G154	中华泌尿外科杂志	1916	1.313	0.087	0.72	273	6	14.25	4.6
G282	中华男科学杂志	1700	1.303	0.040	0.88	283	11	16.65	4.8
Q926	中华脑科疾病与康复杂志电子版	126	0.267	0.017	0.75	68	10	53.97	3.9
G770	中华脑血管病杂志电子版	142	0.395	0.018	0.86	92	21	64.79	3.1
G155	中华内分泌代谢杂志	1969	2.267	0.306	0.95	453	69	23.01	3.7
G736	中华内分泌外科杂志	542	0.894	0.068	0.80	194	23	35.79	2.9
G156	中华内科杂志	3508	2.254	0.271	0.96	582	97	16.59	4.8
G157	中华皮肤科杂志	2015	1.307	0.105	0.86	335	19	16.63	4.3
G461	中华普通外科学文献电子版	468	0.676	0.094	0.92	193	29	41.24	4.2
G254	中华普通外科杂志	1418	0.813	0.112	0.88	312	25	22.00	4.5
G462	中华普外科手术学杂志电子版	698	0.909	0.029	0.53	123	2	17.62	3.2
G158	中华器官移植杂志	518	0.430	0.217	0.81	164	12	31.66	4.7
G473	中华腔镜泌尿外科杂志电子版	524	0.663	0.260	0.67	118	4	22.52	3.7
G463	中华腔镜外科杂志电子版	485	0.535	0.078	0.80	127	11	26.19	4.9
G526	中华全科医师杂志	1951	1.164	0.204	0.87	434	58	22.25	4.1
G515	中华全科医学	3147	1.191	0.164	0.77	534	39	16.97	3.3
G505	中华乳腺病杂志电子版	249	0.272	0.014	0.91	141	34	56.63	5.0
G472	中华疝和腹壁外科杂志电子版	714	0.714	0.082	0.50	84	1	11.76	3.8
G900	中华烧伤与创面修复杂志	1622	1.465	0.384	0.64	242	4	14.92	3.7
Q950	中华神经创伤外科电子杂志	258	0.533	0.044	0.82	113	10	43.80	4.0
G197	中华神经科杂志	4638	1.511	0.187	0.95	471	52	10.16	5.5

表 4-1　2023 年中国科技核心期刊（中文）被引用指标刊名字顺索引（续）

CODE	刊名	核心总被引频次	核心影响因子	核心即年指标	核心他引率	核心引用刊数	核心开放因子	核心扩散因子	核心被引半衰期
G160	中华神经外科杂志	1954	1.012	0.098	0.79	353	26	18.07	4.8
G446	中华神经医学杂志	1077	0.751	0.095	0.92	333	49	30.92	4.0
G065	中华肾病研究电子杂志	183	0.331	0.014	0.93	114	28	62.30	4.6
G161	中华肾脏病杂志	1346	1.609	0.215	0.90	326	41	24.22	3.8
G737	中华生物医学工程杂志	287	0.382	0.051	0.93	174	41	60.63	4.0
G072	中华生殖与避孕杂志	1027	1.100	0.134	0.82	232	12	22.59	3.6
G162	中华实验和临床病毒学杂志	523	0.638	0.149	0.91	150	18	28.68	4.2
G703	中华实验和临床感染病杂志电子版	338	0.378	0.000	0.86	172	30	50.89	5.3
G163	中华实验外科杂志	1763	0.522	0.102	0.65	408	22	23.14	3.6
G773	中华实验眼科杂志	924	0.614	0.171	0.75	172	4	18.61	4.4
G875	中华实用儿科临床杂志	2881	1.146	0.346	0.93	487	50	16.90	4.3
G367	中华实用诊断与治疗杂志	1690	1.097	0.185	0.73	438	35	25.92	3.4
G848	中华手外科杂志	1378	0.715	0.056	0.45	126	1	9.14	6.4
G506	中华损伤与修复杂志电子版	464	0.545	0.043	0.86	175	20	37.72	4.9
G739	中华糖尿病杂志	2834	3.972	0.223	0.86	457	49	16.13	2.9
G164	中华外科杂志	2731	1.960	0.308	0.94	476	55	17.43	5.1
G116	中华危重病急救医学	3131	1.791	0.398	0.82	465	25	14.85	3.9
G761	中华危重症医学杂志电子版	437	0.546	0.061	0.72	189	21	43.25	4.0
G165	中华微生物学和免疫学杂志	534	0.585	0.075	0.87	233	35	43.63	4.1
G296	中华围产医学杂志	1371	1.003	0.207	0.86	254	22	18.53	4.5
G740	中华卫生杀虫药械	743	0.699	0.121	0.48	87	1	11.71	5.1
Q952	中华胃肠内镜电子杂志	191	0.627	0.200	0.75	75	5	39.27	4.0
G793	中华胃肠外科杂志	2540	2.043	0.394	0.85	361	25	14.21	4.5
G166	中华物理医学与康复杂志	2597	1.369	0.146	0.83	360	21	13.86	4.5
G470	中华细胞与干细胞杂志电子版	96	0.352	0.020	0.89	57	11	59.38	3.5
G847	中华现代护理杂志	5346	1.092	0.121	0.69	382	7	7.15	3.4
G468	中华消化病与影像杂志电子版	287	0.596	0.044	0.93	178	44	62.02	4.2
G285	中华消化内镜杂志	1534	1.109	0.160	0.83	270	19	17.60	4.3
G978	中华消化外科杂志	2709	3.588	0.544	0.90	377	22	13.92	2.9
G168	中华消化杂志	1895	1.373	0.176	0.93	366	46	19.31	4.6
G169	中华小儿外科杂志	1239	0.632	0.070	0.79	256	18	20.66	4.9
Q284	中华心力衰竭和心肌病杂志中英文	257	0.739	0.024	0.82	121	20	47.08	5.0
G892	中华心律失常学杂志	691	1.556	0.330	0.75	168	12	24.31	3.4
G170	中华心血管病杂志	4505	1.853	0.440	0.88	469	46	10.41	5.5
Q231	中华心血管病杂志网络版	95	0.722	0.600	0.92	72	24	75.79	3.0
G082	中华新生儿科杂志中英文版	656	0.813	0.117	0.75	174	15	26.52	3.9
G263	中华行为医学与脑科学杂志	1693	1.210	0.151	0.82	365	25	21.56	5.0
G171	中华胸心血管外科杂志	806	0.719	0.063	0.89	224	27	27.79	4.7
G172	中华血液学杂志	1779	1.445	0.147	0.87	350	29	19.67	4.5
Q209	中华炎性肠病杂志中英文版	294	0.920	0.137	0.84	112	15	38.10	3.3
G191	中华眼底病杂志	684	0.549	0.171	0.82	147	7	21.49	3.9
G075	中华眼科医学杂志电子版	173	0.318	0.028	0.83	72	8	41.62	3.9
G173	中华眼科杂志	2013	1.328	0.145	0.85	282	7	14.01	5.2

表 4-1　2023 年中国科技核心期刊（中文）被引用指标刊名字顺索引（续）

CODE	刊名	核心总被引频次	核心影响因子	核心即年指标	核心他引率	核心引用刊数	核心开放因子	核心扩散因子	核心被引半衰期
G873	中华眼视光学与视觉科学杂志	764	0.767	0.120	0.73	147	4	19.24	4.2
S590	中华医学教育探索杂志	973	0.456	0.072	0.66	161	5	16.55	3.5
Q920	中华医学超声杂志电子版	1182	0.623	0.037	0.79	267	11	22.59	4.3
G705	中华医学教育杂志	934	0.653	0.095	0.72	172	8	18.42	3.7
G307	中华医学科研管理杂志	295	0.587	0.071	0.65	81	4	27.46	3.7
G489	中华医学美学美容杂志	882	0.730	0.087	0.52	97	2	11.00	4.5
G175	中华医学遗传学杂志	1167	0.482	0.049	0.83	253	22	21.68	3.9
G176	中华医学杂志	8987	2.123	0.436	0.92	772	124	8.59	4.4
G194	中华医院感染学杂志	5476	1.056	0.175	0.92	601	45	10.98	3.9
G591	中华医院管理杂志	1677	1.386	0.161	0.72	228	7	13.60	3.8
G610	中华胰腺病杂志	374	0.462	0.048	0.86	148	25	39.57	4.4
G897	中华移植杂志电子版	264	0.316	0.245	0.88	102	11	38.64	4.5
G177	中华预防医学杂志	3233	1.739	0.322	0.84	534	28	16.52	4.2
G178	中华整形外科杂志	1064	0.693	0.038	0.81	199	5	18.70	4.1
G859	中华中医药学刊	8852	1.949	0.480	0.94	557	23	6.29	4.0
G910	中华中医药杂志	17453	1.583	0.148	0.85	663	18	3.80	4.3
G858	中华肿瘤防治杂志	1792	1.182	0.236	0.93	440	68	24.55	3.7
G179	中华肿瘤杂志	2418	3.039	1.260	0.98	512	90	21.17	3.8
Q954	中华重症医学电子杂志	219	0.228	0.021	0.98	116	24	52.97	4.3
G039	中南大学学报医学版	1378	0.935	0.153	0.97	530	97	38.46	4.5
K001	中南大学学报自然科学版	4831	1.348	0.143	0.87	691	59	14.30	6.1
H053	中南林业科技大学学报	3035	2.085	0.288	0.85	384	18	12.65	4.3
G599	中南药学	2117	0.755	0.105	0.84	401	25	18.94	3.7
G682	中南医学科学杂志	828	0.987	0.138	0.95	288	38	34.78	2.9
G180	中日友好医院学报	352	0.603	0.060	0.98	191	45	54.26	3.5
G181	中山大学学报医学科学版	675	0.848	0.229	0.94	318	62	47.11	4.2
A036	中山大学学报自然科学版	860	0.797	0.159	0.96	467	106	54.30	8.5
X539	中外公路	1895	0.578	0.180	0.59	228	3	12.03	4.7
S020	中文信息学报	1322	1.013	0.049	0.83	222	12	16.79	4.3
G842	中西医结合肝病杂志	1003	0.740	0.114	0.83	218	20	21.73	3.1
R775	中兴通讯技术	233	0.833	0.122	0.73	89	11	38.20	2.8
G183	中药材	5514	1.150	0.113	0.92	482	23	8.74	5.4
G564	中药新药与临床药理	2168	1.593	0.177	0.95	337	25	15.54	3.8
G685	中医学报	3670	1.096	0.188	0.91	345	19	9.40	4.0
G681	中医药导报	4108	1.196	0.115	0.82	407	18	9.91	3.9
G812	中医药学报	2346	1.829	0.406	0.97	333	24	14.19	3.0
G010	中医杂志	10255	2.713	0.370	0.92	424	17	4.13	5.7
G643	中医正骨	1181	0.812	0.164	0.79	189	14	16.00	3.8
Q968	中医肿瘤学杂志	334	0.918	0.089	0.87	105	12	31.44	2.8
G184	肿瘤	557	0.931	0.051	0.89	262	42	47.04	4.9
Q929	肿瘤代谢与营养电子杂志	627	1.098	0.202	0.80	206	19	32.85	3.3
G185	肿瘤防治研究	888	1.075	0.095	0.96	363	71	40.88	2.9
G412	肿瘤学杂志	516	0.537	0.093	0.91	260	55	50.39	3.5

表 4-1　2023 年中国科技核心期刊（中文）被引用指标刊名字顺索引（续）

CODE	刊名	核心总被引频次	核心影响因子	核心即年指标	核心他引率	核心引用刊数	核心开放因子	核心扩散因子	核心被引半衰期
G522	肿瘤研究与临床	478	0.372	0.044	0.94	235	47	49.16	3.7
G196	肿瘤药学	327	0.502	0.090	0.97	193	47	59.02	3.4
G838	肿瘤影像学	347	0.706	0.161	0.80	124	15	35.73	3.2
G695	肿瘤预防与治疗	608	0.847	0.088	0.94	255	50	41.94	3.0
Q225	肿瘤综合治疗电子杂志	667	3.991	0.236	0.98	313	76	46.93	2.6
H103	种子	2563	1.054	0.104	0.81	250	16	9.75	5.1
G094	中风与神经疾病杂志	990	0.630	0.102	0.89	311	48	31.41	3.6
N022	轴承	899	0.589	0.146	0.67	160	8	17.80	5.9
H026	竹子学报	221	0.196	0.080	0.78	72	8	32.58	7.7
N075	铸造	1132	0.571	0.045	0.53	136	2	12.01	6.1
G407	转化医学杂志	318	0.626	0.118	0.92	165	29	51.89	3.6
N034	装备环境工程	1343	0.582	0.114	0.59	255	4	18.99	5.3
Z022	资源科学	6473	3.551	0.665	0.89	670	36	10.35	5.9
S026	自动化学报	4746	2.845	0.672	0.88	668	41	14.08	4.5
N013	自动化仪表	1103	0.740	0.074	0.54	254	3	23.03	3.7
S501	自动化与仪表	564	0.423	0.059	0.92	197	19	34.93	3.4
R611	自动化与仪器仪表	1177	0.439	0.025	0.68	269	6	22.85	2.9
A905	自然杂志	594	0.832	0.260	0.99	385	107	64.81	10.2
E137	自然灾害学报	2395	1.272	0.042	0.80	430	34	17.95	8.7
Z012	自然资源学报	8654	5.790	0.830	0.91	625	33	7.22	4.5
E591	自然资源遥感	1478	1.583	0.256	0.88	365	40	24.70	4.7
N088	组合机床与自动化加工技术	2088	0.870	0.106	0.83	299	14	14.32	3.5
G701	组织工程与重建外科杂志	422	0.502	0.035	0.86	168	15	39.81	4.3
L018	钻井液与完井液	1256	1.216	0.279	0.70	95	4	7.56	5.5
G720	遵义医科大学学报	399	0.458	0.126	0.83	206	35	51.63	4.1
H034	作物学报	6402	2.522	0.630	0.90	295	21	4.61	8.3
H410	作物研究	766	0.624	0.065	0.93	181	22	23.63	7.2
H202	作物杂志	2484	1.669	0.280	0.93	249	23	10.02	5.2

4.2 期刊（中文）来源指标刊名字顺排序

表 4-2 2023 年中国科技核心期刊（中文）来源指标刊名字顺索引

CODE	刊名	来源文献量	文献选出率	AR论文量	平均引文数	平均作者数	地区分布数	机构分布数	海外论文比	基金论文比	引用半衰期
E626	CT 理论与应用研究	99	0.93	99	21.8	5.7	19	64	0.00	0.35	4.3
G549	癌变・畸变・突变	87	0.96	83	27.0	5.1	19	67	0.00	0.62	4.8
G011	癌症	48	0.89	48	53.4	7.3	10	35	0.08	0.46	5.4
A003	安徽大学学报自然科学版	82	1.00	81	23.2	3.7	22	53	0.00	0.84	6.6
H002	安徽农业大学学报	152	0.89	152	32.3	6.3	26	70	0.00	0.82	6.2
A009	安徽师范大学学报自然科学版	82	0.99	82	19.8	3.1	14	35	0.00	0.83	7.0
G012	安徽医科大学学报	368	0.98	368	16.1	5.4	25	125	0.00	0.96	4.2
G786	安徽医学	345	0.95	288	22.0	4.3	25	211	0.00	0.38	4.1
Q906	安徽医药	557	0.99	540	23.3	4.2	27	389	0.00	0.40	4.5
G013	安徽中医药大学学报	126	1.00	116	20.4	5.4	14	33	0.00	0.72	4.9
E625	安全与环境工程	180	0.96	180	25.9	4.9	25	106	0.00	0.87	6.5
Z549	安全与环境学报	533	0.93	532	22.9	4.3	30	206	0.01	0.73	6.1
H340	桉树科技	57	0.93	57	23.9	5.3	9	32	0.02	0.63	7.7
R024	半导体光电	161	1.00	160	17.2	4.4	23	92	0.00	0.53	6.2
R063	半导体技术	151	0.97	151	20.9	4.5	22	77	0.00	0.44	5.7
U521	包装与食品机械	107	1.00	107	18.6	4.3	24	69	0.00	0.77	4.4
Q921	保健医学研究与实践	408	0.98	389	20.7	3.5	26	274	0.00	0.56	3.7
U645	保鲜与加工	134	0.78	134	31.0	4.5	28	96	0.00	0.46	5.1
E045	暴雨灾害	72	0.96	72	30.9	5.2	22	44	0.00	0.90	8.3
N017	爆破	122	0.94	121	30.4	4.7	22	81	0.00	0.61	16.7
N012	爆破器材	56	0.97	56	17.4	4.9	16	25	0.02	0.32	8.1
N006	爆炸与冲击	163	0.99	163	28.8	5.4	21	63	0.01	0.82	8.4
H395	北方农业学报	86	0.97	86	30.6	6.4	20	55	0.01	0.74	5.9
H128	北方水稻	99	1.00	59	12.9	5.4	15	47	0.01	0.44	9.7
H999	北方园艺	549	0.95	532	25.3	5.0	31	252	0.00	0.73	6.5
A652	北华大学学报自然科学版	143	1.00	139	20.0	4.1	16	46	0.00	0.77	5.6
G002	北京大学学报医学版	174	0.98	173	23.8	6.0	13	39	0.01	0.43	6.5
A005	北京大学学报自然科学版	108	0.98	108	37.8	4.3	14	36	0.03	0.78	8.0
J030	北京工业大学学报	118	0.90	118	34.9	4.4	14	31	0.01	0.96	6.5
Y001	北京航空航天大学学报	366	0.96	366	23.8	4.4	24	117	0.00	0.72	7.2
T020	北京化工大学学报自然科学版	85	0.96	85	23.9	4.8	17	34	0.01	0.67	6.1
X014	北京交通大学学报	108	0.95	108	22.4	3.9	19	42	0.02	0.88	5.3
G500	北京口腔医学	109	0.84	80	22.1	4.3	20	59	0.00	0.37	7.1
N001	北京理工大学学报	143	0.92	143	22.3	4.8	16	44	0.01	0.79	6.0
H025	北京林业大学学报	180	0.96	180	37.3	5.1	23	39	0.00	0.85	8.1

表 4-2　2023 年中国科技核心期刊（中文）来源指标刊名字顺索引（续）

CODE	刊名	来源文献量	文献选出率	AR论文量	平均引文数	平均作者数	地区分布数	机构分布数	海外论文比	基金论文比	引用半衰期
G004	北京生物医学工程	100	0.82	99	21.5	4.9	19	58	0.01	0.52	5.7
A010	北京师范大学学报自然科学版	115	0.93	115	36.7	4.1	12	22	0.00	0.81	7.2
G016	北京医学	255	0.93	204	23.1	4.9	22	139	0.00	0.34	4.5
R018	北京邮电大学学报	121	0.98	121	13.8	4.0	23	54	0.02	0.73	4.5
G620	北京中医药	331	0.83	210	16.5	4.8	17	87	0.00	0.58	4.8
G017	北京中医药大学学报	247	0.96	247	31.0	5.5	24	65	0.01	0.95	5.9
G741	蚌埠医学院学报	393	0.95	375	20.1	4.6	22	205	0.00	0.49	4.7
G410	标记免疫分析与临床	400	0.99	388	19.4	4.7	27	258	0.00	0.40	4.1
T098	表面技术	495	1.00	495	41.1	5.8	29	235	0.02	0.76	6.4
E135	冰川冻土	159	0.94	159	51.6	5.6	24	79	0.04	0.83	8.4
N008	兵工学报	350	1.00	350	27.8	4.9	25	109	0.00	0.65	5.7
R730	兵工自动化	229	0.98	217	13.2	3.9	25	117	0.00	0.08	6.8
N085	兵器材料科学与工程	140	0.95	140	22.6	4.8	26	101	0.00	0.56	5.2
T094	兵器装备工程学报	492	1.00	492	20.2	4.3	27	184	0.00	0.40	6.4
G018	病毒学报	193	0.97	193	37.5	7.0	29	132	0.00	0.67	5.6
C060	波谱学杂志	40	1.00	40	33.2	4.8	15	26	0.03	0.73	6.3
M005	材料保护	307	0.95	305	28.5	5.2	26	221	0.00	0.50	7.1
M103	材料导报	800	1.00	800	51.1	5.1	30	295	0.02	0.85	6.8
Y007	材料工程	237	0.96	237	39.7	5.3	27	125	0.00	0.76	5.9
M010	材料开发与应用	90	0.94	89	18.0	4.2	15	51	0.00	0.16	8.6
M008	材料科学与工程学报	147	0.96	147	27.8	4.9	28	106	0.00	0.78	6.3
M006	材料科学与工艺	67	0.97	67	25.8	4.8	23	50	0.01	0.81	4.9
N026	材料热处理学报	267	0.97	267	32.0	5.6	26	119	0.01	0.79	6.5
M009	材料研究学报	107	0.99	107	30.9	5.5	22	62	0.00	0.76	6.7
K512	采矿与安全工程学报	131	0.94	131	26.0	5.4	15	28	0.01	0.94	6.3
K504	采矿与岩层控制工程学报	55	0.90	54	26.4	5.1	15	34	0.02	0.71	5.3
H009	蚕业科学	69	0.73	69	27.7	6.5	17	37	0.00	0.84	8.3
H525	草地学报	421	0.99	420	41.3	6.4	28	104	0.00	0.77	6.4
H234	草业科学	300	0.91	300	38.3	5.9	30	120	0.00	0.77	7.7
H527	草业学报	221	0.97	221	44.7	6.2	26	82	0.00	0.85	8.1
H538	草原与草坪	120	0.98	120	34.5	5.7	16	44	0.00	0.72	8.4
E616	测绘地理信息	173	0.99	170	19.1	4.1	21	63	0.03	0.86	6.4
E543	测绘工程	67	1.00	67	19.3	4.0	18	41	0.00	0.78	5.4
E600	测绘科学	311	1.00	311	25.3	4.3	28	135	0.00	0.74	5.3
E510	测绘通报	381	0.99	380	18.7	4.4	29	207	0.00	0.70	5.0
E152	测绘学报	185	0.63	185	37.1	5.0	20	71	0.02	0.88	6.2
L017	测井技术	107	0.94	107	20.5	5.4	17	48	0.01	0.36	7.4
Y022	测控技术	194	0.92	194	20.2	4.2	25	125	0.00	0.61	6.5
R711	测试技术学报	82	0.93	82	15.5	3.9	16	38	0.00	0.50	5.4
H001	茶叶科学	72	0.95	72	37.0	6.6	17	35	0.00	0.72	5.9
X036	长安大学学报自然科学版	78	0.92	78	28.4	4.9	16	34	0.00	0.90	5.7
N056	长春理工大学学报自然科学版	115	1.00	115	17.6	3.8	8	15	0.00	0.92	6.4
G992	长春中医药大学学报	300	0.98	287	22.6	4.5	26	168	0.00	0.80	4.6

表 4-2　2023 年中国科技核心期刊（中文）来源指标刊名字顺索引（续）

CODE	刊名	来源文献量	文献选出率	AR论文量	平均引文数	平均作者数	地区分布数	机构分布数	海外论文比	基金论文比	引用半衰期
W010	长江科学院院报	333	0.90	333	23.8	4.4	29	163	0.00	0.77	7.1
Z029	长江流域资源与环境	220	0.97	220	37.7	4.6	21	126	0.01	0.90	5.5
G264	肠外与肠内营养	67	0.87	65	25.6	5.7	21	56	0.00	0.45	4.4
N024	车用发动机	79	0.99	79	17.0	5.0	20	58	0.00	0.52	7.5
E113	沉积学报	138	0.97	138	56.2	6.3	22	61	0.02	0.78	11.8
A907	沉积与特提斯地质	67	0.97	67	85.4	6.3	17	33	0.01	0.78	17.9
E102	成都理工大学学报自然科学版	71	0.99	71	29.7	5.8	18	40	0.00	0.62	9.2
G670	成都医学院学报	162	0.99	162	25.7	5.0	16	58	0.01	0.58	4.6
V050	城市规划	134	0.60	134	32.9	2.9	16	65	0.04	0.69	8.3
V028	城市规划学刊	85	0.53	78	34.0	3.0	13	39	0.05	0.58	6.0
X043	城市轨道交通研究	559	0.78	553	7.1	3.2	26	261	0.00	0.30	5.9
X046	城市交通	80	0.71	77	14.6	3.2	12	46	0.03	0.33	5.3
V062	城乡规划	75	0.89	75	23.7	2.8	15	50	0.08	0.27	6.4
J021	重庆大学学报自然科学版	147	0.92	147	23.2	4.5	25	68	0.00	0.87	6.7
X029	重庆交通大学学报自然科学版	240	1.00	240	17.4	3.9	27	81	0.00	0.90	5.9
A512	重庆师范大学学报自然科学版	108	0.98	107	23.9	3.5	22	43	0.01	0.96	8.4
G186	重庆医科大学学报	265	0.93	249	25.4	4.8	28	158	0.00	0.63	5.5
R559	重庆邮电大学学报自然科学版	129	0.98	129	23.0	3.7	19	51	0.00	0.87	4.7
L508	储能科学与技术	346	0.85	341	36.9	5.5	29	199	0.02	0.63	3.8
G432	川北医学院学报	402	1.00	392	18.7	4.0	27	276	0.00	0.61	3.6
N060	传感技术学报	272	1.00	272	19.3	3.9	28	161	0.01	0.84	4.9
R532	传感器与微系统	489	1.00	478	15.5	4.2	28	218	0.01	0.74	5.7
G458	传染病信息	104	0.92	100	26.7	5.2	24	80	0.02	0.42	4.0
X010	船舶工程	332	0.89	332	19.3	4.1	20	122	0.01	0.40	6.6
X633	船舶力学	167	0.98	167	20.1	4.4	19	58	0.01	0.82	9.8
X635	船海工程	163	1.00	161	7.2	3.9	15	62	0.00	0.44	6.7
G322	创伤外科杂志	176	0.88	155	23.5	4.8	27	127	0.00	0.39	4.6
G085	创伤与急危重病医学	111	0.95	76	18.8	4.1	16	51	0.00	0.44	4.6
G552	磁共振成像	424	0.98	407	40.9	5.2	30	234	0.00	0.73	3.5
G229	卒中与神经疾病	113	0.82	110	26.5	4.8	23	80	0.00	0.54	4.5
E144	大地测量与地球动力学	231	0.95	231	13.8	4.4	28	109	0.01	0.77	8.2
E146	大地构造与成矿学	86	0.93	86	74.9	6.4	19	40	0.02	0.85	13.4
R051	大电机技术	82	0.99	82	20.3	4.6	22	67	0.00	0.44	7.0
H038	大豆科学	91	0.88	91	31.7	6.5	20	51	0.01	0.85	6.9
X024	大连海事大学学报	61	0.97	61	24.1	4.4	7	15	0.07	0.87	4.1
H005	大连海洋大学学报	119	1.00	119	35.2	5.8	17	37	0.03	0.86	7.5
X001	大连交通大学学报	117	0.98	117	14.4	3.9	20	41	0.00	0.64	6.5
J024	大连理工大学学报	79	0.99	79	21.6	4.1	13	23	0.00	0.95	7.3
G020	大连医科大学学报	116	0.98	102	25.5	4.1	17	53	0.00	0.28	5.5
E109	大气科学	137	1.00	137	41.5	4.7	21	47	0.01	0.77	10.6
E091	大气科学学报	77	0.99	77	43.6	5.0	17	36	0.01	0.91	7.6
L512	大庆石油地质与开发	122	0.98	122	24.3	5.4	20	67	0.01	0.66	5.7
S055	大数据	75	0.93	75	30.0	3.7	17	51	0.01	0.59	3.9

表 4-2 2023 年中国科技核心期刊（中文）来源指标刊名字顺索引（续）

CODE	刊名	来源文献量	文献选出率	AR 论文量	平均引文数	平均作者数	地区分布数	机构分布数	海外论文比	基金论文比	引用半衰期
S086	单片机与嵌入式系统应用	261	0.63	237	10.4	3.2	30	162	0.00	0.28	3.9
H040	淡水渔业	76	0.96	76	32.5	6.6	20	38	0.00	0.67	9.4
N004	弹道学报	54	0.93	54	18.1	4.1	11	25	0.00	0.37	7.9
N009	弹箭与制导学报	104	0.95	104	16.8	4.3	17	50	0.00	0.25	6.6
T941	当代化工	601	0.98	600	20.6	4.5	30	318	0.00	0.65	5.4
Y503	导弹与航天运载技术	168	0.99	165	10.5	4.2	13	43	0.00	0.06	9.3
Y591	导航定位学报	134	0.98	134	20.7	4.1	20	72	0.00	0.53	5.8
Y563	导航定位与授时	84	0.94	84	25.3	4.7	13	51	0.00	0.69	5.4
T074	低碳化学与化工	137	0.99	137	35.3	5.1	24	83	0.01	0.66	5.4
N019	低温工程	73	0.99	73	13.4	5.1	18	47	0.00	0.70	7.3
C055	低温物理学报	43	1.00	43	26.9	5.1	14	26	0.02	0.72	8.8
E133	地层学杂志	33	0.87	33	66.5	6.3	11	17	0.12	0.82	16.9
E130	地理科学	217	0.99	217	37.7	4.0	29	111	0.02	0.95	6.6
E584	地理科学进展	184	0.98	184	53.7	3.9	28	99	0.04	0.90	6.0
E639	地理空间信息	427	0.99	344	13.4	3.5	30	256	0.00	0.61	5.3
E315	地理信息世界	80	0.99	80	27.1	4.1	23	55	0.01	0.70	4.7
E305	地理学报	188	0.90	188	56.6	4.3	26	79	0.03	0.90	7.0
E310	地理研究	192	0.99	192	53.2	4.1	24	90	0.03	0.92	6.7
E527	地理与地理信息科学	105	0.99	105	37.9	3.9	21	64	0.02	0.96	5.6
E024	地球化学	64	0.97	64	47.2	5.9	16	33	0.02	0.86	12.9
E570	地球环境学报	68	0.89	67	51.4	5.4	16	39	0.03	0.88	8.3
E142	地球科学	316	0.95	316	70.3	6.2	27	122	0.01	0.78	16.1
E115	地球科学进展	99	0.88	99	73.7	5.1	22	61	0.01	0.83	8.6
E004	地球科学与环境学报	105	0.91	105	52.9	5.8	23	69	0.00	0.93	6.8
E153	地球物理学报	363	0.98	363	62.8	5.5	28	109	0.03	0.89	14.7
E308	地球物理学进展	234	0.98	234	49.4	5.2	25	122	0.00	0.73	15.5
E656	地球信息科学学报	177	0.95	177	40.0	4.8	21	71	0.03	0.88	5.8
E300	地球学报	86	0.91	86	72.6	6.3	17	44	0.02	0.85	19.3
E549	地球与环境	65	0.94	65	52.6	6.0	18	38	0.02	0.85	8.1
V031	地下空间与工程学报	214	1.00	214	24.6	4.1	26	137	0.00	0.74	7.5
E357	地学前缘	206	0.98	205	59.7	6.2	25	87	0.06	0.80	9.8
S741	地域研究与开发	167	0.99	167	31.0	3.6	27	113	0.01	0.89	5.4
E306	地震	56	0.97	56	34.1	4.9	17	33	0.02	0.68	11.4
E150	地震地质	80	0.99	80	45.1	5.6	19	36	0.01	0.78	12.2
E307	地震工程学报	165	0.96	165	25.9	4.6	26	85	0.00	0.71	10.1
E118	地震工程与工程振动	147	1.00	147	26.2	4.1	24	74	0.00	0.84	9.1
E143	地震学报	80	0.96	79	39.4	4.6	21	41	0.05	0.81	11.5
E112	地震研究	62	0.97	62	36.6	5.5	20	28	0.02	0.87	10.2
E362	地质科技通报	194	0.96	194	40.3	5.3	26	88	0.03	0.78	8.5
E139	地质科学	85	0.99	85	50.9	5.6	18	48	0.01	0.82	11.9
E026	地质力学学报	64	0.94	64	85.0	5.8	20	41	0.00	0.86	25.3
E009	地质论评	178	0.89	172	80.7	5.6	25	96	0.01	0.69	18.8
E127	地质通报	169	0.93	168	46.1	6.3	25	78	0.01	0.80	11.8

表 4-2 2023 年中国科技核心期刊（中文）来源指标刊名字顺索引（续）

CODE	刊名	来源文献量	文献选出率	AR 论文量	平均引文数	平均作者数	地区分布数	机构分布数	海外论文比	基金论文比	引用半衰期
E010	地质学报	261	0.98	259	99.5	6.6	27	82	0.03	0.80	17.8
E151	地质与勘探	109	0.99	109	71.0	6.0	24	83	0.01	0.64	23.5
E525	地质与资源	92	0.94	92	28.4	5.4	20	38	0.01	0.90	9.6
E132	地质找矿论丛	64	0.98	64	22.4	4.7	21	38	0.00	0.50	11.6
E301	第四纪研究	135	0.96	134	67.6	5.0	25	73	0.06	0.89	10.4
R007	电波科学学报	128	0.94	128	25.8	4.7	21	65	0.01	0.70	7.8
R673	电测与仪表	346	0.99	346	21.0	4.4	30	159	0.00	0.51	5.4
R003	电池	149	0.71	139	13.6	3.5	29	114	0.00	0.55	4.6
T508	电镀与精饰	185	0.98	185	24.2	4.6	29	146	0.00	0.50	6.2
T598	电镀与涂饰	285	1.00	283	15.5	5.2	28	204	0.00	0.35	6.9
R010	电工电能新技术	120	0.99	120	24.3	5.4	26	70	0.00	0.48	5.7
R043	电工技术学报	543	0.95	543	29.1	4.6	25	111	0.01	0.80	4.9
R740	电光与控制	237	0.98	236	17.6	3.8	27	113	0.00	0.56	5.3
N067	电焊机	210	0.98	210	21.1	5.1	24	135	0.01	0.47	5.9
D036	电化学	50	0.77	50	48.5	5.3	19	40	0.06	0.88	5.0
R088	电机与控制学报	208	1.00	208	22.0	4.4	23	78	0.01	0.88	5.8
R045	电机与控制应用	150	0.98	150	17.8	4.1	23	81	0.00	0.55	4.6
N027	电加工与模具	59	0.82	59	18.6	4.6	13	33	0.03	0.58	5.4
R011	电力电子技术	420	1.00	363	5.8	3.7	28	211	0.00	0.55	6.6
R769	电力工程技术	168	0.93	168	28.1	4.9	23	72	0.01	0.82	3.6
A199	电力建设	179	0.98	179	30.8	5.4	25	89	0.01	0.79	3.3
R654	电力科学与技术学报	168	0.97	168	21.8	4.9	25	93	0.00	0.60	3.6
N102	电力系统保护与控制	422	1.00	422	28.2	5.0	28	147	0.00	0.97	3.6
R071	电力系统及其自动化学报	218	0.98	218	20.8	4.6	28	117	0.00	0.50	4.5
S019	电力系统自动化	468	0.99	468	32.1	5.1	23	97	0.03	0.74	3.9
R745	电力信息与通信技术	144	0.96	144	24.1	5.1	22	81	0.00	0.17	4.2
R750	电力需求侧管理	107	0.95	107	15.6	5.1	22	71	0.00	0.32	3.6
R090	电力自动化设备	347	0.99	347	23.2	5.2	28	104	0.02	0.69	3.9
R044	电气传动	157	0.98	157	16.5	4.3	27	104	0.00	0.39	4.6
R428	电气工程学报	136	0.97	136	27.6	4.5	21	87	0.00	0.63	5.5
R058	电气自动化	206	1.00	132	8.6	4.0	26	116	0.00	0.35	4.5
R039	电网技术	522	0.99	522	29.6	5.2	28	110	0.01	0.64	4.3
R116	电网与清洁能源	214	1.00	214	25.6	5.2	29	124	0.00	0.50	3.3
R684	电信科学	189	1.00	189	23.2	4.1	23	109	0.02	0.52	3.8
R754	电讯技术	278	0.95	278	16.7	3.6	22	112	0.00	0.48	5.3
R019	电源技术	340	0.95	316	14.8	3.8	28	208	0.00	0.44	5.5
R055	电子测量技术	634	1.00	634	20.6	3.8	29	219	0.00	0.68	4.2
R021	电子测量与仪器学报	318	0.98	318	24.2	4.2	25	128	0.00	0.84	4.2
R067	电子技术应用	312	0.99	311	15.5	3.9	30	172	0.00	0.32	5.6
R036	电子科技大学学报	116	0.94	116	28.1	4.6	25	65	0.02	0.73	5.8
R512	电子器件	268	0.97	268	16.2	3.8	27	172	0.01	0.57	5.2
R724	电子设计工程	956	1.00	956	16.9	3.5	31	514	0.00	0.29	3.5
R001	电子显微学报	84	0.82	84	37.2	5.2	18	49	0.02	0.80	9.5

表 4-2 2023 年中国科技核心期刊（中文）来源指标刊名字顺索引（续）

CODE	刊名	来源文献量	文献选出率	AR论文量	平均引文数	平均作者数	地区分布数	机构分布数	海外论文比	基金论文比	引用半衰期
R006	电子学报	357	1.00	357	29.5	4.3	28	165	0.03	0.87	5.3
R022	电子与信息学报	486	1.00	486	25.1	4.5	26	149	0.02	0.84	4.7
R020	电子元件与材料	206	1.00	206	25.3	4.1	28	102	0.00	0.81	5.3
J023	东北大学学报自然科学版	226	1.00	226	19.5	3.6	17	31	0.00	0.92	6.3
H262	东北林业大学学报	274	0.97	271	30.3	5.1	29	102	0.00	0.78	8.0
H006	东北农业大学学报	115	1.00	115	29.2	6.3	22	40	0.00	0.97	5.8
H227	东北农业科学	172	0.99	168	22.7	6.3	26	81	0.01	0.84	8.8
A030	东北师大学报自然科学版	88	1.00	88	19.1	3.7	18	48	0.00	0.97	7.7
L004	东北石油大学学报	59	0.83	59	35.1	6.1	16	39	0.00	0.61	6.6
U014	东华大学学报自然科学版	127	1.00	127	24.9	4.5	7	11	0.00	0.79	6.0
G057	东南大学学报医学版	147	0.94	146	25.4	4.5	19	114	0.00	0.60	4.1
J028	东南大学学报自然科学版	135	0.99	135	24.4	4.5	17	35	0.02	0.94	6.3
P003	动力工程学报	208	0.95	208	19.5	4.8	20	62	0.00	0.69	5.6
P018	动力学与控制学报	133	0.96	132	28.0	3.5	25	72	0.01	0.92	7.4
F043	动物学杂志	93	0.74	93	33.5	6.3	27	69	0.00	0.68	11.4
G775	动物医学进展	312	0.97	304	23.5	7.0	28	121	0.00	0.74	5.1
F231	动物营养学报	737	1.00	737	43.4	6.6	31	143	0.01	0.82	6.0
X034	都市快轨交通	145	0.85	145	13.3	3.6	18	72	0.00	0.52	5.0
G542	毒理学杂志	91	0.97	88	25.0	6.2	24	65	0.00	0.65	5.5
T241	断块油气田	136	0.96	136	25.4	5.8	17	77	0.01	0.57	5.5
N070	锻压技术	412	0.89	412	16.5	4.7	28	230	0.01	0.69	5.8
G920	儿科药学杂志	205	0.92	175	24.0	4.0	26	126	0.00	0.18	6.7
R575	发电技术	96	0.97	96	32.0	5.1	18	65	0.01	0.75	4.2
C071	发光学报	200	0.91	200	47.6	5.5	26	104	0.03	0.90	5.1
G199	发育医学电子杂志	77	0.96	74	36.5	4.6	20	63	0.00	0.60	5.5
G874	法医学杂志	118	0.93	81	21.6	5.3	22	62	0.00	0.54	6.7
Z544	防灾减灾工程学报	155	0.85	155	24.9	4.5	25	95	0.01	0.88	8.3
U013	纺织高校基础科学学报	82	0.86	82	27.3	3.5	15	26	0.01	0.96	7.0
Q418	纺织科学与工程学报	77	1.00	77	28.1	3.9	13	20	0.00	0.39	4.1
U053	纺织学报	360	0.88	360	22.8	4.8	19	61	0.01	0.79	5.6
G608	放射学实践	286	0.80	264	23.8	5.1	29	204	0.00	0.42	4.7
Y006	飞行力学	77	0.93	77	17.3	3.9	14	37	0.00	0.49	7.3
K002	非金属矿	150	0.99	141	15.7	5.5	23	82	0.01	0.64	4.9
K581	分布式能源	60	0.98	60	25.2	4.1	19	41	0.00	0.52	3.0
D022	分析测试学报	204	0.95	204	29.8	6.1	26	146	0.01	0.68	4.8
D005	分析化学	202	0.97	202	40.6	5.6	27	134	0.00	0.89	4.8
D026	分析科学学报	115	0.94	114	22.1	5.8	26	96	0.02	0.68	5.7
D004	分析试验室	247	1.00	247	23.0	5.6	28	178	0.00	0.68	5.4
D062	分析仪器	126	1.00	109	14.0	4.6	24	94	0.01	0.25	6.6
D015	分子催化	59	0.89	59	42.9	4.3	18	41	0.00	0.85	5.6
D035	分子科学学报	59	1.00	59	34.7	4.4	17	41	0.00	0.80	6.0
Q931	分子影像学杂志	206	1.00	206	27.1	4.8	25	152	0.00	0.58	3.9
G556	分子诊断与治疗杂志	523	0.98	521	16.4	4.1	28	388	0.00	0.65	3.3

表 4-2　2023 年中国科技核心期刊（中文）来源指标刊名字顺索引（续）

CODE	刊名	来源文献量	文献选出率	AR论文量	平均引文数	平均作者数	地区分布数	机构分布数	海外论文比	基金论文比	引用半衰期
H845	分子植物育种	1016	0.97	1016	22.7	5.0	31	401	0.01	0.70	8.2
V052	粉煤灰综合利用	130	0.95	130	15.9	2.8	22	107	0.00	0.32	4.5
M105	粉末冶金工业	124	0.78	124	26.1	4.5	24	88	0.01	0.65	5.5
M039	粉末冶金技术	80	0.99	80	25.3	5.1	19	61	0.01	0.55	7.3
V048	风景园林	169	0.81	169	35.3	3.1	19	72	0.08	0.63	6.6
Q006	辐射防护	78	0.75	77	21.0	5.5	20	43	0.03	0.21	10.6
Q005	辐射研究与辐射工艺学报	69	0.96	69	27.0	6.1	16	50	0.00	0.61	6.4
H268	福建农林大学学报自然科学版	110	0.93	109	32.6	5.9	18	29	0.01	0.74	7.5
H265	福建农业学报	176	0.99	176	29.8	6.5	27	87	0.01	0.70	7.1
A078	福建师范大学学报自然科学版	97	0.99	97	34.6	4.5	13	32	0.00	0.95	5.6
G024	福建医科大学学报	74	0.84	72	25.5	4.4	7	34	0.00	0.43	4.6
A029	福州大学学报自然科学版	125	0.95	125	18.1	4.2	17	47	0.00	0.93	5.8
M505	腐蚀与防护	233	0.95	231	20.6	4.8	28	172	0.01	0.30	8.0
G068	复旦学报医学版	128	0.96	128	27.2	5.7	11	37	0.01	0.59	5.8
A001	复旦学报自然科学版	81	0.91	81	34.6	4.4	12	32	0.05	0.67	8.5
Y019	复合材料学报	578	0.98	578	40.6	5.2	30	226	0.01	0.83	5.2
B029	复杂系统与复杂性科学	56	0.97	56	22.8	3.3	18	38	0.02	0.89	7.3
G957	腹部外科	90	0.99	87	29.1	5.6	19	62	0.00	0.57	4.8
G338	腹腔镜外科杂志	206	0.91	177	22.6	5.0	25	160	0.00	0.29	4.7
H045	干旱地区农业研究	194	0.97	192	32.4	6.4	23	80	0.01	0.82	6.6
E048	干旱气象	98	0.90	98	37.2	5.6	24	71	0.01	0.81	7.5
E020	干旱区地理	192	0.98	192	34.8	4.6	25	107	0.01	0.91	5.7
E105	干旱区研究	192	1.00	192	37.2	5.1	17	80	0.01	0.83	6.1
A034	甘肃科学学报	135	1.00	134	18.1	3.5	25	79	0.01	0.53	5.9
H047	甘肃农业大学学报	172	0.95	172	32.3	5.9	23	73	0.01	0.81	7.3
H844	甘蔗糖业	65	0.92	65	18.2	6.2	6	37	0.00	0.55	7.1
Q956	肝癌电子杂志	42	0.75	42	31.0	4.1	13	30	0.00	0.29	4.6
G879	肝胆外科杂志	117	0.91	91	22.1	4.1	21	84	0.00	0.33	4.7
G690	肝胆胰外科杂志	161	0.84	128	21.3	4.8	26	130	0.00	0.33	4.5
G803	肝脏	390	0.99	298	21.2	4.0	29	254	0.00	0.40	4.6
M050	钢铁	217	0.95	217	32.9	5.1	18	47	0.00	0.88	5.6
M013	钢铁钒钛	171	0.86	171	18.4	5.0	19	80	0.00	0.56	7.1
M019	钢铁研究学报	156	0.86	156	38.1	5.0	19	60	0.01	0.76	7.0
D020	高等学校化学学报	264	0.94	264	52.9	5.2	28	146	0.02	0.91	5.3
B002	高等学校计算数学学报	24	0.89	24	22.9	2.6	14	21	0.00	0.88	13.8
R038	高电压技术	505	0.99	505	33.7	5.2	29	130	0.01	0.72	4.8
T001	高分子材料科学与工程	272	1.00	272	21.4	5.8	28	125	0.01	0.74	5.5
T002	高分子通报	160	0.99	160	45.0	5.3	25	101	0.01	0.63	6.2
D021	高分子学报	154	0.97	154	50.4	4.7	25	75	0.03	0.81	5.9
A080	高技术通讯	132	0.92	132	24.0	4.3	13	32	0.05	0.91	5.4
T078	高科技纤维与应用	70	0.63	69	14.0	4.5	15	50	0.00	0.16	6.9
E358	高校地质学报	81	1.00	81	46.3	5.7	20	42	0.01	0.84	10.9
T016	高校化学工程学报	115	0.94	115	31.4	5.4	23	60	0.01	0.77	6.5

表 4-2 2023 年中国科技核心期刊（中文）来源指标刊名字顺索引（续）

CODE	刊名	来源文献量	文献选出率	AR论文量	平均引文数	平均作者数	地区分布数	机构分布数	海外论文比	基金论文比	引用半衰期
B003	高校应用数学学报	44	0.92	44	19.9	2.8	16	37	0.00	0.95	12.3
R037	高压电器	343	0.98	343	27.8	5.6	30	179	0.00	0.32	5.2
C056	高压物理学报	100	0.98	100	28.2	5.0	19	51	0.00	0.84	6.8
E005	高原气象	130	0.96	130	41.8	4.9	22	61	0.00	0.76	9.3
E546	高原山地气象研究	74	1.00	74	26.0	4.4	12	42	0.00	0.66	8.5
V021	给水排水	290	0.98	289	13.6	4.4	25	187	0.01	0.32	7.0
N105	工程爆破	115	0.95	115	18.3	4.6	21	72	0.01	0.64	6.7
E574	工程地球物理学报	96	0.97	96	23.1	4.5	26	78	0.00	0.57	8.2
E360	工程地质学报	190	0.99	190	56.8	4.9	27	83	0.01	0.82	17.0
S712	工程管理学报	161	0.99	161	17.6	3.2	25	91	0.01	0.62	4.6
V030	工程勘察	160	0.90	160	14.0	3.5	25	126	0.00	0.48	6.3
V033	工程抗震与加固改造	128	0.55	128	16.5	3.9	22	92	0.01	0.59	9.6
M030	工程科学学报	205	0.98	205	41.0	5.3	25	85	0.01	0.89	5.2
J051	工程科学与技术	162	0.97	162	30.6	5.1	24	83	0.01	0.87	6.3
C002	工程力学	271	0.94	271	31.3	4.2	25	107	0.03	0.92	7.7
C073	工程热物理学报	433	1.00	433	21.0	4.7	26	113	0.03	0.88	8.5
N590	工程设计学报	85	0.91	85	22.3	4.9	22	55	0.01	0.95	5.9
B031	工程数学学报	73	0.94	73	19.8	2.6	22	61	0.01	0.93	10.7
T003	工程塑料应用	327	0.98	327	24.0	5.1	28	218	0.00	0.47	4.7
N064	工具技术	354	0.97	338	14.3	4.4	26	173	0.00	0.61	6.6
K018	工矿自动化	240	0.99	240	26.2	4.2	21	100	0.00	0.83	3.9
T563	工业催化	144	0.91	141	26.1	4.8	24	99	0.00	0.41	7.0
J057	工业工程	112	0.95	112	17.5	3.0	23	62	0.00	0.95	5.6
N110	工业工程与管理	122	1.00	122	26.9	3.2	20	59	0.01	0.99	6.9
P009	工业加热	202	0.97	190	13.6	3.2	26	156	0.00	0.31	4.4
V010	工业建筑	340	0.62	340	21.5	4.2	29	225	0.02	0.74	7.6
P005	工业炉	94	0.85	88	8.0	3.0	21	60	0.00	0.15	6.5
Z013	工业水处理	311	0.93	311	30.7	5.0	28	232	0.01	0.56	5.7
G025	工业卫生与职业病	149	0.93	105	16.1	5.0	25	99	0.00	0.33	5.3
N037	工业仪表与自动化装置	141	0.95	138	13.0	3.3	25	111	0.00	0.21	3.5
Z032	工业用水与废水	109	0.96	109	17.8	4.2	24	78	0.00	0.39	4.9
G207	公共卫生与预防医学	219	1.00	208	21.8	4.5	26	155	0.00	0.34	3.3
X579	公路	778	0.97	772	14.1	3.9	30	401	0.00	0.50	6.8
X022	公路工程	153	1.00	153	17.2	3.9	24	108	0.00	0.95	6.2
X026	公路交通科技	363	0.97	363	22.4	3.9	29	220	0.01	0.71	6.8
N039	功能材料	373	0.97	373	34.5	5.0	28	173	0.01	0.94	5.5
D503	功能高分子学报	61	0.86	61	33.1	4.6	13	26	0.02	0.85	5.4
R095	供用电	149	0.92	149	27.5	5.3	22	102	0.01	0.35	3.5
E601	古地理学报	88	0.90	88	61.4	6.4	16	41	0.01	0.72	11.4
E304	古脊椎动物学报	19	1.00	19	47.1	3.9	3	5	0.11	0.89	19.5
E022	古生物学报	35	0.78	35	97.3	4.3	13	20	0.11	0.91	16.0
G478	骨科	110	1.00	98	24.4	5.5	20	82	0.00	0.40	5.9
R047	固体电子学研究与进展	87	0.88	87	15.8	4.8	17	45	0.00	0.39	6.6

表 4-2　2023 年中国科技核心期刊（中文）来源指标刊名字顺索引（续）

CODE	刊名	来源文献量	文献选出率	AR论文量	平均引文数	平均作者数	地区分布数	机构分布数	海外论文比	基金论文比	引用半衰期
Y013	固体火箭技术	111	0.94	110	27.0	5.7	15	54	0.00	0.32	8.1
C103	固体力学学报	57	0.86	57	43.2	4.5	19	40	0.00	0.91	7.7
W007	管理工程学报	124	1.00	124	43.1	3.2	21	66	0.00	0.99	8.1
W018	管理科学	62	0.86	62	58.9	3.2	21	42	0.00	0.95	5.7
W008	管理科学学报	103	0.88	103	54.2	3.3	17	51	0.02	0.95	8.7
W025	管理评论	328	0.99	328	48.9	3.2	28	147	0.02	0.95	7.5
S744	管理世界	145	0.90	145	71.4	3.3	18	65	0.02	0.86	8.1
S745	管理现代化	121	1.00	121	35.9	2.6	28	99	0.00	0.95	5.1
W016	管理学报	187	0.99	187	31.5	3.2	25	90	0.02	0.98	6.5
H226	灌溉排水学报	221	0.67	221	30.2	5.6	24	102	0.00	0.80	6.3
R026	光电工程	100	0.95	100	49.5	5.6	20	65	0.03	0.87	5.7
R082	光电子技术	55	0.92	55	19.5	5.3	12	29	0.04	0.62	5.7
C091	光谱学与光谱分析	558	0.93	558	19.0	5.7	31	293	0.01	0.92	5.8
C097	光散射学报	44	0.94	44	35.2	4.1	18	38	0.00	0.77	6.1
R688	光通信研究	66	1.00	66	24.2	4.6	17	49	0.02	0.67	6.0
N015	光学技术	115	1.00	115	21.3	4.3	24	70	0.01	0.68	6.4
N033	光学精密工程	313	1.00	313	26.4	4.6	28	152	0.02	0.92	5.1
C050	光学学报	761	0.99	759	34.0	5.6	28	207	0.02	0.87	6.4
R097	光学与光电技术	109	0.99	109	18.2	4.0	18	52	0.00	0.32	7.5
C037	光子学报	287	0.99	287	29.5	5.7	26	141	0.01	0.91	6.4
R547	广东电力	179	0.97	179	25.6	5.1	25	107	0.00	0.36	3.8
H272	广东海洋大学学报	103	0.94	103	35.4	6.1	14	36	0.00	0.82	7.3
H228	广东农业科学	213	0.95	213	38.0	6.1	24	85	0.01	0.72	5.1
G027	广东药科大学学报	123	0.75	121	24.3	5.4	16	65	0.02	0.66	4.8
G026	广东医学	280	0.99	280	23.5	4.8	25	220	0.00	0.70	4.4
A042	广西大学学报自然科学版	142	0.95	142	21.7	4.5	20	58	0.00	0.99	5.3
A535	广西科学	128	0.97	128	37.5	5.6	19	69	0.00	0.87	6.1
H364	广西林业科学	119	0.94	119	23.6	5.5	15	51	0.00	0.78	7.3
A062	广西师范大学学报自然科学版	123	0.99	123	34.2	4.7	23	54	0.00	0.97	5.0
G028	广西医科大学学报	304	0.97	304	22.4	5.4	22	149	0.00	0.83	4.2
G816	广西医学	587	0.99	581	25.8	4.8	28	339	0.00	0.67	4.9
F028	广西植物	225	0.97	225	38.6	5.7	27	123	0.00	0.89	8.0
G030	广州中医药大学学报	490	0.97	490	22.0	4.6	29	156	0.00	0.67	5.6
V572	规划师	256	0.95	256	21.8	3.5	21	125	0.01	0.73	4.5
T004	硅酸盐通报	482	0.99	482	28.4	5.3	30	215	0.00	0.77	5.8
T005	硅酸盐学报	315	0.98	314	45.7	5.3	28	147	0.03	0.87	5.7
M048	贵金属	60	0.87	60	22.9	5.8	15	46	0.00	0.68	8.5
A077	贵州大学学报自然科学版	98	0.96	98	23.0	3.8	17	43	0.00	0.79	6.0
H275	贵州农业科学	197	0.97	197	24.7	6.2	25	142	0.00	0.63	8.0
A527	贵州师范大学学报自然科学版	90	1.00	90	30.1	4.0	17	42	0.00	0.84	6.7
G031	贵州医科大学学报	242	0.98	242	24.4	5.3	18	117	0.00	0.85	4.2
M033	桂林理工大学学报	86	0.99	86	30.9	5.2	19	41	0.00	0.92	8.5
A040	国防科技大学学报	147	1.00	147	29.5	4.4	18	40	0.00	0.87	6.0

表 4-2　2023 年中国科技核心期刊（中文）来源指标刊名字顺索引（续）

CODE	刊名	来源文献量	文献选出率	AR论文量	平均引文数	平均作者数	地区分布数	机构分布数	海外论文比	基金论文比	引用半衰期
G495	国际病毒学杂志	110	0.91	105	19.8	6.4	21	70	0.00	0.42	3.6
V529	国际城市规划	98	0.70	98	41.8	2.6	15	53	0.20	0.67	8.7
G936	国际儿科学杂志	185	0.81	178	31.1	2.4	23	93	0.00	0.46	4.9
G497	国际放射医学核医学杂志	122	0.70	114	26.6	4.3	26	93	0.02	0.42	5.0
G659	国际妇产科学杂志	147	0.92	139	28.0	3.6	24	91	0.00	0.45	3.4
G498	国际骨科学杂志	79	0.94	78	35.3	3.9	16	45	0.00	0.48	4.1
G938	国际呼吸杂志	220	0.97	220	32.6	4.3	28	155	0.00	0.73	3.9
G362	国际检验医学杂志	616	0.99	588	22.2	4.4	30	456	0.00	0.63	3.8
G929	国际精神病学杂志	435	1.00	314	13.5	4.0	28	270	0.00	0.44	3.9
G997	国际口腔医学杂志	102	0.94	102	43.5	3.5	25	48	0.00	0.54	5.7
G496	国际老年医学杂志	171	0.98	156	21.1	4.3	28	112	0.01	0.70	4.2
G930	国际流行病学传染病学杂志	80	0.91	74	23.6	5.3	23	59	0.00	0.39	4.1
G975	国际麻醉学与复苏杂志	243	0.90	238	25.6	4.7	28	147	0.00	0.39	4.9
G349	国际泌尿系统杂志	296	0.98	267	21.5	4.2	29	237	0.00	0.30	5.4
G983	国际免疫学杂志	120	1.00	115	27.5	3.8	24	88	0.00	0.56	4.8
G939	国际脑血管病杂志	166	0.69	162	38.6	4.6	26	113	0.01	0.38	4.9
G415	国际内分泌代谢杂志	100	0.89	99	23.2	3.4	24	62	0.01	0.59	5.1
G426	国际神经病学神经外科学杂志	106	0.99	105	29.7	4.6	23	90	0.00	0.54	4.8
S157	国际生殖健康 / 计划生育杂志	106	0.96	102	27.5	4.3	23	70	0.00	0.46	3.8
B525	国际输血及血液学杂志	76	0.97	75	33.0	4.0	22	59	0.00	0.51	5.4
G954	国际外科学杂志	158	1.00	158	29.5	4.8	24	88	0.01	0.35	4.6
G660	国际消化病杂志	81	0.91	79	25.0	4.1	22	71	0.00	0.37	3.9
G940	国际心血管病杂志	96	0.99	86	26.6	3.9	26	79	0.00	0.47	4.5
Q911	国际眼科杂志	398	0.93	388	32.4	4.5	29	263	0.01	0.42	4.7
G661	国际医学放射学杂志	121	0.88	114	29.1	3.7	23	91	0.02	0.50	3.8
G934	国际中医中药杂志	284	0.99	265	23.8	5.3	26	124	0.01	0.70	5.1
G937	国际肿瘤学杂志	140	0.97	123	28.5	4.0	28	105	0.00	0.34	3.5
E578	国土资源科技管理	64	0.89	64	27.5	2.8	19	40	0.00	0.75	5.0
R683	国外电子测量技术	304	0.98	304	21.4	4.0	26	114	0.00	0.67	3.5
H028	果树学报	267	0.95	259	30.7	6.7	28	99	0.00	0.78	7.2
T008	过程工程学报	166	0.93	166	37.5	5.5	26	78	0.01	0.83	6.2
X025	哈尔滨工程大学学报	273	0.99	273	23.8	4.5	26	92	0.01	0.84	7.1
J003	哈尔滨工业大学学报	196	0.95	196	25.0	4.4	23	78	0.01	0.84	7.6
J013	哈尔滨理工大学学报	112	0.95	112	23.7	4.3	24	49	0.00	0.93	5.5
G033	哈尔滨医科大学学报	140	0.90	131	16.9	4.2	17	69	0.00	0.50	4.4
J055	海军工程大学学报	101	0.94	101	13.8	4.0	10	25	0.00	0.53	5.5
Y029	海军航空大学学报	59	0.91	59	20.8	3.7	13	33	0.00	0.44	6.3
G005	海军军医大学学报	237	0.94	223	27.7	5.4	21	89	0.00	0.52	5.6
G899	海军医学杂志	298	0.91	227	17.6	4.1	23	148	0.00	0.16	4.3
G416	海南医学院学报	266	1.00	266	33.0	5.8	23	91	0.00	0.83	4.6
L037	海相油气地质	44	0.92	44	27.7	6.5	14	26	0.00	0.36	8.8
E651	海洋测绘	100	0.88	100	15.4	4.0	19	60	0.00	0.64	6.8
E569	海洋地质前沿	115	0.98	115	36.2	5.7	14	51	0.01	0.59	10.9

表 4-2　2023 年中国科技核心期刊（中文）来源指标刊名字顺索引（续）

CODE	刊名	来源文献量	文献选出率	AR论文量	平均引文数	平均作者数	地区分布数	机构分布数	海外论文比	基金论文比	引用半衰期
E155	海洋地质与第四纪地质	109	0.95	109	53.2	6.1	17	47	0.02	0.78	12.0
E131	海洋工程	102	0.93	102	26.4	4.3	13	45	0.00	0.78	9.6
E312	海洋湖沼通报	145	0.96	145	28.6	4.9	17	63	0.01	0.72	11.0
Z010	海洋环境科学	116	0.98	112	28.7	5.5	11	50	0.00	0.78	7.7
E564	海洋技术学报	80	0.92	80	22.4	3.9	17	63	0.01	0.59	7.2
E145	海洋科学	161	0.99	161	42.3	5.5	13	61	0.01	0.82	9.0
E006	海洋科学进展	59	0.88	59	38.2	5.0	9	32	0.02	0.68	10.7
E311	海洋通报	67	0.94	67	36.4	5.8	13	37	0.01	0.79	9.5
E003	海洋学报	170	0.93	170	41.5	5.6	19	73	0.02	0.82	9.9
E149	海洋学研究	41	0.79	41	39.5	5.3	8	20	0.00	0.76	9.6
H284	海洋渔业	74	0.97	74	38.4	6.1	12	25	0.00	0.72	10.0
E008	海洋与湖沼	159	0.98	159	44.1	5.6	16	42	0.00	0.77	9.7
E108	海洋预报	67	0.93	67	24.6	4.7	13	42	0.00	0.87	9.4
L586	含能材料	125	0.80	125	35.2	5.4	14	33	0.00	0.61	7.5
N076	焊接	112	0.97	111	19.9	4.6	24	86	0.01	0.46	6.2
N624	焊接技术	348	0.94	344	10.4	3.5	27	226	0.00	0.14	5.2
N021	焊接学报	206	0.94	206	20.1	5.2	27	116	0.00	0.79	5.7
A191	杭州师范大学学报自然科学版	88	0.90	88	25.3	4.6	9	21	0.01	0.66	8.0
Y556	航空兵器	102	1.00	102	31.7	3.7	18	47	0.00	0.40	4.9
Y027	航空材料学报	76	0.94	76	31.5	5.6	17	44	0.00	0.43	6.8
Y017	航空动力学报	300	0.96	300	24.3	4.6	25	97	0.00	0.63	9.7
Y554	航空发动机	139	0.95	139	24.7	4.2	15	43	0.01	0.30	11.0
Y052	航空工程进展	121	0.94	121	26.3	3.9	15	63	0.00	0.48	7.4
Y031	航空计算技术	174	0.97	170	10.5	3.5	12	42	0.00	0.51	5.1
Y012	航空精密制造技术	114	0.91	76	8.3	3.6	16	62	0.00	0.11	9.2
Y002	航空学报	504	0.94	504	39.8	4.7	23	131	0.00	0.74	7.5
Y014	航空制造技术	259	0.92	259	31.2	5.1	25	116	0.01	0.64	6.8
Y034	航天返回与遥感	86	0.95	86	24.0	5.0	20	42	0.00	0.56	7.1
Y015	航天控制	71	0.95	71	16.9	3.8	18	41	0.00	0.34	6.4
Y033	航天器工程	117	0.90	117	13.5	5.6	10	38	0.00	0.16	6.7
Y032	航天器环境工程	99	0.96	99	18.1	5.5	16	60	0.01	0.41	8.4
T057	合成材料老化与应用	256	0.89	135	14.5	3.2	24	177	0.00	0.14	5.2
D602	合成化学	125	0.93	125	24.6	5.2	23	91	0.00	0.76	7.6
F258	合成生物学	68	0.88	68	120.3	4.3	15	40	0.00	0.97	6.2
T505	合成树脂及塑料	106	0.93	99	17.3	3.7	25	86	0.01	0.28	6.8
T067	合成纤维	224	0.88	191	13.7	3.5	25	143	0.00	0.18	6.8
T065	合成纤维工业	108	0.66	108	16.1	4.0	19	60	0.00	0.28	6.3
T018	合成橡胶工业	96	0.69	94	17.8	4.7	19	54	0.02	0.28	8.6
J053	合肥工业大学学报自然科学版	262	0.98	262	18.6	4.2	18	43	0.01	0.92	7.2
A031	河北大学学报自然科学版	84	1.00	84	22.3	4.3	14	36	0.02	0.93	6.4
K032	河北工程大学学报自然科学版	61	0.98	61	17.7	4.8	17	34	0.00	0.90	6.6
J017	河北工业大学学报	67	1.00	67	26.3	4.3	6	9	0.00	0.85	6.9
J019	河北工业科技	58	0.89	58	21.4	4.1	14	40	0.00	0.71	5.5

表 4-2 2023 年中国科技核心期刊（中文）来源指标刊名字顺索引（续）

CODE	刊名	来源文献量	文献选出率	AR论文量	平均引文数	平均作者数	地区分布数	机构分布数	海外论文比	基金论文比	引用半衰期
J058	河北科技大学学报	68	0.91	68	27.1	4.6	13	24	0.04	0.94	5.2
H244	河北农业大学学报	101	0.94	101	25.0	5.8	11	17	0.00	0.97	6.5
A076	河北师范大学学报自然科学版	81	0.88	81	25.1	4.3	13	40	0.01	0.93	7.0
G035	河北医科大学学报	265	0.92	264	22.6	4.0	25	173	0.00	0.65	3.6
G641	河北医学	410	1.00	404	12.0	4.5	27	278	0.00	0.88	3.1
G898	河北医药	917	1.00	845	22.2	4.5	29	517	0.00	0.49	4.2
G384	河北中医	473	1.00	454	24.1	4.3	28	292	0.00	0.62	4.6
G301	河北中医药学报	93	0.99	82	21.3	5.0	10	44	0.00	0.66	4.7
W012	河海大学学报自然科学版	112	0.94	112	26.3	5.1	18	46	0.00	0.87	6.0
A067	河南大学学报自然科学版	72	0.99	72	31.3	4.6	10	18	0.01	0.92	6.4
U004	河南工业大学学报自然科学版	102	0.97	102	31.3	5.1	11	15	0.00	0.70	5.0
J014	河南科技大学学报自然科学版	79	0.90	79	23.7	4.7	14	26	0.00	0.99	5.4
A011	河南科学	228	0.95	228	23.6	3.9	25	138	0.00	0.75	5.4
K526	河南理工大学学报自然科学版	139	1.00	139	22.1	4.4	18	49	0.01	0.99	6.9
H011	河南农业大学学报	110	0.96	110	38.1	6.1	11	20	0.00	0.93	5.8
H356	河南农业科学	225	0.97	225	34.8	6.8	27	103	0.00	0.78	5.2
A058	河南师范大学学报自然科学版	114	0.93	114	26.2	4.2	22	69	0.02	0.95	6.3
Q004	核动力工程	222	0.99	222	14.2	5.5	20	68	0.00	0.46	9.5
Q002	核化学与放射化学	60	0.87	60	36.9	5.9	16	33	0.00	0.45	10.5
Q001	核技术	190	0.97	190	31.0	5.8	19	78	0.02	0.73	7.8
C092	核聚变与等离子体物理	76	0.97	76	15.1	5.9	11	23	0.00	0.54	11.1
Q009	核科学与工程	194	0.97	194	12.3	4.8	19	57	0.01	0.30	11.0
H042	核农学报	271	0.94	271	37.3	6.4	27	111	0.00	0.77	5.1
A084	黑龙江大学自然科学学报	89	0.96	89	23.1	4.1	15	29	0.00	0.99	6.0
K505	黑龙江科技大学学报	144	0.97	144	14.8	3.4	13	30	0.01	0.58	4.6
R535	红外技术	171	0.96	171	22.2	5.3	28	112	0.00	0.52	6.5
C035	红外与毫米波学报	113	0.98	113	27.6	6.0	19	63	0.00	0.83	7.3
R084	红外与激光工程	397	0.98	397	27.2	6.0	26	157	0.01	0.75	6.4
A039	湖北大学学报自然科学版	120	0.98	120	20.7	4.3	17	40	0.01	0.70	6.5
H203	湖北农业科学	511	0.98	509	23.1	4.7	30	261	0.00	0.68	6.5
G334	湖北中医药大学学报	209	1.00	137	18.8	4.0	20	138	0.00	0.83	4.2
A028	湖南大学学报自然科学版	279	1.00	279	23.9	4.4	27	86	0.01	0.96	6.3
K016	湖南科技大学学报自然科学版	60	1.00	60	19.9	4.0	16	35	0.00	0.80	6.2
H060	湖南农业大学学报自然科学版	109	1.00	109	25.1	6.7	18	53	0.00	0.80	6.6
G548	湖南师范大学学报医学版	184	1.00	181	23.3	4.5	21	132	0.01	0.63	4.1
A055	湖南师范大学自然科学学报	96	0.95	96	31.2	4.1	19	60	0.01	0.93	5.1
G041	湖南中医药大学学报	357	0.99	357	28.0	5.4	22	82	0.01	0.89	3.7
E111	湖泊科学	186	0.96	186	49.0	6.1	25	95	0.01	0.89	8.5
G336	护理管理杂志	192	0.90	191	29.5	5.4	31	151	0.00	0.40	4.1
G987	护理学报	363	0.99	349	26.1	5.2	27	209	0.01	0.56	4.0
G503	护理学杂志	710	0.98	673	25.4	5.5	29	294	0.01	0.41	4.5
G654	护理研究	848	0.98	780	30.3	4.6	31	370	0.00	0.41	5.0
G734	护士进修杂志	469	1.00	464	25.4	4.9	28	262	0.01	0.42	4.9

表 4-2　2023 年中国科技核心期刊（中文）来源指标刊名字顺索引（续）

CODE	刊名	来源文献量	文献选出率	AR 论文量	平均引文数	平均作者数	地区分布数	机构分布数	海外论文比	基金论文比	引用半衰期
H665	花生学报	48	0.98	48	27.9	7.0	13	34	0.00	0.83	6.8
E141	华北地震科学	62	0.94	62	17.0	4.9	16	32	0.00	0.81	10.0
R046	华北电力大学学报自然科学版	79	0.99	79	24.5	4.6	9	13	0.00	0.57	5.6
H032	华北农学报	160	0.95	160	33.1	7.1	26	77	0.01	0.79	7.1
W543	华北水利水电大学学报自然科学版	75	1.00	75	28.5	4.7	16	34	0.00	0.89	5.9
X003	华东交通大学学报	89	0.93	89	23.1	4.2	16	30	0.00	0.88	5.1
A054	华东师范大学学报自然科学版	103	0.98	103	30.7	3.7	14	31	0.03	0.87	7.0
E103	华南地震	76	0.95	76	16.6	4.1	23	46	0.00	0.62	9.1
J004	华南理工大学学报自然科学版	180	0.99	180	25.1	4.2	25	50	0.01	0.97	6.0
H013	华南农业大学学报	110	0.89	110	36.7	6.0	19	37	0.01	0.85	6.2
A052	华南师范大学学报自然科学版	86	0.97	86	27.8	4.2	20	48	0.03	0.94	5.9
G525	华南预防医学	379	0.99	359	21.1	4.8	26	264	0.00	0.33	3.3
A021	华侨大学学报自然科学版	94	0.96	94	25.0	3.6	6	11	0.01	0.94	6.2
G043	华西口腔医学杂志	97	0.88	97	27.5	4.6	22	53	0.00	0.52	6.6
G044	华西药学杂志	150	0.96	135	12.6	5.4	28	72	0.00	0.59	5.5
G294	华西医学	320	0.96	303	33.6	4.8	26	146	0.01	0.54	5.0
G077	华中科技大学学报医学版	142	0.96	140	29.6	5.1	20	73	0.00	0.80	5.1
J033	华中科技大学学报自然科学版	263	1.00	263	23.7	3.7	21	98	0.01	0.95	6.1
H003	华中农业大学学报	181	0.97	181	29.9	5.5	21	56	0.01	0.88	6.1
A004	华中师范大学学报自然科学版	98	0.89	98	28.6	4.2	19	59	0.02	0.96	7.0
Z009	化工环保	121	0.92	121	27.1	4.6	25	79	0.00	0.54	5.5
T006	化工机械	138	0.94	138	14.7	4.3	23	70	0.01	0.31	7.2
T101	化工进展	620	0.99	618	50.2	5.4	29	236	0.01	0.81	5.4
T532	化工科技	96	0.98	95	24.2	5.1	11	25	0.00	0.73	5.6
T146	化工设备与管道	87	0.74	87	12.7	3.5	21	72	0.00	0.31	6.8
T007	化工学报	433	0.99	433	46.4	5.3	27	135	0.01	0.88	5.9
T066	化工自动化及仪表	135	0.91	135	15.1	3.6	23	72	0.00	0.28	6.8
T009	化学反应工程与工艺	66	0.84	66	24.1	4.6	18	41	0.00	0.58	7.2
D604	化学分析计量	268	0.96	267	19.9	4.6	27	197	0.00	0.27	5.6
T025	化学工程	201	0.55	201	16.3	4.6	26	104	0.00	0.65	6.4
T567	化学工程师	304	1.00	276	14.2	3.2	30	198	0.00	0.46	4.8
T076	化学工业与工程	93	0.97	93	36.4	5.2	20	41	0.01	0.70	6.5
D506	化学进展	123	0.99	123	108.8	5.0	23	81	0.02	0.84	5.4
D011	化学试剂	244	1.00	244	34.7	5.0	29	172	0.00	0.68	5.0
D018	化学通报	193	0.95	193	49.2	4.5	29	142	0.00	0.76	5.5
D030	化学学报	178	0.99	178	63.7	4.9	24	100	0.02	0.89	5.3
D501	化学研究	73	1.00	73	28.4	4.7	21	49	0.00	0.70	6.4
D037	化学研究与应用	392	0.99	392	24.5	4.8	31	275	0.00	0.67	6.1
T553	化学与生物工程	144	0.96	142	22.8	5.0	26	88	0.00	0.66	6.3
T931	化学与粘合	130	1.00	123	16.5	4.0	23	79	0.00	0.25	5.6
Z017	环境保护科学	123	1.00	123	29.2	4.6	25	89	0.00	0.63	5.6
Z005	环境工程	378	0.39	378	35.3	5.4	26	220	0.01	0.75	5.4
Z550	环境工程技术学报	251	0.98	251	40.1	5.6	27	128	0.01	0.76	5.7

表 4-2 2023 年中国科技核心期刊（中文）来源指标刊名字顺索引（续）

CODE	刊名	来源文献量	文献选出率	AR论文量	平均引文数	平均作者数	地区分布数	机构分布数	海外论文比	基金论文比	引用半衰期
Z021	环境工程学报	417	0.96	416	34.2	5.8	27	216	0.01	0.75	5.7
D024	环境化学	408	0.97	404	48.4	5.7	30	222	0.01	0.81	6.2
Z554	环境监测管理与技术	90	0.93	90	21.0	4.8	25	80	0.00	0.88	5.0
Z525	环境监控与预警	106	0.95	106	24.5	5.0	20	80	0.00	0.76	6.4
Z506	环境科技	82	0.94	80	21.3	4.4	19	64	0.01	0.60	5.0
Z004	环境科学	665	0.95	665	52.0	6.2	31	268	0.01	0.83	5.0
Z003	环境科学学报	510	0.99	510	42.9	6.1	28	210	0.02	0.91	5.6
Z002	环境科学研究	231	0.99	231	46.5	6.2	28	115	0.01	0.82	4.7
Z521	环境科学与管理	418	0.85	418	8.4	2.9	30	325	0.00	0.32	2.6
Z025	环境科学与技术	318	1.00	318	37.7	5.5	31	213	0.02	0.79	6.2
H049	环境昆虫学报	188	0.99	188	42.8	5.7	29	100	0.01	0.76	9.9
Z518	环境生态学	229	0.92	226	27.7	4.5	29	159	0.01	0.54	5.8
Z035	环境卫生工程	101	0.67	101	22.4	4.2	19	73	0.01	0.52	5.0
G971	环境卫生学杂志	133	0.84	131	29.3	5.6	27	82	0.02	0.54	4.4
Z019	环境污染与防治	284	1.00	283	29.8	5.2	30	207	0.01	0.76	5.9
G882	环境与职业医学	218	0.86	216	32.0	6.1	28	103	0.00	0.58	4.8
G656	环球中医药	487	0.96	424	25.2	5.0	29	179	0.01	0.64	5.7
M631	黄金	242	1.00	223	15.9	4.0	26	152	0.01	0.59	7.9
M600	黄金科学技术	92	0.73	92	53.5	4.7	18	46	0.01	0.76	14.6
V560	混凝土	493	0.95	475	18.5	4.6	28	254	0.00	0.88	7.2
Y040	火箭推进	78	0.96	78	24.8	4.7	8	22	0.00	0.64	9.3
N005	火力与指挥控制	329	0.96	329	15.7	3.9	24	156	0.00	0.38	5.8
N007	火炸药学报	122	0.87	122	37.9	6.1	10	32	0.02	0.73	7.7
X011	机车电传动	118	0.98	118	22.1	4.3	20	68	0.00	0.57	5.6
N069	机床与液压	836	0.99	836	16.0	4.1	29	353	0.00	0.70	5.6
N672	机电工程	240	1.00	240	21.1	4.1	28	153	0.00	0.89	4.6
S004	机器人	61	1.00	61	46.7	4.5	15	43	0.02	0.82	6.7
G998	机器人外科学杂志中英文	83	0.95	83	23.5	5.5	21	55	0.02	0.51	6.1
N040	机械传动	284	1.00	284	19.0	4.2	27	164	0.00	0.69	6.5
M004	机械工程材料	205	0.95	205	24.1	4.8	28	139	0.00	0.68	7.0
N051	机械工程学报	731	0.96	731	38.7	5.0	26	177	0.03	0.92	6.4
N050	机械科学与技术	274	0.95	274	20.4	4.0	28	123	0.00	0.79	6.1
N057	机械强度	202	0.99	202	18.8	4.1	26	118	0.00	0.76	6.9
N047	机械设计	281	0.85	281	16.0	4.1	26	183	0.01	0.66	6.2
N054	机械设计与研究	265	0.93	263	17.2	3.8	28	174	0.02	0.62	5.3
N028	机械设计与制造	746	1.00	743	12.8	3.3	27	326	0.00	0.77	7.1
N063	机械设计与制造工程	317	1.00	311	11.3	3.4	30	196	0.00	0.36	4.9
N053	机械与电子	178	0.95	177	14.0	3.5	25	124	0.00	0.35	3.5
N515	机械制造与自动化	344	1.00	314	10.8	3.5	25	152	0.00	0.35	6.2
G003	基础医学与临床	334	0.90	329	17.0	4.4	28	191	0.00	0.61	4.0
H245	基因组学与应用生物学	121	0.85	121	38.5	5.6	26	71	0.01	0.92	5.7
R025	激光技术	128	0.96	128	24.8	5.1	25	75	0.01	0.66	6.4
F045	激光生物学报	64	0.93	64	37.0	5.5	19	39	0.00	0.75	5.9

表 4-2　2023 年中国科技核心期刊（中文）来源指标刊名字顺索引（续）

CODE	刊名	来源文献量	文献选出率	AR 论文量	平均引文数	平均作者数	地区分布数	机构分布数	海外论文比	基金论文比	引用半衰期
R514	激光与光电子学进展	990	0.99	989	32.2	4.7	28	311	0.01	0.77	6.0
R521	激光与红外	272	0.99	271	17.5	4.6	26	148	0.00	0.46	6.3
R028	激光杂志	521	1.00	520	19.1	3.2	31	253	0.00	0.88	3.6
E116	吉林大学学报地球科学版	142	0.96	142	43.9	5.3	24	61	0.00	0.88	10.4
J042	吉林大学学报工学版	372	0.97	372	23.6	4.4	28	143	0.01	0.95	6.3
A035	吉林大学学报理学版	189	0.97	189	19.1	3.2	26	83	0.02	0.99	6.1
R586	吉林大学学报信息科学版	147	0.99	147	17.7	3.4	22	71	0.01	0.74	4.0
G014	吉林大学学报医学版	213	1.00	213	28.8	5.4	26	97	0.00	0.99	4.6
H243	吉林农业大学学报	99	0.98	99	36.0	5.5	12	26	0.00	0.90	7.9
G719	吉林中医药	343	0.99	300	21.2	4.9	26	127	0.00	0.79	5.0
E007	极地研究	52	0.90	52	46.8	4.7	15	37	0.06	0.79	8.3
G452	疾病监测	271	0.80	256	19.1	6.6	29	138	0.00	0.46	4.8
A656	济南大学学报自然科学版	103	0.99	103	24.6	4.8	15	43	0.03	1.00	6.2
G439	脊柱外科杂志	77	0.95	73	31.4	5.1	23	65	0.00	0.42	5.8
N014	计量学报	275	0.99	275	22.4	5.0	24	113	0.01	0.66	7.0
S050	计算机测量与控制	550	1.00	550	22.9	3.6	29	315	0.01	0.43	4.4
S049	计算机仿真	1188	1.00	1187	15.4	3.0	31	473	0.00	0.62	4.4
S013	计算机辅助设计与图形学学报	191	0.98	191	32.4	4.3	26	108	0.01	0.92	6.2
S012	计算机工程	435	0.97	435	29.5	3.9	29	191	0.00	0.91	4.0
S034	计算机工程与科学	246	0.95	246	28.7	3.9	27	115	0.01	0.78	6.8
S022	计算机工程与设计	497	0.99	497	18.4	3.5	31	204	0.00	0.86	4.3
S025	计算机工程与应用	830	0.98	830	34.1	3.8	29	275	0.00	0.86	4.8
S030	计算机集成制造系统	352	1.00	352	27.3	4.2	26	137	0.02	0.91	5.6
S520	计算机技术与发展	381	0.98	381	22.6	3.5	29	182	0.01	0.87	5.0
S006	计算机科学	513	0.97	513	35.8	3.8	29	155	0.02	0.85	5.7
S085	计算机科学与探索	228	0.93	228	43.6	3.9	27	119	0.01	0.89	5.0
S509	计算机系统应用	443	0.97	443	25.4	3.5	28	169	0.01	0.68	4.9
S018	计算机学报	144	1.00	144	69.0	4.9	22	82	0.05	0.86	5.3
S021	计算机研究与发展	199	0.92	199	45.9	4.8	24	98	0.03	0.93	5.1
S029	计算机应用	513	1.00	513	29.5	3.8	29	227	0.01	0.84	4.7
S016	计算机应用研究	607	0.99	607	28.7	3.6	29	230	0.00	0.86	4.6
S009	计算机应用与软件	628	0.98	628	19.1	3.2	30	316	0.00	0.73	6.7
S048	计算机与数字工程	536	0.99	533	18.1	3.2	28	151	0.00	0.47	6.4
S500	计算机与现代化	236	0.95	236	29.3	3.5	28	134	0.00	0.80	4.7
S507	计算技术与自动化	124	1.00	124	15.8	3.4	28	107	0.01	0.35	3.8
C003	计算力学学报	136	0.98	136	20.5	3.9	24	75	0.01	0.93	9.2
B014	计算数学	33	0.89	33	29.6	2.3	17	28	0.00	0.91	12.5
C094	计算物理	76	0.88	76	31.5	4.2	21	52	0.00	0.86	9.2
G292	寄生虫与医学昆虫学报	41	0.98	38	22.3	5.6	17	33	0.00	0.61	8.1
A045	暨南大学学报自然科学与医学版	77	0.97	77	27.3	5.0	16	48	0.00	0.74	5.0
H240	家畜生态学报	187	0.94	186	29.3	6.1	28	88	0.00	0.75	7.3
G638	检验医学	230	0.94	199	19.4	5.0	25	183	0.00	0.48	5.0
G999	检验医学与临床	937	0.98	786	18.2	3.6	30	629	0.00	0.38	3.8

表 4-2 2023 年中国科技核心期刊（中文）来源指标刊名字顺索引（续）

CODE	刊名	来源文献量	文献选出率	AR论文量	平均引文数	平均作者数	地区分布数	机构分布数	海外论文比	基金论文比	引用半衰期
V051	建筑材料学报	168	0.97	168	21.4	4.3	27	84	0.02	0.90	6.2
V057	建筑钢结构进展	122	0.98	122	22.1	4.7	25	65	0.03	0.73	8.1
V523	建筑节能中英文版	269	0.86	265	18.8	3.8	26	163	0.00	0.49	5.7
V014	建筑结构	561	0.95	556	14.1	4.4	29	257	0.02	0.41	8.2
V044	建筑结构学报	307	0.96	307	25.8	4.6	25	88	0.01	0.90	8.4
V005	建筑科学	325	0.78	325	21.8	4.5	27	147	0.02	0.66	7.1
V013	建筑科学与工程学报	115	0.93	115	25.1	4.5	24	68	0.01	0.90	7.5
V047	建筑学报	158	0.57	153	22.1	2.4	15	70	0.11	0.44	22.9
Y522	舰船电子工程	542	0.97	528	15.2	3.1	26	163	0.00	0.18	6.9
Y564	舰船科学技术	925	0.99	922	10.8	3.1	27	324	0.01	0.38	6.4
G453	江苏大学学报医学版	92	0.99	90	29.1	5.3	15	54	0.00	0.62	4.8
J035	江苏大学学报自然科学版	102	0.99	102	16.1	4.1	16	35	0.04	0.89	6.1
H700	江苏农业科学	852	1.00	852	33.9	5.9	31	324	0.00	0.84	6.2
H199	江苏农业学报	211	1.00	211	41.0	6.6	28	104	0.00	0.83	6.4
G397	江苏中医药	257	0.91	187	17.8	3.8	19	112	0.00	0.53	6.5
H283	江西农业大学学报	144	0.98	144	34.9	6.4	24	47	0.00	0.97	6.4
H701	江西农业学报	419	1.00	419	26.1	5.3	29	213	0.00	0.64	6.0
A112	江西师范大学学报自然科学版	82	0.94	82	25.4	4.5	15	39	0.00	0.96	6.4
X020	交通信息与安全	108	0.87	108	25.6	4.2	22	51	0.01	0.97	4.3
X672	交通运输工程学报	121	0.95	121	46.5	5.0	21	41	0.05	0.98	5.9
X695	交通运输工程与信息学报	52	0.96	52	34.6	4.0	19	38	0.00	0.90	5.8
X685	交通运输系统工程与信息	192	0.96	192	15.7	4.0	21	64	0.03	0.96	4.5
X516	交通运输研究	82	0.87	82	23.2	4.3	15	43	0.02	0.49	4.4
L587	节能技术	96	0.97	94	17.8	4.8	24	67	0.00	0.34	5.4
W567	节水灌溉	195	0.98	195	29.3	4.8	27	115	0.01	0.77	6.4
K553	洁净煤技术	207	1.00	207	43.5	5.6	25	106	0.01	0.84	6.1
V049	结构工程师	148	0.96	148	16.5	3.5	23	91	0.01	0.45	8.2
G869	结直肠肛门外科	125	0.95	105	23.8	4.8	22	81	0.01	0.27	6.3
G187	解放军医学院学报	236	0.97	229	29.1	5.9	24	68	0.00	0.55	3.8
G048	解放军医学杂志	196	0.95	196	37.5	5.6	29	137	0.01	0.66	4.9
G507	解剖科学进展	180	0.97	155	15.3	4.3	23	104	0.00	0.65	4.4
G049	解剖学报	104	0.85	103	23.5	5.8	26	74	0.00	0.79	6.3
G358	解剖学研究	127	0.95	103	17.6	4.6	26	105	0.00	0.46	4.2
G050	解剖学杂志	138	0.84	90	16.6	5.0	28	91	0.00	0.53	5.2
G886	介入放射学杂志	266	0.71	217	20.4	5.6	28	200	0.00	0.36	5.2
N048	金刚石与磨料磨具工程	92	0.97	92	23.8	5.0	18	65	0.02	0.68	6.9
M051	金属功能材料	93	0.61	93	26.8	4.1	23	64	0.01	0.48	6.1
K022	金属矿山	456	1.00	456	24.2	4.9	28	212	0.02	0.82	5.4
N083	金属热处理	586	0.88	581	17.4	5.1	29	295	0.00	0.51	7.1
M012	金属学报	141	0.97	141	48.3	5.5	20	59	0.04	0.89	7.4
E599	经济地理	283	0.94	283	36.7	3.5	27	118	0.01	0.95	4.8
H333	经济动物学报	53	0.90	51	29.5	5.5	14	25	0.00	0.75	8.5
S759	经济管理	125	0.98	125	58.0	2.6	20	67	0.02	0.93	7.1

表 4-2 2023 年中国科技核心期刊（中文）来源指标刊名字顺索引（续）

CODE	刊名	来源文献量	文献选出率	AR论文量	平均引文数	平均作者数	地区分布数	机构分布数	海外论文比	基金论文比	引用半衰期
S762	经济理论与经济管理	93	0.85	92	37.7	2.6	16	42	0.03	0.76	8.7
H266	经济林研究	120	1.00	120	33.1	6.4	25	69	0.00	0.88	6.5
S230	经济与管理评论	70	1.00	70	27.8	2.4	16	42	0.04	0.84	5.8
S773	经济与管理研究	93	0.99	93	52.9	2.7	18	55	0.00	0.90	5.4
N992	精密成形工程	298	0.99	298	30.0	5.2	27	178	0.04	0.72	5.0
G953	精神医学杂志	141	0.86	129	28.4	4.6	25	85	0.01	0.55	4.6
T102	精细化工	311	1.00	311	40.4	5.2	28	161	0.00	0.81	5.0
T955	精细化工中间体	105	0.98	96	17.6	5.1	18	68	0.00	0.30	6.0
T542	精细石油化工	109	1.00	107	17.8	4.6	26	87	0.00	0.24	7.4
G677	颈腰痛杂志	326	1.00	163	13.8	4.4	29	267	0.00	0.25	5.1
Z553	净水技术	287	0.95	287	26.7	4.4	27	183	0.00	0.49	5.4
G553	局解手术学杂志	245	0.98	222	21.3	4.7	27	174	0.00	0.60	4.1
T512	聚氨酯工业	74	0.76	57	10.3	4.3	16	57	0.00	0.28	6.9
R016	绝缘材料	203	0.99	203	24.8	5.9	29	137	0.00	0.44	6.4
G316	军事护理	325	0.92	306	22.3	5.2	27	184	0.00	0.50	4.1
G052	军事医学	170	0.85	165	27.1	5.4	20	60	0.00	0.46	5.6
F018	菌物学报	185	0.93	184	58.3	5.8	30	92	0.02	0.77	12.8
C325	菌物研究	33	0.87	33	53.7	5.0	13	21	0.00	0.88	10.8
M018	勘察科学技术	80	0.88	76	11.1	3.6	21	68	0.00	0.24	7.8
Q933	康复学报	74	0.96	74	31.3	5.8	13	47	0.03	0.86	5.0
A645	科技导报	312	0.86	311	38.0	4.4	27	200	0.02	0.63	4.9
S812	科技管理研究	653	0.59	653	32.1	2.9	29	330	0.02	0.81	4.6
R588	科技进步与对策	370	0.72	370	33.2	2.7	29	164	0.02	0.92	6.1
A083	科技通报	226	0.97	225	15.7	3.8	26	157	0.00	0.57	7.3
S816	科学管理研究	121	0.98	121	26.5	2.7	25	93	0.01	0.92	3.0
A537	科学技术与工程	1804	0.98	1804	25.3	4.6	30	677	0.00	0.80	4.7
A075	科学通报	484	0.91	372	53.5	5.2	27	210	0.04	0.68	6.6
W514	科学学研究	219	1.00	219	29.3	2.6	22	106	0.01	0.87	6.8
S818	科学学与科学技术管理	127	0.99	127	51.5	2.9	25	87	0.02	0.94	7.0
W531	科研管理	230	0.95	230	33.8	2.8	28	126	0.01	0.92	7.7
L516	可再生能源	225	0.97	225	16.9	5.1	29	149	0.01	0.70	5.1
E140	空间科学学报	105	0.90	105	34.6	5.1	19	47	0.02	0.83	6.9
Y051	空间控制技术与应用	76	0.93	76	23.3	4.3	19	38	0.00	0.87	5.9
J059	空军工程大学学报	87	0.94	87	23.5	4.2	16	34	0.00	0.75	5.6
Q907	空军航空医学	137	0.82	95	19.5	5.7	18	56	0.00	0.12	5.7
Y016	空气动力学学报	123	0.91	123	35.4	4.5	17	52	0.02	0.48	10.2
Y571	空天技术	66	0.90	66	25.3	4.4	12	36	0.00	0.50	9.1
S503	控制工程	286	0.99	286	21.7	3.8	24	144	0.04	0.79	6.0
R060	控制理论与应用	242	0.96	242	29.7	3.8	25	117	0.02	0.90	6.6
S001	控制与决策	369	0.98	369	34.4	3.9	27	154	0.03	0.90	5.5
G672	口腔材料器械杂志	55	0.86	55	16.4	3.9	15	43	0.00	0.58	4.8
G246	口腔颌面外科杂志	76	0.79	65	19.9	3.6	20	52	0.00	0.54	5.8
G894	口腔颌面修复学杂志	77	0.79	76	30.4	3.9	18	60	0.00	0.53	5.6

表 4-2　2023 年中国科技核心期刊（中文）来源指标刊名字顺索引（续）

CODE	刊名	来源文献量	文献选出率	AR论文量	平均引文数	平均作者数	地区分布数	机构分布数	海外论文比	基金论文比	引用半衰期
G390	口腔疾病防治	138	0.97	138	30.4	4.4	23	72	0.01	0.95	4.0
G594	口腔生物医学	49	0.88	49	31.2	4.0	16	30	0.00	0.80	4.7
G325	口腔医学	204	0.94	204	33.7	4.3	20	95	0.00	0.68	5.2
G266	口腔医学研究	214	0.84	185	23.3	4.2	28	111	0.00	0.54	4.6
K525	矿产保护与利用	132	0.99	132	35.7	5.4	23	51	0.01	0.73	5.9
V054	矿产勘查	250	0.91	250	28.1	5.0	25	132	0.00	0.64	8.0
K025	矿产与地质	155	0.92	155	21.8	4.7	25	111	0.01	0.57	9.8
K004	矿产综合利用	192	0.97	192	19.4	4.6	27	109	0.01	0.54	6.4
E106	矿床地质	78	0.99	78	95.7	6.7	19	39	0.03	0.81	20.6
K014	矿山机械	178	0.88	154	9.8	3.0	25	101	0.00	0.26	5.1
E350	矿物学报	85	1.00	84	39.8	5.8	20	39	0.00	0.86	10.4
E354	矿物岩石	51	0.93	51	22.2	6.4	16	24	0.02	0.76	6.5
E504	矿物岩石地球化学通报	123	0.84	121	62.6	5.0	24	63	0.03	0.78	10.7
M101	矿冶	116	0.99	116	17.6	4.6	21	65	0.03	0.59	6.6
M045	矿冶工程	226	1.00	220	13.6	4.8	27	135	0.00	0.71	5.2
K554	矿业安全与环保	145	0.98	145	22.2	3.8	21	85	0.00	0.70	4.9
K582	矿业科学学报	83	0.93	83	29.7	4.7	15	30	0.01	0.78	6.5
K010	矿业研究与开发	396	0.99	396	19.7	4.4	28	183	0.00	0.74	4.8
F015	昆虫学报	162	0.99	162	45.8	5.9	28	75	0.03	0.87	9.6
J020	昆明理工大学学报自然科学版	127	0.98	127	26.4	4.5	23	59	0.01	0.93	5.5
G053	昆明医科大学学报	346	0.98	346	23.7	5.8	17	120	0.00	0.60	4.5
G395	兰州大学学报医学版	169	0.93	169	31.1	5.1	18	60	0.02	0.73	4.2
A016	兰州大学学报自然科学版	106	0.95	106	30.5	4.8	15	37	0.01	0.87	7.5
J008	兰州理工大学学报	146	0.95	146	18.3	3.6	20	79	0.01	0.87	6.9
G628	老年医学与保健	292	0.98	281	23.9	4.0	22	149	0.00	0.40	3.8
R096	雷达科学与技术	90	1.00	90	17.4	3.9	16	43	0.00	0.58	4.7
R758	雷达学报	83	0.95	83	48.4	5.0	14	33	0.00	0.88	5.7
T010	离子交换与吸附	46	0.94	46	32.9	4.5	20	37	0.00	0.89	5.2
M001	理化检验化学分册	260	0.94	225	19.3	4.8	29	218	0.00	0.35	6.1
C101	力学季刊	92	0.96	92	27.8	3.6	26	63	0.00	0.91	8.0
C510	力学进展	23	0.88	23	157.4	4.8	8	14	0.04	0.74	9.0
C001	力学学报	242	0.96	242	42.0	4.4	23	108	0.03	0.92	6.6
C104	力学与实践	174	0.90	167	20.4	3.6	23	111	0.01	0.55	8.6
G580	立体定向和功能性神经外科杂志	69	0.96	68	23.2	4.8	20	58	0.00	0.30	4.9
G340	联勤军事医学	220	0.98	208	23.6	4.7	27	126	0.01	0.40	4.5
U055	粮食与饲料工业	92	0.84	77	17.1	4.4	21	73	0.00	0.30	5.5
U626	粮油食品科技	151	0.87	151	24.5	4.9	23	73	0.00	0.49	5.6
C032	量子电子学报	97	0.93	97	29.6	4.9	21	76	0.00	0.84	7.9
K008	辽宁工程技术大学学报自然科学版	101	1.00	101	17.4	4.0	18	40	0.00	0.88	5.7
H261	辽宁农业科学	127	0.95	86	14.4	4.0	17	56	0.00	0.66	5.4
G850	辽宁中医药大学学报	528	0.99	524	40.7	5.0	27	138	0.01	0.81	5.4
G646	辽宁中医杂志	755	1.00	621	24.0	4.3	30	365	0.00	0.66	5.2
U037	林产工业	180	1.00	179	31.9	4.3	23	57	0.00	0.86	4.2

表 4-2　2023 年中国科技核心期刊（中文）来源指标刊名字顺索引（续）

CODE	刊名	来源文献量	文献选出率	AR论文量	平均引文数	平均作者数	地区分布数	机构分布数	海外论文比	基金论文比	引用半衰期
T017	林产化学与工业	110	0.85	110	28.4	5.2	21	44	0.01	0.79	6.2
H740	林业工程学报	150	0.94	150	26.3	4.8	18	35	0.01	0.87	5.0
H102	林业调查规划	233	0.97	228	15.7	3.9	26	124	0.00	0.38	7.6
H280	林业科学	174	0.99	174	41.4	5.8	24	54	0.01	0.79	8.2
H281	林业科学研究	122	1.00	122	36.8	5.8	27	58	0.00	0.75	7.5
H289	林业与生态科学	64	0.96	64	29.5	5.2	11	21	0.00	0.80	7.0
G880	临床超声医学杂志	238	0.87	192	14.7	4.7	27	174	0.00	0.38	4.1
G607	临床儿科杂志	161	0.84	159	27.3	4.4	22	74	0.00	0.36	4.8
G276	临床耳鼻咽喉头颈外科杂志	189	0.93	175	24.3	5.7	26	119	0.02	0.42	5.3
G271	临床放射学杂志	387	0.98	363	23.5	5.5	28	229	0.00	0.43	4.4
Q908	临床肺科杂志	411	0.98	367	24.6	4.1	30	298	0.00	0.34	4.4
G501	临床肝胆病杂志	405	0.86	394	33.1	4.9	30	217	0.00	0.69	4.8
G291	临床骨科杂志	195	0.67	186	11.7	4.6	27	172	0.00	0.38	4.4
G664	临床和实验医学杂志	715	0.97	706	17.7	4.2	27	410	0.00	0.86	3.2
G345	临床急诊杂志	116	0.95	114	26.9	4.5	19	104	0.00	0.30	3.2
G204	临床检验杂志	209	0.91	159	18.1	5.3	28	158	0.00	0.42	4.5
G310	临床精神医学杂志	123	0.91	93	21.9	5.5	23	85	0.01	0.46	6.6
G881	临床军医杂志	348	0.96	244	21.2	5.8	26	213	0.00	0.75	3.5
G287	临床口腔医学杂志	187	0.93	148	22.8	3.6	23	129	0.00	0.42	4.5
G222	临床麻醉学杂志	278	0.89	224	21.2	4.8	28	176	0.00	0.37	4.6
G317	临床泌尿外科杂志	199	0.94	179	22.8	5.9	25	131	0.01	0.35	4.7
G257	临床内科杂志	243	0.85	132	23.5	3.9	25	176	0.00	0.48	4.7
G230	临床皮肤科杂志	196	0.81	97	17.4	4.3	29	149	0.00	0.18	6.9
G309	临床神经病学杂志	110	0.83	86	25.7	4.3	24	86	0.00	0.38	5.6
G802	临床神经外科杂志	145	0.97	141	24.7	5.9	26	111	0.00	0.63	5.0
G423	临床肾脏病杂志	181	0.99	168	26.4	4.3	26	131	0.01	0.45	4.7
G797	临床输血与检验	141	0.92	139	24.2	5.6	25	106	0.01	0.35	4.8
G256	临床外科杂志	331	0.88	228	17.4	4.2	30	243	0.00	0.23	4.4
G942	临床误诊误治	343	0.86	340	22.9	4.2	28	246	0.00	0.56	3.5
G855	临床消化病杂志	118	0.89	96	19.7	4.3	24	94	0.00	0.34	5.8
Q909	临床小儿外科杂志	222	0.83	209	23.5	5.5	27	98	0.01	0.55	6.5
G261	临床心血管病杂志	179	0.95	159	26.4	5.0	29	122	0.01	0.49	4.3
G293	临床血液学杂志	182	0.91	170	22.1	5.1	26	128	0.00	0.34	4.0
Q913	临床眼科杂志	130	0.66	100	20.5	4.1	24	104	0.00	0.27	6.4
G673	临床药物治疗杂志	204	0.94	181	21.3	4.6	24	128	0.00	0.26	4.0
G350	临床与病理杂志	295	0.99	295	24.9	3.5	27	217	0.01	0.30	4.0
G274	临床与实验病理学杂志	389	0.92	237	18.0	4.9	29	251	0.00	0.32	4.9
Q910	临床肿瘤学杂志	178	0.95	161	23.9	4.4	27	149	0.00	0.27	3.6
G491	岭南心血管病杂志	117	0.95	115	20.2	4.8	20	95	0.00	0.38	5.1
N023	流体机械	176	0.99	176	18.5	4.8	23	109	0.01	0.81	5.9
G021	陆军军医大学学报	318	0.98	317	26.8	6.4	26	94	0.00	0.69	5.0
H748	麦类作物学报	178	0.82	178	31.5	7.2	20	70	0.00	0.78	8.3
T060	煤化工	193	0.84	178	9.4	3.0	27	146	0.01	0.19	4.5

表 4-2　2023 年中国科技核心期刊（中文）来源指标刊名字顺索引（续）

CODE	刊名	来源文献量	文献选出率	AR论文量	平均引文数	平均作者数	地区分布数	机构分布数	海外论文比	基金论文比	引用半衰期
K558	煤矿安全	424	0.97	424	19.7	4.0	25	182	0.00	0.59	5.4
K517	煤矿机械	739	0.99	273	7.3	2.4	25	232	0.00	0.24	4.8
K038	煤炭工程	391	1.00	391	20.5	3.9	23	200	0.00	0.46	5.3
K005	煤炭科学技术	370	0.99	370	32.9	5.5	22	107	0.01	0.91	6.0
K017	煤炭学报	364	0.96	364	40.8	6.1	24	94	0.01	0.91	5.8
D027	煤炭转化	67	0.93	67	31.8	5.7	17	43	0.00	0.84	6.2
K009	煤田地质与勘探	242	0.96	242	37.4	5.9	24	94	0.01	0.80	6.4
R119	密码学报	86	0.95	86	33.0	3.8	18	48	0.02	0.92	7.1
U036	棉纺织技术	179	0.76	173	17.5	4.0	20	69	0.01	0.61	4.9
H037	棉花学报	39	0.48	39	39.6	8.1	12	19	0.00	0.82	6.6
G056	免疫学杂志	132	0.85	132	24.4	5.2	27	106	0.00	0.61	4.0
B017	模糊系统与数学	104	1.00	104	21.6	2.6	27	80	0.01	0.86	10.1
S015	模式识别与人工智能	80	0.87	80	47.0	4.4	24	53	0.04	0.81	3.7
T077	膜科学与技术	138	0.83	138	33.8	5.3	24	80	0.00	0.78	5.8
N084	摩擦学学报	133	0.94	133	35.6	5.6	22	75	0.00	0.88	7.0
N107	模具技术	59	0.98	59	12.4	3.3	14	37	0.00	0.37	6.4
U533	木材科学与技术	65	0.90	65	25.3	4.7	12	16	0.00	0.71	5.7
A013	南昌大学学报理科版	86	1.00	86	23.5	4.3	11	33	0.00	0.90	7.3
G047	南昌大学学报医学版	123	0.95	116	23.7	4.5	18	72	0.01	0.66	4.4
R117	南方电网技术	192	0.95	192	30.1	5.6	26	88	0.01	0.63	4.5
V089	南方建筑	134	0.96	134	30.3	3.1	21	66	0.03	0.87	6.9
H069	南方农业学报	369	0.98	369	35.9	7.0	28	138	0.00	0.95	5.9
H068	南方水产科学	104	0.99	104	41.9	6.6	19	36	0.01	0.80	6.7
G023	南方医科大学学报	273	1.00	273	31.7	6.3	27	127	0.00	0.79	4.6
A025	南京大学学报自然科学版	105	0.99	105	29.5	3.9	19	53	0.02	0.90	6.2
T011	南京工业大学学报自然科学版	80	0.99	80	32.5	5.2	10	25	0.03	0.74	6.7
Y026	南京航空航天大学学报	120	0.94	120	27.6	4.3	17	45	0.00	0.59	7.7
N011	南京理工大学学报自然科学版	103	1.00	103	21.1	4.1	22	57	0.01	0.69	5.6
H033	南京林业大学学报自然科学版	183	0.98	177	34.4	5.3	23	66	0.01	0.81	8.1
H021	南京农业大学学报	129	0.96	129	32.0	6.4	17	25	0.03	0.92	6.8
A061	南京师大学报自然科学版	72	0.99	72	25.9	4.3	19	53	0.01	0.85	6.0
E120	南京信息工程大学学报自然科学版	81	0.95	81	25.8	4.4	21	44	0.00	0.84	5.1
G058	南京医科大学学报自然科学版	267	0.95	265	27.9	5.2	16	76	0.00	0.78	4.4
R008	南京邮电大学学报自然科学版	76	0.93	76	23.7	3.9	12	19	0.03	0.80	4.8
G059	南京中医药大学学报	151	0.98	151	32.3	6.2	13	46	0.01	0.83	5.1
A008	南开大学学报自然科学版	97	0.97	95	18.7	4.2	17	51	0.00	0.70	7.6
S776	南开管理评论	134	0.94	134	49.0	3.2	23	68	0.06	0.98	10.2
W590	南水北调与水利科技	121	0.99	121	34.0	5.1	18	67	0.01	0.90	4.8
G288	脑与神经疾病杂志	169	0.92	162	24.0	4.3	23	105	0.00	0.70	4.1
G662	内科急危重症杂志	129	0.93	96	23.2	3.9	22	89	0.00	0.46	4.9
G523	内科理论与实践	92	0.80	74	25.3	4.2	13	35	0.00	0.42	4.8
A026	内蒙古大学学报自然科学版	79	0.95	79	23.4	4.0	7	21	0.00	0.96	8.5
A111	内蒙古师范大学学报自然科学汉文版	91	0.89	90	21.2	3.3	17	33	0.00	0.91	7.9

表 4-2 2023 年中国科技核心期刊（中文）来源指标刊名字顺索引（续）

CODE	刊名	来源文献量	文献选出率	AR论文量	平均引文数	平均作者数	地区分布数	机构分布数	海外论文比	基金论文比	引用半衰期
G513	内蒙古医科大学学报	155	0.97	146	20.5	4.5	14	58	0.00	0.57	4.2
R533	内燃机工程	79	0.98	79	21.2	5.2	18	36	0.01	0.80	6.3
P004	内燃机学报	67	0.99	67	21.5	4.9	17	30	0.03	0.85	7.1
T501	能源化工	88	0.62	88	17.3	3.7	25	66	0.00	0.20	6.2
K570	能源与环保	599	1.00	596	17.5	3.2	30	352	0.00	0.63	4.2
W002	泥沙研究	67	0.93	67	19.9	3.7	20	41	0.00	0.79	10.6
A506	宁波大学学报理工版	94	0.93	94	24.2	4.4	4	16	0.02	0.73	6.5
A110	宁夏大学学报自然科学版	67	0.96	66	18.7	3.7	14	38	0.00	0.84	8.7
G665	宁夏医科大学学报	223	0.88	207	22.4	5.1	16	57	0.00	0.62	4.9
H071	农产品质量与安全	116	0.91	111	19.9	5.3	18	69	0.00	0.59	4.2
H105	农学学报	185	0.93	185	32.5	5.4	29	132	0.00	0.65	7.1
T034	农药	198	0.86	172	20.4	5.9	28	124	0.00	0.49	6.3
T924	农药科学与管理	119	0.85	117	10.1	4.7	24	81	0.00	0.13	5.9
H404	农药学学报	135	0.94	135	41.6	6.1	25	65	0.01	0.80	5.9
H072	农业工程	331	0.86	324	18.0	4.6	27	167	0.01	0.40	4.9
H279	农业工程学报	713	0.99	713	38.7	5.8	30	189	0.01	0.90	4.4
Z008	农业环境科学学报	287	0.99	287	40.7	6.2	29	141	0.01	0.83	6.0
H278	农业机械学报	532	1.00	532	32.5	5.3	28	129	0.01	0.92	4.7
H286	农业生物技术学报	238	1.00	238	38.3	6.9	29	96	0.00	0.82	7.4
H222	农业现代化研究	103	0.99	103	35.0	3.7	26	63	0.01	0.92	4.1
H773	农业资源与环境学报	141	0.99	140	40.2	5.5	28	82	0.01	0.74	5.7
V032	暖通空调	315	0.95	311	16.6	4.4	22	137	0.01	0.36	6.8
H219	排灌机械工程学报	176	0.96	176	18.3	5.2	23	75	0.01	0.91	5.7
Q384	皮肤科学通报	138	0.96	120	31.3	3.7	26	100	0.02	0.28	4.9
U602	皮革科学与工程	109	0.75	109	24.2	3.9	14	48	0.00	0.61	5.3
U604	皮革与化工	47	0.89	46	16.7	3.4	13	35	0.00	0.32	2.8
E021	气候变化研究进展	64	0.81	64	39.3	3.9	12	42	0.03	0.72	4.9
E361	气候与环境研究	53	1.00	53	39.1	5.1	17	29	0.02	0.87	8.6
Y504	气体物理	48	0.98	48	31.1	4.3	12	30	0.00	0.50	10.9
E352	气象	130	0.97	130	35.5	4.9	26	71	0.01	0.93	8.8
E566	气象科技	96	0.95	96	32.6	5.0	25	67	0.00	0.74	7.1
E359	气象科学	86	1.00	86	28.9	4.6	18	42	0.00	0.92	9.8
E001	气象学报	72	0.95	72	41.6	4.9	13	35	0.03	0.89	10.0
E521	气象与环境科学	80	0.89	80	29.3	4.9	22	65	0.01	0.70	7.8
E633	气象与环境学报	92	0.99	92	28.8	5.6	25	66	0.00	0.79	8.0
X532	汽车安全与节能学报	82	0.91	82	23.5	4.9	19	51	0.02	0.74	4.6
X018	汽车工程	232	0.95	232	25.6	5.0	21	75	0.03	0.78	5.2
X500	汽车工程学报	92	0.97	92	24.8	4.8	18	52	0.01	0.77	6.1
X013	汽车技术	102	0.87	102	17.1	4.2	21	65	0.00	0.59	4.7
P001	汽轮机技术	121	0.98	94	10.1	4.3	21	67	0.00	0.22	8.5
G595	器官移植	113	0.93	113	40.2	5.2	24	74	0.00	0.92	2.9
Y009	强度与环境	59	0.97	59	19.3	5.0	9	24	0.00	0.56	8.3
C007	强激光与粒子束	252	0.92	245	25.1	6.2	20	104	0.00	0.60	9.3

表 4-2 2023 年中国科技核心期刊（中文）来源指标刊名字顺索引（续）

CODE	刊名	来源文献量	文献选出率	AR论文量	平均引文数	平均作者数	地区分布数	机构分布数	海外论文比	基金论文比	引用半衰期
X021	桥梁建设	119	1.00	119	16.9	3.7	22	75	0.02	0.76	3.6
G061	青岛大学学报医学版	204	1.00	191	26.4	4.5	13	55	0.00	0.78	5.6
T012	青岛科技大学学报自然科学版	92	0.96	92	23.9	3.9	6	10	0.02	0.92	6.3
U535	轻工机械	87	0.98	87	16.2	4.0	9	22	0.00	0.59	6.0
J001	清华大学学报自然科学版	198	0.98	198	32.0	4.9	17	58	0.02	0.78	7.1
L044	全球能源互联网	64	0.93	64	33.0	5.4	16	42	0.02	0.30	3.6
D002	燃料化学学报	176	0.94	176	45.1	5.9	24	72	0.01	0.87	6.2
P011	燃烧科学与技术	86	0.98	86	21.8	4.9	18	44	0.03	0.93	8.9
G448	热带病与寄生虫学	73	0.95	72	21.7	5.4	18	48	0.00	0.47	3.7
E563	热带地理	195	0.98	194	48.1	4.4	24	101	0.04	0.81	7.1
E642	热带海洋学报	102	0.94	102	45.4	5.3	13	45	0.04	0.78	9.5
H516	热带农业科学	258	0.98	255	23.4	4.6	20	130	0.00	0.61	6.3
E110	热带气象学报	81	1.00	81	31.8	4.9	19	55	0.00	0.90	9.1
H415	热带生物学报	84	0.94	84	37.0	5.5	9	23	0.00	0.71	8.7
F228	热带亚热带植物学报	103	1.00	102	33.8	5.5	22	58	0.01	0.76	9.8
G609	热带医学杂志	375	1.00	369	20.2	5.0	27	290	0.01	0.73	4.0
H223	热带作物学报	272	0.99	269	31.0	6.5	20	97	0.00	0.80	7.8
T105	热固性树脂	68	0.41	66	23.3	4.4	21	53	0.00	0.54	5.1
N071	热加工工艺	823	1.00	760	15.3	4.5	29	393	0.00	0.64	7.9
C134	热科学与技术	75	0.99	75	21.6	5.0	23	58	0.00	0.72	8.3
R501	热力发电	254	0.98	254	27.7	5.7	27	120	0.01	0.57	5.2
P006	热能动力工程	262	0.85	262	19.0	3.6	26	118	0.00	0.58	6.9
T013	人工晶体学报	246	0.90	246	32.8	6.1	30	159	0.00	0.73	7.3
N106	人类工效学	81	0.98	81	25.6	4.1	16	42	0.00	0.53	8.7
F041	人类学学报	72	0.96	72	41.5	4.3	17	37	0.10	0.75	14.3
W555	人民黄河	350	0.75	350	18.9	4.1	27	153	0.00	0.87	6.1
W504	人民长江	418	0.81	418	25.0	4.1	29	253	0.00	0.75	6.4
T070	日用化学工业	196	0.72	193	25.2	4.4	27	133	0.02	0.49	6.5
U515	肉类研究	120	0.90	120	47.0	6.0	26	75	0.00	0.73	4.9
H097	乳业科学与技术	58	0.95	58	40.3	5.4	14	27	0.00	0.48	4.8
S011	软件学报	308	0.95	308	58.4	4.9	24	119	0.05	0.91	6.3
N029	润滑与密封	327	0.98	327	22.2	4.7	27	174	0.00	0.80	7.4
R086	三峡大学学报自然科学版	105	0.95	105	22.3	4.4	18	43	0.00	0.91	6.2
D012	色谱	121	0.91	121	37.1	6.0	23	93	0.00	0.71	4.6
H382	森林工程	135	0.96	135	26.3	4.6	20	53	0.00	0.93	6.6
H051	森林与环境学报	80	0.99	80	28.2	5.2	20	35	0.00	0.85	6.5
E635	沙漠与绿洲气象	137	0.94	137	29.1	5.1	23	90	0.00	0.74	8.3
H070	山地农业生物学报	84	0.97	83	32.6	5.4	10	37	0.00	0.60	7.8
E101	山地学报	73	0.96	73	40.6	4.4	23	56	0.00	0.89	6.4
G742	山东大学耳鼻喉眼学报	154	0.97	153	37.1	4.4	23	100	0.00	0.40	5.5
J022	山东大学学报工学版	103	0.99	103	25.8	4.9	22	52	0.00	0.80	6.0
A020	山东大学学报理学版	172	1.00	172	19.6	2.8	27	91	0.01	0.92	9.0
G062	山东大学学报医学版	218	0.89	210	28.9	5.5	19	98	0.00	0.64	5.0

表 4-2　2023 年中国科技核心期刊（中文）来源指标刊名字顺索引（续）

CODE	刊名	来源文献量	文献选出率	AR论文量	平均引文数	平均作者数	地区分布数	机构分布数	海外论文比	基金论文比	引用半衰期
A141	山东科技大学学报自然科学版	79	0.99	79	20.5	4.8	16	27	0.04	0.89	5.2
A637	山东科学	93	0.99	93	23.7	4.7	14	56	0.00	0.71	5.3
H031	山东农业大学学报自然科学版	122	1.00	122	24.0	5.0	24	79	0.00	0.65	5.9
H804	山东农业科学	284	0.99	284	31.1	6.9	29	113	0.00	0.84	7.0
G063	山东中医药大学学报	140	0.97	140	26.2	4.3	18	42	0.00	0.87	6.8
G574	山东中医杂志	253	0.99	253	23.0	4.4	24	103	0.00	0.79	6.0
A014	山西大学学报自然科学版	168	1.00	166	26.9	3.7	22	57	0.01	0.93	6.9
H393	山西农业大学学报自然科学版	79	0.87	79	31.2	6.0	14	27	0.00	0.84	6.4
H390	山西农业科学	187	0.95	187	32.2	6.0	22	68	0.03	0.78	6.6
G064	山西医科大学学报	242	0.96	237	23.1	5.0	26	130	0.00	0.72	4.5
H217	陕西农业科学	264	1.00	237	17.3	5.0	20	159	0.00	0.47	7.1
A066	陕西师范大学学报自然科学版	76	0.86	76	32.8	3.8	17	46	0.00	0.91	6.3
G630	陕西医学杂志	395	1.00	384	22.7	4.1	27	241	0.01	0.87	3.4
G725	陕西中医	427	1.00	384	25.3	4.8	27	177	0.01	0.92	3.8
V088	上海城市规划	125	0.71	124	27.8	2.9	15	71	0.10	0.54	6.4
A056	上海大学学报自然科学版	85	0.91	85	29.9	3.8	9	28	0.01	0.86	6.4
U528	上海纺织科技	202	0.34	170	15.2	3.9	25	82	0.00	0.53	5.8
X038	上海海事大学学报	67	0.97	67	19.0	3.3	13	19	0.00	0.76	5.0
H292	上海海洋大学学报	127	0.98	127	35.0	5.4	14	27	0.01	0.77	8.0
Y555	上海航天中英文版	120	0.96	120	25.2	5.8	13	54	0.00	0.44	7.4
X006	上海交通大学学报	162	0.99	162	24.0	4.6	21	65	0.04	0.81	5.8
G066	上海交通大学学报医学版	196	0.90	196	33.9	4.8	19	74	0.01	0.74	5.1
M021	上海金属	83	0.99	83	22.7	4.6	17	40	0.00	0.42	9.0
G283	上海口腔医学	122	0.76	122	21.0	4.7	22	81	0.00	0.52	5.7
H282	上海农业学报	140	1.00	140	27.0	5.9	13	49	0.03	0.80	7.7
G069	上海医学	145	0.63	136	23.3	4.8	17	70	0.00	0.58	5.4
Q219	上海预防医学	213	0.85	206	25.1	5.6	21	108	0.00	0.54	4.7
G596	上海针灸杂志	231	0.93	229	26.7	5.0	25	153	0.00	0.61	5.0
G946	上海中医药大学学报	82	0.96	82	32.1	5.5	14	32	0.00	0.88	5.7
G389	上海中医药杂志	212	0.95	201	33.7	5.1	20	61	0.00	0.92	5.6
T763	深空探测学报中英文版	71	0.89	71	28.2	5.3	17	40	0.01	0.72	6.8
A515	深圳大学学报理工版	86	0.97	86	22.6	4.4	16	45	0.02	0.93	5.0
G329	神经疾病与精神卫生	152	0.88	150	38.5	4.4	22	87	0.01	0.49	5.4
G070	神经解剖学杂志	120	0.98	119	27.6	5.8	24	52	0.00	0.93	4.4
G319	神经损伤与功能重建	192	0.92	146	29.5	4.6	28	120	0.01	0.47	5.7
A074	沈阳大学学报自然科学版	70	0.99	70	20.9	3.6	12	26	0.01	0.87	5.6
J052	沈阳工业大学学报	115	1.00	115	15.5	4.0	25	65	0.02	0.94	4.4
V011	沈阳建筑大学学报自然科学版	136	0.95	136	19.0	4.1	18	27	0.00	0.99	6.8
H024	沈阳农业大学学报	83	0.93	83	35.4	5.7	19	40	0.00	0.87	6.3
A586	沈阳师范大学学报自然科学版	96	0.99	96	20.9	4.3	7	14	0.01	0.93	5.9
G071	沈阳药科大学学报	202	0.97	202	29.3	5.1	27	106	0.01	0.53	6.0
G202	肾脏病与透析肾移植杂志	98	0.80	98	25.1	4.4	19	48	0.00	0.60	4.9
F203	生理科学进展	81	0.85	78	39.7	3.7	20	55	0.00	0.84	4.7

表 4-2 2023 年中国科技核心期刊（中文）来源指标刊名字顺索引（续）

CODE	刊名	来源文献量	文献选出率	AR论文量	平均引文数	平均作者数	地区分布数	机构分布数	海外论文比	基金论文比	引用半衰期
F001	生理学报	89	0.96	89	60.8	5.1	24	74	0.01	0.83	6.0
F042	生命的化学	240	0.91	240	51.0	4.1	27	159	0.00	0.70	4.8
F215	生命科学	186	0.96	186	68.2	4.1	29	116	0.01	0.86	4.9
F046	生命科学研究	68	0.92	68	45.4	5.1	22	54	0.01	0.76	6.5
Z034	生态毒理学报	222	1.00	222	54.1	5.8	28	140	0.01	0.82	6.3
H784	生态环境学报	221	0.95	221	48.4	5.7	30	153	0.01	0.88	5.4
Z512	生态科学	178	1.00	178	36.9	4.4	28	115	0.00	0.88	8.8
Z014	生态学报	861	1.00	861	51.0	5.6	31	278	0.01	0.85	7.0
Z028	生态学杂志	346	1.00	346	43.6	5.8	29	166	0.01	0.82	7.8
Z023	生态与农村环境学报	175	0.94	175	37.8	5.2	29	111	0.01	0.84	5.7
H080	生物安全学报	53	0.93	53	34.5	5.4	17	43	0.04	0.89	7.8
F049	生物多样性	223	0.94	223	54.1	6.0	31	113	0.02	0.71	8.1
F003	生物工程学报	324	0.92	324	53.3	5.9	30	157	0.01	0.86	6.0
G401	生物骨科材料与临床研究	115	0.91	112	24.9	5.4	23	96	0.00	0.34	5.4
F016	生物化学与生物物理进展	247	0.94	246	66.6	5.0	27	154	0.03	0.83	6.2
F229	生物技术	122	1.00	122	24.8	4.4	27	104	0.00	0.48	4.1
F214	生物技术进展	118	0.96	118	40.6	5.0	25	76	0.01	0.68	5.6
F205	生物技术通报	362	1.00	361	48.9	5.7	31	173	0.01	0.78	6.9
F204	生物加工过程	75	0.99	75	49.6	5.3	14	38	0.01	0.84	7.0
F040	生物信息学	34	1.00	34	32.8	4.4	16	31	0.00	0.62	6.8
F213	生物学杂志	135	1.00	133	29.2	5.1	26	85	0.00	0.90	6.8
G006	生物医学工程学杂志	158	0.97	158	33.0	5.3	25	89	0.04	0.87	4.4
G332	生物医学工程研究	59	0.97	59	27.5	4.7	15	32	0.00	0.63	4.1
G603	生物医学工程与临床	138	0.78	136	21.5	4.2	24	116	0.00	0.31	4.0
GE01	生物医学转化	49	0.86	49	54.2	4.1	17	37	0.00	0.73	5.8
H083	生物质化学工程	57	0.86	57	40.6	4.7	18	29	0.00	0.63	5.9
F044	生物资源	68	0.92	68	37.9	6.1	25	57	0.00	0.71	7.5
G624	生殖医学杂志	306	0.96	288	25.1	4.9	29	205	0.00	0.50	5.2
C033	声学技术	126	0.97	126	17.7	3.9	22	74	0.01	0.56	8.5
C054	声学学报	118	0.93	118	25.6	4.4	16	39	0.01	0.85	10.0
E302	湿地科学	105	0.96	105	36.0	5.9	24	73	0.02	0.77	7.7
E636	湿地科学与管理	115	0.97	111	18.2	4.7	23	85	0.00	0.46	5.6
A615	石河子大学学报自然科学版	104	0.95	104	21.7	5.2	19	39	0.00	0.94	5.4
T933	石化技术与应用	102	0.85	97	13.8	4.5	23	72	0.01	0.16	6.9
X042	石家庄铁道大学学报自然科学版	73	0.91	73	14.6	3.4	16	27	0.00	0.68	6.0
L016	石油地球物理勘探	150	0.91	150	29.0	4.9	22	62	0.01	0.60	8.7
L015	石油化工	242	0.95	242	30.4	4.3	19	86	0.00	0.28	6.8
L034	石油化工高等学校学报	60	1.00	60	33.7	5.0	16	28	0.00	0.90	5.7
L021	石油化工设备技术	71	0.84	69	9.0	2.4	19	51	0.00	0.18	9.6
L019	石油机械	240	0.95	240	20.2	5.3	22	102	0.01	0.63	5.6
L031	石油勘探与开发	118	0.92	118	34.9	7.7	14	50	0.08	0.54	5.7
L043	石油科学通报	64	0.94	64	44.7	5.7	9	19	0.03	0.66	6.5
L030	石油炼制与化工	242	0.70	242	19.4	4.3	26	102	0.01	0.26	7.1

表 4-2 2023 年中国科技核心期刊（中文）来源指标刊名字顺索引（续）

CODE	刊名	来源文献量	文献选出率	AR论文量	平均引文数	平均作者数	地区分布数	机构分布数	海外论文比	基金论文比	引用半衰期
E126	石油实验地质	119	0.92	119	35.2	6.3	14	65	0.02	0.57	6.4
L005	石油物探	104	0.97	104	27.9	4.6	16	59	0.01	0.63	7.4
L028	石油学报	160	0.91	160	46.7	7.3	18	64	0.02	0.58	6.6
L012	石油学报石油加工	144	0.95	144	32.9	5.3	20	63	0.00	0.71	6.5
L006	石油与天然气地质	120	0.91	120	48.2	7.2	14	44	0.01	0.65	6.1
L008	石油钻采工艺	103	1.00	103	21.5	5.2	18	61	0.01	0.41	5.2
L025	石油钻探技术	116	0.93	116	29.1	4.5	13	56	0.02	0.50	4.5
F257	实验动物科学	105	0.89	102	18.2	5.6	21	73	0.00	0.40	7.0
G387	实验动物与比较医学	73	0.65	73	33.6	5.9	16	46	0.07	0.63	6.3
N993	实验技术与管理	457	1.00	457	18.3	4.5	27	177	0.00	0.69	4.1
C009	实验力学	77	0.99	77	25.0	4.6	20	52	0.00	0.84	7.9
Y018	实验流体力学	74	0.94	74	32.4	4.5	17	39	0.01	0.59	9.9
A115	实验室研究与探索	735	0.99	731	16.7	4.1	29	252	0.01	0.67	4.7
G534	实用放射学杂志	568	0.98	438	14.6	5.0	31	345	0.00	0.26	4.3
G586	实用妇产科杂志	222	0.89	170	18.6	3.8	24	125	0.00	0.38	5.2
G746	实用肝脏病杂志	237	0.98	219	21.7	4.0	28	198	0.00	0.68	4.0
G457	实用骨科杂志	263	0.95	221	21.8	5.3	27	208	0.00	0.29	5.5
G224	实用口腔医学杂志	147	0.88	134	22.7	5.1	27	97	0.00	0.52	5.9
G700	实用老年医学	308	0.92	260	21.1	4.3	29	191	0.00	0.40	4.8
Q919	实用临床医药杂志	664	1.00	657	23.5	4.7	30	437	0.00	0.75	3.7
G652	实用皮肤病学杂志	94	0.80	67	22.4	4.4	23	73	0.00	0.38	4.9
G469	实用器官移植电子杂志	116	0.87	104	29.1	5.4	24	64	0.00	0.49	6.5
G766	实用心脑肺血管病杂志	326	0.94	318	30.4	4.9	28	214	0.00	0.73	4.2
G834	实用药物与临床	222	0.94	219	28.2	4.2	29	161	0.00	0.30	4.4
G324	实用医学杂志	568	0.99	567	26.3	5.2	30	373	0.00	0.79	3.4
G760	实用医院临床杂志	290	0.98	279	24.4	4.2	23	173	0.00	0.65	4.1
G768	实用预防医学	378	0.99	320	20.4	4.9	29	258	0.01	0.39	3.9
G856	实用肿瘤学杂志	89	0.74	89	29.3	4.0	23	63	0.00	0.42	3.9
G890	实用肿瘤杂志	91	0.81	90	28.2	5.0	23	63	0.00	0.54	3.9
U049	食品安全质量检测学报	879	0.74	879	43.8	6.0	31	344	0.00	0.76	3.9
U005	食品工业科技	1347	0.98	1347	41.6	6.1	30	453	0.00	0.68	4.9
U648	食品科技	520	0.98	520	25.8	5.6	30	310	0.00	0.66	5.0
U006	食品科学	1079	1.00	1079	48.4	6.3	31	270	0.01	0.83	5.4
A117	食品科学技术学报	95	0.93	95	39.5	5.6	22	51	0.01	0.84	5.3
U617	食品研究与开发	746	0.72	746	31.6	5.9	31	267	0.00	0.69	5.1
U035	食品与发酵工业	1154	1.00	1154	31.1	6.1	31	322	0.01	0.74	5.4
U641	食品与发酵科技	160	0.98	159	21.6	5.8	27	104	0.01	0.59	5.5
U547	食品与机械	429	0.78	429	27.7	4.5	30	266	0.00	0.76	4.7
U029	食品与生物技术学报	150	0.92	150	32.7	5.4	24	71	0.00	0.87	6.6
G748	食品与药品	132	0.96	127	21.4	4.9	25	87	0.00	0.45	5.6
H838	食用菌学报	72	1.00	72	37.0	5.6	23	50	0.01	0.83	6.9
E655	世界地理研究	176	0.97	176	38.2	3.5	26	97	0.02	0.90	7.8
E363	世界地震工程	92	0.98	92	24.2	4.3	26	59	0.01	0.71	8.7

表 4-2 2023 年中国科技核心期刊（中文）来源指标刊名字顺索引（续）

CODE	刊名	来源文献量	文献选出率	AR论文量	平均引文数	平均作者数	地区分布数	机构分布数	海外论文比	基金论文比	引用半衰期
E548	世界地质	72	0.95	72	28.0	5.3	16	38	0.00	0.81	9.9
E054	世界核地质科学	81	0.98	81	23.5	5.1	15	25	0.01	0.28	8.9
G906	世界科学技术－中医药现代化	445	0.94	445	37.5	5.8	31	149	0.01	0.79	5.4
G485	世界临床药物	218	0.90	213	27.1	4.2	23	153	0.01	0.33	4.8
X538	世界桥梁	102	0.69	102	17.1	3.5	21	75	0.00	0.53	4.2
G484	世界中西医结合杂志	456	0.95	454	26.9	4.7	27	221	0.00	0.72	5.3
G483	世界中医药	606	0.83	604	33.2	5.9	29	174	0.00	0.88	5.5
Q957	首都公共卫生	89	0.92	85	16.7	5.5	14	47	0.00	0.24	3.9
A023	首都师范大学学报自然科学版	87	0.90	86	27.8	3.2	22	60	0.01	0.74	6.5
G073	首都医科大学学报	155	0.96	154	26.0	5.5	11	46	0.01	0.56	5.4
F033	兽类学报	76	0.88	76	57.1	6.8	21	58	0.01	0.76	12.4
R005	数据采集与处理	120	0.95	120	32.0	3.9	23	59	0.01	0.80	5.3
W009	数理统计与管理	81	0.93	81	29.3	2.8	23	52	0.04	0.85	10.6
B015	数学的实践与认识	340	1.00	340	18.6	2.8	30	221	0.01	0.69	8.4
B007	数学进展	94	0.97	94	22.0	2.2	26	73	0.03	0.96	14.6
B004	数学年刊 A	30	0.97	30	17.8	2.2	14	30	0.07	0.90	15.0
C036	数学物理学报	137	0.99	137	23.7	2.4	26	88	0.02	0.94	12.2
B006	数学学报	97	0.89	97	21.0	2.4	27	80	0.05	0.90	14.7
B012	数学杂志	46	0.85	46	17.2	2.3	22	35	0.00	0.80	12.2
H847	水产科学	124	0.98	124	42.6	6.5	22	56	0.00	0.90	9.8
H008	水产学报	205	1.00	205	48.5	6.8	22	54	0.00	0.88	8.6
Z016	水处理技术	352	0.93	345	17.3	4.6	29	234	0.00	0.73	5.5
X533	水道港口	134	0.90	134	18.3	4.4	18	67	0.01	0.86	7.1
P007	水电能源科学	621	1.00	613	8.5	4.3	29	263	0.00	0.70	6.1
W004	水动力学研究与进展 A	109	0.98	109	23.2	4.2	18	50	0.01	0.72	8.3
W013	水科学进展	86	0.93	86	29.7	5.1	15	36	0.00	1.00	4.6
R050	水力发电	241	0.98	239	15.5	4.2	28	121	0.00	0.53	5.7
R049	水力发电学报	155	0.96	155	36.2	5.0	19	59	0.01	0.84	5.3
R587	水利经济	86	0.80	86	27.0	3.3	11	27	0.01	0.76	4.8
W011	水利水电技术	215	0.97	215	32.9	4.8	29	129	0.00	0.87	5.3
W502	水利水电科技进展	98	0.93	98	25.7	4.7	20	47	0.01	0.92	6.3
W006	水利水运工程学报	113	0.97	113	21.0	4.7	21	65	0.00	0.84	7.3
W003	水利学报	135	0.95	135	30.6	4.8	17	44	0.02	0.83	6.0
F010	水生生物学报	211	1.00	211	42.1	6.7	26	63	0.00	0.83	9.1
H850	水生态学杂志	109	1.00	109	35.1	6.2	27	75	0.00	0.74	9.4
H015	水土保持通报	286	0.98	286	32.1	4.9	31	145	0.01	0.85	5.2
H287	水土保持学报	271	0.99	271	31.8	5.7	27	96	0.00	0.93	6.5
H056	水土保持研究	324	0.99	324	31.5	5.1	30	148	0.01	0.86	6.4
E540	水文	113	0.97	113	20.5	4.6	25	68	0.01	0.86	7.7
E154	水文地质工程地质	127	0.96	127	31.4	5.4	25	59	0.01	0.81	6.9
N907	水下无人系统学报	113	0.92	113	27.6	4.4	18	59	0.01	0.45	7.5
X528	水运工程	418	1.00	417	9.8	3.5	21	148	0.01	0.29	7.1
R566	水资源保护	160	0.98	160	32.8	5.2	17	59	0.00	0.92	4.9

表 4-2　2023 年中国科技核心期刊（中文）来源指标刊名字顺索引（续）

CODE	刊名	来源文献量	文献选出率	AR论文量	平均引文数	平均作者数	地区分布数	机构分布数	海外论文比	基金论文比	引用半衰期
W570	水资源与水工程学报	157	0.99	157	31.3	4.9	24	87	0.00	0.85	4.6
U056	丝绸	240	0.98	239	25.5	3.6	23	71	0.01	0.69	6.5
G045	四川大学学报医学版	212	0.97	208	31.5	5.4	22	96	0.02	0.68	4.9
A006	四川大学学报自然科学版	143	0.97	143	26.2	4.0	15	43	0.02	0.86	6.5
F027	四川动物	78	0.67	78	34.2	6.1	21	47	0.03	0.56	10.3
Z007	四川环境	288	0.99	288	20.0	3.8	25	197	0.01	0.31	5.9
G710	四川精神卫生	94	0.99	91	31.8	5.4	20	72	0.02	0.38	5.0
H007	四川农业大学学报	141	1.00	141	32.8	6.6	22	60	0.01	0.87	6.8
A033	四川师范大学学报自然科学版	100	0.89	100	26.3	3.2	19	40	0.00	0.93	8.6
G575	四川医学	290	0.97	242	21.8	4.6	22	154	0.00	0.15	4.7
H862	饲料工业	410	1.00	410	35.0	5.7	30	175	0.01	0.63	5.9
H864	饲料研究	871	1.00	857	34.8	5.3	31	403	0.00	0.59	4.3
T106	塑料	209	0.99	209	24.5	4.6	27	135	0.00	0.48	5.9
T014	塑料工业	324	0.65	324	21.7	5.2	29	194	0.00	0.50	5.3
T536	塑料科技	302	0.95	302	26.6	4.3	30	217	0.00	0.35	4.5
T079	塑料助剂	158	0.98	124	11.6	1.9	22	101	0.00	0.16	3.2
T580	塑性工程学报	316	0.97	316	22.1	5.1	25	144	0.01	0.84	6.7
X634	隧道建设中英文版	207	0.80	207	22.7	4.7	23	119	0.00	0.54	5.7
R652	太赫兹科学与电子信息学报	194	0.92	194	21.4	4.4	25	125	0.00	0.54	6.6
L009	太阳能学报	822	0.96	822	20.4	4.7	30	276	0.01	0.79	5.8
J011	太原理工大学学报	134	0.96	134	24.7	4.7	12	28	0.01	0.85	6.0
M544	钛工业进展	48	0.69	48	18.6	5.8	12	33	0.02	0.38	7.6
T500	弹性体	96	0.96	96	19.7	4.9	22	49	0.00	0.55	6.3
T015	炭素技术	78	0.94	75	23.3	5.0	22	65	0.00	0.49	5.6
N043	探测与控制学报	119	0.97	119	16.7	4.0	18	43	0.00	0.28	6.9
V531	陶瓷学报	138	0.90	138	32.9	5.3	21	61	0.02	0.85	6.2
H041	特产研究	180	0.96	175	29.5	5.7	26	86	0.00	0.57	6.0
L505	特种油气藏	134	0.95	134	22.8	5.7	23	68	0.01	0.66	5.5
N065	特种铸造及有色合金	324	0.77	302	20.8	5.3	28	175	0.01	0.63	7.2
R776	天地一体化信息网络	46	0.98	46	24.9	4.9	13	31	0.00	0.54	4.0
A041	天津大学学报	139	0.94	139	23.7	4.6	12	20	0.01	0.97	6.8
U017	天津工业大学学报	73	0.99	73	24.7	4.1	6	9	0.00	0.95	5.7
A504	天津师范大学学报自然科学版	69	0.97	69	24.7	4.7	16	23	0.00	0.94	7.5
G076	天津医药	272	0.99	268	21.6	4.7	28	185	0.00	0.69	3.7
G626	天津中医药	251	0.89	247	26.1	5.2	20	95	0.00	0.69	4.8
G914	天津中医药大学学报	130	0.88	118	26.1	5.0	17	49	0.01	0.75	5.7
T611	天然产物研究与开发	216	0.98	216	30.7	5.9	30	124	0.00	0.83	5.4
L518	天然气地球科学	168	0.92	168	41.4	6.9	21	56	0.00	0.58	7.9
L029	天然气工业	193	0.84	193	35.1	7.0	19	79	0.02	0.55	5.6
L507	天然气与石油	127	0.89	127	24.0	5.2	18	83	0.02	0.32	6.0
E023	天文学报	69	0.92	69	44.8	3.9	14	28	0.03	0.91	11.8
E114	天文学进展	38	1.00	38	53.9	4.5	11	19	0.03	0.89	11.4
X521	铁道工程学报	222	0.98	222	8.2	3.4	19	70	0.00	0.42	5.8

表 4-2　2023 年中国科技核心期刊（中文）来源指标刊名字顺索引（续）

CODE	刊名	来源文献量	文献选出率	AR论文量	平均引文数	平均作者数	地区分布数	机构分布数	海外论文比	基金论文比	引用半衰期
X007	铁道科学与工程学报	442	0.98	442	22.1	4.6	25	110	0.01	0.85	5.5
X005	铁道学报	236	1.00	236	23.1	4.3	22	57	0.01	0.85	6.8
G238	听力学及言语疾病杂志	121	0.88	105	18.9	5.1	24	81	0.02	0.52	6.5
R065	通信学报	240	1.00	240	28.8	4.4	25	107	0.07	0.94	4.3
G965	同济大学学报医学版	134	0.97	134	29.9	4.6	10	55	0.01	0.61	5.5
J032	同济大学学报自然科学版	216	0.91	216	24.4	4.3	19	50	0.06	0.83	7.7
Q003	同位素	80	0.96	80	24.9	6.1	17	46	0.00	0.25	8.9
N061	图学学报	130	0.98	130	29.4	3.9	26	87	0.03	0.78	4.0
T103	涂料工业	152	0.94	152	20.4	5.0	25	121	0.00	0.28	6.0
V029	土木工程学报	169	0.97	169	31.4	4.6	24	75	0.02	0.85	8.3
V035	土木工程与管理学报	118	0.94	118	22.3	3.9	22	84	0.02	0.71	6.3
V019	土木与环境工程学报中英文版	134	0.99	133	28.8	4.8	25	78	0.03	0.93	7.7
H043	土壤	161	0.99	161	39.1	6.0	29	97	0.02	0.83	7.4
H057	土壤通报	156	0.96	156	44.7	6.0	27	103	0.01	0.83	7.1
H012	土壤学报	155	0.99	155	46.8	6.1	27	67	0.03	0.95	7.6
H048	土壤与作物	49	0.98	49	39.6	6.9	13	26	0.00	0.92	7.4
Y025	推进技术	304	1.00	304	30.3	4.9	21	75	0.00	0.64	9.9
S795	外国经济与管理	110	0.97	110	42.1	2.7	21	68	0.03	0.89	6.2
G601	外科理论与实践	94	0.75	91	30.5	4.0	17	49	0.01	0.30	5.1
G996	皖南医学院学报	164	0.96	131	14.8	4.9	7	58	0.00	0.59	4.5
S017	网络新媒体技术	48	0.81	48	21.4	3.2	10	18	0.00	0.44	5.0
S082	网络与信息安全学报	91	1.00	91	31.1	4.3	20	51	0.04	0.91	5.7
R070	微波学报	117	0.96	116	18.0	3.9	23	69	0.01	0.57	6.2
G866	微创泌尿外科杂志	76	0.90	75	20.6	5.8	21	63	0.00	0.28	4.2
R057	微电机	175	1.00	169	12.2	3.8	26	113	0.00	0.29	6.5
R064	微电子学	168	1.00	168	15.8	5.1	17	60	0.00	0.78	7.0
R004	微电子学与计算机	184	0.94	184	21.1	4.2	28	101	0.00	0.65	5.7
R098	微纳电子技术	238	1.00	238	28.5	4.9	27	101	0.00	0.78	5.6
F004	微生物学报	325	0.97	324	51.0	5.7	31	168	0.01	0.88	6.7
F206	微生物学免疫学进展	88	0.74	88	29.6	4.5	18	44	0.00	0.41	4.8
F011	微生物学通报	389	0.99	388	46.1	5.9	31	207	0.00	0.81	6.2
F225	微生物学杂志	83	0.93	83	43.3	5.3	25	64	0.01	0.72	6.8
G651	微生物与感染	50	0.76	50	34.7	4.4	18	41	0.00	0.50	4.4
R085	微特电机	150	0.94	144	12.9	3.4	23	89	0.00	0.29	6.3
E052	微体古生物学报	30	0.81	30	75.4	5.8	14	22	0.03	0.77	27.1
S033	微型电脑应用	671	0.98	595	10.6	3.1	30	432	0.00	0.15	4.0
G210	微循环学杂志	83	0.91	82	25.7	3.6	19	60	0.00	0.40	4.5
S813	卫生软科学	229	0.99	221	19.8	4.0	27	127	0.00	0.50	3.4
G079	卫生研究	169	0.89	164	24.5	6.2	24	68	0.00	0.53	5.5
G800	胃肠病学	96	0.84	88	36.9	4.1	20	64	0.00	0.36	6.0
G326	胃肠病学和肝病学杂志	291	0.99	254	27.6	4.8	27	163	0.00	0.39	5.0
G702	温州医科大学学报	177	0.95	158	21.7	4.8	13	61	0.01	0.38	5.0
D003	无机材料学报	168	0.98	164	44.1	6.1	25	85	0.02	0.94	5.4

表 4-2 2023 年中国科技核心期刊（中文）来源指标刊名字顺索引（续）

CODE	刊名	来源文献量	文献选出率	AR论文量	平均引文数	平均作者数	地区分布数	机构分布数	海外论文比	基金论文比	引用半衰期
D023	无机化学学报	245	0.97	245	36.0	5.7	30	148	0.01	0.90	5.1
T072	无机盐工业	240	0.95	240	29.2	5.2	28	146	0.00	0.64	4.8
N044	无损检测	180	0.84	177	11.8	4.8	27	132	0.00	0.39	6.4
W014	武汉大学学报工学版	175	0.99	175	23.3	4.6	23	89	0.00	0.70	6.9
A024	武汉大学学报理学版	88	0.94	87	31.3	4.3	13	34	0.00	0.91	4.8
E107	武汉大学学报信息科学版	210	0.86	210	34.1	4.9	19	76	0.02	0.92	7.2
G038	武汉大学学报医学版	268	1.00	266	24.8	4.8	20	89	0.01	0.52	5.3
M032	武汉科技大学学报自然科学版	62	0.98	62	18.5	4.6	4	6	0.02	0.95	6.5
X017	武汉理工大学学报交通科学与工程版	210	0.97	210	12.8	3.8	21	84	0.00	0.69	6.2
J018	武汉理工大学学报信息与管理工程版	153	0.95	153	16.7	3.8	19	65	0.02	0.72	4.5
G707	武警医学	285	0.95	210	21.7	4.4	30	129	0.00	0.19	4.4
D001	物理化学学报	124	0.95	115	71.4	6.0	22	82	0.11	0.82	4.0
C006	物理学报	836	0.99	833	42.3	5.4	29	274	0.03	0.87	7.7
C509	物理与工程	131	0.98	129	12.3	3.8	24	73	0.01	0.39	7.3
E136	物探化探计算技术	94	1.00	94	17.8	4.5	23	69	0.00	0.44	9.8
E138	物探与化探	180	1.00	180	26.7	5.4	30	117	0.01	0.77	9.1
R009	西安电子科技大学学报自然科学版	123	0.98	123	24.2	4.2	23	63	0.02	0.94	4.4
U030	西安工程大学学报	98	0.94	98	26.7	4.2	15	32	0.02	0.92	4.5
J036	西安工业大学学报	68	0.79	68	26.1	3.8	5	15	0.00	0.85	4.7
V018	西安建筑科技大学学报自然科学版	114	0.93	114	22.2	4.2	21	63	0.02	0.89	7.3
X030	西安交通大学学报	240	0.97	240	29.9	5.0	20	57	0.03	0.90	5.8
G081	西安交通大学学报医学版	146	0.99	145	23.4	6.9	22	55	0.01	0.79	5.1
A150	西安科技大学学报	133	0.94	133	27.1	4.5	18	46	0.00	0.96	4.9
J002	西安理工大学学报	61	0.98	61	26.6	4.1	15	33	0.00	0.93	5.1
L010	西安石油大学学报自然科学版	104	0.99	104	22.8	5.3	14	58	0.02	0.72	6.9
R671	西安邮电大学学报	74	0.87	74	22.2	3.6	9	13	0.01	0.78	4.1
A032	西北大学学报自然科学版	93	0.94	93	37.5	4.6	12	40	0.04	0.92	7.2
E125	西北地质	156	0.99	156	42.7	6.2	18	68	0.00	0.82	9.6
Y023	西北工业大学学报	137	0.98	137	19.2	4.6	20	56	0.01	0.71	6.9
H224	西北林学院学报	218	0.98	218	30.2	5.3	27	97	0.00	0.81	7.0
H018	西北农林科技大学学报自然科学版	189	0.93	189	33.5	6.2	29	83	0.00	0.87	7.6
H288	西北农业学报	213	0.99	213	31.1	6.2	24	90	0.00	0.78	8.0
A022	西北师范大学学报自然科学版	109	0.94	109	22.2	3.2	23	71	0.00	0.87	7.7
G792	西北药学杂志	244	0.93	243	22.8	4.3	24	194	0.00	0.72	4.3
F020	西北植物学报	223	0.95	220	38.0	5.1	31	114	0.00	0.81	8.0
H385	西部林业科学	136	0.94	135	32.8	5.5	21	66	0.00	0.80	7.8
V573	西部人居环境学刊	130	1.00	130	37.4	3.2	24	62	0.04	0.84	6.8
G588	西部医学	341	0.98	341	26.0	4.9	29	233	0.00	0.62	4.4
G699	西部中医药	438	0.99	396	24.7	4.5	27	204	0.01	0.76	6.2
J045	西华大学学报自然科学版	77	0.97	77	23.2	4.2	15	37	0.04	0.71	5.7
H004	西南大学学报自然科学版	231	0.99	231	32.3	5.0	25	88	0.01	0.97	6.6
X032	西南交通大学学报	158	0.99	158	23.2	4.7	21	52	0.02	0.94	6.9
H270	西南林业大学学报	230	0.96	230	30.0	4.5	28	90	0.01	0.74	7.1

表 4-2　2023 年中国科技核心期刊（中文）来源指标刊名字顺索引（续）

CODE	刊名	来源文献量	文献选出率	AR论文量	平均引文数	平均作者数	地区分布数	机构分布数	海外论文比	基金论文比	引用半衰期
A060	西南民族大学学报自然科学版	88	0.95	88	24.5	4.2	11	31	0.00	0.69	6.2
H061	西南农业学报	319	1.00	319	33.1	6.7	30	139	0.00	0.81	6.7
A064	西南师范大学学报自然科学版	131	1.00	130	20.5	3.1	22	69	0.02	0.70	7.5
L002	西南石油大学学报自然科学版	101	1.00	101	31.1	4.4	12	51	0.02	0.59	8.3
M041	稀土	101	0.95	101	34.6	5.5	24	63	0.00	0.83	7.6
M029	稀有金属	162	0.93	162	41.1	5.4	25	104	0.02	0.93	5.7
M052	稀有金属材料与工程	509	1.00	509	34.5	5.8	28	182	0.02	0.85	7.1
S505	系统仿真技术	59	0.95	59	14.1	3.7	19	46	0.02	0.22	5.1
S003	系统仿真学报	223	0.98	223	24.8	4.0	25	134	0.00	0.73	4.8
B028	系统工程	84	0.91	84	34.6	3.1	21	65	0.00	0.88	7.0
B025	系统工程理论与实践	217	0.94	217	44.8	3.3	23	107	0.03	0.99	6.4
B018	系统工程学报	66	0.89	66	30.4	3.1	19	57	0.02	0.85	7.1
R059	系统工程与电子技术	450	1.00	450	31.0	4.2	20	110	0.00	0.66	5.5
B027	系统管理学报	101	0.98	101	39.0	3.2	16	58	0.02	0.97	5.5
B021	系统科学与数学	200	0.98	200	31.1	3.1	28	115	0.01	0.93	6.9
G188	细胞与分子免疫学杂志	173	0.91	172	31.5	5.7	28	117	0.00	0.80	3.3
A063	厦门大学学报自然科学版	116	0.88	116	41.3	4.2	17	32	0.01	0.82	9.4
V087	现代城市研究	223	0.83	223	28.5	3.1	22	112	0.05	0.75	7.5
E027	现代地质	141	0.93	141	43.2	6.0	23	69	0.00	0.83	10.5
R089	现代电力	118	0.99	118	21.6	4.9	22	60	0.00	0.41	4.7
R748	现代电子技术	781	1.00	779	16.2	3.5	31	368	0.00	0.48	4.1
Y561	现代防御技术	97	0.96	97	17.8	4.1	17	51	0.00	0.16	5.2
U634	现代纺织技术	180	0.99	180	27.7	4.5	18	41	0.01	0.64	5.1
G300	现代妇产科进展	211	0.95	162	21.9	4.7	28	143	0.00	0.45	4.0
T063	现代化工	541	0.93	540	23.4	4.6	28	274	0.00	0.60	5.0
G653	现代检验医学杂志	221	0.95	221	21.2	4.7	26	189	0.00	0.45	3.5
G321	现代口腔医学杂志	77	0.97	76	31.6	4.5	21	46	0.00	0.60	5.1
R087	现代雷达	183	0.94	182	17.6	3.7	26	89	0.00	0.36	7.4
G438	现代临床护理	150	0.85	150	28.0	5.0	20	101	0.00	0.44	4.4
G798	现代泌尿生殖肿瘤杂志	87	0.93	63	19.8	4.8	20	68	0.00	0.10	4.8
G341	现代泌尿外科杂志	237	0.94	201	20.2	5.7	25	152	0.00	0.43	5.6
G067	现代免疫学	85	0.94	85	31.3	4.0	25	65	0.00	0.66	5.8
H417	现代农药	85	0.92	82	29.2	5.1	22	47	0.00	0.47	5.2
U010	现代食品科技	504	1.00	504	36.6	6.3	29	202	0.01	0.80	5.6
T929	现代塑料加工应用	96	0.88	96	13.8	3.9	21	66	0.00	0.24	6.1
X673	现代隧道技术	179	0.94	179	21.4	4.8	22	102	0.01	0.67	5.5
G451	现代消化及介入诊疗	348	0.97	315	30.3	4.7	28	246	0.00	0.70	3.9
G421	现代药物与临床	527	1.00	526	24.0	4.3	30	373	0.00	0.55	5.1
G223	现代医学	299	0.94	297	27.8	4.5	26	195	0.00	0.39	4.7
C093	现代应用物理	120	0.95	120	20.4	5.7	17	63	0.00	0.58	10.6
G963	现代预防医学	763	0.97	763	23.3	5.9	31	293	0.01	0.68	3.6
N111	现代制造工程	256	0.95	256	17.8	4.2	28	148	0.00	0.75	4.9
G951	现代中西医结合杂志	695	0.97	695	24.3	4.9	28	323	0.00	0.62	5.2

表 4-2　2023 年中国科技核心期刊（中文）来源指标刊名字顺索引（续）

CODE	刊名	来源文献量	文献选出率	AR 论文量	平均引文数	平均作者数	地区分布数	机构分布数	海外论文比	基金论文比	引用半衰期
G486	现代中药研究与实践	109	0.95	109	22.1	5.3	24	65	0.00	0.77	4.9
G896	现代中医临床	142	0.97	137	24.3	4.8	14	40	0.01	0.75	6.2
T073	香料香精化妆品	160	0.92	158	21.2	4.8	24	101	0.01	0.23	6.0
A018	湘潭大学学报自然科学版	73	0.91	73	23.2	3.6	11	29	0.00	0.90	6.5
T064	橡胶工业	144	0.87	144	19.7	4.6	21	80	0.01	0.55	6.5
T953	消防科学与技术	341	0.99	335	15.4	3.3	27	191	0.00	0.50	6.0
Q937	消化肿瘤杂志电子版	50	0.79	50	27.8	4.3	15	38	0.02	0.48	4.2
P010	小型内燃机与车辆技术	118	0.95	103	8.3	4.2	18	52	0.00	0.14	7.0
S027	小型微型计算机系统	388	0.95	388	31.6	3.7	28	127	0.00	0.93	6.3
G817	协和医学杂志	174	0.85	174	33.0	5.9	21	65	0.01	0.50	4.5
G083	心肺血管病杂志	243	0.92	222	22.0	5.0	24	109	0.00	0.35	5.1
S700	心理发展与教育	97	1.00	97	56.0	4.0	23	55	0.01	0.82	10.6
S918	心理科学	183	0.97	183	39.4	3.8	24	79	0.03	0.87	9.4
S919	心理科学进展	174	0.94	174	91.4	3.7	26	86	0.02	0.86	7.9
E046	心理学报	142	0.97	142	64.1	4.3	23	59	0.06	0.88	10.7
G476	心脑血管病防治	181	0.93	149	21.5	3.9	24	159	0.00	0.38	4.7
G419	心血管病学进展	243	0.96	240	35.4	3.8	26	125	0.00	0.55	4.8
G578	心血管康复医学杂志	170	0.95	153	28.6	3.0	21	61	0.00	0.17	5.2
G260	心脏杂志	151	0.95	135	22.8	5.4	25	85	0.00	0.46	5.0
Q368	新发传染病电子杂志	103	0.86	97	25.7	5.7	22	73	0.01	0.52	4.6
A087	新疆大学学报自然科学版中英文版	92	1.00	92	28.8	3.6	8	12	0.00	0.90	6.9
E159	新疆地质	100	0.85	97	21.1	5.0	9	39	0.00	0.46	11.1
H276	新疆农业科学	356	1.00	356	27.8	6.7	17	54	0.01	0.76	8.6
L007	新疆石油地质	94	0.92	94	28.0	5.4	15	52	0.01	0.56	6.0
G980	新疆医科大学学报	291	0.99	288	20.3	4.4	19	140	0.00	0.81	3.3
R516	新能源进展	75	1.00	75	29.5	5.0	15	44	0.03	0.73	5.8
G328	新乡医学院学报	219	0.96	219	27.5	4.3	23	129	0.00	0.51	4.3
V056	新型建筑材料	393	0.99	381	14.0	4.7	28	253	0.01	0.47	6.0
M102	新型炭材料	78	0.92	78	67.4	6.5	19	52	0.09	0.83	4.7
G721	新医学	180	0.97	180	19.9	4.2	26	131	0.00	0.46	3.9
R034	信号处理	195	0.99	195	31.2	4.2	24	74	0.02	0.91	5.0
S081	信息安全学报	61	0.91	61	41.2	4.8	18	38	0.03	0.87	6.5
S087	信息安全研究	155	0.96	155	19.8	3.5	23	113	0.01	0.47	3.8
R519	信息技术	391	0.94	391	13.7	2.9	28	256	0.00	0.28	4.3
S046	信息网络安全	126	0.61	126	28.2	3.5	18	57	0.01	0.94	4.3
S002	信息与控制	69	1.00	69	34.9	3.6	22	49	0.00	0.91	4.8
A510	信阳师范学院学报自然科学版	109	0.98	109	19.7	4.7	13	38	0.03	0.97	6.2
G565	徐州医科大学学报	164	0.99	163	21.1	4.8	15	69	0.00	0.45	4.6
H023	畜牧兽医学报	486	1.00	486	43.6	7.3	30	97	0.00	0.83	6.1
H218	畜牧与兽医	266	0.92	266	25.9	7.0	28	104	0.00	0.74	6.8
H247	畜牧与饲料科学	105	1.00	105	31.8	5.9	19	53	0.01	0.74	5.7
Q958	血管与腔内血管外科杂志	317	0.96	302	22.8	4.6	27	199	0.00	0.35	4.9
G627	循证医学	58	0.89	57	24.7	4.8	16	35	0.00	0.33	3.8

表 4-2　2023 年中国科技核心期刊（中文）来源指标刊名字顺索引（续）

CODE	刊名	来源文献量	文献选出率	AR论文量	平均引文数	平均作者数	地区分布数	机构分布数	海外论文比	基金论文比	引用半衰期
R069	压电与声光	172	0.97	167	13.0	4.9	24	91	0.00	0.54	5.6
N052	压力容器	130	0.93	130	18.1	4.6	22	81	0.02	0.42	6.4
H200	亚热带农业研究	40	0.95	40	25.9	4.9	10	28	0.00	0.78	5.2
E047	亚热带资源与环境学报	64	0.90	64	24.6	4.4	10	28	0.02	0.72	6.7
U562	烟草科技	166	0.97	166	23.1	8.4	23	75	0.00	0.28	7.5
J025	燕山大学学报	58	0.94	58	30.8	4.4	13	24	0.02	0.93	5.5
E053	岩矿测试	99	0.95	99	45.4	5.8	23	54	0.01	0.89	6.5
E157	岩石矿物学杂志	62	0.94	62	73.4	5.9	20	36	0.02	0.81	18.8
C005	岩石力学与工程学报	235	0.93	235	35.3	5.3	25	89	0.00	0.91	7.7
E309	岩石学报	218	0.99	218	117.0	5.7	23	51	0.03	0.93	16.1
V574	岩土工程技术	120	0.94	120	15.5	3.8	22	95	0.00	0.34	8.5
V037	岩土工程学报	283	0.87	282	24.7	4.7	25	110	0.05	0.92	8.9
C004	岩土力学	324	0.96	324	30.4	4.9	27	131	0.05	0.90	8.0
E163	岩性油气藏	90	1.00	90	33.0	6.8	14	38	0.04	0.51	7.8
S821	研究与发展管理	79	0.91	78	47.2	2.9	19	49	0.00	0.94	6.3
E500	盐湖研究	53	0.91	53	34.1	6.1	16	23	0.02	0.83	8.8
T054	盐科学与化工	156	0.90	119	11.1	3.8	23	95	0.00	0.16	6.9
G962	眼科	113	0.72	72	18.0	4.5	18	58	0.01	0.29	7.3
G554	眼科新进展	194	0.95	191	29.9	5.0	27	124	0.01	0.72	5.2
H016	扬州大学学报农业与生命科学版	108	1.00	108	26.0	6.6	21	42	0.00	0.92	6.7
S031	遥测遥控	94	0.95	94	18.7	4.5	18	46	0.00	0.35	6.3
Z543	遥感技术与应用	138	0.94	138	34.4	5.0	24	83	0.02	0.88	6.4
S024	遥感信息	121	0.93	121	23.4	4.1	26	85	0.00	0.72	5.6
Z006	遥感学报	217	0.93	215	41.6	6.0	23	96	0.02	0.91	7.7
G403	药物不良反应杂志	149	0.96	100	19.0	4.9	24	113	0.01	0.30	4.9
G087	药物分析杂志	251	0.99	251	22.5	5.9	29	153	0.01	0.47	5.8
G877	药物流行病学杂志	181	0.98	181	24.5	4.8	25	146	0.00	0.42	5.1
G836	药物评价研究	335	0.96	335	29.6	5.6	27	166	0.00	0.55	4.7
G514	药物生物技术	117	0.98	114	26.9	4.1	21	81	0.00	0.35	4.5
G440	药学实践与服务	140	0.99	136	27.3	4.7	17	62	0.00	0.44	5.9
G008	药学学报	381	0.95	381	46.3	6.2	28	142	0.01	0.81	5.4
G331	药学研究	198	0.96	190	28.8	4.9	25	99	0.00	0.60	5.5
G527	药学与临床研究	119	0.99	105	18.4	4.7	13	80	0.00	0.26	5.2
M023	冶金分析	158	0.81	158	17.4	4.5	27	116	0.01	0.41	6.9
M047	冶金能源	83	1.00	78	10.8	4.2	18	60	0.00	0.37	7.2
C503	液晶与显示	163	0.97	163	33.4	5.0	22	79	0.02	0.85	5.5
N079	液压气动与密封	334	0.83	287	10.6	3.6	26	174	0.00	0.39	7.3
N035	液压与气动	271	1.00	271	18.5	4.5	28	153	0.00	0.65	5.6
G605	医疗卫生装备	259	0.94	245	22.0	5.1	29	181	0.00	0.42	4.5
G482	医学动物防制	280	0.98	262	21.9	6.5	27	174	0.00	0.71	3.7
G333	医学分子生物学杂志	87	0.98	87	24.2	4.3	20	78	0.00	0.45	4.2
GB02	医学新知	53	0.95	53	39.9	5.5	18	39	0.02	0.81	4.5
G281	医学研究与战创伤救治	249	0.95	237	28.3	4.4	27	151	0.01	0.57	4.1

表 4-2 2023 年中国科技核心期刊（中文）来源指标刊名字顺索引（续）

CODE	刊名	来源文献量	文献选出率	AR论文量	平均引文数	平均作者数	地区分布数	机构分布数	海外论文比	基金论文比	引用半衰期
G480	医学研究杂志	501	0.98	490	22.5	4.6	29	268	0.00	0.76	4.6
G265	医学影像学杂志	692	0.97	474	12.9	4.3	29	480	0.00	0.42	4.8
G964	医学与社会	291	1.00	291	24.7	4.5	26	124	0.03	0.82	4.6
G308	医学与哲学	400	0.90	384	23.6	2.8	28	241	0.03	0.59	6.7
G844	医药导报	320	0.90	285	23.5	5.4	28	195	0.02	0.49	4.7
G088	医用生物力学	181	0.96	177	29.5	5.0	26	105	0.03	0.86	6.9
N074	仪表技术与传感器	264	0.99	264	15.0	4.3	26	134	0.00	0.65	5.0
N066	仪器仪表学报	371	0.99	371	28.3	4.3	26	127	0.01	0.85	4.6
F024	遗传	96	0.86	92	57.4	4.9	19	62	0.01	0.74	7.0
G455	疑难病杂志	259	0.93	235	25.5	4.3	26	205	0.00	0.81	3.4
T104	印染助剂	133	0.86	123	14.0	4.2	20	88	0.00	0.23	7.8
G089	营养学报	91	0.86	88	28.7	5.0	21	54	0.02	0.60	6.6
D014	影像科学与光化学	58	0.94	58	21.1	4.2	18	51	0.00	0.21	3.9
G649	影像诊断与介入放射学	87	0.91	64	25.1	4.5	18	70	0.02	0.37	4.5
B008	应用概率统计	59	0.91	59	22.2	2.7	23	46	0.02	0.88	14.5
C109	应用光学	172	0.97	172	20.6	5.1	26	91	0.01	0.65	6.9
E123	应用海洋学学报	78	0.94	78	39.6	5.0	12	38	0.00	0.65	10.1
T949	应用化工	668	0.81	653	28.0	5.0	30	222	0.00	0.94	5.7
D016	应用化学	155	0.79	155	47.3	4.9	28	104	0.01	0.85	5.3
A580	应用基础与工程科学学报	114	0.95	114	29.7	4.9	24	71	0.01	0.89	7.1
R033	应用激光	236	0.98	236	19.3	4.7	26	181	0.00	0.63	4.9
X693	应用科技	127	0.96	127	18.1	3.9	15	61	0.01	0.54	4.8
A015	应用科学学报	83	0.98	83	22.9	4.1	22	63	0.00	0.84	4.9
F035	应用昆虫学报	182	0.96	181	42.7	6.1	29	96	0.02	0.78	9.0
C008	应用力学学报	159	0.99	159	25.7	3.9	26	86	0.03	0.79	9.4
E122	应用气象学报	62	1.00	62	40.9	5.4	18	34	0.02	0.87	7.5
Z018	应用生态学报	383	0.97	383	45.4	5.8	29	152	0.01	0.87	6.6
C052	应用声学	151	0.95	151	18.8	4.4	25	91	0.01	0.66	9.1
B011	应用数学	110	1.00	110	16.6	2.5	29	81	0.01	0.96	11.2
B020	应用数学和力学	130	0.90	130	27.1	3.5	27	85	0.00	0.91	7.6
B001	应用数学学报	65	1.00	65	22.4	2.7	27	56	0.02	0.91	11.8
F100	应用与环境生物学报	185	0.99	183	45.7	6.3	26	89	0.02	0.82	7.3
M014	硬质合金	60	0.87	60	22.5	4.4	16	32	0.00	0.35	7.7
L359	油气藏评价与开发	94	0.90	94	28.0	5.2	17	55	0.04	0.52	5.8
L027	油气储运	156	0.96	156	32.5	5.1	24	85	0.02	0.51	5.2
L504	油气地质与采收率	106	0.95	106	35.4	5.5	13	52	0.03	0.51	6.4
L033	油田化学	111	0.99	111	27.2	5.3	17	63	0.01	0.50	6.2
E051	铀矿地质	92	0.93	90	24.9	5.2	11	19	0.00	0.13	9.9
K020	铀矿冶	61	0.92	61	16.6	4.9	12	23	0.00	0.13	8.0
T916	有机硅材料	87	0.73	85	25.8	5.1	17	60	0.00	0.24	4.1
D025	有机化学	401	0.98	330	50.2	4.4	30	199	0.00	0.71	6.1
M036	有色金属工程	225	0.81	225	20.6	5.0	30	115	0.00	0.79	5.5
M504	有色金属科学与工程	104	1.00	104	31.3	5.1	20	40	0.01	0.81	5.9

表 4-2 2023 年中国科技核心期刊（中文）来源指标刊名字顺索引（续）

CODE	刊名	来源文献量	文献选出率	AR论文量	平均引文数	平均作者数	地区分布数	机构分布数	海外论文比	基金论文比	引用半衰期
K013	有色金属矿山部分	131	0.99	131	16.4	4.3	22	73	0.01	0.69	5.6
K580	有色金属选矿部分	141	0.99	140	19.0	4.3	22	68	0.02	0.57	6.4
M020	有色金属冶炼部分	233	0.97	233	23.3	5.2	27	113	0.00	0.83	6.3
H998	渔业科学进展	134	0.96	134	39.0	6.8	19	37	0.01	0.83	9.5
H220	渔业现代化	79	0.94	79	35.3	5.1	14	32	0.01	0.68	6.7
Y020	宇航材料工艺	99	0.92	99	19.9	4.9	15	59	0.00	0.37	8.4
Y008	宇航计测技术	97	0.92	97	15.2	4.8	15	54	0.00	0.22	7.7
Y024	宇航学报	187	0.94	187	28.8	4.5	14	53	0.01	0.63	5.6
Y054	宇航总体技术	54	0.84	54	19.6	4.4	10	25	0.00	0.46	6.8
H909	玉米科学	141	1.00	140	25.2	6.6	27	73	0.01	0.79	8.2
G479	预防医学	247	0.99	234	18.8	5.1	27	143	0.00	0.39	3.8
G518	预防医学情报杂志	239	0.92	239	20.5	5.5	24	119	0.00	0.37	4.1
H039	园艺学报	263	0.97	207	35.6	6.8	29	108	0.00	0.86	7.9
C108	原子核物理评论	83	0.95	83	33.8	8.0	16	36	0.02	0.82	10.1
Q008	原子能科学技术	258	0.95	258	23.8	6.0	23	78	0.00	0.57	9.4
A038	云南大学学报自然科学版	142	0.93	142	30.6	4.6	20	55	0.01	0.89	6.7
A654	云南民族大学学报自然科学版	111	0.97	111	23.3	4.3	19	40	0.00	0.79	6.6
A053	云南师范大学学报自然科学版	83	0.98	79	18.3	4.7	15	31	0.02	0.78	5.1
B013	运筹学学报	43	0.96	43	37.7	2.5	14	35	0.00	0.88	9.4
B522	运筹与管理	413	0.97	413	17.1	3.0	27	187	0.02	0.94	6.0
H989	杂草学报	39	0.93	39	29.2	6.6	16	35	0.00	0.59	7.1
H293	杂交水稻	188	0.94	119	14.2	7.1	20	113	0.00	0.70	8.0
E148	灾害学	137	0.99	137	29.0	4.4	27	103	0.00	0.85	6.1
Y057	载人航天	108	1.00	108	23.1	5.2	14	58	0.00	0.19	7.7
U643	造纸科学与技术	139	1.00	111	14.1	2.2	20	70	0.01	0.22	2.8
C100	噪声与振动控制	272	0.97	272	15.7	4.1	27	173	0.00	0.69	6.5
M043	轧钢	137	0.85	136	15.8	4.1	18	69	0.01	0.31	6.6
Y521	战术导弹技术	116	0.94	116	24.4	4.1	20	68	0.00	0.32	4.8
A017	浙江大学学报工学版	257	0.98	257	27.7	4.5	27	118	0.01	0.85	5.4
A002	浙江大学学报理学版	91	1.00	91	28.2	3.6	19	57	0.03	0.86	6.9
H035	浙江大学学报农业与生命科学版	82	0.90	82	39.6	6.0	19	28	0.04	0.85	6.6
G091	浙江大学学报医学版	88	0.64	88	41.5	4.9	17	61	0.01	0.76	5.3
R777	浙江电力	173	0.99	173	22.7	5.3	15	81	0.00	0.12	4.6
J016	浙江工业大学学报	93	0.94	93	21.5	4.4	11	31	0.00	0.58	7.3
H019	浙江农林大学学报	148	0.99	148	35.5	5.8	21	46	0.00	0.83	6.7
H201	浙江农业学报	288	0.96	288	33.1	6.1	28	135	0.00	0.80	6.8
G810	浙江医学	572	0.96	521	23.1	4.3	22	244	0.00	0.32	4.6
G092	浙江中医药大学学报	252	0.94	249	22.2	4.1	23	94	0.01	0.59	6.5
G093	针刺研究	176	0.94	175	33.6	6.5	23	69	0.02	0.86	5.7
G488	针灸临床杂志	246	0.95	246	28.5	5.3	26	92	0.00	0.82	5.4
N086	真空	87	0.79	86	25.8	5.2	16	61	0.02	0.44	8.6
N994	真空科学与技术学报	132	0.97	132	24.5	5.4	27	86	0.00	0.63	8.5
C038	真空与低温	80	0.98	80	24.6	5.9	13	41	0.01	0.63	9.1

表 4-2 2023 年中国科技核心期刊（中文）来源指标刊名字顺索引（续）

CODE	刊名	来源文献量	文献选出率	AR论文量	平均引文数	平均作者数	地区分布数	机构分布数	海外论文比	基金论文比	引用半衰期
G259	诊断病理学杂志	378	0.96	173	12.2	4.7	29	258	0.00	0.19	5.8
G615	诊断学理论与实践	83	0.78	80	30.7	4.2	11	43	0.00	0.42	5.1
Y010	振动测试与诊断	162	0.94	162	18.0	4.6	25	96	0.01	0.86	7.2
Y004	振动工程学报	180	0.98	180	23.0	4.2	26	87	0.03	0.93	8.4
N030	振动与冲击	912	0.97	912	23.3	4.4	29	267	0.00	0.84	7.0
E316	震灾防御技术	86	0.91	86	26.3	4.9	22	52	0.00	0.70	10.6
J012	郑州大学学报工学版	100	0.95	100	21.1	4.5	19	39	0.01	0.95	5.4
A019	郑州大学学报理学版	77	0.96	77	20.2	4.4	18	36	0.04	0.91	4.9
G036	郑州大学学报医学版	186	0.98	180	17.7	6.3	12	56	0.01	0.77	4.7
G835	职业卫生与应急救援	162	0.91	154	20.8	5.0	23	117	0.00	0.45	5.2
G884	职业与健康	688	0.98	685	30.2	4.4	31	369	0.00	0.40	4.9
H577	植物保护	284	1.00	284	38.9	6.4	30	112	0.01	0.84	7.5
H014	植物保护学报	179	0.98	172	38.5	5.7	27	67	0.01	0.85	8.7
H052	植物病理学报	152	0.98	148	25.1	6.4	28	73	0.00	0.78	9.0
H584	植物检疫	85	0.89	80	22.2	5.9	21	63	0.01	0.65	9.3
F008	植物科学学报	85	1.00	85	47.8	5.6	24	56	0.00	0.81	8.3
F038	植物生理学报	199	0.99	199	57.3	6.1	30	113	0.02	0.87	7.3
F009	植物生态学报	137	0.96	137	60.5	6.2	28	72	0.01	0.90	9.0
F023	植物学报	86	0.62	84	54.5	6.1	20	51	0.01	0.90	8.1
F050	植物研究	98	1.00	98	32.7	5.4	29	61	0.00	0.84	8.4
H238	植物遗传资源学报	166	0.90	166	38.4	7.5	28	85	0.00	0.75	7.8
H890	植物营养与肥料学报	203	0.94	203	44.7	6.9	28	79	0.01	0.84	7.2
Z551	植物资源与环境学报	74	0.91	54	32.9	6.0	20	44	0.01	0.86	7.5
N091	指挥控制与仿真	140	0.97	140	15.0	3.5	17	73	0.00	0.09	6.1
N094	指挥与控制学报	80	0.89	80	30.1	4.3	15	46	0.00	0.59	5.1
U011	制冷学报	115	0.99	115	26.6	5.2	20	53	0.06	0.75	6.6
N046	制造技术与机床	316	0.98	315	15.5	4.2	28	181	0.00	0.60	5.2
S023	制造业自动化	522	0.99	517	15.9	3.7	30	308	0.00	0.45	5.6
C034	质谱学报	80	0.99	80	31.5	6.5	20	61	0.01	0.68	6.8
R072	智慧电力	186	0.94	186	26.2	5.1	27	104	0.01	0.99	2.7
H106	智慧农业中英文	53	0.95	53	38.5	5.7	17	33	0.06	0.81	3.6
S999	智能科学与技术学报	49	0.98	49	43.0	4.0	12	31	0.22	0.76	4.4
S052	智能系统学报	131	0.85	131	32.0	3.6	25	75	0.00	0.92	4.8
G007	中草药	835	0.99	835	41.6	6.7	31	248	0.01	0.83	5.3
G520	中成药	752	0.99	737	25.5	5.6	31	358	0.01	0.76	5.5
G546	中国 CT 和 MRI 杂志	738	0.97	173	19.7	4.5	30	519	0.00	0.41	4.4
Q940	中国癌症防治杂志	105	0.94	102	36.0	4.9	24	70	0.01	0.70	4.3
G538	中国癌症杂志	116	0.85	115	35.4	5.4	18	56	0.00	0.42	3.6
G985	中国艾滋病性病	309	0.85	250	21.2	6.3	30	158	0.00	0.49	4.5
G129	中国安全科学学报	354	0.85	354	20.1	4.2	25	121	0.01	0.83	5.3
Z552	中国安全生产科学技术	354	0.80	354	19.4	4.4	26	129	0.00	0.79	5.3
F048	中国比较医学杂志	228	0.93	228	36.4	5.8	26	150	0.00	0.69	5.0
N103	中国表面工程	119	0.96	119	37.9	5.3	27	93	0.01	0.77	6.1

表 4-2 2023 年中国科技核心期刊（中文）来源指标刊名字顺索引（续）

CODE	刊名	来源文献量	文献选出率	AR论文量	平均引文数	平均作者数	地区分布数	机构分布数	海外论文比	基金论文比	引用半衰期
G750	中国病案	445	0.98	249	11.6	3.9	31	262	0.00	0.17	4.3
G769	中国病毒病杂志	65	0.53	63	29.2	6.6	19	51	0.00	0.51	3.9
G096	中国病理生理杂志	277	0.99	277	34.4	5.7	30	180	0.00	0.87	4.8
G339	中国病原生物学杂志	300	0.99	292	25.7	5.6	29	180	0.00	0.59	5.4
M053	中国材料进展	113	0.97	112	52.8	5.0	25	85	0.03	0.82	6.0
H213	中国草地学报	171	0.96	171	35.9	6.2	21	62	0.01	0.81	6.5
N830	中国测试	305	0.99	305	17.1	4.7	27	186	0.00	0.64	5.2
G097	中国超声医学杂志	353	0.72	281	10.6	5.3	30	234	0.00	0.33	3.9
G529	中国卒中杂志	181	0.89	174	28.1	4.8	23	75	0.01	0.48	5.6
G901	中国当代儿科杂志	195	0.91	192	26.8	5.2	26	115	0.01	0.42	4.3
H939	中国稻米	144	0.82	123	26.7	6.9	22	81	0.00	0.67	6.5
E351	中国地震	79	1.00	79	32.0	4.6	23	33	0.00	0.67	11.5
E654	中国地质	126	0.74	126	81.6	7.3	22	47	0.03	0.73	21.2
E169	中国地质调查	84	0.98	84	26.4	5.1	20	53	0.01	0.69	8.6
E604	中国地质灾害与防治学报	97	0.98	97	24.6	4.9	25	69	0.00	0.67	5.1
R040	中国电机工程学报	833	0.99	833	32.3	5.2	27	146	0.03	0.75	5.4
R511	中国电力	281	0.98	281	27.1	5.3	29	139	0.02	0.49	3.6
G234	中国动脉硬化杂志	149	0.93	149	37.7	4.7	25	114	0.01	0.86	4.5
H891	中国动物传染病学报	189	0.98	189	24.6	7.7	27	91	0.01	0.71	8.0
G825	中国儿童保健杂志	268	0.95	260	27.6	4.6	26	170	0.00	0.51	4.8
G270	中国耳鼻咽喉颅底外科杂志	138	0.95	121	26.0	5.0	22	96	0.01	0.43	6.0
G543	中国耳鼻咽喉头颈外科	206	0.86	137	17.3	5.0	26	146	0.00	0.38	5.6
G100	中国法医学杂志	170	0.90	106	14.2	5.6	25	92	0.00	0.32	6.2
G290	中国防痨杂志	171	0.88	161	25.0	5.7	27	81	0.01	0.53	4.9
V023	中国非金属矿工业导刊	112	0.94	102	16.8	3.4	25	64	0.00	0.14	6.6
G320	中国肺癌杂志	97	0.80	96	39.6	5.5	23	75	0.03	0.47	4.5
G402	中国分子心脏病学杂志	110	1.00	107	26.6	4.8	20	78	0.00	0.50	4.7
V568	中国粉体技术	91	1.00	91	28.4	5.1	26	56	0.01	0.91	5.3
G587	中国辐射卫生	131	0.96	129	19.9	5.2	23	90	0.00	0.29	5.3
M007	中国腐蚀与防护学报	165	0.96	165	34.7	5.4	24	100	0.00	0.72	7.1
G456	中国妇产科临床杂志	215	0.94	68	13.5	4.3	28	161	0.00	0.46	3.6
G687	中国妇幼健康研究	206	0.93	206	20.1	4.8	25	150	0.00	0.48	4.0
G475	中国肝脏病杂志电子版	44	0.86	44	37.0	4.5	17	32	0.00	0.70	4.6
G631	中国感染控制杂志	217	0.95	208	24.5	5.8	29	166	0.00	0.52	4.6
G337	中国感染与化疗杂志	127	0.67	113	24.5	6.7	23	93	0.00	0.43	5.5
X035	中国港湾建设	221	0.97	221	10.6	3.4	17	93	0.00	0.25	8.2
V036	中国给水排水	532	0.95	532	12.9	5.1	27	285	0.01	0.50	6.1
N089	中国工程机械学报	117	1.00	117	12.4	3.8	24	87	0.01	0.76	5.1
N754	中国工程科学	137	0.96	137	36.4	6.1	20	105	0.00	0.94	3.3
G244	中国工业医学杂志	175	0.86	84	13.7	5.1	28	114	0.00	0.37	5.7
G102	中国公共卫生	292	1.00	290	28.4	6.3	28	139	0.02	0.64	4.3
X031	中国公路学报	279	0.94	279	39.6	5.1	24	83	0.07	0.94	5.5
G103	中国骨伤	222	0.97	207	21.7	5.3	27	172	0.00	0.36	6.2

表 4-2 2023 年中国科技核心期刊（中文）来源指标刊名字顺索引（续）

CODE	刊名	来源文献量	文献选出率	AR论文量	平均引文数	平均作者数	地区分布数	机构分布数	海外论文比	基金论文比	引用半衰期
G249	中国骨与关节损伤杂志	381	0.98	197	18.8	5.2	28	298	0.00	0.28	5.9
G857	中国骨与关节杂志	157	0.79	151	31.5	5.2	26	125	0.00	0.31	6.4
G663	中国骨质疏松杂志	332	0.96	331	35.6	5.9	30	191	0.02	0.71	4.2
W021	中国管理科学	335	0.97	335	29.9	3.2	26	157	0.02	0.96	7.2
N104	中国惯性技术学报	163	0.94	163	16.5	4.6	20	82	0.00	0.77	3.6
C099	中国光学	137	0.96	137	31.1	5.1	25	80	0.02	0.91	5.3
G637	中国国境卫生检疫杂志	136	0.92	113	14.0	5.5	28	104	0.00	0.51	4.3
H215	中国果树	325	0.54	297	23.1	5.9	29	160	0.00	0.74	7.0
L013	中国海上油气	135	0.98	135	24.8	5.3	11	35	0.00	0.29	6.8
E313	中国海洋大学学报自然科学版	193	0.99	193	32.6	4.8	11	19	0.01	0.74	10.5
L026	中国海洋平台	99	1.00	99	14.7	4.8	13	48	0.00	0.57	7.2
G104	中国海洋药物	72	0.97	72	26.5	5.6	10	26	0.01	0.85	7.3
X039	中国航海	85	0.98	85	18.5	4.0	11	28	0.02	0.73	5.7
G973	中国呼吸与危重监护杂志	159	0.70	147	28.9	5.0	27	110	0.01	0.43	4.8
G417	中国护理管理	363	0.97	363	28.2	5.3	26	191	0.01	0.37	4.4
Z030	中国环境监测	150	0.93	150	31.0	5.7	26	104	0.03	0.61	6.4
Z001	中国环境科学	674	1.00	674	44.8	5.7	29	271	0.01	0.88	5.8
N059	中国机械工程	327	0.98	327	22.5	4.7	26	144	0.01	0.86	6.1
A079	中国基础科学	47	0.85	47	43.1	4.0	12	38	0.00	0.87	5.0
R066	中国激光	561	0.94	559	38.0	5.8	27	211	0.02	0.85	6.2
R013	中国激光医学杂志	59	0.81	56	25.0	4.7	16	54	0.00	0.36	5.0
G852	中国急救复苏与灾害医学杂志	383	0.95	358	20.6	4.5	28	276	0.01	0.58	4.0
G241	中国急救医学	167	0.94	165	25.1	5.5	28	119	0.01	0.53	4.4
G192	中国脊柱脊髓杂志	159	0.94	155	31.3	6.1	25	107	0.00	0.42	5.9
G560	中国计划生育和妇产科	311	1.00	257	26.9	3.8	28	222	0.00	0.35	5.1
G907	中国计划生育学杂志	612	0.99	603	18.5	3.7	26	451	0.00	0.18	3.5
G105	中国寄生虫学与寄生虫病杂志	129	0.90	121	27.1	6.5	28	91	0.00	0.64	6.2
H414	中国家禽	226	1.00	225	33.1	6.9	25	102	0.00	0.72	6.0
G787	中国健康教育	204	0.96	203	22.4	5.8	28	130	0.00	0.51	4.6
N108	中国舰船研究	179	0.99	179	23.6	4.4	18	51	0.01	0.67	6.9
T075	中国胶粘剂	119	0.91	119	23.5	4.6	20	95	0.01	0.28	5.6
G233	中国矫形外科杂志	484	0.86	434	23.3	5.4	31	308	0.00	0.38	5.3
G239	中国介入心脏病学杂志	145	0.94	134	27.8	5.6	24	84	0.01	0.40	4.5
G206	中国介入影像与治疗学	165	0.77	152	16.7	5.5	27	117	0.00	0.27	4.3
G323	中国康复	159	0.79	146	29.9	5.2	24	115	0.00	0.58	4.9
G400	中国康复理论与实践	196	0.98	196	35.8	5.4	22	111	0.02	0.53	4.8
G106	中国康复医学杂志	312	0.98	292	32.7	5.4	27	173	0.01	0.61	6.1
G107	中国抗生素杂志	175	0.95	175	31.5	5.7	29	132	0.01	0.57	6.1
A098	中国科技论坛	215	0.86	215	30.9	2.6	26	132	0.00	0.82	5.0
A108	中国科学 地球科学	199	0.94	195	77.5	6.4	23	82	0.16	0.86	9.2
A106	中国科学 化学	193	0.89	193	71.5	4.9	24	92	0.04	0.85	6.1
A109	中国科学 技术科学	166	0.90	164	40.1	4.7	22	78	0.05	0.74	6.6
A107	中国科学 生命科学	143	0.89	135	83.1	4.9	26	91	0.01	0.76	7.0

表 4-2 2023 年中国科技核心期刊（中文）来源指标刊名字顺索引（续）

CODE	刊名	来源文献量	文献选出率	AR论文量	平均引文数	平均作者数	地区分布数	机构分布数	海外论文比	基金论文比	引用半衰期
A105	中国科学 数学	107	0.84	107	34.3	2.6	20	84	0.19	0.92	14.0
A103	中国科学 物理学 力学 天文学	170	0.89	162	63.9	5.0	22	83	0.05	0.89	8.0
Z317	中国科学 信息科学	135	0.87	135	56.3	5.0	20	67	0.07	0.86	5.5
A081	中国科学基金	130	0.92	127	31.9	4.8	15	62	0.01	0.42	3.9
A007	中国科学技术大学学报	78	0.86	77	44.6	4.1	4	13	0.08	0.77	8.2
Q442	中国科学数据中英文网络版	149	0.99	149	20.1	6.3	25	72	0.00	0.49	7.2
A102	中国科学院大学学报	91	0.95	90	28.6	3.9	13	25	0.00	0.86	8.0
A636	中国科学院院刊	177	0.76	176	24.9	4.9	23	92	0.02	0.69	3.9
Y003	中国空间科学技术	94	0.93	94	25.6	5.3	15	46	0.00	0.71	6.6
G441	中国口腔颌面外科杂志	107	0.78	100	24.8	4.9	19	59	0.00	0.42	5.7
K030	中国矿业	298	0.95	298	20.6	4.2	30	197	0.01	0.45	5.3
K015	中国矿业大学学报	101	0.93	101	38.9	5.9	19	35	0.03	0.92	6.3
U001	中国粮油学报	362	0.95	362	33.3	6.0	30	159	0.01	0.70	6.0
G447	中国临床保健杂志	186	0.92	165	22.5	5.0	23	122	0.00	0.51	4.3
G108	中国临床解剖学杂志	136	0.92	125	19.3	6.0	26	96	0.00	0.68	6.1
G536	中国临床神经科学	106	0.90	105	30.5	5.5	21	69	0.00	0.32	5.5
G794	中国临床神经外科杂志	211	0.78	104	15.3	4.9	30	155	0.00	0.27	4.9
G221	中国临床心理学杂志	291	0.99	290	33.2	4.3	28	131	0.02	0.76	8.9
G583	中国临床新医学	264	0.96	246	25.6	4.6	31	192	0.00	0.62	4.4
G754	中国临床研究	394	0.93	385	24.8	4.8	29	259	0.00	0.60	3.9
G870	中国临床药理学与治疗学	178	0.83	178	35.8	5.2	23	130	0.00	0.75	4.2
G109	中国临床药理学杂志	756	0.93	735	15.8	5.0	30	466	0.00	0.47	4.0
G544	中国临床药学杂志	181	0.98	164	22.1	5.0	25	152	0.00	0.28	4.6
G814	中国临床医生杂志	434	0.97	302	18.9	4.2	26	293	0.00	0.50	4.1
G974	中国临床医学	161	0.92	160	27.2	5.2	13	67	0.01	0.66	6.0
G304	中国临床医学影像杂志	257	0.94	157	15.2	4.6	29	164	0.00	0.40	5.0
G110	中国麻风皮肤病杂志	242	0.93	126	18.8	4.9	28	139	0.00	0.30	5.8
H212	中国麻业科学	40	0.89	40	27.3	6.5	15	25	0.00	0.73	5.9
G613	中国慢性病预防与控制	198	0.89	195	26.6	6.5	30	114	0.02	0.58	4.8
G598	中国媒介生物学及控制杂志	141	0.94	139	22.7	6.7	26	93	0.00	0.62	6.0
K579	中国煤炭	186	0.99	186	16.0	3.8	21	120	0.01	0.26	4.3
K037	中国煤炭地质	157	0.98	155	21.6	4.1	23	94	0.00	0.46	7.1
G582	中国煤炭工业医学杂志	141	0.97	141	18.1	4.6	11	76	0.00	0.95	3.9
G428	中国美容医学	625	0.99	552	19.2	3.8	29	456	0.00	0.16	4.4
G297	中国美容整形外科杂志	223	0.97	157	23.0	4.6	24	153	0.00	0.13	3.9
K036	中国锰业	101	0.93	95	14.2	4.2	17	70	0.00	0.36	5.7
H211	中国棉花	134	0.83	100	16.6	6.4	17	65	0.00	0.71	5.5
G111	中国免疫学杂志	477	0.99	469	29.3	4.8	30	326	0.00	0.65	5.4
K550	中国钼业	67	0.64	63	18.7	4.5	11	45	0.00	0.39	8.7
G303	中国男科学杂志	128	0.96	122	26.0	5.4	22	97	0.00	0.46	5.7
H273	中国南方果树	256	0.95	237	21.1	6.2	24	128	0.00	0.65	7.1
G422	中国脑血管病杂志	108	0.89	106	35.8	5.3	24	72	0.00	0.46	5.3
G277	中国内镜杂志	156	0.87	156	27.5	5.1	23	147	0.00	0.22	7.4

表 4-2　2023 年中国科技核心期刊（中文）来源指标刊名字顺索引（续）

CODE	刊名	来源文献量	文献选出率	AR论文量	平均引文数	平均作者数	地区分布数	机构分布数	海外论文比	基金论文比	引用半衰期
R524	中国能源	99	0.80	99	15.5	2.8	14	60	0.01	0.17	2.8
U609	中国酿造	507	0.99	507	34.1	5.9	31	255	0.00	0.65	4.7
W005	中国农村水利水电	466	0.99	465	21.5	4.5	30	206	0.00	0.74	6.5
HA01	中国农机化学报	428	0.96	428	23.7	4.6	30	194	0.00	0.81	5.3
H958	中国农学通报	819	0.94	818	34.2	5.9	31	402	0.00	0.71	7.4
H027	中国农业大学学报	290	0.96	290	38.7	5.7	28	85	0.01	0.86	6.3
H567	中国农业科技导报	277	0.97	277	33.4	6.0	29	126	0.00	0.74	6.5
H030	中国农业科学	376	0.99	374	42.9	7.6	29	99	0.01	0.90	7.2
H210	中国农业气象	93	0.58	93	37.4	5.6	23	54	0.00	0.82	5.9
H221	中国农业资源与区划	276	0.66	276	34.4	3.7	29	130	0.00	0.85	5.6
G311	中国皮肤性病学杂志	271	0.94	224	20.3	4.9	29	173	0.00	0.54	4.9
U020	中国皮革	404	0.96	387	14.2	2.0	21	150	0.00	0.52	3.5
G226	中国普通外科杂志	218	0.84	218	38.2	5.7	29	147	0.00	0.63	4.7
G269	中国普外基础与临床杂志	262	0.93	233	31.7	4.3	26	129	0.00	0.37	4.5
G776	中国全科医学	633	0.93	625	32.3	5.8	29	331	0.04	0.77	5.2
H081	中国热带农业	64	0.75	63	19.0	5.7	8	34	0.00	0.53	7.0
G629	中国热带医学	248	0.94	246	24.7	5.8	27	161	0.01	0.58	4.2
Z546	中国人口资源与环境	220	0.98	220	42.8	2.7	27	114	0.03	0.89	4.8
G112	中国人兽共患病学报	177	0.92	176	32.1	6.3	30	112	0.01	0.72	6.0
U052	中国乳品工业	126	0.91	126	32.7	6.0	26	77	0.00	0.62	6.0
S825	中国软科学	231	1.00	231	35.3	2.8	24	123	0.03	0.86	5.0
H793	中国森林病虫	57	0.95	54	19.5	5.4	21	43	0.00	0.54	10.3
E124	中国沙漠	160	0.98	160	44.7	5.5	20	63	0.02	0.86	8.8
G366	中国社会医学杂志	169	0.91	160	18.8	4.9	24	117	0.02	0.65	4.7
G114	中国神经精神疾病杂志	136	0.96	134	31.0	5.5	26	99	0.01	0.65	4.7
G242	中国神经免疫学和神经病学杂志	91	0.91	71	25.0	4.5	21	78	0.00	0.51	5.1
H555	中国生态农业学报中英文版	174	0.94	174	47.4	6.1	26	86	0.02	0.90	6.3
H044	中国生物防治学报	162	1.00	162	35.3	6.5	30	69	0.00	0.72	8.4
F255	中国生物工程杂志	149	0.90	149	50.0	5.2	25	101	0.00	0.75	5.4
F002	中国生物化学与分子生物学报	186	0.96	186	48.5	4.3	28	127	0.01	0.78	5.6
G115	中国生物医学工程学报	76	0.92	76	42.8	4.6	18	47	0.04	0.89	5.6
G258	中国生物制品学杂志	256	0.98	256	29.8	5.6	29	125	0.00	0.92	4.8
G715	中国生育健康杂志	117	0.97	109	23.8	5.1	23	70	0.01	0.44	6.3
L001	中国石油大学学报自然科学版	125	0.93	125	27.1	5.8	17	44	0.01	0.83	6.6
L532	中国石油勘探	78	0.90	78	29.6	6.9	15	47	0.00	0.35	4.9
F047	中国实验动物学报	194	0.87	194	38.6	5.7	26	119	0.01	0.79	5.3
G604	中国实验方剂学杂志	759	0.90	759	48.4	6.7	30	165	0.00	0.83	5.0
G883	中国实验血液学杂志	300	0.96	300	22.9	6.1	28	205	0.00	0.56	4.9
G853	中国实验诊断学	387	1.00	272	19.5	4.4	22	182	0.01	0.39	5.0
G273	中国实用儿科杂志	165	0.79	152	29.0	3.9	25	93	0.00	0.39	5.5
G228	中国实用妇科与产科杂志	217	0.80	187	28.7	3.5	23	109	0.00	0.79	4.7
G305	中国实用护理杂志	446	0.98	442	25.9	5.0	27	248	0.00	0.36	4.5
G867	中国实用口腔科杂志	133	0.92	128	28.7	4.1	24	66	0.00	0.52	5.3

表 4-2 2023 年中国科技核心期刊（中文）来源指标刊名字顺索引（续）

CODE	刊名	来源文献量	文献选出率	AR 论文量	平均引文数	平均作者数	地区分布数	机构分布数	海外论文比	基金论文比	引用半衰期
G267	中国实用内科杂志	208	0.89	185	27.6	4.2	28	126	0.00	0.60	5.3
G686	中国实用神经疾病杂志	293	0.99	293	34.4	4.6	25	208	0.00	0.56	3.2
G272	中国实用外科杂志	255	0.80	223	28.0	4.3	25	123	0.00	0.84	4.8
U635	中国食品添加剂	474	0.99	474	29.8	4.7	30	294	0.01	0.56	5.2
G429	中国食品卫生杂志	278	0.92	277	24.3	6.1	26	154	0.01	0.46	5.6
U007	中国食品学报	516	0.93	516	38.3	5.6	28	161	0.01	0.86	6.2
U563	中国食物与营养	184	0.98	184	24.8	5.0	27	122	0.01	0.44	5.9
H317	中国兽药杂志	150	0.98	150	22.7	6.8	22	63	0.00	0.37	6.4
H326	中国兽医科学	215	0.95	215	21.1	8.4	28	75	0.00	0.89	6.1
H225	中国兽医学报	369	0.98	369	27.7	7.3	31	90	0.00	0.86	6.6
G796	中国输血杂志	275	0.98	239	20.6	6.1	28	172	0.00	0.31	5.4
H207	中国蔬菜	234	0.83	189	21.5	6.3	30	122	0.00	0.73	6.3
G926	中国数字医学	255	0.98	255	15.1	4.3	28	185	0.00	0.32	3.3
H290	中国水产科学	135	0.96	135	42.5	6.2	20	41	0.01	0.93	8.6
H020	中国水稻科学	60	1.00	60	43.6	8.0	14	31	0.00	0.85	8.7
W557	中国水利水电科学研究院学报	60	0.97	60	26.1	4.6	14	26	0.00	0.85	7.7
H295	中国水土保持科学	101	0.94	101	24.8	5.4	21	60	0.01	0.74	7.8
T022	中国塑料	222	0.85	222	27.4	5.0	27	131	0.01	0.45	5.0
G211	中国糖尿病杂志	188	0.95	168	22.8	5.0	31	151	0.02	0.59	4.6
G521	中国疼痛医学杂志	142	0.69	133	29.6	5.5	26	103	0.01	0.67	5.4
G444	中国体外循环杂志	84	0.89	74	20.8	5.3	19	52	0.00	0.46	4.3
U501	中国调味品	449	1.00	449	25.7	4.9	30	202	0.00	0.73	5.0
X004	中国铁道科学	136	0.99	136	23.4	4.9	18	38	0.01	0.76	6.7
G437	中国听力语言康复科学杂志	165	0.95	129	19.4	4.0	25	102	0.05	0.30	7.1
R083	中国图象图形学报	244	0.97	244	51.8	4.5	24	114	0.03	0.89	4.5
H350	中国土地科学	151	0.96	151	39.9	3.6	24	75	0.01	0.93	4.0
H233	中国土壤与肥料	361	0.99	360	34.0	6.7	30	166	0.01	0.72	7.1
G373	中国微创外科杂志	180	0.97	167	22.3	4.8	27	116	0.00	0.39	4.8
G517	中国微生态学杂志	258	0.97	257	26.2	4.7	28	198	0.00	0.53	4.0
S725	中国卫生经济	265	0.95	227	12.0	4.3	24	145	0.02	0.50	3.6
G253	中国卫生统计	234	1.00	196	18.1	5.2	27	133	0.01	0.63	6.0
G540	中国卫生信息管理杂志	162	0.92	162	16.4	3.7	22	129	0.00	0.40	3.2
G716	中国卫生政策研究	128	0.91	128	23.4	3.9	13	36	0.01	0.70	3.8
G752	中国卫生质量管理	263	0.92	257	15.2	5.4	27	169	0.00	0.35	3.3
G541	中国卫生资源	139	0.93	134	17.7	5.5	15	53	0.00	0.54	3.4
K035	中国钨业	63	0.84	63	24.5	4.6	11	45	0.00	0.41	7.4
M022	中国稀土学报	111	0.97	111	45.4	5.3	25	63	0.00	0.89	6.7
F025	中国细胞生物学学报	211	1.00	211	51.3	4.4	28	148	0.00	0.69	5.2
G841	中国现代普通外科进展	259	0.87	174	17.7	4.1	26	189	0.00	0.25	5.1
G623	中国现代神经疾病杂志	177	0.63	171	35.1	4.3	23	98	0.01	0.69	4.1
G885	中国现代手术学杂志	93	0.89	83	18.6	4.7	20	75	0.00	0.31	4.2
G237	中国现代医学杂志	376	0.88	376	24.5	4.6	30	262	0.00	0.92	3.3
G849	中国现代应用药学	464	0.95	463	28.8	5.5	30	280	0.00	0.57	5.1

表 4-2 2023 年中国科技核心期刊（中文）来源指标刊名字顺索引（续）

CODE	刊名	来源文献量	文献选出率	AR论文量	平均引文数	平均作者数	地区分布数	机构分布数	海外论文比	基金论文比	引用半衰期
G377	中国现代中药	317	0.95	317	32.3	6.9	31	129	0.01	0.66	6.6
G284	中国消毒学杂志	297	0.93	136	15.6	4.8	28	226	0.00	0.31	4.8
G765	中国小儿急救医学	197	0.88	177	28.3	4.8	24	96	0.01	0.34	5.8
G845	中国小儿血液与肿瘤杂志	86	0.97	76	22.7	5.6	19	52	0.00	0.27	6.1
G298	中国斜视与小儿眼科杂志	68	0.83	46	12.9	4.4	20	52	0.00	0.28	6.9
G117	中国心理卫生杂志	167	0.90	167	33.2	6.2	26	109	0.04	0.56	7.3
G718	中国心血管病研究	194	0.98	192	30.0	4.4	28	137	0.00	0.55	4.5
G380	中国心血管杂志	114	0.82	101	24.8	4.9	29	93	0.01	0.37	4.4
G203	中国心脏起搏与心电生理杂志	158	0.93	64	10.9	4.4	26	119	0.00	0.21	6.5
G250	中国新药与临床杂志	155	0.93	147	26.6	4.8	28	126	0.00	0.41	4.7
G747	中国新药杂志	358	0.97	358	28.4	4.9	28	179	0.01	0.38	4.6
G727	中国性科学	462	0.96	459	21.4	4.7	29	330	0.00	0.48	4.4
G232	中国胸心血管外科临床杂志	259	0.85	250	29.3	6.5	24	126	0.01	0.53	5.4
G118	中国修复重建外科杂志	245	0.94	241	31.7	6.3	27	147	0.00	0.46	4.9
H294	中国畜牧兽医	510	1.00	510	37.6	7.4	30	147	0.00	0.78	5.9
H242	中国畜牧杂志	703	1.00	696	32.6	6.6	31	169	0.01	0.76	6.6
G908	中国学校卫生	421	0.82	408	26.7	5.7	31	248	0.01	0.62	4.8
G464	中国血管外科杂志电子版	83	0.86	68	28.4	4.9	20	55	0.00	0.36	5.4
G675	中国血吸虫病防治杂志	99	0.91	94	34.1	6.3	23	57	0.00	0.78	5.2
G633	中国血液净化	197	0.91	183	21.6	4.7	26	147	0.00	0.30	5.2
G119	中国循环杂志	181	0.88	169	26.0	6.3	24	73	0.00	0.47	5.3
G756	中国循证儿科杂志	89	0.93	74	23.2	6.8	17	43	0.02	0.38	6.2
G645	中国循证心血管医学杂志	342	0.95	258	21.4	4.8	25	0	0.00	0.48	5.1
G396	中国循证医学杂志	212	0.97	212	35.6	6.5	21	102	0.03	0.63	5.5
H208	中国烟草科学	83	0.86	83	26.8	8.3	14	43	0.00	0.14	6.4
U647	中国烟草学报	89	0.79	89	28.1	7.8	17	47	0.00	0.18	7.7
E303	中国岩溶	119	0.91	119	33.4	5.8	17	71	0.02	0.73	8.5
G619	中国眼耳鼻喉科杂志	110	0.85	87	22.1	5.0	18	65	0.00	0.34	6.8
G318	中国药房	544	0.99	543	22.6	5.4	30	321	0.01	0.76	4.0
G120	中国药科大学学报	82	0.88	82	40.2	4.9	14	33	0.01	0.61	4.3
G121	中国药理学通报	366	0.99	352	22.9	6.3	30	192	0.00	0.95	5.6
G122	中国药理学与毒理学杂志	102	0.32	102	39.6	5.6	24	69	0.02	0.73	5.3
G913	中国药事	174	0.97	174	24.0	5.1	22	88	0.00	0.32	4.2
G220	中国药物化学杂志	116	0.74	112	25.2	5.0	26	76	0.00	0.46	5.5
G227	中国药物警戒	268	0.94	247	25.6	5.5	25	135	0.00	0.80	5.0
G248	中国药物依赖性杂志	113	0.93	102	21.3	4.8	27	92	0.00	0.65	6.8
G713	中国药物应用与监测	107	0.80	97	19.9	4.0	23	96	0.00	0.32	3.0
G009	中国药学杂志	293	0.90	293	29.8	6.0	29	166	0.00	0.59	5.4
G755	中国药业	745	1.00	700	20.2	4.8	30	516	0.01	0.63	4.4
M628	中国冶金	199	0.85	199	31.2	5.1	18	78	0.01	0.70	5.9
G809	中国医刊	365	0.97	294	23.1	4.3	28	208	0.00	0.48	4.4
G123	中国医科大学学报	208	1.00	198	19.8	4.1	23	73	0.01	0.76	5.0
G124	中国医疗器械杂志	137	0.96	133	18.5	4.2	18	91	0.00	0.29	4.7

表 4-2 2023 年中国科技核心期刊（中文）来源指标刊名字顺索引（续）

CODE	刊名	来源文献量	文献选出率	AR论文量	平均引文数	平均作者数	地区分布数	机构分布数	海外论文比	基金论文比	引用半衰期
G679	中国医疗设备	371	0.97	371	26.3	4.7	27	258	0.01	0.63	4.2
G306	中国医师进修杂志	233	0.97	224	17.6	4.0	25	187	0.00	0.24	4.1
G313	中国医师杂志	437	0.95	396	24.8	4.4	28	296	0.00	0.53	3.5
G236	中国医学计算机成像杂志	127	0.88	127	15.2	5.4	22	98	0.00	0.46	4.8
G125	中国医学科学院学报	149	0.99	147	31.5	5.4	26	99	0.00	0.63	5.2
G471	中国医学前沿杂志电子版	161	0.80	150	30.5	4.3	24	96	0.00	0.37	4.8
G622	中国医学物理学杂志	243	1.00	240	27.6	4.7	23	142	0.01	0.86	4.8
G127	中国医学影像技术	381	0.72	351	16.7	5.6	28	244	0.01	0.40	3.9
G193	中国医学影像学杂志	269	0.97	236	20.8	5.2	29	180	0.00	0.35	3.4
S591	中国医学装备	481	0.97	460	18.0	5.0	28	341	0.00	0.53	4.1
G519	中国医药	416	1.00	399	24.4	4.7	30	217	0.00	0.80	4.2
G644	中国医药导报	1565	0.97	1561	28.2	4.5	30	724	0.00	0.84	3.5
T019	中国医药工业杂志	236	0.79	228	24.1	4.3	25	116	0.00	0.31	5.0
G531	中国医药生物技术	85	0.83	79	29.9	5.1	19	59	0.00	0.47	5.8
Q918	中国医院	330	0.99	210	12.8	4.6	25	197	0.00	0.63	3.2
G454	中国医院管理	282	0.92	223	12.0	5.0	24	157	0.01	0.48	3.7
G243	中国医院药学杂志	485	0.99	452	22.9	5.5	30	304	0.00	0.45	4.7
G625	中国医院用药评价与分析	321	0.99	316	25.0	5.2	27	218	0.00	0.75	4.7
G314	中国疫苗和免疫	124	0.98	124	25.9	7.0	29	69	0.01	0.33	5.2
G706	中国优生与遗传杂志	479	0.97	460	21.5	4.3	30	332	0.00	0.33	4.2
H205	中国油料作物学报	148	0.97	147	34.5	7.8	26	73	0.00	0.78	7.6
U032	中国油脂	318	0.84	300	23.7	5.6	28	150	0.01	0.64	6.3
M028	中国有色金属学报	320	0.99	320	41.0	5.8	25	101	0.03	0.88	6.5
H099	中国预防兽医学报	181	0.80	181	24.9	8.0	28	72	0.00	0.82	5.6
G753	中国预防医学杂志	234	0.87	227	25.2	5.9	31	140	0.01	0.54	4.6
V039	中国园林	261	0.95	258	34.0	3.2	23	94	0.03	0.77	7.1
X012	中国造船	144	1.00	144	18.7	4.3	15	39	0.01	0.58	7.3
U033	中国造纸学报	71	0.99	71	33.8	5.5	17	31	0.00	0.65	5.2
H204	中国沼气	75	1.00	75	25.5	5.6	23	54	0.00	0.57	6.0
G600	中国针灸	288	0.90	226	24.2	5.6	26	118	0.02	0.70	5.9
H067	中国真菌学杂志	117	0.98	104	28.7	4.8	26	94	0.01	0.45	6.0
G945	中国职业医学	125	0.89	125	30.7	6.7	20	53	0.00	0.70	2.7
G347	中国中西医结合耳鼻咽喉科杂志	107	0.96	95	19.7	4.4	20	89	0.00	0.26	6.5
G843	中国中西医结合急救杂志	159	0.83	135	26.2	5.2	27	130	0.00	0.72	4.5
G757	中国中西医结合皮肤性病学杂志	153	0.96	86	16.0	4.3	22	94	0.00	0.39	6.2
G846	中国中西医结合肾病杂志	336	0.83	174	18.9	4.5	28	196	0.00	0.50	5.2
G758	中国中西医结合外科杂志	170	0.93	154	23.3	4.7	21	108	0.00	0.55	4.4
G528	中国中西医结合消化杂志	176	0.92	170	30.3	4.6	25	112	0.01	0.51	3.9
G678	中国中西医结合影像学杂志	154	0.96	144	22.0	5.3	25	109	0.01	0.44	4.7
G182	中国中西医结合杂志	213	0.83	204	32.3	5.9	25	102	0.02	0.75	5.8
G132	中国中药杂志	685	0.98	685	43.9	7.0	30	166	0.01	0.81	5.3
G240	中国中医骨伤科杂志	212	0.99	192	21.6	5.6	25	141	0.00	0.43	4.6
G632	中国中医基础医学杂志	482	0.98	380	28.3	5.0	29	121	0.00	0.67	7.2

表 4-2　2023 年中国科技核心期刊（中文）来源指标刊名字顺索引（续）

CODE	刊名	来源文献量	文献选出率	AR论文量	平均引文数	平均作者数	地区分布数	机构分布数	海外论文比	基金论文比	引用半衰期
G524	中国中医急症	578	0.99	485	21.6	4.7	29	274	0.00	0.62	4.5
G749	中国中医眼科杂志	260	0.98	222	26.1	4.4	27	90	0.00	0.60	5.6
G832	中国中医药信息杂志	375	0.99	369	25.8	6.1	26	93	0.00	0.87	4.7
G642	中国肿瘤	127	0.78	127	31.2	6.6	19	79	0.01	0.44	3.9
G133	中国肿瘤临床	221	0.77	197	23.1	4.8	27	130	0.00	0.51	3.8
G255	中国肿瘤生物治疗杂志	156	0.93	153	37.5	4.1	30	113	0.00	0.77	3.5
G576	中国肿瘤外科杂志	106	0.94	105	29.3	4.4	24	88	0.00	0.53	4.4
G667	中国综合临床	83	0.92	79	26.0	4.4	18	64	0.00	0.41	4.7
G299	中国组织工程研究	871	0.93	871	44.8	5.7	30	427	0.00	0.68	5.3
G134	中国组织化学与细胞化学杂志	99	0.94	92	24.3	4.6	23	75	0.00	0.53	5.0
G502	中华保健医学杂志	203	0.98	115	17.2	4.3	22	137	0.00	0.51	3.6
G135	中华病理学杂志	281	0.89	148	17.0	5.4	24	166	0.02	0.25	5.7
G195	中华超声影像学杂志	152	0.90	125	21.0	6.7	23	99	0.01	0.59	4.1
G136	中华传染病杂志	137	0.72	98	25.4	6.1	22	98	0.02	0.39	4.1
G408	中华创伤骨科杂志	171	0.78	165	25.4	6.1	24	116	0.00	0.49	5.9
G137	中华创伤杂志	134	0.59	132	38.8	6.5	21	96	0.00	0.47	3.8
G098	中华地方病学杂志	197	0.82	187	19.8	6.1	29	103	0.01	0.52	5.9
G138	中华儿科杂志	204	0.68	141	19.2	6.3	23	77	0.02	0.50	5.4
G139	中华耳鼻咽喉头颈外科杂志	211	0.74	183	29.2	5.8	26	110	0.00	0.51	6.5
G743	中华耳科学杂志	170	1.00	161	27.3	5.0	28	112	0.01	0.46	6.7
G140	中华放射学杂志	233	0.85	193	22.7	6.0	25	150	0.02	0.52	4.9
G141	中华放射医学与防护杂志	157	0.76	156	24.8	6.2	22	108	0.01	0.53	5.4
G251	中华放射肿瘤学杂志	164	0.75	164	28.0	6.2	28	112	0.01	0.54	5.4
G474	中华肺部疾病杂志电子版	252	0.99	88	28.4	4.3	24	185	0.00	0.42	3.8
G286	中华风湿病学杂志	165	0.81	157	29.2	4.9	25	102	0.00	0.52	6.0
G142	中华妇产科杂志	138	0.67	125	26.3	5.3	19	68	0.01	0.49	5.5
G689	中华妇幼临床医学杂志电子版	98	0.89	98	29.0	4.5	22	59	0.00	0.81	3.9
G262	中华肝胆外科杂志	202	0.82	169	23.5	5.7	28	144	0.00	0.50	5.2
G231	中华肝脏病杂志	213	0.70	187	24.9	5.2	27	127	0.00	0.58	4.9
G054	中华肝脏外科手术学电子杂志	135	0.89	126	26.4	5.2	21	81	0.00	0.66	5.0
G235	中华高血压杂志	198	0.69	173	31.2	4.9	29	134	0.01	0.45	5.5
G143	中华骨科杂志	214	0.95	213	33.4	6.5	25	122	0.01	0.50	6.2
G648	中华骨与关节外科杂志	164	0.95	161	29.3	6.2	24	116	0.01	0.48	5.2
G728	中华骨质疏松和骨矿盐疾病杂志	82	0.99	82	31.4	5.5	22	62	0.00	0.59	5.9
G691	中华关节外科杂志电子版	132	0.97	129	33.7	5.3	22	115	0.00	0.39	5.7
G335	中华航海医学与高气压医学杂志	195	0.90	152	18.1	5.0	23	115	0.00	0.23	5.0
GD01	中华航空航天医学杂志	59	0.78	41	19.8	5.9	13	32	0.00	0.03	6.5
G145	中华核医学与分子影像杂志	154	0.72	117	17.8	5.9	23	93	0.00	0.40	4.8
G146	中华护理杂志	437	0.88	437	26.9	5.8	29	212	0.01	0.48	4.3
GF01	中华急危重症护理杂志	222	0.92	177	18.6	4.8	23	80	0.00	0.44	4.2
G555	中华急诊医学杂志	320	0.90	260	23.6	5.7	26	184	0.00	0.43	5.2
G302	中华疾病控制杂志	244	0.95	242	19.1	6.6	29	115	0.01	0.76	4.8
G055	中华肩肘外科电子杂志	60	0.71	57	31.0	5.1	20	48	0.00	0.43	6.8

表 4-2　2023 年中国科技核心期刊（中文）来源指标刊名字顺索引（续）

CODE	刊名	来源文献量	文献选出率	AR论文量	平均引文数	平均作者数	地区分布数	机构分布数	海外论文比	基金论文比	引用半衰期
G174	中华检验医学杂志	181	0.90	172	27.7	6.1	23	116	0.02	0.44	4.7
G751	中华健康管理学杂志	162	0.78	151	22.0	5.6	26	105	0.01	0.53	4.6
G147	中华结核和呼吸杂志	184	0.76	162	30.9	5.3	24	103	0.00	0.42	4.8
G060	中华结直肠疾病电子杂志	78	0.95	78	30.9	5.6	20	53	0.00	0.64	5.7
Q905	中华解剖与临床杂志	145	0.99	127	22.1	5.9	22	93	0.01	0.43	5.1
Q948	中华介入放射学电子杂志	72	0.96	63	20.6	5.1	16	54	0.00	0.35	5.1
G159	中华精神科杂志	71	0.70	67	35.3	5.6	17	50	0.01	0.46	5.7
G579	中华口腔医学研究杂志电子版	68	0.99	67	34.1	4.2	14	40	0.00	0.59	5.1
G148	中华口腔医学杂志	195	0.89	188	35.8	4.3	22	77	0.01	0.64	5.9
G280	中华口腔正畸学杂志	40	0.58	39	17.5	4.3	14	25	0.00	0.45	5.9
G149	中华劳动卫生职业病杂志	192	0.86	161	23.1	4.8	24	121	0.00	0.51	5.8
G639	中华老年多器官疾病杂志	201	0.97	176	21.3	4.6	27	118	0.00	0.54	4.3
Q949	中华老年骨科与康复电子杂志	55	0.98	54	32.9	5.5	15	40	0.02	0.75	5.6
G833	中华老年口腔医学杂志	73	0.83	68	24.8	4.1	20	57	0.00	0.41	4.7
G876	中华老年心脑血管病杂志	337	0.94	230	15.8	4.8	28	219	0.00	0.62	2.9
G150	中华老年医学杂志	260	0.93	246	21.4	5.6	27	157	0.00	0.59	5.2
G692	中华临床感染病杂志	54	0.72	52	31.6	6.4	15	43	0.00	0.37	3.3
G693	中华临床免疫和变态反应杂志	121	0.88	71	23.4	3.3	19	59	0.00	0.21	5.6
G504	中华临床医师杂志电子版	227	0.99	209	26.4	5.4	29	154	0.00	0.41	5.6
G824	中华临床营养杂志	52	0.88	52	30.6	5.2	15	34	0.00	0.25	5.0
G152	中华流行病学杂志	299	0.90	297	30.2	7.6	29	106	0.02	0.71	4.9
G153	中华麻醉学杂志	319	0.92	278	20.1	6.2	24	172	0.00	0.48	4.9
G154	中华泌尿外科杂志	219	0.87	150	18.4	6.4	27	132	0.00	0.24	4.9
G282	中华男科学杂志	177	0.76	162	24.6	5.3	24	119	0.00	0.40	4.8
Q926	中华脑科疾病与康复杂志电子版	60	0.94	55	25.7	4.0	18	55	0.00	0.30	4.2
G770	中华脑血管病杂志电子版	109	0.95	101	24.5	5.0	22	70	0.00	0.46	5.7
G155	中华内分泌代谢杂志	147	0.84	142	29.0	5.8	23	97	0.01	0.58	5.7
G736	中华内分泌外科杂志	162	0.92	143	11.6	4.6	23	110	0.01	0.56	3.8
G156	中华内科杂志	210	0.65	181	25.1	5.8	22	98	0.00	0.49	5.6
G157	中华皮肤科杂志	229	0.80	151	20.5	5.2	28	122	0.00	0.49	5.5
G461	中华普通外科学文献电子版	96	0.84	79	20.3	5.2	23	70	0.00	0.49	4.6
G254	中华普通外科杂志	224	0.80	143	14.6	5.9	26	143	0.00	0.26	5.2
G462	中华普外科手术学杂志电子版	170	0.92	139	20.0	4.5	26	127	0.00	0.56	3.7
G158	中华器官移植杂志	106	0.82	98	30.2	6.2	20	62	0.01	0.61	4.7
G473	中华腔镜泌尿外科杂志电子版	131	0.86	111	21.8	5.8	24	99	0.00	0.44	4.5
G463	中华腔镜外科杂志电子版	77	0.97	65	23.2	5.1	18	48	0.00	0.35	4.7
G526	中华全科医师杂志	250	0.78	190	19.2	4.8	21	158	0.02	0.30	4.9
G515	中华全科医学	518	0.97	497	21.8	5.0	27	303	0.00	0.87	3.5
G505	中华乳腺病杂志电子版	70	0.91	56	31.3	4.8	22	52	0.00	0.23	5.2
G472	中华疝和腹壁外科杂志电子版	170	0.99	153	22.3	3.9	24	121	0.00	0.25	3.9
G900	中华烧伤与创面修复杂志	177	0.68	175	31.0	5.9	26	95	0.01	0.65	4.3
Q950	中华神经创伤外科电子杂志	68	0.96	62	24.9	4.8	20	57	0.00	0.41	5.1
G197	中华神经科杂志	198	0.70	196	32.5	5.4	28	101	0.00	0.48	6.3

表 4-2 2023 年中国科技核心期刊（中文）来源指标刊名字顺索引（续）

CODE	刊名	来源文献量	文献选出率	AR论文量	平均引文数	平均作者数	地区分布数	机构分布数	海外论文比	基金论文比	引用半衰期
G160	中华神经外科杂志	256	0.82	213	25.0	5.7	27	145	0.00	0.45	6.1
G446	中华神经医学杂志	199	0.97	183	30.5	5.8	31	163	0.00	0.54	4.8
G065	中华肾病研究电子杂志	70	0.91	59	28.0	4.8	17	49	0.00	0.54	4.9
G161	中华肾脏病杂志	135	0.78	123	25.8	5.9	22	87	0.01	0.54	6.0
G737	中华生物医学工程杂志	118	0.93	111	29.9	4.7	18	85	0.01	0.51	4.4
G072	中华生殖与避孕杂志	194	0.92	192	33.7	5.5	25	109	0.01	0.71	5.7
G162	中华实验和临床病毒学杂志	101	0.78	99	26.1	7.6	21	57	0.00	0.52	5.3
G703	中华实验和临床感染病杂志电子版	58	0.85	58	30.1	4.7	16	41	0.00	0.60	4.3
G163	中华实验外科杂志	655	0.76	518	17.0	5.3	30	286	0.00	0.59	4.5
G773	中华实验眼科杂志	175	0.68	161	31.7	4.5	22	109	0.01	0.71	6.6
G875	中华实用儿科临床杂志	156	0.82	145	31.0	5.7	21	80	0.00	0.44	4.8
G367	中华实用诊断与治疗杂志	271	0.98	253	18.2	5.7	25	122	0.00	0.79	3.6
G848	中华手外科杂志	160	0.91	98	15.4	5.8	22	98	0.00	0.21	7.7
G506	中华损伤与修复杂志电子版	92	0.86	84	29.3	5.4	25	72	0.00	0.40	5.4
G739	中华糖尿病杂志	193	0.79	190	29.1	5.4	26	133	0.02	0.52	4.8
G164	中华外科杂志	185	0.92	162	23.6	6.2	28	110	0.01	0.57	5.4
G116	中华危重病急救医学	221	0.82	205	27.0	5.9	27	160	0.00	0.84	5.3
G761	中华危重症医学杂志电子版	99	0.98	79	28.5	4.9	18	72	0.00	0.54	5.3
G165	中华微生物学和免疫学杂志	133	0.88	133	34.8	6.0	25	96	0.01	0.73	4.9
G296	中华围产医学杂志	179	0.80	166	26.3	5.0	25	100	0.00	0.43	6.0
G740	中华卫生杀虫药械	141	0.92	91	15.8	5.2	23	102	0.01	0.23	6.5
Q952	中华胃肠内镜电子杂志	50	0.81	37	26.9	5.5	14	27	0.00	0.42	5.1
G793	中华胃肠外科杂志	175	0.71	152	29.5	6.0	22	104	0.02	0.56	5.9
G166	中华物理医学与康复杂志	240	0.97	196	28.7	5.3	25	164	0.01	0.49	5.8
G470	中华细胞与干细胞杂志电子版	50	0.89	49	44.5	4.6	21	49	0.00	0.54	4.0
G847	中华现代护理杂志	844	0.90	842	30.3	4.9	29	369	0.00	0.32	4.4
G468	中华消化病与影像杂志电子版	113	0.97	97	23.1	4.4	18	90	0.00	0.34	3.8
G285	中华消化内镜杂志	194	0.85	158	25.7	6.1	25	110	0.01	0.45	6.5
G978	中华消化外科杂志	180	0.73	179	38.1	6.8	31	108	0.04	0.81	4.7
G168	中华消化杂志	131	0.62	111	25.5	5.0	24	86	0.01	0.37	5.6
G169	中华小儿外科杂志	199	0.93	186	27.5	5.8	26	87	0.00	0.33	7.3
Q284	中华心力衰竭和心肌病杂志中英文	42	0.78	38	42.7	4.7	15	34	0.00	0.26	5.0
G892	中华心律失常学杂志	88	0.88	71	21.2	6.6	16	44	0.00	0.45	5.4
G170	中华心血管病杂志	175	0.73	152	31.1	6.1	25	98	0.01	0.51	6.0
Q231	中华心血管病杂志网络版	15	0.71	15	53.3	4.1	7	12	0.07	0.40	4.7
G082	中华新生儿科杂志中英文版	171	0.84	121	20.9	5.2	28	113	0.00	0.32	5.1
G263	中华行为医学与脑科学杂志	179	0.89	179	32.1	5.5	29	123	0.02	0.74	4.9
G171	中华胸心血管外科杂志	159	0.95	101	20.4	5.7	23	103	0.00	0.35	6.5
G172	中华血液学杂志	170	0.68	147	21.6	9.1	19	67	0.01	0.51	5.6
Q209	中华炎性肠病杂志中英文版	73	0.77	63	29.2	4.8	17	39	0.01	0.38	5.7
G191	中华眼底病杂志	181	0.76	147	27.2	4.5	27	97	0.00	0.50	6.3
G075	中华眼科医学杂志电子版	71	0.99	71	44.4	4.1	17	38	0.00	0.99	5.7
G173	中华眼科杂志	152	0.61	134	30.2	4.4	20	60	0.01	0.43	6.3

表 4-2　2023 年中国科技核心期刊（中文）来源指标刊名字顺索引（续）

CODE	刊名	来源文献量	文献选出率	AR论文量	平均引文数	平均作者数	地区分布数	机构分布数	海外论文比	基金论文比	引用半衰期
G873	中华眼视光学与视觉科学杂志	167	0.84	132	21.1	4.8	26	115	0.00	0.38	6.0
S590	中华医学教育探索杂志	418	0.97	402	12.1	5.2	29	230	0.00	0.42	5.0
Q920	中华医学超声杂志电子版	241	0.99	201	20.9	5.1	28	143	0.00	0.32	5.9
G705	中华医学教育杂志	211	0.88	204	14.4	5.6	26	128	0.00	0.36	3.9
G307	中华医学科研管理杂志	85	0.83	85	18.0	4.7	16	58	0.00	0.29	3.1
G489	中华医学美学美容杂志	150	0.96	93	15.4	4.6	26	110	0.00	0.21	5.8
G175	中华医学遗传学杂志	309	0.90	269	18.7	6.2	28	176	0.00	0.58	7.8
G176	中华医学杂志	543	0.68	474	24.9	6.0	27	246	0.00	0.54	5.0
G194	中华医院感染学杂志	784	0.97	783	24.2	5.1	30	492	0.00	0.80	3.5
G591	中华医院管理杂志	174	0.85	174	23.5	5.4	16	105	0.01	0.49	3.0
G610	中华胰腺病杂志	105	0.87	83	26.7	4.9	18	68	0.00	0.43	6.0
G897	中华移植杂志电子版	53	0.87	48	31.1	5.4	12	31	0.00	0.45	4.3
G177	中华预防医学杂志	317	0.90	314	35.9	6.7	26	177	0.00	0.53	4.9
G178	中华整形外科杂志	213	0.84	205	28.8	5.0	26	124	0.00	0.30	6.1
G859	中华中医药学刊	638	0.99	610	38.3	5.4	30	270	0.01	0.95	4.9
G910	中华中医药杂志	1300	0.99	1173	22.7	5.5	30	241	0.01	0.74	6.4
G858	中华肿瘤防治杂志	199	0.83	199	35.2	5.5	27	141	0.00	0.66	3.8
G179	中华肿瘤杂志	104	0.80	100	24.8	7.5	17	58	0.00	0.49	5.6
Q954	中华重症医学电子杂志	48	0.87	47	29.7	4.8	16	32	0.00	0.69	6.3
G039	中南大学学报医学版	215	0.92	215	36.7	5.3	21	62	0.01	0.85	4.9
K001	中南大学学报自然科学版	433	0.98	433	29.0	5.3	25	94	0.02	0.94	6.5
H053	中南林业科技大学学报	240	1.00	240	34.3	5.7	27	86	0.00	0.93	6.3
G599	中南药学	574	0.99	543	26.3	5.4	30	294	0.00	0.61	5.2
G682	中南医学科学杂志	246	0.99	201	17.1	4.2	23	185	0.00	0.59	3.9
G180	中日友好医院学报	117	0.94	51	15.6	4.6	10	30	0.00	0.16	5.3
G181	中山大学学报医学科学版	140	0.97	138	28.5	5.2	19	68	0.01	0.71	4.7
A036	中山大学学报自然科学版	113	0.93	113	29.7	4.0	19	54	0.04	0.93	8.7
X539	中外公路	284	1.00	284	18.7	3.5	29	197	0.00	0.69	7.2
S020	中文信息学报	203	0.89	203	31.6	4.1	28	96	0.02	0.75	6.0
G842	中西医结合肝病杂志	289	0.99	216	21.2	4.8	26	164	0.00	0.62	5.1
R775	中兴通讯技术	74	0.89	74	16.8	3.0	10	44	0.04	0.47	2.1
G183	中药材	531	0.99	528	17.4	5.4	31	282	0.00	0.71	5.8
G564	中药新药与临床药理	220	0.95	220	30.2	6.3	26	100	0.00	0.80	4.7
G685	中医学报	426	0.97	422	30.3	4.7	27	127	0.00	0.76	4.9
G681	中医药导报	576	1.00	538	29.1	4.8	29	207	0.00	0.60	5.2
G812	中医药学报	266	1.00	261	34.5	5.0	25	85	0.00	0.86	5.2
G010	中医杂志	433	0.92	425	23.8	5.9	26	105	0.01	0.72	5.6
G643	中医正骨	189	0.96	162	29.6	5.1	25	114	0.00	0.44	4.4
Q968	中医肿瘤学杂志	90	0.92	89	26.3	5.0	17	53	0.00	0.58	4.8
G184	肿瘤	99	0.99	99	39.2	5.8	20	63	0.03	0.63	4.5
Q929	肿瘤代谢与营养电子杂志	114	0.77	114	43.7	3.8	21	86	0.00	0.53	4.5
G185	肿瘤防治研究	200	0.95	195	32.1	4.5	26	143	0.00	0.59	4.1
G412	肿瘤学杂志	161	0.81	157	30.1	4.0	26	95	0.00	0.46	3.6

表 4-2　2023 年中国科技核心期刊（中文）来源指标刊名字顺索引（续）

CODE	刊名	来源文献量	文献选出率	AR论文量	平均引文数	平均作者数	地区分布数	机构分布数	海外论文比	基金论文比	引用半衰期
G522	肿瘤研究与临床	205	0.94	173	21.4	4.5	26	124	0.00	0.36	4.0
G196	肿瘤药学	111	0.91	110	28.9	4.7	22	89	0.00	0.48	5.2
G838	肿瘤影像学	93	0.86	83	24.6	4.8	22	66	0.00	0.35	4.4
G695	肿瘤预防与治疗	148	0.90	148	31.9	4.9	25	98	0.01	0.55	4.2
Q225	肿瘤综合治疗电子杂志	55	0.76	54	32.4	4.1	17	39	0.00	0.27	3.8
H103	种子	278	0.99	276	24.8	5.9	30	145	0.00	0.79	6.8
G094	中风与神经疾病杂志	245	0.96	188	29.7	4.3	28	164	0.00	0.49	5.5
N022	轴承	192	0.96	178	17.5	4.1	27	119	0.01	0.54	7.1
H026	竹子学报	50	0.96	50	22.6	4.9	12	31	0.00	0.44	8.1
N075	铸造	242	0.61	233	15.5	4.9	28	157	0.00	0.34	7.8
G407	转化医学杂志	93	0.94	92	24.0	4.6	22	80	0.00	0.62	3.7
N034	装备环境工程	236	0.98	236	29.0	5.2	22	130	0.00	0.28	8.6
Z022	资源科学	173	0.96	173	46.5	3.5	29	98	0.01	0.92	3.3
S026	自动化学报	192	0.99	192	47.2	4.2	23	101	0.05	0.88	5.7
N013	自动化仪表	256	0.98	255	12.8	3.7	30	193	0.00	0.18	4.4
S501	自动化与仪表	307	0.99	303	10.4	3.0	28	230	0.00	0.27	3.7
R611	自动化与仪器仪表	786	0.99	771	15.8	2.8	30	378	0.00	0.33	2.8
A905	自然杂志	50	0.62	47	49.4	3.3	12	28	0.08	0.58	8.2
E137	自然灾害学报	144	1.00	144	29.8	4.3	26	104	0.01	0.88	7.6
Z012	自然资源学报	194	0.98	194	43.7	3.8	22	108	0.01	0.90	4.9
E591	自然资源遥感	133	0.98	133	30.4	4.7	28	91	0.01	0.83	5.9
N088	组合机床与自动化加工技术	502	1.00	498	15.6	3.8	29	184	0.00	0.80	5.0
G701	组织工程与重建外科杂志	113	0.93	105	26.3	4.5	20	62	0.00	0.29	5.8
L018	钻井液与完井液	111	1.00	111	18.8	5.5	19	65	0.00	0.33	6.8
G720	遵义医科大学学报	175	0.99	175	26.6	5.0	20	80	0.01	0.72	4.5
H034	作物学报	281	0.96	281	42.8	7.9	29	89	0.01	0.86	8.6
H410	作物研究	108	0.99	105	21.2	7.3	22	72	0.00	0.54	6.7
H202	作物杂志	218	0.96	218	32.0	6.9	28	98	0.00	0.69	8.1

5　2023 年中国科技核心期刊（英文）指标

5.1　期刊（英文）被引用指标刊名字顺排序

表 5-1　2023 年中国科技核心期刊（英文）被引用指标刊名字顺索引

CODE	刊名	核心总被引频次	核心影响因子	核心即年指标	核心他引率	核心引用刊数	核心开放因子	核心扩散因子	核心被引半衰期
F034	ACTA BIOCHIMICA ET BIOPHYSICA SINICA	1028	0.813	0.129	0.88	430	78	41.83	4.3
I059	ACTA GEOLOGICA SINICA ENGLISH EDITION	1364	0.907	0.236	0.84	167	12	12.24	6.6
C096	ACTA MATHEMATICA SCIENTIA	298	0.215	0.048	0.56	62	2	20.81	6.5
B030	ACTA MATHEMATICA SINICA ENGLISH SERIES	182	0.112	0.029	0.87	60	7	32.97	9.1
I051	ACTA MATHEMATICAE APPLICATAE SINICA	79	0.150	0.000	0.92	44	9	55.70	9.4
C105	ACTA MECHANICA SINICA	820	0.990	0.294	0.52	180	2	21.95	3.5
M100	ACTA METALLURGICA SINICA	1176	1.073	0.236	0.63	146	6	12.41	4.1
I209	ACTA OCEANOLOGICA SINICA	723	0.348	0.018	0.79	173	8	23.93	6.5
G218	ACTA PHARMACEUTICA SINICA B	2658	2.667	0.398	0.71	509	13	19.15	2.7
G001	ACTA PHARMACOLOGICA SINICA	2336	1.513	0.310	0.93	581	70	24.87	4.5
I062	ADVANCES IN ATMOSPHERIC SCIENCES	1781	1.375	0.613	0.76	191	7	10.72	6.2
H063	ANIMAL NUTRITION	951	1.612	0.196	0.85	137	4	14.41	2.9
I282	ASIAN JOURNAL OF ANDROLOGY	529	0.514	0.048	0.89	169	12	31.95	6.3
GA01	BIOMEDICAL AND ENVIRONMENTAL SCIENCES	684	0.625	0.080	0.94	353	72	51.61	5.2
H079	BIOSAFETY AND HEALTH	86	0.380	0.271	0.84	56	13	65.12	2.3
G780	CANCER BIOLOGY & MEDICINE	619	1.367	0.202	0.75	261	35	42.16	3.0
I072	CELL RESEARCH	3384	2.134	0.416	0.97	669	62	19.77	6.2
I206	CELLULAR & MOLECULAR IMMUNOLOGY	1561	1.462	0.324	0.92	472	69	30.24	3.2
I139	CHEMICAL RESEARCH IN CHINESE UNIVERSITIES	454	0.460	0.070	0.83	167	14	36.78	3.5
G015	CHINA CDC WEEKLY	780	1.114	0.306	0.84	208	17	26.67	2.3
I710	CHINA COMMUNICATIONS	1031	0.941	0.083	0.61	184	6	17.85	3.2
RA01	CHINA ELECTROTECHNICAL SOCIETY TRANSACTIONS ON ELECTRICAL MACHINES AND SYSTEMS	238	1.609	0.170	0.84	43	1	18.07	3.2
I165	CHINA FOUNDRY	313	0.848	0.131	0.66	59	3	18.85	4.1
E096	CHINA GEOLOGY	236	0.975	0.158	0.88	78	7	33.05	2.9
E158	CHINA OCEAN ENGINEERING	379	0.359	0.081	0.73	111	10	29.29	6.6
B023	CHINESE ANNALS OF MATHEMATICS SERIES B	90	0.129	0.000	0.87	43	9	47.78	11.0
D031	CHINESE CHEMICAL LETTERS	5700	1.860	0.472	0.44	380	1	6.67	2.6
I154	CHINESE GEOGRAPHICAL SCIENCE	652	0.738	0.149	0.86	229	26	35.12	6.2
I207	CHINESE HERBAL MEDICINES	290	0.667	0.178	0.92	108	11	37.24	4.2
I166	CHINESE JOURNAL OF ACOUSTICS	50	0.141	0.000	0.76	19	2	38.00	6.6
I122	CHINESE JOURNAL OF AERONAUTICS	3038	1.568	0.248	0.66	363	8	11.95	3.6
I037	CHINESE JOURNAL OF CANCER RESEARCH	788	2.127	0.200	0.86	318	48	40.36	4.1
D013	CHINESE JOURNAL OF CATALYSIS	3008	2.560	0.451	0.77	279	11	9.28	3.5
T100	CHINESE JOURNAL OF CHEMICAL ENGINEERING	1424	0.559	0.099	0.77	369	20	25.91	4.2

表 5-1 2023 年中国科技核心期刊（英文）被引用指标刊名字顺索引（续）

CODE	刊名	核心总被引频次	核心影响因子	核心即年指标	核心他引率	核心引用刊数	核心开放因子	核心扩散因子	核心被引半衰期
C070	CHINESE JOURNAL OF CHEMICAL PHYSICS	192	0.239	0.034	0.70	94	11	48.96	5.3
I173	CHINESE JOURNAL OF CHEMISTRY	1950	1.559	0.431	0.53	175	2	8.97	2.5
I116	CHINESE JOURNAL OF ELECTRONICS	397	0.502	0.083	0.70	161	14	40.55	3.9
I026	CHINESE JOURNAL OF INTEGRATIVE MEDICINE	1239	1.058	0.238	0.90	310	30	25.02	4.9
I218	CHINESE JOURNAL OF MECHANICAL ENGINEERING	1027	0.877	0.138	0.86	269	18	26.19	5.1
G101	CHINESE JOURNAL OF NATURAL MEDICINES	1141	1.210	0.099	0.92	333	26	29.18	5.6
D017	CHINESE JOURNAL OF POLYMER SCIENCE	915	1.105	0.226	0.69	139	5	15.19	3.4
I219	CHINESE JOURNAL OF POPULATION, RESOURCES AND ENVIRONMENT	47	0.171	0.000	0.89	38	14	80.85	6.1
I200	CHINESE JOURNAL OF TRAUMATOLOGY	288	0.591	0.191	0.96	148	28	51.39	4.7
I201	CHINESE MEDICAL JOURNAL	4311	1.511	0.151	0.94	768	148	17.81	3.8
G126	CHINESE MEDICAL SCIENCES JOURNAL	143	0.337	0.054	0.99	124	52	86.71	5.0
GB03	CHINESE NEUROSURGICAL JOURNAL	50	0.411	0.108	1.00	34	9	68.00	2.8
I071	CHINESE OPTICS LETTERS	1094	0.961	0.258	0.75	119	3	10.88	3.6
C106	CHINESE PHYSICS B	3224	0.403	0.098	0.52	379	2	11.76	4.3
C058	CHINESE PHYSICS C	878	0.600	0.135	0.67	63	3	7.18	3.6
C059	CHINESE PHYSICS LETTERS	1671	1.079	0.339	0.80	208	3	12.45	5.6
G212	CHRONIC DISEASES AND TRANSLATIONAL MEDICINE	59	0.258	0.025	1.00	55	25	93.22	3.9
C095	COMMUNICATIONS IN THEORETICAL PHYSICS	419	0.322	0.054	0.66	83	3	19.81	5.1
I720	CSEE JOURNAL OF POWER AND ENERGY SYSTEMS	1050	1.367	0.129	0.53	105	2	10.00	3.5
I226	DEFENCE TECHNOLOGY	1216	1.520	0.226	0.72	279	6	22.94	3.1
J075	ENGINEERING	1957	1.414	0.138	0.88	715	100	36.54	3.9
F005	ENTOMOTAXONOMIA	80	0.173	0.024	0.76	33	4	41.25	17.3
U649	FOOD SCIENCE AND HUMAN WELLNESS	530	0.953	0.318	0.83	127	6	23.96	2.6
Q784	FOREST ECOSYSTEMS	171	0.448	0.042	0.98	80	15	46.78	3.5
N092	FRICTION	843	1.329	0.205	0.51	120	2	14.23	3.4
I249	FRONTIERS IN ENERGY	197	0.438	0.121	0.70	83	7	42.13	3.7
V575	FRONTIERS OF ARCHITECTURAL RESEARCH	108	0.233	0.066	0.49	41	1	37.96	3.6
I248	FRONTIERS OF CHEMICAL SCIENCE AND ENGINEERING	442	0.770	0.108	0.55	130	3	29.41	3.5
I735	FRONTIERS OF COMPUTER SCIENCE	311	0.391	0.076	0.74	120	11	38.59	4.0
I220	FRONTIERS OF EARTH SCIENCE	215	0.273	0.025	0.89	126	30	58.60	6.5
S891	FRONTIERS OF INFORMATION TECHNOLOGY & ELECTRONIC ENGINEERING	601	0.679	0.126	0.80	248	33	41.26	3.9
I243	FRONTIERS OF MATERIALS SCIENCE	163	0.674	0.091	0.88	92	21	56.44	3.8
I250	FRONTIERS OF MATHEMATICS IN CHINA	94	0.174	0.065	1.00	34	7	36.17	6.0
I237	FRONTIERS OF MEDICINE	579	0.948	0.222	0.94	359	94	62.00	3.9
I132	FRONTIERS OF OPTOELECTRONICS	98	0.273	0.000	0.83	44	6	44.90	4.0
I726	FRONTIERS OF PHYSICS	559	1.207	0.330	0.56	88	2	15.74	3.1
I725	FRONTIERS OF STRUCTURAL AND CIVIL ENGINEERING	272	0.343	0.008	0.65	104	10	38.24	4.3
A909	FUNDAMENTAL RESEARCH	244	0.824	0.488	0.82	119	17	48.77	1.6
G343	GENERAL PSYCHIATRY	580	1.054	0.171	0.81	213	22	36.72	13.4
I222	GENOMICS PROTEOMICS & BIOINFORMATICS	639	1.197	0.281	0.80	265	30	41.47	4.1
E050	GEOSCIENCE FRONTIERS	1108	1.035	0.406	0.83	234	13	21.12	4.1

表 5-1　2023 年中国科技核心期刊（英文）被引用指标刊名字顺索引（续）

CODE	刊名	核心总被引频次	核心影响因子	核心即年指标	核心他引率	核心引用刊数	核心开放因子	核心扩散因子	核心被引半衰期
Q744	GLOBAL ENERGY INTERCONNECTION	240	1.342	0.050	0.86	54	4	22.50	2.6
Z037	GREEN ENERGY & ENVIRONMENT	737	1.812	0.425	0.65	124	5	16.82	2.6
H062	HORTICULTURAL PLANT JOURNAL	571	2.500	0.191	0.66	95	2	16.64	2.7
H082	HORTICULTURE RESEARCH	1743	1.413	0.292	0.67	181	6	10.38	3.0
R589	IEEE/CAA JOURNAL OF AUTOMATICA SINICA	1579	2.085	0.693	0.50	222	1	14.06	2.6
Q709	INFECTIOUS DISEASES OF POVERTY	519	0.801	0.413	0.91	172	17	33.14	3.5
I012	INSECT SCIENCE	645	0.755	0.112	0.78	113	5	17.52	4.5
I168	INTERNATIONAL JOURNAL OF COAL SCIENCE & TECHNOLOGY	473	1.070	0.090	0.68	106	5	22.41	3.2
G889	INTERNATIONAL JOURNAL OF DERMATOLOGY AND VENEREOLOGY	107	0.120	0.000	0.98	64	12	59.81	9.2
N991	INTERNATIONAL JOURNAL OF EXTREME MANUFACTURING	347	2.868	0.213	0.58	77	3	22.19	2.4
K045	INTERNATIONAL JOURNAL OF MINERALS, METALLURGY AND MATERIALS	1757	1.620	0.693	0.63	211	4	12.01	3.3
I184	INTERNATIONAL JOURNAL OF MINING SCIENCE AND TECHNOLOGY	1490	2.493	0.451	0.76	213	8	14.30	4.2
Q748	INTERNATIONAL JOURNAL OF NURSING SCIENCES	218	0.486	0.041	0.90	79	8	36.24	3.8
Q213	INTERNATIONAL JOURNAL OF ORAL SCIENCE	392	1.313	0.161	0.92	163	16	41.58	3.7
I225	JOURNAL OF ACUPUNCTURE AND TUINA SCIENCE	273	0.454	0.000	0.79	95	11	34.80	5.6
H029	JOURNAL OF ANIMAL SCIENCE AND BIOTECHNOLOGY	1123	1.403	0.111	0.83	136	4	12.11	4.3
E049	JOURNAL OF ARID LAND	510	0.561	0.156	0.88	174	18	34.12	5.7
N764	JOURNAL OF BIONIC ENGINEERING	658	1.034	0.124	0.49	157	1	23.86	4.0
I067	JOURNAL OF CENTRAL SOUTH UNIVERSITY	2536	1.282	0.284	0.73	527	28	20.78	4.0
I227	JOURNAL OF CHINESE PHARMACEUTICAL SCIENCES	288	0.439	0.048	0.86	129	18	44.79	6.5
S051	JOURNAL OF COMPUTER SCIENCE AND TECHNOLOGY	226	0.194	0.012	0.87	106	15	46.90	5.3
E537	JOURNAL OF EARTH SCIENCE	977	1.258	0.145	0.74	164	7	16.79	4.9
I105	JOURNAL OF ENERGY CHEMISTRY	6151	2.721	0.820	0.47	282	1	4.58	2.2
Z027	JOURNAL OF ENVIRONMENTAL SCIENCES	3350	1.009	0.564	0.88	568	22	16.96	5.2
I018	JOURNAL OF FORESTRY RESEARCH	1013	0.687	0.067	0.79	237	13	23.40	4.9
F013	JOURNAL OF GENETICS AND GENOMICS	963	0.973	0.162	0.92	299	32	31.05	8.1
I063	JOURNAL OF GEOGRAPHICAL SCIENCES	1580	1.004	0.303	0.77	321	18	20.32	6.0
W015	JOURNAL OF HYDRODYNAMICS SERIES B	865	1.075	0.236	0.68	197	8	22.77	5.4
H017	JOURNAL OF INTEGRATIVE AGRICULTURE	2702	1.244	0.193	0.85	382	33	14.14	5.1
G442	JOURNAL OF INTEGRATIVE MEDICINE	739	0.930	0.230	0.96	241	29	32.61	11.7
F029	JOURNAL OF INTEGRATIVE PLANT BIOLOGY	2439	2.058	0.424	0.91	301	18	12.34	5.9
I142	JOURNAL OF IRON AND STEEL RESEARCH, INTERNATIONAL	1330	0.907	0.073	0.71	154	5	11.58	6.7
I229	JOURNAL OF MARINE SCIENCE AND APPLICATION	245	0.325	0.338	0.66	87	5	35.51	6.7
M015	JOURNAL OF MATERIALS SCIENCE & TECHNOLOGY	6898	1.922	0.532	0.66	396	8	5.74	2.7
E092	JOURNAL OF METEOROLOGICAL RESEARCH	656	0.986	0.117	0.90	138	10	21.04	5.3
F021	JOURNAL OF MOLECULAR CELL BIOLOGY	422	0.457	0.167	0.94	235	48	55.69	4.7
I230	JOURNAL OF MOUNTAIN SCIENCE	1017	0.531	0.083	0.76	280	24	27.53	4.9
I120	JOURNAL OF OCEAN UNIVERSITY OF CHINA	499	0.328	0.051	0.90	181	18	36.27	5.4
E012	JOURNAL OF OCEANOLOGY AND LIMNOLOGY	614	0.325	0.187	0.81	160	11	26.06	5.4

表 5-1 2023 年中国科技核心期刊（英文）被引用指标刊名字顺索引（续）

CODE	刊名	核心总被引频次	核心影响因子	核心即年指标	核心他引率	核心引用刊数	核心开放因子	核心扩散因子	核心被引半衰期
GC01	JOURNAL OF PANCREATOLOGY	12	0.133	0.000	1.00	8	3	66.67	3.0
M035	JOURNAL OF RARE EARTHS	1744	1.376	0.258	0.61	236	3	13.53	4.2
F208	JOURNAL OF RESOURCES AND ECOLOGY	546	1.124	0.081	0.88	207	26	37.91	4.1
C010	JOURNAL OF ROCK MECHANICS AND GEOTECHNICAL ENGINEERING (JRMGE)	1377	1.625	0.166	0.67	210	6	15.25	4.5
R062	JOURNAL OF SEMICONDUCTORS	642	0.715	0.411	0.63	127	6	19.78	3.5
F039	JOURNAL OF SYSTEMATICS AND EVOLUTION	753	0.794	0.138	0.78	167	8	22.18	12.0
I144	JOURNAL OF SYSTEMS ENGINEERING AND ELECTRONICS	820	0.754	0.083	0.79	212	11	25.85	5.0
X053	JOURNAL OF TRAFFIC AND TRANSPORTATION ENGINEERING ENGLISH EDITION	257	1.154	0.094	0.68	94	4	36.58	2.8
I090	JOURNAL OF WUHAN UNIVERSITY OF TECHNOLOGY MATERIALS SCIENCE EDITION	622	0.331	0.022	0.69	183	11	29.42	6.7
I041	JOURNAL OF ZHEJIANG UNIVERSITY SCIENCE A	644	0.908	0.346	0.80	249	30	38.66	5.9
I159	JOURNAL OF ZHEJIANG UNIVERSITY SCIENCE B	899	1.246	0.293	0.87	439	77	48.83	5.3
I254	LIGHT SCIENCE & APPLICATIONS	2373	1.731	0.387	0.80	207	7	8.72	3.4
I224	MACHINE INTELLIGENCE RESEARCH	221	0.933	0.070	0.70	109	15	49.32	3.4
GB01	MEDICAL REVIEW	9	0.148	0.023	0.67	7	2	77.78	1.9
Q716	MILITARY MEDICAL RESEARCH	475	2.043	0.224	0.94	255	54	53.68	2.9
F019	MOLECULAR PLANT	4951	2.439	0.831	0.91	317	11	6.40	5.2
I137	NANO RESEARCH	5958	1.884	0.297	0.54	361	2	6.06	2.5
M705	NANO-MICRO LETTERS	2871	4.181	0.682	0.68	272	3	9.47	2.4
M655	NANOTECHNOLOGY AN PRECISION ENGINEERING	136	0.271	0.031	0.94	90	23	66.18	8.0
I255	NATIONAL SCIENCE REVIEW	2534	1.770	0.671	0.89	551	34	21.74	3.3
I232	NEURAL REGENERATION RESEARCH	2414	1.037	0.285	0.76	496	34	20.55	3.1
G278	NEUROSCIENCE BULLETIN	954	0.958	0.266	0.73	331	28	34.70	3.6
I074	NUCLEAR SCIENCE AND TECHNIQUES	1369	2.188	0.718	0.44	102	1	7.45	2.6
G616	ONCOLOGY AND TRANSLATIONAL MEDICINE	36	0.099	0.000	1.00	35	17	97.22	9.0
I202	PARTICUOLOGY	687	0.572	0.212	0.69	231	14	33.62	6.2
H046	PEDOSPHERE	991	0.832	0.157	0.94	253	27	25.53	8.4
F007	PLANT DIVERSITY	1173	1.235	0.542	0.89	235	19	20.03	17.3
I129	PROTEIN & CELL	999	2.327	0.283	0.94	397	58	39.74	3.9
I050	RARE METALS	2309	1.582	0.165	0.55	224	3	9.70	2.7
Q440	RESEARCH	862	1.340	0.302	0.58	182	3	21.11	2.6
C072	RESEARCH IN ASTRONOMY AND ASTROPHYSICS	812	0.418	0.125	0.42	79	1	9.73	4.1
I065	RICE SCIENCE	379	0.855	0.129	0.80	122	13	32.19	4.7
I083	SCIENCE BULLETIN	4229	1.715	0.286	0.93	764	41	18.07	4.2
I146	SCIENCE CHINA CHEMISTRY	2023	1.650	0.373	0.69	269	5	13.30	3.0
A146	SCIENCE CHINA INFORMATION SCIENCES	1651	0.906	0.135	0.67	330	12	19.99	3.6
I150	SCIENCE CHINA LIFE SCIENCES	2200	1.851	0.650	0.77	620	52	28.18	3.6
M114	SCIENCE CHINA MATERIALS	1714	1.222	0.229	0.65	222	4	12.95	2.8
I189	SCIENCE CHINA MATHEMATICS	442	0.164	0.184	0.88	99	8	22.40	11.5
I157	SCIENCE CHINA PHYSICS, MECHANICS & ASTRONOMY	1400	1.601	0.686	0.75	245	5	17.50	3.1
I091	SCIENCE CHINA TECHNOLOGICAL SCIENCES	2191	1.102	0.145	0.71	548	36	25.01	4.9

表 5-1 2023 年中国科技核心期刊（英文）被引用指标刊名字顺索引（续）

CODE	刊名	核心总被引频次	核心影响因子	核心即年指标	核心他引率	核心引用刊数	核心开放因子	核心扩散因子	核心被引半衰期
Q718	SIGNAL TRANSDUCTION AND TARGETED THERAPY	3149	2.405	0.450	0.90	620	73	19.69	2.5
H064	THE CROP JOURNAL	997	1.363	0.323	0.84	171	14	17.15	3.0
I017	TRANSACTIONS OF NANJING UNIVERSITY OF AERONAUTICS & ASTRONAUTICS	257	0.620	0.082	0.82	126	19	49.03	3.4
M104	TRANSACTIONS OF NONFERROUS METALS SOCIETY OF CHINA	4545	1.626	0.123	0.75	390	10	8.58	6.4
I009	TSINGHUA SCIENCE AND TECHNOLOGY	344	0.829	0.055	0.75	174	23	50.58	3.9
G095	VIROLOGICA SINICA	583	0.902	0.117	0.83	202	22	34.65	3.2
W030	WATER SCIENCE AND ENGINEERING	173	0.467	0.044	0.79	92	14	53.18	5.2
I239	WORLD JOURNAL OF ACUPUNCTURE-MOXIBUSTION	331	1.327	0.167	0.83	83	6	25.08	3.5
GG01	WORLD JOURNAL OF PEDIATRICS	518	0.649	0.252	0.97	250	46	48.26	4.0
Q707	WORLD JOURNAL OF TRADITIONAL CHINESE MEDICINE	112	0.720	0.021	0.90	48	6	42.86	2.7
I008	WUHAN UNIVERSITY JOURNAL OF NATURAL SCIENCES	107	0.152	0.079	0.76	60	9	56.07	6.5
F022	ZOOLOGICAL RESEARCH	742	0.754	0.364	0.80	212	12	28.57	9.4
F014	ZOOLOGICAL SYSTEMATICS	217	0.245	0.000	0.92	82	13	37.79	17.0

5.2 期刊（英文）来源指标刊名字顺排序

表 5-2　2023 年中国科技核心期刊（英文）来源指标刊名字顺索引

CODE	刊名	来源文献量	文献选出率	AR论文量	平均引文数	平均作者数	地区分布数	机构分布数	海外论文比	基金论文比	引用半衰期
F034	ACTA BIOCHIMICA ET BIOPHYSICA SINICA	201	1.00	188	53.8	7.5	27	135	0.07	0.89	6.0
I059	ACTA GEOLOGICA SINICA ENGLISH EDITION	123	0.96	121	78.1	6.2	21	60	0.20	0.72	11.9
C096	ACTA MATHEMATICA SCIENTIA	147	0.99	147	29.6	2.4	24	112	0.15	0.76	13.8
B030	ACTA MATHEMATICA SINICA ENGLISH SERIES	136	0.92	136	26.0	2.3	25	103	0.24	0.66	14.2
I051	ACTA MATHEMATICAE APPLICATAE SINICA	58	0.92	58	27.2	2.4	17	50	0.16	0.79	16.2
C105	ACTA MECHANICA SINICA	170	0.93	164	43.5	4.4	21	89	0.25	0.77	7.8
M100	ACTA METALLURGICA SINICA	157	0.96	157	50.9	7.0	20	68	0.17	0.83	6.7
I209	ACTA OCEANOLOGICA SINICA	170	1.00	170	54.1	6.3	21	90	0.15	0.76	11.3
G218	ACTA PHARMACEUTICA SINICA B	309	0.96	302	89.7	9.9	20	164	0.30	0.72	6.0
G001	ACTA PHARMACOLOGICA SINICA	200	1.00	198	62.6	10.7	18	111	0.18	0.84	6.5
I062	ADVANCES IN ATMOSPHERIC SCIENCES	160	0.95	155	59.8	6.2	17	63	0.28	0.76	8.3
H063	ANIMAL NUTRITION	148	0.97	147	71.0	7.4	23	71	0.34	0.65	8.0
I282	ASIAN JOURNAL OF ANDROLOGY	124	0.91	107	39.2	7.5	19	92	0.30	0.49	7.4
GA01	BIOMEDICAL AND ENVIRONMENTAL SCIENCES	138	0.88	136	30.8	8.3	25	99	0.11	0.59	6.0
H079	BIOSAFETY AND HEALTH	48	0.98	47	46.7	9.3	13	47	0.19	0.54	4.2
G780	CANCER BIOLOGY & MEDICINE	89	1.00	89	62.0	6.7	18	64	0.15	0.75	5.0
I072	CELL RESEARCH	137	0.99	69	34.4	8.6	14	105	0.57	0.36	7.3
I206	CELLULAR & MOLECULAR IMMUNOLOGY	145	1.00	96	66.9	8.5	13	124	0.66	0.39	7.2
I139	CHEMICAL RESEARCH IN CHINESE UNIVERSITIES	143	0.92	141	52.6	5.7	24	84	0.08	0.89	5.5
G015	CHINA CDC WEEKLY	206	0.93	190	14.0	8.1	20	78	0.14	0.51	3.5
I710	CHINA COMMUNICATIONS	254	0.95	254	36.3	4.7	23	112	0.17	0.73	5.1
RA01	CHINA ELECTROTECHNICAL SOCIETY TRANSACTIONS ON ELECTRICAL MACHINES AND SYSTEMS	47	0.92	47	23.9	4.0	10	26	0.17	0.74	6.0
I165	CHINA FOUNDRY	61	1.00	61	34.4	5.9	16	41	0.07	0.70	8.7
E096	CHINA GEOLOGY	57	0.85	49	52.3	6.9	12	29	0.19	0.60	10.1
E158	CHINA OCEAN ENGINEERING	86	0.93	86	37.7	4.9	15	42	0.20	0.81	8.1
B023	CHINESE ANNALS OF MATHEMATICS SERIES B	52	0.95	52	26.4	2.3	19	44	0.10	0.88	15.6
D031	CHINESE CHEMICAL LETTERS	1045	0.99	1009	53.3	7.0	30	323	0.12	0.87	4.8
I154	CHINESE GEOGRAPHICAL SCIENCE	74	1.00	74	58.6	5.1	21	50	0.14	0.91	6.5
I207	CHINESE HERBAL MEDICINES	73	0.89	70	45.3	6.7	22	49	0.12	0.68	6.4
I166	CHINESE JOURNAL OF ACOUSTICS	30	0.83	30	25.0	4.6	12	18	0.03	0.77	10.4
I122	CHINESE JOURNAL OF AERONAUTICS	400	0.96	400	46.2	5.2	20	113	0.13	0.75	7.3
I037	CHINESE JOURNAL OF CANCER RESEARCH	55	0.98	53	58.0	8.0	11	34	0.16	0.45	4.6
D013	CHINESE JOURNAL OF CATALYSIS	213	1.00	208	83.2	6.7	23	97	0.25	0.82	4.0

表 5-2　2023 年中国科技核心期刊（英文）来源指标刊名字顺索引（续）

CODE	刊名	来源文献量	文献选出率	AR论文量	平均引文数	平均作者数	地区分布数	机构分布数	海外论文比	基金论文比	引用半衰期
T100	CHINESE JOURNAL OF CHEMICAL ENGINEERING	372	0.97	372	49.1	6.1	27	129	0.13	0.82	6.5
C070	CHINESE JOURNAL OF CHEMICAL PHYSICS	88	0.92	88	44.8	5.2	17	39	0.01	0.93	8.9
I173	CHINESE JOURNAL OF CHEMISTRY	378	0.99	378	67.6	6.0	25	151	0.14	0.87	5.2
I116	CHINESE JOURNAL OF ELECTRONICS	121	1.00	121	32.9	4.4	24	79	0.11	0.86	6.1
I026	CHINESE JOURNAL OF INTEGRATIVE MEDICINE	126	0.97	125	47.6	7.6	21	89	0.13	0.67	6.0
I218	CHINESE JOURNAL OF MECHANICAL ENGINEERING	152	0.97	151	40.2	5.2	21	77	0.13	0.90	6.3
G101	CHINESE JOURNAL OF NATURAL MEDICINES	91	0.99	78	47.7	7.7	23	61	0.07	0.80	5.7
D017	CHINESE JOURNAL OF POLYMER SCIENCE	195	0.93	192	53.1	6.0	20	80	0.06	0.92	6.6
I219	CHINESE JOURNAL OF POPULATION, RESOURCES AND ENVIRONMENT	29	0.97	29	51.0	4.1	9	22	0.17	0.69	5.4
I200	CHINESE JOURNAL OF TRAUMATOLOGY	47	0.90	45	29.5	5.6	9	39	0.60	0.21	8.6
I201	CHINESE MEDICAL JOURNAL	490	0.98	233	29.1	8.4	26	232	0.09	0.60	5.7
G126	CHINESE MEDICAL SCIENCES JOURNAL	37	0.95	35	39.0	5.8	11	28	0.16	0.22	6.3
GB03	CHINESE NEUROSURGICAL JOURNAL	37	1.00	37	30.2	7.0	12	32	0.35	0.38	8.1
I071	CHINESE OPTICS LETTERS	236	1.00	234	34.6	6.9	19	98	0.10	0.82	6.7
C106	CHINESE PHYSICS B	1047	1.00	1047	42.6	5.8	29	331	0.10	0.85	8.0
C058	CHINESE PHYSICS C	259	1.00	259	61.3	24.9	25	152	0.32	0.66	10.4
C059	CHINESE PHYSICS LETTERS	233	0.94	227	45.5	6.3	22	89	0.15	0.89	7.3
G212	CHRONIC DISEASES AND TRANSLATIONAL MEDICINE	40	1.00	38	47.6	5.4	6	34	0.55	0.18	6.9
C095	COMMUNICATIONS IN THEORETICAL PHYSICS	203	1.00	203	49.8	3.3	26	136	0.33	0.60	9.4
I720	CSEE JOURNAL OF POWER AND ENERGY SYSTEMS	210	0.98	209	38.5	5.2	23	90	0.40	0.66	6.0
I226	DEFENCE TECHNOLOGY	230	0.99	230	45.8	5.0	19	109	0.28	0.57	7.4
J075	ENGINEERING	283	0.96	244	56.5	6.4	22	156	0.34	0.65	5.9
F005	ENTOMOTAXONOMIA	41	0.91	41	14.0	3.4	12	22	0.02	0.68	25.3
U649	FOOD SCIENCE AND HUMAN WELLNESS	236	0.96	236	58.0	6.9	26	118	0.23	0.75	7.5
Q784	FOREST ECOSYSTEMS	71	0.91	71	76.6	6.8	18	62	0.58	0.56	8.3
N092	FRICTION	146	1.00	146	58.2	5.7	23	94	0.42	0.68	7.9
I249	FRONTIERS IN ENERGY	58	0.97	55	67.9	4.9	16	42	0.29	0.60	5.3
V575	FRONTIERS OF ARCHITECTURAL RESEARCH	76	0.93	76	61.6	2.8	10	62	0.71	0.28	9.7
I248	FRONTIERS OF CHEMICAL SCIENCE AND ENGINEERING	167	0.98	167	57.4	6.5	26	99	0.20	0.78	4.9
I735	FRONTIERS OF COMPUTER SCIENCE	132	0.99	98	35.6	4.7	22	77	0.22	0.83	6.6
I220	FRONTIERS OF EARTH SCIENCE	81	0.99	79	53.2	6.0	18	50	0.22	0.80	8.7
S891	FRONTIERS OF INFORMATION TECHNOLOGY & ELECTRONIC ENGINEERING	127	0.89	127	42.3	5.1	21	76	0.13	0.77	5.1
I243	FRONTIERS OF MATERIALS SCIENCE	44	0.98	44	72.8	6.4	17	37	0.16	0.80	4.8
I250	FRONTIERS OF MATHEMATICS IN CHINA	31	1.00	31	30.5	1.9	18	26	0.00	0.32	17.7
I237	FRONTIERS OF MEDICINE	81	0.98	78	81.2	10.4	16	56	0.16	0.62	5.0
I132	FRONTIERS OF OPTOELECTRONICS	48	1.00	48	53.9	7.5	14	33	0.29	0.77	5.5
I726	FRONTIERS OF PHYSICS	115	1.00	115	97.8	5.9	23	74	0.17	0.87	6.2
I725	FRONTIERS OF STRUCTURAL AND CIVIL ENGINEERING	120	0.99	120	48.2	4.4	18	77	0.39	0.61	6.8

表 5-2 2023 年中国科技核心期刊（英文）来源指标刊名字顺索引（续）

CODE	刊名	来源文献量	文献选出率	AR论文量	平均引文数	平均作者数	地区分布数	机构分布数	海外论文比	基金论文比	引用半衰期
A909	FUNDAMENTAL RESEARCH	121	0.99	112	63.9	6.1	16	81	0.32	0.86	6.6
G343	GENERAL PSYCHIATRY	70	0.97	64	35.5	7.8	10	56	0.50	0.50	5.4
I222	GENOMICS PROTEOMICS & BIOINFORMATICS	96	0.95	90	68.7	12.3	18	70	0.34	0.69	6.5
E050	GEOSCIENCE FRONTIERS	138	0.94	134	93.2	5.9	20	98	0.67	0.48	9.9
Q744	GLOBAL ENERGY INTERCONNECTION	60	0.88	60	33.7	4.9	19	43	0.23	0.52	4.1
Z037	GREEN ENERGY & ENVIRONMENT	134	0.96	130	77.4	6.6	24	84	0.26	0.84	5.1
H062	HORTICULTURAL PLANT JOURNAL	94	1.00	94	67.1	8.0	19	48	0.13	0.77	9.4
H082	HORTICULTURE RESEARCH	305	1.00	299	67.4	9.6	27	130	0.33	0.72	7.6
R589	IEEE/CAA JOURNAL OF AUTOMATICA SINICA	231	0.96	163	44.1	4.2	25	125	0.39	0.65	4.7
Q709	INFECTIOUS DISEASES OF POVERTY	46	0.59	46	57.8	8.8	9	37	0.48	0.35	5.9
I012	INSECT SCIENCE	134	1.00	133	56.4	6.7	20	75	0.43	0.63	10.1
I168	INTERNATIONAL JOURNAL OF COAL SCIENCE & TECHNOLOGY	89	0.93	89	52.9	5.3	16	57	0.38	0.65	6.4
G889	INTERNATIONAL JOURNAL OF DERMATOLOGY AND VENEREOLOGY	47	0.94	32	22.8	5.1	11	38	0.38	0.36	6.2
N991	INTERNATIONAL JOURNAL OF EXTREME MANUFACTURING	80	1.00	80	130.3	7.3	15	49	0.48	0.68	5.5
K045	INTERNATIONAL JOURNAL OF MINERALS, METALLURGY AND MATERIALS	218	1.00	217	55.8	6.4	23	100	0.24	0.81	4.9
I184	INTERNATIONAL JOURNAL OF MINING SCIENCE AND TECHNOLOGY	113	1.00	113	44.9	6.0	19	54	0.25	0.78	7.0
Q748	INTERNATIONAL JOURNAL OF NURSING SCIENCES	74	0.89	73	44.6	5.1	13	62	0.61	0.23	5.5
Q213	INTERNATIONAL JOURNAL OF ORAL SCIENCE	56	0.98	56	95.8	8.9	11	39	0.36	0.61	7.2
I225	JOURNAL OF ACUPUNCTURE AND TUINA SCIENCE	63	0.90	63	30.0	7.2	16	41	0.03	0.67	6.3
H029	JOURNAL OF ANIMAL SCIENCE AND BIOTECHNOLOGY	171	1.00	171	72.3	7.9	15	75	0.47	0.56	7.7
E049	JOURNAL OF ARID LAND	90	1.00	90	64.1	5.2	17	62	0.37	0.69	6.5
N764	JOURNAL OF BIONIC ENGINEERING	177	1.00	177	56.8	5.1	22	109	0.40	0.62	5.4
I067	JOURNAL OF CENTRAL SOUTH UNIVERSITY	289	1.00	289	43.3	5.3	21	112	0.21	0.76	5.4
I227	JOURNAL OF CHINESE PHARMACEUTICAL SCIENCES	83	0.69	81	32.4	5.2	25	64	0.05	0.51	6.1
S051	JOURNAL OF COMPUTER SCIENCE AND TECHNOLOGY	86	0.92	86	46.8	4.8	14	50	0.30	0.84	6.3
E537	JOURNAL OF EARTH SCIENCE	159	0.99	148	60.5	5.5	23	89	0.27	0.65	11.1
I105	JOURNAL OF ENERGY CHEMISTRY	649	1.00	641	75.9	7.9	29	276	0.37	0.73	4.0
Z027	JOURNAL OF ENVIRONMENTAL SCIENCES	376	0.99	375	61.9	7.0	23	183	0.22	0.79	6.9
I018	JOURNAL OF FORESTRY RESEARCH	163	0.99	161	61.3	5.6	22	110	0.52	0.47	9.1
F013	JOURNAL OF GENETICS AND GENOMICS	117	1.00	112	54.9	9.6	20	83	0.17	0.81	6.5
I063	JOURNAL OF GEOGRAPHICAL SCIENCES	122	0.91	122	62.9	5.0	22	57	0.11	0.92	6.6
W015	JOURNAL OF HYDRODYNAMICS SERIES B	89	0.97	89	36.1	4.7	15	48	0.16	0.90	6.3
H017	JOURNAL OF INTEGRATIVE AGRICULTURE	295	0.99	292	52.2	7.9	27	109	0.19	0.76	8.3
G442	JOURNAL OF INTEGRATIVE MEDICINE	61	1.00	60	64.0	6.2	11	50	0.48	0.39	6.6
F029	JOURNAL OF INTEGRATIVE PLANT BIOLOGY	177	0.99	169	71.1	9.6	20	83	0.26	0.76	8.6
I142	JOURNAL OF IRON AND STEEL RESEARCH, INTERNATIONAL	220	0.97	220	40.0	6.1	23	63	0.08	0.84	7.6

表 5-2　2023 年中国科技核心期刊（英文）来源指标刊名字顺索引（续）

CODE	刊名	来源文献量	文献选出率	AR论文量	平均引文数	平均作者数	地区分布数	机构分布数	海外论文比	基金论文比	引用半衰期
I229	JOURNAL OF MARINE SCIENCE AND APPLICATION	68	1.00	67	47.9	3.8	11	44	0.60	0.32	6.3
M015	JOURNAL OF MATERIALS SCIENCE & TECHNOLOGY	809	0.96	806	68.3	7.7	29	278	0.30	0.78	5.4
E092	JOURNAL OF METEOROLOGICAL RESEARCH	60	1.00	60	54.8	5.4	12	27	0.22	0.90	9.4
F021	JOURNAL OF MOLECULAR CELL BIOLOGY	78	1.00	72	47.9	8.8	17	64	0.38	0.64	7.2
I230	JOURNAL OF MOUNTAIN SCIENCE	240	0.94	240	58.2	5.4	27	155	0.33	0.61	8.0
I120	JOURNAL OF OCEAN UNIVERSITY OF CHINA	158	0.99	158	41.8	5.8	17	57	0.06	0.83	10.1
E012	JOURNAL OF OCEANOLOGY AND LIMNOLOGY	182	0.99	181	52.8	5.9	21	81	0.19	0.79	10.9
GC01	JOURNAL OF PANCREATOLOGY	32	1.00	29	62.3	8.6	7	19	0.22	0.44	6.8
M035	JOURNAL OF RARE EARTHS	236	1.00	236	48.8	6.7	28	160	0.31	0.69	6.4
F208	JOURNAL OF RESOURCES AND ECOLOGY	124	0.95	124	37.5	4.1	21	76	0.14	0.72	7.7
C010	JOURNAL OF ROCK MECHANICS AND GEOTECHNICAL ENGINEERING (JRMGE)	229	0.99	229	59.2	4.6	21	140	0.55	0.55	8.5
R062	JOURNAL OF SEMICONDUCTORS	151	0.96	131	47.9	6.1	19	76	0.27	0.67	5.1
F039	JOURNAL OF SYSTEMATICS AND EVOLUTION	80	0.99	78	79.0	7.2	20	59	0.60	0.60	10.9
I144	JOURNAL OF SYSTEMS ENGINEERING AND ELECTRONICS	132	0.94	132	37.1	4.2	17	53	0.03	0.71	6.6
X053	JOURNAL OF TRAFFIC AND TRANSPORTATION ENGINEERING ENGLISH EDITION	64	0.91	64	90.4	4.5	12	40	0.50	0.61	7.2
I090	JOURNAL OF WUHAN UNIVERSITY OF TECHNOLOGY MATERIALS SCIENCE EDITION	185	0.97	185	30.5	5.4	23	104	0.09	0.77	8.2
I041	JOURNAL OF ZHEJIANG UNIVERSITY SCIENCE A	81	0.88	81	50.1	5.2	15	41	0.14	0.79	6.3
I159	JOURNAL OF ZHEJIANG UNIVERSITY SCIENCE B	99	0.88	98	54.4	7.6	21	65	0.14	0.76	5.4
I254	LIGHT SCIENCE & APPLICATIONS	284	0.96	217	48.6	7.1	19	162	0.65	0.32	5.9
I224	MACHINE INTELLIGENCE RESEARCH	57	0.98	57	83.5	5.2	11	39	0.35	0.63	4.9
GB01	MEDICAL REVIEW	44	0.98	35	80.9	3.7	10	37	0.48	0.57	4.9
Q716	MILITARY MEDICAL RESEARCH	67	0.97	52	79.5	8.8	14	54	0.54	0.52	5.4
F019	MOLECULAR PLANT	178	0.98	120	62.3	8.1	21	114	0.54	0.53	7.2
I137	NANO RESEARCH	1315	1.00	1314	65.3	8.1	28	373	0.23	0.84	4.6
M705	NANO-MICRO LETTERS	239	1.00	238	98.1	8.5	23	128	0.46	0.74	3.8
M655	NANOTECHNOLOGY AN PRECISION ENGINEERING	32	0.94	32	46.1	5.3	11	22	0.22	0.59	6.4
I255	NATIONAL SCIENCE REVIEW	331	0.90	243	46.2	8.0	22	184	0.45	0.70	5.8
I232	NEURAL REGENERATION RESEARCH	509	0.99	336	55.4	5.4	25	385	0.62	0.37	6.4
G278	NEUROSCIENCE BULLETIN	169	0.98	140	66.1	6.3	18	103	0.14	0.73	7.7
I074	NUCLEAR SCIENCE AND TECHNIQUES	202	0.99	193	44.9	7.9	20	78	0.20	0.61	7.5
G616	ONCOLOGY AND TRANSLATIONAL MEDICINE	35	0.97	35	46.2	4.3	12	28	0.14	0.43	5.4
I202	PARTICUOLOGY	184	1.00	184	51.4	5.5	24	125	0.34	0.68	7.3
H046	PEDOSPHERE	83	0.88	78	86.9	6.4	14	71	0.71	0.39	9.1
F007	PLANT DIVERSITY	72	0.92	69	66.6	5.5	16	46	0.53	0.67	11.0
I129	PROTEIN & CELL	92	1.00	81	59.5	10.7	12	61	0.30	0.64	7.3
I050	RARE METALS	394	1.00	394	52.0	6.9	29	177	0.26	0.84	5.5
Q440	RESEARCH	268	1.00	267	68.4	8.9	26	152	0.31	0.67	5.2
C072	RESEARCH IN ASTRONOMY AND ASTROPHYSICS	281	0.96	280	55.7	6.6	24	117	0.32	0.62	10.5

表 5-2　2023 年中国科技核心期刊（英文）来源指标刊名字顺索引（续）

CODE	刊名	来源文献量	文献选出率	AR论文量	平均引文数	平均作者数	地区分布数	机构分布数	海外论文比	基金论文比	引用半衰期
I065	RICE SCIENCE	62	0.91	62	60.6	7.2	11	51	0.44	0.52	8.4
I083	SCIENCE BULLETIN	482	0.95	377	36.4	7.6	26	225	0.36	0.82	4.8
I146	SCIENCE CHINA CHEMISTRY	346	0.99	318	71.1	6.6	22	123	0.15	0.86	4.8
A146	SCIENCE CHINA INFORMATION SCIENCES	347	0.97	220	36.4	5.5	22	119	0.20	0.92	5.7
I150	SCIENCE CHINA LIFE SCIENCES	226	0.99	189	71.3	9.9	25	129	0.22	0.78	6.6
M114	SCIENCE CHINA MATERIALS	516	0.98	489	53.9	7.7	27	190	0.19	0.85	4.5
I189	SCIENCE CHINA MATHEMATICS	125	0.92	124	33.4	2.4	20	83	0.31	0.76	15.4
I157	SCIENCE CHINA PHYSICS, MECHANICS & ASTRONOMY	210	0.89	192	73.9	7.1	25	108	0.24	0.81	7.3
I091	SCIENCE CHINA TECHNOLOGICAL SCIENCES	289	0.99	281	51.7	5.8	24	124	0.15	0.88	5.3
Q718	SIGNAL TRANSDUCTION AND TARGETED THERAPY	458	0.98	324	129.4	10.0	23	250	0.37	0.66	6.2
H064	THE CROP JOURNAL	192	0.97	192	63.5	9.7	21	74	0.23	0.77	8.5
I017	TRANSACTIONS OF NANJING UNIVERSITY OF AERONAUTICS & ASTRONAUTICS	61	0.91	61	28.2	4.7	11	32	0.03	0.64	6.4
M104	TRANSACTIONS OF NONFERROUS METALS SOCIETY OF CHINA	293	1.00	293	41.1	6.1	26	97	0.15	0.85	6.6
I009	TSINGHUA SCIENCE AND TECHNOLOGY	91	0.96	91	37.6	4.9	21	56	0.25	0.77	6.3
G095	VIROLOGICA SINICA	103	1.00	99	48.5	10.5	22	81	0.14	0.86	6.0
W030	WATER SCIENCE AND ENGINEERING	45	0.94	45	40.7	4.6	11	31	0.47	0.51	7.7
I239	WORLD JOURNAL OF ACUPUNCTURE-MOXIBUSTION	54	0.86	46	37.4	5.8	21	33	0.02	0.65	5.6
GG01	WORLD JOURNAL OF PEDIATRICS	119	0.90	117	45.4	8.6	10	88	0.52	0.28	6.3
Q707	WORLD JOURNAL OF TRADITIONAL CHINESE MEDICINE	48	0.94	48	46.4	7.5	13	35	0.48	0.50	6.2
I008	WUHAN UNIVERSITY JOURNAL OF NATURAL SCIENCES	63	0.98	62	22.1	3.6	17	44	0.02	0.67	6.8
F022	ZOOLOGICAL RESEARCH	110	0.99	92	59.1	8.2	21	70	0.40	0.74	7.6
F014	ZOOLOGICAL SYSTEMATICS	19	0.79	19	39.4	4.3	12	18	0.26	0.74	17.1

6　2023 年各学科分类期刊整体情况

表 6-1　2023 年各学科分类期刊数量、核心总被引频次和核心影响因子

表格	学科分类	期刊数量	核心总被引频次		核心影响因子		表格	学科分类	期刊数量	核心总被引频次		核心影响因子	
			平均值	中值	平均值	中值				平均值	中值	平均值	中值
表 7-1	自然科学综合	16	1738	659	1.016	0.828	表 7-36	临床诊断学	14	1293	1148	0.854	0.728
表 7-2	自然科学综合大学学报	56	654	446	0.652	0.559	表 7-37	保健医学	16	1297	903	0.959	0.859
表 7-3	自然科学师范大学学报	26	398	375	0.564	0.541	表 7-38	内科学综合	5	1553	1131	1.200	1.153
表 7-4	数学	26	376	178	0.287	0.191	表 7-39	呼吸病学、结核病学	6	1723	1498	1.114	0.733
表 7-5	信息科学与系统科学	11	1580	925	1.223	1.181	表 7-40	消化病学	19	1123	981	0.830	0.596
表 7-6	力学	19	2659	983	1.335	0.990	表 7-41	血液病学、肾脏病学	12	1005	957	0.788	0.781
表 7-7	物理学	41	1134	623	0.720	0.615	表 7-42	内分泌病学与代谢病学、风湿病学	8	1566	1172	1.620	1.395
表 7-8	化学	40	1343	1055	0.961	0.817							
表 7-9	天文学	5	501	395	0.434	0.418	表 7-43	感染性疾病学、传染病学	11	1204	651	1.096	1.071
表 7-10	地球科学综合	16	2399	1624	1.490	1.370	表 7-44	外科学综合	23	1129	797	0.937	0.781
表 7-11	大气科学	20	1775	1615	1.796	1.670	表 7-45	普通外科学、胸外科学、心血管外科学	28	864	629	0.885	0.717
表 7-12	地球物理学	17	1545	845	0.803	0.707							
表 7-13	地理学	25	3012	1580	1.919	1.513	表 7-46	心血管病学	21	1247	1097	1.109	0.909
表 7-14	地质学	40	1999	1487	1.406	1.350	表 7-47	泌尿外科学	7	845	658	0.744	0.663
表 7-15	海洋科学、水文学	26	1096	823	0.819	0.741	表 7-48	骨外科学	16	1073	918	0.859	0.746
表 7-16	生物学基础学科	28	1194	881	0.992	0.792	表 7-49	烧伤外科学、整形外科学	9	1365	1064	0.951	0.753
表 7-17	生态学	8	8317	4014	2.026	1.887	表 7-50	妇产科学	9	1584	1273	1.217	0.974
表 7-18	植物学	12	2405	1835	1.486	1.303	表 7-51	儿科学	18	1137	799	0.819	0.657
表 7-19	昆虫学、动物学	13	877	742	0.690	0.754	表 7-52	眼科学	11	896	684	0.641	0.549
表 7-20	微生物学、病毒学	12	1184	625	0.994	0.873	表 7-53	耳鼻咽喉科学	10	990	715	0.698	0.669
表 7-21	心理学	6	2775	2924	1.117	1.203	表 7-54	口腔医学	21	557	431	0.638	0.601
表 7-22	农业综合	40	2465	1954	1.101	0.981	表 7-55	皮肤病学	9	1062	836	0.660	0.506
表 7-23	农业大学学报	30	1556	1319	1.218	1.199	表 7-56	性医学	4	1193	1202	0.891	0.873
表 7-24	农艺学	22	1867	1413	1.273	1.156	表 7-57	神经病学、精神病学	35	964	808	0.830	0.710
表 7-25	园艺学	15	2035	1668	1.451	1.309	表 7-58	核医学、医学影像学	26	1503	1413	0.939	0.917
表 7-26	土壤学	8	3483	3394	2.367	2.130	表 7-59	肿瘤学	34	795	581	1.194	0.925
表 7-27	植物保护学	11	1436	1433	1.072	1.111	表 7-60	护理学	13	3666	3066	1.426	1.309
表 7-28	林学	26	1417	1068	1.122	1.189	表 7-61	预防医学与公共卫生学综合	24	1616	1316	1.123	0.899
表 7-29	畜牧、兽医科学	21	1868	1484	0.976	0.821	表 7-62	流行病学、环境医学	24	1338	1202	0.954	0.876
表 7-30	草原学	5	3599	4313	2.032	2.498	表 7-63	优生学、计划生育学	8	1114	1068	0.732	0.649
表 7-31	水产学	13	1353	1219	1.147	1.117	表 7-64	军事医学与特种医学	7	674	687	0.759	0.655
表 7-32	医学综合	42	1581	1197	0.798	0.655	表 7-65	卫生管理学、健康教育学	24	1513	1424	1.068	1.101
表 7-33	医药大学学报	55	867	827	0.715	0.728	表 7-66	药学	47	1531	1084	0.903	0.808
表 7-34	基础医学	32	904	745	0.737	0.620	表 7-67	中医学	27	3921	2928	1.243	1.160
表 7-35	临床医学综合	40	1644	1348	0.904	0.790	表 7-68	中医药大学学报	12	2055	1805	1.284	1.173

表 6-1　2023 年各学科分类期刊数量、核心总被引频次和核心影响因子（续）

表格	学科分类	期刊数量	核心总被引频次		核心影响因子		表格	学科分类	期刊数量	核心总被引频次		核心影响因子	
			平均值	中值	平均值	中值				平均值	中值	平均值	中值
表 7-69	中西医结合医学	12	1870	1152	0.996	0.923	表 7-92	通信技术	19	718	585	0.860	0.774
表 7-70	中药学	25	5188	2928	1.481	1.315	表 7-93	计算机科学技术	36	1935	1403	1.035	0.844
表 7-71	针灸、中医骨伤	9	2061	1850	1.341	1.165	表 7-94	化学工程综合	35	1180	608	0.641	0.620
表 7-72	工程与技术科学基础学科	27	1901	1322	1.068	0.944	表 7-95	高聚物工程	12	889	679	0.677	0.729
表 7-73	工程技术大学学报	89	1025	712	0.863	0.832	表 7-96	精细化学工程	10	1023	650	0.621	0.506
表 7-74	信息与系统科学相关工程与技术	21	1345	1103	0.971	0.942	表 7-97	应用化学工程	14	664	532	0.775	0.749
							表 7-98	仪器仪表技术	10	1681	1140	0.981	0.761
表 7-75	生物工程	8	1015	599	0.913	0.959	表 7-99	兵器科学与技术	21	1108	842	0.861	0.785
表 7-76	农业工程	22	3658	2029	1.585	1.492	表 7-100	纺织科学技术	9	715	520	0.589	0.544
表 7-77	生物医学工程学	12	1312	677	0.743	0.664	表 7-101	食品科学技术	29	3618	1415	1.258	1.253
表 7-78	测绘科学技术	15	1911	1548	1.286	0.994	表 7-102	建筑科学与技术	35	1540	1289	0.872	0.613
表 7-79	材料科学综合	29	1965	1404	1.129	0.820	表 7-103	土木工程	12	4317	1286	1.471	1.405
表 7-80	金属材料	23	1589	1116	1.089	0.907	表 7-104	水利工程	25	1777	1515	1.425	1.162
表 7-81	矿山工程技术	26	1683	1403	1.295	1.086	表 7-105	交通运输工程	10	893	576	0.994	1.017
表 7-82	冶金工程技术	11	1091	1025	1.011	0.873	表 7-106	公路运输	13	1811	1895	1.021	0.718
表 7-83	机械工程设计	25	2186	1509	0.907	0.870	表 7-107	铁路运输	9	1650	1511	0.887	0.683
表 7-84	机械制造工艺与设备	27	1257	980	0.806	0.741	表 7-108	水路运输	16	1048	1002	0.873	0.662
表 7-85	动力工程	15	790	474	0.755	0.573	表 7-109	航空、航天科学技术	41	1127	731	0.859	0.840
表 7-86	电气工程	39	3797	1505	2.159	1.710	表 7-110	环境科学技术及资源科学技术	38	3231	1904	1.639	1.248
表 7-87	能源科学综合	22	2262	1236	1.378	1.283							
表 7-88	石油天然气工程	41	1936	1444	1.955	1.585	表 7-111	安全科学技术	11	1870	1482	1.220	1.272
表 7-89	核科学技术	12	745	454	0.643	0.472	表 7-112	管理学	27	3256	2154	2.526	1.932
表 7-90	电子技术	28	1365	810	0.786	0.608							
表 7-91	光电子学与激光技术	17	1638	1094	0.966	0.961							

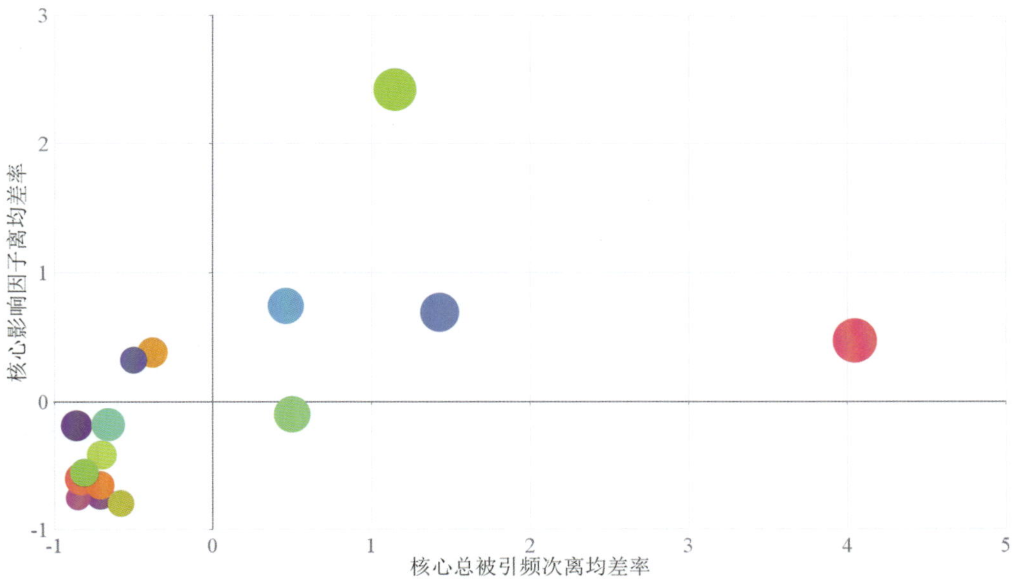

2023 年自然科学综合类期刊核心总被引频次和核心影响因子离均差率的分布图
（节点大小表示综合评价总分）

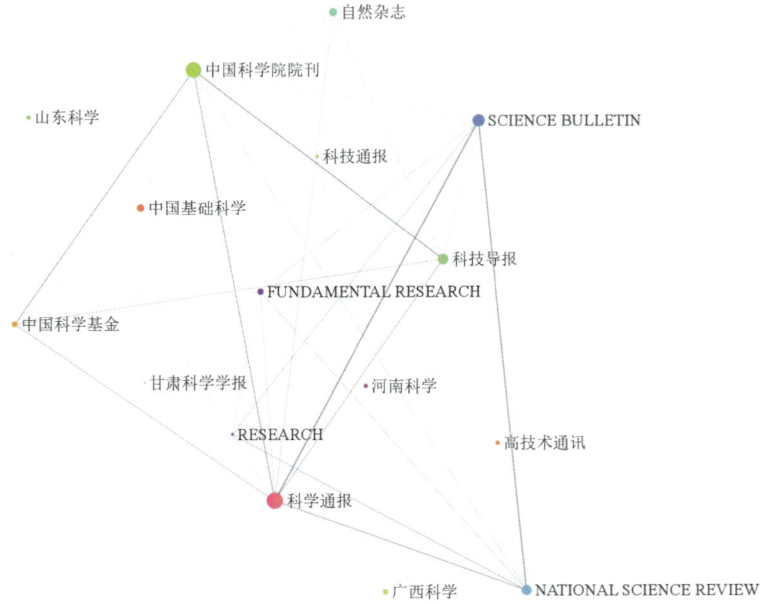

2023 年自然科学综合类期刊互引关系示意图

表 7-1　2023 年自然科学综合类期刊主要指标

CODE	刊名	核心总被引频次			核心影响因子			综合评价总分		学科扩散指标	学科影响指标	红点指标
		数值	排名	离均差率	数值	排名	离均差率	数值	排名			
A909	FUNDAMENTAL RESEARCH	244	16	−0.86	0.824	9	−0.19	34.4	8	7.44	0.50	0.03
I255	NATIONAL SCIENCE REVIEW	2534	5	0.46	1.770	2	0.74	46.3	5	34.44	0.56	0.03
Q440	RESEARCH	862	7	−0.50	1.340	6	0.32	26.0	14	11.38	0.38	0.00
I083	SCIENCE BULLETIN	4229	2	1.43	1.715	3	0.69	53.8	3	47.75	0.81	0.03
A034	甘肃科学学报	253	15	−0.85	0.248	15	−0.76	21.4	16	11.88	0.06	0.31
A080	高技术通讯	498	12	−0.71	0.343	13	−0.66	28.4	13	14.63	0.19	0.33
A535	广西科学	516	10	−0.70	0.594	10	−0.42	32.0	10	14.88	0.19	0.38
A011	河南科学	512	11	−0.71	0.269	14	−0.74	28.5	12	20.44	0.25	0.32
A645	科技导报	2611	4	0.50	0.914	7	−0.10	47.6	4	62.81	0.56	0.37
A083	科技通报	724	8	−0.58	0.208	16	−0.80	25.5	15	25.88	0.31	0.33
A075	科学通报	8778	1	4.05	1.491	4	0.47	69.5	1	78.63	0.81	0.16
A637	山东科学	323	13	−0.81	0.443	11	−0.56	28.7	11	13.44	0.13	0.49
A079	中国基础科学	301	14	−0.83	0.392	12	−0.61	37.7	7	13.63	0.25	0.17
A081	中国科学基金	1080	6	−0.38	1.405	5	0.38	32.7	9	28.50	0.44	0.52
A636	中国科学院院刊	3744	3	1.15	3.474	1	2.42	65.3	2	56.50	0.81	0.61
A905	自然杂志	594	9	−0.66	0.832	8	−0.18	39.7	6	24.06	0.38	0.20
	16 种期刊平均值	1738			1.016							

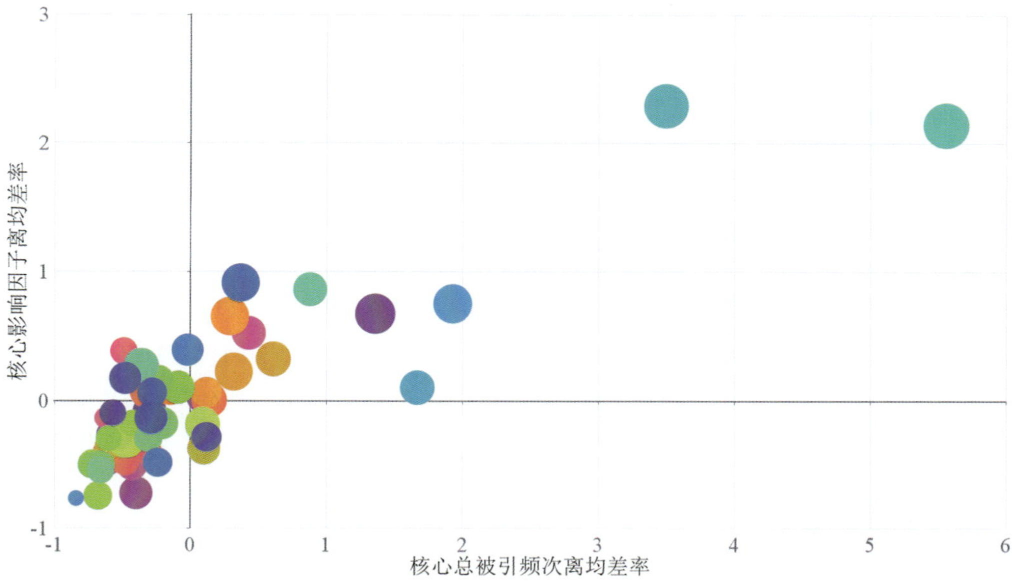

2023 年自然科学综合大学学报类期刊核心总被引频次和核心影响因子离均差率的分布图
（节点大小表示综合评价总分）

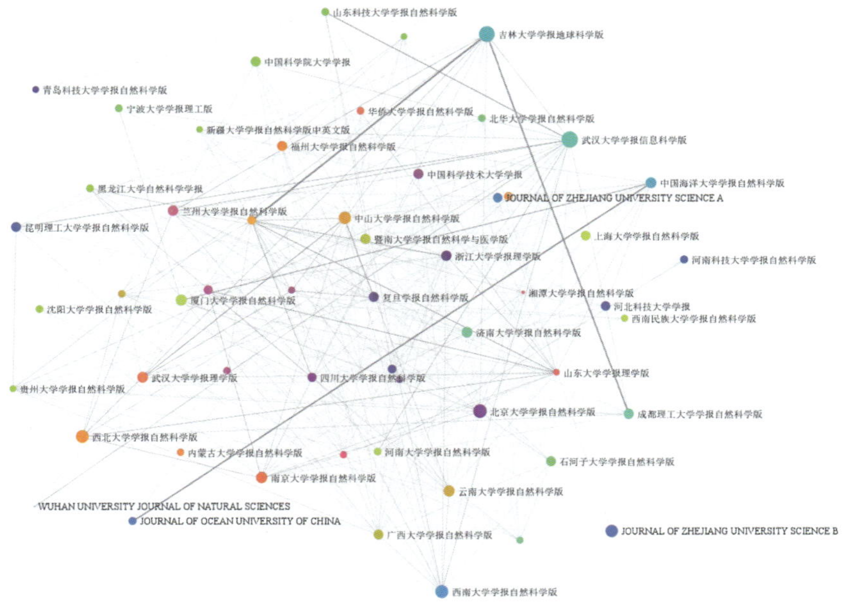

2023 年自然科学综合大学学报类期刊互引关系示意图

表 7-2　2023 年自然科学综合大学学报类期刊主要指标

CODE	刊名	核心总被引频次			核心影响因子			综合评价总分		学科扩散指标	学科影响指标	红点指标
		数值	排名	离均差率	数值	排名	离均差率	数值	排名			
I120	JOURNAL OF OCEAN UNIVERSITY OF CHINA	499	23	−0.24	0.334	48	−0.49	31.1	33	3.23	0.13	0.00
I041	JOURNAL OF ZHEJIANG UNIVERSITY SCIENCE A	644	18	−0.02	0.908	9	0.39	37.2	25	4.45	0.14	0.00
I159	JOURNAL OF ZHEJIANG UNIVERSITY SCIENCE B	899	9	0.37	1.246	3	0.91	51.7	6	7.84	0.13	0.00
I008	WUHAN UNIVERSITY JOURNAL OF NATURAL SCIENCES	107	56	−0.84	0.152	56	−0.77	9.2	56	1.07	0.05	0.00
A003	安徽大学学报自然科学版	265	46	−0.59	0.476	33	−0.27	27.3	44	3.13	0.07	0.32
A652	北华大学学报自然科学版	448	28	−0.31	0.459	36	−0.30	28.5	42	4.43	0.05	0.27
A005	北京大学学报自然科学版	1541	5	1.36	1.086	6	0.67	57.3	3	10.14	0.45	0.29
E102	成都理工大学学报自然科学版	1229	6	0.88	1.209	4	0.86	41.1	15	3.86	0.14	0.27
A029	福州大学学报自然科学版	557	20	−0.15	0.707	20	0.09	39.0	20	5.43	0.16	0.48
A001	复旦学报自然科学版	426	30	−0.35	0.812	13	0.25	38.8	21	4.86	0.14	0.28
A042	广西大学学报自然科学版	719	15	0.10	0.405	43	−0.38	38.2	23	6.50	0.30	0.37
A077	贵州大学学报自然科学版	371	34	−0.43	0.535	30	−0.18	25.1	51	3.66	0.23	0.36
A031	河北大学学报自然科学版	299	43	−0.54	0.444	38	−0.32	32.4	32	3.57	0.05	0.30
J058	河北科技大学学报	338	38	−0.48	0.764	16	0.17	36.5	27	3.82	0.04	0.46
A067	河南大学学报自然科学版	310	42	−0.53	0.472	34	−0.28	28.6	41	3.21	0.11	0.51
J014	河南科技大学学报自然科学版	469	24	−0.28	0.690	23	0.06	30.8	34	4.23	0.14	0.39
A084	黑龙江大学自然科学学报	208	53	−0.68	0.162	55	−0.75	29.3	37	2.63	0.13	0.30
A039	湖北大学学报自然科学版	260	48	−0.60	0.414	42	−0.36	27.8	43	3.39	0.11	0.35
A021	华侨大学学报自然科学版	343	37	−0.48	0.341	46	−0.48	29.8	35	3.84	0.13	0.38
E116	吉林大学学报地球科学版	2943	2	3.50	2.146	1	2.29	70.7	2	6.55	0.36	0.36
A035	吉林大学学报理学版	734	13	0.12	0.690	22	0.06	33.1	30	5.11	0.45	0.47
A656	济南大学学报自然科学版	420	31	−0.36	0.827	12	0.27	42.5	12	4.59	0.14	0.38
A045	暨南大学学报自然科学与医学版	409	32	−0.37	0.799	14	0.23	39.2	19	4.73	0.11	0.26
J020	昆明理工大学学报自然科学版	467	25	−0.29	0.558	29	−0.14	38.6	22	5.14	0.23	0.39
A016	兰州大学学报自然科学版	937	8	0.43	0.991	8	0.52	41.2	14	6.29	0.25	0.33
K008	辽宁工程技术大学学报自然科学版	734	14	0.12	0.461	35	−0.29	33.1	31	5.30	0.21	0.41
A013	南昌大学学报理科版	313	41	−0.52	0.423	40	−0.35	28.6	40	3.25	0.13	0.28
A025	南京大学学报自然科学版	744	12	0.14	0.650	25	0.00	44.5	8	6.84	0.32	0.48
A008	南开大学学报自然科学版	267	45	−0.59	0.337	47	−0.48	26.2	49	3.29	0.13	0.37

表 7-2　2023 年自然科学综合大学学报类期刊主要指标（续）

CODE	刊名	核心总被引频次			核心影响因子			综合评价总分		学科扩散指标	学科影响指标	红点指标
		数值	排名	离均差率	数值	排名	离均差率	数值	排名			
A026	内蒙古大学学报自然科学版	251	49	−0.62	0.379	44	−0.42	26.6	47	2.66	0.05	0.25
A506	宁波大学学报理工版	224	51	−0.66	0.317	52	−0.51	29.2	39	3.04	0.11	0.32
A110	宁夏大学学报自然科学版	174	55	−0.73	0.320	50	−0.51	25.0	52	2.32	0.16	0.34
T012	青岛科技大学学报自然科学版	281	44	−0.57	0.587	27	−0.10	25.3	50	2.68	0.05	0.32
A020	山东大学学报理学版	455	27	−0.30	0.378	45	−0.42	24.8	53	4.00	0.48	0.20
A141	山东科技大学学报自然科学版	502	22	−0.23	0.759	17	0.16	29.2	38	3.84	0.16	0.38
A014	山西大学学报自然科学版	370	35	−0.43	0.318	51	−0.51	34.8	29	4.52	0.20	0.39
A056	上海大学学报自然科学版	350	36	−0.46	0.434	39	−0.33	36.9	26	4.55	0.16	0.39
A074	沈阳大学学报自然科学版	182	54	−0.72	0.324	49	−0.50	29.3	36	2.63	0.11	0.44
A615	石河子大学学报自然科学版	515	21	−0.21	0.534	31	−0.18	38.1	24	4.82	0.05	0.41
A006	四川大学学报自然科学版	713	16	0.09	0.662	24	0.02	34.9	28	6.29	0.25	0.34
A024	武汉大学学报理学版	444	29	−0.32	0.699	21	0.07	42.3	13	4.95	0.34	0.48
E107	武汉大学学报信息科学版	4287	1	5.56	2.048	2	2.14	74.2	1	9.50	0.43	0.29
A032	西北大学学报自然科学版	846	11	0.29	1.074	7	0.65	52.0	5	6.86	0.25	0.33
H004	西南大学学报自然科学版	1918	3	1.93	1.139	5	0.75	54.5	4	10.18	0.39	0.38
A060	西南民族大学学报自然科学版	336	39	−0.49	0.421	41	−0.35	26.9	45	3.39	0.07	0.35
A063	厦门大学学报自然科学版	710	17	0.09	0.529	32	−0.19	44.3	9	6.89	0.29	0.31
A018	湘潭大学学报自然科学版	241	50	−0.63	0.559	28	−0.14	15.3	55	2.18	0.13	0.36
A087	新疆大学学报自然科学版中英文版	262	47	−0.60	0.457	37	−0.30	24.2	54	2.88	0.13	0.28
A038	云南大学学报自然科学版	1053	7	0.61	0.862	11	0.32	43.5	10	8.04	0.30	0.44
A654	云南民族大学学报自然科学版	221	52	−0.66	0.293	53	−0.55	26.3	48	2.66	0.13	0.45
A002	浙江大学学报理学版	457	26	−0.30	0.591	26	−0.09	40.9	16	5.57	0.29	0.31
A019	郑州大学学报理学版	334	40	−0.49	0.900	10	0.38	26.7	46	2.93	0.23	0.51
E313	中国海洋大学学报自然科学版	1743	4	1.67	0.714	19	0.10	42.8	11	8.13	0.30	0.25
A007	中国科学技术大学学报	393	33	−0.40	0.177	54	−0.73	39.3	18	5.05	0.27	0.04
A102	中国科学院大学学报	596	19	−0.09	0.719	18	0.10	39.4	17	5.88	0.21	0.34
A036	中山大学学报自然科学版	860	10	0.32	0.797	15	0.22	50.7	7	8.34	0.30	0.25
	56 种期刊平均值	654			0.652							

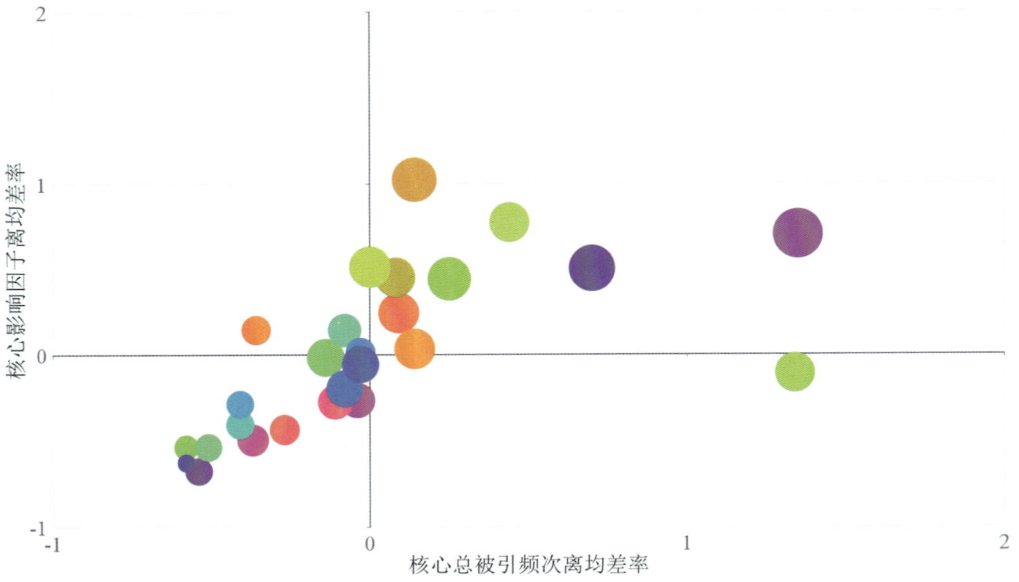

2023 年自然科学师范大学学报类期刊核心总被引频次和核心影响因子离均差率的分布图
（节点大小表示综合评价总分）

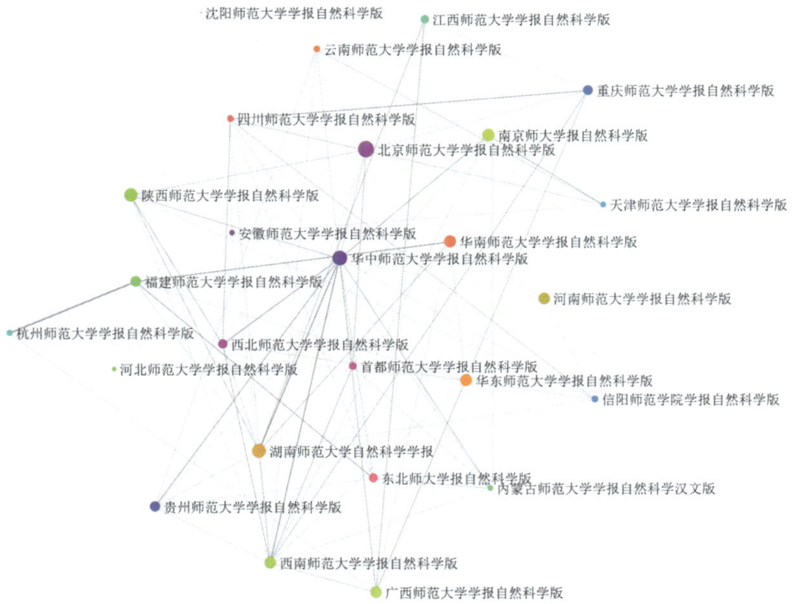

2023 年自然科学师范大学学报类期刊互引关系示意图

表 7-3　2023 年自然科学师范大学学报类期刊主要指标

CODE	刊名	核心总被引频次			核心影响因子			综合评价总分		学科扩散指标	学科影响指标	红点指标
		数值	排名	离均差率	数值	排名	离均差率	数值	排名			
A009	安徽师范大学学报自然科学版	184	24	−0.54	0.181	26	−0.68	27.2	23	5.42	0.19	0.34
A010	北京师范大学学报自然科学版	938	1	1.35	0.961	3	0.70	88.5	1	14.46	0.50	0.27
A512	重庆师范大学学报自然科学版	366	14	−0.08	0.453	16	−0.20	47.3	13	9.08	0.35	0.32
A030	东北师大学报自然科学版	354	16	−0.11	0.405	18	−0.28	43.1	15	8.27	0.23	0.31
A078	福建师范大学学报自然科学版	344	17	−0.14	0.553	13	−0.02	51.2	11	8.08	0.38	0.33
A062	广西师范大学学报自然科学版	574	4	0.44	0.996	2	0.77	57.3	8	9.54	0.42	0.39
A527	贵州师范大学学报自然科学版	386	11	−0.03	0.528	14	−0.06	49.1	12	9.00	0.31	0.41
A191	杭州师范大学学报自然科学版	236	22	−0.41	0.332	20	−0.41	28.6	21	6.04	0.23	0.11
A076	河北师范大学学报自然科学版	167	26	−0.58	0.262	23	−0.54	21.6	25	4.54	0.08	0.33
A058	河南师范大学学报自然科学版	429	9	0.08	0.819	6	0.45	56.1	10	9.65	0.15	0.26
A055	湖南师范大学自然科学学报	455	7	0.14	1.141	1	1.02	71.2	3	9.73	0.27	0.55
A054	华东师范大学学报自然科学版	455	6	0.14	0.582	11	0.03	58.7	7	10.15	0.54	0.30
A052	华南师范大学学报自然科学版	436	8	0.09	0.697	8	0.24	59.0	6	10.62	0.38	0.40
A004	华中师范大学学报自然科学版	677	3	0.70	0.846	5	0.50	77.4	2	13.50	0.69	0.37
A112	江西师范大学学报自然科学版	365	15	−0.08	0.643	9	0.14	39.7	16	6.65	0.38	0.30
A061	南京师大学报自然科学版	399	10	0.00	0.852	4	0.51	60.7	5	10.00	0.27	0.35
A111	内蒙古师范大学学报自然科学汉文版	195	23	−0.51	0.260	24	−0.54	26.6	24	5.12	0.19	0.29
A066	陕西师范大学学报自然科学版	499	5	0.25	0.811	7	0.44	67.7	4	11.38	0.42	0.29
A586	沈阳师范大学学报自然科学版	169	25	−0.58	0.211	25	−0.63	11.8	26	3.85	0.12	0.30
A023	首都师范大学学报自然科学版	251	20	−0.37	0.280	22	−0.50	35.8	17	7.35	0.35	0.29
A033	四川师范大学学报自然科学版	290	18	−0.27	0.315	21	−0.44	32.3	18	6.73	0.38	0.27
A504	天津师范大学学报自然科学版	237	21	−0.41	0.399	19	−0.29	27.5	22	5.23	0.15	0.29
A022	西北师范大学学报自然科学版	383	13	−0.04	0.414	17	−0.27	44.3	14	9.35	0.50	0.33
A064	西南师范大学学报自然科学版	932	2	1.34	0.502	15	−0.11	56.3	9	16.27	0.46	0.37
A510	信阳师范学院学报自然科学版	385	12	−0.03	0.572	12	0.01	31.7	19	7.96	0.27	0.22
A053	云南师范大学学报自然科学版	253	19	−0.36	0.642	10	0.14	30.7	20	6.35	0.35	0.27
	26 种期刊平均值	398			0.564							

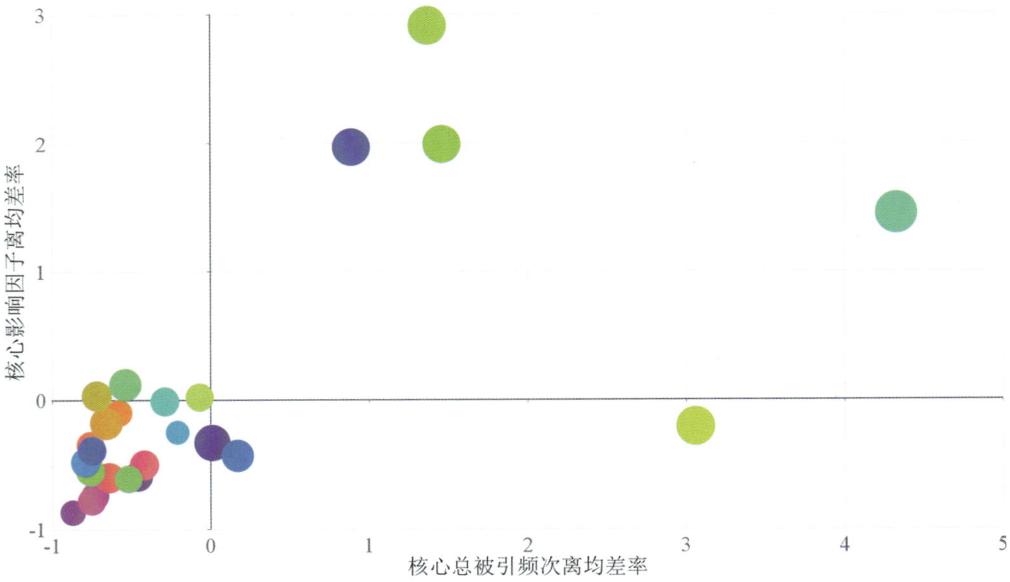

2023 年数学类期刊核心总被引频次和核心影响因子离均差率的分布图
（节点大小表示综合评价总分）

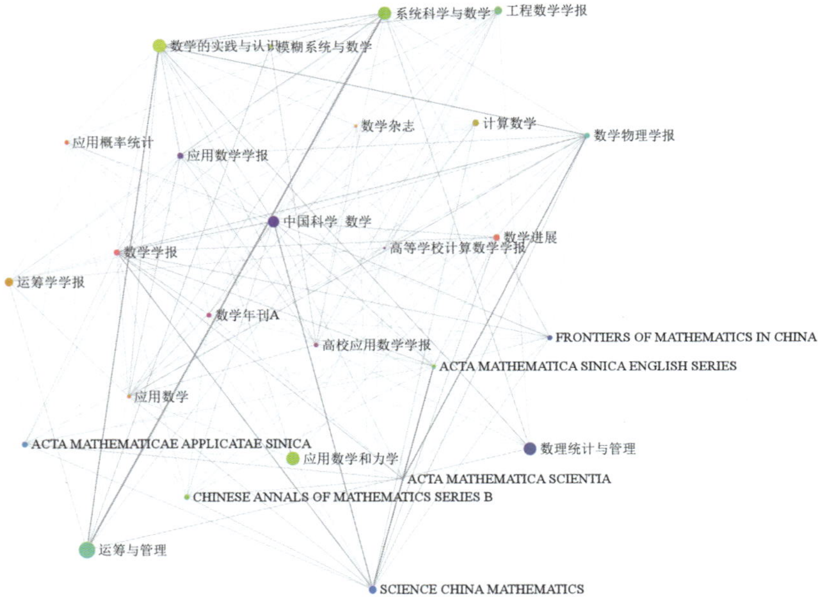

2023 年数学类期刊互引关系示意图

表 7-4 2023 年数学类期刊主要指标

CODE	刊名	核心总被引频次			核心影响因子			综合评价总分		学科扩散指标	学科影响指标	红点指标
		数值	排名	离均差率	数值	排名	离均差率	数值	排名			
C096	ACTA MATHEMATICA SCIENTIA	298	9	−0.21	0.215	12	−0.25	20.6	26	2.38	0.81	0.10
B030	ACTA MATHEMATICA SINICA ENGLISH SERIES	182	13	−0.52	0.112	23	−0.61	26.7	22	2.31	0.85	0.06
I051	ACTA MATHEMATICAE APPLICATAE SINICA	79	25	−0.79	0.150	17	−0.48	31.1	13	1.69	0.69	0.10
B023	CHINESE ANNALS OF MATHEMATICS SERIES B	90	23	−0.76	0.129	20	−0.55	29.8	16	1.65	0.62	0.02
I250	FRONTIERS OF MATHEMATICS IN CHINA	94	21	−0.75	0.174	15	−0.39	29.1	17	1.31	0.65	0.00
I189	SCIENCE CHINA MATHEMATICS	442	6	0.17	0.164	16	−0.43	37.0	9	3.81	0.92	0.07
B002	高等学校计算数学学报	50	26	−0.87	0.038	26	−0.87	23.1	25	1.23	0.31	0.00
B003	高校应用数学学报	102	19	−0.73	0.074	24	−0.74	27.8	20	1.96	0.65	0.39
B031	工程数学学报	173	14	−0.54	0.322	5	0.12	37.1	8	3.88	0.58	0.40
B014	计算数学	106	18	−0.72	0.296	6	0.03	32.3	11	2.15	0.42	0.45
B017	模糊系统与数学	350	8	−0.07	0.292	7	0.02	28.3	19	5.08	0.23	0.21
W009	数理统计与管理	710	5	0.89	0.852	3	1.97	51.1	5	10.65	0.38	0.21
B015	数学的实践与认识	1526	2	3.06	0.226	11	−0.21	53.9	2	20.65	0.62	0.32
B007	数学进展	134	16	−0.64	0.116	22	−0.60	32.3	10	2.31	0.73	0.15
B004	数学年刊 A	94	20	−0.75	0.063	25	−0.78	28.6	18	1.58	0.73	0.40
C036	数学物理学报	269	10	−0.29	0.285	8	−0.01	30.2	15	2.73	0.62	0.38
B006	数学学报	218	11	−0.42	0.143	18	−0.50	30.8	14	2.69	0.81	0.25
B012	数学杂志	85	24	−0.77	0.136	19	−0.53	23.4	24	1.77	0.46	0.30
B021	系统科学与数学	925	3	1.46	0.858	2	1.99	52.5	4	9.77	0.69	0.34
B008	应用概率统计	90	22	−0.76	0.188	14	−0.35	27.1	21	2.12	0.46	0.24
B011	应用数学	159	15	−0.58	0.259	9	−0.10	25.1	23	2.73	0.62	0.36
B020	应用数学和力学	891	4	1.37	1.123	1	2.91	53.2	3	10.19	0.38	0.16
B001	应用数学学报	204	12	−0.46	0.118	21	−0.59	31.5	12	3.85	0.73	0.46
B013	运筹学学报	127	17	−0.66	0.234	10	−0.18	37.9	7	2.62	0.65	0.30
B522	运筹与管理	2006	1	4.33	0.703	4	1.45	63.8	1	14.92	0.42	0.41
A105	中国科学 数学	380	7	0.01	0.193	13	−0.33	46.4	6	7.69	0.85	0.11
	26 种期刊平均值	376			0.287							

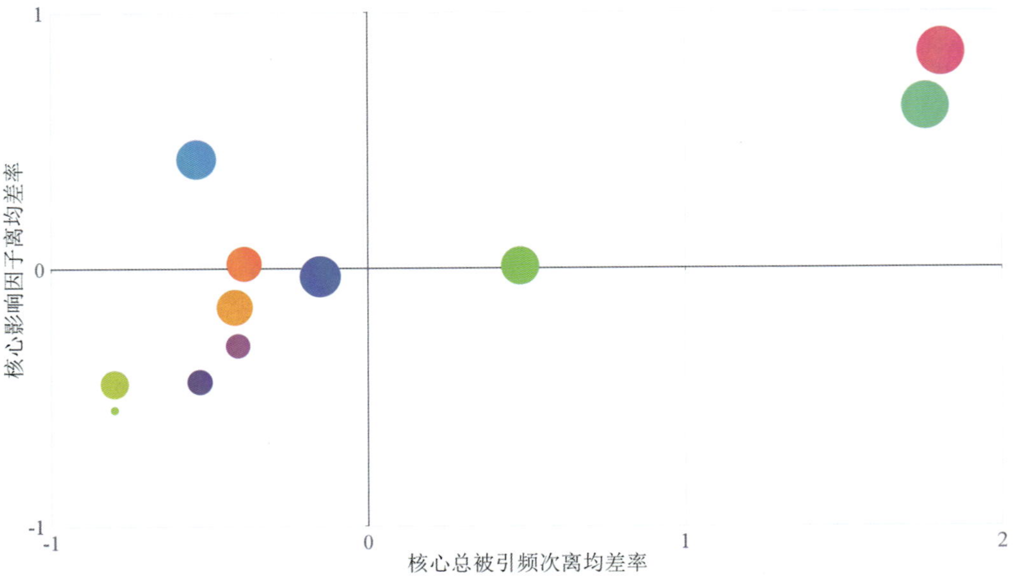

2023 年信息科学与系统科学类期刊核心总被引频次和核心影响因子离均差率的分布图
（节点大小表示综合评价总分）

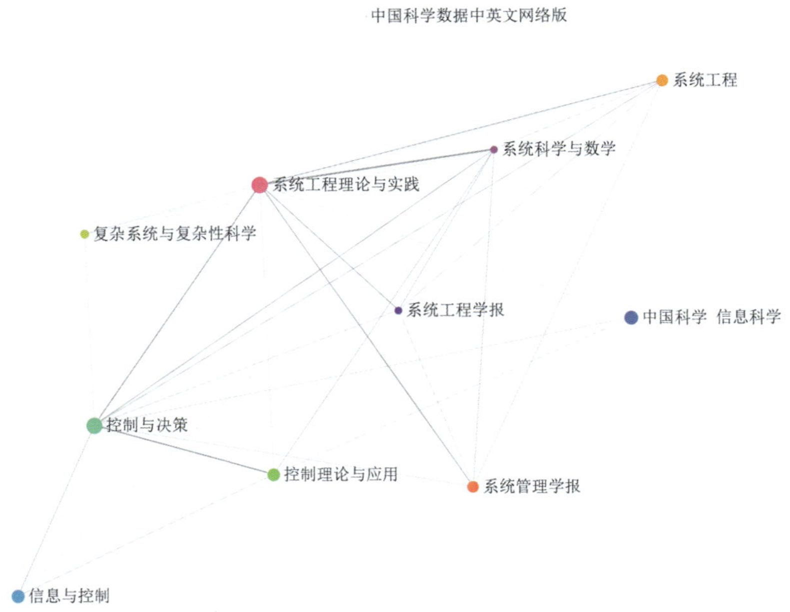

2023 年信息科学与系统科学类期刊互引关系示意图

表 7-5　2023 年信息科学与系统科学类期刊主要指标

CODE	刊名	核心总被引频次			核心影响因子			综合评价总分		学科扩散指标	学科影响指标	红点指标
		数值	排名	离均差率	数值	排名	离均差率	数值	排名			
B029	复杂系统与复杂性科学	321	10	−0.80	0.673	10	−0.45	28.1	8	13.64	0.64	0.41
R060	控制理论与应用	2343	3	0.48	1.234	5	0.01	52.0	5	36.45	0.64	0.50
S001	控制与决策	4361	2	1.76	1.993	2	0.63	80.7	2	50.36	0.91	0.49
B028	系统工程	909	7	−0.42	1.035	7	−0.15	46.5	6	28.00	0.64	0.24
B025	系统工程理论与实践	4440	1	1.81	2.255	1	0.84	82.0	1	60.55	0.91	0.25
B018	系统工程学报	735	8	−0.53	0.691	9	−0.44	22.7	9	16.64	0.55	0.18
B027	系统管理学报	966	5	−0.39	1.245	4	0.02	43.9	7	22.73	0.55	0.20
B021	系统科学与数学	925	6	−0.41	0.858	8	−0.30	21.2	10	23.09	0.82	0.26
S002	信息与控制	733	9	−0.54	1.745	3	0.43	56.0	4	25.45	0.36	0.48
Z317	中国科学 信息科学	1343	4	−0.15	1.181	6	−0.03	60.9	3	40.18	0.45	0.37
Q442	中国科学数据中英文网络版	309	11	−0.80	0.545	11	−0.55	2.4	11	11.82	0.09	0.43
	11 种期刊平均值	1580			1.223							

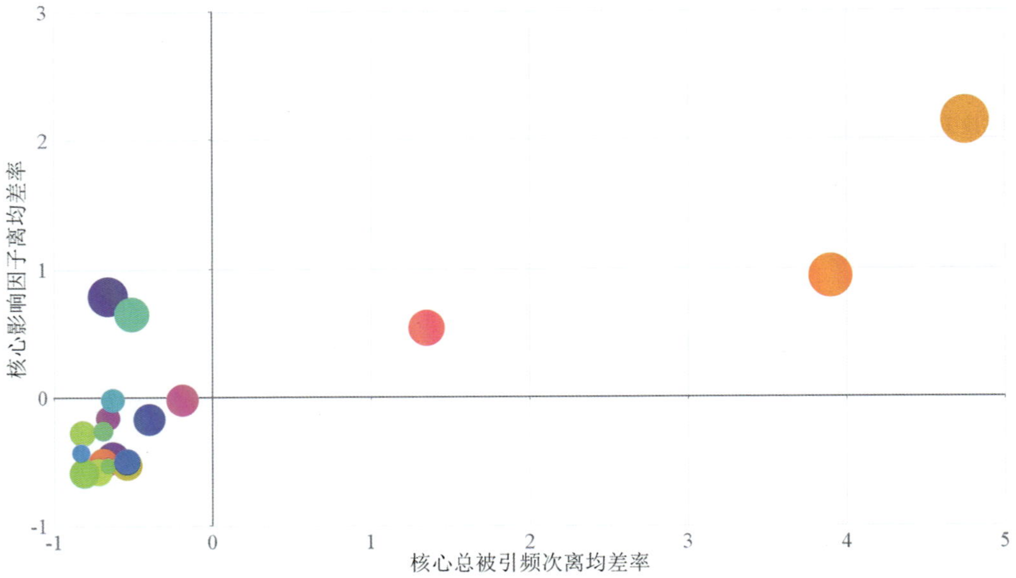

2023 年力学类期刊核心总被引频次和核心影响因子离均差率的分布图
（节点大小表示综合评价总分）

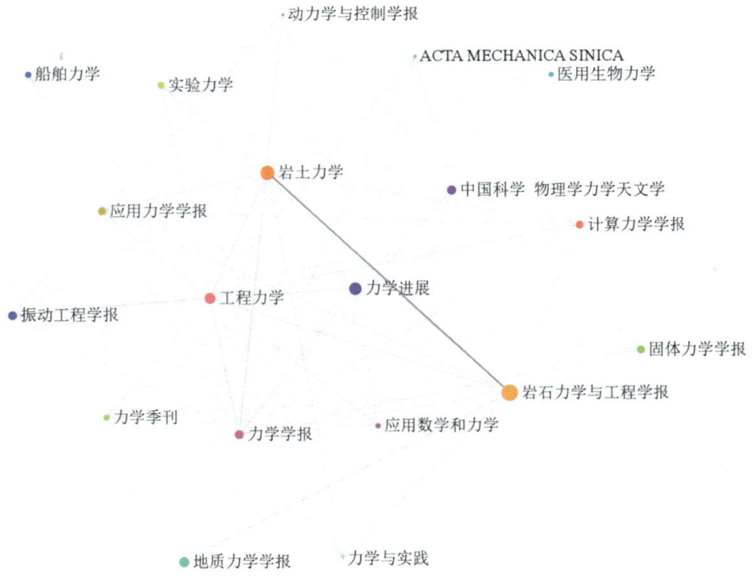

2023 年力学类期刊互引关系示意图

表 7-6　2023 年力学类期刊主要指标

CODE	刊名	核心总被引频次			核心影响因子			综合评价总分		学科扩散指标	学科影响指标	红点指标
		数值	排名	离均差率	数值	排名	离均差率	数值	排名			
C105	ACTA MECHANICA SINICA	820	15	−0.69	0.990	10	−0.26	14.0	17	9.47	0.89	0.00
X633	船舶力学	1212	8	−0.54	0.671	14	−0.50	24.8	13	11.11	0.58	0.40
E026	地质力学学报	1291	6	−0.51	2.200	4	0.65	43.6	5	12.00	0.21	0.09
P018	动力学与控制学报	448	19	−0.83	0.759	12	−0.43	11.8	18	5.79	0.63	0.41
C002	工程力学	6244	3	1.35	2.054	5	0.54	46.8	4	25.21	0.95	0.49
C103	固体力学学报	493	17	−0.81	0.553	19	−0.59	31.3	11	10.32	0.79	0.51
C003	计算力学学报	821	14	−0.69	0.653	15	−0.51	32.0	10	14.21	0.84	0.42
C101	力学季刊	485	18	−0.82	0.959	11	−0.28	23.9	14	10.00	0.74	0.46
C510	力学进展	911	11	−0.66	2.389	3	0.79	56.9	3	16.89	0.95	0.52
C001	力学学报	2141	4	−0.19	1.303	6	−0.02	37.7	7	22.68	0.95	0.27
C104	力学与实践	894	12	−0.66	0.621	17	−0.53	8.7	19	13.84	0.89	0.28
C009	实验力学	752	16	−0.72	0.562	18	−0.58	27.3	12	13.37	0.79	0.48
C005	岩石力学与工程学报	15287	1	4.75	4.196	1	2.14	83.9	1	25.84	0.79	0.95
C004	岩土力学	13021	2	3.90	2.583	2	0.94	68.8	2	26.00	0.74	0.42
G088	医用生物力学	983	10	−0.63	1.303	7	−0.02	20.2	16	12.37	0.32	0.41
C008	应用力学学报	1230	7	−0.54	0.623	16	−0.53	32.5	9	18.53	0.84	0.50
B020	应用数学和力学	891	13	−0.66	1.123	8	−0.16	20.9	15	13.95	0.84	0.25
Y004	振动工程学报	1603	5	−0.40	1.105	9	−0.17	36.6	8	15.84	0.79	0.48
A103	中国科学 物理学 力学 天文学	995	9	−0.63	0.710	13	−0.47	38.1	6	17.16	0.79	0.15
	19 种期刊平均值	2659			1.335							

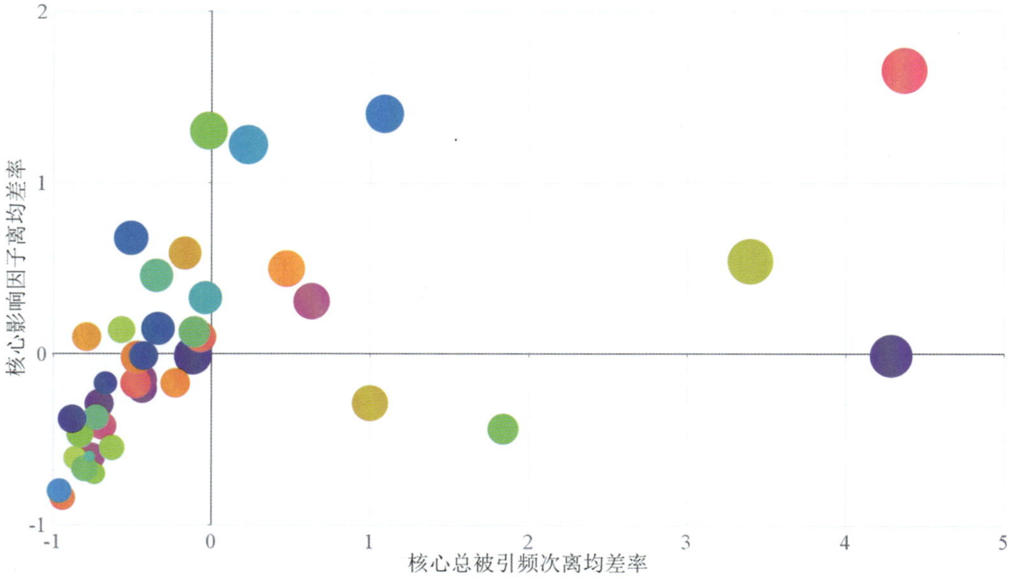

2023 年物理学类期刊核心总被引频次和核心影响因子离均差率的分布图
（节点大小表示综合评价总分）

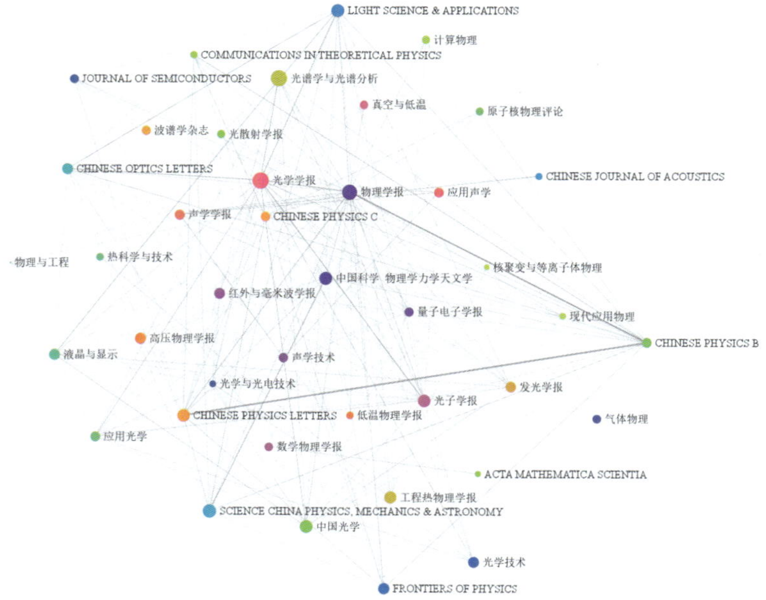

2023 年物理学类期刊互引关系示意图

表 7-7　2023 年物理学类期刊主要指标

CODE	刊名	核心总被引频次			核心影响因子			综合评价总分		学科扩散指标	学科影响指标	红点指标
		数值	排名	离均差率	数值	排名	离均差率	数值	排名			
C096	ACTA MATHEMATICA SCIENTIA	298	31	−0.74	0.215	39	−0.70	17.4	39	1.51	0.10	0.01
I166	CHINESE JOURNAL OF ACOUSTICS	50	41	−0.96	0.141	40	−0.80	21.8	36	0.46	0.10	0.00
I071	CHINESE OPTICS LETTERS	1094	11	−0.04	0.961	10	0.33	39.9	13	2.90	0.54	0.17
C106	CHINESE PHYSICS B	3224	4	1.84	0.403	31	−0.44	34.3	20	9.24	0.90	0.20
C058	CHINESE PHYSICS C	878	16	−0.23	0.600	23	−0.17	31.5	23	1.54	0.32	0.17
C059	CHINESE PHYSICS LETTERS	1671	8	0.47	1.079	8	0.50	48.2	9	5.07	0.88	0.00
C095	COMMUNICATIONS IN THEORETICAL PHYSICS	419	26	−0.63	0.322	33	−0.55	22.9	35	2.02	0.46	0.21
I726	FRONTIERS OF PHYSICS	559	24	−0.51	1.207	5	0.68	42.6	11	2.15	0.44	0.24
R062	JOURNAL OF SEMICONDUCTORS	642	19	−0.43	0.715	17	−0.01	29.9	26	3.10	0.44	0.17
I254	LIGHT SCIENCE & APPLICATIONS	2373	5	1.09	1.731	2	1.40	52.5	5	5.05	0.51	0.00
I157	SCIENCE CHINA PHYSICS, MECHANICS & ASTRONOMY	1400	9	0.23	1.601	4	1.22	55.2	4	5.98	0.66	0.22
C060	波谱学杂志	243	34	−0.79	0.792	16	0.10	29.9	25	2.46	0.05	0.50
C055	低温物理学报	72	40	−0.94	0.112	41	−0.84	23.1	34	1.00	0.12	0.35
C071	发光学报	946	15	−0.17	1.142	6	0.59	39.1	16	4.32	0.49	0.49
C056	高压物理学报	603	22	−0.47	0.702	20	−0.02	39.3	15	4.39	0.15	0.34
C073	工程热物理学报	2272	6	1.00	0.511	27	−0.29	46.7	10	10.66	0.51	0.30
C091	光谱学与光谱分析	4985	3	3.40	1.112	7	0.54	74.2	2	20.05	0.54	0.60
C097	光散射学报	189	37	−0.83	0.382	32	−0.47	25.8	31	2.10	0.17	0.75
N015	光学技术	752	17	−0.34	0.830	12	0.15	40.1	12	4.90	0.34	0.57
C050	光学学报	6090	1	4.37	1.911	1	1.65	75.2	1	11.66	0.66	0.82
R097	光学与光电技术	377	27	−0.67	0.597	24	−0.17	19.6	38	2.83	0.32	0.44
C037	光子学报	1852	7	0.63	0.945	11	0.31	48.6	8	7.59	0.61	0.59
C092	核聚变与等离子体物理	199	36	−0.82	0.240	37	−0.67	15.5	40	1.56	0.17	0.26
C035	红外与毫米波学报	623	21	−0.45	0.615	21	−0.15	39.0	17	5.20	0.41	0.42
C094	计算物理	486	25	−0.57	0.821	13	0.14	26.5	30	3.95	0.27	0.32
C032	量子电子学报	331	29	−0.71	0.511	26	−0.29	30.3	24	2.66	0.34	0.88
Y504	气体物理	141	39	−0.88	0.446	29	−0.38	29.1	27	1.51	0.10	0.23
C134	热科学与技术	303	30	−0.73	0.453	28	−0.37	23.4	33	2.83	0.10	0.35
C033	声学技术	640	20	−0.44	0.576	25	−0.20	31.8	22	5.39	0.15	0.20
C054	声学学报	1060	12	−0.07	0.795	15	0.10	34.7	18	4.61	0.17	0.11
C036	数学物理学报	269	32	−0.76	0.285	35	−0.60	27.7	29	1.73	0.10	0.04
C006	物理学报	5993	2	4.29	0.711	18	−0.01	65.1	3	18.46	0.98	0.31
C509	物理与工程	260	33	−0.77	0.289	34	−0.60	4.6	41	1.78	0.10	0.27

表 7-7　2023 年物理学类期刊主要指标（续）

CODE	刊名	核心总被引频次			核心影响因子			综合评价总分		学科扩散指标	学科影响指标	红点指标
		数值	排名	离均差率	数值	排名	离均差率	数值	排名			
C093	现代应用物理	163	38	–0.86	0.281	36	–0.61	19.8	37	1.63	0.15	0.28
C503	液晶与显示	738	18	–0.35	1.050	9	0.46	39.8	14	4.41	0.27	0.53
C109	应用光学	1009	13	–0.11	0.812	14	0.13	34.7	19	4.73	0.39	0.51
C052	应用声学	594	23	–0.48	0.601	22	–0.17	33.7	21	5.32	0.24	0.25
C108	原子核物理评论	227	35	–0.80	0.235	38	–0.67	24.7	32	1.68	0.24	0.13
C038	真空与低温	354	28	–0.69	0.421	30	–0.42	28.4	28	3.05	0.24	0.26
C099	中国光学	1114	10	–0.02	1.654	3	1.30	50.7	7	4.66	0.49	0.50
A103	中国科学 物理学 力学 天文学	995	14	–0.12	0.710	19	–0.01	50.9	6	7.95	0.73	0.30
	41 种期刊平均值	1134			0.720							

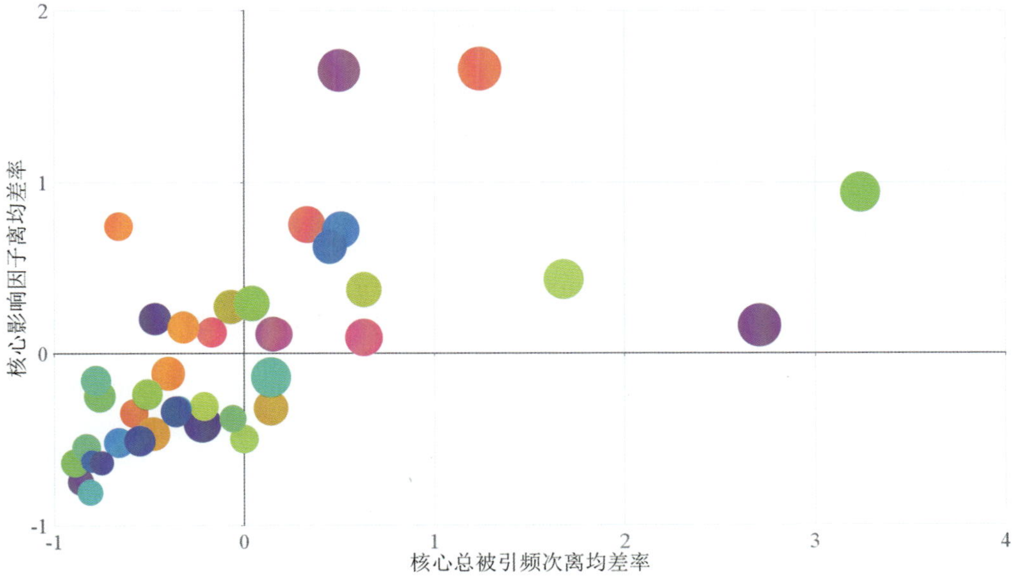

2023 年化学类期刊核心总被引频次和核心影响因子离均差率的分布图
（节点大小表示综合评价总分）

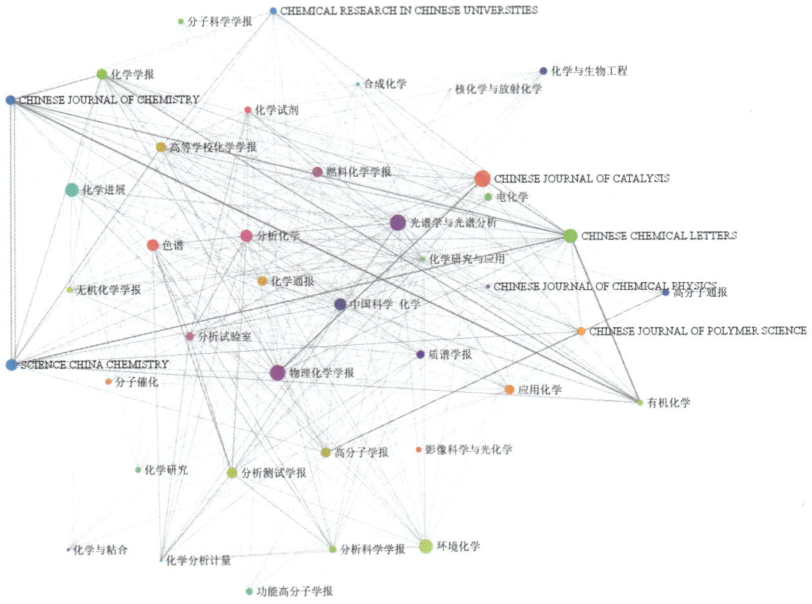

2023 年化学类期刊互引关系示意图

表 7-8　2023 年化学类期刊主要指标

CODE	刊名	核心总被引频次			核心影响因子			综合评价总分		学科扩散指标	学科影响指标	红点指标
		数值	排名	离均差率	数值	排名	离均差率	数值	排名			
I139	CHEMICAL RESEARCH IN CHINESE UNIVERSITIES	454	31	−0.66	0.460	34	−0.52	32.7	27	4.18	0.73	0.20
D031	CHINESE CHEMICAL LETTERS	5700	1	3.24	1.860	3	0.94	58.1	4	9.50	0.93	0.30
D013	CHINESE JOURNAL OF CATALYSIS	3008	4	1.24	2.560	1	1.66	67.6	1	6.98	0.80	0.70
C070	CHINESE JOURNAL OF CHEMICAL PHYSICS	192	39	−0.86	0.239	39	−0.75	24.2	36	2.35	0.40	0.31
I173	CHINESE JOURNAL OF CHEMISTRY	1950	9	0.45	1.559	7	0.62	41.9	15	4.38	0.83	0.50
D017	CHINESE JOURNAL OF POLYMER SCIENCE	915	22	−0.32	1.105	14	0.15	36.7	20	3.48	0.57	0.10
I146	SCIENCE CHINA CHEMISTRY	2023	7	0.51	1.650	6	0.72	49.0	10	6.73	0.93	0.03
D036	电化学	327	34	−0.76	0.719	23	−0.25	35.8	22	2.93	0.50	0.46
D022	分析测试学报	2188	6	0.63	1.320	9	0.37	44.5	12	9.60	0.55	0.57
D005	分析化学	2189	5	0.63	1.043	18	0.09	50.5	7	13.03	0.73	0.62
D026	分析科学学报	656	28	−0.51	0.735	22	−0.24	33.0	25	5.85	0.43	0.59
D004	分析试验室	1573	11	0.17	1.071	16	0.11	36.6	21	7.55	0.50	0.60
D015	分子催化	450	32	−0.66	1.673	5	0.74	29.5	29	2.10	0.38	0.63
D035	分子科学学报	147	40	−0.89	0.342	38	−0.64	28.6	34	2.50	0.28	0.58
D020	高等学校化学学报	1532	14	0.14	0.649	25	−0.32	42.7	14	9.90	0.98	0.50
T002	高分子通报	858	24	−0.36	0.636	27	−0.34	33.5	24	6.28	0.55	0.34
D021	高分子学报	1243	18	−0.07	1.222	11	0.27	41.5	16	5.73	0.68	0.40
D503	功能高分子学报	297	35	−0.78	0.808	21	−0.16	32.9	26	3.33	0.33	0.51
C091	光谱学与光谱分析	4985	2	2.71	1.112	13	0.16	66.6	2	20.55	0.65	0.46
D602	合成化学	251	37	−0.81	0.180	40	−0.81	23.4	37	2.60	0.33	0.73
Q002	核化学与放射化学	262	36	−0.80	0.351	36	−0.63	17.9	40	1.83	0.18	0.18
D604	化学分析计量	887	23	−0.34	0.649	26	−0.32	21.0	39	5.83	0.33	0.60
D506	化学进展	1535	13	0.14	0.826	20	−0.14	56.9	6	11.55	0.90	0.52
D011	化学试剂	1119	19	−0.17	1.079	15	0.12	32.6	28	7.05	0.60	0.78
D018	化学通报	695	27	−0.48	0.510	31	−0.47	41.0	17	8.13	0.60	0.64
D030	化学学报	1403	15	0.04	1.242	10	0.29	45.1	11	8.23	0.90	0.54
D501	化学研究	234	38	−0.83	0.434	35	−0.55	29.3	32	3.40	0.30	0.60
D037	化学研究与应用	1257	17	−0.06	0.592	29	−0.38	25.8	35	8.93	0.68	0.62
T553	化学与生物工程	603	29	−0.55	0.467	33	−0.51	34.6	23	6.98	0.43	0.56
T931	化学与粘合	336	33	−0.75	0.350	37	−0.64	21.1	38	3.60	0.35	0.42
D024	环境化学	3594	3	1.68	1.370	8	0.43	57.4	5	13.55	0.63	0.48
D002	燃料化学学报	1538	12	0.15	1.064	17	0.11	43.3	13	5.93	0.53	0.58
D012	色谱	1783	10	0.33	1.680	4	0.75	49.1	9	7.28	0.48	0.68
D023	无机化学学报	1060	20	−0.21	0.667	24	−0.31	29.4	30	5.73	0.63	0.66

表 7-8　2023 年化学类期刊主要指标（续）

CODE	刊名	核心总被引频次			核心影响因子			综合评价总分		学科扩散指标	学科影响指标	红点指标
		数值	排名	离均差率	数值	排名	离均差率	数值	排名			
D001	物理化学学报	2013	8	0.50	2.550	2	1.65	64.4	3	9.53	0.93	0.60
D014	影像科学与光化学	561	30	−0.58	0.622	28	−0.35	28.7	33	5.75	0.28	0.17
D016	应用化学	804	25	−0.40	0.848	19	−0.12	40.8	18	7.05	0.70	0.51
D025	有机化学	1340	16	0.00	0.482	32	−0.50	29.3	31	5.43	0.68	0.38
C034	质谱学报	710	26	−0.47	1.149	12	0.20	36.9	19	5.35	0.33	0.31
A106	中国科学 化学	1049	21	−0.22	0.565	30	−0.41	50.3	8	11.13	0.93	0.40
	40 种期刊平均值	1343			0.961							

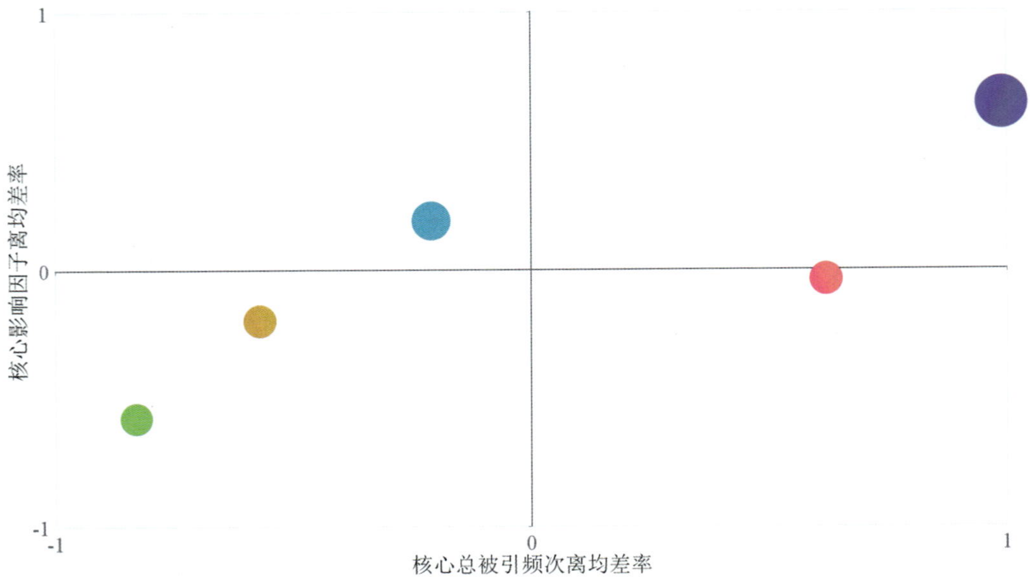

2023 年天文学类期刊核心总被引频次和核心影响因子离均差率的分布图
（节点大小表示综合评价总分）

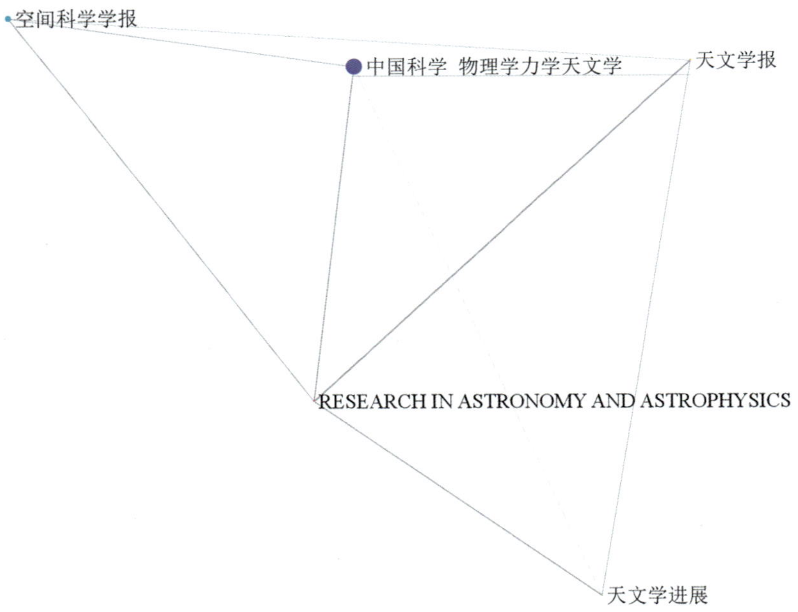

2023 年天文学类期刊互引关系示意图

表 7-9　2023 年天文学类期刊主要指标

CODE	刊名	核心总被引频次			核心影响因子			综合评价总分		学科扩散指标	学科影响指标	红点指标
		数值	排名	离均差率	数值	排名	离均差率	数值	排名			
C072	RESEARCH IN ASTRONOMY AND ASTROPHYSICS	812	2	0.62	0.418	3	–0.04	39.6	3	15.80	1.00	0.69
E140	空间科学学报	395	3	–0.21	0.516	2	0.19	53.7	2	29.40	0.60	0.01
E023	天文学报	216	4	–0.57	0.346	4	–0.20	38.7	4	14.80	0.80	0.13
E114	天文学进展	87	5	–0.83	0.181	5	–0.58	37.0	5	10.00	0.80	0.00
A103	中国科学 物理学 力学 天文学	995	1	0.99	0.710	1	0.64	99.3	1	65.20	0.80	0.00
	5 种期刊平均值	501			0.434							

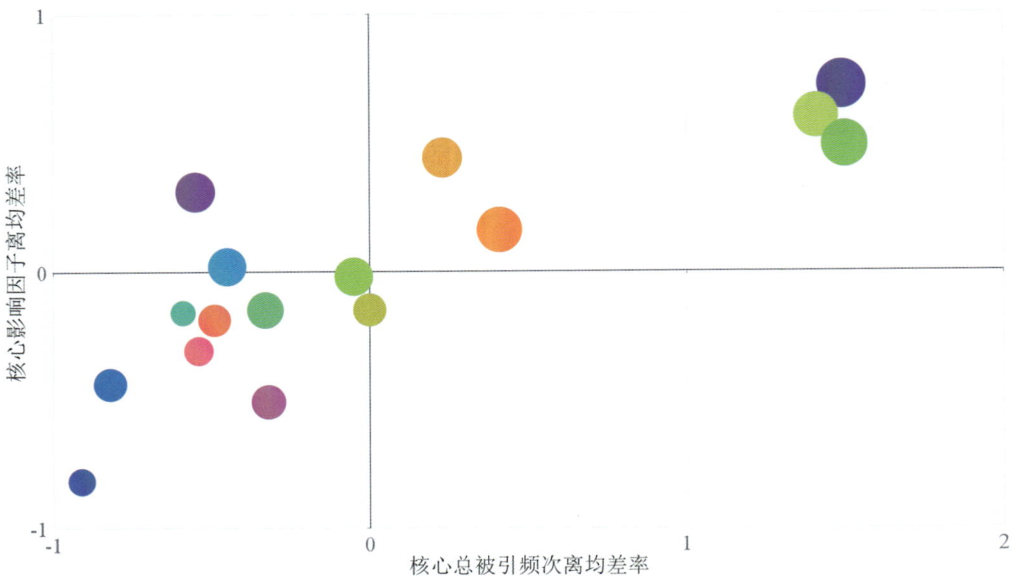

2023 年地球科学综合类期刊核心总被引频次和核心影响因子离均差率的分布图
（节点大小表示综合评价总分）

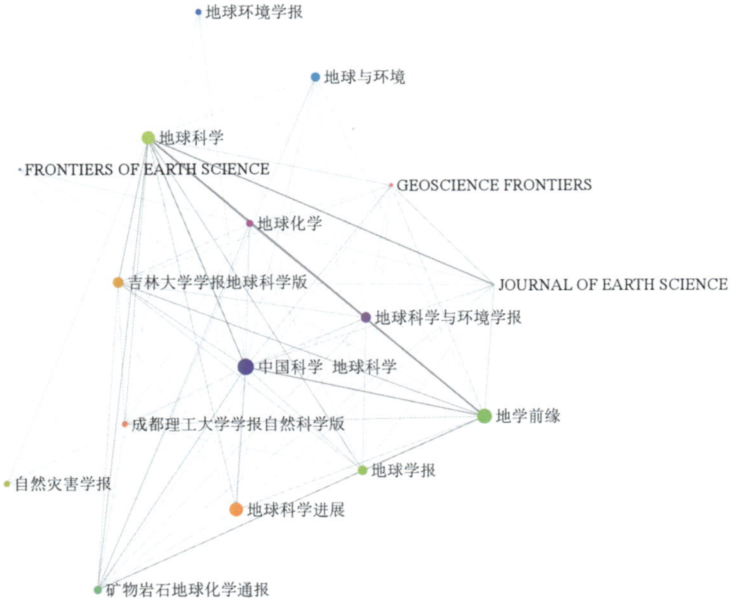

2023 年地球科学综合类期刊互引关系示意图

表 7-10　2023 年地球科学综合类期刊主要指标

CODE	刊名	核心总被引频次			核心影响因子			综合评价总分		学科扩散指标	学科影响指标	红点指标
		数值	排名	离均差率	数值	排名	离均差率	数值	排名			
I220	FRONTIERS OF EARTH SCIENCE	215	16	−0.91	0.273	16	−0.82	26.9	15	7.88	0.50	0.07
E050	GEOSCIENCE FRONTIERS	1108	12	−0.54	1.035	13	−0.31	31.0	14	14.63	1.00	0.01
E537	JOURNAL OF EARTH SCIENCE	977	14	−0.59	1.258	11	−0.16	23.3	16	10.25	0.88	0.23
E102	成都理工大学学报自然科学版	1229	11	−0.49	1.209	12	−0.19	38.0	13	13.50	0.88	0.41
E024	地球化学	1628	8	−0.32	0.730	15	−0.51	42.9	10	13.63	0.94	0.47
E570	地球环境学报	427	15	−0.82	0.831	14	−0.44	39.7	11	11.88	0.75	0.41
E142	地球科学	5792	3	1.41	2.378	2	0.60	71.5	4	24.00	1.00	0.85
E115	地球科学进展	3372	4	0.41	1.728	6	0.16	73.5	3	36.94	1.00	0.32
E004	地球科学与环境学报	1082	13	−0.55	1.959	5	0.31	56.9	6	16.81	0.81	0.54
E300	地球学报	2290	7	−0.05	1.467	8	−0.02	53.1	7	19.75	0.94	0.44
E549	地球与环境	1330	10	−0.45	1.520	7	0.02	52.5	8	21.00	0.81	0.40
E357	地学前缘	5988	1	1.50	2.223	3	0.49	78.2	2	26.75	1.00	0.50
E116	吉林大学学报地球科学版	2943	5	0.23	2.146	4	0.44	57.5	5	22.94	1.00	0.48
E504	矿物岩石地球化学通报	1619	9	−0.33	1.260	10	−0.15	48.1	9	15.75	0.94	0.37
A108	中国科学 地球科学	5982	2	1.49	2.558	1	0.72	86.9	1	33.06	1.00	0.27
E137	自然灾害学报	2395	6	0.00	1.272	9	−0.15	39.4	12	26.88	0.63	0.21
	16 种期刊平均值	2399			1.490							

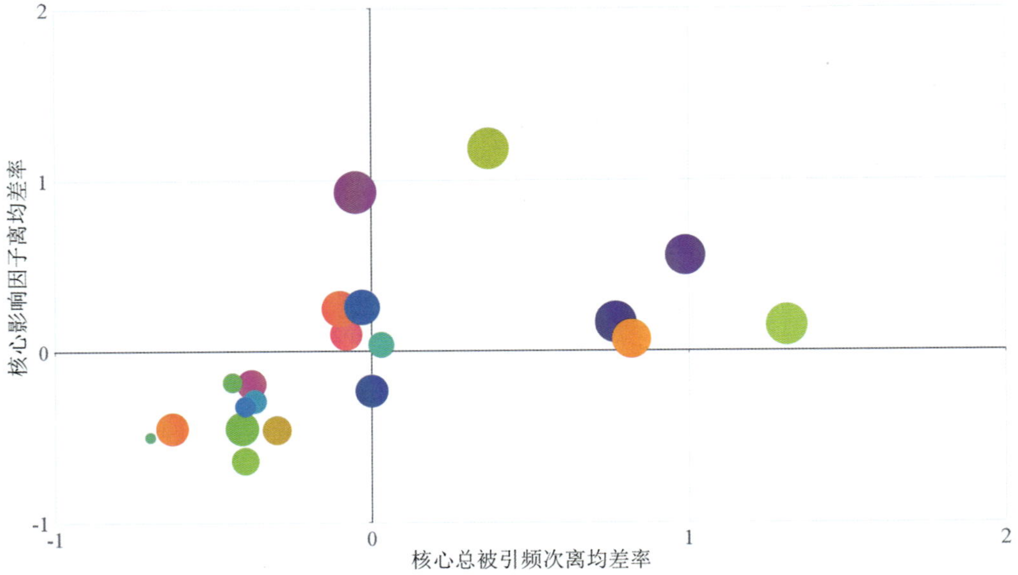

2023 年大气科学类期刊核心总被引频次和核心影响因子离均差率的分布图
（节点大小表示综合评价总分）

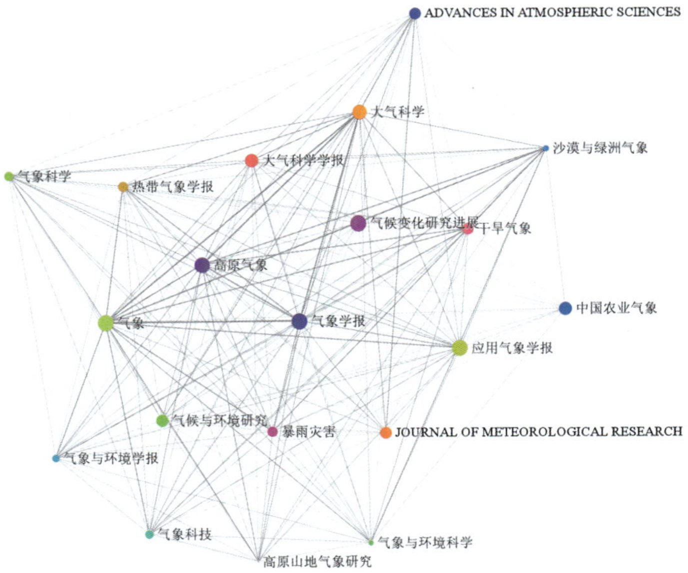

2023 年大气科学类期刊互引关系示意图

表 7-11　2023 年大气科学类期刊主要指标

CODE	刊名	核心总被引频次			核心影响因子			综合评价总分		学科扩散指标	学科影响指标	红点指标
		数值	排名	离均差率	数值	排名	离均差率	数值	排名			
I062	ADVANCES IN ATMOSPHERIC SCIENCES	1781	7	0.00	1.375	13	−0.23	38.6	10	9.55	0.95	0.09
E092	JOURNAL OF METEOROLOGICAL RESEARCH	656	19	−0.63	0.986	17	−0.45	38.4	11	6.90	0.90	0.13
E045	暴雨灾害	1105	14	−0.38	1.453	12	−0.19	31.6	13	5.95	1.00	0.49
E109	大气科学	3223	3	0.82	1.929	9	0.07	54.0	6	13.45	1.00	0.45
E091	大气科学学报	1603	11	−0.10	2.237	5	0.25	47.1	7	11.95	1.00	0.48
E048	干旱气象	1627	10	−0.08	1.969	8	0.10	36.9	12	11.10	1.00	0.43
E005	高原气象	3535	2	0.99	2.811	3	0.56	57.7	5	13.25	1.00	0.53
E546	高原山地气象研究	531	20	−0.70	0.905	19	−0.50	4.2	20	6.15	0.90	0.46
E021	气候变化研究进展	1686	9	−0.05	3.460	2	0.93	64.5	1	19.85	1.00	0.20
E361	气候与环境研究	1039	17	−0.41	0.991	16	−0.45	39.9	9	10.70	1.00	0.49
E352	气象	4102	1	1.31	2.066	7	0.15	61.8	3	13.50	1.00	0.41
E566	气象科技	1828	6	0.03	1.867	10	0.04	24.1	16	11.55	1.00	0.35
E359	气象科学	1069	15	−0.40	0.645	20	−0.64	27.3	15	9.30	1.00	0.41
E001	气象学报	3145	4	0.77	2.097	6	0.17	61.8	2	13.55	1.00	0.40
E521	气象与环境科学	999	18	−0.44	1.472	11	−0.18	13.9	19	8.35	0.95	0.38
E633	气象与环境学报	1111	13	−0.37	1.284	14	−0.29	20.2	17	10.50	1.00	0.39
E110	热带气象学报	1242	12	−0.30	0.975	18	−0.46	29.9	14	8.05	1.00	0.58
E635	沙漠与绿洲气象	1067	16	−0.40	1.230	15	−0.32	15.3	18	6.20	0.90	0.54
E122	应用气象学报	2438	5	0.37	3.915	1	1.18	61.1	4	13.20	1.00	0.42
H210	中国农业气象	1722	8	−0.03	2.259	4	0.26	45.2	8	13.05	0.75	0.29
	20 种期刊平均值	1775			1.796							

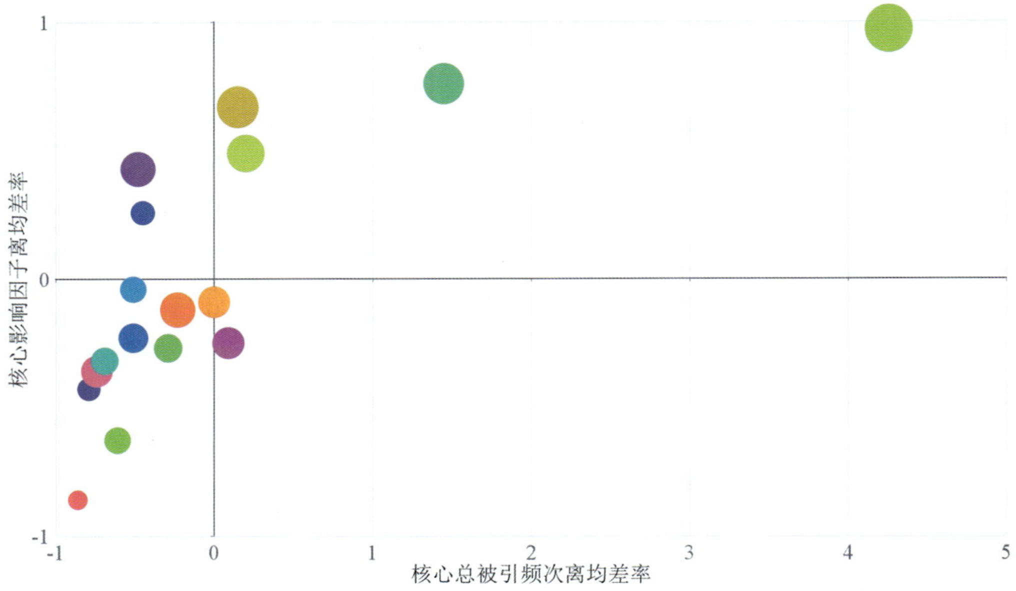

2023 年地球物理学类期刊核心总被引频次和核心影响因子离均差率的分布图
（节点大小表示综合评价总分）

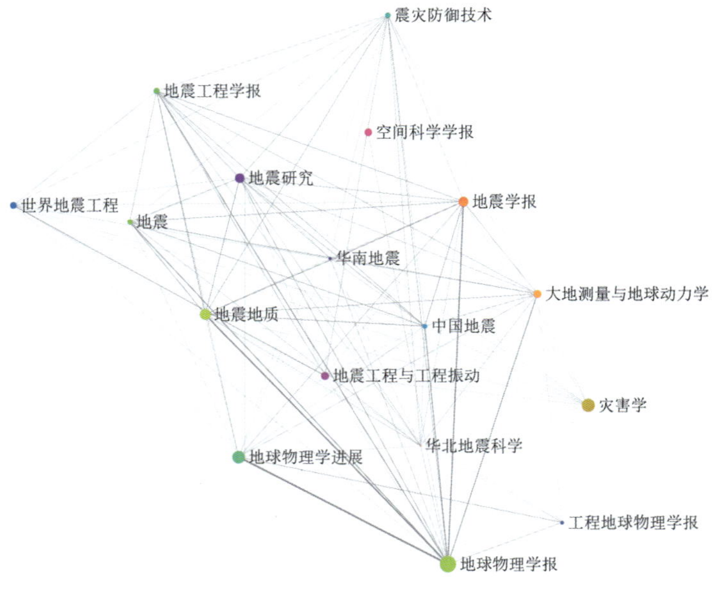

2023 年地球物理学类期刊互引关系示意图

表 7-12　2023 年地球物理学类期刊主要指标

CODE	刊名	核心总被引频次			核心影响因子			综合评价总分		学科扩散指标	学科影响指标	红点指标
		数值	排名	离均差率	数值	排名	离均差率	数值	排名			
E144	大地测量与地球动力学	1548	6	0.00	0.732	8	−0.09	36.1	8	14.94	0.94	0.43
E153	地球物理学报	8131	1	4.26	1.580	1	0.97	81.9	1	29.00	1.00	0.40
E308	地球物理学进展	3791	2	1.45	1.411	2	0.76	60.0	3	23.29	0.94	0.37
E306	地震	610	13	−0.61	0.300	16	−0.63	25.3	13	4.71	0.88	0.50
E150	地震地质	1849	3	0.20	1.200	4	0.49	50.8	4	11.18	0.94	0.46
E307	地震工程学报	1104	8	−0.29	0.584	12	−0.27	29.6	11	12.71	0.94	0.44
E118	地震工程与工程振动	1684	5	0.09	0.603	11	−0.25	37.0	7	12.12	0.94	0.50
E143	地震学报	1196	7	−0.23	0.707	9	−0.12	45.1	5	8.35	0.94	0.45
E112	地震研究	809	10	−0.48	1.149	5	0.43	44.0	6	7.82	0.88	0.60
E574	工程地球物理学报	845	9	−0.45	1.015	6	0.26	21.2	15	10.88	0.65	0.25
E141	华北地震科学	211	17	−0.86	0.114	17	−0.86	13.9	17	3.76	0.88	0.53
E103	华南地震	325	16	−0.79	0.455	15	−0.43	19.3	16	5.47	0.88	0.34
E140	空间科学学报	395	15	−0.74	0.516	14	−0.36	35.6	9	8.65	0.29	0.13
E363	世界地震工程	751	12	−0.51	0.620	10	−0.23	31.7	10	9.00	0.82	0.53
E148	灾害学	1777	4	0.15	1.343	3	0.67	61.9	2	24.35	0.94	0.31
E316	震灾防御技术	473	14	−0.69	0.549	13	−0.32	27.1	12	7.12	0.94	0.50
E351	中国地震	761	11	−0.51	0.772	7	−0.04	25.2	14	7.06	0.88	0.44
	17 种期刊平均值	1545			0.803							

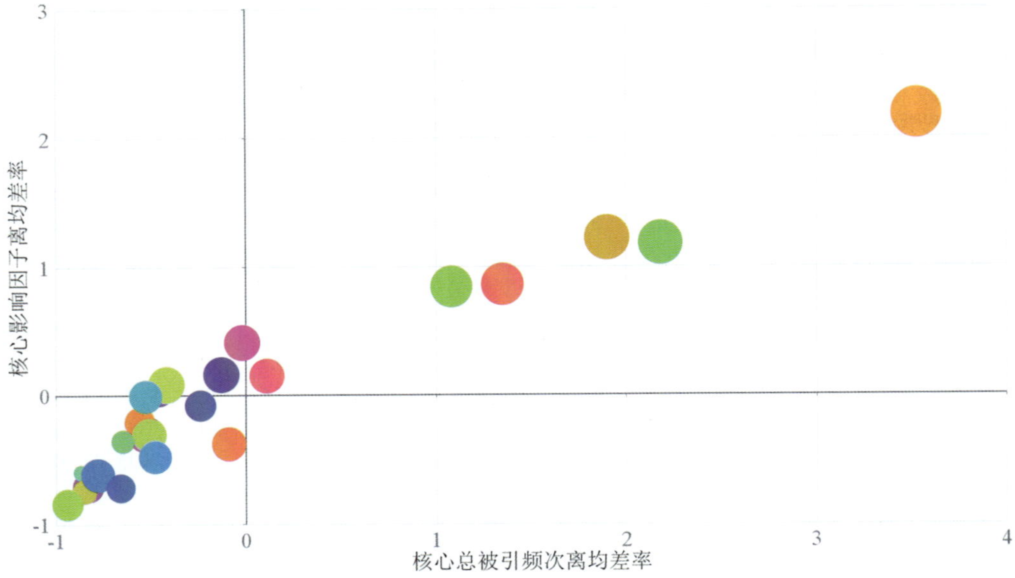

2023 年地理学类期刊核心总被引频次和核心影响因子离均差率的分布图
（节点大小表示综合评价总分）

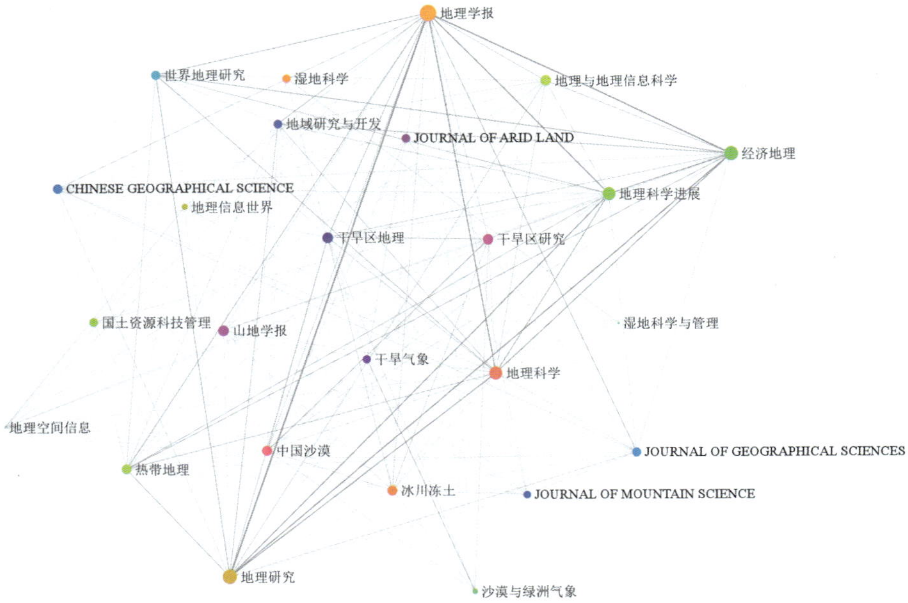

2023 年地理学类期刊互引关系示意图

表 7-13　2023 年地理学类期刊主要指标

CODE	刊名	核心总被引频次			核心影响因子			综合评价总分		学科扩散指标	学科影响指标	红点指标
		数值	排名	离均差率	数值	排名	离均差率	数值	排名			
I154	CHINESE GEOGRAPHICAL SCIENCE	652	21	−0.78	0.738	20	−0.62	40.5	13	9.16	0.84	0.22
E049	JOURNAL OF ARID LAND	510	22	−0.83	0.561	21	−0.71	35.0	16	6.96	0.56	0.19
I063	JOURNAL OF GEOGRAPHICAL SCIENCES	1580	13	−0.48	1.004	18	−0.48	38.8	14	12.84	0.96	0.20
I230	JOURNAL OF MOUNTAIN SCIENCE	1017	20	−0.66	0.531	22	−0.72	29.5	21	11.20	0.92	0.09
E135	冰川冻土	2736	8	−0.09	1.190	17	−0.38	42.0	11	15.48	0.84	0.58
E130	地理科学	7081	4	1.35	3.569	4	0.86	64.9	4	24.84	1.00	0.53
E584	地理科学进展	6270	5	1.08	3.536	5	0.84	63.6	5	24.16	1.00	0.53
E639	地理空间信息	1159	18	−0.62	0.503	23	−0.74	5.9	25	10.44	0.64	0.28
E315	地理信息世界	453	23	−0.85	0.489	24	−0.75	21.5	22	6.64	0.44	0.33
E305	地理学报	13658	1	3.53	6.104	1	2.18	91.7	1	31.52	1.00	0.61
E310	地理研究	8728	3	1.90	4.258	2	1.22	73.3	2	26.16	1.00	0.59
E527	地理与地理信息科学	1760	11	−0.42	2.077	9	0.08	47.7	7	16.28	0.88	0.52
S741	地域研究与开发	2276	10	−0.24	1.770	12	−0.08	34.8	17	14.48	0.84	0.77
E048	干旱气象	1627	12	−0.46	1.969	10	0.03	32.4	20	8.88	0.64	0.32
E020	干旱区地理	2624	9	−0.13	2.219	7	0.16	46.6	8	15.48	0.96	0.68
E105	干旱区研究	2965	7	−0.02	2.702	6	0.41	46.6	9	15.76	0.80	0.55
E578	国土资源科技管理	188	25	−0.94	0.281	25	−0.85	34.6	18	5.00	0.36	0.45
E599	经济地理	9589	2	2.18	4.188	3	1.18	70.8	3	22.44	0.92	0.68
E563	热带地理	1481	14	−0.51	1.329	15	−0.31	41.1	12	14.20	0.84	0.62
E635	沙漠与绿洲气象	1067	19	−0.65	1.230	16	−0.36	19.1	23	4.96	0.36	0.31
E101	山地学报	1429	15	−0.53	1.349	14	−0.30	47.9	6	13.36	0.92	0.48
E302	湿地科学	1312	17	−0.56	1.513	13	−0.21	32.9	19	10.12	0.72	0.42
E636	湿地科学与管理	400	24	−0.87	0.762	19	−0.60	8.2	24	4.68	0.24	0.42
E655	世界地理研究	1411	16	−0.53	1.893	11	−0.01	38.7	15	12.00	0.80	0.68
E124	中国沙漠	3335	6	0.11	2.216	8	0.15	44.0	10	14.68	0.92	0.54
	25 种期刊平均值	3012			1.919							

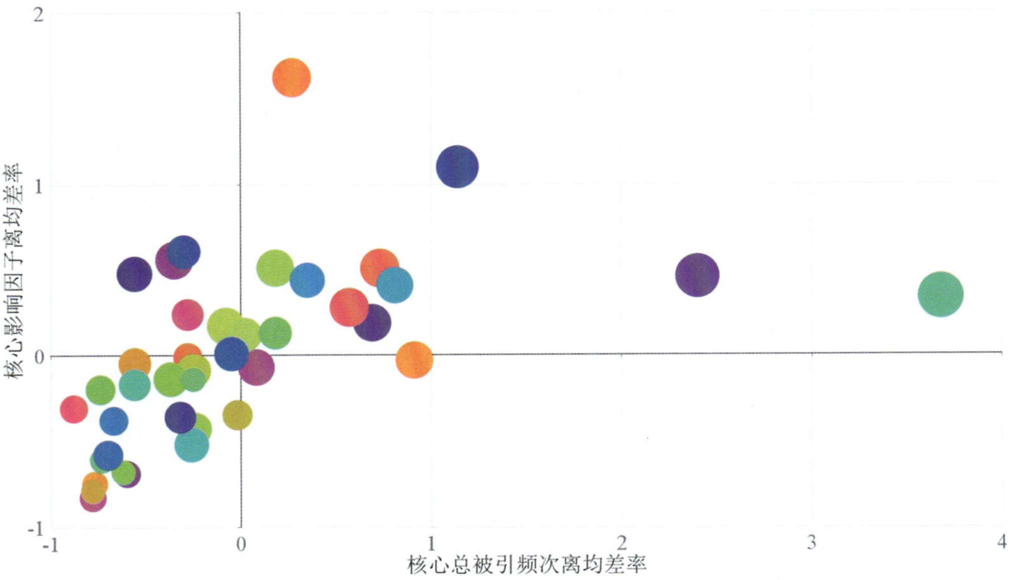

2023 年地质学类期刊核心总被引频次和核心影响因子离均差率的分布图
（节点大小表示综合评价总分）

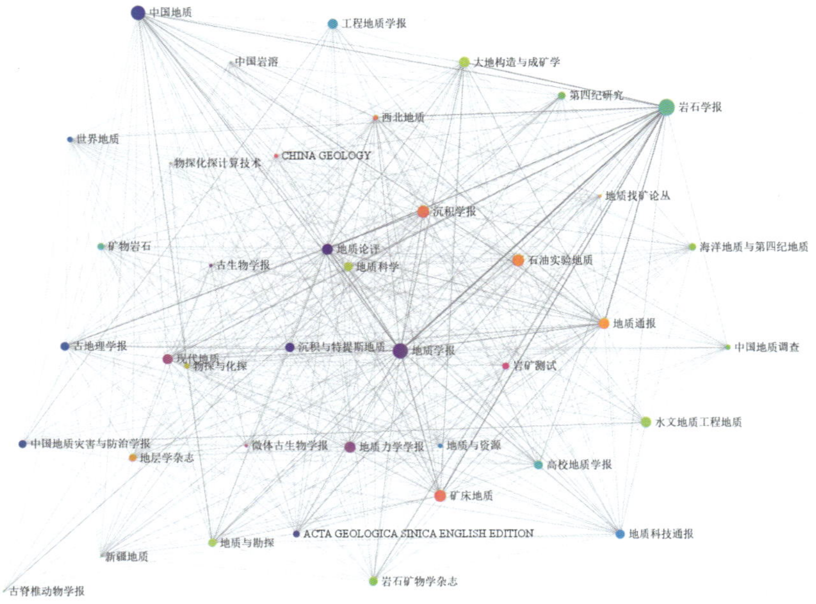

2023 年地质学类期刊互引关系示意图

表 7-14 2023 年地质学类期刊主要指标

CODE	刊名	核心总被引频次			核心影响因子			综合评价总分		学科扩散指标	学科影响指标	红点指标
		数值	排名	离均差率	数值	排名	离均差率	数值	排名			
I059	ACTA GEOLOGICA SINICA ENGLISH EDITION	1364	25	−0.32	0.907	30	−0.36	36.4	27	4.18	0.90	0.00
E096	CHINA GEOLOGY	236	40	−0.88	0.975	28	−0.31	28.5	33	1.95	0.53	0.00
E113	沉积学报	3451	6	0.73	2.122	6	0.51	54.8	5	5.33	0.95	0.59
A907	沉积与特提斯地质	870	30	−0.56	2.085	7	0.48	45.3	14	3.40	0.93	0.69
E146	大地构造与成矿学	1846	17	−0.08	1.652	15	0.17	50.7	9	3.85	0.90	0.60
E133	地层学杂志	880	29	−0.56	1.329	21	−0.05	38.3	23	2.60	0.90	0.58
E362	地质科技通报	2700	9	0.35	2.027	9	0.44	45.1	15	7.85	0.98	0.49
E139	地质科学	1503	19	−0.25	1.285	23	−0.09	43.1	18	4.03	0.95	0.65
E026	地质力学学报	1291	26	−0.35	2.200	4	0.56	52.0	7	5.70	0.93	0.55
E009	地质论评	3377	7	0.69	1.678	14	0.19	51.3	8	6.48	1.00	0.46
E127	地质通报	3812	4	0.91	1.370	20	−0.03	50.0	11	7.23	1.00	0.67
E010	地质学报	6788	2	2.40	2.048	8	0.46	69.9	2	8.18	1.00	0.54
E151	地质与勘探	2037	14	0.02	1.574	17	0.12	41.4	20	6.00	0.83	0.59
E525	地质与资源	659	33	−0.67	0.876	31	−0.38	29.8	32	3.85	0.85	0.60
E132	地质找矿论丛	456	37	−0.77	0.355	38	−0.75	24.0	36	2.50	0.78	0.77
E301	第四纪研究	2368	11	0.18	1.585	16	0.13	38.8	22	7.38	0.98	0.30
E358	高校地质学报	1482	21	−0.26	0.669	33	−0.52	43.2	17	5.63	0.95	0.32
E360	工程地质学报	3628	5	0.81	1.989	10	0.41	48.1	12	9.00	0.70	0.28
E601	古地理学报	1892	16	−0.05	1.419	18	0.01	43.0	19	4.03	0.85	0.58
E304	古脊椎动物学报	546	35	−0.73	0.543	35	−0.61	22.8	37	1.18	0.43	0.32
E022	古生物学报	797	31	−0.60	0.437	37	−0.69	26.1	34	2.13	0.70	0.40
E155	海洋地质与第四纪地质	1522	18	−0.24	0.803	32	−0.43	37.7	24	5.73	0.85	0.36
E106	矿床地质	3133	8	0.57	1.796	12	0.28	54.9	4	3.40	0.73	0.79
E354	矿物岩石	883	28	−0.56	1.161	26	−0.17	36.4	26	3.80	0.90	0.67
E126	石油实验地质	2535	10	0.27	3.686	1	1.62	54.4	6	3.63	0.88	0.68
E548	世界地质	606	34	−0.70	0.590	34	−0.58	32.3	29	4.38	0.88	0.53
E154	水文地质工程地质	2356	12	0.18	2.127	5	0.51	50.4	10	8.65	0.70	0.35
E052	微体古生物学报	449	38	−0.78	0.238	40	−0.83	26.0	35	2.05	0.75	0.43
E136	物探化探计算技术	446	39	−0.78	0.293	39	−0.79	20.9	40	3.43	0.57	0.17
E138	物探与化探	1958	15	−0.02	0.911	29	−0.35	32.4	28	6.65	0.75	0.29
E125	西北地质	1434	23	−0.28	1.399	19	−0.01	30.0	31	4.58	0.93	0.58
E027	现代地质	2153	13	0.08	1.303	22	−0.07	48.0	13	6.88	0.98	0.55
E159	新疆地质	759	32	−0.62	0.451	36	−0.68	21.2	39	3.25	0.83	0.54
E053	岩矿测试	1439	22	−0.28	1.743	13	0.24	36.8	25	6.25	0.75	0.49
E157	岩石矿物学杂志	1264	27	−0.37	1.205	25	−0.14	43.2	16	4.28	0.80	0.48
E309	岩石学报	9351	1	3.68	1.878	11	0.34	74.8	1	5.90	0.95	0.57

表 7-14　2023 年地质学类期刊主要指标（续）

CODE	刊名	核心总被引频次			核心影响因子			综合评价总分		学科扩散指标	学科影响指标	红点指标
		数值	排名	离均差率	数值	排名	离均差率	数值	排名			
E654	中国地质	4270	3	1.14	2.949	2	1.10	65.8	3	8.85	0.98	0.88
E169	中国地质调查	527	36	−0.74	1.119	27	−0.20	31.5	30	3.70	0.85	0.48
E604	中国地质灾害与防治学报	1405	24	−0.30	2.263	3	0.61	40.5	21	6.08	0.57	0.59
E303	中国岩溶	1491	20	−0.25	1.211	24	−0.14	21.5	38	6.30	0.78	0.31
	40 种期刊平均值	1999			1.406							

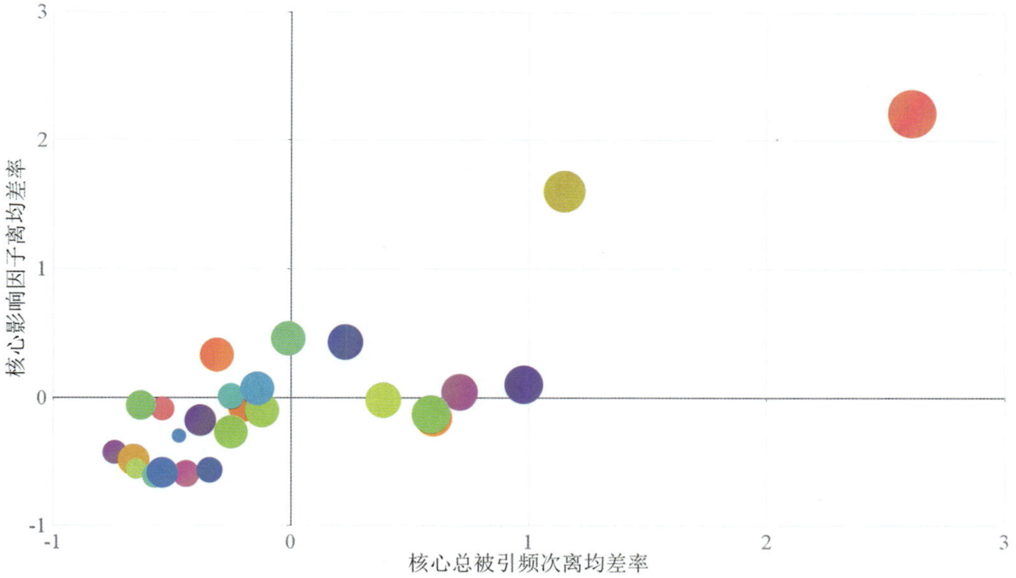

2023 年海洋科学、水文学类期刊核心总被引频次和核心影响因子离均差率的分布图
（节点大小表示综合评价总分）

2023 年海洋科学、水文学类期刊互引关系示意图

表 7-15 2023 年海洋科学、水文学类期刊主要指标

CODE	刊名	核心总被引频次			核心影响因子			综合评价总分		学科扩散指标	学科影响指标	红点指标
		数值	排名	离均差率	数值	排名	离均差率	数值	排名			
I209	ACTA OCEANOLOGICA SINICA	723	16	−0.34	0.348	23	−0.57	24.0	21	6.65	0.85	0.09
E158	CHINA OCEAN ENGINEERING	379	24	−0.65	0.359	22	−0.56	15.0	25	4.27	0.54	0.03
I120	JOURNAL OF OCEAN UNIVERSITY OF CHINA	499	21	−0.54	0.334	24	−0.59	34.6	16	6.96	0.77	0.06
E012	JOURNAL OF OCEANOLOGY AND LIMNOLOGY	614	18	−0.44	0.325	25	−0.60	26.5	19	6.15	0.81	0.10
E651	海洋测绘	580	19	−0.47	0.577	19	−0.30	7.5	26	5.15	0.58	0.23
E569	海洋地质前沿	822	14	−0.25	0.827	9	0.01	24.4	20	7.38	0.81	0.50
E155	海洋地质与第四纪地质	1522	7	0.39	0.803	10	−0.02	45.1	8	8.81	0.85	0.48
E131	海洋工程	879	12	−0.20	0.752	12	−0.08	30.6	18	7.69	0.77	0.28
E312	海洋湖沼通报	823	13	−0.25	0.595	18	−0.27	39.8	13	8.88	0.88	0.53
Z010	海洋环境科学	1344	8	0.23	1.173	4	0.43	45.4	7	10.81	0.88	0.59
E564	海洋技术学报	473	22	−0.57	0.322	26	−0.61	23.3	22	7.15	0.81	0.29
E145	海洋科学	1755	5	0.60	0.684	16	−0.16	49.3	5	14.54	0.92	0.45
E006	海洋科学进展	675	17	−0.38	0.669	17	−0.18	36.1	15	7.12	0.88	0.46
E311	海洋通报	963	10	−0.12	0.733	14	−0.10	42.1	10	10.46	0.92	0.48
E003	海洋学报	2171	3	0.98	0.901	6	0.10	52.8	3	13.08	0.96	0.39
E149	海洋学研究	369	25	−0.66	0.417	21	−0.49	36.2	14	5.27	0.88	0.46
E008	海洋与湖沼	1875	4	0.71	0.855	8	0.04	48.0	6	10.73	0.88	0.43
E108	海洋预报	505	20	−0.54	0.748	13	−0.09	20.6	24	4.92	0.69	0.48
E111	湖泊科学	3958	1	2.61	2.631	1	2.21	83.8	1	13.19	0.69	0.65
E007	极地研究	280	26	−0.74	0.465	20	−0.43	20.9	23	4.50	0.58	0.46
E642	热带海洋学报	947	11	−0.14	0.878	7	0.07	41.1	12	8.58	0.88	0.44
E540	水文	1083	9	−0.01	1.194	3	0.46	42.3	9	9.58	0.50	0.27
E154	水文地质工程地质	2356	2	1.15	2.127	2	1.60	62.1	2	13.31	0.31	0.26
E500	盐湖研究	407	23	−0.63	0.767	11	−0.06	31.1	17	5.77	0.27	0.17
E123	应用海洋学学报	760	15	−0.31	1.089	5	0.33	41.2	11	8.15	0.77	0.90
E313	中国海洋大学学报自然科学版	1743	6	0.59	0.714	15	−0.13	52.2	4	17.50	0.92	0.27
	26 种期刊平均值	1096			0.819							

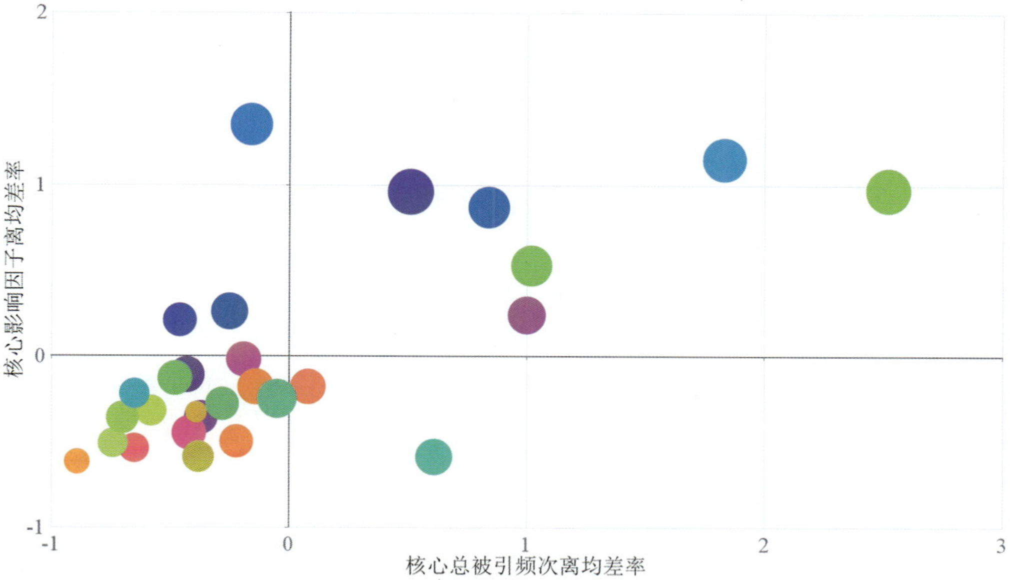

2023 年生物学基础学科类期刊核心总被引频次和核心影响因子离均差率的分布图
（节点大小表示综合评价总分）

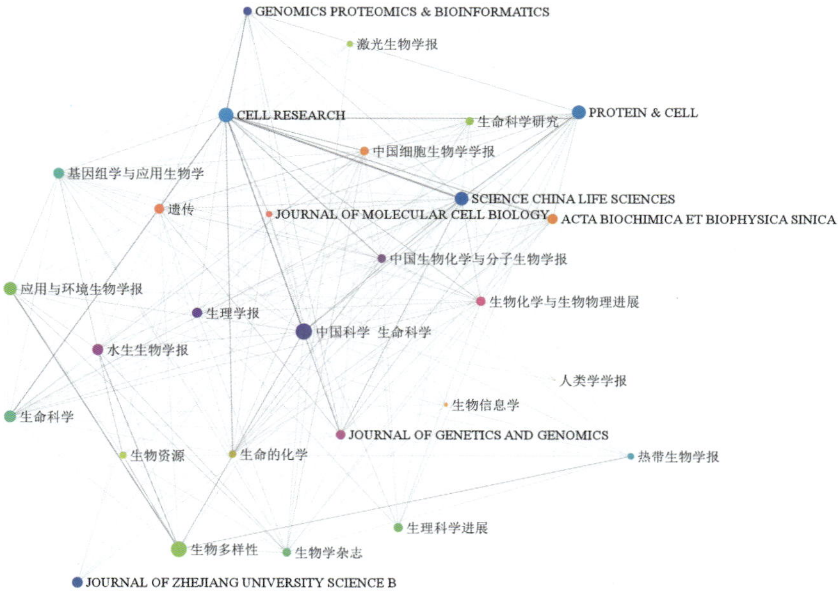

2023 年生物学基础学科类期刊互引关系示意图

表 7-16　2023 年生物学基础学科类期刊主要指标

CODE	刊名	核心总被引频次			核心影响因子			综合评价总分		学科扩散指标	学科影响指标	红点指标
		数值	排名	离均差率	数值	排名	离均差率	数值	排名			
F034	ACTA BIOCHIMICA ET BIOPHYSICA SINICA	1028	10	−0.14	0.813	14	−0.18	46.6	12	15.36	0.75	0.12
I072	CELL RESEARCH	3384	2	1.83	2.134	2	1.15	68.2	3	23.89	0.93	0.00
I222	GENOMICS PROTEOMICS & BIOINFORMATICS	639	21	−0.46	1.202	9	0.21	40.7	18	9.46	0.64	0.13
F013	JOURNAL OF GENETICS AND GENOMICS	963	12	−0.19	0.973	10	−0.02	44.2	14	10.68	0.79	0.03
F021	JOURNAL OF MOLECULAR CELL BIOLOGY	422	24	−0.65	0.457	25	−0.54	31.9	25	8.39	0.64	0.12
I159	JOURNAL OF ZHEJIANG UNIVERSITY SCIENCE B	899	14	−0.25	1.246	7	0.26	48.9	9	15.68	0.43	0.01
I129	PROTEIN & CELL	999	11	−0.16	2.327	1	1.35	63.7	4	14.18	0.71	0.07
I150	SCIENCE CHINA LIFE SCIENCES	2200	5	0.84	1.851	5	0.87	62.4	5	22.14	0.86	0.10
H245	基因组学与应用生物学	1928	6	0.61	0.405	27	−0.59	48.8	10	20.04	0.68	0.49
F045	激光生物学报	310	27	−0.74	0.486	24	−0.51	31.7	26	7.00	0.14	0.53
H415	热带生物学报	413	25	−0.65	0.771	15	−0.22	33.1	24	7.00	0.32	0.25
F041	人类学学报	734	18	−0.39	0.663	19	−0.33	16.9	28	2.93	0.14	0.38
F203	生理科学进展	619	22	−0.48	0.866	12	−0.13	42.9	16	11.11	0.36	0.57
F001	生理学报	686	20	−0.43	0.888	11	−0.11	47.1	11	12.18	0.43	0.37
F042	生命的化学	738	17	−0.38	0.406	26	−0.59	36.4	22	12.64	0.43	0.62
F215	生命科学	1140	9	−0.05	0.746	16	−0.25	54.8	7	18.11	0.57	0.53
F046	生命科学研究	356	26	−0.70	0.634	21	−0.36	37.7	21	8.04	0.29	0.41
F049	生物多样性	4205	1	2.52	1.957	3	0.97	72.9	2	14.21	0.43	0.39
F016	生物化学与生物物理进展	694	19	−0.42	0.549	22	−0.45	43.0	15	13.43	0.64	0.40
F040	生物信息学	128	28	−0.89	0.381	28	−0.62	23.6	27	3.61	0.11	0.56
F213	生物学杂志	862	15	−0.28	0.713	17	−0.28	40.2	20	12.93	0.61	0.36
F044	生物资源	506	23	−0.58	0.673	18	−0.32	34.6	23	8.46	0.21	0.29
F010	水生生物学报	2388	4	1.00	1.231	8	0.24	51.3	8	9.04	0.43	0.36
F024	遗传	1293	8	0.08	0.814	13	−0.18	44.9	13	14.43	0.75	0.33
F100	应用与环境生物学报	2410	3	1.02	1.517	6	0.53	59.9	6	14.14	0.43	0.23
A107	中国科学 生命科学	1800	7	0.51	1.947	4	0.96	75.9	1	23.82	0.79	0.34
F002	中国生物化学与分子生物学报	757	16	−0.37	0.637	20	−0.36	40.9	17	12.79	0.46	0.55
F025	中国细胞生物学学报	933	13	−0.22	0.496	23	−0.50	40.3	19	14.43	0.54	0.62
	28 种期刊平均值	1194			0.992							

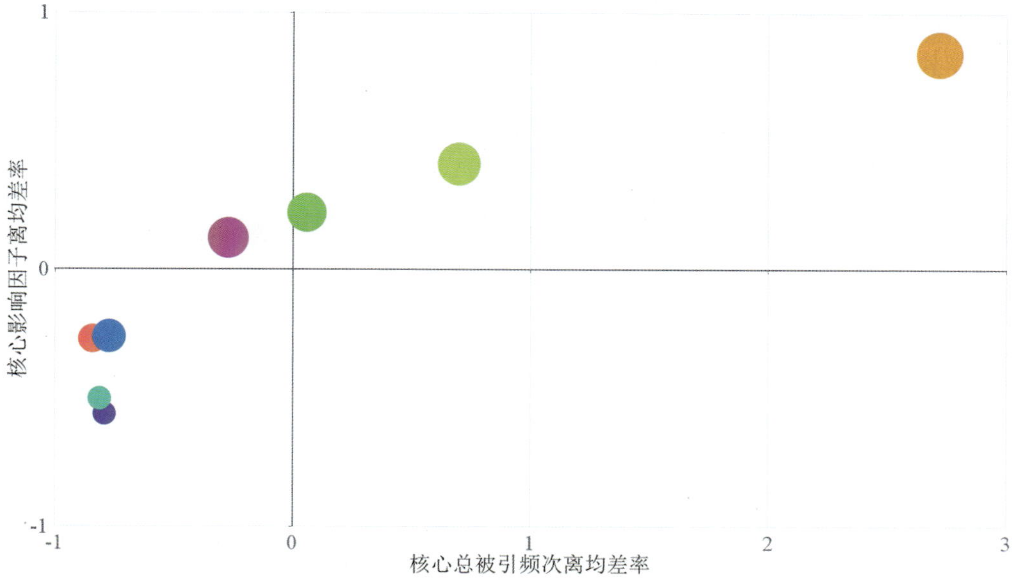

2023 年生态学类期刊核心总被引频次和核心影响因子离均差率的分布图
（节点大小表示综合评价总分）

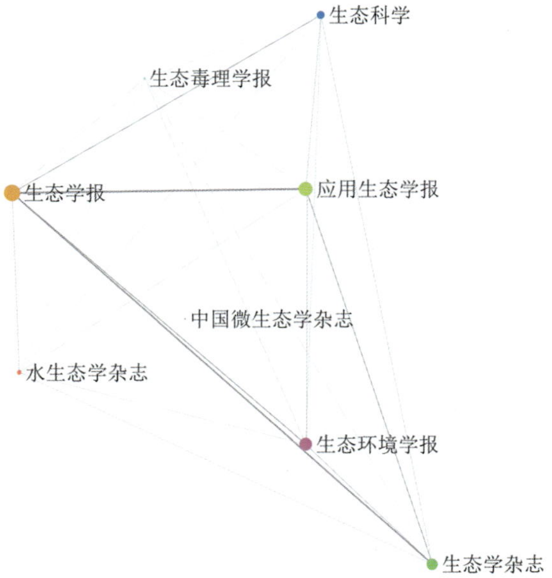

2023 年生态学类期刊互引关系示意图

表 7-17 2023 年生态学类期刊主要指标

CODE	刊名	核心总被引频次			核心影响因子			综合评价总分		学科扩散指标	学科影响指标	红点指标
		数值	排名	离均差率	数值	排名	离均差率	数值	排名			
Z034	生态毒理学报	1580	7	–0.81	1.023	7	–0.50	19.8	7	44.50	0.88	0.33
H784	生态环境学报	6093	4	–0.27	2.276	4	0.12	59.4	3	73.00	0.88	0.50
Z512	生态科学	1935	5	–0.77	1.497	5	–0.26	39.9	5	49.63	0.88	0.45
Z014	生态学报	30962	1	2.72	3.726	1	0.84	76.8	1	102.63	0.88	0.52
Z028	生态学杂志	8781	3	0.06	2.474	3	0.22	54.7	4	75.75	0.88	0.42
H850	水生态学杂志	1317	8	–0.84	1.471	6	–0.27	29.3	6	31.00	1.00	0.44
Z018	应用生态学报	14156	2	0.70	2.859	2	0.41	65.9	2	79.00	0.88	0.42
G517	中国微生态学杂志	1708	6	–0.79	0.884	8	–0.56	19.3	8	57.88	0.25	0.57
	8 种期刊平均值	8317			2.026							

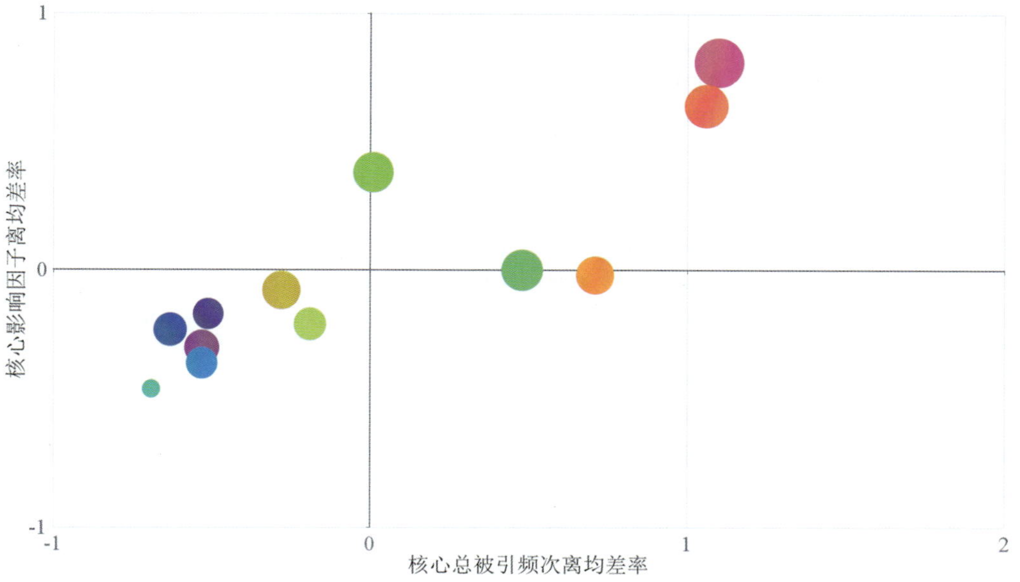

2023 年植物学类期刊核心总被引频次和核心影响因子离均差率的分布图
（节点大小表示综合评价总分）

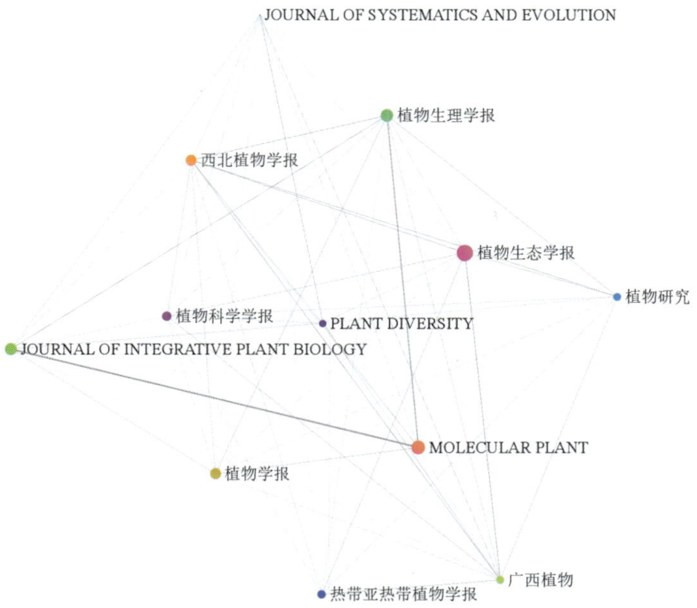

2023 年植物学类期刊互引关系示意图

表 7-18 2023 年植物学类期刊主要指标

CODE	刊名	核心总被引频次			核心影响因子			综合评价总分		学科扩散指标	学科影响指标	红点指标
		数值	排名	离均差率	数值	排名	离均差率	数值	排名			
F029	JOURNAL OF INTEGRATIVE PLANT BIOLOGY	2439	5	0.01	2.058	3	0.38	58.0	4	25.08	1.00	0.32
F039	JOURNAL OF SYSTEMATICS AND EVOLUTION	753	12	−0.69	0.800	12	−0.46	11.9	12	13.92	0.92	0.16
F019	MOLECULAR PLANT	4951	2	1.06	2.439	2	0.64	67.8	2	26.42	1.00	0.15
F007	PLANT DIVERSITY	1173	8	−0.51	1.235	7	−0.17	34.1	11	19.58	0.92	0.00
F028	广西植物	1938	6	−0.19	1.171	8	−0.21	37.5	9	25.92	0.83	0.53
F228	热带亚热带植物学报	899	11	−0.63	1.147	9	−0.23	39.4	8	21.17	0.67	0.52
F020	西北植物学报	4102	3	0.71	1.456	5	−0.02	51.7	6	29.25	0.92	0.58
F008	植物科学学报	1126	10	−0.53	1.043	10	−0.30	44.4	7	21.33	0.83	0.49
F038	植物生理学报	3568	4	0.48	1.479	4	0.00	61.0	3	26.08	0.67	0.55
F009	植物生态学报	5045	1	1.10	2.692	1	0.81	87.6	1	32.42	0.83	0.28
F023	植物学报	1732	7	−0.28	1.371	6	−0.08	52.0	5	26.33	0.92	0.40
F050	植物研究	1137	9	−0.53	0.945	11	−0.36	36.2	10	19.92	0.67	0.39
	12 种期刊平均值	2405			1.486							

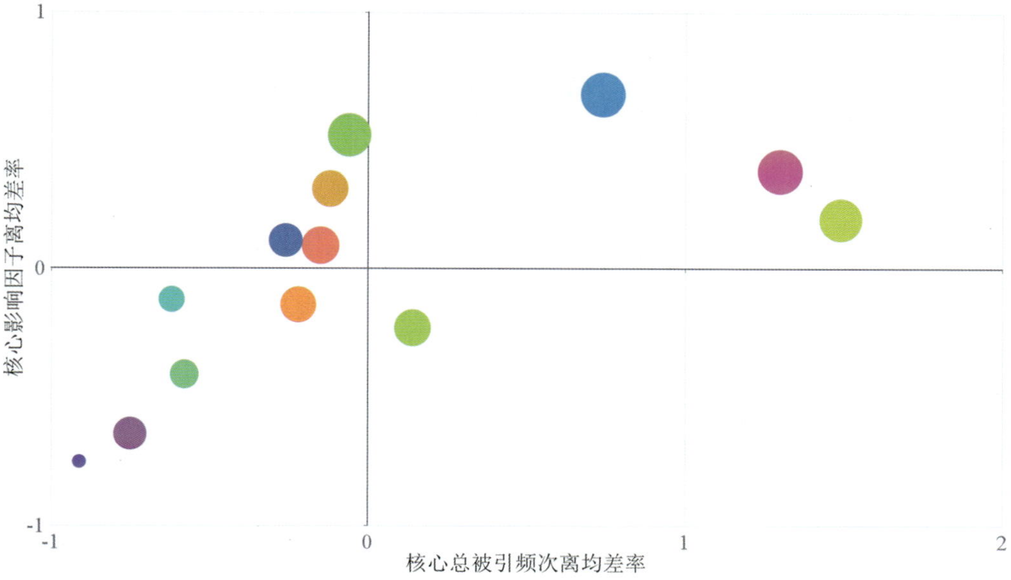

2023 年昆虫学、动物学类期刊核心总被引频次和核心影响因子离均差率的分布图
（节点大小表示综合评价总分）

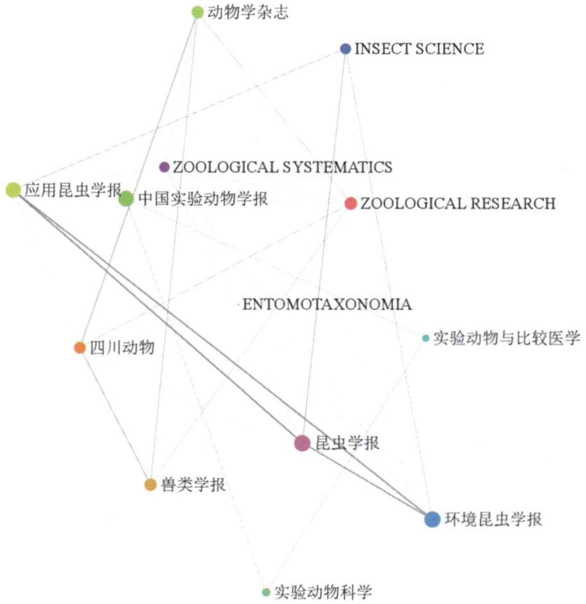

2023 年昆虫学、动物学类期刊互引关系示意图

表 7-19　2023 年昆虫学、动物学类期刊主要指标

CODE	刊名	核心总被引频次			核心影响因子			综合评价总分		学科扩散指标	学科影响指标	红点指标
		数值	排名	离均差率	数值	排名	离均差率	数值	排名			
F005	ENTOMOTAXONOMIA	80	13	−0.91	0.173	13	−0.75	7.0	13	2.54	0.38	0.98
I012	INSECT SCIENCE	645	9	−0.26	0.769	6	0.11	40.7	9	8.69	0.46	0.14
F022	ZOOLOGICAL RESEARCH	742	7	−0.15	0.754	7	0.09	50.0	5	16.31	1.00	0.00
F014	ZOOLOGICAL SYSTEMATICS	217	12	−0.75	0.245	12	−0.64	39.0	10	6.31	0.69	0.53
F043	动物学杂志	1002	4	0.14	0.530	10	−0.23	47.8	6	14.46	0.77	0.35
H049	环境昆虫学报	1527	3	0.74	1.157	1	0.68	72.1	2	14.00	0.31	0.41
F015	昆虫学报	2014	2	1.30	0.955	3	0.38	72.1	1	15.69	0.62	0.52
F257	实验动物科学	369	10	−0.58	0.407	11	−0.41	29.3	11	12.15	0.23	0.45
G387	实验动物与比较医学	336	11	−0.62	0.610	8	−0.12	24.4	12	9.23	0.31	0.53
F033	兽类学报	770	6	−0.12	0.906	4	0.31	47.7	7	9.23	0.46	0.37
F027	四川动物	686	8	−0.22	0.596	9	−0.14	45.3	8	13.62	0.77	0.44
F035	应用昆虫学报	2188	1	1.49	0.818	5	0.19	64.8	4	18.08	0.46	0.54
F047	中国实验动物学报	825	5	−0.06	1.047	2	0.52	67.7	3	21.62	0.31	0.52
	13 种期刊平均值	877			0.690							

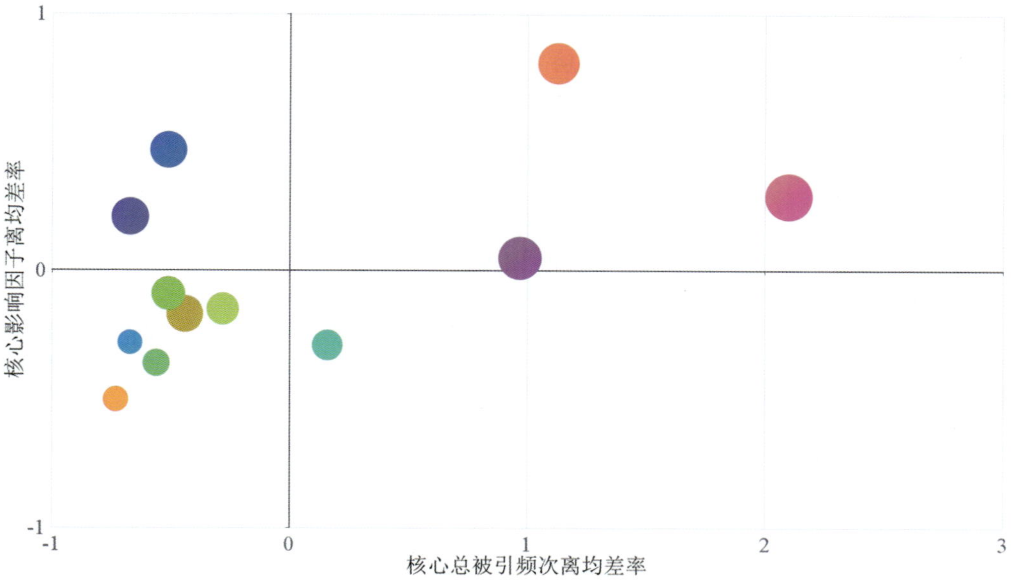

2023 年微生物学、病毒学类期刊核心总被引频次和核心影响因子离均差率的分布图
（节点大小表示综合评价总分）

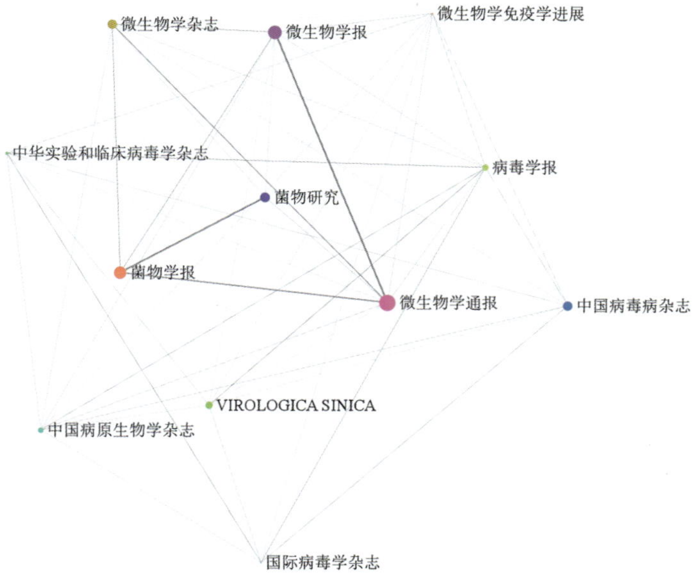

2023 年微生物学、病毒学类期刊互引关系示意图

表 7-20　2023 年微生物学、病毒学类期刊主要指标

CODE	刊名	核心总被引频次			核心影响因子			综合评价总分		学科扩散指标	学科影响指标	红点指标
		数值	排名	离均差率	数值	排名	离均差率	数值	排名			
G095	VIROLOGICA SINICA	583	8	−0.51	0.902	6	−0.09	40.2	7	16.83	0.83	0.12
G018	病毒学报	856	5	−0.28	0.843	7	−0.15	37.2	8	20.42	0.75	0.43
G495	国际病毒学杂志	387	11	−0.67	0.720	9	−0.28	22.0	12	10.08	0.67	0.61
F018	菌物学报	2523	2	1.13	1.803	1	0.81	60.8	3	24.42	0.50	0.28
C325	菌物研究	395	10	−0.67	1.205	4	0.21	50.2	4	10.92	0.42	0.15
F004	微生物学报	2327	3	0.97	1.045	5	0.05	66.7	2	36.92	0.75	0.36
F206	微生物学免疫学进展	318	12	−0.73	0.500	12	−0.50	22.5	11	12.75	0.75	0.33
F011	微生物学通报	3671	1	2.10	1.281	3	0.29	79.7	1	45.58	0.75	0.40
F225	微生物学杂志	666	6	−0.44	0.827	8	−0.17	48.2	6	21.83	0.67	0.43
G769	中国病毒病杂志	584	7	−0.51	1.456	2	0.47	48.7	5	16.92	0.58	0.69
G339	中国病原生物学杂志	1371	4	0.16	0.706	10	−0.29	34.3	9	29.58	0.75	0.66
G162	中华实验和临床病毒学杂志	523	9	−0.56	0.638	11	−0.36	26.1	10	12.50	0.75	0.55
	12 种期刊平均值	1184			0.994							

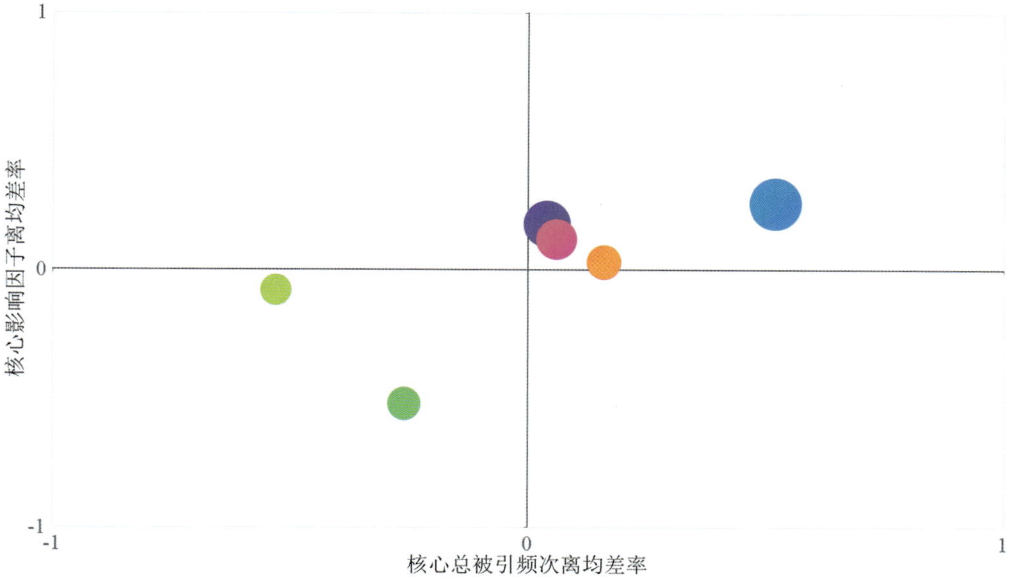

2023 年心理学类期刊核心总被引频次和核心影响因子离均差率的分布图
（节点大小表示综合评价总分）

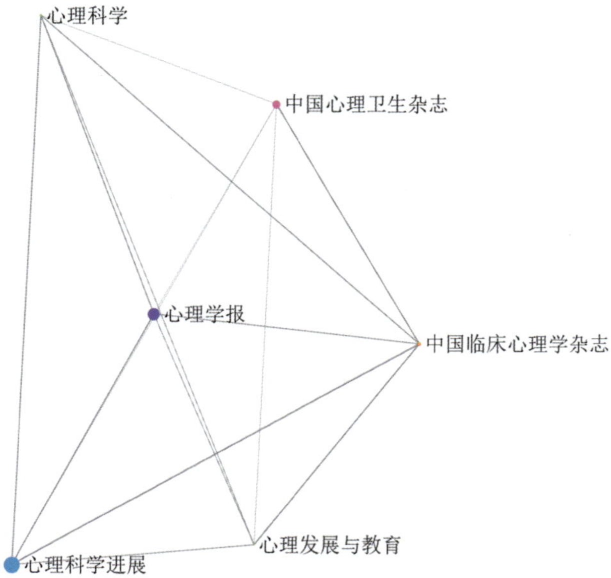

2023 年心理学类期刊互引关系示意图

表 7-21　2023 年心理学类期刊主要指标

CODE	刊名	核心总被引频次			核心影响因子			综合评价总分		学科扩散指标	学科影响指标	红点指标
		数值	排名	离均差率	数值	排名	离均差率	数值	排名			
S700	心理发展与教育	1311	6	−0.53	1.030	5	−0.08	35.2	6	32.33	1.00	0.63
S918	心理科学	2044	5	−0.26	0.541	6	−0.52	39.5	5	67.00	1.00	0.28
S919	心理科学进展	4226	1	0.52	1.404	1	0.26	98.3	1	105.17	1.00	0.22
E046	心理学报	2892	4	0.04	1.322	2	0.18	78.4	2	78.50	1.00	0.27
G221	中国临床心理学杂志	3220	2	0.16	1.155	4	0.03	43.0	4	60.50	1.00	0.57
G117	中国心理卫生杂志	2955	3	0.06	1.251	3	0.12	59.7	3	68.67	1.00	0.63
	6 种期刊平均值	2775			1.117							

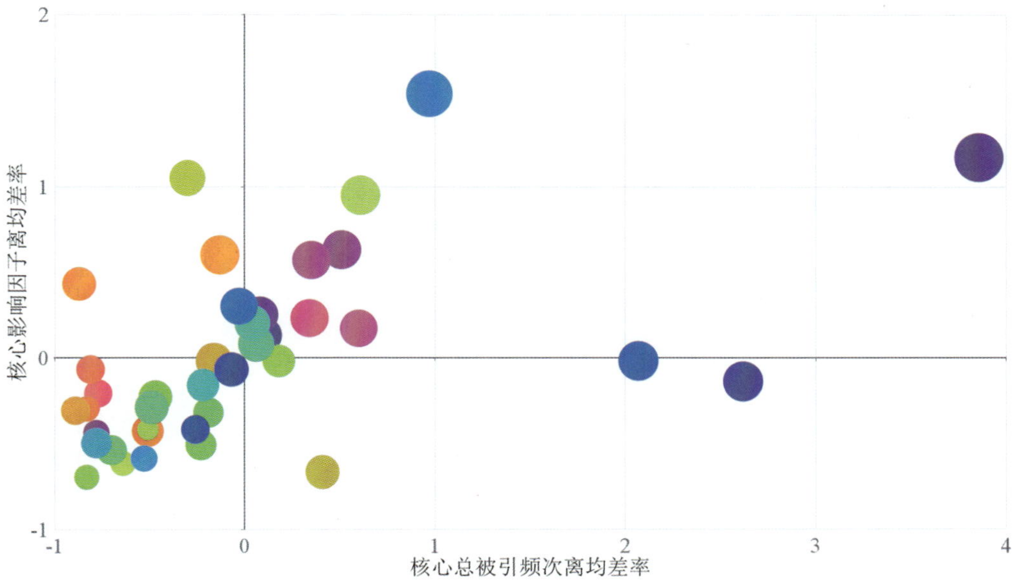

2023 年农业综合类期刊核心总被引频次和核心影响因子离均差率的分布图
（节点大小表示综合评价总分）

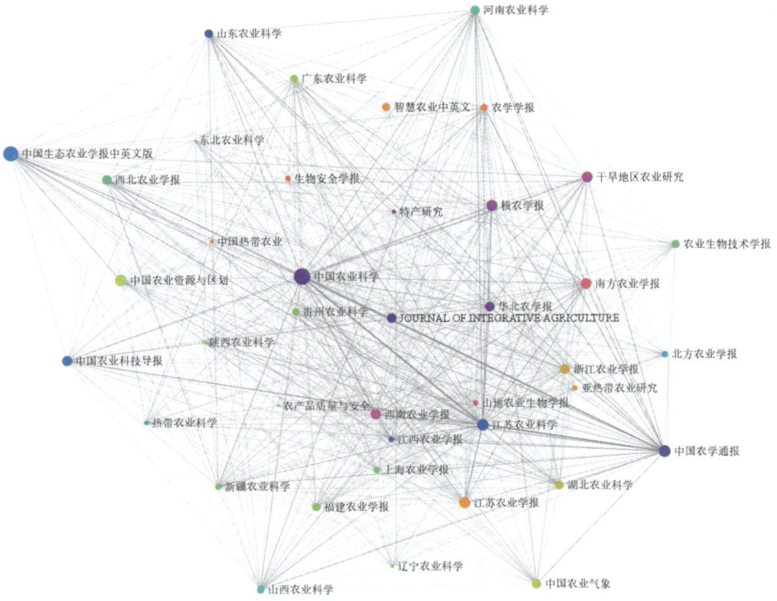

2023 年农业综合类期刊互引关系示意图

表 7-22　2023 年农业综合类期刊主要指标

CODE	刊名	核心总被引频次			核心影响因子			综合评价总分		学科扩散指标	学科影响指标	红点指标
		数值	排名	离均差率	数值	排名	离均差率	数值	排名			
H017	JOURNAL OF INTEGRATIVE AGRICULTURE	2702	12	0.10	1.244	14	0.13	46.8	14	9.55	0.95	0.02
H395	北方农业学报	551	33	−0.78	0.550	34	−0.50	33.3	27	4.40	0.78	0.70
H227	东北农业科学	1219	27	−0.51	0.637	31	−0.42	16.0	40	5.63	0.88	0.74
H265	福建农业学报	1312	25	−0.47	0.847	24	−0.23	40.5	22	7.18	0.90	0.56
H045	干旱地区农业研究	3322	9	0.35	1.729	7	0.57	52.5	8	7.98	0.85	0.73
H228	广东农业科学	2903	11	0.18	1.080	16	−0.02	37.9	24	10.35	1.00	0.69
H275	贵州农业科学	1907	22	−0.23	0.539	35	−0.51	35.0	26	9.10	0.88	0.79
H356	河南农业科学	2571	15	0.04	1.323	12	0.20	45.3	17	8.55	0.95	0.75
H042	核农学报	3725	7	0.51	1.795	5	0.63	54.5	6	9.32	0.98	0.55
H203	湖北农业科学	3472	8	0.41	0.361	39	−0.67	42.1	19	14.83	0.98	0.49
H032	华北农学报	2673	13	0.08	1.377	10	0.25	47.8	12	7.33	0.90	0.88
H700	江苏农业科学	7574	3	2.07	1.074	18	−0.02	57.3	4	16.55	1.00	0.76
H199	江苏农业学报	2137	18	−0.13	1.761	6	0.60	54.5	7	8.63	0.98	0.64
H701	江西农业学报	1815	23	−0.26	0.642	30	−0.42	30.0	30	8.85	0.98	0.59
H261	辽宁农业科学	431	37	−0.83	0.333	40	−0.70	22.3	38	3.83	0.83	0.63
H069	南方农业学报	3291	10	0.34	1.350	11	0.23	52.0	9	9.70	0.98	0.65
H071	农产品质量与安全	433	36	−0.82	0.782	25	−0.29	18.1	39	3.65	0.50	0.44
H105	农学学报	1209	28	−0.51	0.629	32	−0.43	36.1	25	7.35	0.98	0.66
H286	农业生物技术学报	1259	26	−0.49	0.776	26	−0.29	40.6	21	6.53	0.83	0.59
H516	热带农业科学	1148	29	−0.53	0.446	37	−0.59	25.8	34	6.23	0.88	0.44
H070	山地农业生物学报	578	32	−0.77	0.868	23	−0.21	28.3	33	5.00	0.73	0.48
H804	山东农业科学	2304	17	−0.07	1.019	20	−0.07	42.6	18	8.40	0.98	0.76
H390	山西农业科学	1917	21	−0.22	0.929	22	−0.16	38.0	23	7.63	0.95	0.68
H217	陕西农业科学	883	30	−0.64	0.423	38	−0.62	22.8	36	6.25	0.85	0.64
H282	上海农业学报	729	31	−0.70	0.505	36	−0.54	33.2	28	5.58	0.90	0.50
H080	生物安全学报	471	35	−0.81	1.020	19	−0.07	29.2	31	3.03	0.53	0.34
H041	特产研究	547	34	−0.78	0.615	33	−0.44	24.7	35	4.97	0.48	0.51
H288	西北农业学报	2615	14	0.06	1.191	15	0.08	46.1	16	8.48	0.98	0.69
H061	西南农业学报	3948	6	0.60	1.290	13	0.17	50.4	10	10.75	1.00	0.69
H276	新疆农业科学	1990	20	−0.19	0.748	29	−0.32	32.9	29	6.85	0.90	0.71
H200	亚热带农业研究	268	40	−0.89	0.758	28	−0.31	28.9	32	3.00	0.65	0.57
H201	浙江农业学报	2082	19	−0.16	1.077	17	−0.02	47.6	13	9.78	1.00	0.63
H106	智慧农业中英文	328	39	−0.87	1.571	8	0.43	40.9	20	3.03	0.38	0.55
H958	中国农学通报	8928	2	2.62	0.943	21	−0.14	58.1	3	16.00	1.00	0.64
H567	中国农业科技导报	2385	16	−0.03	1.427	9	0.30	49.8	11	10.38	1.00	0.67
H030	中国农业科学	11967	1	3.86	2.392	2	1.17	85.3	1	13.30	1.00	0.61

表 7-22 2023 年农业综合类期刊主要指标（续）

CODE	刊名	核心总被引频次			核心影响因子			综合评价总分		学科扩散指标	学科影响指标	红点指标
		数值	排名	离均差率	数值	排名	离均差率	数值	排名			
H210	中国农业气象	1722	24	−0.30	2.259	3	1.05	46.5	15	6.53	0.90	0.60
H221	中国农业资源与区划	3980	5	0.61	2.142	4	0.95	55.7	5	11.70	0.95	0.43
H081	中国热带农业	421	38	−0.83	0.775	27	−0.30	22.7	37	2.83	0.48	0.53
H555	中国生态农业学报中英文版	4867	4	0.97	2.799	1	1.54	76.5	2	11.28	0.98	0.51
	40 种期刊平均值	2465			1.101							

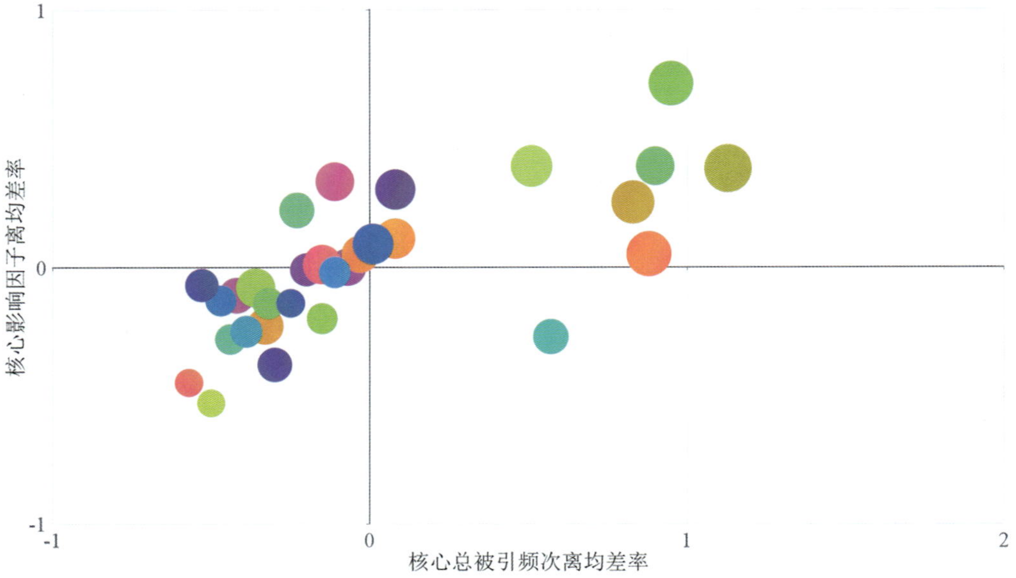

2023 年农业大学学报类期刊核心总被引频次和核心影响因子离均差率的分布图
（节点大小表示综合评价总分）

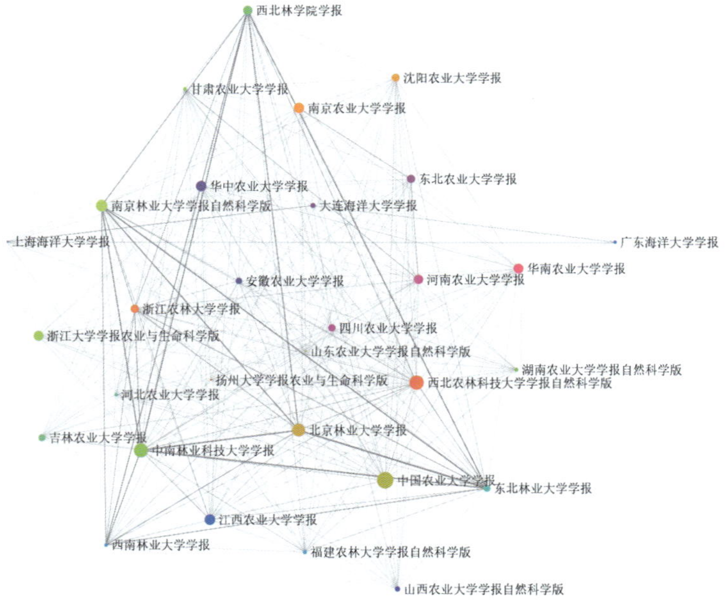

2023 年农业大学学报类期刊互引关系示意图

表 7-23　2023 年农业大学学报类期刊主要指标

CODE	刊名	核心总被引频次			核心影响因子			综合评价总分		学科扩散指标	学科影响指标	红点指标
		数值	排名	离均差率	数值	排名	离均差率	数值	排名			
H002	安徽农业大学学报	1088	20	−0.30	0.749	28	−0.38	42.9	19	11.07	0.77	0.42
H025	北京林业大学学报	2844	5	0.83	1.520	7	0.25	65.6	4	12.60	0.87	0.39
H005	大连海洋大学学报	1238	17	−0.20	1.206	15	−0.01	39.0	21	7.80	0.50	0.41
H262	东北林业大学学报	2444	6	0.57	0.892	26	−0.27	45.0	17	13.13	0.90	0.50
H006	东北农业大学学报	1451	12	−0.07	1.219	14	0.00	49.5	13	10.73	0.87	0.43
H268	福建农林大学学报自然科学版	947	24	−0.39	0.910	25	−0.25	36.6	22	9.10	0.90	0.51
H047	甘肃农业大学学报	1319	16	−0.15	0.977	23	−0.20	34.6	25	9.40	0.87	0.50
H272	广东海洋大学学报	818	27	−0.47	1.065	20	−0.13	34.3	26	5.87	0.23	0.33
H244	河北农业大学学报	869	26	−0.44	0.879	27	−0.28	33.6	27	9.03	0.90	0.54
H011	河南农业大学学报	1391	13	−0.11	1.624	5	0.33	53.3	11	10.43	0.87	0.35
H060	湖南农业大学学报自然科学版	1062	21	−0.32	1.046	21	−0.14	35.5	23	9.27	0.80	0.55
H013	华南农业大学学报	1319	15	−0.15	1.234	13	0.01	55.3	9	11.67	0.90	0.61
H003	华中农业大学学报	1675	8	0.08	1.585	6	0.30	57.4	7	13.27	0.97	0.49
H243	吉林农业大学学报	1199	18	−0.23	1.488	8	0.22	44.8	18	9.90	0.80	0.54
H283	江西农业大学学报	1566	10	0.01	1.328	10	0.09	58.3	6	11.33	0.93	0.55
H033	南京林业大学学报自然科学版	2356	7	0.51	1.687	3	0.39	61.4	5	12.80	0.87	0.48
H021	南京农业大学学报	1673	9	0.08	1.356	9	0.11	56.9	8	10.97	0.97	0.36
H031	山东农业大学学报自然科学版	781	28	−0.50	0.576	30	−0.53	28.1	30	11.33	0.73	0.32
H393	山西农业大学学报自然科学版	729	29	−0.53	1.133	17	−0.07	39.7	20	7.47	0.73	0.59
H292	上海海洋大学学报	1168	19	−0.25	1.043	22	−0.14	29.7	28	6.53	0.43	0.32
H024	沈阳农业大学学报	1038	22	−0.33	0.934	24	−0.23	48.1	15	9.47	0.80	0.36
H007	四川农业大学学报	897	25	−0.42	1.080	19	−0.11	46.2	16	9.07	0.80	0.55
H224	西北林学院学报	2957	3	0.90	1.692	2	0.39	52.9	12	12.80	0.87	0.50
H018	西北农林科技大学学报自然科学版	2932	4	0.88	1.284	11	0.05	72.0	2	15.27	1.00	0.38
H270	西南林业大学学报	1390	14	−0.11	1.191	16	−0.02	35.1	24	10.00	0.67	0.40
H016	扬州大学学报农业与生命科学版	674	30	−0.57	0.671	29	−0.45	29.0	29	7.97	0.73	0.53
H035	浙江大学学报农业与生命科学版	1003	23	−0.36	1.120	18	−0.08	54.7	10	10.07	0.93	0.41
H019	浙江农林大学学报	1512	11	−0.03	1.277	12	0.05	48.9	14	11.03	0.73	0.49
H027	中国农业大学学报	3310	1	1.13	1.683	4	0.38	81.5	1	17.73	0.87	0.32
H053	中南林业科技大学学报	3035	2	0.95	2.085	1	0.71	71.0	3	12.80	0.80	0.52
	30 种期刊平均值	1556			1.218							

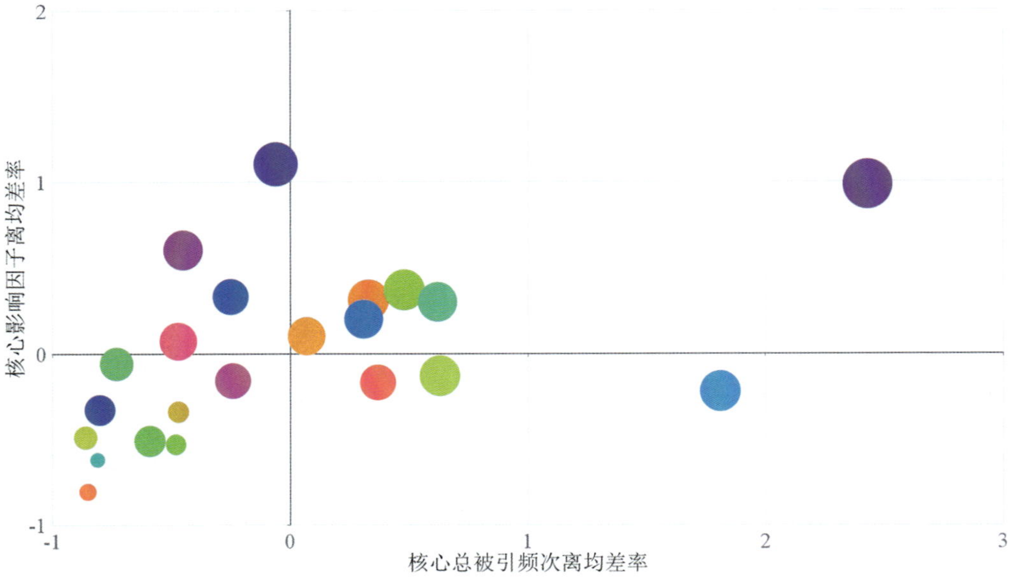

2023 年农艺学类期刊核心总被引频次和核心影响因子离均差率的分布图

（节点大小表示综合评价总分）

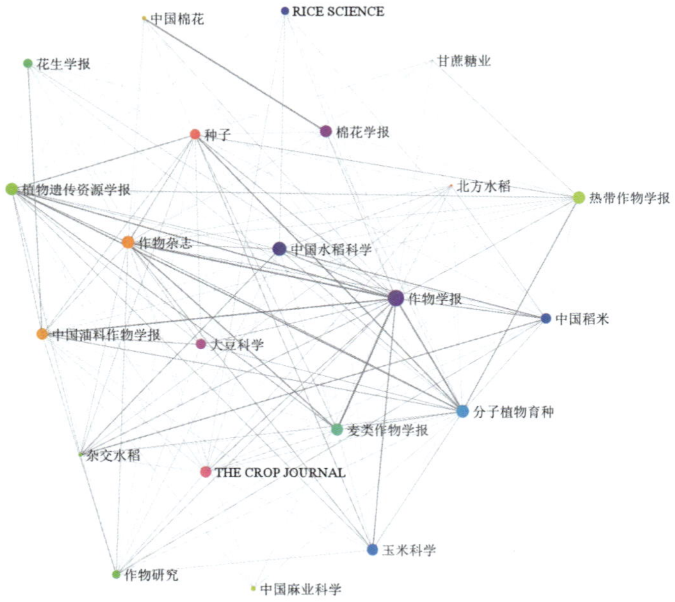

2023 年农艺学类期刊互引关系示意图

表 7-24　2023 年农艺学类期刊主要指标

CODE	刊名	核心总被引频次			核心影响因子			综合评价总分		学科扩散指标	学科影响指标	红点指标
		数值	排名	离均差率	数值	排名	离均差率	数值	排名			
I065	RICE SCIENCE	379	19	−0.80	0.855	16	−0.33	33.8	17	5.55	0.77	0.35
H064	THE CROP JOURNAL	997	14	−0.47	1.363	10	0.07	50.7	11	7.77	0.86	0.34
H128	北方水稻	275	21	−0.85	0.248	22	−0.81	10.8	21	3.41	0.50	0.72
H038	大豆科学	1428	11	−0.24	1.065	13	−0.16	45.9	14	9.86	0.77	0.75
H845	分子植物育种	5242	2	1.81	0.987	15	−0.22	60.3	3	15.36	1.00	0.54
H844	甘蔗糖业	349	20	−0.81	0.486	21	−0.62	7.9	22	3.41	0.36	0.42
H665	花生学报	508	18	−0.73	1.198	11	−0.06	39.9	15	5.55	0.59	0.71
H748	麦类作物学报	3019	4	0.62	1.656	7	0.30	55.6	8	9.82	0.95	0.76
H037	棉花学报	1027	13	−0.45	2.033	3	0.60	56.1	7	7.00	0.73	0.64
H223	热带作物学报	3038	3	0.63	1.113	12	−0.13	59.3	5	15.00	0.82	0.45
H909	玉米科学	2455	8	0.31	1.528	8	0.20	53.6	9	9.77	0.91	0.93
H293	杂交水稻	974	16	−0.48	0.598	20	−0.53	15.4	20	5.18	0.73	0.90
H238	植物遗传资源学报	2764	5	0.48	1.746	4	0.37	59.3	6	9.59	0.91	0.73
H939	中国稻米	1397	12	−0.25	1.698	5	0.33	46.1	13	8.68	0.73	0.81
H212	中国麻业科学	266	22	−0.86	0.649	18	−0.49	19.5	18	3.73	0.50	0.48
H211	中国棉花	990	15	−0.47	0.841	17	−0.34	16.6	19	4.77	0.55	0.87
H020	中国水稻科学	1759	10	−0.06	2.669	1	1.10	70.0	2	8.82	0.86	0.77
H205	中国油料作物学报	2001	9	0.07	1.401	9	0.10	51.2	10	10.36	0.86	0.76
H103	种子	2563	6	0.37	1.054	14	−0.17	46.1	12	11.36	0.91	0.69
H034	作物学报	6402	1	2.43	2.522	2	0.98	89.2	1	13.41	1.00	0.84
H410	作物研究	766	17	−0.59	0.624	19	−0.51	34.8	16	8.23	0.82	0.78
H202	作物杂志	2484	7	0.33	1.669	6	0.31	59.4	4	11.32	1.00	0.79
	22 种期刊平均值	1867			1.273							

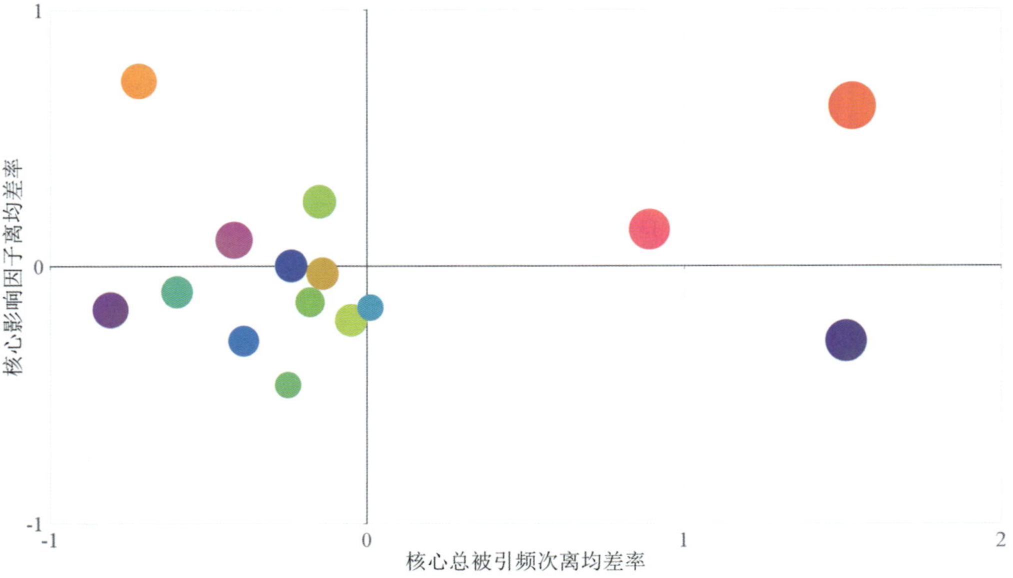

2023 年园艺学类期刊核心总被引频次和核心影响因子离均差率的分布图
（节点大小表示综合评价总分）

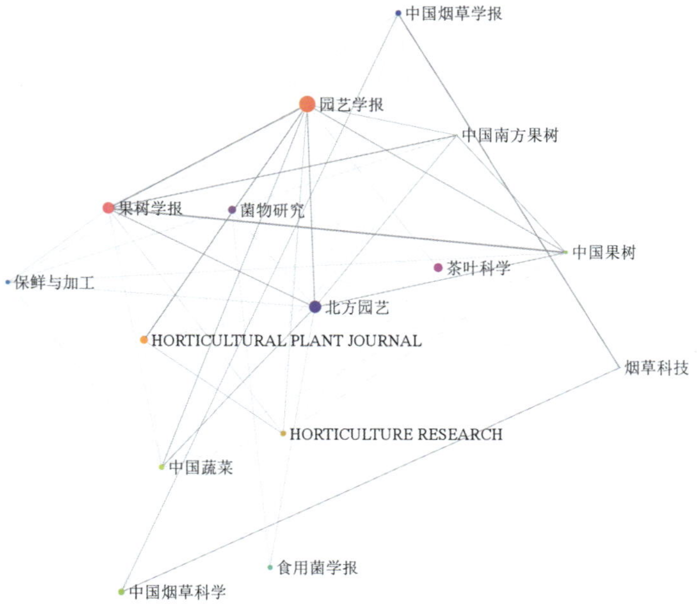

2023 年园艺学类期刊互引关系示意图

表 7-25　2023 年园艺学类期刊主要指标

CODE	刊名	核心总被引频次			核心影响因子			综合评价总分		学科扩散指标	学科影响指标	红点指标
		数值	排名	离均差率	数值	排名	离均差率	数值	排名			
H062	HORTICULTURAL PLANT JOURNAL	571	14	−0.72	2.500	1	0.72	45.4	6	6.33	0.60	0.00
H082	HORTICULTURE RESEARCH	1743	6	−0.14	1.413	7	−0.03	37.2	10	12.07	0.60	0.00
U645	保鲜与加工	1246	11	−0.39	1.029	14	−0.29	33.9	12	12.53	0.53	0.37
H999	北方园艺	5106	2	1.51	1.035	13	−0.29	62.4	2	25.73	0.93	0.52
H001	茶叶科学	1177	12	−0.42	1.593	5	0.10	49.4	4	13.47	0.60	0.43
H028	果树学报	3853	3	0.89	1.657	4	0.14	60.0	3	16.00	0.93	0.72
C325	菌物研究	395	15	−0.81	1.205	11	−0.17	45.8	5	8.73	0.60	0.15
H838	食用菌学报	817	13	−0.60	1.309	8	−0.10	36.3	11	8.87	0.33	0.38
U562	烟草科技	2061	4	0.01	1.223	10	−0.16	24.7	15	15.00	0.60	0.57
H039	园艺学报	5147	1	1.53	2.353	2	0.62	81.7	1	16.67	0.93	0.74
H215	中国果树	1668	8	−0.18	1.253	9	−0.14	31.1	13	12.13	0.73	0.59
H273	中国南方果树	1532	10	−0.25	0.778	15	−0.46	24.9	14	11.53	0.60	0.57
H207	中国蔬菜	1936	5	−0.05	1.148	12	−0.21	37.4	9	14.53	0.73	0.53
H208	中国烟草科学	1731	7	−0.15	1.811	3	0.25	40.3	7	10.53	0.33	0.66
U647	中国烟草学报	1546	9	−0.24	1.454	6	0.00	38.2	8	13.07	0.47	0.46
	15 种期刊平均值	2035			1.451							

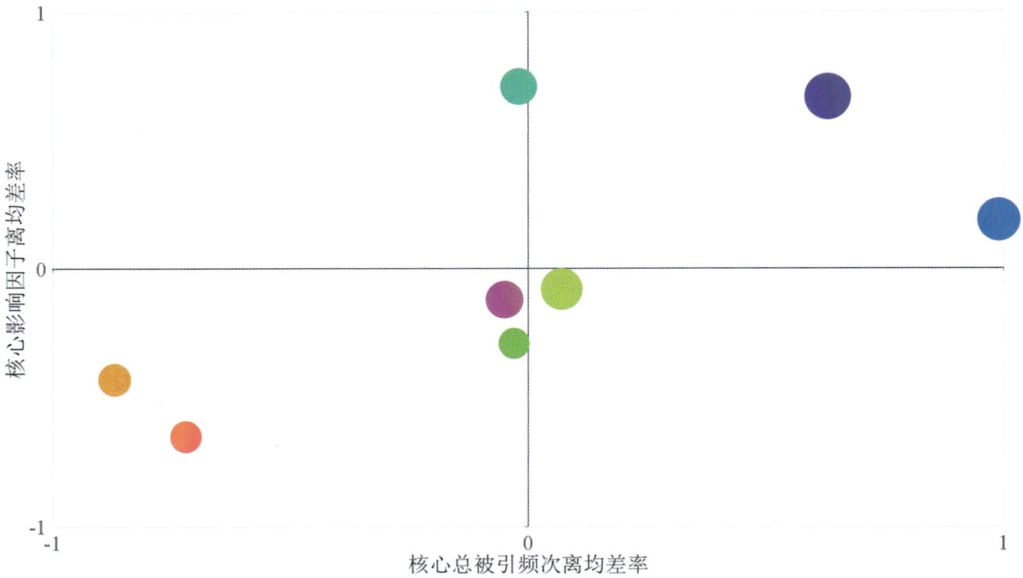

2023 年土壤学类期刊核心总被引频次和核心影响因子离均差率的分布图
（节点大小表示综合评价总分）

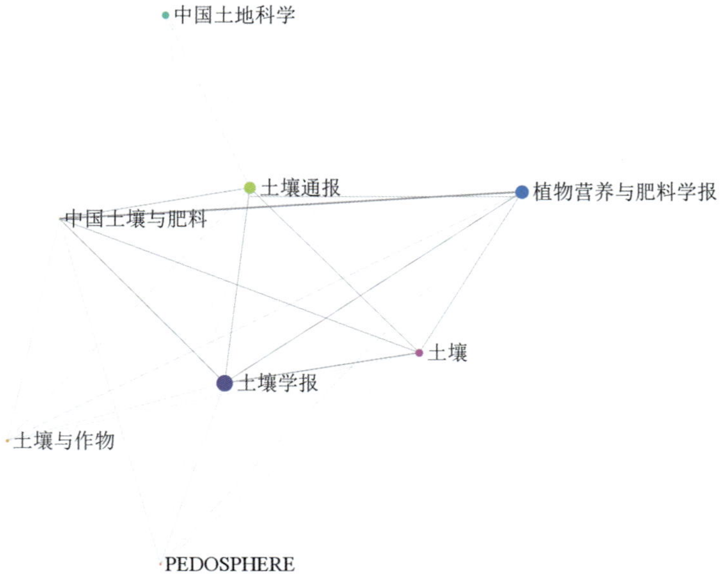

2023 年土壤学类期刊互引关系示意图

表 7-26　2023 年土壤学类期刊主要指标

CODE	刊名	核心总被引频次			核心影响因子			综合评价总分		学科扩散指标	学科影响指标	红点指标
		数值	排名	离均差率	数值	排名	离均差率	数值	排名			
H046	PEDOSPHERE	991	7	–0.72	0.832	8	–0.65	36.0	7	31.63	1.00	0.00
H043	土壤	3295	6	–0.05	2.073	5	–0.12	50.6	4	47.88	1.00	0.52
H057	土壤通报	3729	3	0.07	2.186	4	–0.08	62.0	3	53.00	0.88	0.51
H012	土壤学报	5675	2	0.63	3.956	2	0.67	77.2	1	55.63	1.00	0.37
H048	土壤与作物	456	8	–0.87	1.344	7	–0.43	38.0	6	20.00	0.75	0.53
H890	植物营养与肥料学报	6929	1	0.99	2.823	3	0.19	67.1	2	41.63	1.00	0.60
H350	中国土地科学	3426	4	–0.02	4.039	1	0.71	48.7	5	43.00	0.50	0.07
H233	中国土壤与肥料	3362	5	–0.03	1.683	6	–0.29	34.0	8	38.25	0.88	0.65
	8 种期刊平均值	3483			2.367							

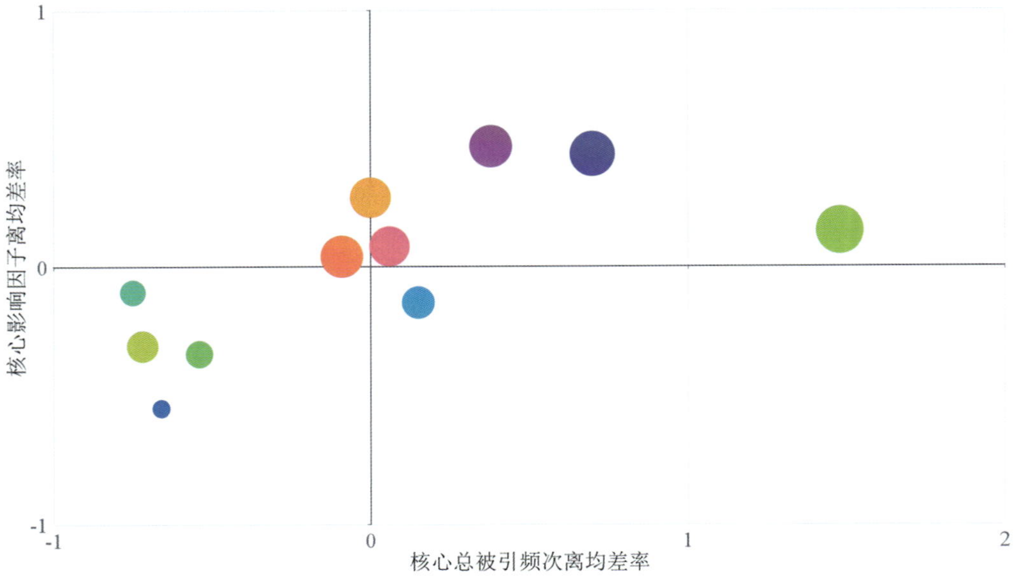

2023 年植物保护学类期刊核心总被引频次和核心影响因子离均差率的分布图
（节点大小表示综合评价总分）

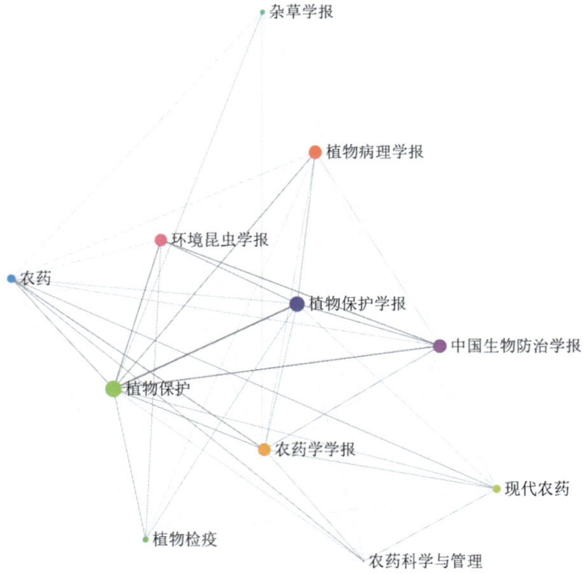

2023 年植物保护学类期刊互引关系示意图

表 7-27　2023 年植物保护学类期刊主要指标

CODE	刊名	核心总被引频次			核心影响因子			综合评价总分		学科扩散指标	学科影响指标	红点指标
		数值	排名	离均差率	数值	排名	离均差率	数值	排名			
H049	环境昆虫学报	1527	5	0.06	1.157	5	0.08	57.8	6	16.55	1.00	0.24
T034	农药	1644	4	0.15	0.921	8	−0.14	38.2	7	22.45	1.00	0.62
T924	农药科学与管理	494	9	−0.66	0.479	11	−0.55	12.0	11	12.91	0.91	0.57
H404	农药学学报	1433	6	0.00	1.366	3	0.27	59.2	5	20.36	1.00	0.60
H417	现代农药	408	10	−0.72	0.737	9	−0.31	35.5	8	12.55	1.00	0.56
H989	杂草学报	354	11	−0.75	0.966	7	−0.10	23.7	10	7.91	0.82	0.54
H577	植物保护	3557	1	1.48	1.221	4	0.14	81.8	1	24.09	1.00	0.46
H014	植物保护学报	2441	2	0.70	1.545	2	0.44	74.0	2	19.45	1.00	0.47
H052	植物病理学报	1302	7	−0.09	1.111	6	0.04	64.2	4	16.45	0.91	0.28
H584	植物检疫	656	8	−0.54	0.704	10	−0.34	26.6	9	11.64	0.91	0.38
H044	中国生物防治学报	1975	3	0.38	1.580	1	0.47	65.2	3	18.45	0.91	0.43
	11 种期刊平均值	1436			1.072							

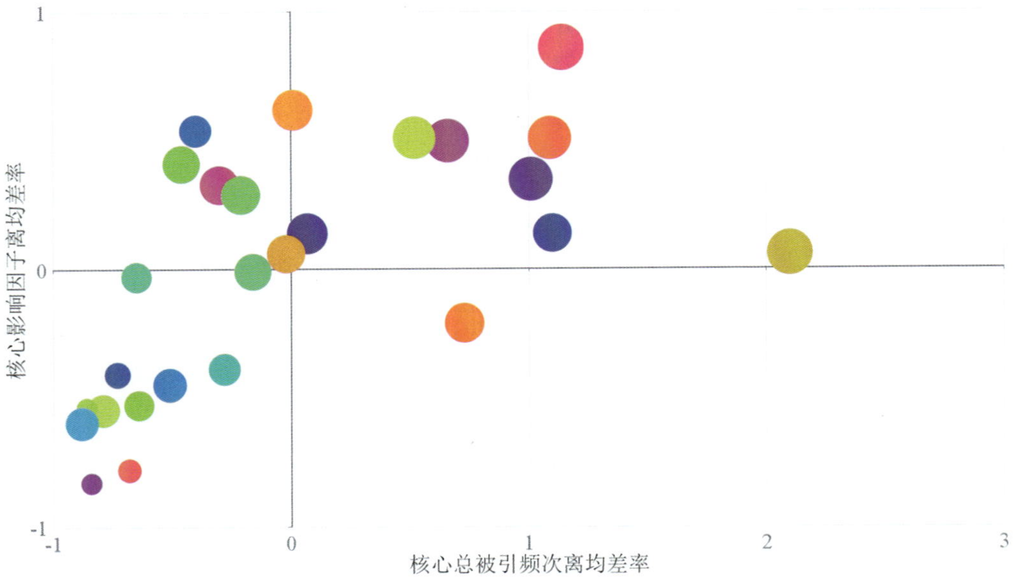

2023 年林学类期刊核心总被引频次和核心影响因子离均差率的分布图
（节点大小表示综合评价总分）

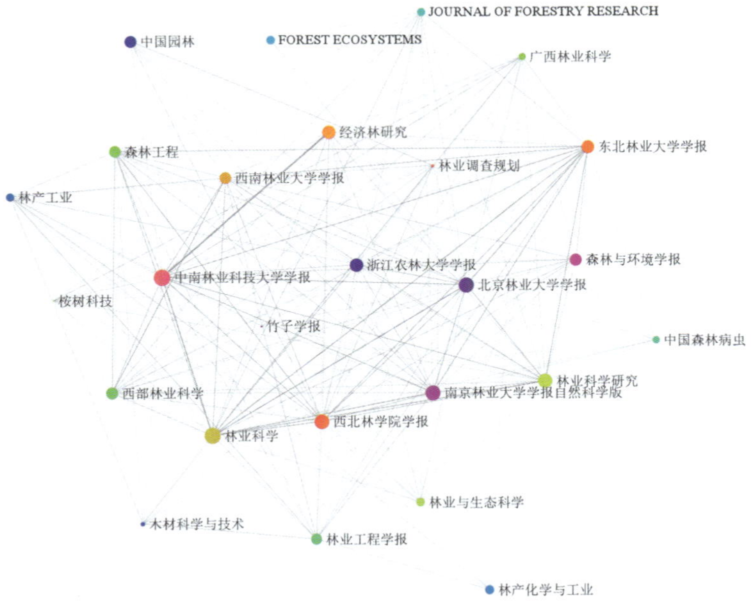

2023 年林学类期刊互引关系示意图

表 7-28　2023 年林学类期刊主要指标

CODE	刊名	核心总被引频次			核心影响因子			综合评价总分		学科扩散指标	学科影响指标	红点指标
		数值	排名	离均差率	数值	排名	离均差率	数值	排名			
Q784	FOREST ECOSYSTEMS	171	26	−0.88	0.448	24	−0.60	39.0	17	3.08	0.62	0.10
I018	JOURNAL OF FORESTRY RESEARCH	1013	14	−0.28	0.687	18	−0.39	36.4	20	9.12	0.85	0.07
H340	桉树科技	203	25	−0.86	0.516	22	−0.54	14.8	26	2.00	0.65	0.58
H025	北京林业大学学报	2844	5	1.01	1.520	8	0.35	68.8	3	14.54	1.00	0.41
H262	东北林业大学学报	2444	6	0.73	0.892	17	−0.21	56.5	9	15.15	0.96	0.48
H364	广西林业科学	510	19	−0.64	0.533	21	−0.53	32.3	22	5.31	0.77	0.52
H266	经济林研究	1431	10	0.01	1.821	2	0.62	58.4	8	6.96	0.85	0.63
U037	林产工业	848	16	−0.40	1.726	3	0.54	36.6	19	5.77	0.69	0.23
T017	林产化学与工业	693	18	−0.51	0.621	20	−0.45	40.9	16	8.88	0.58	0.29
H740	林业工程学报	1189	12	−0.16	1.109	15	−0.01	48.6	15	11.88	0.92	0.37
H280	林业科学	4387	1	2.10	1.187	14	0.06	74.3	2	16.54	1.00	0.40
H281	林业科学研究	2158	8	0.52	1.692	5	0.51	64.5	6	10.81	0.96	0.52
H102	林业调查规划	447	21	−0.68	0.246	25	−0.78	19.9	24	6.15	0.92	0.37
H289	林业与生态科学	296	23	−0.79	0.504	23	−0.55	38.2	18	5.19	0.85	0.51
U533	木材科学与技术	387	22	−0.73	0.667	19	−0.41	24.0	23	3.58	0.69	0.26
H033	南京林业大学学报自然科学版	2356	7	0.66	1.687	6	0.50	68.1	4	14.77	0.96	0.44
H382	森林工程	768	17	−0.46	1.580	7	0.41	50.3	14	7.81	0.85	0.39
H051	森林与环境学报	987	15	−0.30	1.488	9	0.33	53.8	10	7.92	0.88	0.65
H224	西北林学院学报	2957	4	1.09	1.692	4	0.51	66.3	5	14.77	0.96	0.50
H385	西部林业科学	1123	13	−0.21	1.443	10	0.29	53.6	11	9.12	0.88	0.54
H270	西南林业大学学报	1390	11	−0.02	1.191	13	0.06	52.0	13	11.54	0.96	0.46
H019	浙江农林大学学报	1512	9	0.07	1.277	12	0.14	60.2	7	12.73	0.92	0.46
H793	中国森林病虫	491	20	−0.65	1.094	16	−0.03	33.0	21	3.88	0.69	0.26
V039	中国园林	2975	3	1.10	1.282	11	0.14	53.2	12	10.42	0.65	1.00
H053	中南林业科技大学学报	3035	2	1.14	2.085	1	0.86	75.5	1	14.77	1.00	0.55
H026	竹子学报	221	24	−0.84	0.196	26	−0.83	16.0	25	2.77	0.65	0.40
	26 种期刊平均值	1417			1.122							

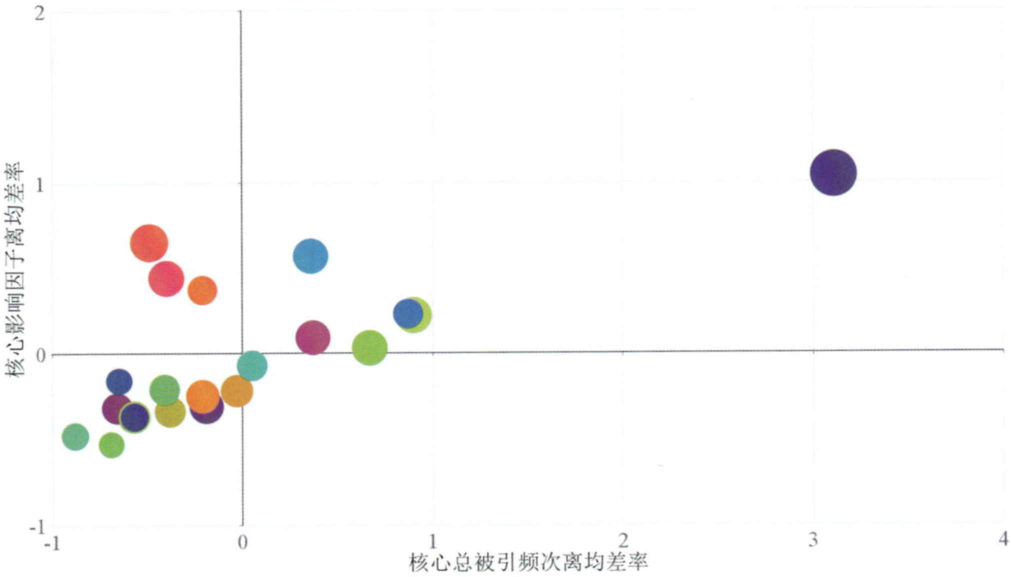

2023 年畜牧、兽医科学类期刊核心总被引频次和核心影响因子离均差率的分布图
（节点大小表示综合评价总分）

2023 年畜牧、兽医科学类期刊互引关系示意图

表 7-29　2023 年畜牧、兽医科学类期刊主要指标

CODE	刊名	核心总被引频次			核心影响因子			综合评价总分		学科扩散指标	学科影响指标	红点指标
		数值	排名	离均差率	数值	排名	离均差率	数值	排名			
H063	ANIMAL NUTRITION	951	15	−0.49	1.612	2	0.65	51.9	2	6.52	0.81	0.25
H029	JOURNAL OF ANIMAL SCIENCE AND BIOTECHNOLOGY	1123	13	−0.40	1.403	4	0.44	46.8	4	6.48	0.81	0.08
H009	蚕业科学	627	19	−0.66	0.660	16	−0.32	34.3	13	7.19	0.43	0.25
G775	动物医学进展	1522	9	−0.19	0.670	15	−0.31	41.7	8	16.05	0.90	0.52
F231	动物营养学报	7671	1	3.11	1.990	1	1.04	78.4	1	16.33	1.00	0.82
H240	家畜生态学报	1158	12	−0.38	0.643	17	−0.34	34.6	12	8.90	0.95	0.54
H333	经济动物学报	215	21	−0.88	0.510	20	−0.48	26.6	19	3.71	0.71	0.53
U055	粮食与饲料工业	807	16	−0.57	0.618	19	−0.37	28.3	18	7.81	0.57	0.22
H862	饲料工业	2549	6	0.36	1.529	3	0.57	45.6	5	11.00	0.90	0.73
H864	饲料研究	3500	3	0.87	1.202	6	0.23	32.2	16	13.43	0.95	0.70
H023	畜牧兽医学报	2563	5	0.37	1.060	8	0.09	44.1	7	12.14	0.95	0.59
H218	畜牧与兽医	1484	11	−0.21	0.730	14	−0.25	39.1	9	9.48	0.86	0.57
H247	畜牧与饲料科学	797	17	−0.57	0.620	18	−0.37	36.8	11	8.14	0.86	0.47
H891	中国动物传染病学报	648	18	−0.65	0.821	11	−0.16	24.7	20	5.33	0.76	0.56
H414	中国家禽	1966	7	0.05	0.911	10	−0.07	33.6	15	7.71	0.95	0.56
H317	中国兽药杂志	572	20	−0.69	0.462	21	−0.53	23.6	21	7.95	0.76	0.25
H326	中国兽医科学	1102	14	−0.41	0.772	12	−0.21	33.8	14	8.05	0.86	0.57
H225	中国兽医学报	1808	8	−0.03	0.761	13	−0.22	37.4	10	11.38	0.95	0.56
H294	中国畜牧兽医	3121	4	0.67	1.004	9	0.03	45.3	6	15.29	0.95	0.65
H242	中国畜牧杂志	3551	2	0.90	1.189	7	0.22	47.4	3	12.95	1.00	0.63
H099	中国预防兽医学报	1484	10	−0.21	1.338	5	0.37	31.0	17	6.52	0.81	0.47
	21 种期刊平均值	1868			0.976							

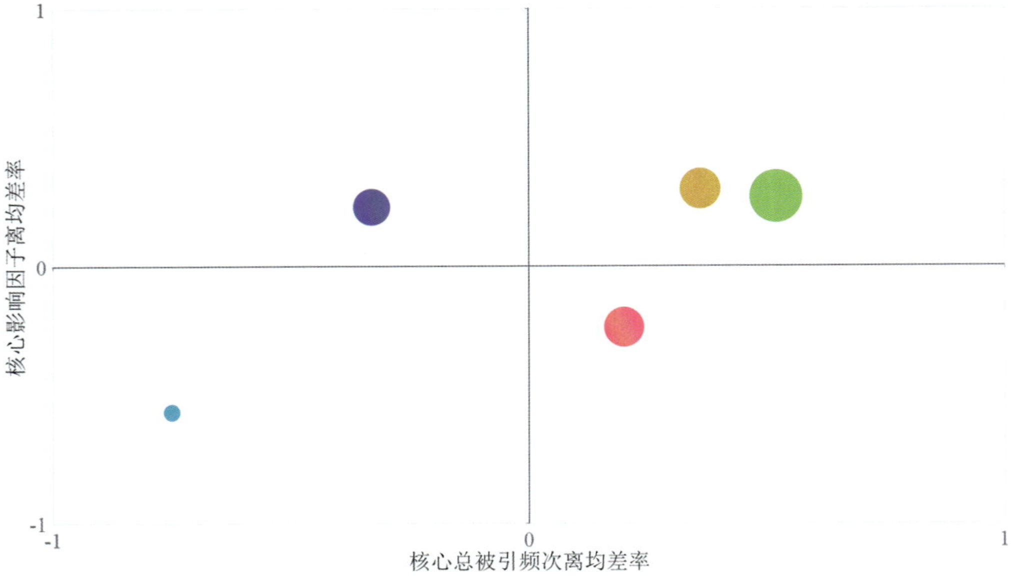

2023 年草原学类期刊核心总被引频次和核心影响因子离均差率的分布图
（节点大小表示综合评价总分）

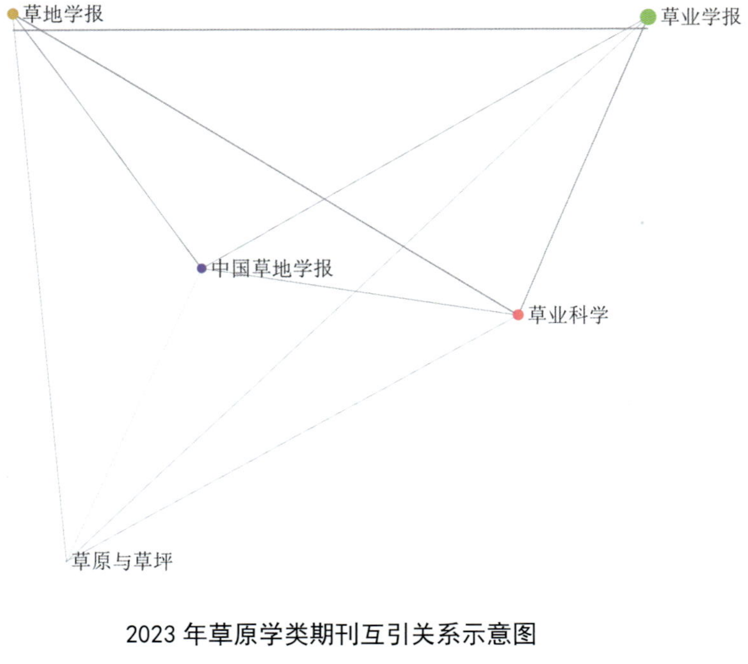

2023 年草原学类期刊互引关系示意图

表 7-30　2023 年草原学类期刊主要指标

CODE	刊名	核心总被引频次			核心影响因子			综合评价总分		学科扩散指标	学科影响指标	红点指标
		数值	排名	离均差率	数值	排名	离均差率	数值	排名			
H525	草地学报	4895	2	0.36	2.644	1	0.30	59.2	2	63.40	1.00	0.55
H234	草业科学	4313	3	0.20	1.547	4	−0.24	57.1	3	72.20	1.00	0.43
H527	草业学报	5488	1	0.52	2.589	2	0.27	99.2	1	71.00	1.00	0.49
H538	草原与草坪	882	5	−0.75	0.884	5	−0.57	10.3	5	34.00	1.00	0.54
H213	中国草地学报	2417	4	−0.33	2.498	3	0.23	48.5	4	48.40	1.00	0.58
	5 种期刊平均值	3599			2.032							

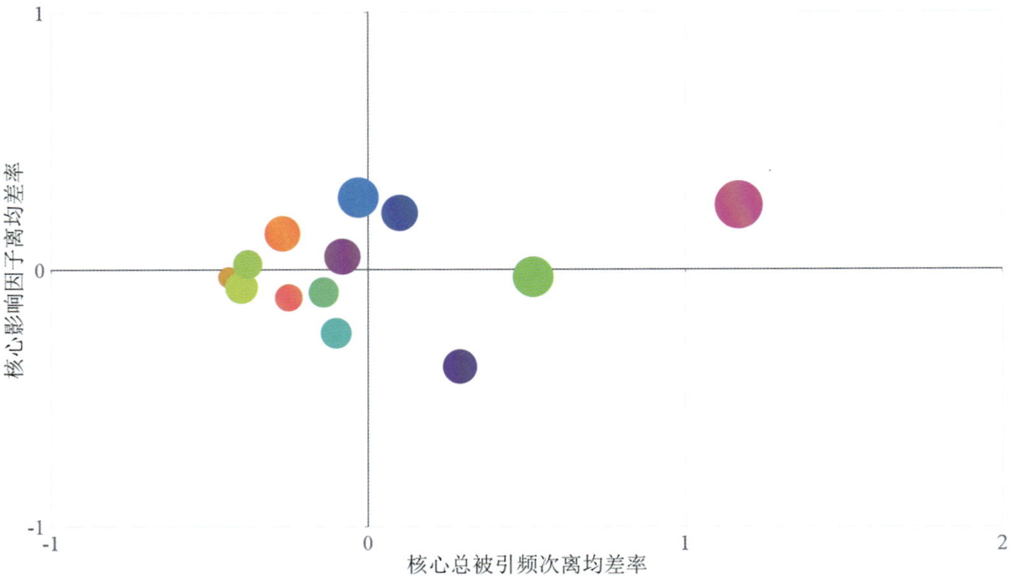

2023 年水产学类期刊核心总被引频次和核心影响因子离均差率的分布图
（节点大小表示综合评价总分）

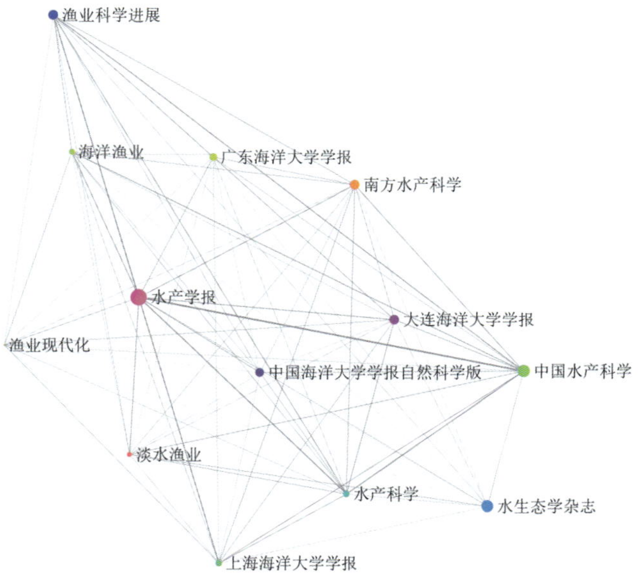

2023 年水产学类期刊互引关系示意图

表 7-31　2023 年水产学类期刊主要指标

CODE	刊名	核心总被引频次			核心影响因子			综合评价总分		学科扩散指标	学科影响指标	红点指标
		数值	排名	离均差率	数值	排名	离均差率	数值	排名			
H005	大连海洋大学学报	1238	6	−0.08	1.206	5	0.05	46.6	5	18.00	1.00	0.45
H040	淡水渔业	1013	9	−0.25	1.018	11	−0.11	27.2	12	12.92	1.00	0.49
H272	广东海洋大学学报	818	12	−0.40	1.065	9	−0.07	37.9	8	13.54	1.00	0.42
H284	海洋渔业	845	11	−0.38	1.166	6	0.02	29.9	11	8.62	1.00	0.43
H068	南方水产科学	989	10	−0.27	1.305	4	0.14	45.5	6	11.77	1.00	0.47
H292	上海海洋大学学报	1168	8	−0.14	1.043	10	−0.09	33.2	10	15.08	1.00	0.35
H847	水产科学	1219	7	−0.10	0.863	12	−0.25	34.3	9	13.38	1.00	0.65
H008	水产学报	2942	1	1.17	1.438	2	0.25	83.5	1	17.77	1.00	0.58
H850	水生态学杂志	1317	5	−0.03	1.471	1	0.28	59.1	3	19.08	1.00	0.38
H998	渔业科学进展	1489	4	0.10	1.400	3	0.22	47.6	4	14.46	1.00	0.51
H220	渔业现代化	754	13	−0.44	1.110	8	−0.03	15.7	13	10.15	1.00	0.29
E313	中国海洋大学学报自然科学版	1743	3	0.29	0.714	13	−0.38	42.5	7	35.00	1.00	0.19
H290	中国水产科学	2054	2	0.52	1.117	7	−0.03	59.2	2	14.00	1.00	0.51
	13 种期刊平均值	1353			1.147							

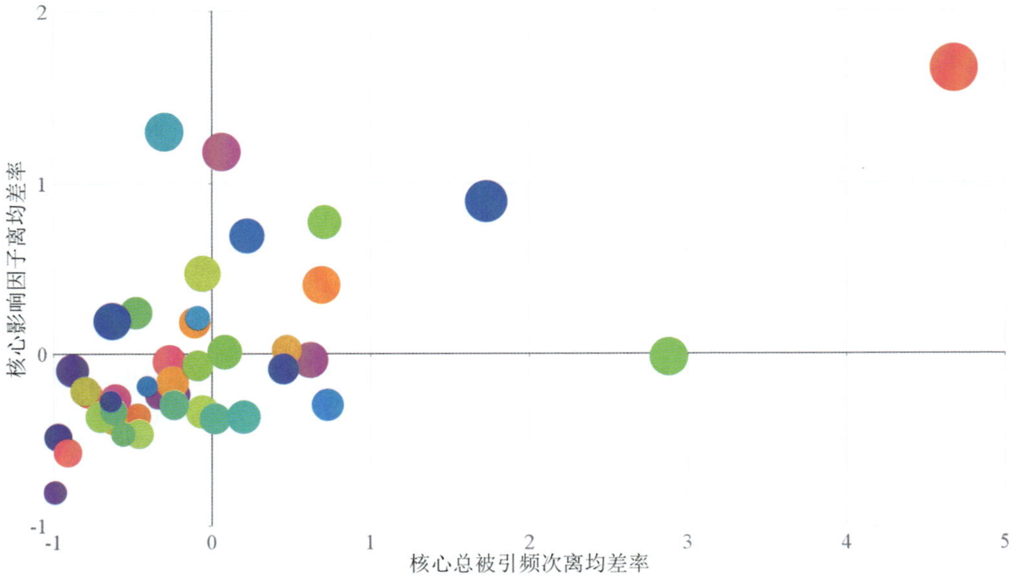

2023 年医学综合类期刊核心总被引频次和核心影响因子离均差率的分布图
（节点大小表示综合评价总分）

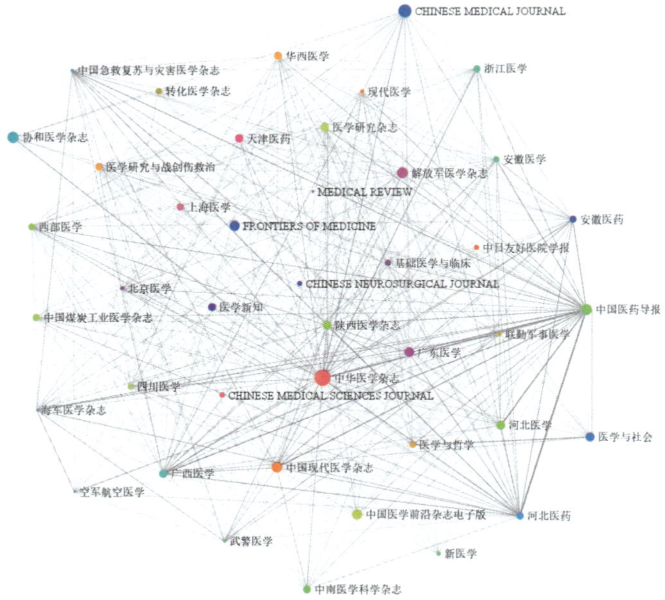

2023 年医学综合类期刊互引关系示意图

表 7-32　2023 年医学综合类期刊主要指标

CODE	刊名	核心总被引频次			核心影响因子			综合评价总分		学科扩散指标	学科影响指标	红点指标
		数值	排名	离均差率	数值	排名	离均差率	数值	排名			
I201	CHINESE MEDICAL JOURNAL	4311	3	1.73	1.512	4	0.89	64.2	2	18.29	0.98	0.00
G126	CHINESE MEDICAL SCIENCES JOURNAL	143	40	−0.91	0.337	41	−0.58	29.0	31	2.95	0.29	0.14
GB03	CHINESE NEUROSURGICAL JOURNAL	50	41	−0.97	0.411	40	−0.49	27.8	33	0.81	0.12	0.00
I237	FRONTIERS OF MEDICINE	579	34	−0.63	0.948	11	0.19	50.1	7	8.55	0.52	0.00
GB01	MEDICAL REVIEW	9	42	−0.99	0.148	42	−0.81	19.9	40	0.17	0.02	0.00
G786	安徽医学	1202	21	−0.24	0.559	30	−0.30	31.4	28	9.17	0.57	0.59
Q906	安徽医药	2300	9	0.45	0.729	19	−0.09	34.5	23	12.45	0.76	0.68
G016	北京医学	1048	25	−0.34	0.599	26	−0.25	24.8	34	8.98	0.69	0.59
G026	广东医学	2559	7	0.62	0.769	16	−0.04	46.4	9	13.69	0.83	0.73
G816	广西医学	1903	11	0.20	0.505	33	−0.37	40.2	14	11.69	0.74	0.84
G899	海军医学杂志	930	26	−0.41	0.645	22	−0.19	15.8	42	5.69	0.57	0.52
G641	河北医学	1709	12	0.08	0.805	14	0.01	42.4	11	9.14	0.67	0.73
G898	河北医药	2736	4	0.73	0.562	29	−0.30	37.6	19	11.83	0.74	0.72
G294	华西医学	1191	22	−0.25	0.665	21	−0.17	38.4	17	10.40	0.69	0.53
G003	基础医学与临床	1223	20	−0.23	0.605	24	−0.24	31.2	29	10.31	0.74	0.53
G048	解放军医学杂志	1679	13	0.06	1.740	3	1.18	52.8	4	12.17	0.76	0.72
Q907	空军航空医学	570	35	−0.64	0.571	28	−0.28	17.8	41	4.50	0.45	0.52
G340	联勤军事医学	604	32	−0.62	0.478	37	−0.40	24.8	36	5.88	0.50	0.57
G630	陕西医学杂志	2703	5	0.71	1.413	5	0.77	41.7	12	8.98	0.71	0.88
G069	上海医学	614	31	−0.61	0.581	27	−0.27	35.2	21	7.67	0.57	0.59
G575	四川医学	852	27	−0.46	0.423	38	−0.47	30.1	30	8.95	0.64	0.51
G076	天津医药	1162	23	−0.27	0.762	17	−0.05	40.8	13	10.21	0.74	0.66
G707	武警医学	701	30	−0.56	0.420	39	−0.47	20.9	39	7.12	0.67	0.52
G588	西部医学	1444	17	−0.09	0.745	18	−0.07	33.5	25	9.43	0.69	0.73
G223	现代医学	835	28	−0.47	0.502	35	−0.37	24.8	35	6.86	0.50	0.79
G817	协和医学杂志	1111	24	−0.30	1.836	2	1.30	53.7	3	10.31	0.71	0.52
G721	新医学	602	33	−0.62	0.527	32	−0.34	24.8	37	6.88	0.50	0.76
GB02	医学新知	191	39	−0.88	0.719	20	−0.10	38.7	16	2.81	0.31	0.64
G281	医学研究与战创伤救治	1410	19	−0.11	0.945	12	0.18	35.6	20	11.29	0.74	0.67
G480	医学研究杂志	1488	15	−0.06	0.530	31	−0.34	39.8	15	11.79	0.79	0.70
G964	医学与社会	1934	10	0.22	1.346	6	0.69	44.0	10	7.48	0.57	0.43
G308	医学与哲学	2323	8	0.47	0.811	13	0.02	31.7	26	10.14	0.62	0.18
G810	浙江医学	1606	14	0.02	0.498	36	−0.38	34.4	24	11.24	0.74	0.69
G852	中国急救复苏与灾害医学杂志	1441	18	−0.09	0.969	10	0.21	21.8	38	5.98	0.60	0.57
G582	中国煤炭工业医学杂志	474	36	−0.70	0.503	34	−0.37	35.0	22	5.17	0.48	0.57

表 7-32　2023 年医学综合类期刊主要指标（续）

CODE	刊名	核心总被引频次			核心影响因子			综合评价总分		学科扩散指标	学科影响指标	红点指标
		数值	排名	离均差率	数值	排名	离均差率	数值	排名			
G237	中国现代医学杂志	2677	6	0.69	1.114	8	0.40	52.0	6	13.88	0.81	0.74
G471	中国医学前沿杂志电子版	1486	16	−0.06	1.177	7	0.47	47.3	8	11.48	0.81	0.58
G644	中国医药导报	6128	2	2.88	0.783	15	−0.02	52.5	5	16.67	0.88	0.68
G176	中华医学杂志	8987	1	4.68	2.123	1	1.66	82.0	1	18.38	0.93	0.62
G682	中南医学科学杂志	828	29	−0.48	0.987	9	0.24	38.2	18	6.86	0.52	0.65
G180	中日友好医院学报	352	37	−0.78	0.603	25	−0.24	28.1	32	4.55	0.43	0.21
G407	转化医学杂志	318	38	−0.80	0.626	23	−0.22	31.5	27	3.93	0.43	0.77
	42 种期刊平均值	1581			0.798							

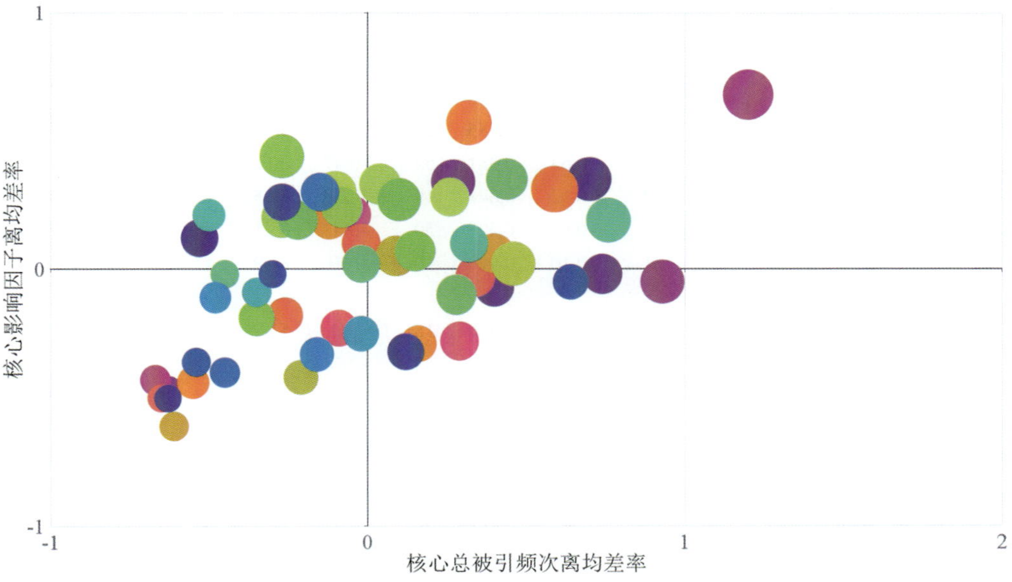

2023 年医药大学学报类期刊核心总被引频次和核心影响因子离均差率的分布图
（节点大小表示综合评价总分）

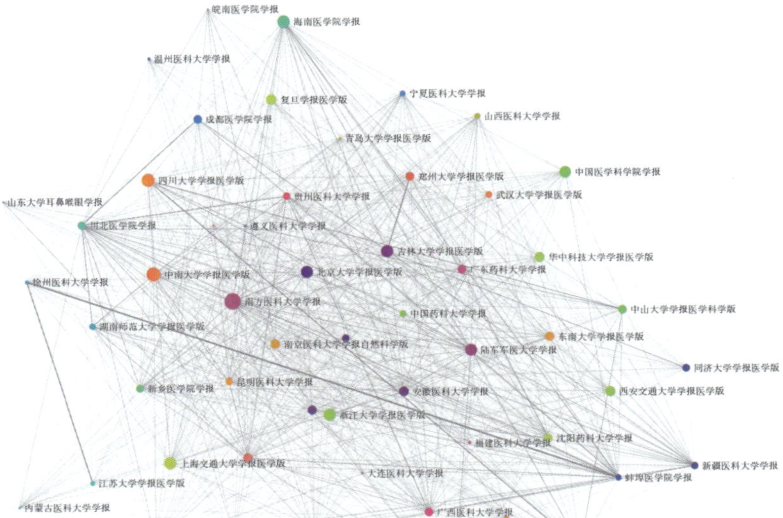

2023 年医药大学学报类期刊互引关系示意图

表 7-33　2023 年医药大学学报类期刊主要指标

CODE	刊名	核心总被引频次			核心影响因子			综合评价总分		学科扩散指标	学科影响指标	红点指标
		数值	排名	离均差率	数值	排名	离均差率	数值	排名			
G012	安徽医科大学学报	1505	4	0.74	0.702	29	−0.02	58.0	18	8.45	0.60	0.68
G002	北京大学学报医学版	1476	5	0.70	0.962	5	0.35	69.5	7	9.80	0.65	0.41
G741	蚌埠医学院学报	1419	6	0.64	0.677	34	−0.05	44.8	40	6.62	0.53	0.62
G670	成都医学院学报	739	33	−0.15	0.930	9	0.30	53.3	28	4.82	0.35	0.62
G186	重庆医科大学学报	1112	16	0.28	0.647	37	−0.10	57.5	19	7.91	0.64	0.60
G432	川北医学院学报	1140	14	0.32	0.785	23	0.10	52.3	30	5.91	0.44	0.68
G020	大连医科大学学报	322	52	−0.63	0.381	52	−0.47	30.1	50	4.02	0.24	0.53
G057	东南大学学报医学版	762	32	−0.12	0.848	19	0.19	54.5	23	6.04	0.44	0.82
G024	福建医科大学学报	284	55	−0.67	0.407	50	−0.43	33.1	46	3.71	0.33	0.66
G068	复旦学报医学版	779	31	−0.10	0.929	10	0.30	61.9	11	7.53	0.49	0.59
G027	广东药科大学学报	827	28	−0.05	0.866	15	0.21	53.7	27	5.29	0.35	0.46
G028	广西医科大学学报	1114	15	0.29	0.512	43	−0.28	54.2	25	7.85	0.60	0.65
G031	贵州医科大学学报	790	30	−0.09	0.552	41	−0.23	48.0	34	6.07	0.45	0.72
G033	哈尔滨医科大学学报	306	54	−0.65	0.355	53	−0.50	28.6	53	3.73	0.25	0.58
G416	海南医学院学报	1524	3	0.76	0.854	18	0.19	71.7	4	7.36	0.53	0.76
G005	海军军医大学学报	1210	11	0.40	0.665	35	−0.07	55.4	22	8.78	0.64	0.55
G035	河北医科大学学报	1162	12	0.34	0.694	32	−0.03	56.8	20	7.38	0.64	0.52
G548	湖南师范大学学报医学版	845	27	−0.02	0.537	42	−0.25	44.9	39	5.20	0.33	0.73
G077	华中科技大学学报医学版	632	40	−0.27	0.859	17	0.20	59.3	15	6.36	0.56	0.67
G014	吉林大学学报医学版	1104	17	0.27	0.955	6	0.34	70.2	5	7.25	0.49	0.70
A045	暨南大学学报自然科学与医学版	409	48	−0.53	0.799	21	0.12	51.1	31	4.82	0.33	0.57
G453	江苏大学学报医学版	429	47	−0.50	0.863	16	0.21	38.6	43	3.55	0.40	0.76
G187	解放军医学院学报	1246	9	0.44	0.963	4	0.35	61.4	12	8.44	0.58	0.61
G053	昆明医科大学学报	1007	19	0.16	0.508	44	−0.29	47.1	36	7.35	0.60	0.62
G395	兰州大学学报医学版	477	44	−0.45	0.701	31	−0.02	28.8	52	4.15	0.33	0.66
G021	陆军军医大学学报	1676	2	0.93	0.681	33	−0.05	68.7	9	10.47	0.82	0.65
G047	南昌大学学报医学版	392	50	−0.55	0.398	51	−0.44	37.8	44	4.71	0.40	0.76
G023	南方医科大学学报	1903	1	1.20	1.203	1	0.68	91.4	1	11.36	0.80	0.68
G058	南京医科大学学报自然科学版	1213	10	0.40	0.756	25	0.06	56.8	21	8.67	0.67	0.63
G513	内蒙古医科大学学报	565	42	−0.35	0.653	36	−0.09	31.2	49	4.33	0.36	0.62
G665	宁夏医科大学学报	728	34	−0.16	0.480	46	−0.33	42.7	42	5.93	0.49	0.57
G061	青岛大学学报医学版	342	51	−0.61	0.279	55	−0.61	31.4	48	4.24	0.33	0.68
G742	山东大学耳鼻喉眼学报	607	41	−0.30	0.702	30	−0.02	27.7	54	3.25	0.25	0.56
G062	山东大学学报医学版	941	23	0.09	0.754	26	0.05	58.5	17	7.98	0.58	0.62
G064	山西医科大学学报	688	35	−0.21	0.418	49	−0.42	42.7	41	6.20	0.51	0.75

表 7-33　2023 年医药大学学报类期刊主要指标（续）

CODE	刊名	核心总被引频次			核心影响因子			综合评价总分		学科扩散指标	学科影响指标	红点指标
		数值	排名	离均差率	数值	排名	离均差率	数值	排名			
G066	上海交通大学学报医学版	1267	8	0.46	0.731	27	0.02	69.5	8	9.38	0.76	0.70
G071	沈阳药科大学学报	1089	18	0.26	0.917	11	0.28	54.3	24	5.84	0.31	0.41
G073	首都医科大学学报	905	24	0.04	0.953	7	0.33	61.0	13	7.29	0.47	0.67
G045	四川大学学报医学版	1142	13	0.32	1.119	2	0.57	73.6	3	8.76	0.75	0.62
G965	同济大学学报医学版	634	39	−0.27	0.900	13	0.26	49.8	33	6.00	0.38	0.67
G996	皖南医学院学报	318	53	−0.63	0.354	54	−0.50	27.4	55	3.55	0.24	0.54
G702	温州医科大学学报	476	45	−0.45	0.432	48	−0.40	32.7	47	5.31	0.47	0.60
G038	武汉大学学报医学版	642	37	−0.26	0.585	39	−0.18	45.2	38	6.20	0.47	0.67
G081	西安交通大学学报医学版	800	29	−0.08	0.888	14	0.24	59.7	14	6.73	0.55	0.57
G980	新疆医科大学学报	974	21	0.12	0.484	45	−0.32	48.0	35	6.87	0.45	0.62
G328	新乡医学院学报	846	26	−0.02	0.728	28	0.02	50.0	32	5.98	0.42	0.67
G565	徐州医科大学学报	449	46	−0.48	0.637	38	−0.11	35.5	45	3.98	0.27	0.74
G091	浙江大学学报医学版	635	38	−0.27	1.032	3	0.44	70.2	6	6.53	0.56	0.85
G036	郑州大学学报医学版	852	25	−0.02	0.789	22	0.10	53.0	29	7.11	0.58	0.65
G120	中国药科大学学报	559	43	−0.35	0.582	40	−0.19	45.4	37	4.31	0.29	0.52
G123	中国医科大学学报	999	20	0.15	0.767	24	0.07	59.0	16	7.67	0.65	0.68
G125	中国医学科学院学报	950	22	0.10	0.911	12	0.27	66.4	10	8.24	0.67	0.55
G039	中南大学学报医学版	1378	7	0.59	0.935	8	0.31	78.0	2	9.64	0.78	0.63
G181	中山大学学报医学科学版	675	36	−0.22	0.848	20	0.19	54.2	26	5.78	0.53	0.60
G720	遵义医科大学学报	399	49	−0.54	0.458	47	−0.36	29.7	51	3.75	0.36	0.57
	55 种期刊平均值	867			0.715							

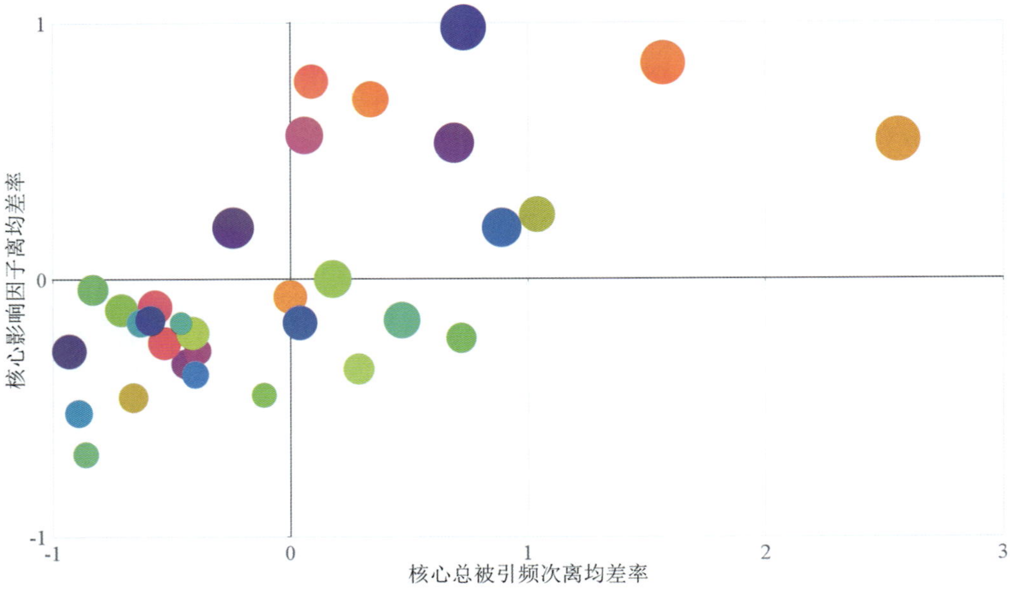

2023 年基础医学类期刊核心总被引频次和核心影响因子离均差率的分布图
（节点大小表示综合评价总分）

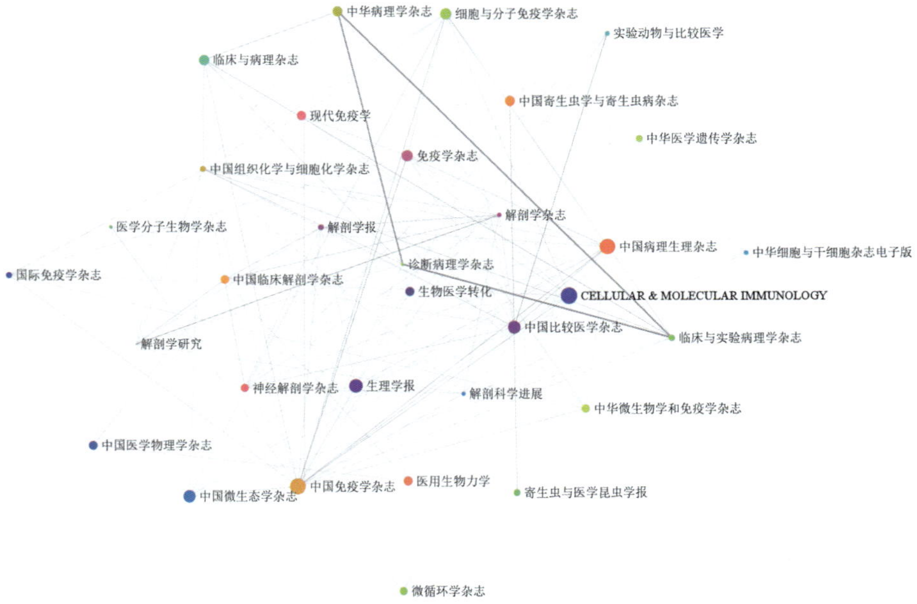

2023 年基础医学类期刊互引关系示意图

表 7-34　2023 年基础医学类期刊主要指标

CODE	刊名	核心总被引频次			核心影响因子			综合评价总分		学科扩散指标	学科影响指标	红点指标
		数值	排名	离均差率	数值	排名	离均差率	数值	排名			
I206	CELLULAR & MOLECULAR IMMUNOLOGY	1561	5	0.73	1.462	1	0.98	75.0	1	14.75	0.75	0.00
G983	国际免疫学杂志	372	25	−0.59	0.623	16	−0.16	32.1	23	5.81	0.28	0.57
G292	寄生虫与医学昆虫学报	158	29	−0.83	0.711	12	−0.04	34.1	21	2.00	0.09	0.07
G507	解剖科学进展	543	19	−0.40	0.464	28	−0.37	26.2	29	6.84	0.31	0.64
G049	解剖学报	510	21	−0.44	0.491	26	−0.33	30.9	25	6.84	0.34	0.84
G358	解剖学研究	489	22	−0.46	0.613	18	−0.17	18.2	32	5.66	0.25	0.55
G050	解剖学杂志	547	18	−0.39	0.532	25	−0.28	26.9	28	6.75	0.38	0.27
G350	临床与病理杂志	1328	8	0.47	0.617	17	−0.16	47.9	9	13.84	0.50	0.62
G274	临床与实验病理学杂志	1553	6	0.72	0.570	22	−0.23	32.9	22	11.34	0.56	0.78
G056	免疫学杂志	961	13	0.06	1.149	5	0.56	51.1	8	9.56	0.41	0.57
G070	神经解剖学杂志	423	23	−0.53	0.550	23	−0.25	38.7	18	5.91	0.53	0.78
F001	生理学报	686	17	−0.24	0.888	9	0.20	61.5	4	10.66	0.56	0.40
GE01	生物医学转化	64	32	−0.93	0.533	24	−0.28	42.4	14	1.78	0.03	0.45
G387	实验动物与比较医学	336	26	−0.63	0.610	20	−0.17	27.6	27	3.75	0.25	0.42
G210	微循环学杂志	266	28	−0.71	0.652	15	−0.12	38.3	19	5.31	0.19	0.47
G188	细胞与分子免疫学杂志	1063	11	0.18	0.736	11	0.00	51.2	7	11.69	0.63	0.60
G067	现代免疫学	385	24	−0.57	0.654	14	−0.11	42.9	12	6.34	0.34	0.66
G333	医学分子生物学杂志	125	30	−0.86	0.238	32	−0.68	23.5	30	2.84	0.16	0.72
G088	医用生物力学	983	12	0.09	1.303	3	0.77	42.4	15	7.34	0.13	0.30
G259	诊断病理学杂志	804	16	−0.11	0.407	29	−0.45	22.1	31	7.25	0.28	0.65
F048	中国比较医学杂志	1523	7	0.69	1.128	7	0.53	58.3	5	12.06	0.66	0.60
G096	中国病理生理杂志	2320	2	1.57	1.356	2	0.84	70.9	3	14.00	0.59	0.69
G105	中国寄生虫学与寄生虫病杂志	1207	9	0.34	1.254	4	0.70	47.0	10	4.56	0.13	0.23
G108	中国临床解剖学杂志	902	15	0.00	0.685	13	−0.07	40.5	16	8.75	0.34	0.37
G111	中国免疫学杂志	3217	1	2.56	1.137	6	0.54	71.7	2	17.44	0.81	0.68
G517	中国微生态学杂志	1708	4	0.89	0.884	10	0.20	55.6	6	14.47	0.34	0.66
G622	中国医学物理学杂志	939	14	0.04	0.613	19	−0.17	42.9	13	9.75	0.09	0.38
G134	中国组织化学与细胞化学杂志	303	27	−0.66	0.397	30	−0.46	31.0	24	5.56	0.50	0.59
G135	中华病理学杂志	1845	3	1.04	0.918	8	0.25	46.1	11	11.91	0.38	0.21
G165	中华微生物学和免疫学杂志	534	20	−0.41	0.585	21	−0.21	39.7	17	7.28	0.31	0.28
G470	中华细胞与干细胞杂志电子版	96	31	−0.89	0.352	31	−0.52	27.7	26	1.78	0.06	0.68
G175	中华医学遗传学杂志	1167	10	0.29	0.482	27	−0.35	34.2	20	7.91	0.25	0.50
	32 种期刊平均值	904			0.737							

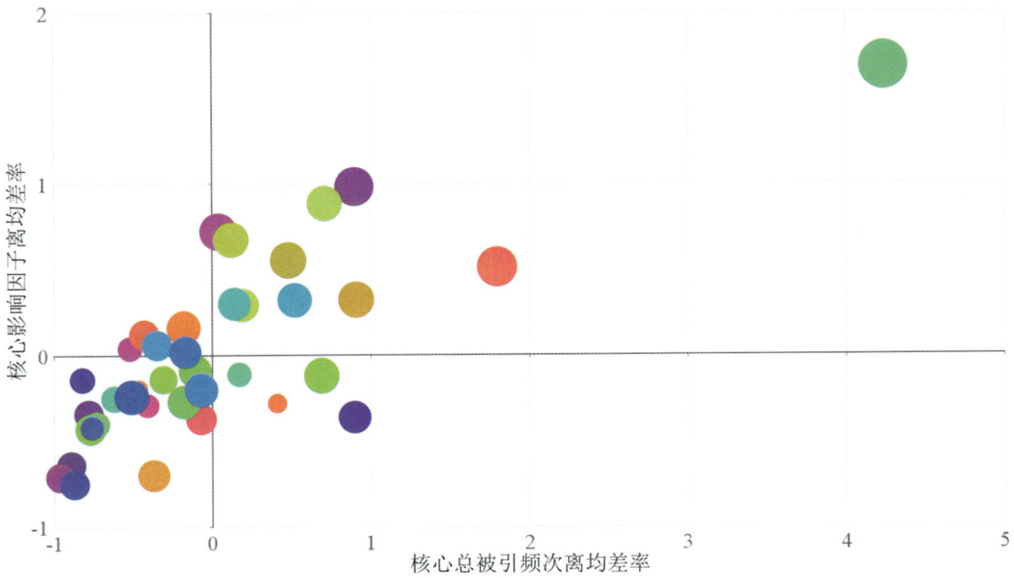

2023 年临床医学综合类期刊核心总被引频次和核心影响因子离均差率的分布图
（节点大小表示综合评价总分）

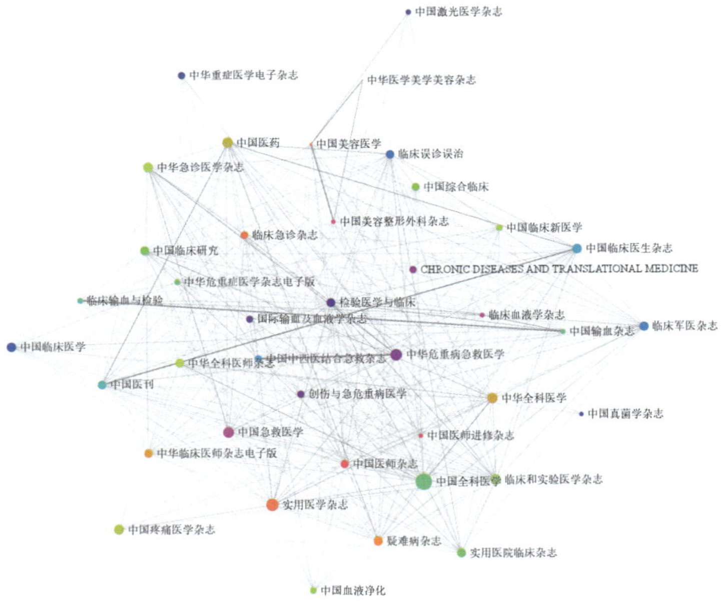

2023 年临床医学综合类期刊互引关系示意图

表 7-35　2023 年临床医学综合类期刊主要指标

CODE	刊名	核心总被引频次			核心影响因子			综合评价总分		学科扩散指标	学科影响指标	红点指标
		数值	排名	离均差率	数值	排名	离均差率	数值	排名			
G212	CHRONIC DISEASES AND TRANSLATIONAL MEDICINE	59	40	−0.96	0.258	39	−0.71	31.3	26	1.38	0.13	0.00
G085	创伤与急危重病医学	357	36	−0.78	0.596	31	−0.34	30.8	27	4.70	0.55	0.62
B525	国际输血及血液学杂志	179	39	−0.89	0.323	37	−0.64	30.4	28	2.60	0.38	0.61
G999	检验医学与临床	3124	5	0.90	0.581	32	−0.36	38.3	18	13.73	0.83	0.61
G664	临床和实验医学杂志	2777	7	0.69	0.798	20	−0.12	45.8	7	13.48	0.85	0.74
G345	临床急诊杂志	932	27	−0.43	1.012	13	0.12	32.5	23	6.85	0.73	0.78
G881	临床军医杂志	1533	16	−0.07	0.721	24	−0.20	40.7	13	10.53	0.75	0.71
G797	临床输血与检验	619	32	−0.62	0.678	27	−0.25	24.7	31	4.45	0.57	0.45
G942	临床误诊误治	1362	19	−0.17	0.925	17	0.02	37.4	19	9.10	0.68	0.88
G293	临床血液学杂志	782	31	−0.52	0.942	16	0.04	21.5	34	5.15	0.40	0.49
G324	实用医学杂志	4598	2	1.80	1.363	7	0.51	57.6	2	16.90	0.98	0.64
G760	实用医院临床杂志	1344	21	−0.18	0.660	28	−0.27	39.9	14	10.43	0.83	0.65
G455	疑难病杂志	1352	20	−0.18	1.051	12	0.16	41.8	12	9.13	0.70	0.83
R013	中国激光医学杂志	299	37	−0.82	0.778	22	−0.14	23.3	33	2.75	0.28	0.59
G241	中国急救医学	1705	15	0.04	1.552	4	0.72	49.8	4	9.70	0.83	0.66
G583	中国临床新医学	807	29	−0.51	0.685	25	−0.24	27.2	30	8.05	0.57	0.60
G754	中国临床研究	1458	18	−0.11	0.819	18	−0.09	39.1	16	11.15	0.75	0.68
G814	中国临床医生杂志	2495	8	0.52	1.193	8	0.32	42.7	10	12.15	0.85	0.62
G974	中国临床医学	798	30	−0.51	0.684	26	−0.24	42.6	11	9.00	0.73	0.64
G428	中国美容医学	2326	10	0.41	0.653	29	−0.28	13.5	39	7.13	0.50	0.55
G297	中国美容整形外科杂志	974	26	−0.41	0.646	30	−0.29	20.1	36	4.25	0.45	0.34
G776	中国全科医学	8610	1	4.24	2.425	1	1.68	87.6	1	19.25	0.88	0.83
G796	中国输血杂志	1918	12	0.17	0.807	19	−0.11	21.3	35	5.80	0.50	0.31
G521	中国疼痛医学杂志	1846	14	0.12	1.514	5	0.67	44.8	9	8.40	0.48	0.41
G633	中国血液净化	1131	22	−0.31	0.782	21	−0.14	28.2	29	6.05	0.63	0.85
G809	中国医刊	1866	13	0.14	1.176	10	0.30	38.5	17	11.15	0.80	0.67
G306	中国医师进修杂志	1087	23	−0.34	0.970	14	0.07	19.1	38	7.38	0.60	0.70
G313	中国医师杂志	1523	17	−0.07	0.566	33	−0.37	34.6	21	10.55	0.75	0.52
G519	中国医药	2431	9	0.48	1.404	6	0.55	47.9	5	11.23	0.80	0.64
H067	中国真菌学杂志	399	34	−0.76	0.523	35	−0.42	19.7	37	3.43	0.18	0.43
G843	中国中西医结合急救杂志	1065	24	−0.35	0.958	15	0.06	32.5	24	5.65	0.63	0.70
G667	中国综合临床	380	35	−0.77	0.514	36	−0.43	33.8	22	5.40	0.53	0.54
G555	中华急诊医学杂志	2815	6	0.71	1.703	3	0.88	45.3	8	11.18	0.85	0.35
G504	中华临床医师杂志电子版	1042	25	−0.37	0.269	38	−0.70	37.2	20	11.68	0.70	0.54
G526	中华全科医师杂志	1951	11	0.19	1.164	11	0.29	39.1	15	10.85	0.70	0.70
G515	中华全科医学	3147	3	0.91	1.191	9	0.32	46.0	6	13.35	0.83	0.62

表 7-35 2023 年临床医学综合类期刊主要指标（续）

CODE	刊名	核心总被引频次			核心影响因子			综合评价总分		学科扩散指标	学科影响指标	红点指标
		数值	排名	离均差率	数值	排名	离均差率	数值	排名			
G116	中华危重病急救医学	3131	4	0.90	1.791	2	0.98	54.7	3	11.63	0.85	0.78
G761	中华危重症医学杂志电子版	437	33	−0.73	0.546	34	−0.40	24.1	32	4.72	0.43	0.40
G489	中华医学美学美容杂志	882	28	−0.46	0.730	23	−0.19	9.9	40	2.42	0.30	0.43
Q954	中华重症医学电子杂志	219	38	−0.87	0.228	40	−0.75	32.0	25	2.90	0.40	0.63
	40 种期刊平均值	1644			0.904							

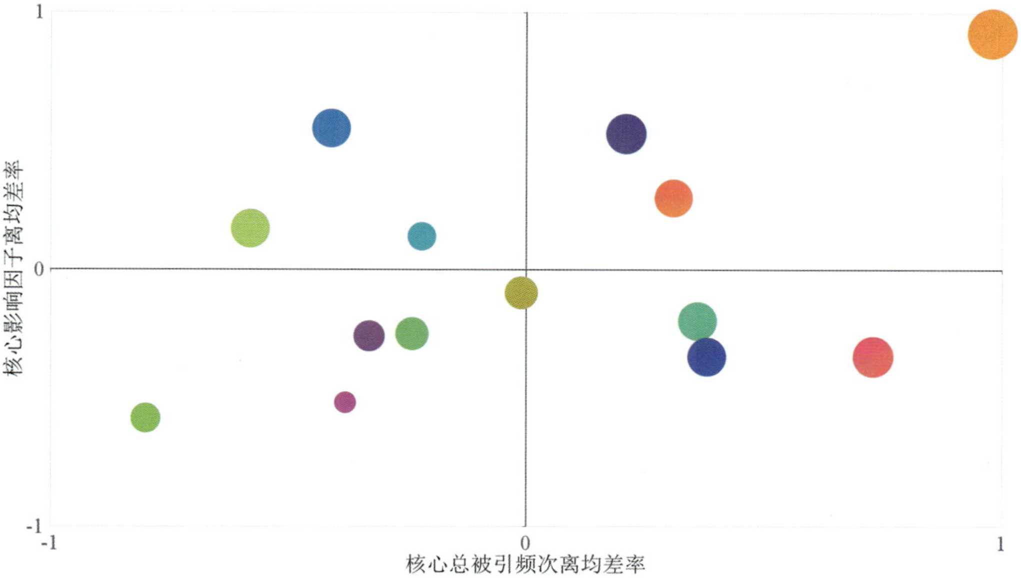

2023 年临床诊断学类期刊核心总被引频次和核心影响因子离均差率的分布图
（节点大小表示综合评价总分）

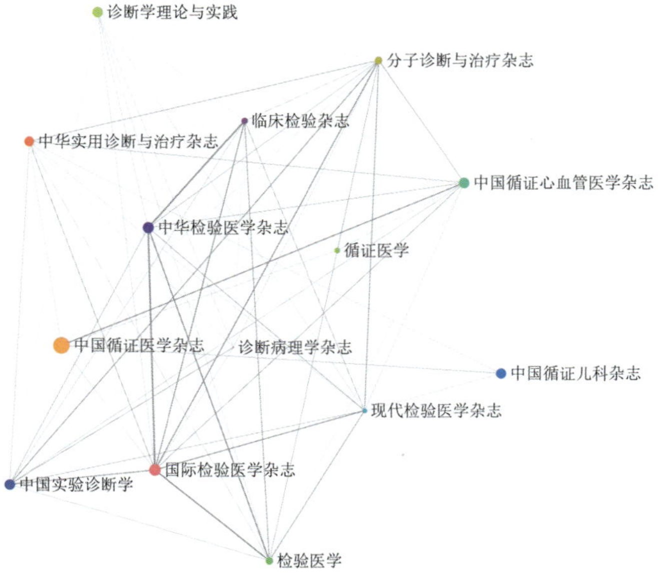

2023 年临床诊断学类期刊互引关系示意图

表 7-36 2023 年临床诊断学类期刊主要指标

CODE	刊名	核心总被引频次			核心影响因子			综合评价总分		学科扩散指标	学科影响指标	红点指标
		数值	排名	离均差率	数值	排名	离均差率	数值	排名			
G556	分子诊断与治疗杂志	1281	7	−0.01	0.773	7	−0.09	38.8	10	23.29	0.64	0.44
G362	国际检验医学杂志	2243	2	0.73	0.568	11	−0.34	59.9	2	34.43	0.93	0.52
G638	检验医学	981	9	−0.24	0.643	9	−0.25	39.2	9	22.93	0.64	0.54
G204	临床检验杂志	867	10	−0.33	0.636	10	−0.26	34.6	11	23.21	0.71	0.35
G653	现代检验医学杂志	1015	8	−0.22	0.969	6	0.13	29.1	13	19.50	0.64	0.39
G627	循证医学	259	14	−0.80	0.360	14	−0.58	31.5	12	12.21	0.43	0.59
G259	诊断病理学杂志	804	11	−0.38	0.407	13	−0.52	17.0	14	16.57	0.57	0.58
G615	诊断学理论与实践	547	13	−0.58	0.988	5	0.16	53.7	5	20.86	0.79	0.41
G853	中国实验诊断学	1785	3	0.38	0.566	12	−0.34	54.3	4	35.43	0.71	0.24
G756	中国循证儿科杂志	760	12	−0.41	1.320	2	0.55	53.0	7	18.86	0.64	0.36
G645	中国循证心血管医学杂志	1761	4	0.36	0.683	8	−0.20	53.5	6	29.50	0.71	0.54
G396	中国循证医学杂志	2555	1	0.98	1.640	1	0.92	88.9	1	35.36	0.64	0.50
G174	中华检验医学杂志	1560	6	0.21	1.308	3	0.53	57.5	3	27.21	0.71	0.36
G367	中华实用诊断与治疗杂志	1690	5	0.31	1.097	4	0.28	51.6	8	31.29	0.64	0.44
	14 种期刊平均值	1293			0.854							

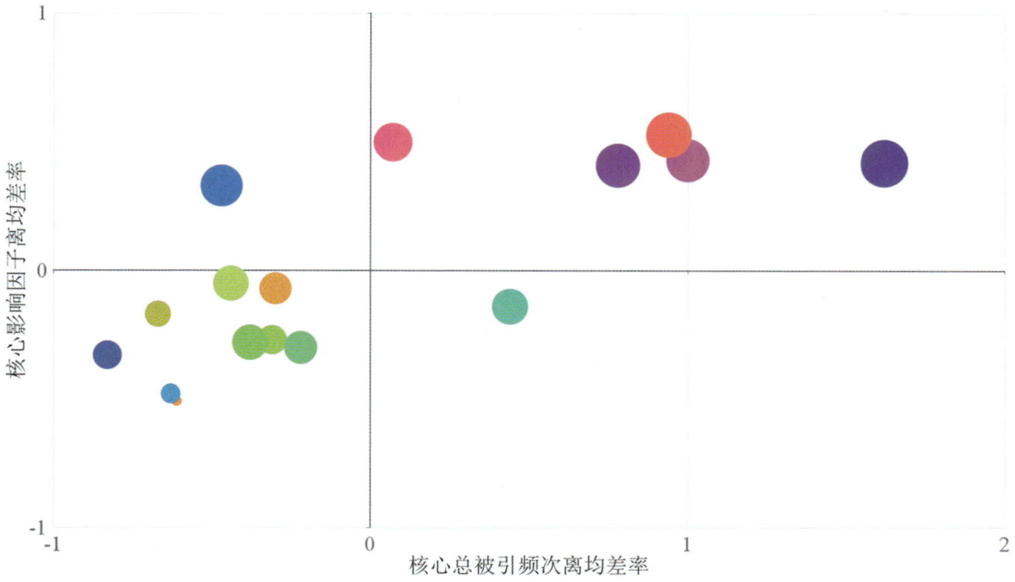

2023 年保健医学类期刊核心总被引频次和核心影响因子离均差率的分布图
（节点大小表示综合评价总分）

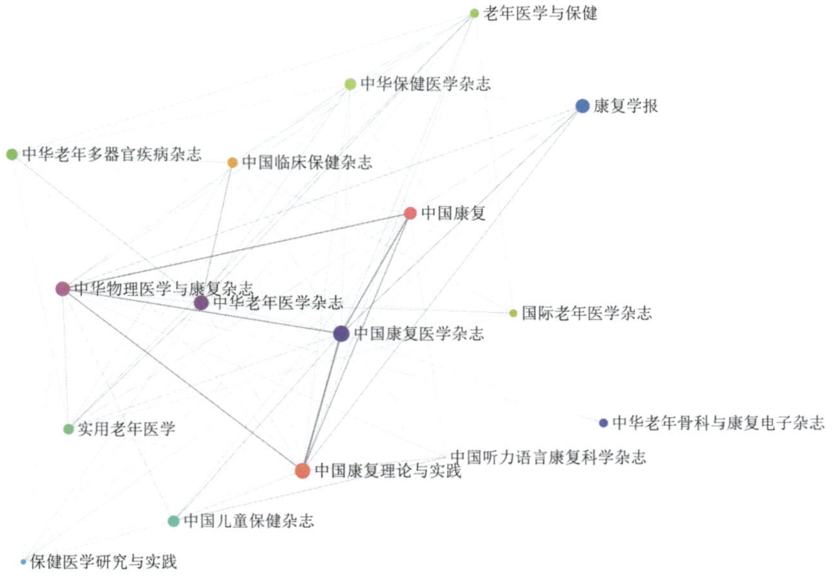

2023 年保健医学类期刊互引关系示意图

表 7-37 2023 年保健医学类期刊主要指标

CODE	刊名	核心总被引频次			核心影响因子			综合评价总分		学科扩散指标	学科影响指标	红点指标
		数值	排名	离均差率	数值	排名	离均差率	数值	排名			
Q921	保健医学研究与实践	478	14	−0.63	0.496	15	−0.48	14.4	15	9.50	0.44	0.41
G496	国际老年医学杂志	424	15	−0.67	0.796	10	−0.17	24.8	14	10.75	0.56	0.49
Q933	康复学报	693	12	−0.47	1.273	6	0.33	63.1	5	12.31	0.75	0.68
G628	老年医学与保健	894	9	−0.31	0.702	11	−0.27	30.6	12	17.19	0.75	0.90
G700	实用老年医学	1009	7	−0.22	0.671	13	−0.30	39.7	10	20.88	0.69	0.49
G825	中国儿童保健杂志	1862	5	0.44	0.825	9	−0.14	46.6	7	22.38	0.50	0.59
G323	中国康复	1389	6	0.07	1.437	2	0.50	53.5	6	16.13	0.88	0.68
G400	中国康复理论与实践	2521	3	0.94	1.471	1	0.53	73.5	2	25.63	1.00	0.74
G106	中国康复医学杂志	3398	1	1.62	1.363	4	0.42	81.4	1	28.38	1.00	0.31
G447	中国临床保健杂志	912	8	−0.30	0.892	8	−0.07	37.0	11	17.81	0.63	0.84
G437	中国听力语言康复科学杂志	502	13	−0.61	0.466	16	−0.51	3.5	16	6.63	0.56	0.42
G502	中华保健医学杂志	732	11	−0.44	0.910	7	−0.05	45.0	9	17.56	0.81	0.48
G639	中华老年多器官疾病杂志	809	10	−0.38	0.691	12	−0.28	45.1	8	20.81	0.88	0.70
Q949	中华老年骨科与康复电子杂志	223	16	−0.83	0.639	14	−0.33	29.9	13	6.00	0.50	0.35
G150	中华老年医学杂志	2308	4	0.78	1.350	5	0.41	69.7	3	29.31	0.88	0.51
G166	中华物理医学与康复杂志	2597	2	1.00	1.369	3	0.43	66.3	4	22.50	1.00	0.63
	16 种期刊平均值	1297			0.959							

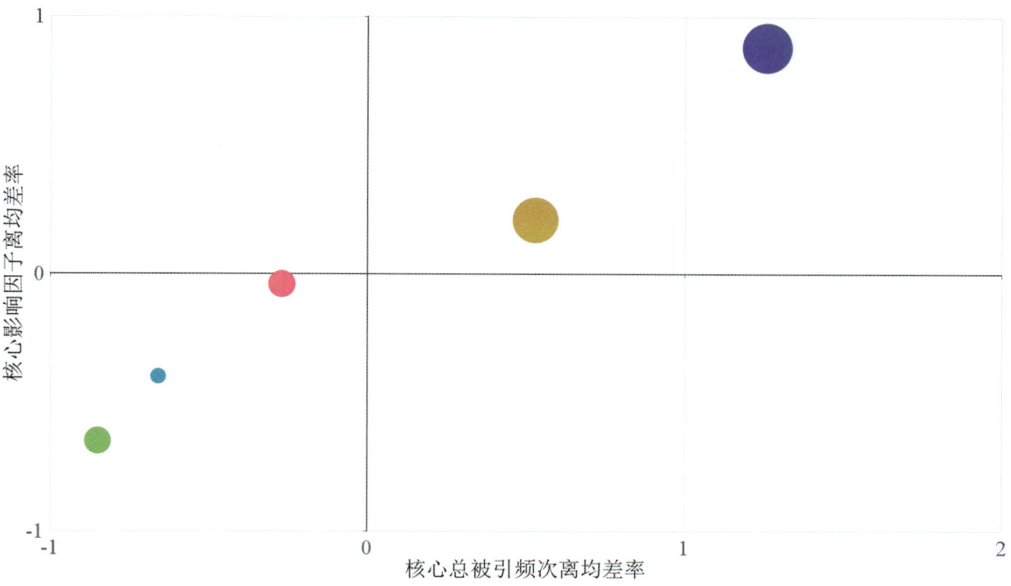

2023 年内科学综合类期刊核心总被引频次和核心影响因子离均差率的分布图
（节点大小表示综合评价总分）

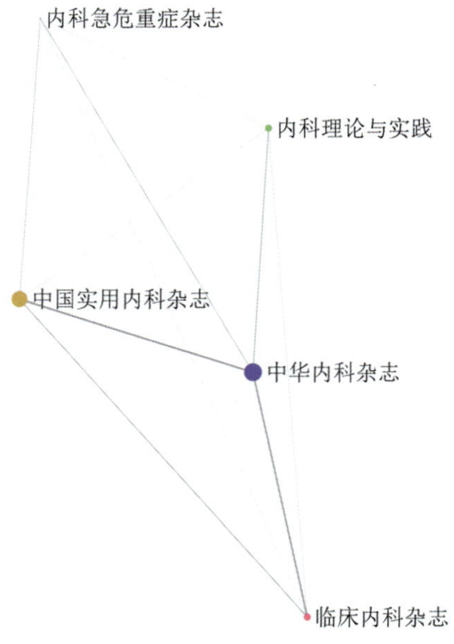

2023 年内科学综合类期刊互引关系示意图

表 7-38　2023 年内科学综合类期刊主要指标

CODE	刊名	核心总被引频次			核心影响因子			综合评价总分		学科扩散指标	学科影响指标	红点指标
		数值	排名	离均差率	数值	排名	离均差率	数值	排名			
G257	临床内科杂志	1131	3	−0.27	1.153	3	−0.04	26.6	3	68.00	0.80	0.40
G662	内科急危重症杂志	529	4	−0.66	0.716	4	−0.40	8.8	5	42.60	0.80	0.37
G523	内科理论与实践	226	5	−0.85	0.422	5	−0.65	25.7	4	30.40	1.00	0.47
G267	中国实用内科杂志	2371	2	0.53	1.455	2	0.21	74.3	2	103.40	1.00	0.50
G156	中华内科杂志	3508	1	1.26	2.254	1	0.88	88.2	1	116.40	1.00	0.30
5 种期刊平均值		1553			1.200							

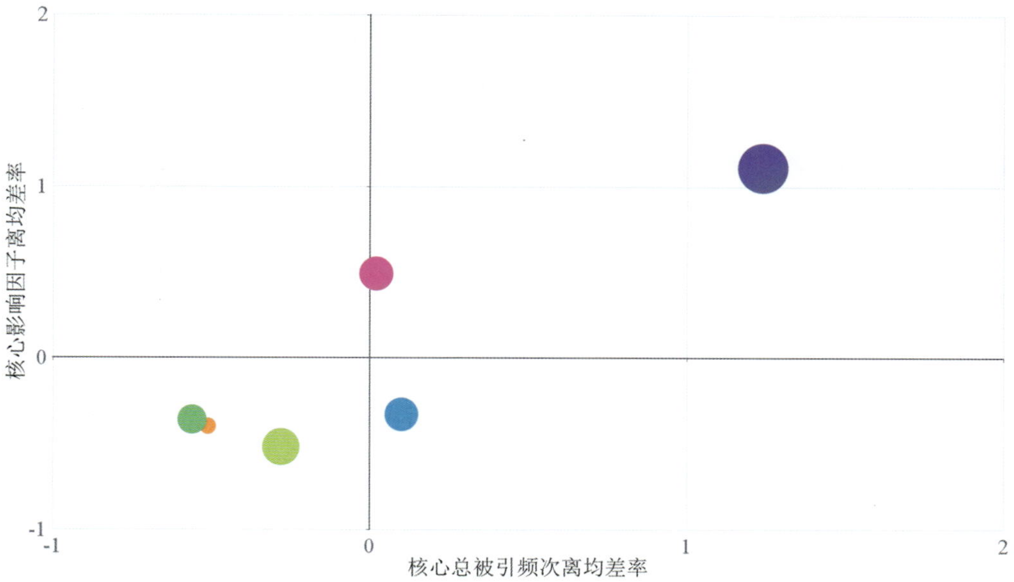

2023 年呼吸病学、结核病学类期刊核心总被引频次和核心影响因子离均差率的分布图
（节点大小表示综合评价总分）

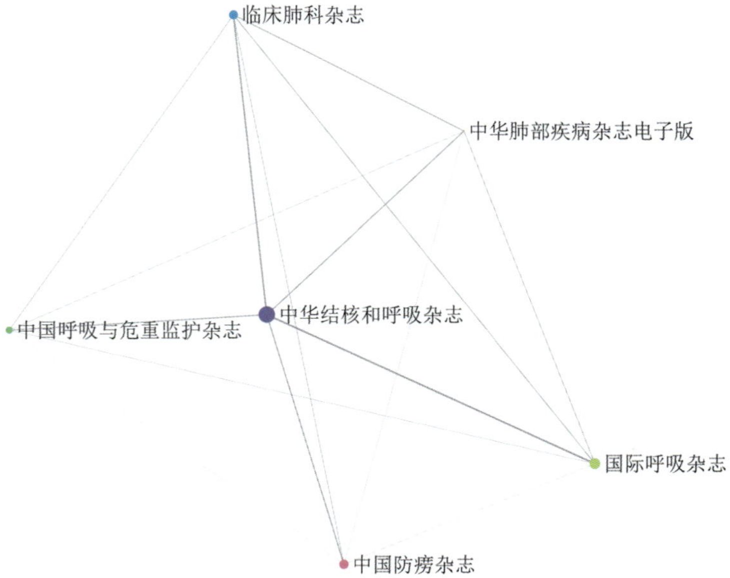

2023 年呼吸病学、结核病学类期刊互引关系示意图

表 7-39　2023 年呼吸病学、结核病学类期刊主要指标

CODE	刊名	核心总被引频次			核心影响因子			综合评价总分		学科扩散指标	学科影响指标	红点指标
		数值	排名	离均差率	数值	排名	离均差率	数值	排名			
G938	国际呼吸杂志	1233	4	−0.28	0.535	6	−0.52	49.5	2	57.83	1.00	0.63
Q908	临床肺科杂志	1891	2	0.10	0.747	3	−0.33	40.2	4	68.83	1.00	0.33
G290	中国防痨杂志	1763	3	0.02	1.660	2	0.49	41.6	3	39.83	1.00	0.82
G973	中国呼吸与危重监护杂志	752	6	−0.56	0.718	4	−0.36	30.2	5	42.67	1.00	0.28
G474	中华肺部疾病杂志电子版	841	5	−0.51	0.673	5	−0.40	9.5	6	39.00	1.00	0.52
G147	中华结核和呼吸杂志	3855	1	1.24	2.353	1	1.11	89.4	1	80.17	1.00	0.10
	6 种期刊平均值	1723			1.114							

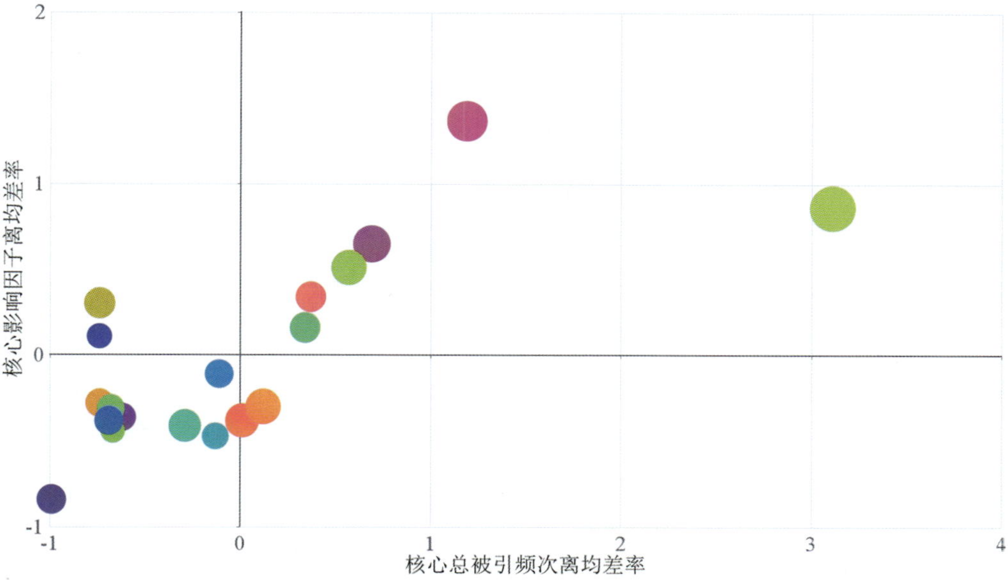

2023 年消化病学类期刊核心总被引频次和核心影响因子离均差率的分布图
（节点大小表示综合评价总分）

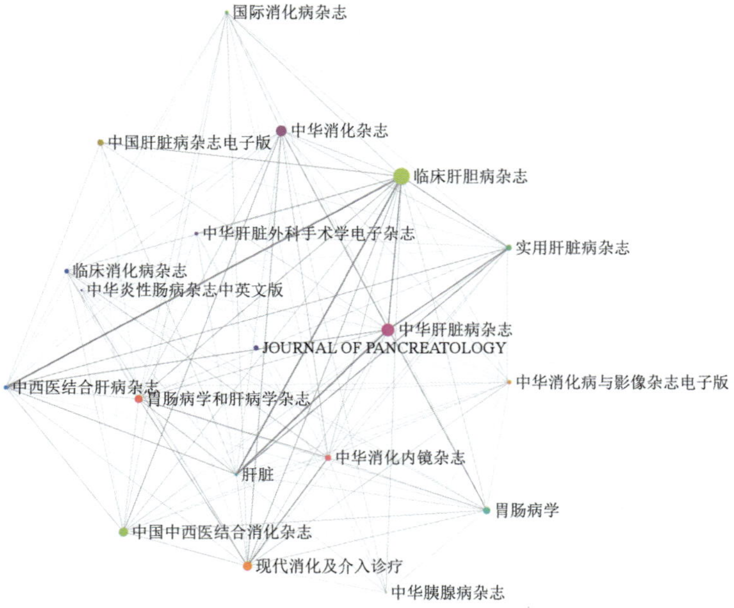

2023 年消化病学类期刊互引关系示意图

表 7-40　2023 年消化病学类期刊主要指标

CODE	刊名	核心总被引频次			核心影响因子			综合评价总分		学科扩散指标	学科影响指标	红点指标
		数值	排名	离均差率	数值	排名	离均差率	数值	排名			
GC01	JOURNAL OF PANCREATOLOGY	12	19	−0.99	0.133	19	−0.84	30.8	11	0.42	0.00	0.00
G803	肝脏	981	10	−0.13	0.436	18	−0.47	25.4	17	15.16	0.74	0.72
G660	国际消化病杂志	360	14	−0.68	0.571	12	−0.31	26.8	16	9.68	0.68	0.75
G501	临床肝胆病杂志	4615	1	3.11	1.546	2	0.86	74.3	1	27.00	0.95	0.73
G855	临床消化病杂志	353	15	−0.69	0.513	15	−0.38	29.9	12	10.11	0.68	0.57
G746	实用肝脏病杂志	1506	6	0.34	0.959	7	0.16	33.9	9	16.63	0.79	0.93
G800	胃肠病学	797	11	−0.29	0.486	16	−0.41	37.6	7	14.74	0.79	0.71
G326	胃肠病学和肝病学杂志	1137	8	0.01	0.518	14	−0.38	40.6	6	19.74	0.89	0.65
G451	现代消化及介入诊疗	1253	7	0.12	0.580	11	−0.30	44.1	5	16.42	0.84	0.59
G475	中国肝脏病杂志电子版	292	17	−0.74	1.081	6	0.30	34.6	8	6.42	0.68	0.57
G528	中国中西医结合消化杂志	1762	4	0.57	1.249	4	0.51	44.3	4	13.00	0.68	0.55
G231	中华肝脏病杂志	2458	2	1.19	1.966	1	1.37	58.8	2	21.74	0.89	0.77
G054	中华肝脏外科手术学电子杂志	422	12	−0.62	0.529	13	−0.36	27.5	15	7.58	0.47	0.80
G468	中华消化病与影像杂志电子版	287	18	−0.74	0.596	10	−0.28	28.4	14	9.37	0.53	0.59
G285	中华消化内镜杂志	1534	5	0.37	1.109	5	0.34	33.8	10	14.21	0.84	0.68
G168	中华消化杂志	1895	3	0.69	1.373	3	0.65	50.2	3	19.26	1.00	0.58
Q209	中华炎性肠病杂志中英文版	294	16	−0.74	0.920	8	0.11	23.1	18	5.89	0.53	0.86
G610	中华胰腺病杂志	374	13	−0.67	0.462	17	−0.44	21.3	19	7.79	0.63	0.73
G842	中西医结合肝病杂志	1003	9	−0.11	0.740	9	−0.11	29.4	13	11.47	0.68	0.65
	19 种期刊平均值	1123			0.830							

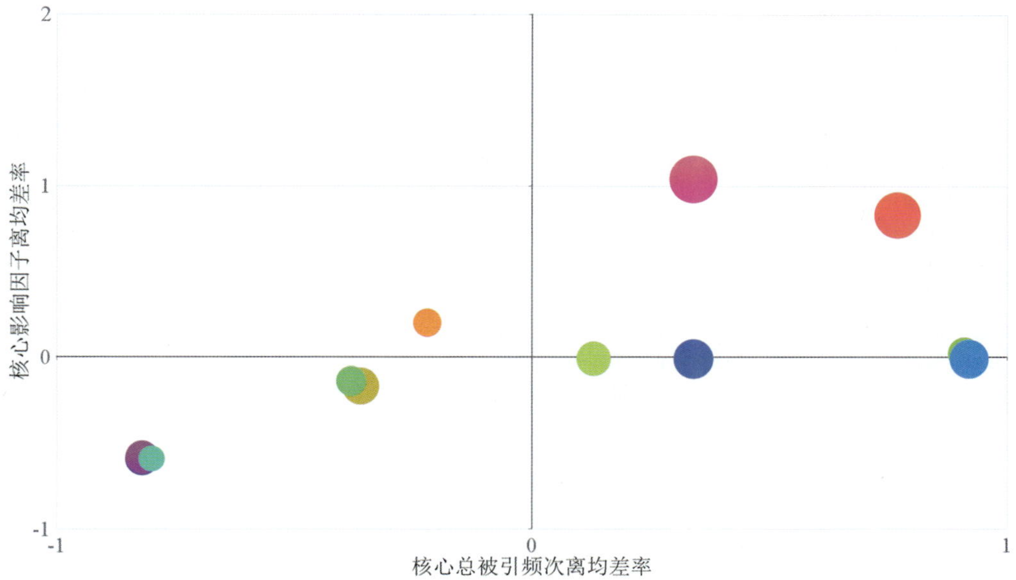

2023 年血液病学、肾脏病学类期刊核心总被引频次和核心影响因子离均差率的分布图
（节点大小表示综合评价总分）

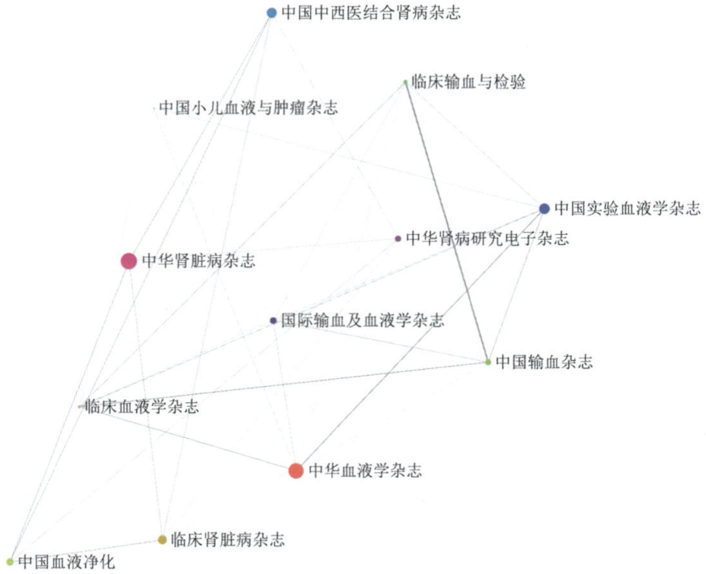

2023 年血液病学、肾脏病学类期刊互引关系示意图

表 7-41　2023 年血液病学、肾脏病学类期刊主要指标

CODE	刊名	核心总被引频次			核心影响因子			综合评价总分		学科扩散指标	学科影响指标	红点指标
		数值	排名	离均差率	数值	排名	离均差率	数值	排名			
B525	国际输血及血液学杂志	179	12	−0.82	0.323	11	−0.59	41.0	7	8.67	0.58	0.58
G423	临床肾脏病杂志	647	8	−0.36	0.656	9	−0.17	48.3	5	20.08	0.50	0.66
G797	临床输血与检验	619	9	−0.38	0.678	8	−0.14	31.9	10	14.83	0.50	0.28
G293	临床血液学杂志	782	7	−0.22	0.942	3	0.20	28.3	11	17.17	0.75	0.46
G883	中国实验血液学杂志	1350	4	0.34	0.784	5	−0.01	56.1	3	27.33	0.67	0.63
G796	中国输血杂志	1918	2	0.91	0.807	4	0.02	38.3	9	19.33	0.50	0.32
G845	中国小儿血液与肿瘤杂志	199	10	−0.80	0.320	12	−0.59	24.2	12	9.00	0.50	0.48
G633	中国血液净化	1131	6	0.13	0.782	6	−0.01	42.6	6	20.17	0.58	0.81
G846	中国中西医结合肾病杂志	1928	1	0.92	0.780	7	−0.01	53.8	4	24.00	0.42	0.30
G065	中华肾病研究电子杂志	183	11	−0.82	0.331	10	−0.58	39.0	8	9.50	0.50	0.54
G161	中华肾脏病杂志	1346	5	0.34	1.609	1	1.04	82.2	1	27.17	0.75	0.74
G172	中华血液学杂志	1779	3	0.77	1.445	2	0.83	76.5	2	29.17	0.92	0.31
	12 种期刊平均值	1005			0.788							

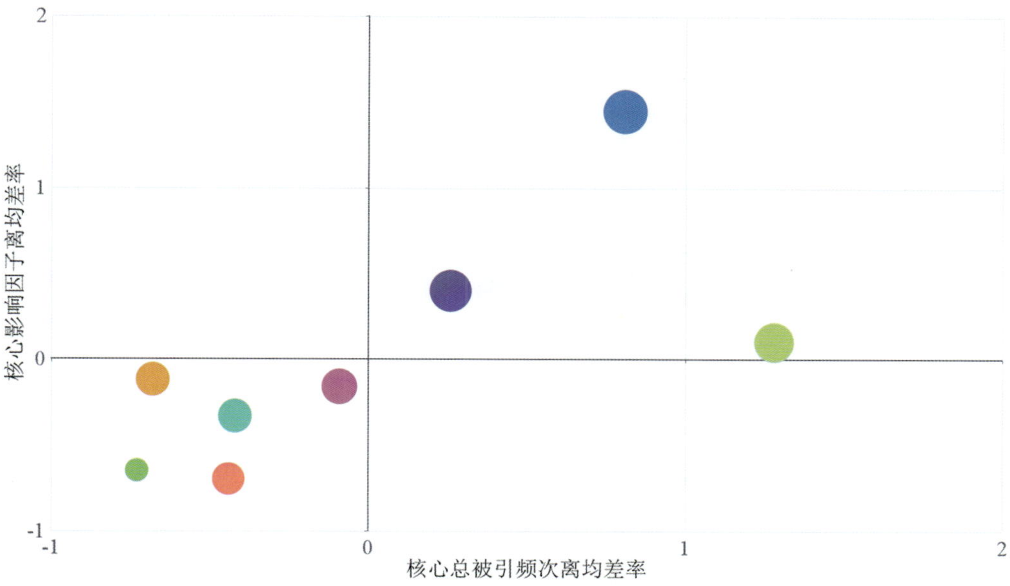

2023 年内分泌病学与代谢病学、风湿病学类期刊核心总被引频次和核心影响因子离均差率的分布图
（节点大小表示综合评价总分）

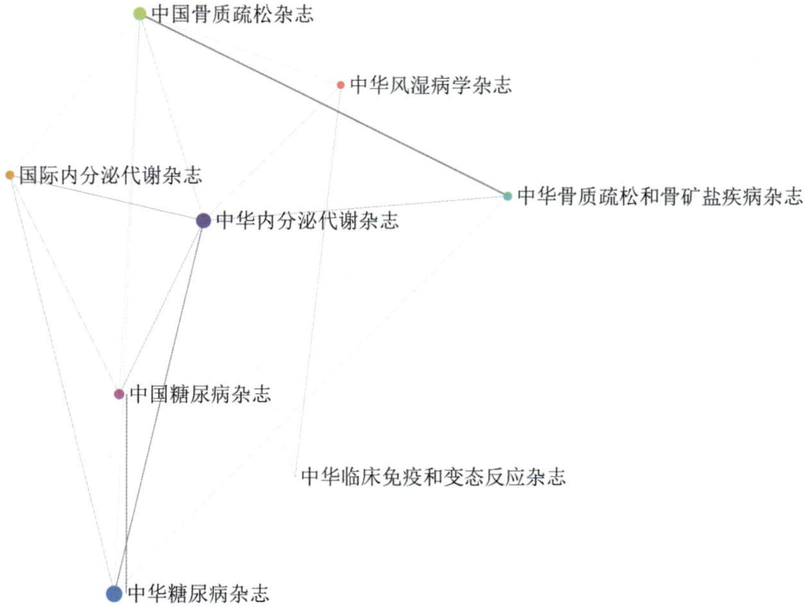

2023 年内分泌病学与代谢病学、风湿病学类期刊互引关系示意图

表 7-42　2023 年内分泌病学与代谢病学、风湿病学类期刊主要指标

CODE	刊名	核心总被引频次			核心影响因子			综合评价总分		学科扩散指标	学科影响指标	红点指标
		数值	排名	离均差率	数值	排名	离均差率	数值	排名			
G415	国际内分泌代谢杂志	500	7	−0.68	1.433	4	−0.12	40.4	6	31.50	0.63	0.36
G663	中国骨质疏松杂志	3571	1	1.28	1.785	3	0.10	55.7	3	52.38	0.88	0.82
G211	中国糖尿病杂志	1430	4	−0.09	1.357	5	−0.16	45.3	4	49.25	0.63	0.76
G286	中华风湿病学杂志	883	6	−0.44	0.491	8	−0.70	37.4	7	39.88	0.50	0.42
G728	中华骨质疏松和骨矿盐疾病杂志	914	5	−0.42	1.093	6	−0.33	40.5	5	36.25	0.63	0.54
G693	中华临床免疫和变态反应杂志	423	8	−0.73	0.565	7	−0.65	19.6	8	26.38	0.50	0.07
G155	中华内分泌代谢杂志	1969	3	0.26	2.267	2	0.40	63.4	2	56.63	1.00	0.50
G739	中华糖尿病杂志	2834	2	0.81	3.972	1	1.45	69.1	1	57.13	0.75	0.67
	8 种期刊平均值	1566			1.620							

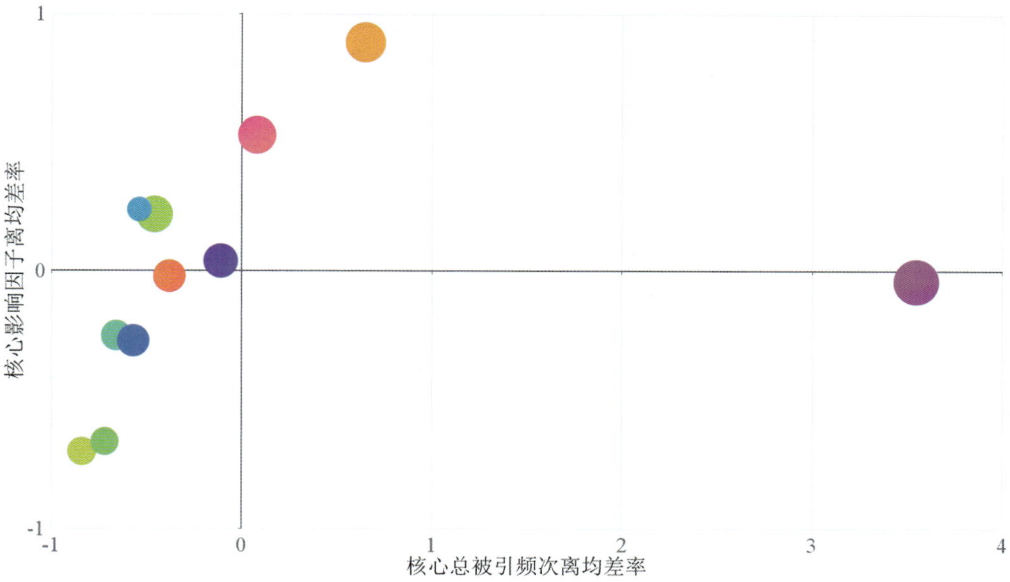

2023 年感染性疾病学、传染病学类期刊核心总被引频次和核心影响因子离均差率的分布图
（节点大小表示综合评价总分）

2023 年感染性疾病学、传染病学类期刊互引关系示意图

表 7-43　2023 年感染性疾病学、传染病学类期刊主要指标

CODE	刊名	核心总被引频次			核心影响因子			综合评价总分		学科扩散指标	学科影响指标	红点指标
		数值	排名	离均差率	数值	排名	离均差率	数值	排名			
Q709	INFECTIOUS DISEASES OF POVERTY	519	8	−0.57	0.801	9	−0.27	37.3	7	15.64	0.73	0.04
G458	传染病信息	749	5	−0.38	1.071	6	−0.02	38.4	6	26.09	0.91	0.62
G930	国际流行病学传染病学杂志	407	9	−0.66	0.824	8	−0.25	33.2	8	17.36	0.82	0.53
G651	微生物与感染	192	11	−0.84	0.333	11	−0.70	29.7	9	11.27	0.73	0.40
Q368	新发传染病电子杂志	560	7	−0.54	1.363	3	0.24	21.6	11	16.91	0.82	0.49
G631	中国感染控制杂志	1988	2	0.65	2.075	1	0.89	57.5	2	36.00	0.82	0.60
G337	中国感染与化疗杂志	1299	3	0.08	1.680	2	0.53	52.1	3	26.27	0.91	0.66
G136	中华传染病杂志	1069	4	−0.11	1.140	5	0.04	42.5	5	27.64	0.91	0.55
G692	中华临床感染病杂志	651	6	−0.46	1.333	4	0.22	48.0	4	22.45	0.91	0.61
G703	中华实验和临床感染病杂志电子版	338	10	−0.72	0.378	10	−0.66	28.3	10	15.64	0.91	0.59
G194	中华医院感染学杂志	5476	1	3.55	1.056	7	−0.04	73.8	1	54.64	0.91	0.76
	11 种期刊平均值	1204			1.096							

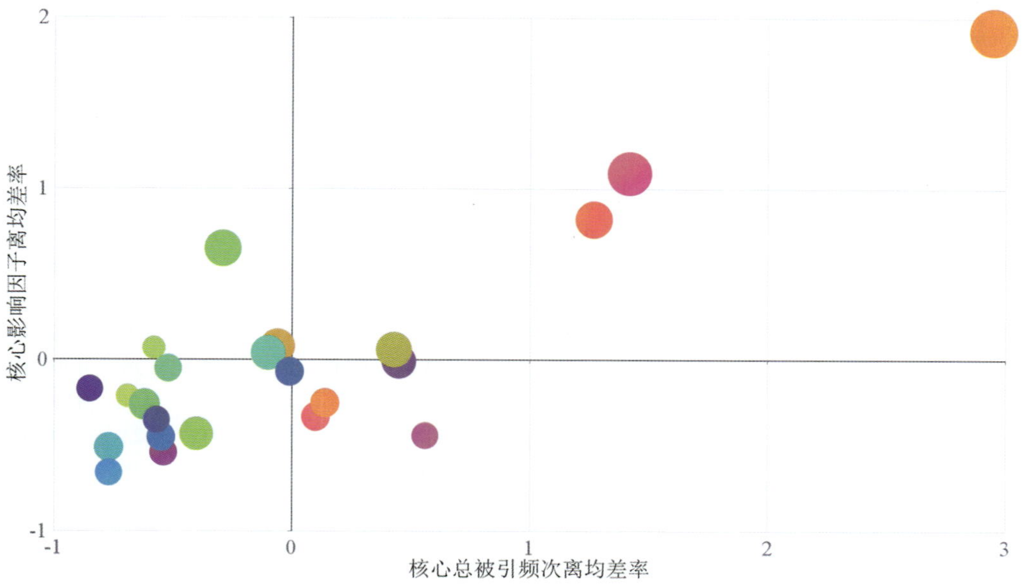

2023 年外科学综合类期刊核心总被引频次和核心影响因子离均差率的分布图
（节点大小表示综合评价总分）

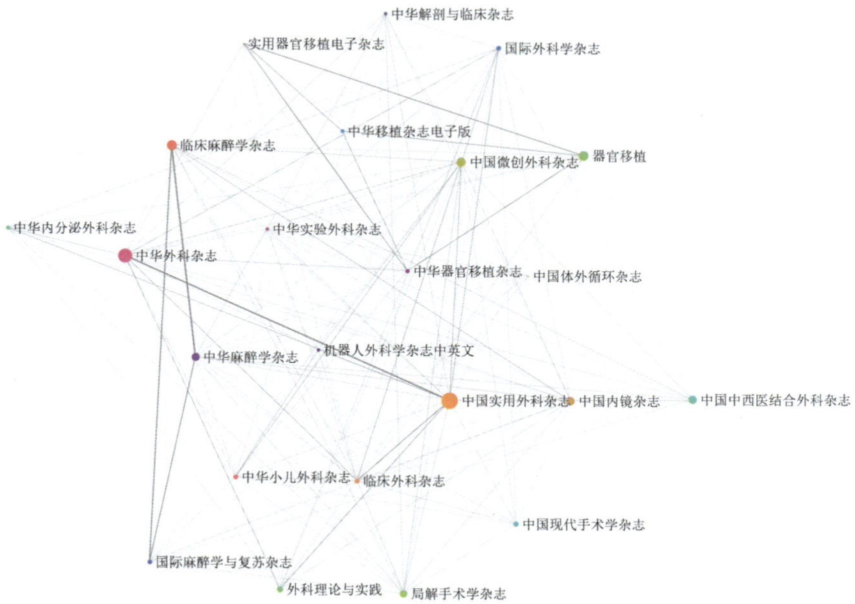

2023 年外科学综合类期刊互引关系示意图

表 7-44　2023 年外科学综合类期刊主要指标

CODE	刊名	核心总被引频次			核心影响因子			综合评价总分		学科扩散指标	学科影响指标	红点指标
		数值	排名	离均差率	数值	排名	离均差率	数值	排名			
G975	国际麻醉学与复苏杂志	1122	9	-0.01	0.868	11	-0.07	29.4	15	11.96	0.61	0.58
G954	国际外科学杂志	506	16	-0.55	0.516	20	-0.45	29.7	14	9.09	0.78	0.66
G998	机器人外科学杂志中英文	166	23	-0.85	0.781	12	-0.17	25.5	21	3.22	0.26	0.77
G553	局解手术学杂志	675	13	-0.40	0.533	18	-0.43	40.3	9	12.26	0.52	0.42
G222	临床麻醉学杂志	2563	3	1.27	1.702	3	0.82	49.9	3	15.43	0.87	0.45
G256	临床外科杂志	1288	7	0.14	0.702	14	-0.25	30.0	12	14.17	0.96	0.50
G595	器官移植	797	12	-0.29	1.548	4	0.65	48.6	4	8.61	0.52	0.82
G469	实用器官移植电子杂志	474	18	-0.58	1.000	6	0.07	19.2	23	5.00	0.39	0.33
G601	外科理论与实践	424	19	-0.62	0.694	15	-0.26	34.5	10	7.43	0.78	0.57
G277	中国内镜杂志	1065	10	-0.06	1.009	5	0.08	43.4	6	12.35	0.74	0.50
G272	中国实用外科杂志	4464	1	2.95	2.736	1	1.92	82.7	1	20.35	0.96	0.67
G444	中国体外循环杂志	346	20	-0.69	0.741	13	-0.21	19.3	22	5.26	0.39	0.70
G373	中国微创外科杂志	1618	6	0.43	0.993	7	0.06	45.6	5	14.26	0.83	0.21
G885	中国现代手术学杂志	260	22	-0.77	0.458	21	-0.51	30.8	11	6.22	0.39	0.38
G758	中国中西医结合外科杂志	1016	11	-0.10	0.975	8	0.04	43.2	7	11.96	0.48	0.42
Q905	中华解剖与临床杂志	488	17	-0.57	0.609	17	-0.35	25.8	19	7.65	0.39	0.28
G153	中华麻醉学杂志	1643	5	0.45	0.930	9	-0.01	42.1	8	15.22	0.70	0.39
G736	中华内分泌外科杂志	542	14	-0.52	0.894	10	-0.05	27.7	17	8.43	0.52	0.59
G158	中华器官移植杂志	518	15	-0.54	0.430	22	-0.54	28.2	16	7.13	0.61	0.91
G163	中华实验外科杂志	1763	4	0.56	0.522	19	-0.44	25.7	20	17.74	0.78	0.60
G164	中华外科杂志	2731	2	1.42	1.960	2	1.09	69.9	2	20.70	0.96	0.48
G169	中华小儿外科杂志	1239	8	0.10	0.632	16	-0.33	29.9	13	11.13	0.70	0.56
G897	中华移植杂志电子版	264	21	-0.77	0.316	23	-0.66	26.7	18	4.43	0.35	0.75
	23 种期刊平均值	1129			0.937							

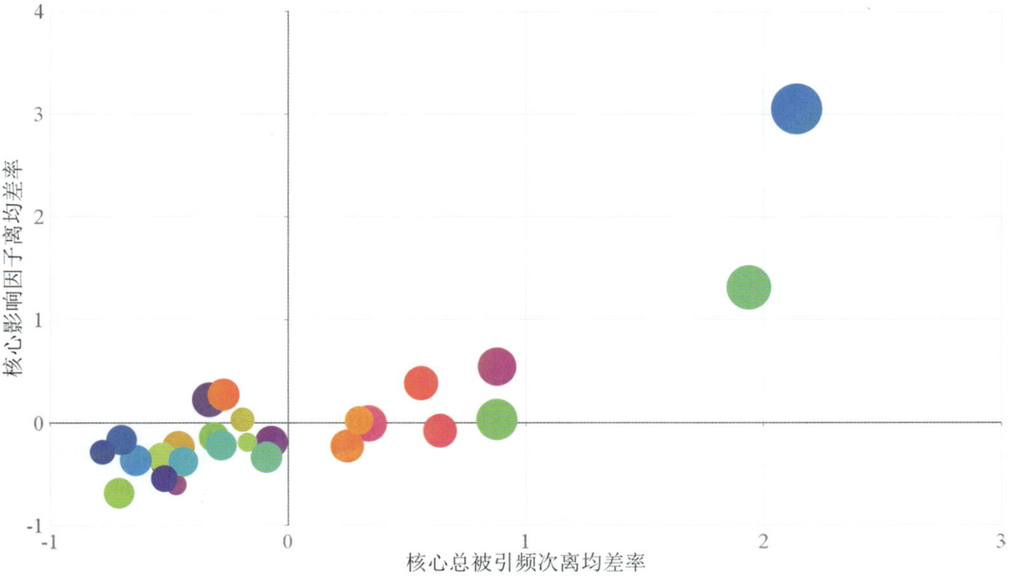

2023 年普通外科学、胸外科学、心血管外科学类期刊核心总被引频次和核心影响因子离均差率的分布图
（节点大小表示综合评价总分）

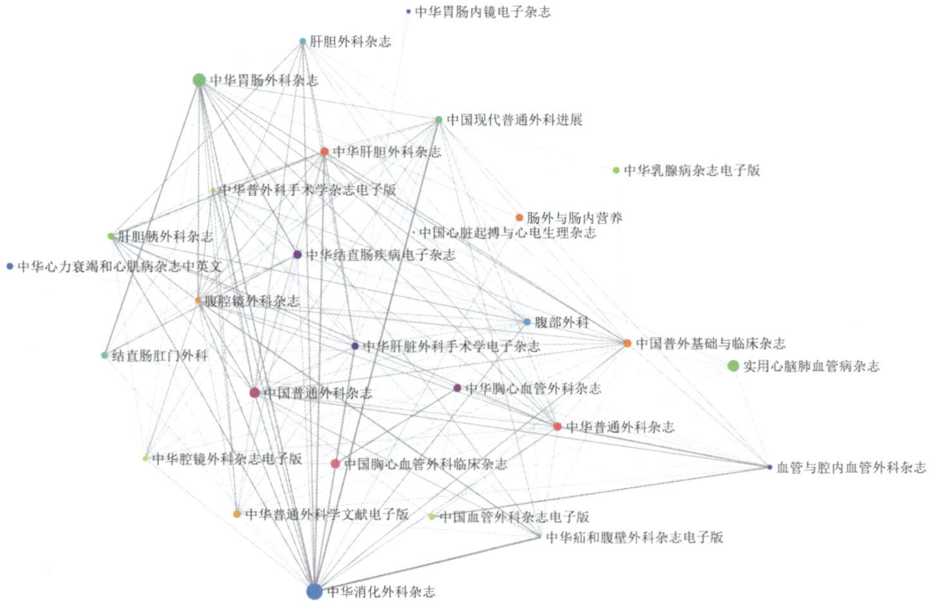

2023 年普通外科学、胸外科学、心血管外科学类期刊互引关系示意图

表 7-45　2023 年普通外科学、胸外科学、心血管外科学类期刊主要指标

CODE	刊名	核心总被引频次			核心影响因子			综合评价总分		学科扩散指标	学科影响指标	红点指标
		数值	排名	离均差率	数值	排名	离均差率	数值	排名			
G264	肠外与肠内营养	631	14	−0.27	1.122	5	0.27	36.2	12	7.11	0.29	0.28
G957	腹部外科	314	25	−0.64	0.561	22	−0.37	36.1	13	4.54	0.68	0.68
G338	腹腔镜外科杂志	1120	8	0.30	0.907	9	0.02	28.6	22	7.07	0.71	0.79
G879	肝胆外科杂志	480	19	−0.44	0.546	23	−0.38	32.4	20	5.61	0.54	0.68
G690	肝胆胰外科杂志	600	16	−0.31	0.760	12	−0.14	32.4	19	6.64	0.57	0.66
G869	结直肠肛门外科	626	15	−0.28	0.692	16	−0.22	34.2	16	6.89	0.57	0.36
G766	实用心脑肺血管病杂志	1623	3	0.88	0.909	8	0.03	59.6	3	12.96	0.25	0.73
Q958	血管与腔内血管外科杂志	411	23	−0.52	0.397	26	−0.55	25.8	24	5.25	0.36	0.57
G226	中国普通外科杂志	1621	4	0.88	1.363	3	0.54	52.4	4	11.54	0.89	0.78
G269	中国普外基础与临床杂志	1081	9	0.25	0.684	17	−0.23	39.7	9	10.21	0.82	0.64
G841	中国现代普通外科进展	784	11	−0.09	0.588	20	−0.34	35.5	15	8.43	0.64	0.64
G203	中国心脏起搏与心电生理杂志	456	21	−0.47	0.344	27	−0.61	15.8	27	5.25	0.14	0.89
G232	中国胸心血管外科临床杂志	1156	7	0.34	0.873	10	−0.01	46.6	5	11.11	0.61	0.45
G464	中国血管外科杂志电子版	403	24	−0.53	0.580	21	−0.34	31.8	21	5.86	0.39	0.24
G262	中华肝胆外科杂志	1350	6	0.56	1.218	4	0.38	41.6	7	8.46	0.68	0.63
G054	中华肝脏外科手术学电子杂志	422	22	−0.51	0.529	25	−0.40	35.6	14	5.14	0.64	0.86
G060	中华结直肠疾病电子杂志	575	17	−0.33	1.077	6	0.22	42.6	6	6.21	0.64	0.86
G461	中华普通外科学文献电子版	468	20	−0.46	0.676	18	−0.24	38.5	10	6.89	0.86	0.59
G254	中华普通外科杂志	1418	5	0.64	0.813	11	−0.08	41.0	8	11.14	0.82	0.33
G462	中华普外科手术学杂志电子版	698	13	−0.19	0.909	7	0.03	20.5	26	4.39	0.79	0.86
G463	中华腔镜外科杂志电子版	485	18	−0.44	0.535	24	−0.40	26.6	23	4.54	0.75	0.43
G505	中华乳腺病杂志电子版	249	27	−0.71	0.272	28	−0.69	33.0	18	5.04	0.25	0.84
G472	中华疝和腹壁外科杂志电子版	714	12	−0.17	0.714	15	−0.19	13.1	28	3.00	0.46	0.84
Q952	中华胃肠内镜电子杂志	191	28	−0.78	0.627	19	−0.29	23.0	25	2.68	0.32	0.34
G793	中华胃肠外科杂志	2540	2	1.94	2.043	2	1.31	70.7	2	12.89	0.79	0.58
G978	中华消化外科杂志	2709	1	2.14	3.588	1	3.05	92.8	1	13.46	0.86	0.87
Q284	中华心力衰竭和心肌病杂志中英文	257	26	−0.70	0.739	13	−0.17	33.5	17	4.32	0.14	0.64
G171	中华胸心血管外科杂志	806	10	−0.07	0.719	14	−0.19	38.2	11	8.00	0.43	0.15
	28 种期刊平均值	864			0.885							

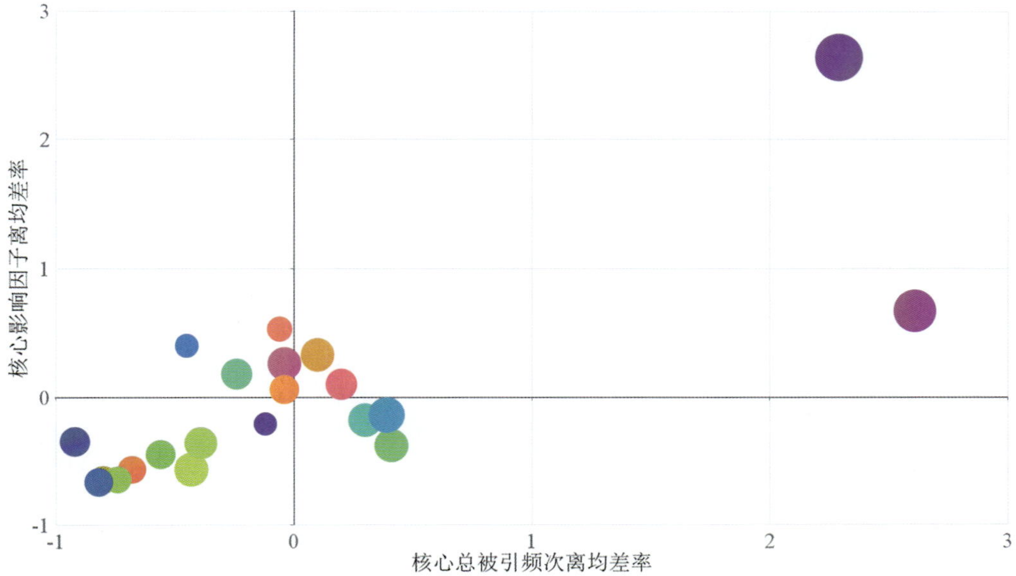

2023 年心血管病学类期刊核心总被引频次和核心影响因子离均差率的分布图
（节点大小表示综合评价总分）

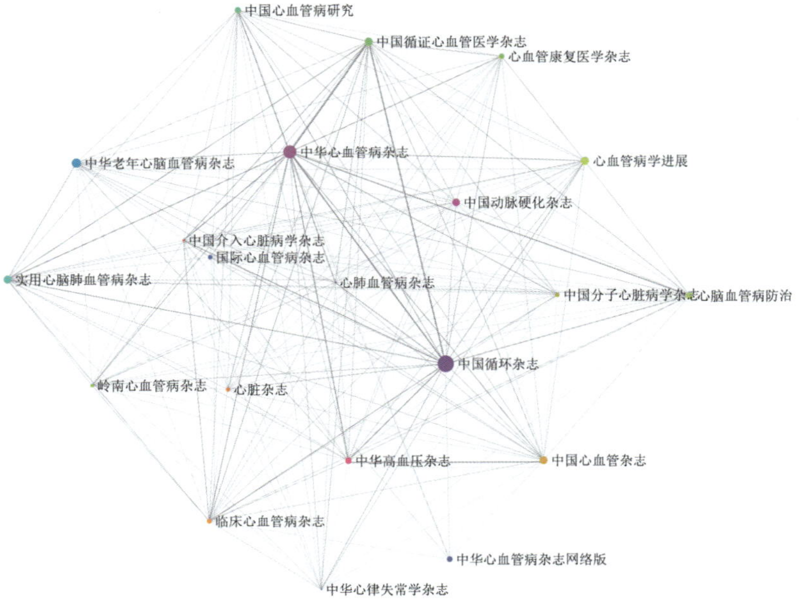

2023 年心血管病学类期刊互引关系示意图

表 7-46　2023 年心血管病学类期刊主要指标

CODE	刊名	核心总被引频次			核心影响因子			综合评价总分		学科扩散指标	学科影响指标	红点指标
		数值	排名	离均差率	数值	排名	离均差率	数值	排名			
G940	国际心血管病杂志	221	20	−0.82	0.370	21	−0.67	29.4	15	6.81	0.90	0.69
G261	临床心血管病杂志	1197	9	−0.04	1.178	9	0.06	30.6	14	14.43	1.00	0.67
G491	岭南心血管病杂志	328	18	−0.74	0.383	20	−0.65	25.8	18	8.10	0.71	0.72
G766	实用心脑肺血管病杂志	1623	5	0.30	0.909	11	−0.18	40.9	6	17.29	0.71	0.76
G083	心肺血管病杂志	1097	11	−0.12	0.874	12	−0.21	19.5	21	14.71	0.95	0.61
G476	心脑血管病防治	763	13	−0.39	0.714	14	−0.36	38.3	9	14.00	0.81	0.51
G419	心血管病学进展	709	14	−0.43	0.479	17	−0.57	41.8	4	13.43	0.95	0.73
G578	心血管康复医学杂志	552	16	−0.56	0.605	16	−0.45	31.5	13	10.90	0.81	0.92
G260	心脏杂志	396	17	−0.68	0.477	18	−0.57	28.1	17	9.29	0.81	0.54
G234	中国动脉硬化杂志	1199	8	−0.04	1.398	6	0.26	39.9	8	15.00	0.90	0.77
G402	中国分子心脏病学杂志	245	19	−0.80	0.390	19	−0.65	28.2	16	6.81	0.67	0.66
G239	中国介入心脏病学杂志	1167	10	−0.06	1.695	3	0.53	22.7	19	12.67	1.00	0.68
G718	中国心血管病研究	942	12	−0.24	1.307	7	0.18	34.6	11	14.00	0.95	0.72
G380	中国心血管杂志	1373	7	0.10	1.478	5	0.33	40.6	7	16.81	0.95	0.66
G119	中国循环杂志	4100	2	2.29	4.036	1	2.64	80.8	1	25.14	1.00	0.68
G645	中国循证心血管医学杂志	1761	3	0.41	0.683	15	−0.38	41.3	5	19.67	0.95	0.56
G235	中华高血压杂志	1500	6	0.20	1.216	8	0.10	35.3	10	16.43	0.90	0.37
G876	中华老年心脑血管病杂志	1733	4	0.39	0.957	10	−0.14	46.4	3	18.95	0.95	0.75
G892	中华心律失常学杂志	691	15	−0.45	1.556	4	0.40	20.6	20	8.00	0.90	0.65
G170	中华心血管病杂志	4505	1	2.61	1.853	2	0.67	64.3	2	22.33	1.00	0.69
Q231	中华心血管病杂志网络版	95	21	−0.92	0.722	13	−0.35	32.5	12	3.43	0.67	0.07
	21 种期刊平均值	1247			1.109							

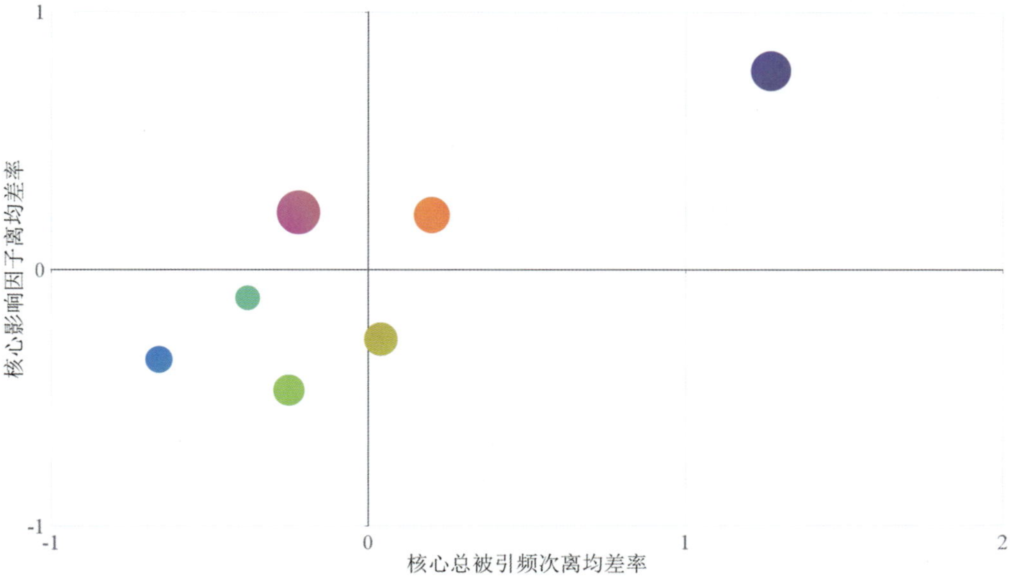

2023 年泌尿外科学类期刊核心总被引频次和核心影响因子离均差率的分布图
（节点大小表示综合评价总分）

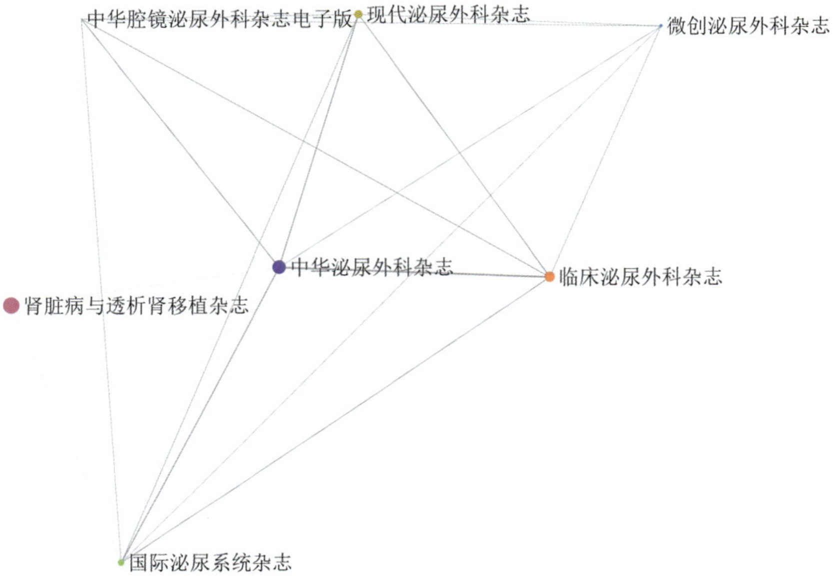

2023 年泌尿外科学类期刊互引关系示意图

表 7-47　2023 年泌尿外科学类期刊主要指标

CODE	刊名	核心总被引频次			核心影响因子			综合评价总分		学科扩散指标	学科影响指标	红点指标
		数值	排名	离均差率	数值	排名	离均差率	数值	排名			
G349	国际泌尿系统杂志	637	5	-0.25	0.395	7	-0.47	34.8	5	30.29	1.00	0.58
G317	临床泌尿外科杂志	1010	2	0.20	0.897	3	0.21	45.8	3	31.57	0.86	0.50
G202	肾脏病与透析肾移植杂志	658	4	-0.22	0.906	2	0.22	67.5	1	35.43	0.43	0.37
G866	微创泌尿外科杂志	289	7	-0.66	0.485	6	-0.35	26.4	6	12.43	0.86	0.70
G341	现代泌尿外科杂志	881	3	0.04	0.546	5	-0.27	40.0	4	32.71	0.86	0.49
G154	中华泌尿外科杂志	1916	1	1.27	1.313	1	0.77	57.0	2	39.00	1.00	0.67
G473	中华腔镜泌尿外科杂志电子版	524	6	-0.38	0.663	4	-0.11	22.0	7	16.86	0.86	0.75
	7 种期刊平均值	845			0.744							

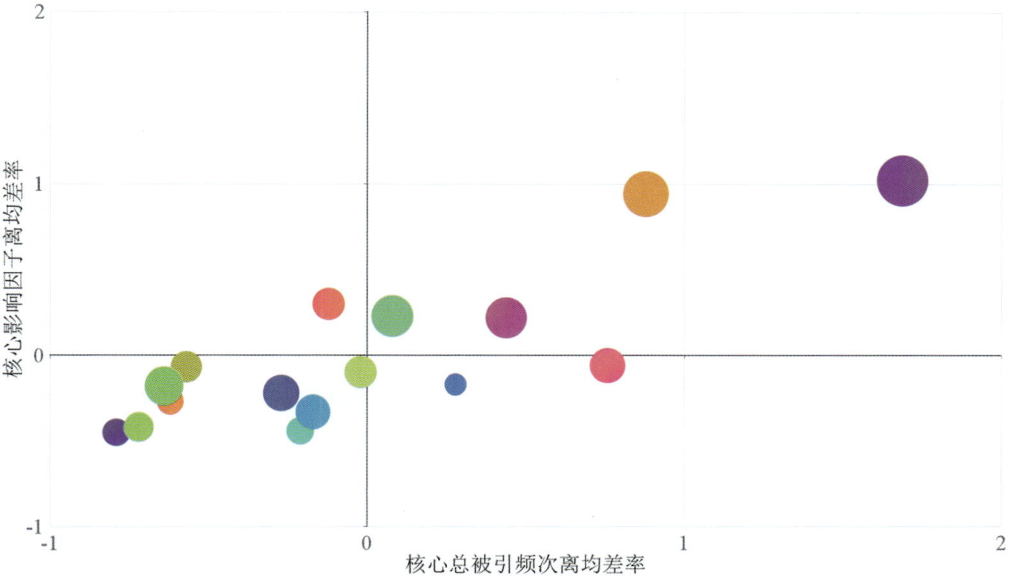

2023 年骨外科学类期刊核心总被引频次和核心影响因子离均差率的分布图
（节点大小表示综合评价总分）

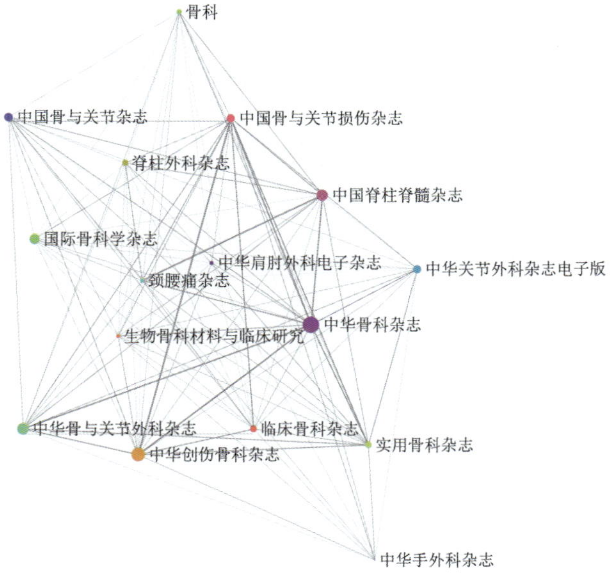

2023 年骨外科学类期刊互引关系示意图

表 7-48　2023 年骨外科学类期刊主要指标

CODE	刊名	核心总被引频次			核心影响因子			综合评价总分		学科扩散指标	学科影响指标	红点指标
		数值	排名	离均差率	数值	排名	离均差率	数值	排名			
G478	骨科	302	15	−0.72	0.500	14	−0.42	31.5	12	7.75	0.88	0.53
G498	国际骨科学杂志	388	14	−0.64	0.701	10	−0.18	53.7	5	10.56	0.94	0.62
G439	脊柱外科杂志	464	12	−0.57	0.796	7	−0.07	35.5	11	7.94	0.81	0.81
G677	颈腰痛杂志	845	10	−0.21	0.481	15	−0.44	27.8	13	11.56	0.69	0.51
G291	临床骨科杂志	941	8	−0.12	1.120	3	0.30	37.2	9	10.81	0.94	0.58
G401	生物骨科材料与临床研究	410	13	−0.62	0.628	12	−0.27	25.8	15	9.06	0.75	0.53
G457	实用骨科杂志	1049	7	−0.02	0.776	8	−0.10	37.1	10	13.50	1.00	0.35
G249	中国骨与关节损伤杂志	1890	3	0.76	0.805	6	−0.06	45.0	7	15.19	1.00	0.55
G857	中国骨与关节杂志	778	11	−0.27	0.667	11	−0.22	46.9	6	14.13	1.00	0.76
G192	中国脊柱脊髓杂志	1543	4	0.44	1.049	5	0.22	60.5	4	14.81	0.88	0.26
G408	中华创伤骨科杂志	2016	2	0.88	1.663	2	0.94	73.7	2	14.63	1.00	0.74
G143	中华骨科杂志	2886	1	1.69	1.732	1	1.02	92.9	1	20.00	1.00	0.73
G648	中华骨与关节外科杂志	1159	6	0.08	1.060	4	0.23	62.1	3	16.31	0.94	0.52
G691	中华关节外科杂志电子版	894	9	−0.17	0.575	13	−0.33	43.7	8	14.06	0.88	0.78
G055	中华肩肘外科电子杂志	223	16	−0.79	0.468	16	−0.45	27.6	14	4.00	0.75	0.40
G848	中华手外科杂志	1378	5	0.28	0.715	9	−0.17	17.9	16	7.88	0.69	0.63
	16 种期刊平均值	1073			0.859							

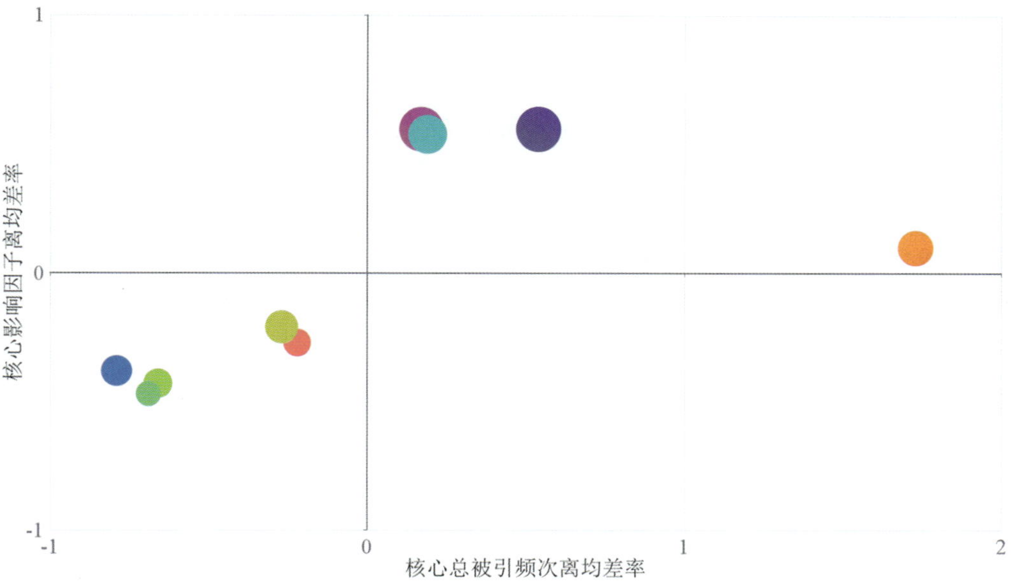

2023 年烧伤外科学、整形外科学类期刊核心总被引频次和核心影响因子离均差率的分布图
（节点大小表示综合评价总分）

2023 年烧伤外科学、整形外科学类期刊互引关系示意图

表 7-49　2023 年烧伤外科学、整形外科学类期刊主要指标

CODE	刊名	核心总被引频次			核心影响因子			综合评价总分		学科扩散指标	学科影响指标	红点指标
		数值	排名	离均差率	数值	排名	离均差率	数值	排名			
I200	CHINESE JOURNAL OF TRAUMATOLOGY	288	9	−0.79	0.591	7	−0.38	34.3	6	16.44	0.89	0.00
G322	创伤外科杂志	994	6	−0.27	0.753	5	−0.21	38.9	5	26.22	0.89	0.51
G233	中国矫形外科杂志	3730	1	1.73	1.042	4	0.10	44.5	4	36.44	0.89	0.45
G118	中国修复重建外科杂志	2107	2	0.54	1.479	2	0.56	72.0	1	36.56	1.00	0.40
G137	中华创伤杂志	1598	4	0.17	1.487	1	0.56	69.4	2	31.33	1.00	0.45
G900	中华烧伤与创面修复杂志	1622	3	0.19	1.465	3	0.54	52.9	3	26.89	1.00	0.97
G506	中华损伤与修复杂志电子版	464	7	−0.66	0.545	8	−0.43	30.5	7	19.44	1.00	0.53
G178	中华整形外科杂志	1064	5	−0.22	0.693	6	−0.27	27.6	8	22.11	0.89	0.34
G701	组织工程与重建外科杂志	422	8	−0.69	0.502	9	−0.47	22.5	9	18.67	0.78	0.31
	9 种期刊平均值	1365			0.951							

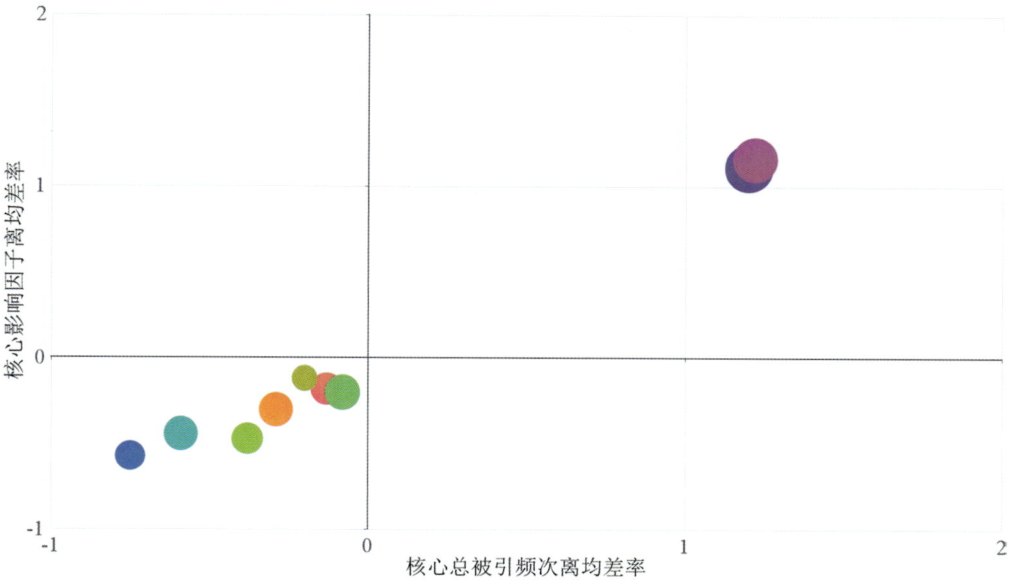

2023 年妇产科学类期刊核心总被引频次和核心影响因子离均差率的分布图
（节点大小表示综合评价总分）

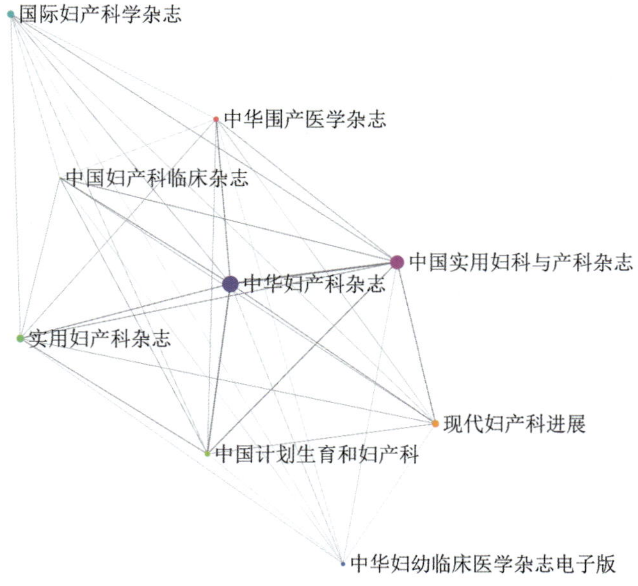

2023 年妇产科学类期刊互引关系示意图

表 7-50　2023 年妇产科学类期刊主要指标

CODE	刊名	核心总被引频次			核心影响因子			综合评价总分		学科扩散指标	学科影响指标	红点指标
		数值	排名	离均差率	数值	排名	离均差率	数值	排名			
G659	国际妇产科学杂志	651	8	−0.59	0.686	7	−0.44	42.2	4	27.56	1.00	0.76
G586	实用妇产科杂志	1453	3	−0.08	0.974	5	−0.20	43.9	3	34.22	1.00	0.29
G300	现代妇产科进展	1118	6	−0.29	0.847	6	−0.30	41.3	5	31.00	1.00	0.55
G456	中国妇产科临床杂志	1273	5	−0.20	1.071	3	−0.12	23.5	9	28.78	1.00	0.43
G560	中国计划生育和妇产科	988	7	−0.38	0.650	8	−0.47	35.6	7	28.00	1.00	0.48
G228	中国实用妇科与产科杂志	3523	1	1.22	2.633	1	1.16	71.4	2	43.22	1.00	0.56
G142	中华妇产科杂志	3481	2	1.20	2.568	2	1.11	83.8	1	45.33	1.00	0.33
G689	中华妇幼临床医学杂志电子版	395	9	−0.75	0.518	9	−0.57	32.6	8	19.56	1.00	0.86
G296	中华围产医学杂志	1371	4	−0.13	1.003	4	−0.18	36.3	6	28.22	1.00	0.72
	9 种期刊平均值	1584			1.217							

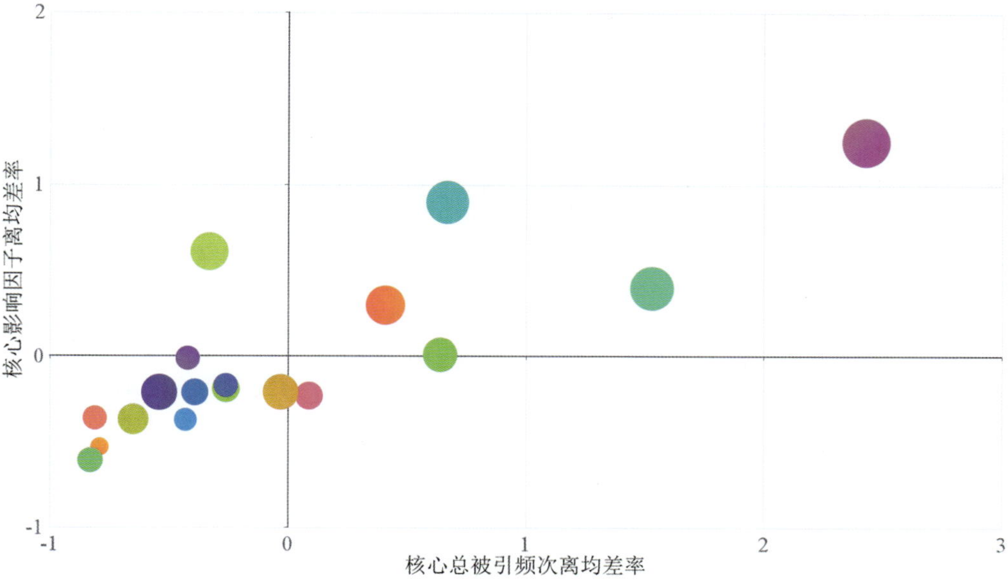

2023 年儿科学类期刊核心总被引频次和核心影响因子离均差率的分布图
（节点大小表示综合评价总分）

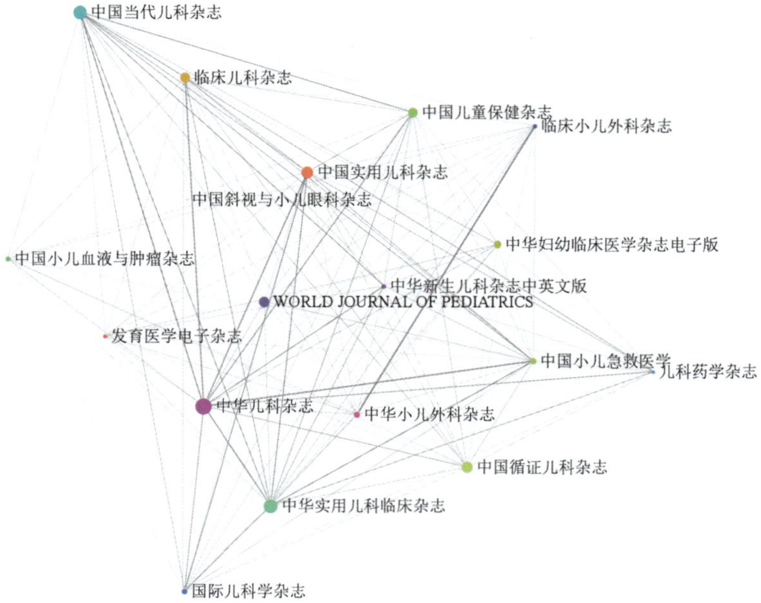

2023 年儿科学类期刊互引关系示意图

表 7-51　2023 年儿科学类期刊主要指标

CODE	刊名	核心总被引频次			核心影响因子			综合评价总分		学科扩散指标	学科影响指标	红点指标
		数值	排名	离均差率	数值	排名	离均差率	数值	排名			
GG01	WORLD JOURNAL OF PEDIATRICS	518	14	−0.54	0.649	10	−0.21	46.6	6	13.89	0.94	0.13
G920	儿科药学杂志	643	13	−0.43	0.514	16	−0.37	18.9	17	12.22	0.78	0.42
G199	发育医学电子杂志	220	17	−0.81	0.525	14	−0.36	20.8	16	5.22	0.72	0.35
G936	国际儿科学杂志	690	11	−0.39	0.644	12	−0.21	25.8	12	14.00	0.89	0.75
G607	临床儿科杂志	1101	7	−0.03	0.644	11	−0.21	45.3	7	20.22	0.89	0.74
Q909	临床小儿外科杂志	844	8	−0.26	0.684	8	−0.17	21.2	15	11.67	0.78	0.92
G901	中国当代儿科杂志	1895	3	0.67	1.553	2	0.90	66.3	3	22.67	0.94	0.93
G825	中国儿童保健杂志	1862	4	0.64	0.825	6	0.01	42.8	8	19.89	0.89	0.63
G273	中国实用儿科杂志	1602	5	0.41	1.065	5	0.30	54.6	4	21.61	1.00	0.69
G765	中国小儿急救医学	837	9	−0.26	0.665	9	−0.19	27.0	11	13.00	0.94	0.71
G845	中国小儿血液与肿瘤杂志	199	18	−0.83	0.320	18	−0.61	23.2	13	6.00	0.56	0.51
G298	中国斜视与小儿眼科杂志	236	16	−0.79	0.385	17	−0.53	12.0	18	3.44	0.11	0.21
G756	中国循证儿科杂志	760	10	−0.33	1.320	3	0.61	51.3	5	14.67	0.94	0.48
G138	中华儿科杂志	3896	1	2.43	1.844	1	1.25	83.2	1	27.67	0.94	0.40
G689	中华妇幼临床医学杂志电子版	395	15	−0.65	0.518	15	−0.37	33.4	9	9.78	0.89	0.73
G875	中华实用儿科临床杂志	2881	2	1.53	1.146	4	0.40	67.9	2	27.06	1.00	0.65
G169	中华小儿外科杂志	1239	6	0.09	0.632	13	−0.23	27.9	10	14.22	0.83	0.68
G082	中华新生儿科杂志中英文版	656	12	−0.42	0.813	7	−0.01	21.3	14	9.67	0.83	0.78
	18 种期刊平均值	1137			0.819							

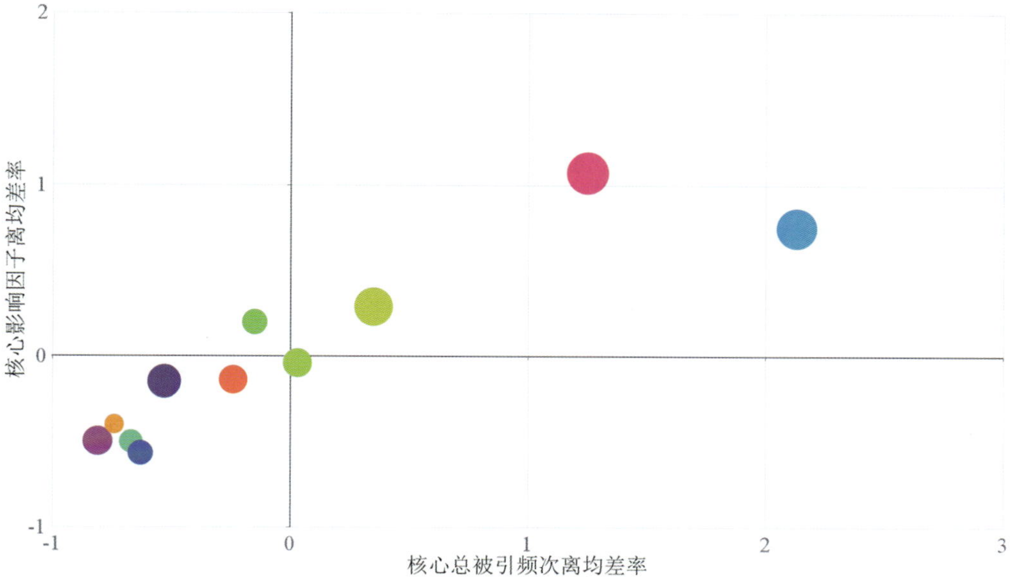

2023 年眼科学类期刊核心总被引频次和核心影响因子离均差率的分布图
（节点大小表示综合评价总分）

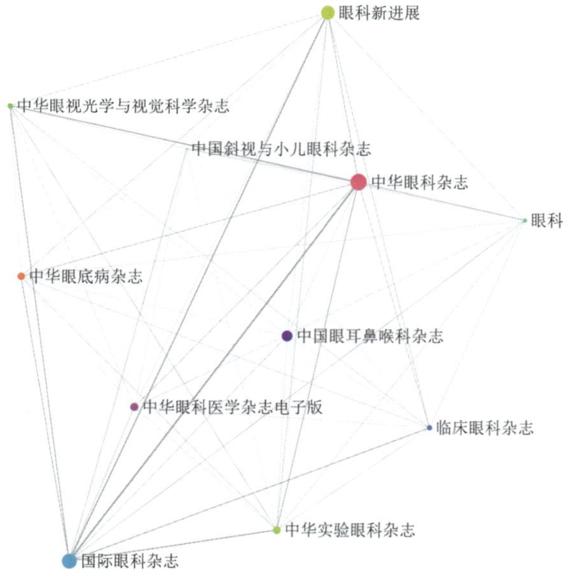

2023 年眼科学类期刊互引关系示意图

表 7-52　2023 年眼科学类期刊主要指标

CODE	刊名	核心总被引频次			核心影响因子			综合评价总分		学科扩散指标	学科影响指标	红点指标
		数值	排名	离均差率	数值	排名	离均差率	数值	排名			
Q911	国际眼科杂志	2806	1	2.13	1.125	2	0.75	58.2	2	32.55	1.00	0.59
Q913	临床眼科杂志	336	8	−0.63	0.278	11	−0.57	23.0	8	9.91	1.00	0.47
G962	眼科	292	9	−0.67	0.323	9	−0.50	19.8	10	8.27	0.91	0.27
G554	眼科新进展	1208	3	0.35	0.826	3	0.29	52.7	3	21.73	1.00	0.57
G298	中国斜视与小儿眼科杂志	236	10	−0.74	0.385	8	−0.40	13.4	11	5.64	0.91	0.43
G619	中国眼耳鼻喉科杂志	423	7	−0.53	0.542	7	−0.15	40.9	4	15.36	1.00	0.25
G773	中华实验眼科杂志	924	4	0.03	0.614	5	−0.04	30.2	6	15.64	1.00	0.62
G191	中华眼底病杂志	684	6	−0.24	0.549	6	−0.14	29.1	7	13.36	1.00	0.70
G075	中华眼科医学杂志电子版	173	11	−0.81	0.318	10	−0.50	32.0	5	6.55	1.00	0.52
G173	中华眼科杂志	2013	2	1.25	1.328	1	1.07	63.8	1	25.64	1.00	0.41
G873	中华眼视光学与视觉科学杂志	764	5	−0.15	0.767	4	0.20	22.9	9	13.36	1.00	0.53
	11 种期刊平均值	896			0.641							

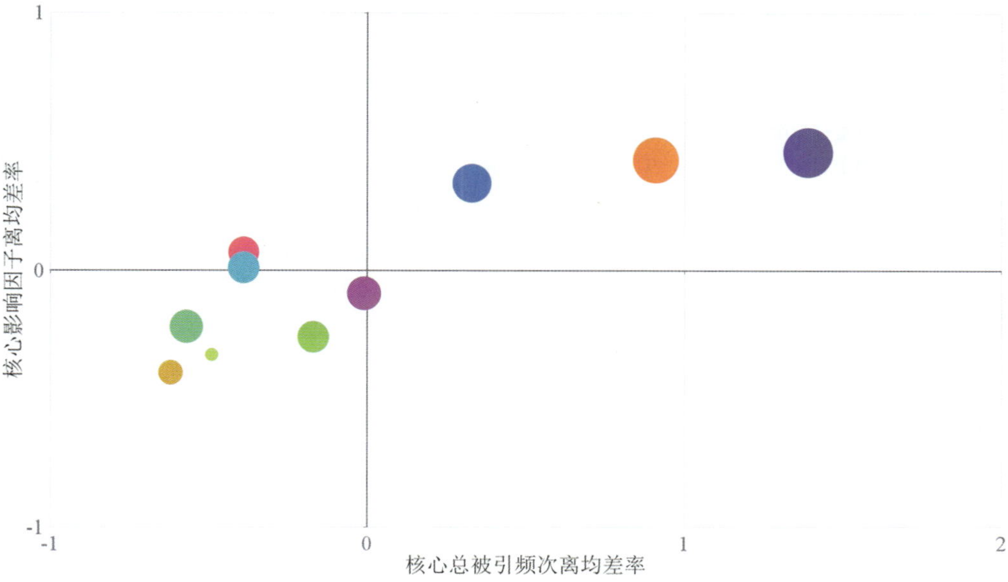

2023 年耳鼻咽喉科学类期刊核心总被引频次和核心影响因子离均差率的分布图
（节点大小表示综合评价总分）

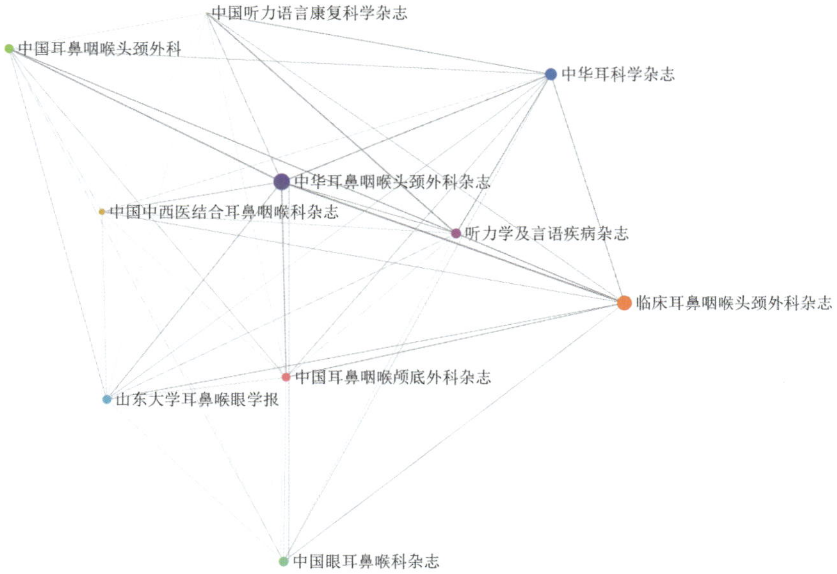

2023 年耳鼻咽喉科学类期刊互引关系示意图

表 7-53 2023 年耳鼻咽喉科学类期刊主要指标

CODE	刊名	核心总被引频次			核心影响因子			综合评价总分		学科扩散指标	学科影响指标	红点指标
		数值	排名	离均差率	数值	排名	离均差率	数值	排名			
G276	临床耳鼻咽喉头颈外科杂志	1886	2	0.91	0.998	2	0.43	74.4	2	35.00	1.00	0.53
G742	山东大学耳鼻喉眼学报	607	7	−0.39	0.702	5	0.01	35.6	7	17.90	1.00	0.38
G238	听力学及言语疾病杂志	984	4	−0.01	0.636	6	−0.09	41.2	4	18.10	1.00	0.28
G270	中国耳鼻咽喉颅底外科杂志	607	6	−0.39	0.744	4	0.07	34.1	8	18.50	1.00	0.42
G543	中国耳鼻咽喉头颈外科	822	5	−0.17	0.514	8	−0.26	35.9	6	23.60	1.00	0.64
G437	中国听力语言康复科学杂志	502	8	−0.49	0.466	9	−0.33	6.2	10	10.60	1.00	0.42
G619	中国眼耳鼻喉科杂志	423	9	−0.57	0.542	7	−0.22	39.4	5	16.90	1.00	0.15
G347	中国中西医结合耳鼻咽喉科杂志	380	10	−0.62	0.420	10	−0.40	22.1	9	13.50	1.00	0.50
G139	中华耳鼻咽喉头颈外科杂志	2369	1	1.39	1.016	1	0.46	87.4	1	35.00	1.00	0.18
G743	中华耳科学杂志	1318	3	0.33	0.938	3	0.34	53.6	3	20.10	1.00	0.39
	10 种期刊平均值	990			0.698							

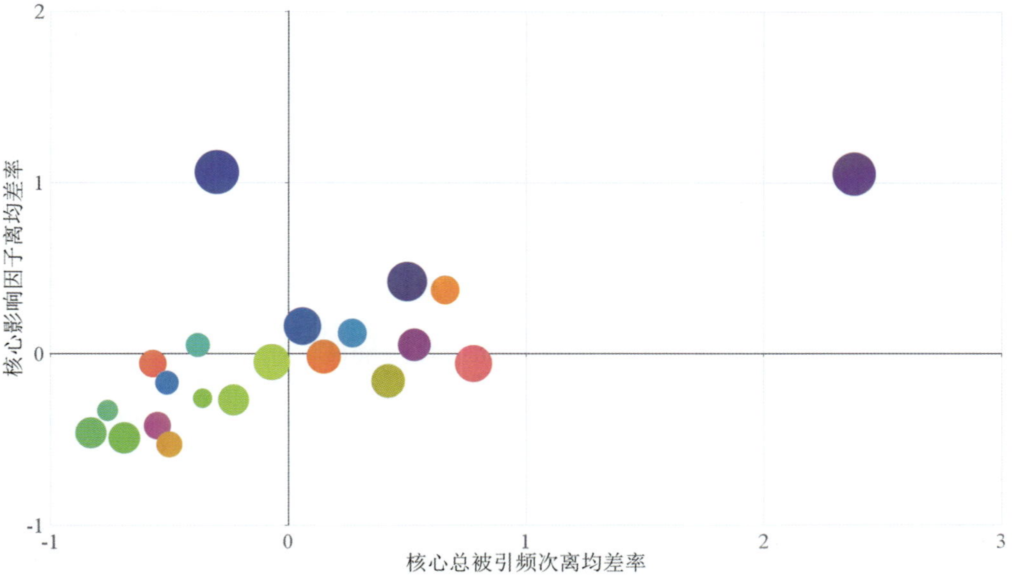

2023 年口腔医学类期刊核心总被引频次和核心影响因子离均差率的分布图
（节点大小表示综合评价总分）

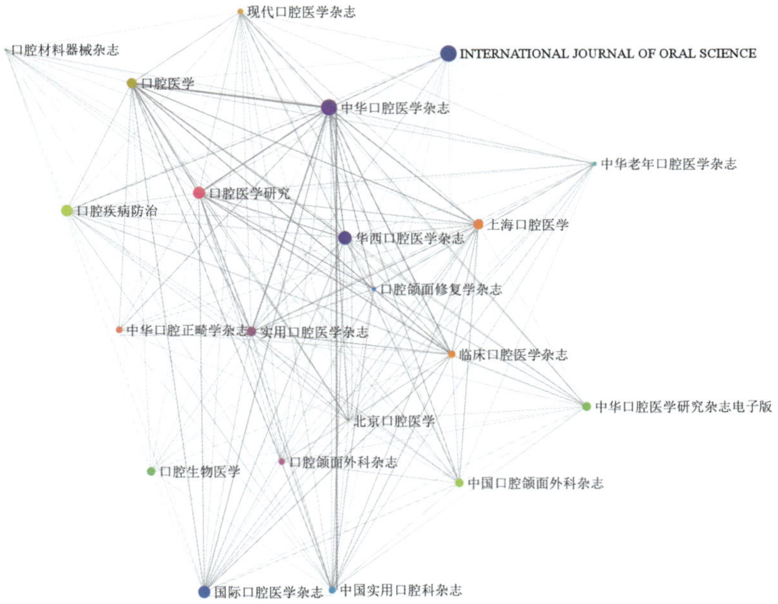

2023 年口腔医学类期刊互引关系示意图

表 7-54　2023 年口腔医学类期刊主要指标

CODE	刊名	核心总被引频次			核心影响因子			综合评价总分		学科扩散指标	学科影响指标	红点指标
		数值	排名	离均差率	数值	排名	离均差率	数值	排名			
Q213	INTERNATIONAL JOURNAL OF ORAL SCIENCE	392	12	−0.30	1.313	1	1.06	69.8	1	7.76	0.95	0.00
G500	北京口腔医学	359	13	−0.36	0.470	15	−0.26	13.2	21	5.33	0.90	0.44
G997	国际口腔医学杂志	589	9	0.06	0.737	5	0.16	50.4	4	8.67	0.90	0.43
G043	华西口腔医学杂志	833	5	0.50	0.907	3	0.42	56.1	3	10.57	0.95	0.40
G672	口腔材料器械杂志	131	20	−0.76	0.430	17	−0.33	15.8	20	2.14	0.71	0.31
G246	口腔颌面外科杂志	252	17	−0.55	0.369	18	−0.42	27.0	16	4.95	0.90	0.49
G894	口腔颌面修复学杂志	271	16	−0.51	0.527	14	−0.17	20.2	19	3.67	0.90	0.44
G390	口腔疾病防治	517	10	−0.07	0.606	10	−0.05	46.9	6	7.67	0.95	0.67
G594	口腔生物医学	95	21	−0.83	0.342	19	−0.46	34.6	11	2.67	0.71	0.55
G325	口腔医学	792	6	0.42	0.537	13	−0.16	40.0	8	9.00	0.95	0.48
G266	口腔医学研究	989	2	0.78	0.601	11	−0.06	49.2	5	11.81	0.95	0.46
G287	临床口腔医学杂志	922	3	0.66	0.877	4	0.37	30.0	13	8.57	0.95	0.43
G283	上海口腔医学	642	8	0.15	0.625	9	−0.02	41.3	7	8.67	0.95	0.41
G224	实用口腔医学杂志	852	4	0.53	0.672	7	0.05	38.2	9	9.38	0.95	0.44
G321	现代口腔医学杂志	281	15	−0.50	0.302	21	−0.53	24.8	17	4.57	0.86	0.22
G441	中国口腔颌面外科杂志	431	11	−0.23	0.466	16	−0.27	33.9	12	6.86	0.86	0.38
G867	中国实用口腔科杂志	708	7	0.27	0.714	6	0.12	29.8	14	7.05	0.95	0.59
G579	中华口腔医学研究杂志电子版	172	19	−0.69	0.323	20	−0.49	35.7	10	4.24	0.90	0.50
G148	中华口腔医学杂志	1879	1	2.38	1.310	2	1.05	67.9	2	11.95	1.00	0.47
G280	中华口腔正畸学杂志	237	18	−0.57	0.600	12	−0.06	27.1	15	2.62	0.71	0.35
G833	中华老年口腔医学杂志	347	14	−0.38	0.669	8	0.05	21.1	18	5.33	0.86	0.48
	21 种期刊平均值	557			0.638							

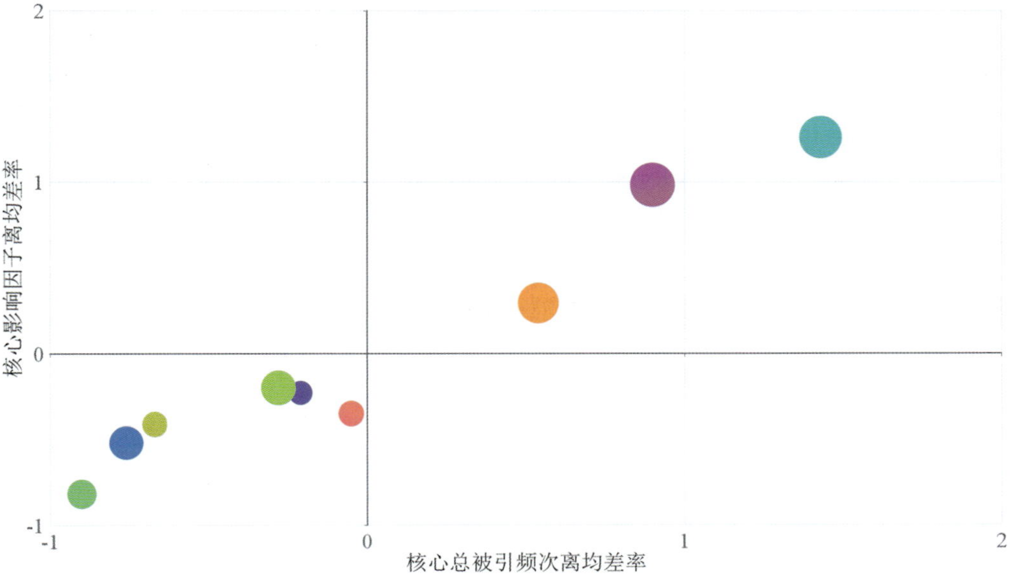

2023 年皮肤病学类期刊核心总被引频次和核心影响因子离均差率的分布图
（节点大小表示综合评价总分）

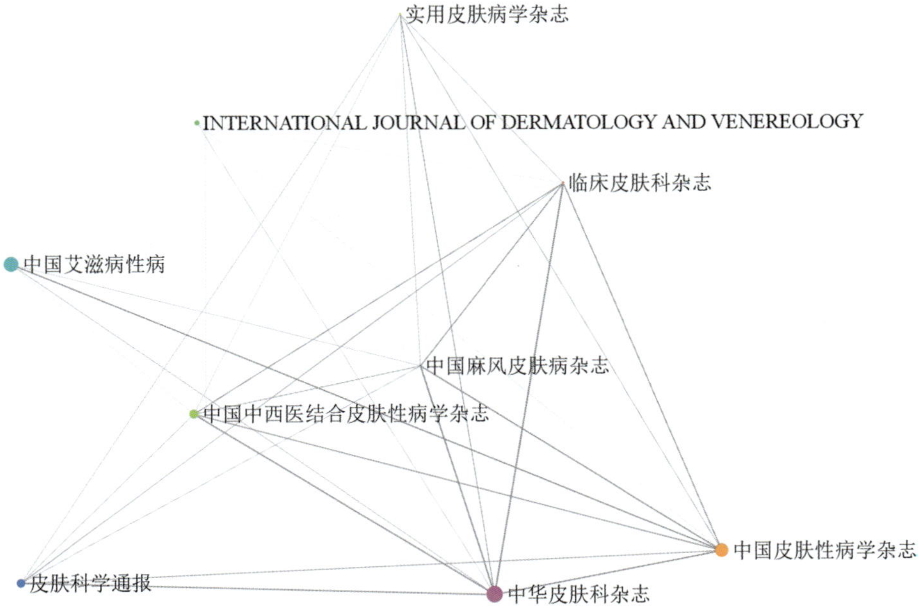

2023 年皮肤病学类期刊互引关系示意图

表 7-55 2023 年皮肤病学类期刊主要指标

CODE	刊名	核心总被引频次			核心影响因子			综合评价总分		学科扩散指标	学科影响指标	红点指标
		数值	排名	离均差率	数值	排名	离均差率	数值	排名			
G889	INTERNATIONAL JOURNAL OF DERMATOLOGY AND VENEREOLOGY	107	9	−0.90	0.120	9	−0.82	30.4	6	7.11	1.00	0.00
G230	临床皮肤科杂志	1008	4	−0.05	0.430	6	−0.35	23.3	7	27.11	0.89	0.35
Q384	皮肤科学通报	252	8	−0.76	0.318	8	−0.52	41.4	5	13.78	0.89	0.48
G652	实用皮肤病学杂志	355	7	−0.67	0.388	7	−0.41	22.6	8	14.11	0.78	0.41
G985	中国艾滋病性病	2583	1	1.43	1.493	1	1.26	64.7	2	22.33	0.67	0.75
G110	中国麻风皮肤病杂志	836	5	−0.21	0.506	5	−0.23	20.7	9	24.44	0.89	0.40
G311	中国皮肤性病学杂志	1639	3	0.54	0.854	3	0.29	58.6	3	35.89	1.00	0.49
G757	中国中西医结合皮肤性病学杂志	767	6	−0.28	0.527	4	−0.20	42.6	4	20.67	0.89	0.43
G157	中华皮肤科杂志	2015	2	0.90	1.307	2	0.98	71.1	1	37.22	1.00	0.41
	9 种期刊平均值	1062			0.660							

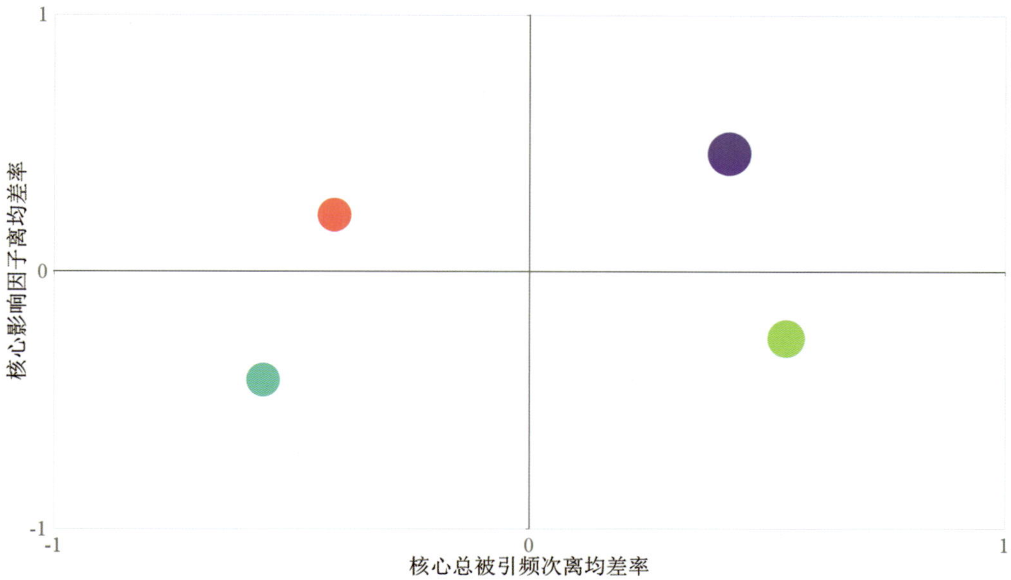

2023 年性医学类期刊核心总被引频次和核心影响因子离均差率的分布图
（节点大小表示综合评价总分）

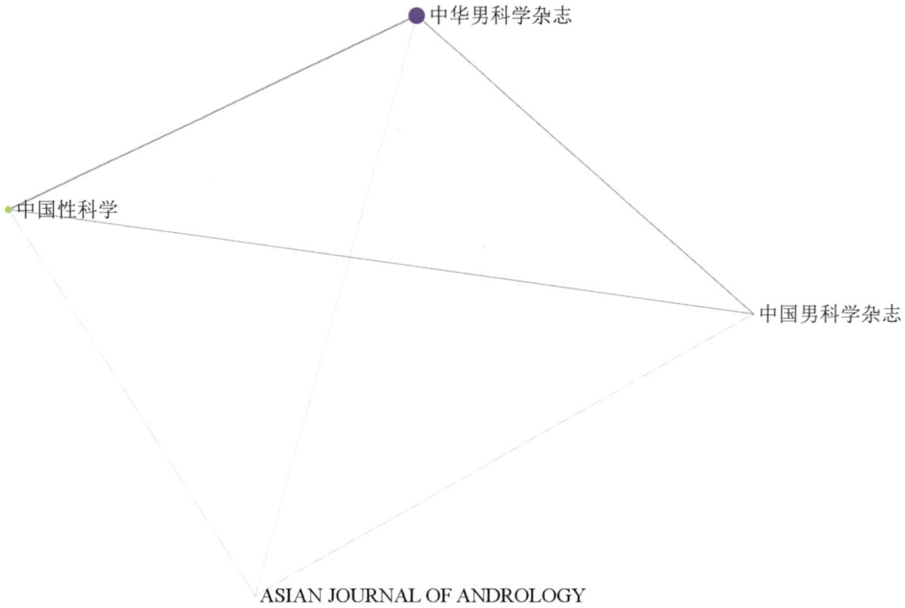

2023 年性医学类期刊互引关系示意图

表 7-56　2023 年性医学类期刊主要指标

CODE	刊名	核心总被引频次			核心影响因子			综合评价总分		学科扩散指标	学科影响指标	红点指标
		数值	排名	离均差率	数值	排名	离均差率	数值	排名			
I282	ASIAN JOURNAL OF ANDROLOGY	529	4	−0.56	0.514	4	−0.42	40.1	4	42.25	1.00	0.34
G303	中国男科学杂志	704	3	−0.41	1.085	2	0.22	40.5	3	48.00	1.00	0.59
G727	中国性科学	1839	1	0.54	0.661	3	−0.26	49.7	2	76.50	0.75	0.51
G282	中华男科学杂志	1700	2	0.42	1.303	1	0.46	68.2	1	70.75	1.00	0.55
4 种期刊平均值		1193			0.891							

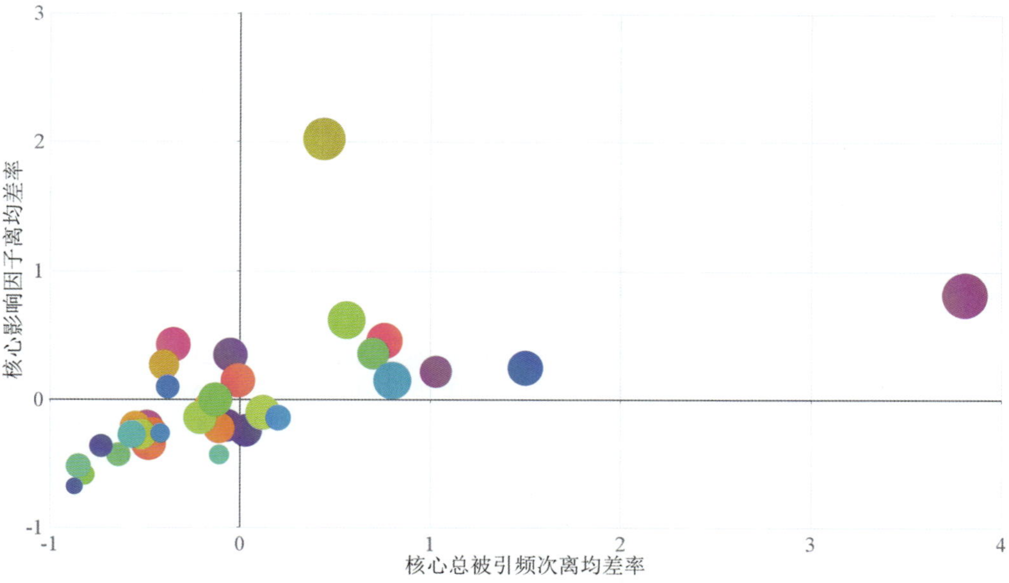

2023 年神经病学、精神病学类期刊核心总被引频次和核心影响因子离均差率的分布图
（节点大小表示综合评价总分）

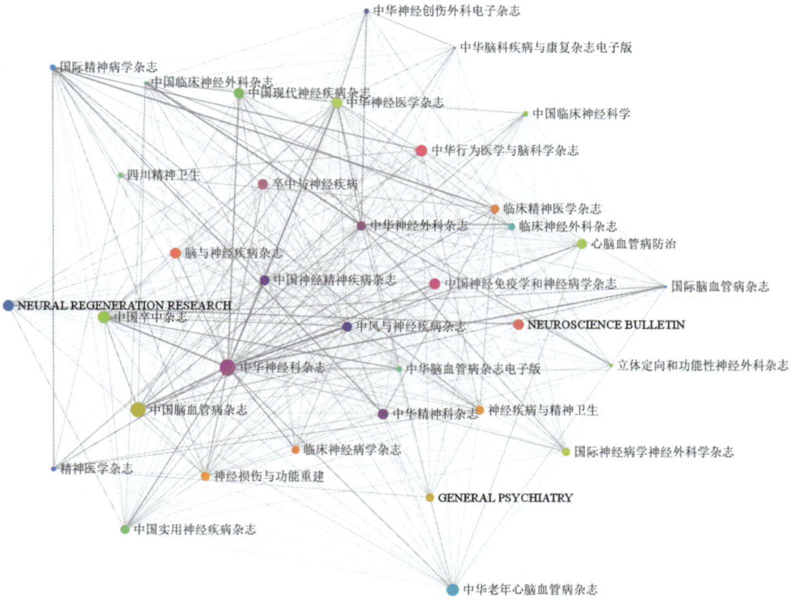

2023 年神经病学、精神病学类期刊互引关系示意图

表 7-57 2023 年神经病学、精神病学类期刊主要指标

CODE	刊名	核心总被引频次			核心影响因子			综合评价总分		学科扩散指标	学科影响指标	红点指标
		数值	排名	离均差率	数值	排名	离均差率	数值	排名			
G343	GENERAL PSYCHIATRY	580	22	−0.40	1.054	8	0.27	33.3	22	6.09	0.57	0.00
I232	NEURAL REGENERATION RESEARCH	2414	2	1.50	1.037	9	0.25	44.6	6	14.17	0.89	0.38
G278	NEUROSCIENCE BULLETIN	954	12	−0.01	0.958	11	0.15	42.4	10	9.46	0.83	0.08
G229	卒中与神经疾病	494	26	−0.49	0.655	20	−0.21	40.2	13	6.31	0.63	0.56
G929	国际精神病学杂志	1154	9	0.20	0.710	18	−0.14	23.3	26	7.43	0.57	0.69
G939	国际脑血管病杂志	559	23	−0.42	0.615	25	−0.26	13.8	34	4.69	0.66	0.87
G426	国际神经病学神经外科学杂志	461	27	−0.52	0.610	26	−0.27	32.8	23	6.00	0.74	0.68
G953	精神医学杂志	601	21	−0.38	0.915	13	0.10	20.5	30	4.60	0.37	0.68
G580	立体定向和功能性神经外科杂志	169	33	−0.82	0.340	34	−0.59	16.3	32	2.40	0.37	0.68
G310	临床精神医学杂志	862	15	−0.11	0.651	22	−0.22	34.3	20	7.26	0.57	0.78
G309	临床神经病学杂志	519	24	−0.46	0.625	24	−0.25	29.8	24	6.37	0.69	0.48
G802	临床神经外科杂志	414	30	−0.57	0.603	27	−0.27	27.9	25	4.60	0.49	0.54
G288	脑与神经疾病杂志	505	25	−0.48	0.546	29	−0.34	43.2	8	6.71	0.86	0.59
G329	神经疾病与精神卫生	433	28	−0.55	0.654	21	−0.21	34.0	21	4.97	0.51	0.93
G319	神经损伤与功能重建	808	18	−0.16	0.781	15	−0.06	34.9	19	8.09	0.80	0.67
G710	四川精神卫生	350	31	−0.64	0.471	32	−0.43	21.0	29	4.17	0.34	0.78
G476	心脑血管病防治	763	19	−0.21	0.714	17	−0.14	39.8	14	8.40	0.51	0.56
G529	中国卒中杂志	1504	7	0.56	1.343	3	0.62	50.6	4	9.66	0.86	0.70
G536	中国临床神经科学	420	29	−0.56	0.599	28	−0.28	21.3	28	5.69	0.66	0.65
G794	中国临床神经外科杂志	861	16	−0.11	0.477	31	−0.43	14.7	33	6.74	0.63	0.82
G422	中国脑血管病杂志	1389	8	0.44	2.504	1	2.02	64.7	2	9.49	0.71	0.81
G114	中国神经精神疾病杂志	899	14	−0.07	0.666	19	−0.20	38.9	15	8.69	0.91	0.70
G242	中国神经免疫学和神经病学杂志	630	20	−0.35	1.189	5	0.43	43.9	7	6.97	0.86	0.77
G686	中国实用神经疾病杂志	1638	6	0.70	1.125	6	0.36	36.4	18	9.63	0.80	0.81
G623	中国现代神经疾病杂志	838	17	−0.13	0.829	14	0.00	40.8	12	8.03	0.77	0.89
G159	中华精神科杂志	912	13	−0.05	1.121	7	0.35	42.1	11	7.57	0.66	0.76
G876	中华老年心脑血管病杂志	1733	4	0.80	0.957	12	0.15	51.3	3	11.37	0.77	0.82
Q926	中华脑科疾病与康复杂志电子版	126	35	−0.87	0.267	35	−0.68	10.3	35	1.94	0.37	0.67
G770	中华脑血管病杂志电子版	142	34	−0.85	0.395	33	−0.52	22.4	27	2.63	0.40	0.61
Q950	中华神经创伤外科电子杂志	258	32	−0.73	0.533	30	−0.36	19.7	31	3.23	0.49	0.49
G197	中华神经科杂志	4638	1	3.81	1.511	2	0.82	73.3	1	13.46	0.91	0.70
G160	中华神经外科杂志	1954	3	1.03	1.012	10	0.22	37.5	17	10.09	0.77	0.46
G446	中华神经医学杂志	1077	10	0.12	0.751	16	−0.10	42.9	9	9.51	0.94	0.59
G263	中华行为医学与脑科学杂志	1693	5	0.76	1.210	4	0.46	47.1	5	10.43	0.69	0.63
G094	中风与神经疾病杂志	990	11	0.03	0.630	23	−0.24	38.1	16	8.89	0.80	0.64
	35 种期刊平均值	964			0.830							

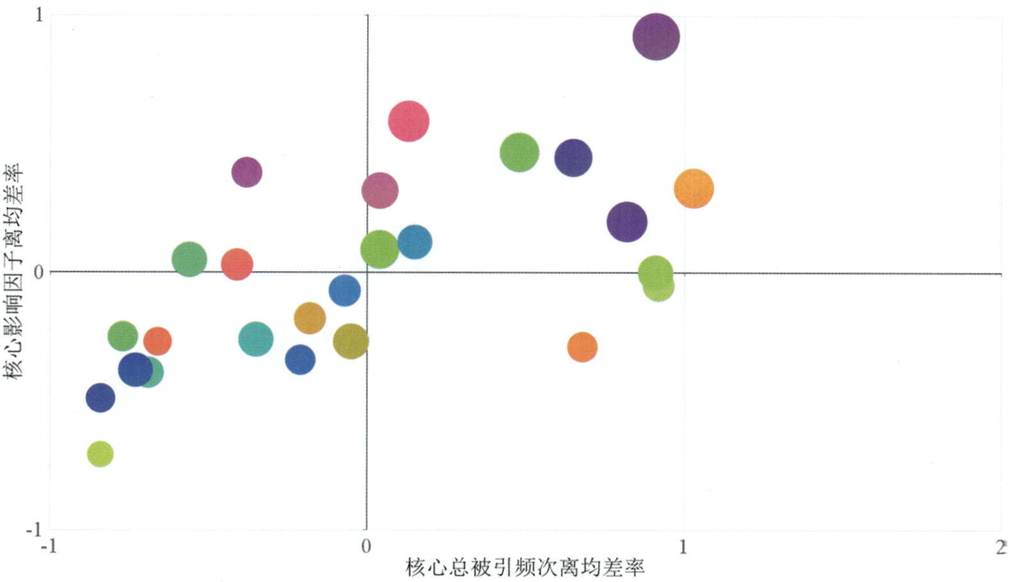

2023 年核医学、医学影像学类期刊核心总被引频次和核心影响因子离均差率的分布图
（节点大小表示综合评价总分）

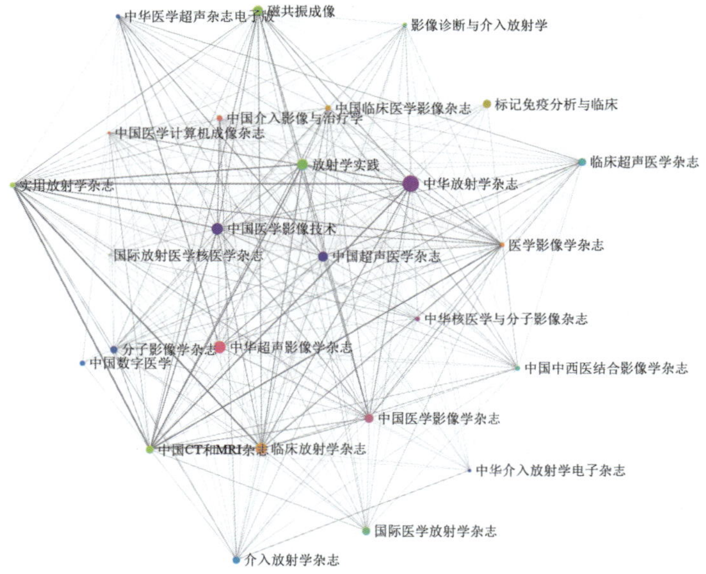

2023 年核医学、医学影像学类期刊互引关系示意图

表 7-58　2023 年核医学、医学影像学类期刊主要指标

CODE	刊名	核心总被引频次			核心影响因子			综合评价总分		学科扩散指标	学科影响指标	红点指标
		数值	排名	离均差率	数值	排名	离均差率	数值	排名			
G410	标记免疫分析与临床	1434	13	−0.05	0.681	20	−0.27	45.8	9	14.12	0.38	0.30
G552	磁共振成像	1557	12	0.04	1.020	10	0.09	53.8	6	11.31	0.81	0.99
G608	放射学实践	2225	8	0.48	1.382	3	0.47	55.5	5	12.31	0.92	0.94
Q931	分子影像学杂志	405	23	−0.73	0.582	23	−0.38	42.8	14	8.23	0.81	0.66
G497	国际放射医学核医学杂志	233	26	−0.84	0.269	26	−0.71	25.4	26	4.19	0.62	0.55
G661	国际医学放射学杂志	656	20	−0.56	0.983	11	0.05	45.2	10	7.50	0.81	0.86
G886	介入放射学杂志	1725	9	0.15	1.049	9	0.12	43.3	13	12.92	0.85	0.36
G880	临床超声医学杂志	975	17	−0.35	0.695	18	−0.26	44.1	12	10.50	0.69	0.65
G271	临床放射学杂志	3054	1	1.03	1.245	6	0.33	57.0	4	12.85	1.00	0.62
G534	实用放射学杂志	2885	2	0.92	0.895	14	−0.05	36.4	18	10.73	0.92	0.63
G265	医学影像学杂志	2529	6	0.68	0.663	21	−0.29	33.7	21	13.58	0.96	0.87
G649	影像诊断与介入放射学	344	24	−0.77	0.708	17	−0.25	33.1	23	5.15	0.73	0.72
G546	中国 CT 和 MRI 杂志	2867	4	0.91	0.938	13	0.00	44.3	11	12.31	1.00	0.79
G097	中国超声医学杂志	2473	7	0.65	1.357	4	0.45	52.0	7	12.69	0.88	0.71
G206	中国介入影像与治疗学	894	19	−0.41	0.964	12	0.03	37.5	15	9.04	0.88	0.68
G304	中国临床医学影像杂志	1231	15	−0.18	0.767	16	−0.18	36.9	16	10.04	0.92	0.90
G926	中国数字医学	1392	14	−0.07	0.869	15	−0.07	36.9	17	11.38	0.46	0.15
G236	中国医学计算机成像杂志	515	21	−0.66	0.685	19	−0.27	29.5	25	5.85	0.92	0.81
G127	中国医学影像技术	2737	5	0.82	1.122	8	0.20	59.2	3	15.96	0.96	0.92
G193	中国医学影像学杂志	1562	11	0.04	1.241	7	0.32	48.5	8	12.00	1.00	0.94
G678	中国中西医结合影像学杂志	463	22	−0.69	0.577	24	−0.39	35.1	19	6.88	0.85	0.94
G195	中华超声影像学杂志	1694	10	0.13	1.495	2	0.59	60.8	2	11.73	0.92	0.65
G140	中华放射学杂志	2877	3	0.91	1.804	1	0.92	79.2	1	14.77	0.96	0.87
G145	中华核医学与分子影像杂志	927	18	−0.38	1.309	5	0.39	34.2	20	7.50	0.85	0.64
Q948	中华介入放射学电子杂志	247	25	−0.84	0.481	25	−0.49	31.0	24	4.92	0.77	0.29
Q920	中华医学超声杂志电子版	1182	16	−0.21	0.623	22	−0.34	33.6	22	10.27	0.88	0.50
	26 种期刊平均值	1503			0.939							

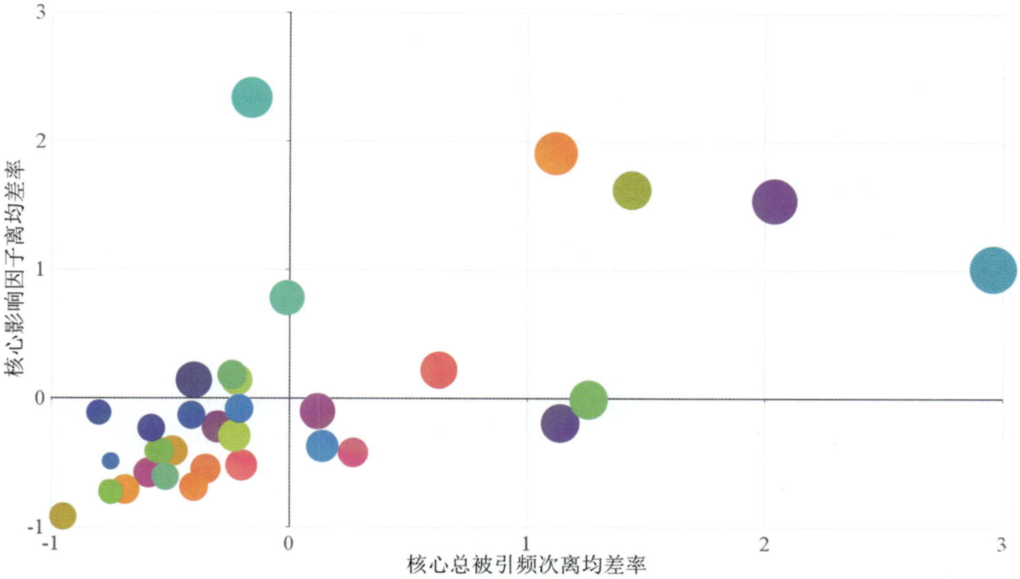

2023 年肿瘤学类期刊核心总被引频次和核心影响因子离均差率的分布图
（节点大小表示综合评价总分）

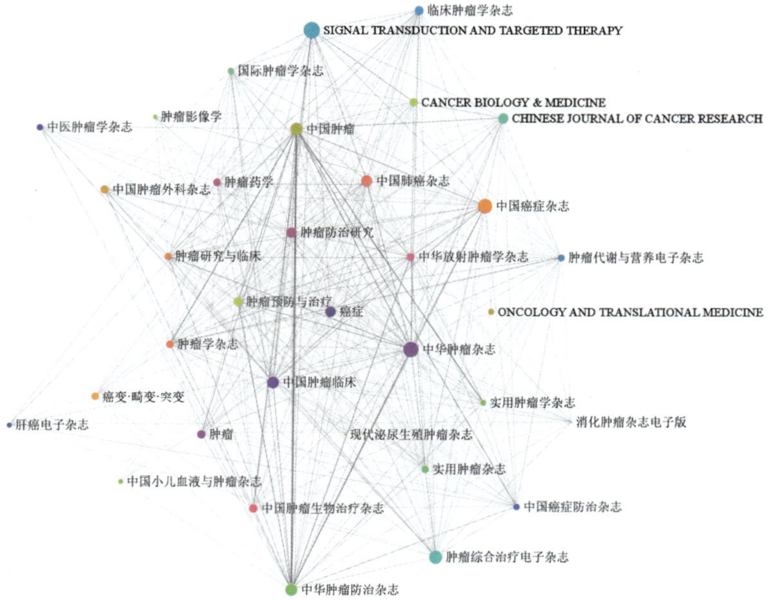

2023 年肿瘤学类期刊互引关系示意图

表 7-59　2023 年肿瘤学类期刊主要指标

CODE	刊名	核心总被引频次			核心影响因子			综合评价总分		学科扩散指标	学科影响指标	红点指标
		数值	排名	离均差率	数值	排名	离均差率	数值	排名			
G780	CANCER BIOLOGY & MEDICINE	619	15	−0.22	1.367	9	0.14	34.9	16	7.68	0.85	0.00
I037	CHINESE JOURNAL OF CANCER RESEARCH	788	11	−0.01	2.127	6	0.78	44.0	11	9.35	0.91	0.00
G616	ONCOLOGY AND TRANSLATIONAL MEDICINE	36	34	−0.95	0.099	34	−0.92	26.4	28	1.03	0.12	0.00
Q718	SIGNAL TRANSDUCTION AND TARGETED THERAPY	3149	1	2.96	2.406	5	1.01	80.4	1	18.24	0.94	0.00
G549	癌变·畸变·突变	247	29	−0.69	0.343	32	−0.71	30.7	21	4.68	0.15	0.47
G011	癌症	475	21	−0.40	1.362	10	0.14	47.0	9	8.21	0.79	0.56
Q956	肝癌电子杂志	158	33	−0.80	1.061	14	−0.11	22.5	30	2.62	0.35	0.79
G937	国际肿瘤学杂志	383	24	−0.52	0.463	29	−0.61	26.8	27	6.06	0.53	0.81
Q910	临床肿瘤学杂志	905	9	0.14	0.756	20	−0.37	38.2	12	10.26	0.82	0.80
G856	实用肿瘤学杂志	366	25	−0.54	0.710	21	−0.41	25.2	29	5.18	0.53	0.83
G890	实用肿瘤杂志	605	17	−0.24	1.404	8	0.18	30.7	22	7.65	0.65	0.79
G798	现代泌尿生殖肿瘤杂志	192	32	−0.76	0.347	31	−0.71	13.1	33	2.65	0.15	0.31
Q937	消化肿瘤杂志电子版	201	30	−0.75	0.604	25	−0.49	11.2	34	2.65	0.32	0.68
Q940	中国癌症防治杂志	469	22	−0.41	1.039	15	−0.13	27.9	25	6.29	0.59	0.85
G538	中国癌症杂志	1684	6	1.12	3.471	2	1.91	66.8	3	12.79	0.82	0.78
G320	中国肺癌杂志	1294	7	0.63	1.455	7	0.22	49.6	8	11.03	0.79	0.90
G845	中国小儿血液与肿瘤杂志	199	31	−0.75	0.320	33	−0.73	21.5	31	3.18	0.24	0.47
G642	中国肿瘤	1939	3	1.44	3.130	3	1.62	53.5	5	11.94	0.85	0.76
G133	中国肿瘤临床	1703	5	1.14	0.962	16	−0.19	52.7	7	13.35	0.91	0.71
G255	中国肿瘤生物治疗杂志	632	13	−0.20	0.574	26	−0.52	36.0	14	7.94	0.65	0.85
G576	中国肿瘤外科杂志	408	23	−0.49	0.707	22	−0.41	34.1	17	6.71	0.44	0.71
G251	中华放射肿瘤学杂志	1006	8	0.27	0.695	24	−0.42	32.6	19	6.82	0.76	0.63
G858	中华肿瘤防治杂志	1792	4	1.26	1.182	11	−0.01	53.3	6	12.94	0.88	0.84
G179	中华肿瘤杂志	2418	2	2.04	3.039	4	1.54	72.8	2	15.06	0.97	0.86
Q968	中医肿瘤学杂志	334	27	−0.58	0.918	18	−0.23	27.3	26	3.09	0.15	0.57
G184	肿瘤	557	18	−0.30	0.931	17	−0.22	35.9	15	7.71	0.65	0.68
Q929	肿瘤代谢与营养电子杂志	627	14	−0.21	1.098	12	−0.08	29.0	24	6.06	0.35	0.71
G185	肿瘤防治研究	888	10	0.12	1.075	13	−0.10	45.6	10	10.68	0.85	0.82
G412	肿瘤学杂志	516	19	−0.35	0.537	27	−0.55	32.2	20	7.65	0.71	0.80
G522	肿瘤研究与临床	478	20	−0.40	0.372	30	−0.69	29.1	23	6.91	0.59	0.77
G196	肿瘤药学	327	28	−0.59	0.502	28	−0.58	32.8	18	5.68	0.41	0.66
G838	肿瘤影像学	347	26	−0.56	0.706	23	−0.41	19.1	32	3.65	0.24	0.71
G695	肿瘤预防与治疗	608	16	−0.23	0.847	19	−0.29	37.5	13	7.50	0.71	0.66
Q225	肿瘤综合治疗电子杂志	667	12	−0.16	3.991	1	2.34	60.2	4	9.21	0.74	0.73
	34 种期刊平均值	795			1.194							

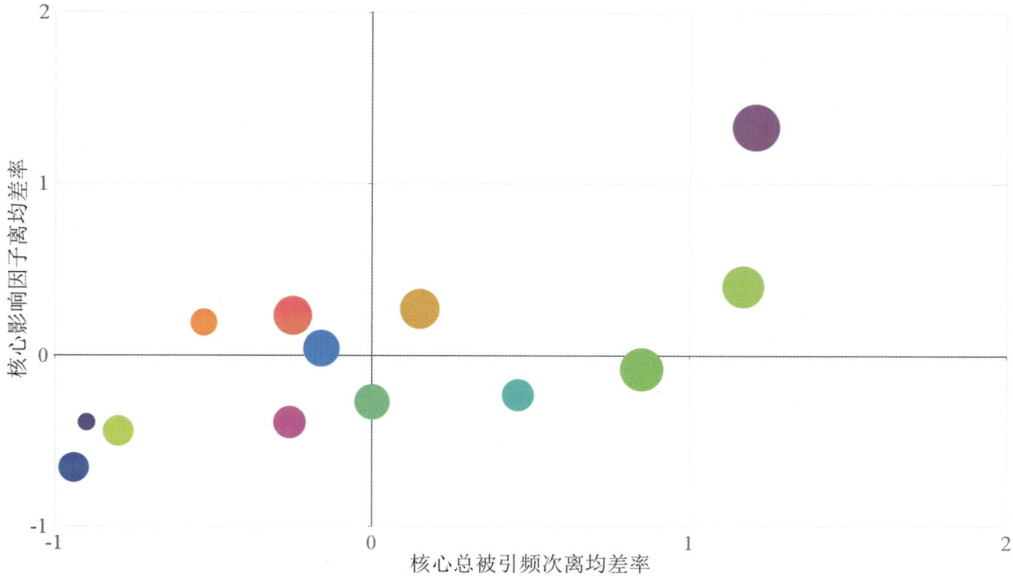

2023 年护理学类期刊核心总被引频次和核心影响因子离均差率的分布图
（节点大小表示综合评价总分）

2023 年护理学类期刊互引关系示意图

表 7-60　2023 年护理学类期刊主要指标

CODE	刊名	核心总被引频次			核心影响因子			综合评价总分		学科扩散指标	学科影响指标	红点指标
		数值	排名	离均差率	数值	排名	离均差率	数值	排名			
Q748	INTERNATIONAL JOURNAL OF NURSING SCIENCES	218	13	−0.94	0.486	13	−0.66	33.0	11	6.08	1.00	0.77
G336	护理管理杂志	1733	10	−0.53	1.699	5	0.19	25.4	12	16.54	1.00	0.67
G987	护理学报	3066	7	−0.16	1.479	6	0.04	47.9	6	27.46	1.00	0.70
G503	护理学杂志	7972	2	1.17	2.001	2	0.40	61.9	3	36.00	1.00	0.84
G654	护理研究	6772	3	0.85	1.309	7	−0.08	66.4	2	37.77	1.00	0.92
G734	护士进修杂志	3675	6	0.00	1.046	9	−0.27	44.1	7	27.62	1.00	0.83
G316	军事护理	2764	8	−0.25	1.761	4	0.23	53.0	5	26.92	1.00	0.73
G438	现代临床护理	735	11	−0.80	0.798	12	−0.44	33.6	10	13.08	0.92	0.77
G417	中国护理管理	4201	5	0.15	1.813	3	0.27	55.3	4	29.31	1.00	0.82
G305	中国实用护理杂志	2706	9	−0.26	0.868	10	−0.39	37.5	8	25.46	1.00	0.77
G146	中华护理杂志	8093	1	1.21	3.328	1	1.33	78.8	1	37.15	1.00	0.94
GF01	中华急危重症护理杂志	373	12	−0.90	0.863	11	−0.39	11.0	13	6.08	0.92	0.77
G847	中华现代护理杂志	5346	4	0.46	1.092	8	−0.23	36.3	9	29.38	1.00	0.86
	13 种期刊平均值	3666			1.426							

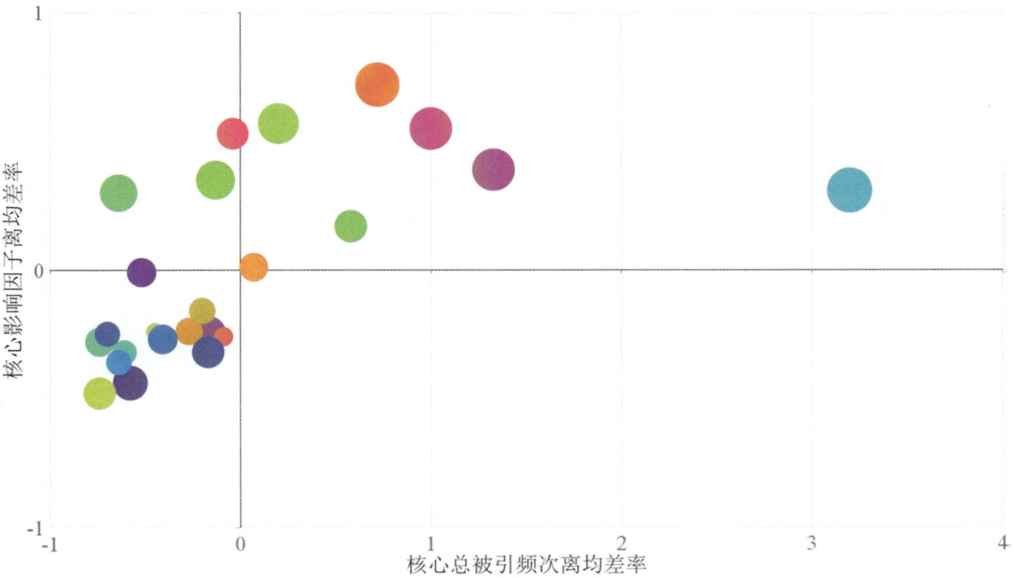

2023 年预防医学与公共卫生学综合类期刊核心总被引频次和核心影响因子离均差率的分布图
（节点大小表示综合评价总分）

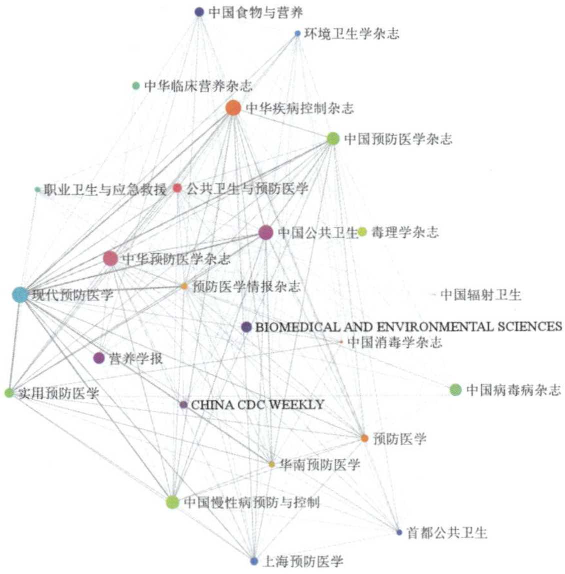

2023 年预防医学与公共卫生学综合类期刊互引关系示意图

表 7-61　2023 年预防医学与公共卫生学综合类期刊主要指标

CODE	刊名	核心总被引频次			核心影响因子			综合评价总分		学科扩散指标	学科影响指标	红点指标
		数值	排名	离均差率	数值	排名	离均差率	数值	排名			
GA01	BIOMEDICAL AND ENVIRONMENTAL SCIENCES	684	18	−0.58	0.625	23	−0.44	43.3	9	14.71	0.92	0.00
G015	CHINA CDC WEEKLY	780	17	−0.52	1.114	11	−0.01	30.9	15	8.67	0.79	0.00
G542	毒理学杂志	420	23	−0.74	0.584	24	−0.48	36.8	12	9.17	0.38	0.08
G207	公共卫生与预防医学	1557	8	−0.04	1.713	4	0.53	36.1	13	12.79	0.92	0.59
G525	华南预防医学	1296	13	−0.20	0.941	12	−0.16	24.9	19	12.75	0.83	0.82
G971	环境卫生学杂志	581	21	−0.64	0.717	22	−0.36	23.4	20	8.46	0.79	0.49
Q219	上海预防医学	955	15	−0.41	0.816	18	−0.27	31.5	14	11.83	0.79	0.64
G768	实用预防医学	2560	5	0.58	1.311	9	0.17	37.8	10	18.38	0.92	0.65
Q957	首都公共卫生	477	22	−0.70	0.840	16	−0.25	23.0	21	5.88	0.83	0.67
G963	现代预防医学	6781	1	3.20	1.472	7	0.31	73.4	1	30.21	1.00	0.63
G089	营养学报	1337	11	−0.17	0.840	15	−0.25	46.7	8	17.63	0.71	0.33
G479	预防医学	1727	7	0.07	1.135	10	0.01	29.5	17	13.25	0.83	0.70
G518	预防医学情报杂志	1176	14	−0.27	0.849	14	−0.24	26.5	18	11.08	0.92	0.63
G835	职业卫生与应急救援	635	19	−0.61	0.760	21	−0.32	21.6	22	5.63	0.54	0.29
G769	中国病毒病杂志	584	20	−0.64	1.456	8	0.30	50.3	7	8.46	0.75	0.68
G587	中国辐射卫生	881	16	−0.45	0.856	13	−0.24	10.8	24	5.21	0.42	0.09
G102	中国公共卫生	3763	2	1.33	1.565	5	0.39	64.4	4	25.54	0.92	0.52
G613	中国慢性病预防与控制	1942	6	0.20	1.761	2	0.57	59.0	5	16.00	0.79	0.79
U563	中国食物与营养	1335	12	−0.17	0.762	20	−0.32	37.2	11	15.71	0.79	0.30
G284	中国消毒学杂志	1469	9	−0.09	0.828	17	−0.26	13.7	23	11.25	0.63	0.46
G753	中国预防医学杂志	1401	10	−0.13	1.513	6	0.35	53.8	6	15.75	0.92	0.73
G302	中华疾病控制杂志	2783	4	0.72	1.935	1	0.72	69.4	2	20.92	0.92	0.70
G824	中华临床营养杂志	420	24	−0.74	0.811	19	−0.28	30.3	16	7.21	0.29	0.40
G177	中华预防医学杂志	3233	3	1.00	1.739	3	0.55	64.9	3	22.25	1.00	0.56
	24 种期刊平均值	1616			1.123							

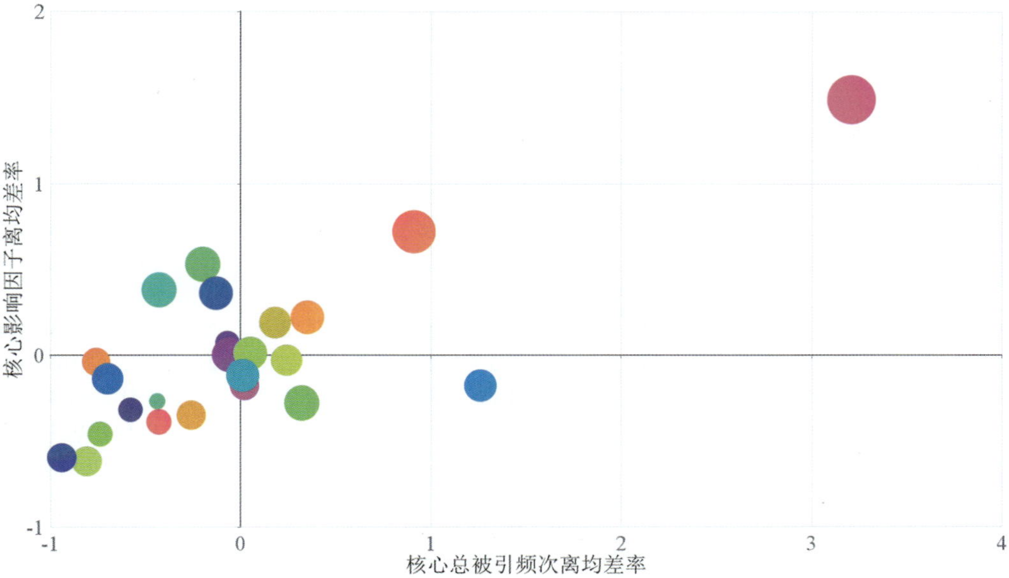

2023 年流行病学、环境医学类期刊核心总被引频次和核心影响因子离均差率的分布图
（节点大小表示综合评价总分）

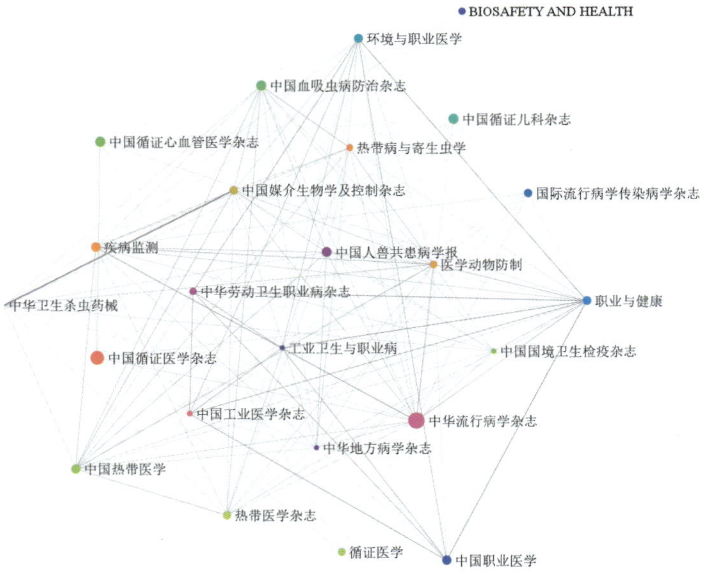

2023 年流行病学、环境医学类期刊互引关系示意图

表 7-62　2023 年流行病学、环境医学类期刊主要指标

CODE	刊名	核心总被引频次			核心影响因子			综合评价总分		学科扩散指标	学科影响指标	红点指标
		数值	排名	离均差率	数值	排名	离均差率	数值	排名			
H079	BIOSAFETY AND HEALTH	86	24	–0.94	0.380	23	–0.60	31.1	16	2.33	0.29	0.00
G025	工业卫生与职业病	566	19	–0.58	0.649	19	–0.32	21.3	22	5.17	0.38	0.46
G930	国际流行病学传染病学杂志	407	20	–0.70	0.824	14	–0.14	35.4	13	7.96	0.42	0.56
G882	环境与职业医学	1357	10	0.01	0.840	13	–0.12	39.2	10	13.00	0.67	0.38
G452	疾病监测	1805	4	0.35	1.163	6	0.22	40.8	7	11.42	0.79	0.66
G448	热带病与寄生虫学	316	22	–0.76	0.911	12	–0.04	28.4	19	3.79	0.50	0.79
G609	热带医学杂志	1655	6	0.24	0.930	11	–0.03	35.2	14	14.63	0.67	0.28
G627	循证医学	259	23	–0.81	0.360	24	–0.62	32.8	15	7.13	0.33	0.14
G482	医学动物防制	986	15	–0.26	0.623	20	–0.35	30.4	18	8.75	0.79	0.79
G884	职业与健康	3026	2	1.26	0.784	16	–0.18	37.7	11	16.58	0.88	0.63
G244	中国工业医学杂志	766	16	–0.43	0.582	21	–0.39	23.2	20	6.38	0.38	0.46
G637	中国国境卫生检疫杂志	346	21	–0.74	0.518	22	–0.46	22.4	21	5.75	0.63	0.38
G598	中国媒介生物学及控制杂志	1577	7	0.18	1.135	7	0.19	35.7	12	5.71	0.54	0.50
G629	中国热带医学	1407	8	0.05	0.963	9	0.01	40.1	9	12.58	0.71	0.52
G112	中国人兽共患病学报	1263	11	–0.06	0.958	10	0.00	43.1	6	9.83	0.63	0.44
G675	中国血吸虫病防治杂志	1077	14	–0.20	1.461	3	0.53	44.0	5	5.42	0.54	0.46
G756	中国循证儿科杂志	760	17	–0.43	1.320	4	0.38	44.8	3	11.00	0.42	0.31
G645	中国循证心血管医学杂志	1761	5	0.32	0.683	18	–0.28	44.7	4	17.21	0.54	0.49
G396	中国循证医学杂志	2555	3	0.91	1.640	2	0.72	66.6	2	20.63	0.54	0.48
G945	中国职业医学	1166	13	–0.13	1.294	5	0.36	40.7	8	7.75	0.46	0.81
G098	中华地方病学杂志	1238	12	–0.07	1.020	8	0.07	21.1	23	9.00	0.63	0.59
G149	中华劳动卫生职业病杂志	1369	9	0.02	0.786	15	–0.18	30.5	17	10.29	0.42	0.73
G152	中华流行病学杂志	5628	1	3.21	2.371	1	1.49	85.2	1	27.25	0.96	0.60
G740	中华卫生杀虫药械	743	18	–0.44	0.699	17	–0.27	9.4	24	3.63	0.50	0.55
	24 种期刊平均值	1338			0.954							

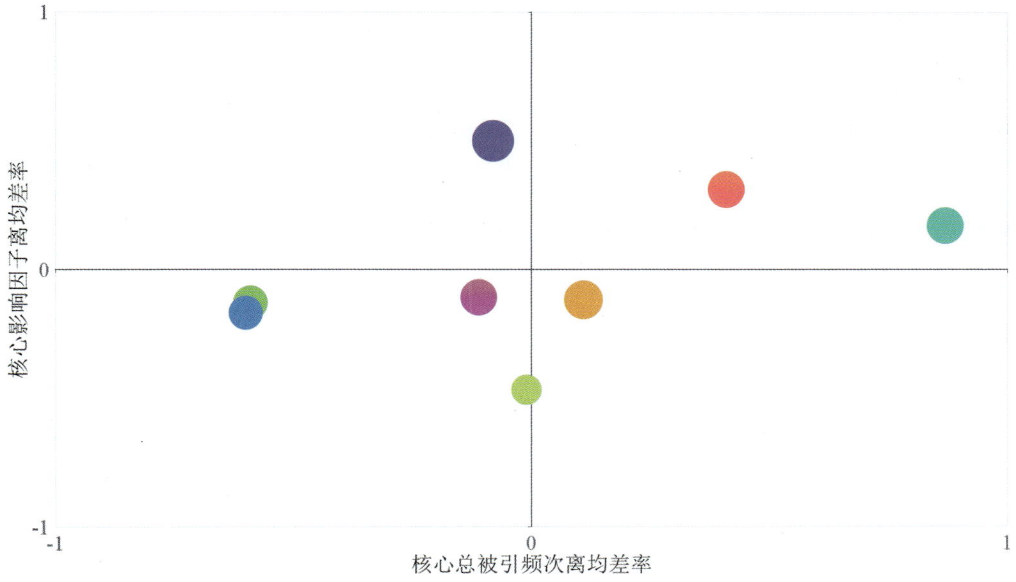

2023 年优生学、计划生育学类期刊核心总被引频次和核心影响因子离均差率的分布图
（节点大小表示综合评价总分）

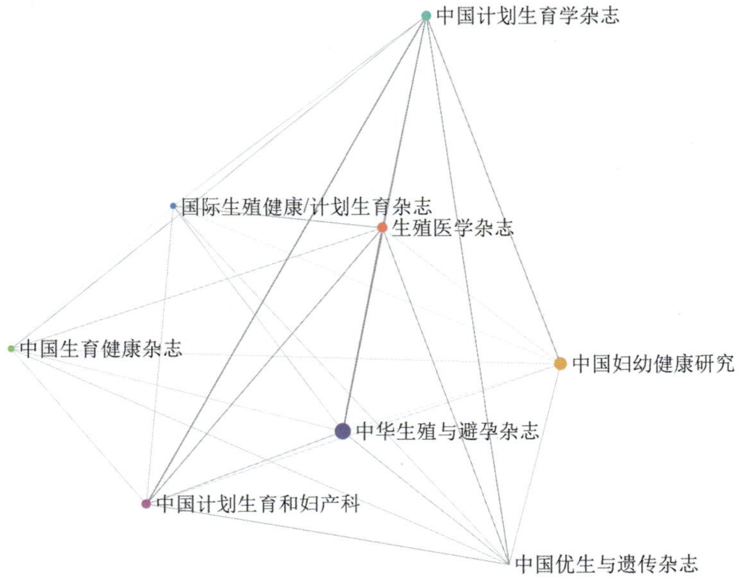

2023 年优生学、计划生育学类期刊互引关系示意图

表 7-63　2023 年优生学、计划生育学类期刊主要指标

CODE	刊名	核心总被引频次			核心影响因子			综合评价总分		学科扩散指标	学科影响指标	红点指标
		数值	排名	离均差率	数值	排名	离均差率	数值	排名			
S157	国际生殖健康 / 计划生育杂志	442	8	−0.60	0.606	7	−0.17	41.4	7	23.13	1.00	0.71
G624	生殖医学杂志	1566	2	0.41	0.962	2	0.31	49.1	3	32.50	1.00	0.60
G687	中国妇幼健康研究	1235	3	0.11	0.647	5	−0.12	54.3	2	43.88	1.00	0.66
G560	中国计划生育和妇产科	988	6	−0.11	0.650	4	−0.11	47.7	5	31.50	1.00	0.58
G907	中国计划生育学杂志	2087	1	0.87	0.858	3	0.17	48.5	4	37.88	1.00	0.71
G715	中国生育健康杂志	456	7	−0.59	0.640	6	−0.13	42.4	6	26.00	1.00	0.47
G706	中国优生与遗传杂志	1108	4	−0.01	0.391	8	−0.47	32.8	8	35.25	0.88	0.54
G072	中华生殖与避孕杂志	1027	5	−0.08	1.100	1	0.50	62.4	1	29.00	1.00	0.70
	8 种期刊平均值	1114			0.732							

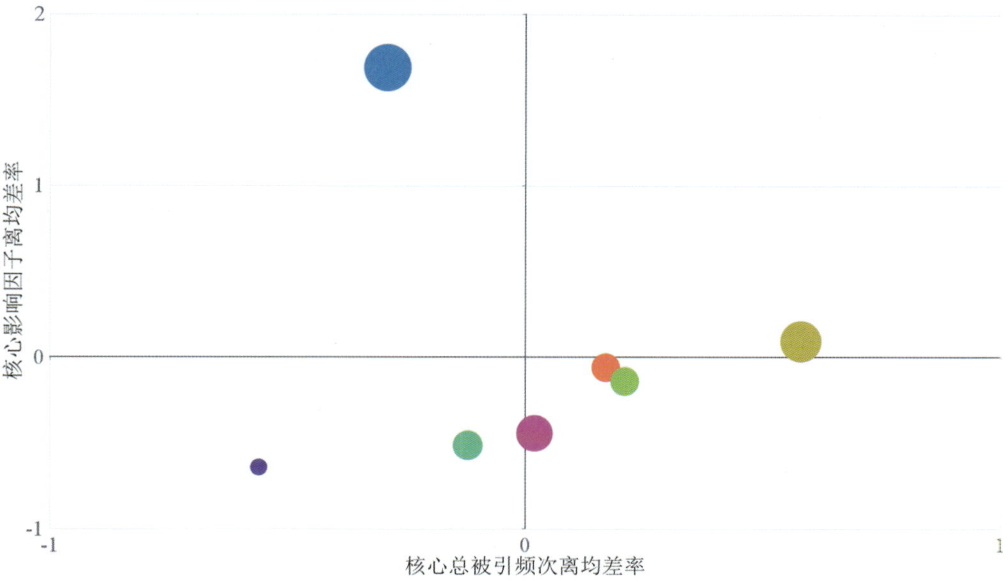

2023 年军事医学与特种医学类期刊核心总被引频次和核心影响因子离均差率的分布图
（节点大小表示综合评价总分）

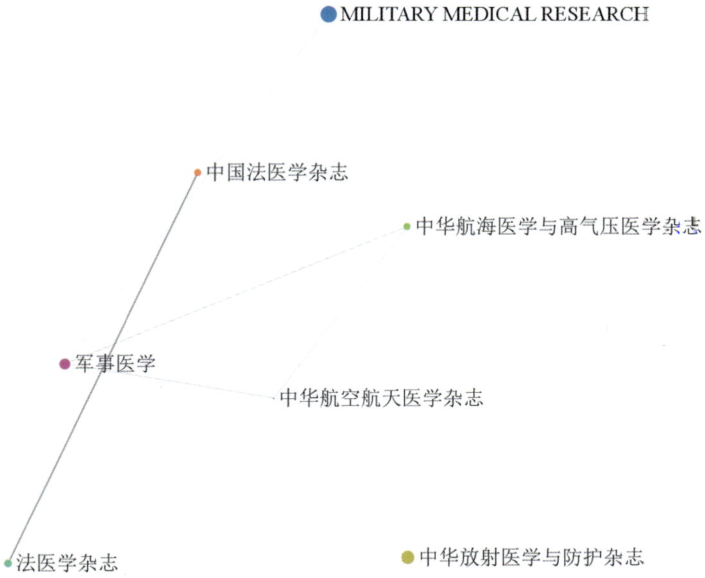

2023 年军事医学与特种医学类期刊互引关系示意图

表 7-64　2023 年军事医学与特种医学类期刊主要指标

CODE	刊名	核心总被引频次			核心影响因子			综合评价总分		学科扩散指标	学科影响指标	红点指标
		数值	排名	离均差率	数值	排名	离均差率	数值	排名			
Q716	MILITARY MEDICAL RESEARCH	475	6	−0.29	2.043	1	1.69	79.7	1	36.43	0.43	0.00
G874	法医学杂志	590	5	−0.12	0.375	6	−0.51	32.0	4	23.14	0.29	0.97
G052	军事医学	687	4	0.02	0.429	5	−0.44	47.5	3	43.86	0.57	0.15
G100	中国法医学杂志	790	3	0.17	0.716	3	−0.06	29.0	5	17.00	0.29	0.62
G141	中华放射医学与防护杂志	1064	1	0.58	0.826	2	0.09	60.0	2	30.00	0.43	0.30
G335	中华航海医学与高气压医学杂志	815	2	0.21	0.655	4	−0.14	29.0	6	24.14	0.43	0.52
GD01	中华航空航天医学杂志	294	7	−0.56	0.272	7	−0.64	10.7	7	6.86	0.43	0.75
	7 种期刊平均值	674			0.759							

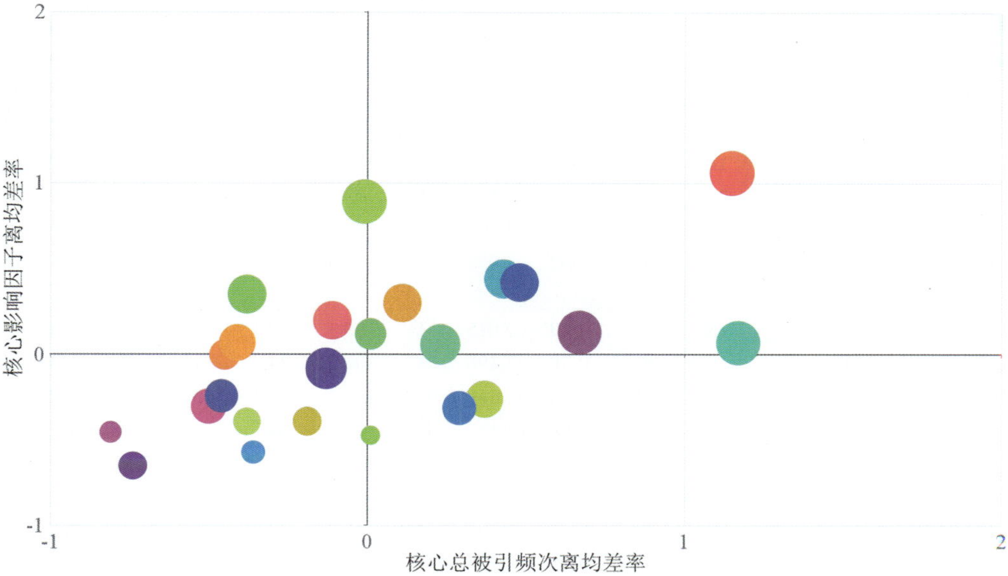

2023 年卫生管理学、健康教育学类期刊核心总被引频次和核心影响因子离均差率的分布图
（节点大小表示综合评价总分）

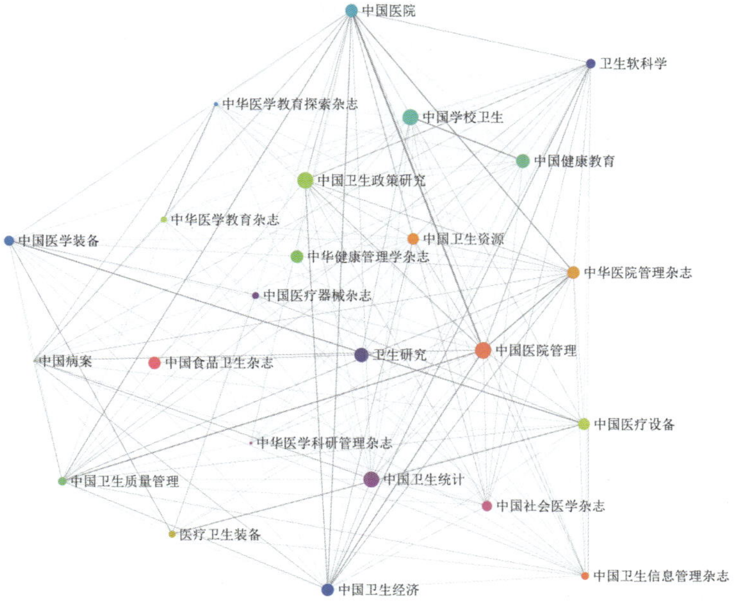

2023 年卫生管理学、健康教育学类期刊互引关系示意图

表 7-65　2023 年卫生管理学、健康教育学类期刊主要指标

CODE	刊名	核心总被引频次			核心影响因子			综合评价总分		学科扩散指标	学科影响指标	红点指标
		数值	排名	离均差率	数值	排名	离均差率	数值	排名			
S813	卫生软科学	820	21	−0.46	0.808	15	−0.24	39.3	16	7.38	0.88	0.53
G079	卫生研究	1320	14	−0.13	0.978	14	−0.08	60.8	5	16.13	0.38	0.20
G605	医疗卫生装备	1219	15	−0.19	0.648	20	−0.39	30.1	19	11.17	0.54	0.27
G750	中国病案	1526	11	0.01	0.570	22	−0.47	13.4	24	9.75	0.71	0.58
G787	中国健康教育	1859	8	0.23	1.131	12	0.06	58.1	6	11.88	0.75	0.71
G366	中国社会医学杂志	749	22	−0.50	0.747	17	−0.30	44.4	14	8.88	0.83	0.72
G429	中国食品卫生杂志	1348	13	−0.11	1.286	7	0.20	52.1	10	10.54	0.21	0.18
S725	中国卫生经济	2243	4	0.48	1.516	4	0.42	52.7	9	10.83	0.88	0.43
G253	中国卫生统计	2529	3	0.67	1.204	8	0.13	68.5	4	22.58	0.88	0.39
G540	中国卫生信息管理杂志	835	20	−0.45	1.070	13	0.00	33.0	18	6.75	0.92	0.41
G716	中国卫生政策研究	1500	12	−0.01	2.015	2	0.89	70.3	2	10.33	0.88	0.45
G752	中国卫生质量管理	1531	10	0.01	1.196	9	0.12	34.9	17	9.50	0.88	0.63
G541	中国卫生资源	891	19	−0.41	1.146	10	0.07	47.4	13	8.00	0.96	0.56
G908	中国学校卫生	3288	1	1.17	1.140	11	0.07	69.7	3	14.08	0.63	0.97
G124	中国医疗器械杂志	393	23	−0.74	0.378	24	−0.65	29.3	20	7.42	0.33	0.27
G679	中国医疗设备	2077	6	0.37	0.795	16	−0.26	48.8	12	15.17	0.71	0.29
S591	中国医学装备	1955	7	0.29	0.738	18	−0.31	41.2	15	16.08	0.79	0.29
Q918	中国医院	2160	5	0.43	1.540	3	0.44	54.2	7	10.00	0.88	0.73
G454	中国医院管理	3252	2	1.15	2.198	1	1.06	72.3	1	12.88	0.92	0.69
G751	中华健康管理学杂志	940	17	−0.38	1.440	5	0.35	53.1	8	12.04	0.75	0.55
S590	中华医学教育探索杂志	973	16	−0.36	0.456	23	−0.57	20.6	22	6.71	0.50	0.52
G705	中华医学教育杂志	934	18	−0.38	0.653	19	−0.39	26.8	21	7.17	0.63	0.71
G307	中华医学科研管理杂志	295	24	−0.81	0.587	21	−0.45	17.3	23	3.38	0.63	0.40
G591	中华医院管理杂志	1677	9	0.11	1.386	6	0.30	51.8	11	9.50	0.92	0.69
	24 种期刊平均值	1513			1.068							

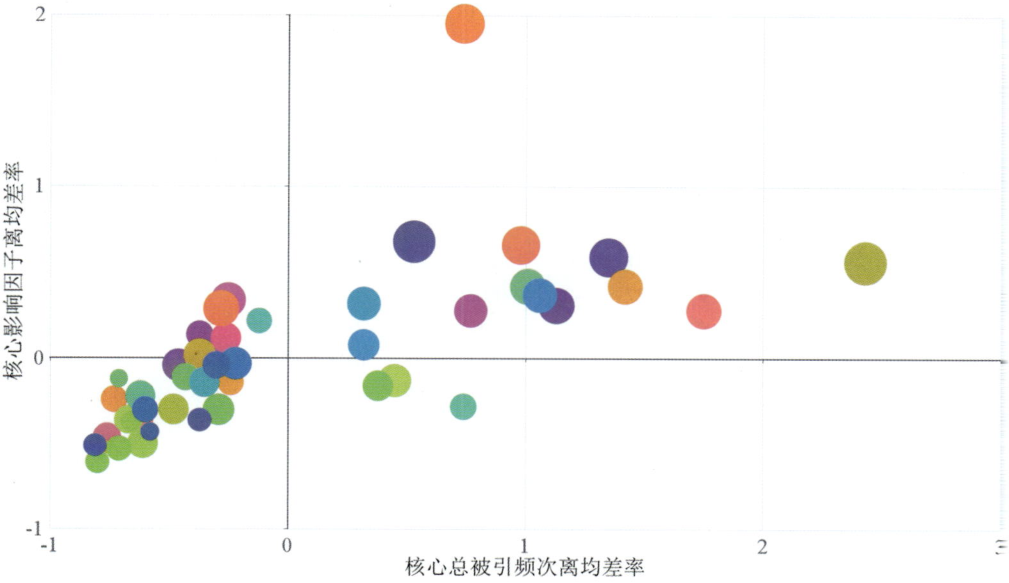

2023 年药学类期刊核心总被引频次和核心影响因子离均差率的分布图
（节点大小表示综合评价总分）

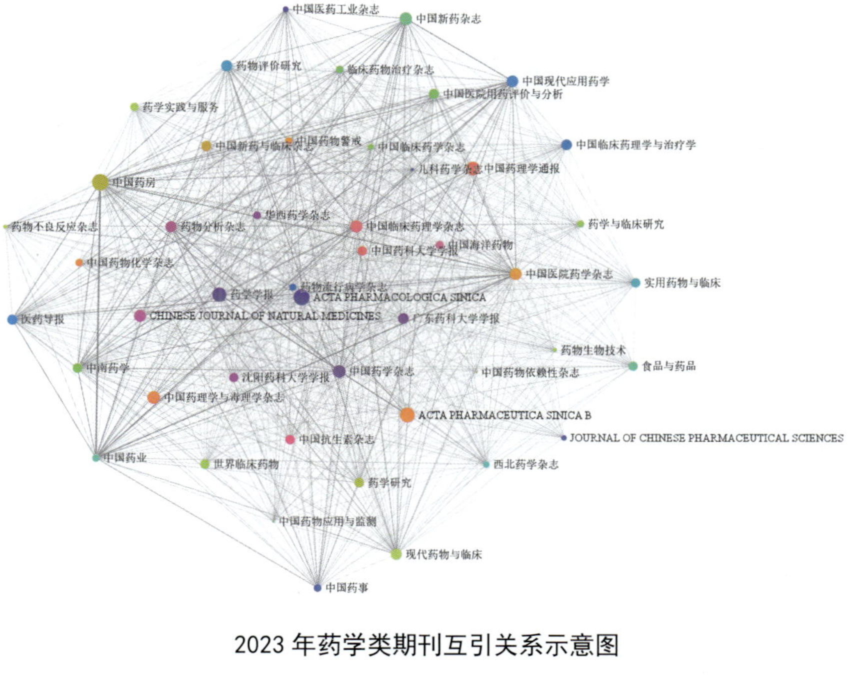

2023 年药学类期刊互引关系示意图

表 7-66　2023 年药学类期刊主要指标

CODE	刊名	核心总被引频次			核心影响因子			综合评价总分		学科扩散指标	学科影响指标	红点指标
		数值	排名	离均差率	数值	排名	离均差率	数值	排名			
G218	ACTA PHARMACEUTICA SINICA B	2658	11	0.74	2.667	1	1.95	56.7	3	10.83	0.83	0.08
G001	ACTA PHARMACOLOGICA SINICA	2336	12	0.53	1.513	2	0.68	63.6	2	12.36	0.96	0.04
G101	CHINESE JOURNAL OF NATURAL MEDICINES	1141	20	−0.25	1.210	9	0.34	43.6	10	7.09	0.74	0.07
I227	JOURNAL OF CHINESE PHARMACEUTICAL SCIENCES	288	47	−0.81	0.439	44	−0.51	19.6	42	2.74	0.62	0.59
G920	儿科药学杂志	643	33	−0.58	0.514	40	−0.43	12.7	45	4.68	0.66	0.61
G027	广东药科大学学报	827	31	−0.46	0.866	23	−0.04	38.1	17	6.19	0.77	0.61
G044	华西药学杂志	972	27	−0.37	1.026	16	0.14	26.6	32	5.38	0.79	0.77
G673	临床药物治疗杂志	875	30	−0.43	0.808	24	−0.11	26.4	33	5.74	0.81	0.71
G071	沈阳药科大学学报	1089	23	−0.29	0.917	20	0.02	32.2	27	6.83	0.79	0.60
G834	实用药物与临床	991	26	−0.35	0.779	27	−0.14	32.5	26	6.60	0.74	0.72
G748	食品与药品	578	37	−0.62	0.700	30	−0.22	32.2	28	4.87	0.66	0.58
G485	世界临床药物	604	35	−0.61	0.448	43	−0.50	33.5	22	6.28	0.83	0.64
G792	西北药学杂志	1353	17	−0.12	1.103	15	0.22	23.3	39	6.00	0.83	0.66
G421	现代药物与临床	2217	13	0.45	0.788	26	−0.13	39.3	15	8.49	0.85	0.68
G403	药物不良反应杂志	580	36	−0.62	0.461	42	−0.49	15.6	43	3.09	0.66	0.76
G087	药物分析杂志	2707	9	0.77	1.159	13	0.28	39.8	14	7.17	0.85	0.59
G877	药物流行病学杂志	619	34	−0.60	0.632	33	−0.30	24.2	37	4.28	0.68	0.82
G836	药物评价研究	2023	15	0.32	1.188	10	0.32	40.5	13	8.17	0.89	0.82
G514	药物生物技术	525	39	−0.66	0.569	39	−0.37	15.3	44	5.11	0.55	0.57
G440	药学实践与服务	511	40	−0.67	0.575	38	−0.36	29.1	29	4.51	0.77	0.74
G008	药学学报	3595	4	1.35	1.434	4	0.59	53.6	4	11.51	0.96	0.61
G331	药学研究	796	32	−0.48	0.629	34	−0.30	33.9	21	5.62	0.79	0.62
G527	药学与临床研究	437	41	−0.71	0.428	46	−0.53	23.9	38	3.85	0.72	0.73
G844	医药导报	2018	16	0.32	0.977	18	0.08	35.7	20	9.40	0.91	0.62
G104	中国海洋药物	366	44	−0.76	0.489	41	−0.46	28.4	30	3.06	0.36	0.58
G107	中国抗生素杂志	1131	21	−0.26	1.011	17	0.12	33.0	24	7.09	0.77	0.49
G870	中国临床药理学与治疗学	1193	18	−0.22	0.879	21	−0.03	38.2	16	7.17	0.85	0.73
G109	中国临床药理学杂志	4209	2	1.75	1.156	14	0.28	44.2	9	12.11	0.96	0.74
G544	中国临床药学杂志	309	46	−0.80	0.355	47	−0.61	20.7	40	3.34	0.68	0.69
G849	中国现代应用药学	3161	6	1.06	1.236	8	0.37	42.3	12	10.06	0.89	0.64
G250	中国新药与临床杂志	959	28	−0.37	0.921	19	0.02	37.1	18	6.81	0.81	0.74
G747	中国新药杂志	3074	7	1.01	1.282	6	0.42	45.5	8	11.04	0.91	0.60
G318	中国药房	5255	1	2.43	1.412	5	0.56	65.8	1	12.91	0.94	0.78
G120	中国药科大学学报	559	38	−0.63	0.582	36	−0.36	33.0	25	5.04	0.77	0.65

表 7-66 2023 年药学类期刊主要指标（续）

CODE	刊名	核心总被引频次			核心影响因子			综合评价总分		学科扩散指标	学科影响指标	红点指标
		数值	排名	离均差率	数值	排名	离均差率	数值	排名			
G121	中国药理学通报	3029	8	0.98	1.503	3	0.66	52.2	5	10.26	0.87	0.79
G122	中国药理学与毒理学杂志	1108	22	–0.28	1.168	12	0.29	46.2	7	7.26	0.74	0.54
G913	中国药事	1067	25	–0.30	0.870	22	–0.04	26.7	31	5.02	0.79	0.53
G220	中国药物化学杂志	421	43	–0.73	0.683	31	–0.24	25.1	35	3.70	0.68	0.57
G227	中国药物警戒	1166	19	–0.24	0.774	28	–0.14	24.8	36	4.94	0.79	0.84
G248	中国药物依赖性杂志	339	45	–0.78	0.434	45	–0.52	8.9	47	2.72	0.32	0.19
G713	中国药物应用与监测	437	42	–0.71	0.792	25	–0.12	11.7	46	3.02	0.72	0.80
G009	中国药学杂志	3266	5	1.13	1.181	11	0.31	46.6	6	10.47	0.96	0.62
G755	中国药业	2671	10	0.74	0.650	32	–0.28	25.4	34	9.13	0.91	0.80
T019	中国医药工业杂志	957	29	–0.37	0.580	37	–0.36	20.3	41	4.49	0.87	0.42
G243	中国医院药学杂志	3705	3	1.42	1.280	7	0.42	43.3	11	10.77	0.94	0.72
G625	中国医院用药评价与分析	1084	24	–0.29	0.628	35	–0.30	35.8	19	6.02	0.81	0.79
G599	中南药学	2117	14	0.38	0.755	29	–0.16	33.1	23	8.53	0.89	0.72
	47 种期刊平均值	1531			0.903							

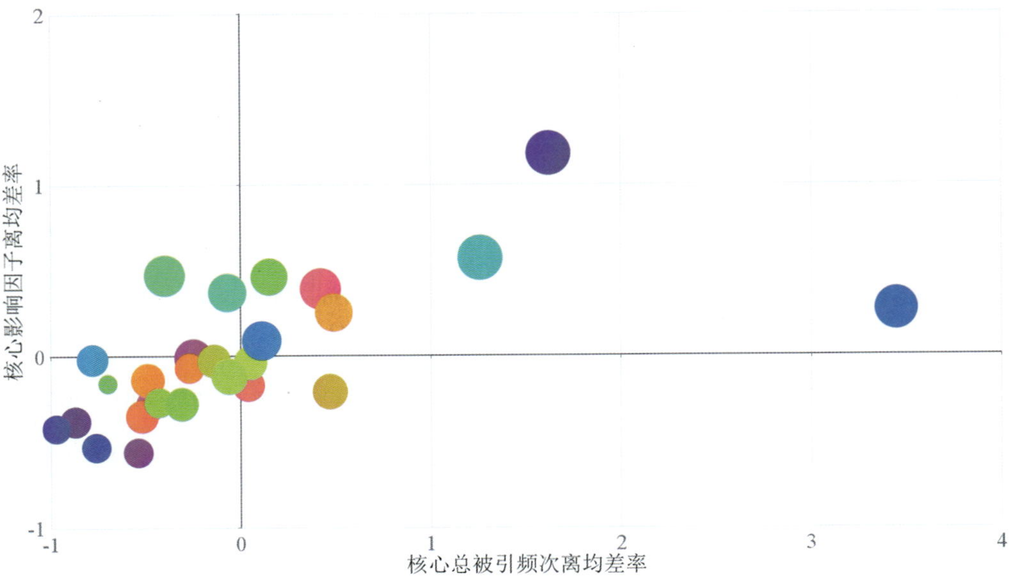

2023 年中医学类期刊核心总被引频次和核心影响因子离均差率的分布图
（节点大小表示综合评价总分）

2023 年中医学类期刊互引关系示意图

表 7-67　2023 年中医学类期刊主要指标

CODE	刊名	核心总被引频次			核心影响因子			综合评价总分		学科扩散指标	学科影响指标	红点指标
		数值	排名	离均差率	数值	排名	离均差率	数值	排名			
Q707	WORLD JOURNAL OF TRADITIONAL CHINESE MEDICINE	112	27	−0.97	0.720	25	−0.42	29.7	26	1.78	0.33	0.00
G620	北京中医药	2846	15	−0.27	1.160	14	−0.07	32.2	22	9.63	1.00	0.65
G934	国际中医中药杂志	938	24	−0.76	0.588	26	−0.53	31.1	25	8.11	1.00	0.80
G384	河北中医	1791	22	−0.54	0.544	27	−0.56	31.7	23	9.37	1.00	0.82
G301	河北中医药学报	494	26	−0.87	0.768	24	−0.38	34.3	21	5.19	1.00	0.60
G656	环球中医药	3353	13	−0.14	1.202	12	−0.03	39.6	16	10.74	1.00	0.75
G719	吉林中医药	2691	16	−0.31	0.896	21	−0.28	40.0	15	11.15	1.00	0.7[illegible]
G397	江苏中医药	2074	19	−0.47	0.895	22	−0.28	34.5	20	9.41	1.00	0.82
G646	辽宁中医杂志	5749	5	0.47	0.981	19	−0.21	44.9	12	14.30	1.00	0.73
G574	山东中医杂志	1876	21	−0.52	0.809	23	−0.35	38.4	17	8.81	0.96	0.72
G725	陕西中医	4490	7	0.15	1.811	4	0.46	49.0	10	12.04	1.00	0.75
G389	上海中医药杂志	2928	14	−0.25	1.228	10	−0.01	52.7	7	11.70	1.00	0.95
G906	世界科学技术－中医药现代化	4355	8	0.11	1.351	9	0.09	55.7	6	18.56	1.00	0.7[illegible]
G483	世界中医药	5571	6	0.42	1.722	5	0.39	61.6	4	16.52	1.00	0.83
G626	天津中医药	2007	20	−0.49	1.068	16	−0.14	40.6	13	10.41	1.00	0.72
G699	西部中医药	2248	18	−0.43	0.906	20	−0.27	31.2	24	11.78	0.96	0.77
G896	现代中医临床	882	25	−0.78	1.214	11	−0.02	35.8	19	5.00	0.96	0.75
G632	中国中医基础医学杂志	5853	4	0.49	1.551	8	0.25	51.5	9	13.56	1.00	0.62
G524	中国中医急症	4086	10	0.04	1.027	18	−0.17	37.8	18	12.67	1.00	0.75
G749	中国中医眼科杂志	1180	23	−0.70	1.045	17	−0.16	13.0	27	5.07	0.85	0.62
G832	中国中医药信息杂志	3646	12	−0.07	1.701	6	0.37	52.7	8	14.96	1.00	0.80
G859	中华中医药学刊	8852	3	1.26	1.949	2	0.57	73.7	1	20.63	1.00	0.75
G910	中华中医药杂志	17453	1	3.45	1.583	7	0.27	66.8	3	24.56	1.00	0.72
G685	中医学报	3670	11	−0.06	1.096	15	−0.12	46.0	11	12.78	1.00	0.69
G681	中医药导报	4108	9	0.05	1.196	13	−0.04	40.1	14	15.07	1.00	0.84
G812	中医药学报	2346	17	−0.40	1.829	3	0.47	60.8	5	12.33	1.00	0.67
G010	中医杂志	10255	2	1.62	2.713	1	1.18	71.7	2	15.70	1.00	0.68
	27 种期刊平均值	3921			1.243							

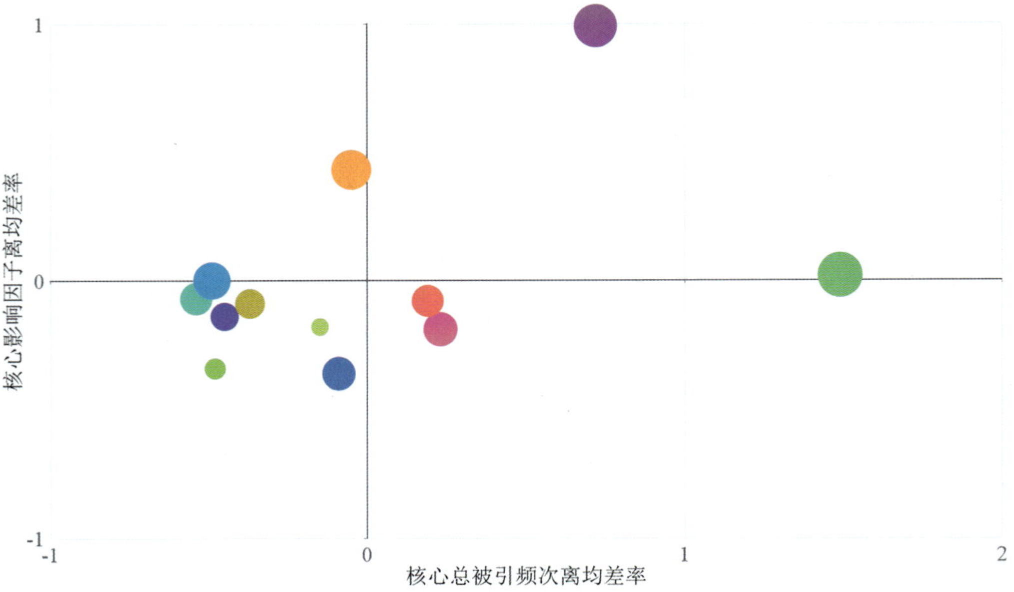

2023 年中医药大学学报类期刊核心总被引频次和核心影响因子离均差率的分布图
（节点大小表示综合评价总分）

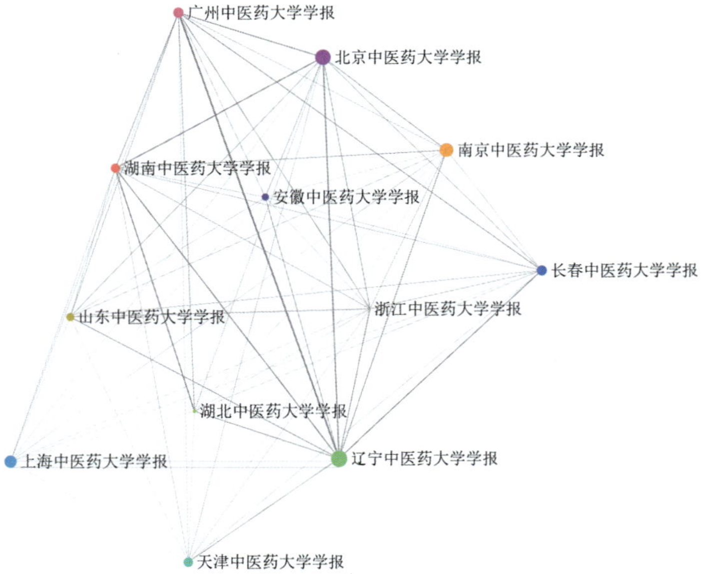

2023 年中医药大学学报类期刊互引关系示意图

表 7-68　2023 年中医药大学学报类期刊主要指标

CODE	刊名	核心总被引频次			核心影响因子			综合评价总分		学科扩散指标	学科影响指标	红点指标
		数值	排名	离均差率	数值	排名	离均差率	数值	排名			
G013	安徽中医药大学学报	1123	9	−0.45	1.109	8	−0.14	28.3	10	19.58	1.00	0.53
G017	北京中医药大学学报	3542	2	0.72	2.559	1	0.99	67.3	2	25.92	1.00	0.60
G992	长春中医药大学学报	1861	6	−0.09	0.827	12	−0.36	40.1	6	27.08	1.00	0.45
G030	广州中医药大学学报	2527	3	0.23	1.044	10	−0.19	41.3	5	28.25	1.00	0.71
G334	湖北中医药大学学报	1063	10	−0.48	0.843	11	−0.34	15.9	11	17.33	0.83	0.50
G041	湖南中医药大学学报	2443	4	0.19	1.176	6	−0.08	36.4	8	28.83	1.00	0.62
G850	辽宁中医药大学学报	5124	1	1.49	1.314	3	0.02	71.6	1	36.50	1.00	0.68
G059	南京中医药大学学报	1942	5	−0.05	1.836	2	0.43	56.5	3	24.50	1.00	0.54
G063	山东中医药大学学报	1298	8	−0.37	1.169	7	−0.09	31.5	9	17.25	1.00	0.39
G946	上海中医药大学学报	1042	11	−0.49	1.286	4	0.00	49.6	4	19.50	1.00	0.60
G914	天津中医药大学学报	945	12	−0.54	1.193	5	−0.07	37.8	7	18.50	0.92	0.55
G092	浙江中医药大学学报	1748	7	−0.15	1.055	9	−0.18	11.1	12	21.08	1.00	0.73
	12 种期刊平均值	2055			1.284							

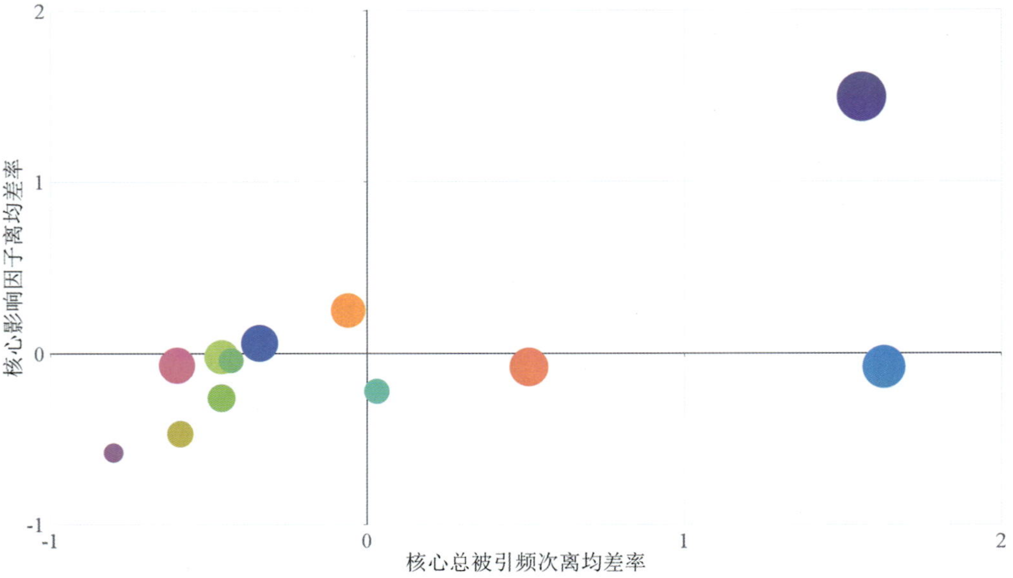

2023 年中西医结合医学类期刊核心总被引频次和核心影响因子离均差率的分布图
（节点大小表示综合评价总分）

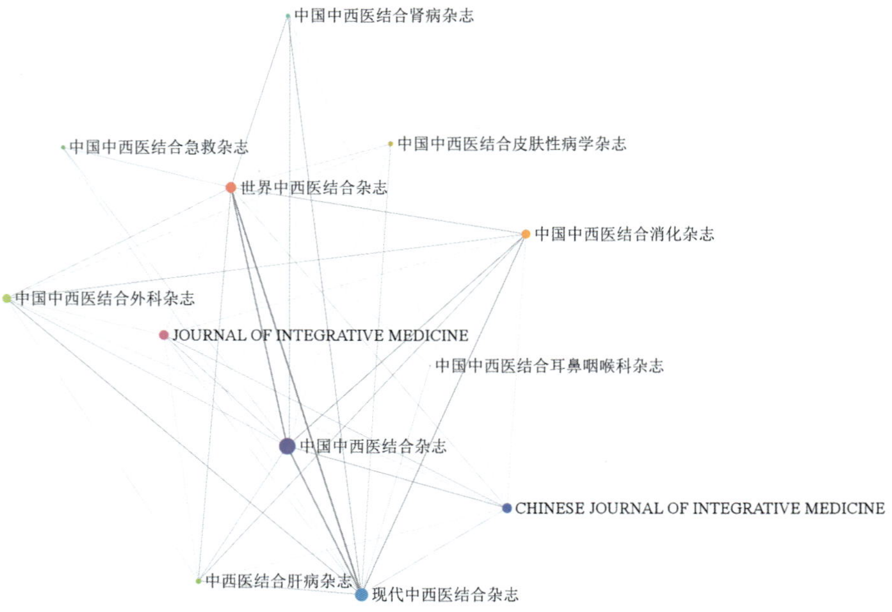

2023 年中西医结合医学类期刊互引关系示意图

表 7-69　2023 年中西医结合医学类期刊主要指标

CODE	刊名	核心总被引频次			核心影响因子			综合评价总分		学科扩散指标	学科影响指标	红点指标
		数值	排名	离均差率	数值	排名	离均差率	数值	排名			
I026	CHINESE JOURNAL OF INTEGRATIVE MEDICINE	1239	6	−0.34	1.058	3	0.06	48.8	4	25.83	0.92	0.37
G442	JOURNAL OF INTEGRATIVE MEDICINE	739	11	−0.60	0.930	6	−0.07	47.1	5	20.08	0.83	0.03
G484	世界中西医结合杂志	2826	3	0.51	0.916	7	−0.08	53.5	3	26.58	1.00	0.52
G951	现代中西医结合杂志	4914	1	1.63	0.916	8	−0.08	66.4	2	40.58	1.00	0.52
G347	中国中西医结合耳鼻咽喉科杂志	380	12	−0.80	0.420	12	−0.58	13.8	12	11.25	0.25	0.31
G843	中国中西医结合急救杂志	1065	7	−0.43	0.958	5	−0.04	22.2	11	18.83	0.67	0.43
G757	中国中西医结合皮肤性病学杂志	767	10	−0.59	0.527	11	−0.47	25.4	9	15.50	0.42	0.34
G846	中国中西医结合肾病杂志	1928	4	0.03	0.780	9	−0.22	22.9	10	24.00	0.58	0.29
G758	中国中西医结合外科杂志	1016	8	−0.46	0.975	4	−0.02	41.6	7	22.92	0.83	0.41
G528	中国中西医结合消化杂志	1762	5	−0.06	1.249	2	0.25	42.6	6	20.58	0.83	0.68
G182	中国中西医结合杂志	4795	2	1.56	2.484	1	1.49	87.8	1	36.33	1.00	0.55
G842	中西医结合肝病杂志	1003	9	−0.46	0.740	10	−0.26	27.3	8	18.17	0.58	0.68
	12 种期刊平均值	1870			0.996							

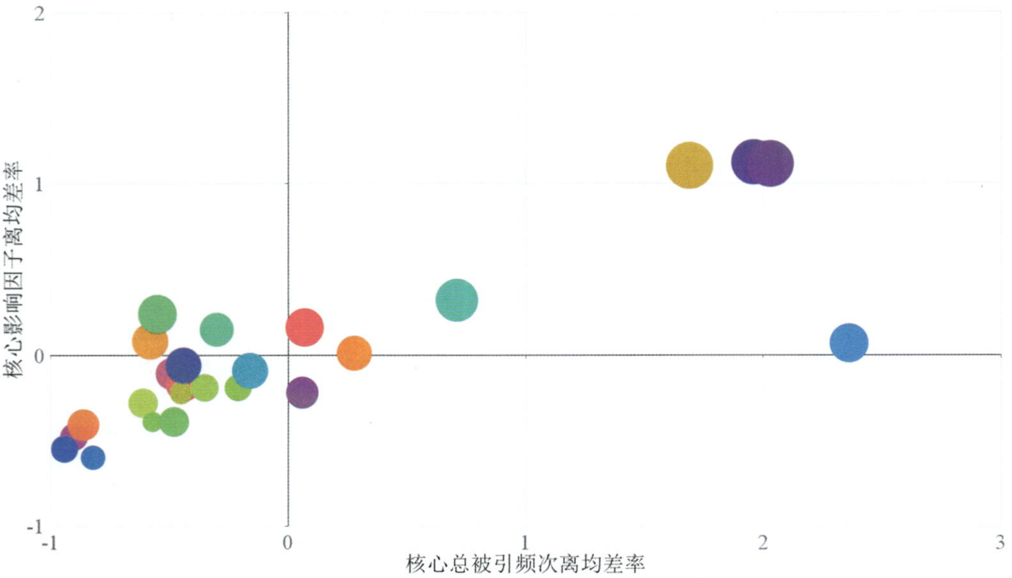

2023 年中药学类期刊核心总被引频次和核心影响因子离均差率的分布图
（节点大小表示综合评价总分）

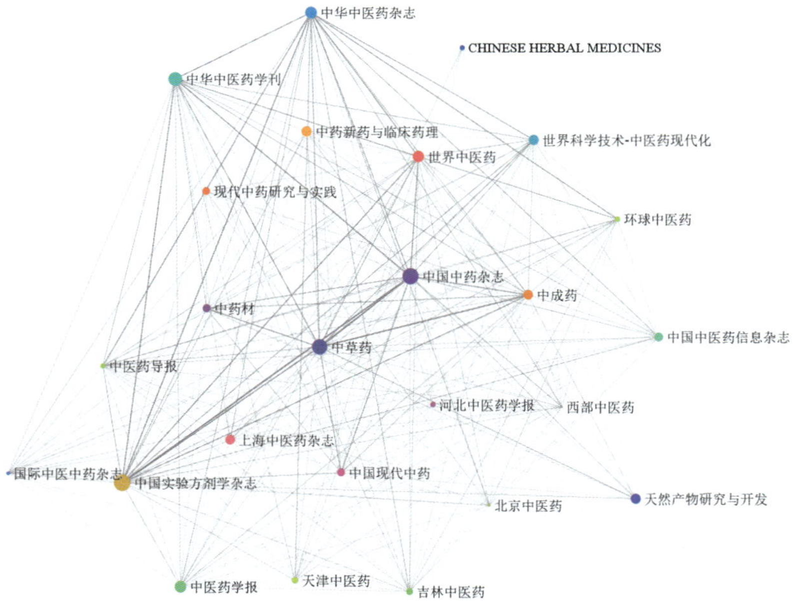

2023 年中药学类期刊互引关系示意图

表 7-70　2023 年中药学类期刊主要指标

CODE	刊名	核心总被引频次			核心影响因子			综合评价总分		学科扩散指标	学科影响指标	红点指标
		数值	排名	离均差率	数值	排名	离均差率	数值	排名			
I207	CHINESE HERBAL MEDICINES	290	25	−0.94	0.667	24	−0.55	26.4	21	4.32	0.52	0.00
G620	北京中医药	2846	15	−0.45	1.160	17	−0.22	18.3	24	10.40	1.00	0.60
G934	国际中医中药杂志	938	22	−0.82	0.588	25	−0.60	21.5	23	8.76	0.96	0.79
G301	河北中医药学报	494	24	−0.90	0.768	23	−0.48	27.5	20	5.60	0.92	0.52
G656	环球中医药	3353	12	−0.35	1.202	15	−0.19	27.6	19	11.60	1.00	0.68
G719	吉林中医药	2691	16	−0.48	0.896	21	−0.39	32.2	17	12.04	1.00	0.65
G389	上海中医药杂志	2928	13	−0.44	1.228	14	−0.17	44.8	11	12.64	1.00	0.96
G906	世界科学技术－中医药现代化	4355	9	−0.16	1.351	12	−0.09	46.6	9	20.04	1.00	0.72
G483	世界中医药	5571	7	0.07	1.722	6	0.16	52.7	7	17.84	1.00	0.89
G626	天津中医药	2007	21	−0.61	1.068	19	−0.28	31.1	18	11.24	1.00	0.69
T611	天然产物研究与开发	2904	14	−0.44	1.397	11	−0.06	46.5	10	17.72	0.96	0.69
G699	西部中医药	2248	19	−0.57	0.906	20	−0.39	14.7	25	12.72	1.00	0.75
G486	现代中药研究与实践	710	23	−0.86	0.877	22	−0.41	36.0	16	8.92	1.00	0.72
G007	中草药	15354	3	1.96	3.132	1	1.12	73.5	3	27.04	1.00	0.69
G520	中成药	6625	6	0.28	1.498	10	0.01	43.7	12	21.92	1.00	0.76
G604	中国实验方剂学杂志	13946	4	1.69	3.110	3	1.10	79.4	1	28.16	1.00	0.81
G377	中国现代中药	2641	17	−0.49	1.315	13	−0.11	36.4	15	14.60	1.00	0.62
G132	中国中药杂志	15718	2	2.03	3.127	2	1.11	78.6	2	30.48	1.00	0.69
G832	中国中医药信息杂志	3646	11	−0.30	1.701	7	0.15	41.0	13	16.16	1.00	0.82
G859	中华中医药学刊	8852	5	0.71	1.949	4	0.32	65.3	4	22.28	1.00	0.76
G910	中华中医药杂志	17453	1	2.36	1.583	9	0.07	54.1	5	26.52	1.00	0.69
G183	中药材	5514	8	0.06	1.150	18	−0.22	37.4	14	19.28	1.00	0.68
G564	中药新药与临床药理	2168	20	−0.58	1.593	8	0.08	46.7	8	13.48	1.00	0.92
G681	中医药导报	4108	10	−0.21	1.196	16	−0.19	25.7	22	16.28	1.00	0.82
G812	中医药学报	2346	18	−0.55	1.829	5	0.24	53.5	6	13.32	1.00	0.68
	25 种期刊平均值	5188			1.481							

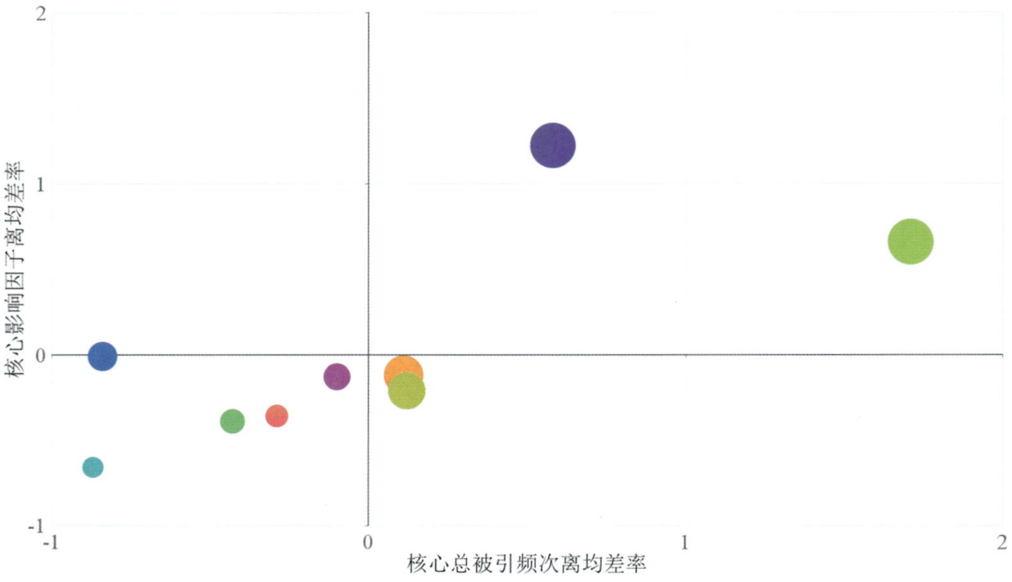

2023 年针灸、中医骨伤类期刊核心总被引频次和核心影响因子离均差率的分布图
（节点大小表示综合评价总分）

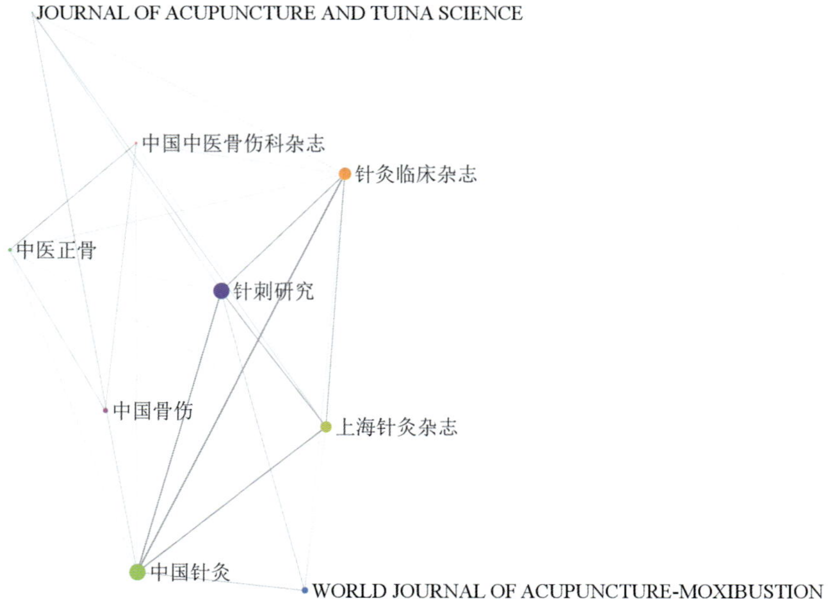

2023 年针灸、中医骨伤类期刊互引关系示意图

表 7-71 2023 年针灸、中医骨伤类期刊主要指标

CODE	刊名	核心总被引频次			核心影响因子			综合评价总分		学科扩散指标	学科影响指标	红点指标
		数值	排名	离均差率	数值	排名	离均差率	数值	排名			
I225	JOURNAL OF ACUPUNCTURE AND TUINA SCIENCE	273	9	−0.87	0.454	9	−0.66	16.1	9	10.56	0.67	0.97
I239	WORLD JOURNAL OF ACUPUNCTURE-MOXIBUSTION	331	8	−0.84	1.327	3	−0.01	31.1	5	9.22	0.67	0.37
G596	上海针灸杂志	2317	3	0.12	1.056	6	−0.21	49.7	4	23.56	0.89	0.87
G093	针刺研究	3254	2	0.58	2.980	1	1.22	73.5	2	32.11	0.89	0.76
G488	针灸临床杂志	2286	4	0.11	1.182	4	−0.12	55.3	3	24.00	0.89	0.73
G103	中国骨伤	1850	5	−0.10	1.165	5	−0.13	26.6	6	31.56	1.00	0.38
G600	中国针灸	5592	1	1.71	2.228	2	0.66	75.0	1	34.89	0.89	0.74
G240	中国中医骨伤科杂志	1463	6	−0.29	0.864	7	−0.36	18.7	8	24.56	0.89	0.33
G643	中医正骨	1181	7	−0.43	0.812	8	−0.39	22.1	7	21.00	0.89	0.74
	9 种期刊平均值	2061			1.341							

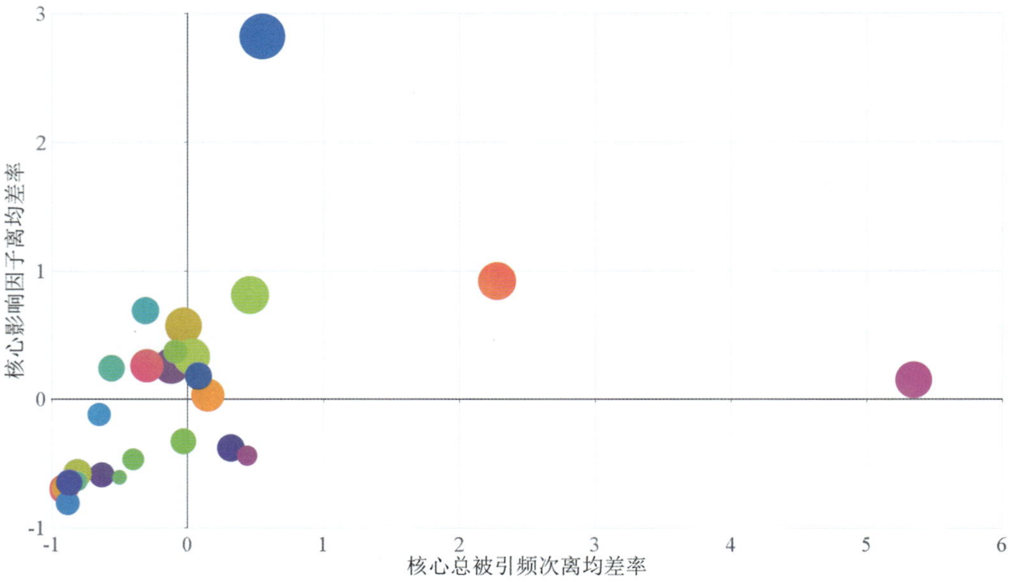

2023 年工程与技术科学基础学科类期刊核心总被引频次和核心影响因子离均差率的分布图
（节点大小表示综合评价总分）

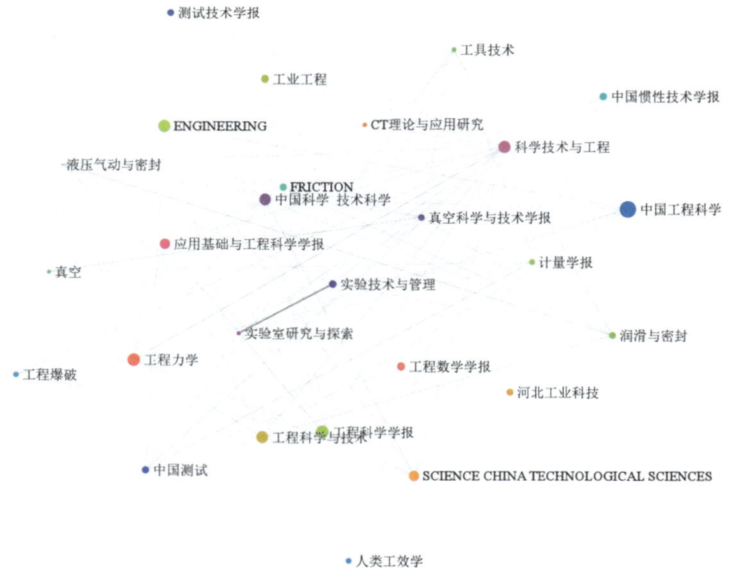

2023 年工程与技术科学基础学科类期刊互引关系示意图

表 7-72　2023 年工程与技术科学基础学科类期刊主要指标

CODE	刊名	核心总被引频次			核心影响因子			综合评价总分		学科扩散指标	学科影响指标	红点指标
		数值	排名	离均差率	数值	排名	离均差率	数值	排名			
J075	ENGINEERING	1957	9	0.03	1.416	7	0.33	48.7	5	26.48	0.48	0.0[illegible]
N092	FRICTION	843	18	−0.56	1.329	10	0.24	25.3	15	4.44	0.22	0.2[illegible]
I091	SCIENCE CHINA TECHNOLOGICAL SCIENCES	2191	7	0.15	1.102	13	0.03	38.9	9	20.30	0.67	0.0[illegible]
E626	CT 理论与应用研究	239	24	−0.87	0.367	24	−0.66	16.2	24	4.26	0.15	0.4[illegible]
R711	测试技术学报	245	23	−0.87	0.371	23	−0.65	24.6	16	4.93	0.22	0.3[illegible]
N105	工程爆破	664	20	−0.65	0.944	14	−0.12	19.6	22	3.89	0.26	0.6[illegible]
M030	工程科学学报	2768	4	0.46	1.930	3	0.81	52.0	2	21.22	0.56	0.3[illegible]
J051	工程科学与技术	1846	10	−0.03	1.676	5	0.57	48.5	6	19.93	0.59	0.3[illegible]
C002	工程力学	6244	2	2.28	2.054	2	0.92	51.9	3	17.74	0.63	0.5[illegible]
B031	工程数学学报	173	27	−0.91	0.322	26	−0.70	30.7	10	3.74	0.15	0.1[illegible]
N064	工具技术	1139	16	−0.40	0.571	18	−0.47	17.0	23	6.56	0.30	0.5[illegible]
J057	工业工程	367	21	−0.81	0.444	19	−0.58	29.2	11	5.26	0.26	0.2[illegible]
J019	河北工业科技	182	26	−0.90	0.329	25	−0.69	24.5	17	4.56	0.15	0.3[illegible]
N014	计量学报	1735	12	−0.09	1.463	6	0.37	20.3	21	11.93	0.44	0.9[illegible]
A537	科学技术与工程	12080	1	5.35	1.232	12	0.15	48.8	4	41.22	0.89	0.4[illegible]
N106	人类工效学	229	25	−0.88	0.208	27	−0.81	20.4	20	4.19	0.15	0.8[illegible]
N029	润滑与密封	1845	11	−0.03	0.712	15	−0.33	24.1	18	9.56	0.44	0.6[illegible]
N993	实验技术与管理	2504	6	0.32	0.664	16	−0.38	27.2	12	15.63	0.37	0.5[illegible]
A115	实验室研究与探索	2744	5	0.44	0.603	17	−0.44	14.9	25	18.37	0.41	0.5[illegible]
N079	液压气动与密封	953	17	−0.50	0.418	21	−0.61	7.8	27	5.22	0.37	0.5[illegible]
A580	应用基础与工程科学学报	1322	14	−0.30	1.347	9	0.26	39.9	8	15.96	0.44	0.5[illegible]
N086	真空	355	22	−0.81	0.385	22	−0.64	14.4	26	4.52	0.22	0.2[illegible]
N994	真空科学与技术学报	710	19	−0.63	0.443	20	−0.59	22.7	19	7.81	0.37	0.3[illegible]
N830	中国测试	2047	8	0.08	1.262	11	0.18	26.7	14	18.41	0.44	0.4[illegible]
N754	中国工程科学	2954	3	0.55	4.081	1	2.82	74.9	1	34.52	0.67	0.1[illegible]
N104	中国惯性技术学报	1319	15	−0.31	1.803	4	0.69	27.0	13	7.07	0.41	0.3[illegible]
A109	中国科学 技术科学	1672	13	−0.12	1.350	8	0.26	46.8	7	21.33	0.70	0.2[illegible]
	27 种期刊平均值	1901			1.068							

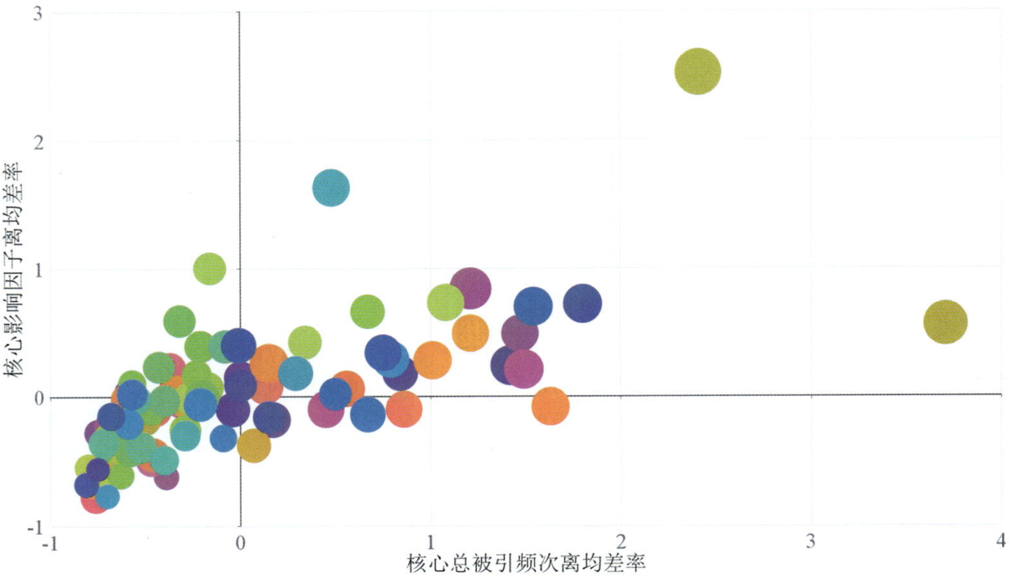

2023 年工程技术大学学报类期刊核心总被引频次和核心影响因子离均差率的分布图
（节点大小表示综合评价总分）

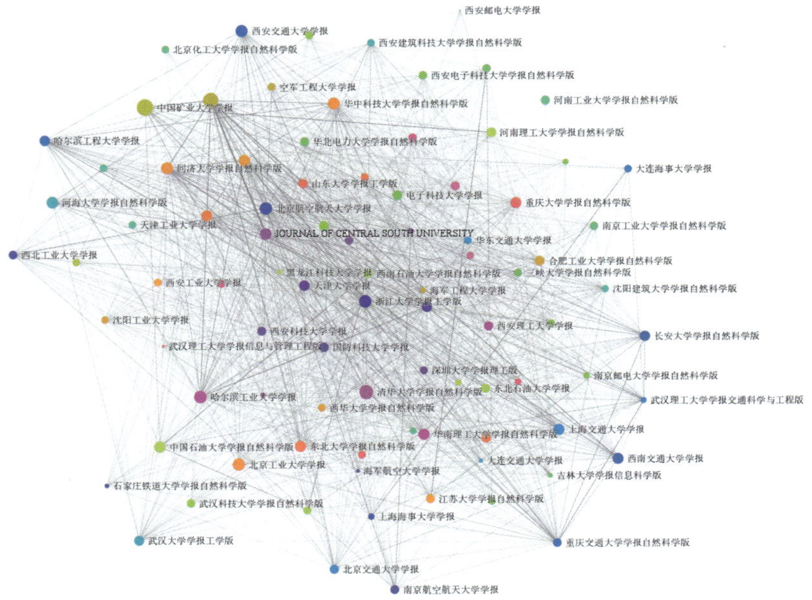

2023 年工程技术大学学报类期刊互引关系示意图

表 7-73　2023 年工程技术大学学报类期刊主要指标

CODE	刊名	核心总被引频次			核心影响因子			综合评价总分		学科扩散指标	学科影响指标	红点指标
		数值	排名	离均差率	数值	排名	离均差率	数值	排名			
I067	JOURNAL OF CENTRAL SOUTH UNIVERSITY	2536	7	1.47	1.285	12	0.49	50.0	12	5.92	0.57	0.4[illegible]
I090	JOURNAL OF WUHAN UNIVERSITY OF TECHNOLOGY MATERIALS SCIENCE EDITION	622	51	−0.39	0.331	84	−0.62	23.7	82	2.06	0.18	0.1[illegible]
I017	TRANSACTIONS OF NANJING UNIVERSITY OF AERONAUTICS & ASTRONAUTICS	257	85	−0.75	0.620	62	−0.28	26.6	79	1.42	0.13	0.5[illegible]
J030	北京工业大学学报	1180	26	0.15	1.091	20	0.26	53.8	8	5.48	0.49	0.4[illegible]
Y001	北京航空航天大学学报	2876	3	1.80	1.489	6	0.72	55.3	6	6.08	0.75	0.5[illegible]
T020	北京化工大学学报自然科学版	490	60	−0.52	0.525	70	−0.39	33.5	59	2.97	0.11	0.3[illegible]
X014	北京交通大学学报	805	40	−0.21	0.810	46	−0.06	40.1	34	3.65	0.49	0.5[illegible]
N001	北京理工大学学报	1708	18	0.67	1.432	8	0.66	42.6	26	5.15	0.51	0.5[illegible]
R018	北京邮电大学学报	544	57	−0.47	0.774	51	−0.10	32.0	69	2.62	0.31	0.5[illegible]
X036	长安大学学报自然科学版	1010	32	−0.01	1.212	14	0.40	45.0	23	2.70	0.45	0.3[illegible]
N056	长春理工大学学报自然科学版	377	73	−0.63	0.333	83	−0.61	26.0	80	1.96	0.13	0.5[illegible]
J021	重庆大学学报自然科学版	1155	28	0.13	0.930	31	0.08	47.4	19	5.48	0.58	0.5[illegible]
X029	重庆交通大学学报自然科学版	1533	20	0.50	0.879	38	0.02	37.7	43	4.20	0.56	0.3[illegible]
R559	重庆邮电大学学报自然科学版	585	54	−0.43	1.063	22	0.23	36.1	50	2.21	0.27	0.5[illegible]
X024	大连海事大学学报	441	66	−0.57	0.883	37	0.02	33.3	61	1.94	0.18	0.5[illegible]
X001	大连交通大学学报	308	80	−0.70	0.202	88	−0.77	21.0	86	1.81	0.27	0.5[illegible]
J024	大连理工大学学报	551	56	−0.46	0.472	77	−0.45	40.9	31	3.60	0.45	0.4[illegible]
R036	电子科技大学学报	818	38	−0.20	0.861	39	0.00	41.5	29	4.10	0.38	0.4[illegible]
J023	东北大学学报自然科学版	1908	13	0.86	0.776	50	−0.10	48.0	18	6.20	0.55	0.5[illegible]
L004	东北石油大学学报	860	36	−0.16	1.730	3	1.00	38.6	38	1.70	0.09	0.5[illegible]
U014	东华大学学报自然科学版	483	61	−0.53	0.516	72	−0.40	30.2	73	2.06	0.08	0.4[illegible]
J028	东南大学学报自然科学版	1597	19	0.56	0.913	33	0.06	46.8	20	5.11	0.67	0.5[illegible]
M033	桂林理工大学学报	725	44	−0.29	0.643	61	−0.26	36.2	49	3.16	0.22	0.3[illegible]
A040	国防科技大学学报	987	33	−0.04	0.773	52	−0.10	42.3	27	3.25	0.36	0.3[illegible]
X025	哈尔滨工程大学学报	1714	17	0.67	0.744	53	−0.14	45.0	22	5.21	0.58	0.5[illegible]
J003	哈尔滨工业大学学报	2555	6	1.49	1.042	24	0.21	56.1	5	6.98	0.73	0.5[illegible]
J013	哈尔滨理工大学学报	667	49	−0.35	0.909	34	0.05	34.3	56	2.79	0.19	0.4[illegible]
J055	海军工程大学学报	477	62	−0.53	0.521	71	−0.40	25.1	81	2.04	0.29	0.3[illegible]
Y029	海军航空大学学报	258	84	−0.75	0.377	82	−0.56	19.8	87	1.19	0.15	0.4[illegible]
J053	合肥工业大学学报自然科学版	1095	29	0.07	0.534	68	−0.38	41.7	28	5.40	0.46	0.4[illegible]
K032	河北工程大学学报自然科学版	207	88	−0.80	0.391	81	−0.55	27.0	78	1.45	0.12	0.5[illegible]
J017	河北工业大学学报	244	86	−0.76	0.187	89	−0.78	34.8	53	2.07	0.15	0.4[illegible]

表 7-73　2023 年工程技术大学学报类期刊主要指标（续）

CODE	刊名	核心总被引频次			核心影响因子			综合评价总分		学科扩散指标	学科影响指标	红点指标
		数值	排名	离均差率	数值	排名	离均差率	数值	排名			
W012	河海大学学报自然科学版	1515	21	0.48	2.273	2	1.63	51.3	11	3.99	0.34	0.38
U004	河南工业大学学报自然科学版	941	34	−0.08	1.198	16	0.39	39.8	36	1.89	0.07	0.11
K526	河南理工大学学报自然科学版	760	42	−0.26	0.855	40	−0.01	40.9	32	3.27	0.22	0.48
K505	黑龙江科技大学学报	292	81	−0.72	0.331	85	−0.62	21.3	85	1.74	0.10	0.44
A028	湖南大学学报自然科学版	1882	14	0.84	1.020	26	0.18	44.9	24	5.43	0.71	0.66
K016	湖南科技大学学报自然科学版	325	76	−0.68	0.515	73	−0.40	31.9	70	2.10	0.17	0.48
R046	华北电力大学学报自然科学版	695	47	−0.32	1.371	9	0.59	38.1	42	2.33	0.26	0.47
X003	华东交通大学学报	423	69	−0.59	0.681	59	−0.21	32.8	64	2.45	0.30	0.62
J004	华南理工大学学报自然科学版	1489	22	0.45	0.780	48	−0.10	49.0	15	6.06	0.57	0.62
J033	华中科技大学学报自然科学版	2061	12	1.01	1.104	19	0.28	52.2	10	6.30	0.69	0.52
J042	吉林大学学报工学版	2261	10	1.21	1.289	11	0.49	49.7	14	5.74	0.70	0.76
R586	吉林大学学报信息科学版	393	72	−0.62	0.602	63	−0.30	22.4	83	2.09	0.18	0.55
J035	江苏大学学报自然科学版	680	48	−0.34	0.902	35	0.04	38.5	39	3.44	0.37	0.60
J059	空军工程大学学报	515	59	−0.50	0.712	56	−0.18	33.7	58	2.28	0.25	0.43
J008	兰州理工大学学报	541	58	−0.47	0.433	80	−0.50	31.8	71	2.85	0.27	0.49
T011	南京工业大学学报自然科学版	619	52	−0.40	0.835	44	−0.03	35.4	51	3.28	0.28	0.34
Y026	南京航空航天大学学报	1028	30	0.00	0.938	30	0.09	38.2	41	3.76	0.42	0.61
N011	南京理工大学学报自然科学版	790	41	−0.23	1.010	27	0.17	32.1	68	3.45	0.44	0.53
E120	南京信息工程大学学报自然科学版	426	68	−0.58	0.888	36	0.03	36.2	47	2.81	0.17	0.62
R008	南京邮电大学学报自然科学版	446	65	−0.57	0.949	29	0.10	28.3	75	1.75	0.19	0.50
J001	清华大学学报自然科学版	2261	9	1.21	1.592	4	0.84	63.8	3	8.56	0.67	0.42
R086	三峡大学学报自然科学版	430	67	−0.58	0.498	74	−0.42	34.4	55	2.60	0.21	0.47
J022	山东大学学报工学版	559	55	−0.45	0.776	49	−0.10	40.4	33	3.56	0.37	0.62
X038	上海海事大学学报	323	77	−0.68	0.736	54	−0.15	28.1	76	1.37	0.16	0.39
X006	上海交通大学学报	1836	15	0.79	1.116	18	0.29	49.0	16	6.00	0.66	0.57
A515	深圳大学学报理工版	412	70	−0.60	0.525	69	−0.39	34.1	57	2.75	0.34	0.69
J052	沈阳工业大学学报	712	45	−0.31	0.835	43	−0.03	32.4	67	2.79	0.26	0.75
V011	沈阳建筑大学学报自然科学版	611	53	−0.40	0.438	79	−0.49	30.7	72	2.57	0.34	0.65
X042	石家庄铁道大学学报自然科学版	197	89	−0.81	0.280	87	−0.68	22.3	84	1.33	0.21	0.60
J011	太原理工大学学报	703	46	−0.31	0.832	45	−0.04	38.3	40	3.98	0.25	0.45
A041	天津大学学报	1197	25	0.17	0.711	57	−0.18	45.5	21	5.57	0.54	0.54
U017	天津工业大学学报	288	82	−0.72	0.549	67	−0.36	32.6	65	1.66	0.12	0.34
J032	同济大学学报自然科学版	2696	4	1.63	0.792	47	−0.08	52.2	9	6.49	0.72	0.51
W014	武汉大学学报工学版	1322	24	0.29	1.022	25	0.18	43.4	25	5.15	0.46	0.47
M032	武汉科技大学学报自然科学版	314	79	−0.69	0.585	66	−0.32	36.2	48	2.07	0.11	0.52

表 7-73 2023 年工程技术大学学报类期刊主要指标（续）

CODE	刊名	核心总被引频次			核心影响因子			综合评价总分		学科扩散指标	学科影响指标	红点指标
		数值	排名	离均差率	数值	排名	离均差率	数值	排名			
X017	武汉理工大学学报交通科学与工程版	936	35	−0.09	0.586	65	−0.32	27.1	77	3.45	0.51	0.63
J018	武汉理工大学学报信息与管理工程版	360	74	−0.65	0.485	76	−0.44	16.1	88	1.82	0.16	0.34
R009	西安电子科技大学学报自然科学版	810	39	−0.21	1.199	15	0.39	36.5	46	2.74	0.30	0.53
U030	西安工程大学学报	466	64	−0.55	0.846	42	−0.02	33.4	60	1.90	0.15	0.45
J036	西安工业大学学报	228	87	−0.78	0.282	86	−0.67	32.8	63	1.70	0.11	0.40
V018	西安建筑科技大学学报自然科学版	726	43	−0.29	0.601	64	−0.30	33.2	62	2.88	0.38	0.43
X030	西安交通大学学报	2600	5	1.54	1.465	7	0.70	54.3	7	6.07	0.69	0.45
A150	西安科技大学学报	1023	31	0.00	0.990	28	0.15	39.0	37	3.31	0.34	0.53
J002	西安理工大学学报	332	75	−0.68	0.662	60	−0.23	40.0	35	2.24	0.11	0.35
L010	西安石油大学学报自然科学版	854	37	−0.17	0.921	32	0.07	34.9	52	2.30	0.15	0.45
R671	西安邮电大学学报	287	83	−0.72	0.491	75	−0.43	12.5	89	1.04	0.08	0.45
Y023	西北工业大学学报	1177	27	0.15	0.725	55	−0.16	37.7	44	3.92	0.43	0.49
J045	西华大学学报自然科学版	314	78	−0.69	0.445	78	−0.48	32.4	66	2.37	0.19	0.44
X032	西南交通大学学报	1796	16	0.75	1.153	17	0.34	48.1	17	4.60	0.54	0.61
L002	西南石油大学学报自然科学版	1373	23	0.34	1.222	13	0.42	41.2	30	2.30	0.21	0.43
J025	燕山大学学报	411	71	−0.60	0.847	41	−0.02	34.8	54	2.19	0.20	0.59
A017	浙江大学学报工学版	2478	8	1.42	1.073	21	0.24	57.1	4	7.65	0.81	0.63
J016	浙江工业大学学报	466	63	−0.55	0.693	58	−0.20	28.6	74	2.94	0.29	0.49
J012	郑州大学学报工学版	650	50	−0.37	1.054	23	0.22	36.9	45	3.29	0.37	0.53
K015	中国矿业大学学报	3494	2	2.41	3.035	1	2.52	77.6	1	4.48	0.36	0.42
L001	中国石油大学学报自然科学版	2130	11	1.08	1.496	5	0.73	50.0	13	3.66	0.35	0.45
K001	中南大学学报自然科学版	4831	1	3.71	1.348	10	0.56	69.8	2	7.76	0.78	0.52
	89 种期刊平均值	1025			0.863							

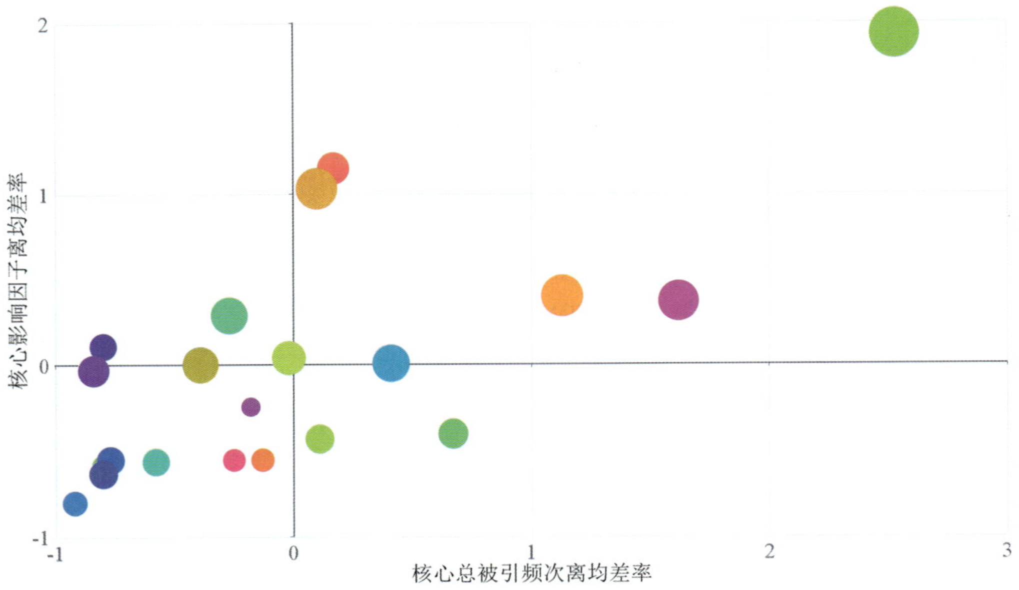

2023 年信息与系统科学相关工程与技术类期刊核心总被引频次和核心影响因子离均差率的分布图
（节点大小表示综合评价总分）

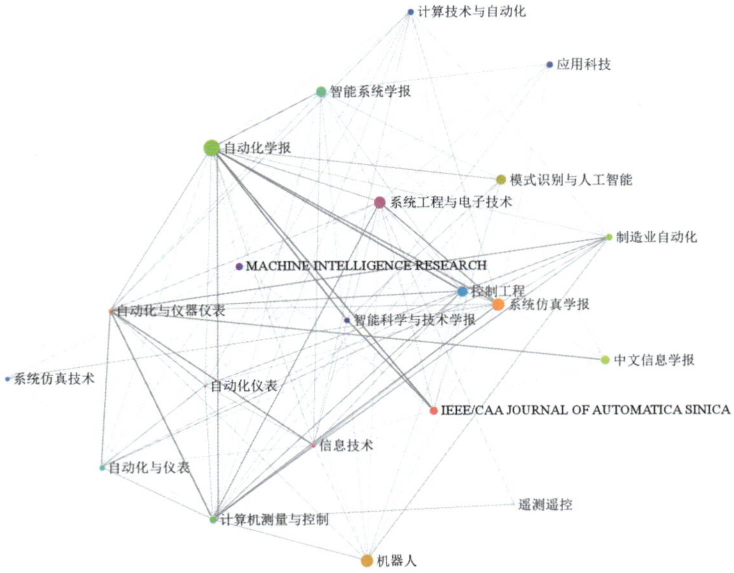

2023 年信息与系统科学相关工程与技术类期刊互引关系示意图

表 7-74　2023 年信息与系统科学相关工程与技术类期刊主要指标

CODE	刊名	核心总被引频次			核心影响因子			综合评价总分		学科扩散指标	学科影响指标	红点指标
		数值	排名	离均差率	数值	排名	离均差率	数值	排名			
R589	IEEE/CAA JOURNAL OF AUTOMATICA SINICA	1579	6	0.17	2.085	2	1.15	37.8	9	10.57	0.57	0.02
I224	MACHINE INTELLIGENCE RESEARCH	221	20	−0.84	0.942	11	−0.03	35.0	10	5.19	0.38	[illegible]
S004	机器人	1486	8	0.10	1.971	3	1.03	62.1	3	14.24	0.81	0.41
S050	计算机测量与控制	2247	4	0.67	0.582	13	−0.40	32.6	11	19.81	0.67	0.48
S507	计算技术与自动化	305	16	−0.77	0.434	17	−0.55	27.8	14	6.62	0.57	0.56
S503	控制工程	1902	5	0.41	0.979	9	0.01	49.5	5	19.48	0.71	0.46
S015	模式识别与人工智能	825	14	−0.39	0.970	10	0.00	46.4	7	11.90	0.81	0.44
S505	系统仿真技术	106	21	−0.92	0.193	21	−0.80	22.0	17	3.38	0.43	0.31
S003	系统仿真学报	2861	3	1.13	1.359	4	0.40	62.2	2	28.00	0.81	0.50
R059	系统工程与电子技术	3520	2	1.62	1.332	5	0.37	59.0	4	21.86	0.86	0.36
R519	信息技术	1013	12	−0.25	0.437	16	−0.55	18.7	19	11.10	0.52	0.52
S031	遥测遥控	257	19	−0.81	0.407	19	−0.58	11.7	21	4.05	0.33	[illegible]
X693	应用科技	269	17	−0.80	0.362	20	−0.63	29.5	13	7.71	0.43	0.46
S023	制造业自动化	1499	7	0.11	0.554	14	−0.43	30.5	12	15.67	0.48	0.52
S999	智能科学与技术学报	267	18	−0.80	1.077	7	0.11	26.3	16	4.57	0.38	0.69
S052	智能系统学报	984	13	−0.27	1.253	6	0.29	48.5	6	15.00	0.81	0.78
S020	中文信息学报	1322	9	−0.02	1.013	8	0.04	41.1	8	10.57	0.57	0.48
S026	自动化学报	4746	1	2.53	2.845	1	1.93	89.9	1	31.81	0.90	0.53
N013	自动化仪表	1103	11	−0.18	0.740	12	−0.24	13.3	20	12.10	0.48	0.65
S501	自动化与仪表	564	15	−0.58	0.423	18	−0.56	26.7	15	9.38	0.52	0.54
R611	自动化与仪器仪表	1177	10	−0.13	0.439	15	−0.55	19.5	18	12.81	0.57	0.59
	21 种期刊平均值	1345			0.971							

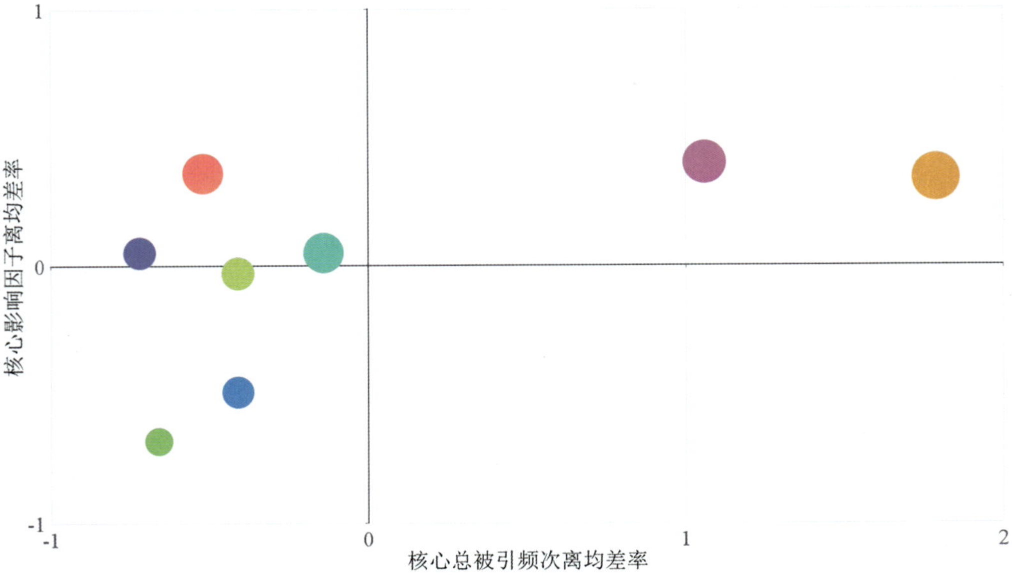

2023 年生物工程类期刊核心总被引频次和核心影响因子离均差率的分布图
（节点大小表示综合评价总分）

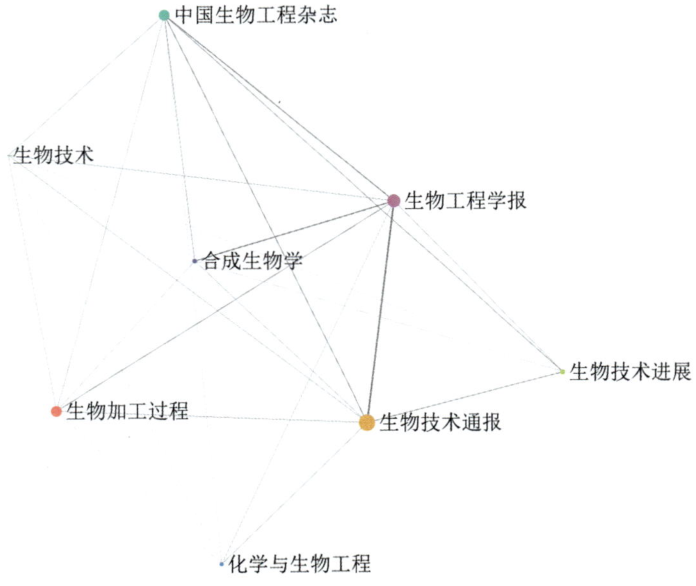

2023 年生物工程类期刊互引关系示意图

表 7-75　2023 年生物工程类期刊主要指标

CODE	刊名	核心总被引频次			核心影响因子			综合评价总分		学科扩散指标	学科影响指标	红点指标
		数值	排名	离均差率	数值	排名	离均差率	数值	排名			
F258	合成生物学	288	8	–0.72	0.958	5	0.05	37.6	6	10.88	0.75	0.69
T553	化学与生物工程	603	4	–0.41	0.467	7	–0.49	36.2	7	34.88	1.00	0.31
F003	生物工程学报	2094	2	1.06	1.276	1	0.40	67.2	2	62.25	1.00	0.37
F229	生物技术	348	7	–0.66	0.294	8	–0.68	28.0	8	25.00	0.88	0.42
F214	生物技术进展	594	5	–0.41	0.884	6	–0.03	38.8	5	30.50	0.50	0.33
F205	生物技术通报	2833	1	1.79	1.223	3	0.34	82.1	1	59.63	1.00	0.50
F204	生物加工过程	486	6	–0.52	1.243	2	0.36	59.0	3	26.13	0.88	0.33
F255	中国生物工程杂志	876	3	–0.14	0.960	4	0.05	58.8	4	45.25	1.00	0.26
	8 种期刊平均值	1015			0.913							

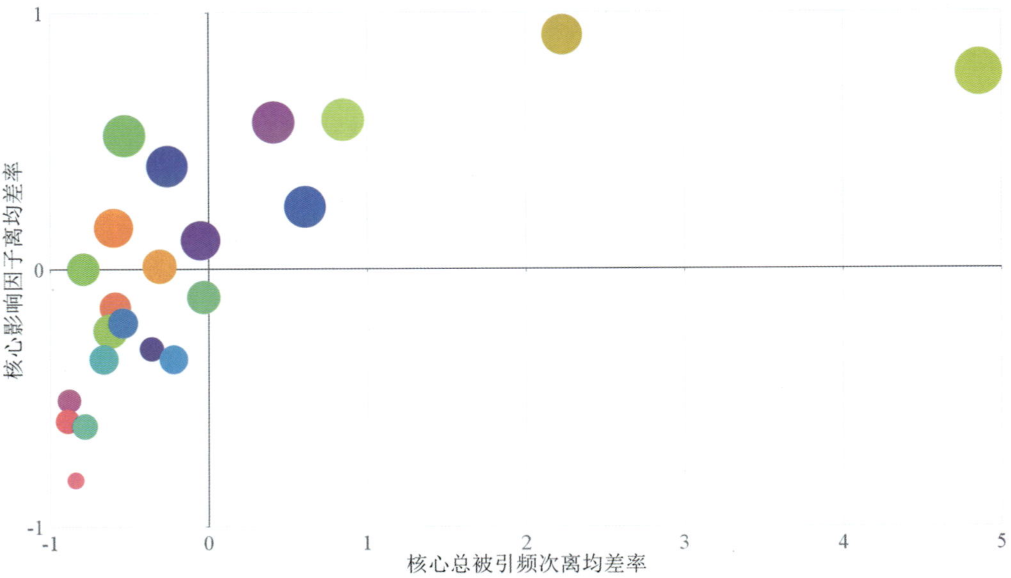

2023 年农业工程类期刊核心总被引频次和核心影响因子离均差率的分布图
（节点大小表示综合评价总分）

2023 年农业工程类期刊互引关系示意图

表 7-76　2023 年农业工程类期刊主要指标

CODE	刊名	核心总被引频次			核心影响因子			综合评价总分		学科扩散指标	学科影响指标	红点指标
		数值	排名	离均差率	数值	排名	离均差率	数值	排名			
U645	保鲜与加工	1246	17	−0.66	1.029	18	−0.35	30.4	16	8.55	0.36	0.35
H226	灌溉排水学报	2539	10	−0.31	1.597	10	0.01	42.1	10	14.45	0.73	0.61
W567	节水灌溉	1667	13	−0.54	1.254	14	−0.21	31.8	15	12.05	0.64	0.63
U055	粮食与饲料工业	807	18	−0.78	0.618	21	−0.61	23.5	18	7.45	0.36	0.18
H071	农产品质量与安全	433	21	−0.88	0.782	19	−0.51	19.9	21	6.64	0.45	0.37
H072	农业工程	581	20	−0.84	0.290	22	−0.82	10.5	22	8.82	0.68	0.43
H279	农业工程学报	21436	1	4.86	2.785	2	0.76	79.9	1	42.64	1.00	0.82
Z008	农业环境科学学报	5875	4	0.61	1.970	7	0.24	63.0	5	23.18	1.00	0.60
H278	农业机械学报	11817	2	2.23	3.024	1	0.91	59.3	7	34.95	0.95	0.52
H222	农业现代化研究	1473	15	−0.60	1.833	8	0.16	54.3	9	15.32	0.82	0.23
H773	农业资源与环境学报	1709	12	−0.53	2.405	5	0.52	63.6	4	16.55	0.77	0.56
H219	排灌机械工程学报	1486	14	−0.59	1.347	13	−0.15	35.0	14	13.14	0.64	0.45
H382	森林工程	768	19	−0.79	1.580	11	0.00	37.5	13	9.23	0.50	0.36
Z023	生态与农村环境学报	2697	9	−0.26	2.225	6	0.40	61.9	6	21.23	0.82	0.53
H015	水土保持通报	3474	7	−0.05	1.764	9	0.11	55.3	8	19.27	0.77	0.65
H287	水土保持学报	6755	3	0.85	2.497	3	0.58	65.1	2	20.27	0.82	0.57
H056	水土保持研究	5174	5	0.41	2.481	4	0.57	64.2	3	21.82	0.82	0.69
U001	中国粮油学报	3554	6	−0.03	1.404	12	−0.11	39.6	12	14.77	0.41	0.35
W005	中国农村水利水电	2854	8	−0.22	1.031	17	−0.35	29.7	17	19.55	0.77	0.32
HA01	中国农机化学报	2348	11	−0.36	1.095	16	−0.31	21.0	20	17.05	0.91	0.42
H295	中国水土保持科学	1392	16	−0.62	1.202	15	−0.24	41.6	11	11.91	0.68	0.49
H204	中国沼气	392	22	−0.89	0.652	20	−0.59	21.3	19	6.00	0.50	0.40
	22 种期刊平均值	3658			1.585							

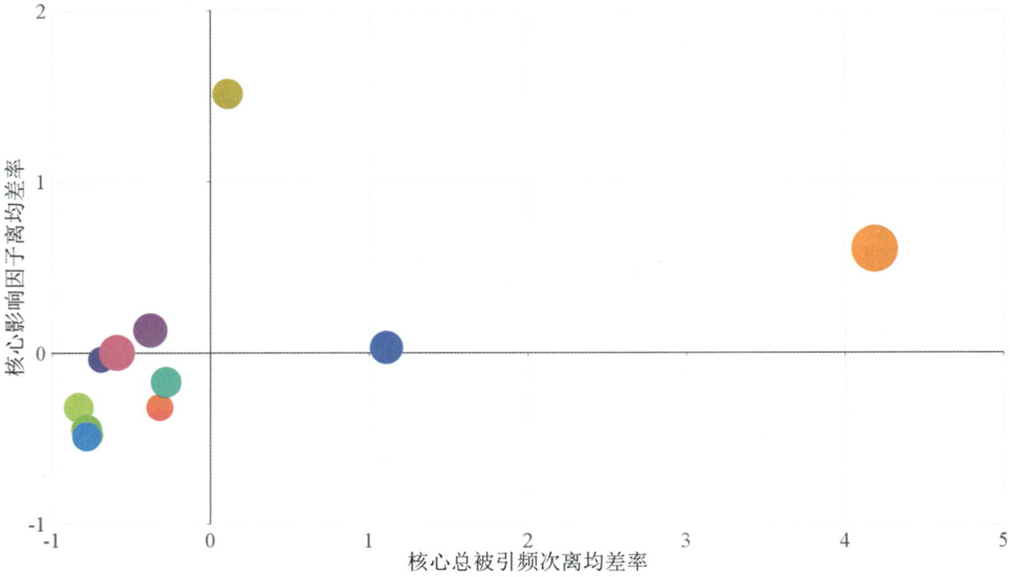

2023 年生物医学工程学类期刊核心总被引频次和核心影响因子离均差率的分布图
（节点大小表示综合评价总分）

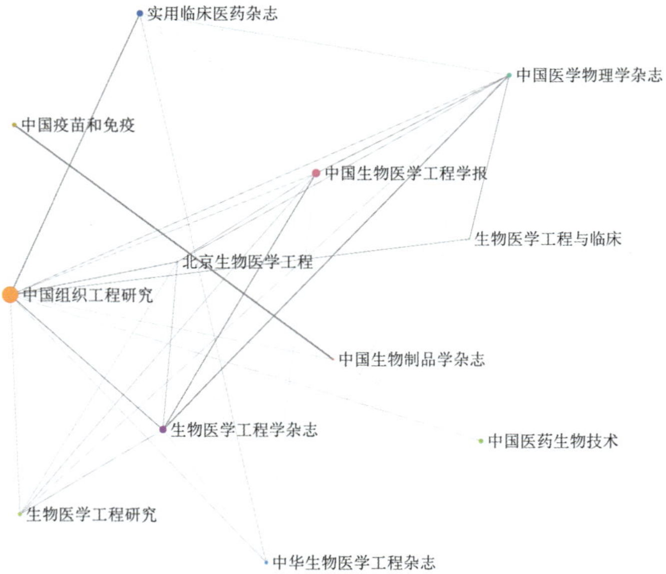

2023 年生物医学工程学类期刊互引关系示意图

表 7-77　2023 年生物医学工程学类期刊主要指标

CODE	刊名	核心总被引频次			核心影响因子			综合评价总分		学科扩散指标	学科影响指标	红点指标
		数值	排名	离均差率	数值	排名	离均差率	数值	排名			
G004	北京生物医学工程	407	8	−0.69	0.714	6	−0.04	23.9	12	16.67	0.75	0.[illegible]6
G006	生物医学工程学杂志	812	6	−0.38	0.840	3	0.13	41.7	3	29.75	0.75	0.[illegible]3
G332	生物医学工程研究	225	12	−0.83	0.507	8	−0.32	31.8	8	11.83	0.58	0.[illegible]9
G603	生物医学工程与临床	310	9	−0.76	0.384	11	−0.48	24.7	11	15.42	0.42	0.[illegible]6
Q919	实用临床医药杂志	2774	2	1.11	0.765	4	0.03	39.0	4	40.75	0.50	0.[illegible]0
G115	中国生物医学工程学报	541	7	−0.59	0.746	5	0.00	45.8	2	21.00	0.67	0.[illegible]2
G258	中国生物制品学杂志	895	5	−0.32	0.506	9	−0.32	26.4	10	22.83	0.42	0.[illegible]7
G622	中国医学物理学杂志	939	4	−0.28	0.613	7	−0.17	34.1	5	26.00	0.75	0.[illegible]7
G531	中国医药生物技术	284	11	−0.78	0.410	10	−0.45	33.6	6	16.17	0.33	0.[illegible]4
G314	中国疫苗和免疫	1458	3	0.11	1.861	1	1.51	33.1	7	13.00	0.17	0.[illegible]6
G299	中国组织工程研究	6808	1	4.19	1.185	2	0.60	78.5	1	65.92	0.92	0.[illegible]9
G737	中华生物医学工程杂志	287	10	−0.78	0.382	12	−0.49	30.0	9	14.50	0.42	0.[illegible]5
	12 种期刊平均值	1312			0.743							

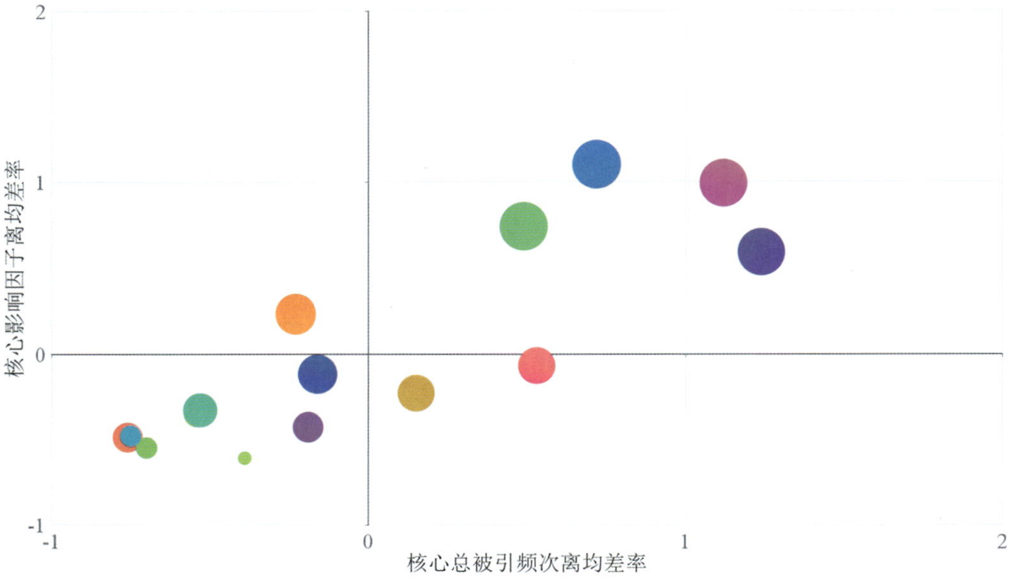

2023 年测绘科学技术类期刊核心总被引频次和核心影响因子离均差率的分布图
（节点大小表示综合评价总分）

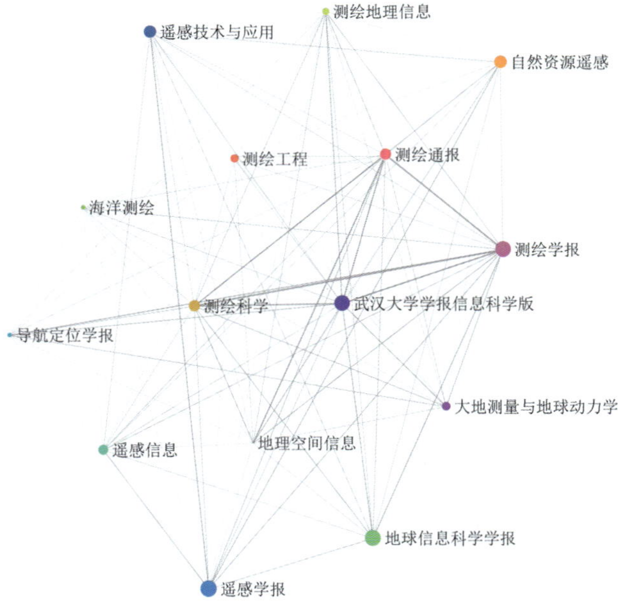

2023 年测绘科学技术类期刊互引关系示意图

表 7-78　2023 年测绘科学技术类期刊主要指标

CODE	刊名	核心总被引频次			核心影响因子			综合评价总分		学科扩散指标	学科影响指标	红点指标
		数值	排名	离均差率	数值	排名	离均差率	数值	排名			
E616	测绘地理信息	870	12	–0.54	0.838	10	–0.35	25.8	12	14.80	1.00	0.40
E543	测绘工程	456	15	–0.76	0.653	13	–0.49	32.1	11	11.93	1.00	0.58
E600	测绘科学	2193	6	0.15	0.994	8	–0.23	48.4	8	30.67	1.00	0.50
E510	测绘通报	2928	4	0.53	1.199	6	–0.07	49.3	7	32.27	1.00	0.56
E152	测绘学报	4053	2	1.12	2.565	2	0.99	82.4	3	29.80	1.00	0.48
E144	大地测量与地球动力学	1548	8	–0.19	0.732	11	–0.43	34.1	10	16.93	1.00	0.34
Y591	导航定位学报	478	14	–0.75	0.674	12	–0.48	16.0	14	8.60	0.73	0.49
E639	地理空间信息	1159	10	–0.39	0.503	15	–0.61	6.8	15	17.40	1.00	0.42
E656	地球信息科学学报	2855	5	0.49	2.233	3	0.74	82.6	2	34.80	1.00	0.59
E651	海洋测绘	580	13	–0.70	0.577	14	–0.55	16.5	13	8.93	1.00	0.39
E107	武汉大学学报信息科学版	4287	1	1.24	2.048	4	0.59	79.1	4	35.47	1.00	0.43
Z543	遥感技术与应用	1601	7	–0.16	1.131	7	–0.12	56.0	6	24.20	1.00	0.50
S024	遥感信息	894	11	–0.53	0.859	9	–0.33	41.6	9	19.93	1.00	0.52
Z006	遥感学报	3285	3	0.72	2.708	1	1.10	85.9	1	32.80	0.93	0.70
E591	自然资源遥感	1478	9	–0.23	1.583	5	0.23	59.0	5	24.33	0.93	0.55
	15 种期刊平均值	1911			1.286							

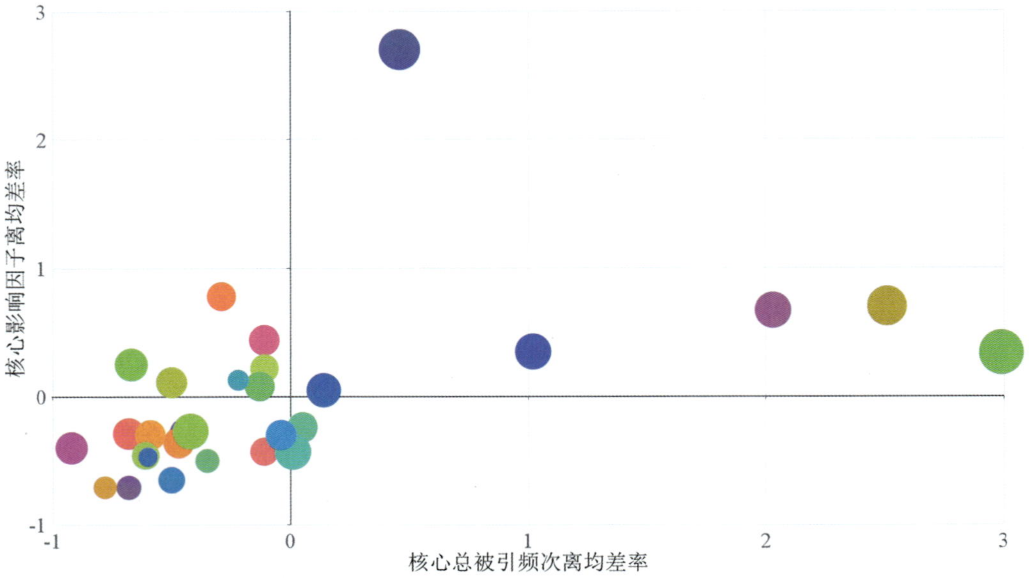

2023 年材料科学综合类期刊核心总被引频次和核心影响因子离均差率的分布图
（节点大小表示综合评价总分）

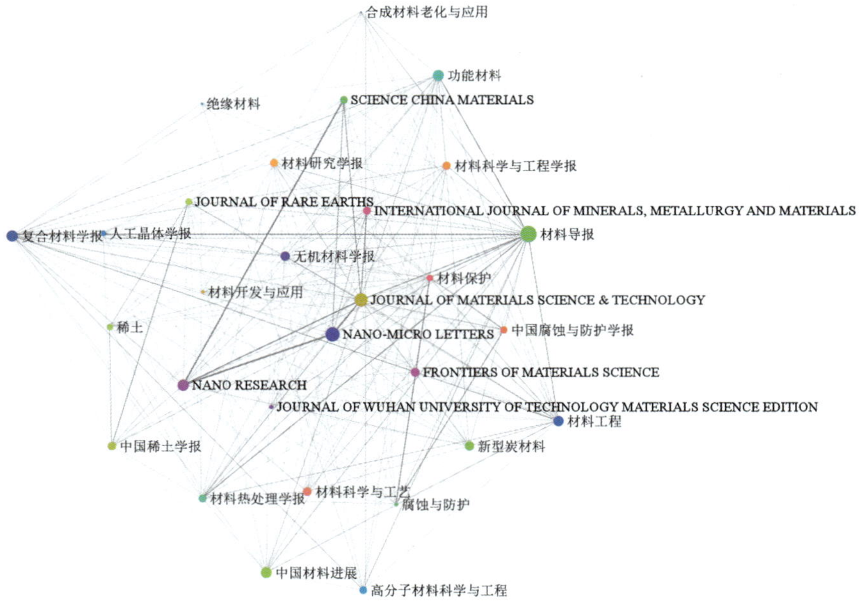

2023 年材料科学综合类期刊互引关系示意图

表 7-79　2023 年材料科学综合类期刊主要指标

CODE	刊名	核心总被引频次			核心影响因子			综合评价总分		学科扩散指标	学科影响指标	红点指标
		数值	排名	离均差率	数值	排名	离均差率	数值	排名			
I243	FRONTIERS OF MATERIALS SCIENCE	163	29	−0.92	0.674	21	−0.40	37.4	11	3.17	0.52	0.34
K045	INTERNATIONAL JOURNAL OF MINERALS, METALLURGY AND MATERIALS	1757	10	−0.11	1.620	5	0.44	33.8	15	7.28	0.86	0.27
M015	JOURNAL OF MATERIALS SCIENCE & TECHNOLOGY	6898	2	2.51	1.922	3	0.70	56.4	3	13.66	0.97	0.28
M035	JOURNAL OF RARE EARTHS	1744	11	−0.11	1.376	9	0.22	28.8	21	8.14	0.79	0.31
I090	JOURNAL OF WUHAN UNIVERSITY OF TECHNOLOGY MATERIALS SCIENCE EDITION	622	27	−0.68	0.331	28	−0.71	21.7	25	6.31	0.72	0.21
I137	NANO RESEARCH	5958	3	2.03	1.884	4	0.67	47.4	4	12.45	0.90	0.33
M705	NANO-MICRO LETTERS	2871	5	0.46	4.181	1	2.70	60.7	2	9.38	0.72	0.21
M114	SCIENCE CHINA MATERIALS	1714	13	−0.13	1.222	12	0.08	32.0	19	7.66	0.83	0.28
M005	材料保护	1742	12	−0.11	0.640	23	−0.43	28.6	22	8.97	0.62	0.61
M103	材料导报	7844	1	2.99	1.517	7	0.34	71.8	1	26.66	0.90	0.59
Y007	材料工程	2247	6	0.14	1.184	13	0.05	43.1	8	12.24	0.86	0.68
M010	材料开发与应用	441	28	−0.78	0.330	29	−0.71	19.0	27	4.76	0.48	0.53
M008	材料科学与工程学报	1043	19	−0.47	0.723	20	−0.36	34.2	14	10.93	0.72	0.57
M006	材料科学与工艺	627	26	−0.68	0.799	17	−0.29	36.1	12	6.72	0.62	0.54
N026	材料热处理学报	2057	7	0.05	0.855	14	−0.24	33.6	16	6.76	0.66	0.74
M009	材料研究学报	810	22	−0.59	0.785	19	−0.30	32.8	18	7.62	0.72	0.92
M505	腐蚀与防护	1280	16	−0.35	0.559	26	−0.50	20.5	26	7.28	0.59	0.57
Y019	复合材料学报	3967	4	1.02	1.523	6	0.35	46.9	5	16.86	0.86	0.68
T001	高分子材料科学与工程	1882	9	−0.04	0.794	18	−0.30	33.6	17	10.38	0.52	0.49
N039	功能材料	1980	8	0.01	0.649	22	−0.43	46.4	6	16.45	0.83	0.72
T057	合成材料老化与应用	783	23	−0.60	0.594	25	−0.47	13.4	29	6.31	0.45	0.56
R016	绝缘材料	1538	14	−0.22	1.271	10	0.13	16.0	28	5.52	0.45	0.43
T013	人工晶体学报	977	20	−0.50	0.391	27	−0.65	26.1	24	8.66	0.62	0.48
D003	无机材料学报	1094	18	−0.44	0.804	16	−0.29	39.0	9	9.59	0.79	0.58
M041	稀土	776	24	−0.61	0.611	24	−0.46	27.3	23	6.83	0.55	0.54
M102	新型炭材料	646	25	−0.67	1.414	8	0.25	38.8	10	7.21	0.72	0.59
M053	中国材料进展	1146	17	−0.42	0.820	15	−0.27	45.5	7	11.59	0.79	0.61
M007	中国腐蚀与防护学报	1404	15	−0.29	2.004	2	0.78	30.2	20	5.97	0.66	0.65
M022	中国稀土学报	976	21	−0.50	1.257	11	0.11	35.2	13	8.03	0.55	0.56
	29 种期刊平均值	1965			1.129							

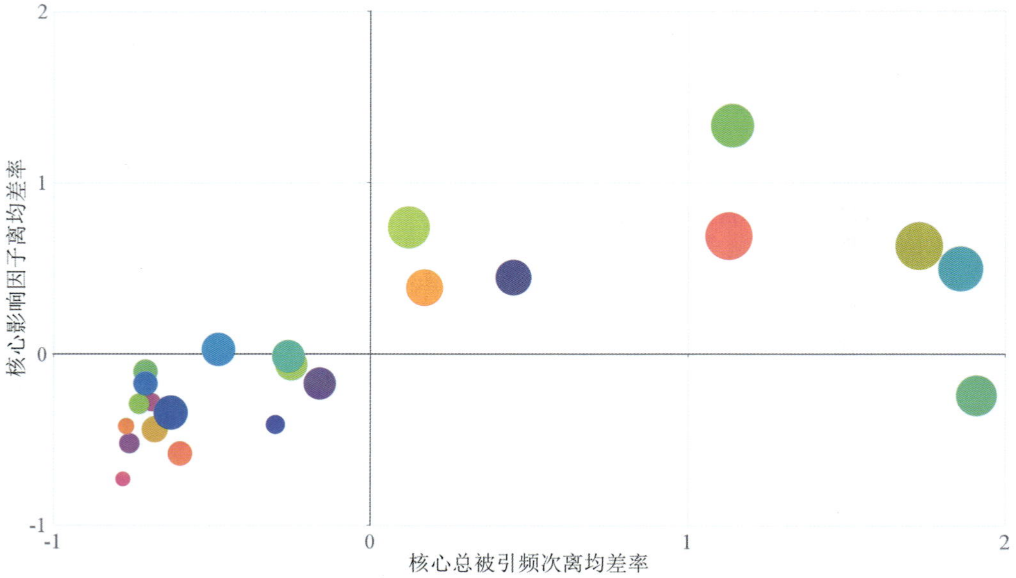

2023 年金属材料类期刊核心总被引频次和核心影响因子离均差率的分布图
（节点大小表示综合评价总分）

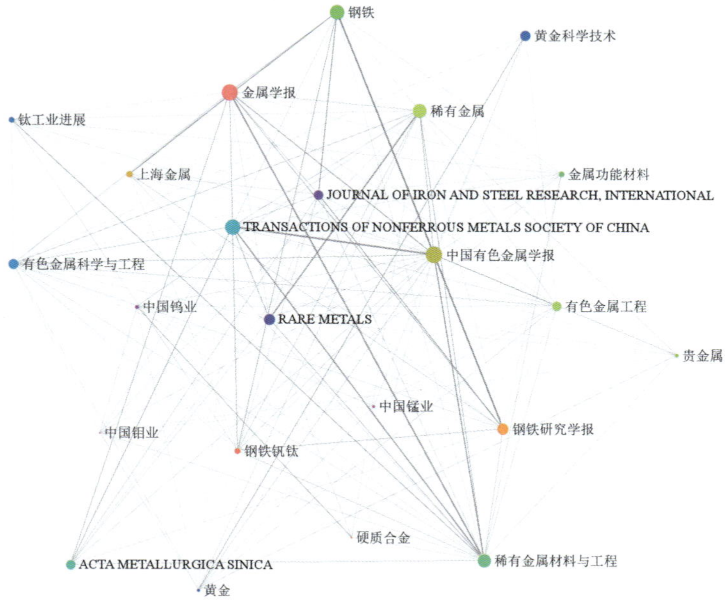

2023 年金属材料类期刊互引关系示意图

表 7-80　2023 年金属材料类期刊主要指标

CODE	刊名	核心总被引频次			核心影响因子			综合评价总分		学科扩散指标	学科影响指标	红点指标
		数值	排名	离均差率	数值	排名	离均差率	数值	排名			
M100	ACTA METALLURGICA SINICA	1176	11	−0.26	1.073	9	−0.01	38.2	11	6.35	0.78	0.43
I142	JOURNAL OF IRON AND STEEL RESEARCH, INTERNATIONAL	1330	9	−0.16	0.907	12	−0.17	37.9	12	6.70	0.78	0.16
I050	RARE METALS	2309	6	0.45	1.582	6	0.45	45.6	8	9.74	0.83	0.14
M104	TRANSACTIONS OF NONFERROUS METALS SOCIETY OF CHINA	4545	2	1.86	1.634	5	0.50	71.6	3	16.96	1.00	0.58
M050	钢铁	3405	4	1.14	2.537	1	1.33	67.4	4	8.09	0.65	0.41
M013	钢铁钒钛	631	14	−0.60	0.456	22	−0.58	21.8	15	5.04	0.70	0.59
M019	钢铁研究学报	1866	7	0.17	1.519	7	0.39	48.1	7	7.26	0.78	0.52
M048	贵金属	429	20	−0.73	0.777	16	−0.29	15.1	18	4.61	0.61	0.35
M631	黄金	1116	12	−0.30	0.638	18	−0.41	13.2	20	5.00	0.43	0.41
M600	黄金科学技术	586	15	−0.63	0.715	17	−0.34	42.3	9	5.91	0.39	0.21
M051	金属功能材料	461	18	−0.71	0.979	11	−0.10	21.0	16	4.87	0.70	0.41
M012	金属学报	3380	5	1.13	1.837	3	0.69	80.3	2	12.26	0.83	0.68
M021	上海金属	503	16	−0.68	0.605	20	−0.44	24.5	14	3.57	0.57	0.66
M544	钛工业进展	455	19	−0.71	0.900	13	−0.17	21.0	17	3.26	0.43	0.77
M029	稀有金属	1777	8	0.12	1.897	2	0.74	62.4	5	9.83	0.87	0.47
M052	稀有金属材料与工程	4626	1	1.91	0.828	14	−0.24	59.4	6	15.48	0.91	0.62
M014	硬质合金	364	22	−0.77	0.634	19	−0.42	9.5	22	2.91	0.43	0.47
M036	有色金属工程	1196	10	−0.25	1.028	10	−0.06	36.8	13	9.96	0.70	0.38
M504	有色金属科学与工程	826	13	−0.48	1.127	8	0.03	40.1	10	8.57	0.87	0.44
K036	中国锰业	497	17	−0.69	0.783	15	−0.28	12.0	21	4.83	0.48	0.14
K550	中国钼业	347	23	−0.78	0.297	23	−0.73	8.2	23	3.22	0.48	0.31
K035	中国钨业	381	21	−0.76	0.523	21	−0.52	14.8	19	4.04	0.43	0.49
M028	中国有色金属学报	4339	3	1.73	1.774	4	0.63	80.5	1	18.74	1.00	0.56
	23 种期刊平均值	1589			1.089							

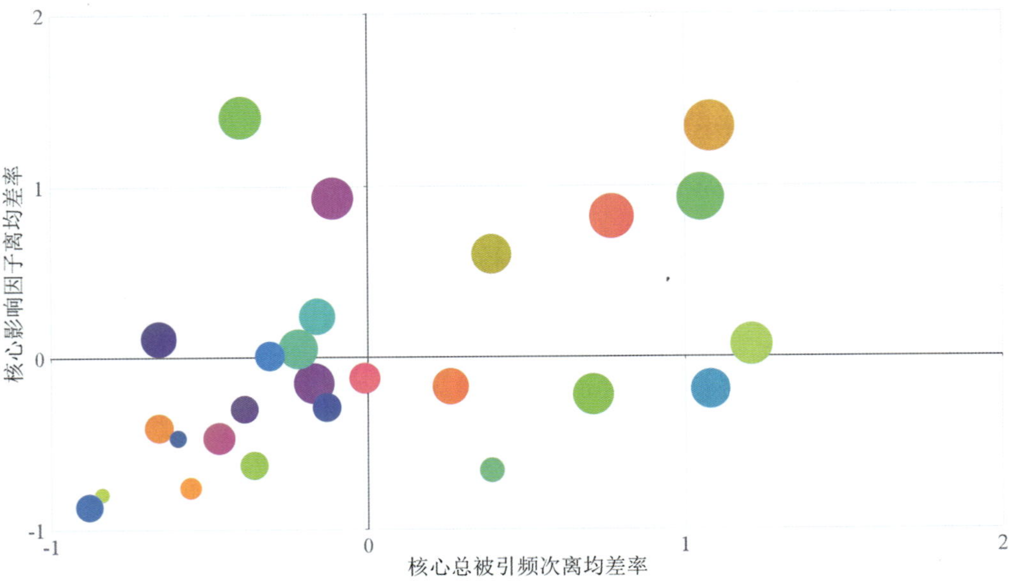

2023 年矿山工程技术类期刊核心总被引频次和核心影响因子离均差率的分布图
（节点大小表示综合评价总分）

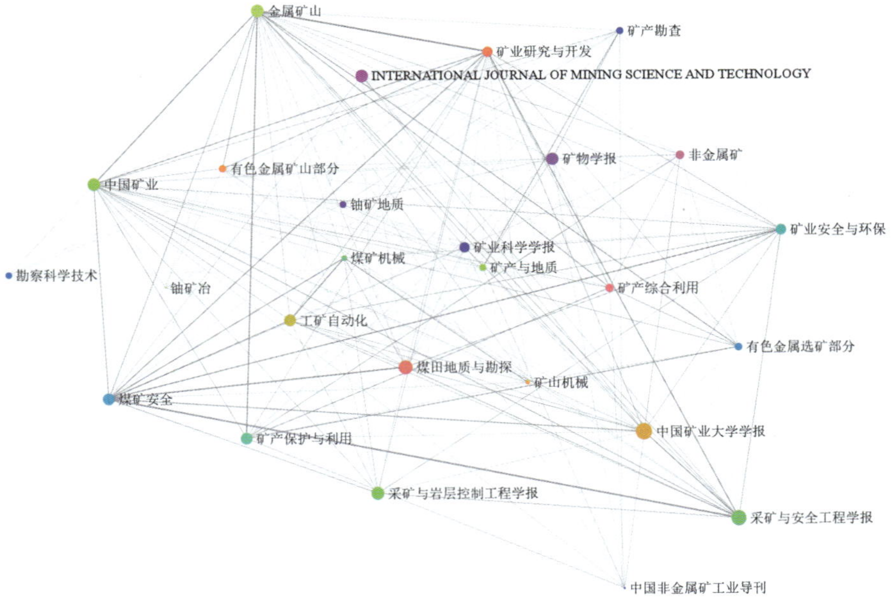

2023 年矿山工程技术类期刊互引关系示意图

表 7-81　2023 年矿山工程技术类期刊主要指标

CODE	刊名	核心总被引频次			核心影响因子			综合评价总分		学科扩散指标	学科影响指标	红点指标
		数值	排名	离均差率	数值	排名	离均差率	数值	排名			
I184	INTERNATIONAL JOURNAL OF MINING SCIENCE AND TECHNOLOGY	1490	11	–0.11	2.493	4	0.93	63.5	6	8.19	0.73	0.10
K512	采矿与安全工程学报	3456	4	1.05	2.502	3	0.93	80.6	2	7.15	0.69	0.53
K504	采矿与岩层控制工程学报	1005	19	–0.40	3.103	1	1.40	64.1	4	4.12	0.73	0.58
K002	非金属矿	894	20	–0.47	0.686	21	–0.47	36.6	15	7.15	0.62	0.54
K018	工矿自动化	2344	8	0.39	2.067	6	0.60	56.4	9	8.38	0.69	0.53
K022	金属矿山	3710	1	1.21	1.383	9	0.07	63.8	5	13.08	1.00	0.55
M018	勘察科学技术	203	26	–0.88	0.170	26	–0.87	26.8	22	4.00	0.31	0.29
K525	矿产保护与利用	1318	15	–0.22	1.356	10	0.05	56.3	10	8.35	0.73	0.69
V054	矿产勘查	1464	12	–0.13	0.922	17	–0.29	30.0	18	6.77	0.58	0.33
K025	矿产与地质	1075	17	–0.36	0.482	22	–0.63	28.2	20	4.77	0.50	0.57
K004	矿产综合利用	1666	10	–0.01	1.145	12	–0.12	34.3	16	7.04	0.77	0.30
K014	矿山机械	739	21	–0.56	0.313	24	–0.76	16.7	24	6.31	0.62	0.28
E350	矿物学报	1400	14	–0.17	1.095	13	–0.15	59.4	8	8.46	0.77	0.47
K554	矿业安全与环保	1405	13	–0.16	1.610	7	0.24	47.9	12	5.69	0.65	0.53
K582	矿业科学学报	565	24	–0.66	1.434	8	0.11	45.9	14	5.65	0.77	0.41
K010	矿业研究与开发	2127	9	0.26	1.076	14	–0.17	47.2	13	11.58	1.00	0.54
K558	煤矿安全	3496	2	1.08	1.048	15	–0.19	56.0	11	10.38	0.69	0.52
K517	煤矿机械	2345	7	0.39	0.443	23	–0.66	21.8	23	8.38	0.58	0.42
K009	煤田地质与勘探	2971	5	0.77	2.362	5	0.82	71.9	3	11.27	0.85	0.41
E051	铀矿地质	1033	18	–0.39	0.912	18	–0.30	27.4	21	3.73	0.35	0.37
K020	铀矿冶	263	25	–0.84	0.254	25	–0.80	7.6	26	2.27	0.42	0.38
K013	有色金属矿山部分	575	23	–0.66	0.768	19	–0.41	29.6	19	4.73	0.65	0.59
K580	有色金属选矿部分	1169	16	–0.31	1.304	11	0.01	31.4	17	3.00	0.58	0.52
V023	中国非金属矿工业导刊	667	22	–0.60	0.689	20	–0.47	10.7	25	4.42	0.46	0.72
K030	中国矿业	2872	6	0.71	1.010	16	–0.22	60.6	7	16.58	1.00	0.19
K015	中国矿业大学学报	3494	3	1.08	3.035	2	1.34	91.7	1	15.35	0.88	0.13
	26 种期刊平均值	1683			1.295							

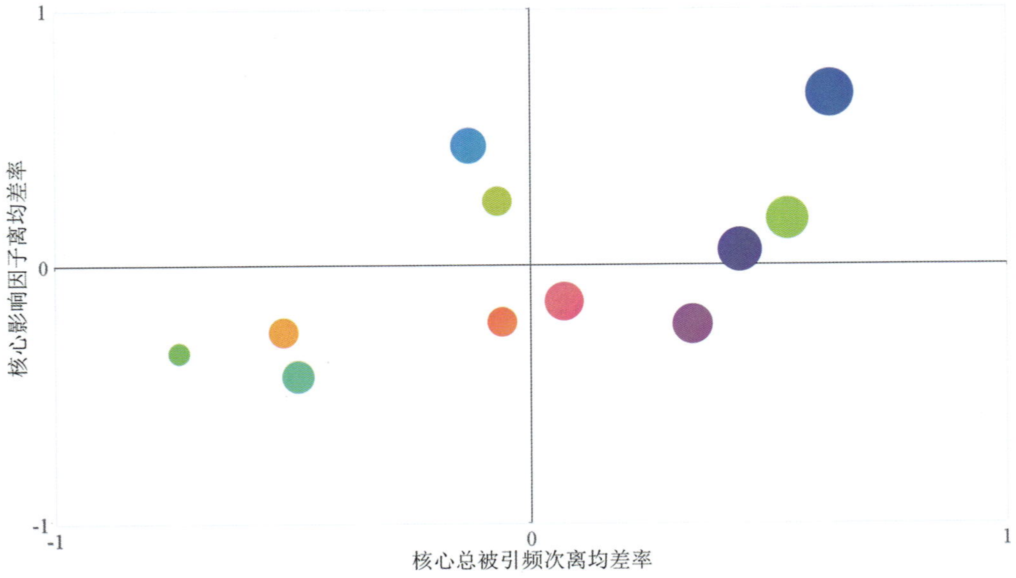

2023 年冶金工程技术类期刊核心总被引频次和核心影响因子离均差率的分布图
（节点大小表示综合评价总分）

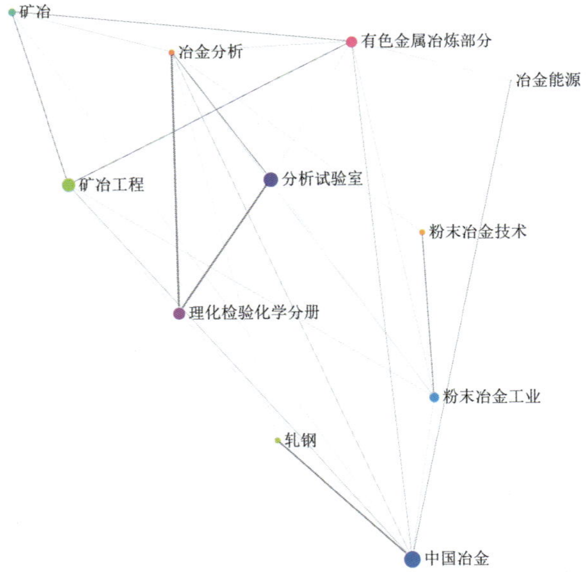

2023 年冶金工程技术类期刊互引关系示意图

表 7-82　2023 年冶金工程技术类期刊主要指标

CODE	刊名	核心总被引频次			核心影响因子			综合评价总分		学科扩散指标	学科影响指标	红点指标
		数值	排名	离均差率	数值	排名	离均差率	数值	排名			
D004	分析试验室	1573	3	0.44	1.071	5	0.06	70.3	2	27.45	0.55	0.28
M105	粉末冶金工业	946	8	−0.13	1.481	2	0.47	46.7	6	11.64	0.64	0.49
M039	粉末冶金技术	526	10	−0.52	0.743	9	−0.26	31.7	8	10.27	0.45	0.44
M101	矿冶	556	9	−0.49	0.580	11	−0.43	37.3	7	11.55	0.73	0.40
M045	矿冶工程	1675	2	0.54	1.190	4	0.18	63.7	3	23.91	0.55	0.52
M001	理化检验化学分册	1457	4	0.34	0.783	8	−0.23	57.6	4	27.18	0.55	0.41
M023	冶金分析	1025	6	−0.06	0.785	7	−0.22	31.4	9	13.64	0.91	0.65
M047	冶金能源	283	11	−0.74	0.667	10	−0.34	16.9	11	6.18	0.45	0.23
M020	有色金属冶炼部分	1164	5	0.07	0.873	6	−0.14	54.0	5	19.64	0.73	0.36
M043	轧钢	1010	7	−0.07	1.261	3	0.25	31.1	10	7.18	0.36	0.38
M628	中国冶金	1783	1	0.63	1.685	1	0.67	81.9	1	14.82	0.73	0.41
	11 种期刊平均值	1091			1.011							

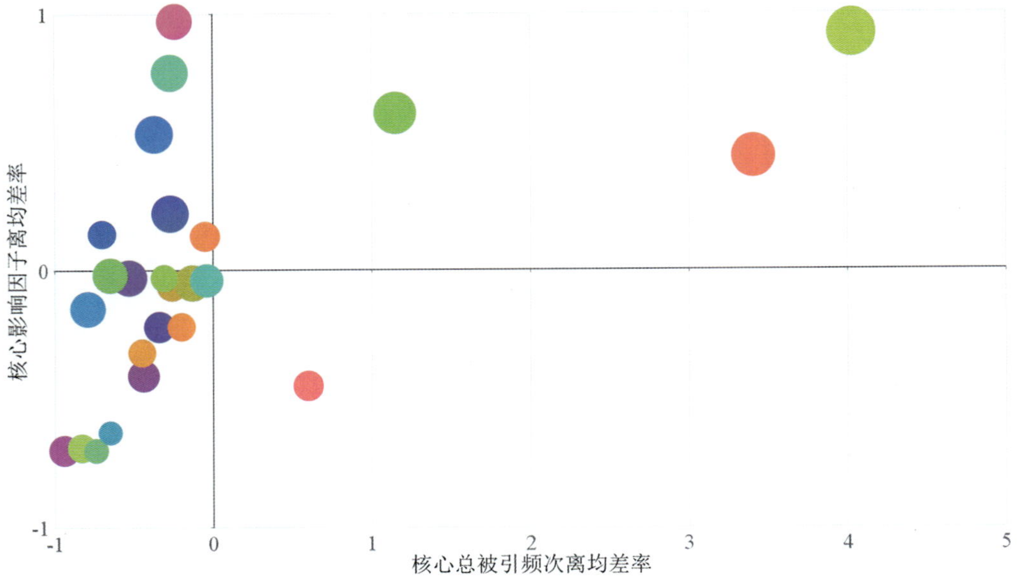

2023 年机械工程设计类期刊核心总被引频次和核心影响因子离均差率的分布图
（节点大小表示综合评价总分）

2023 年机械工程设计类期刊互引关系示意图

表 7-83　2023 年机械工程设计类期刊主要指标

CODE	刊名	核心总被引频次			核心影响因子			综合评价总分		学科扩散指标	学科影响指标	红点指标
		数值	排名	离均差率	数值	排名	离均差率	数值	排名			
I218	CHINESE JOURNAL OF MECHANICAL ENGINEERING	1027	18	−0.53	0.877	12	−0.03	46.5	9	10.76	0.83	0.01
N764	JOURNAL OF BIONIC ENGINEERING	658	21	−0.70	1.034	8	0.14	28.9	21	6.28	0.64	0.22
M655	NANOTECHNOLOGY AN PRECISION ENGINEERING	136	25	−0.94	0.271	24	−0.70	34.4	16	3.60	0.32	0.00
N590	工程设计学报	463	23	−0.79	0.767	16	−0.15	45.2	10	7.48	0.76	0.53
N672	机电工程	1373	15	−0.37	1.387	5	0.53	51.6	4	11.24	0.84	0.60
N040	机械传动	1751	8	−0.20	0.706	18	−0.22	28.9	20	9.04	0.84	0.67
M004	机械工程材料	1235	16	−0.44	0.539	20	−0.41	36.3	13	9.48	0.60	0.49
N051	机械工程学报	10995	1	4.03	1.741	2	0.92	87.3	1	27.60	1.00	0.46
N050	机械科学与技术	1910	7	−0.13	0.860	14	−0.05	46.8	8	15.44	0.92	0.59
N047	机械设计	1613	10	−0.26	0.849	15	−0.06	34.5	15	13.24	0.84	0.60
N054	机械设计与研究	1509	13	−0.31	0.878	11	−0.03	26.1	23	10.00	0.92	0.56
N028	机械设计与制造	3509	4	0.60	0.503	21	−0.45	33.2	17	19.12	0.92	0.62
N063	机械设计与制造工程	570	22	−0.74	0.268	25	−0.70	21.9	24	8.84	0.72	0.54
N053	机械与电子	365	24	−0.83	0.277	23	−0.69	29.4	19	7.48	0.64	0.53
N515	机械制造与自动化	759	20	−0.65	0.331	22	−0.63	20.8	25	9.84	0.76	0.60
N023	流体机械	1659	9	−0.24	1.786	1	0.97	46.8	7	9.44	0.76	0.47
N084	摩擦学学报	1594	12	−0.27	1.607	3	0.77	50.0	6	9.76	0.84	0.54
N061	图学学报	768	19	−0.65	0.890	10	−0.02	44.1	11	10.64	0.56	0.58
N035	液压与气动	2079	6	−0.05	1.022	9	0.13	32.6	18	9.20	0.80	0.48
C100	噪声与振动控制	1452	14	−0.34	0.711	17	−0.22	34.7	14	12.60	0.76	0.99
Y004	振动工程学报	1603	11	−0.27	1.105	7	0.22	50.7	5	12.04	0.84	0.48
N030	振动与冲击	9642	2	3.41	1.303	6	0.44	69.5	2	25.08	0.96	0.51
N046	制造技术与机床	1202	17	−0.45	0.619	19	−0.32	27.6	22	9.68	0.84	0.58
N059	中国机械工程	4699	3	1.15	1.463	4	0.61	64.8	3	21.52	1.00	0.43
N088	组合机床与自动化加工技术	2088	5	−0.04	0.870	13	−0.04	39.7	12	11.96	0.80	0.63
	25 种期刊平均值	2186			0.907							

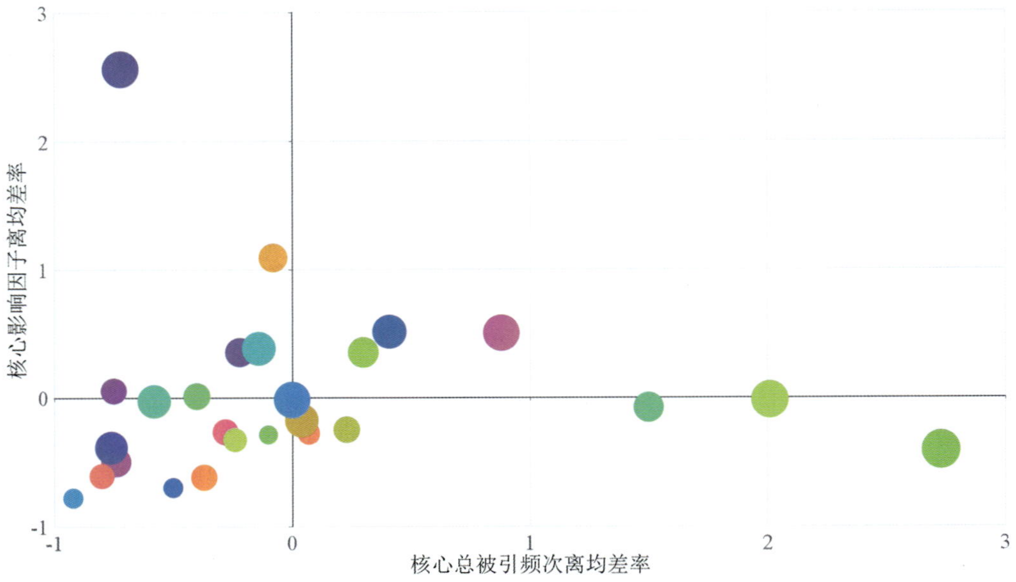

2023 年机械制造工艺与设备类期刊核心总被引频次和核心影响因子离均差率的分布图
（节点大小表示综合评价总分）

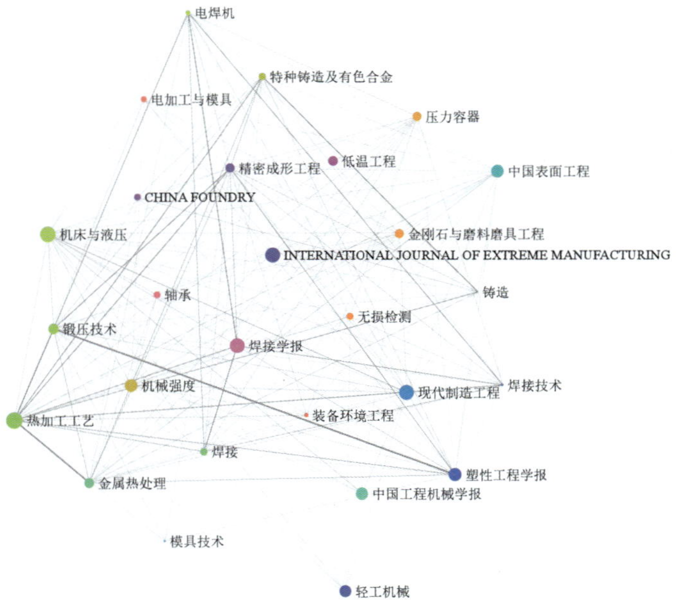

2023 年机械制造工艺与设备类期刊互引关系示意图

表 7-84　2023 年机械制造工艺与设备类期刊主要指标

CODE	刊名	核心总被引频次			核心影响因子			综合评价总分		学科扩散指标	学科影响指标	红点指标
		数值	排名	离均差率	数值	排名	离均差率	数值	排名			
I165	CHINA FOUNDRY	313	24	−0.75	0.848	8	0.05	24.2	21	2.19	0.37	0.33
N991	INTERNATIONAL JOURNAL OF EXTREME MANUFACTURING	347	22	−0.72	2.868	1	2.56	47.9	3	2.85	0.33	0.05
N019	低温工程	325	23	−0.74	0.407	23	−0.50	32.0	13	4.52	0.22	0.37
N067	电焊机	958	15	−0.24	0.543	20	−0.33	20.0	23	4.93	0.70	0.66
N027	电加工与模具	257	26	−0.80	0.315	24	−0.61	22.3	22	2.78	0.48	0.37
N070	锻压技术	1639	6	0.30	1.090	6	0.35	33.8	11	6.96	0.81	0.50
N076	焊接	757	18	−0.40	0.814	9	0.01	25.9	17	4.41	0.59	0.66
N624	焊接技术	631	19	−0.50	0.238	26	−0.70	14.8	25	4.67	0.63	0.59
N021	焊接学报	2368	4	0.88	1.213	4	0.50	47.9	4	8.26	0.81	0.66
N069	机床与液压	3789	2	2.01	0.787	11	−0.02	49.9	2	15.07	0.96	0.41
N057	机械强度	1313	9	0.04	0.660	15	−0.18	40.2	8	11.19	0.81	0.51
N048	金刚石与磨料磨具工程	527	20	−0.58	0.782	12	−0.03	29.8	15	4.11	0.48	0.48
N083	金属热处理	3139	3	1.50	0.741	14	−0.08	32.7	12	8.22	0.81	0.80
N992	精密成形工程	980	14	−0.22	1.088	7	0.35	30.7	14	5.15	0.74	0.79
N107	模具技术	105	27	−0.92	0.176	27	−0.78	14.6	26	1.11	0.26	0.58
U535	轻工机械	304	25	−0.76	0.493	21	−0.39	38.1	10	5.11	0.52	0.30
N071	热加工工艺	4686	1	2.73	0.472	22	−0.41	52.9	1	12.04	0.89	0.71
T580	塑性工程学报	1777	5	0.41	1.218	3	0.51	41.6	6	6.56	0.85	0.66
N065	特种铸造及有色合金	1549	7	0.23	0.605	16	−0.25	25.3	18	6.22	0.74	0.77
N044	无损检测	791	17	−0.37	0.309	25	−0.62	24.6	19	8.19	0.63	0.42
N111	现代制造工程	1255	10	0.00	0.791	10	−0.02	47.5	5	11.30	0.89	0.45
N052	压力容器	1152	11	−0.08	1.684	2	1.09	29.8	16	6.04	0.59	0.43
N103	中国表面工程	1080	13	−0.14	1.109	5	0.38	41.3	7	6.67	0.74	0.57
N089	中国工程机械学报	525	21	−0.58	0.781	13	−0.03	39.9	9	6.04	0.56	0.43
N022	轴承	899	16	−0.28	0.589	17	−0.27	24.3	20	5.93	0.59	0.98
N075	铸造	1132	12	−0.10	0.571	19	−0.29	12.9	27	5.04	0.67	0.65
N034	装备环境工程	1343	8	0.07	0.582	18	−0.28	18.3	24	9.44	0.56	0.42
	27 种期刊平均值	1257			0.806							

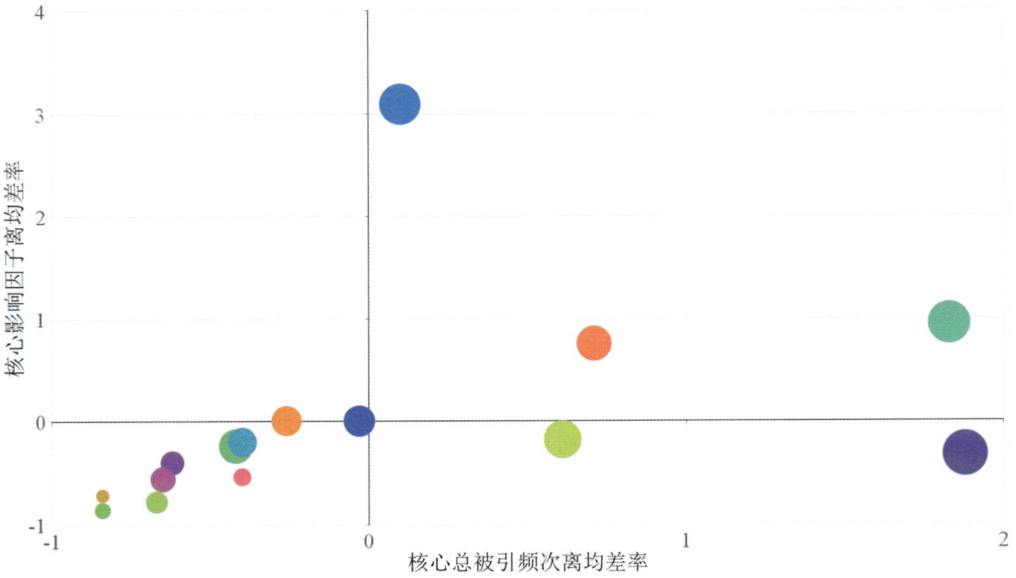

2023 年动力工程类期刊核心总被引频次和核心影响因子离均差率的分布图
（节点大小表示综合评价总分）

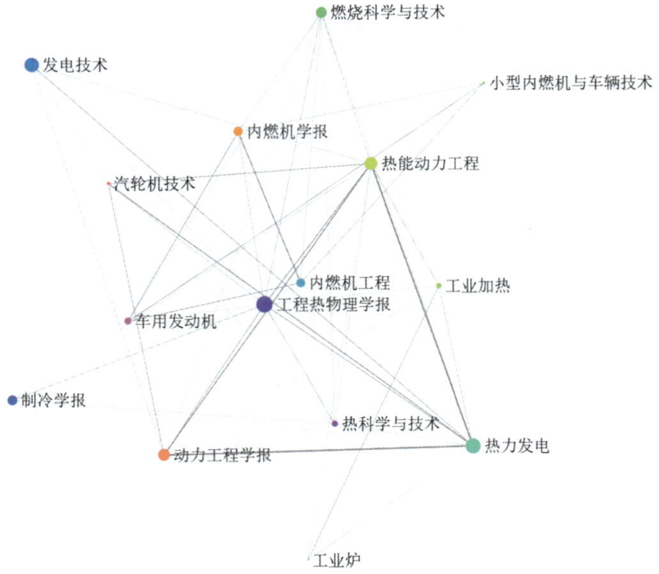

2023 年动力工程类期刊互引关系示意图

表 7-85　2023 年动力工程类期刊主要指标

CODE	刊名	核心总被引频次			核心影响因子			综合评价总分		学科扩散指标	学科影响指标	红点指标
		数值	排名	离均差率	数值	排名	离均差率	数值	排名			
N024	车用发动机	279	12	−0.65	0.335	12	−0.56	22.7	10	5.60	0.53	0.54
P003	动力工程学报	1352	3	0.71	1.320	3	0.75	44.5	5	17.07	0.80	0.48
R575	发电技术	869	5	0.10	3.088	1	3.09	60.7	3	10.07	0.60	0.58
C073	工程热物理学报	2272	1	1.88	0.511	9	−0.32	72.3	1	29.13	1.00	0.32
P009	工业加热	261	13	−0.67	0.168	14	−0.78	17.2	12	7.40	0.33	0.24
P005	工业炉	126	14	−0.84	0.215	13	−0.72	6.4	15	3.07	0.27	0.32
R533	内燃机工程	474	8	−0.40	0.605	7	−0.20	30.4	9	8.00	0.80	0.49
P004	内燃机学报	584	7	−0.26	0.754	5	0.00	32.2	8	7.87	0.60	0.51
P001	汽轮机技术	472	9	−0.40	0.350	11	−0.54	11.6	13	6.40	0.53	0.50
P011	燃烧科学与技术	461	10	−0.42	0.573	8	−0.24	41.2	6	9.07	1.00	0.21
C134	热科学与技术	303	11	−0.62	0.453	10	−0.40	20.3	11	7.73	0.93	0.43
R501	热力发电	2231	2	1.83	1.472	2	0.95	64.1	2	20.93	0.87	0.44
P006	热能动力工程	1270	4	0.61	0.616	6	−0.18	50.6	4	19.20	0.93	0.53
P010	小型内燃机与车辆技术	124	15	−0.84	0.106	15	−0.86	9.2	14	3.27	0.27	0.31
U011	制冷学报	765	6	−0.03	0.755	4	0.00	35.1	7	10.80	0.47	0.34
	15 种期刊平均值	790			0.755							

电气工程

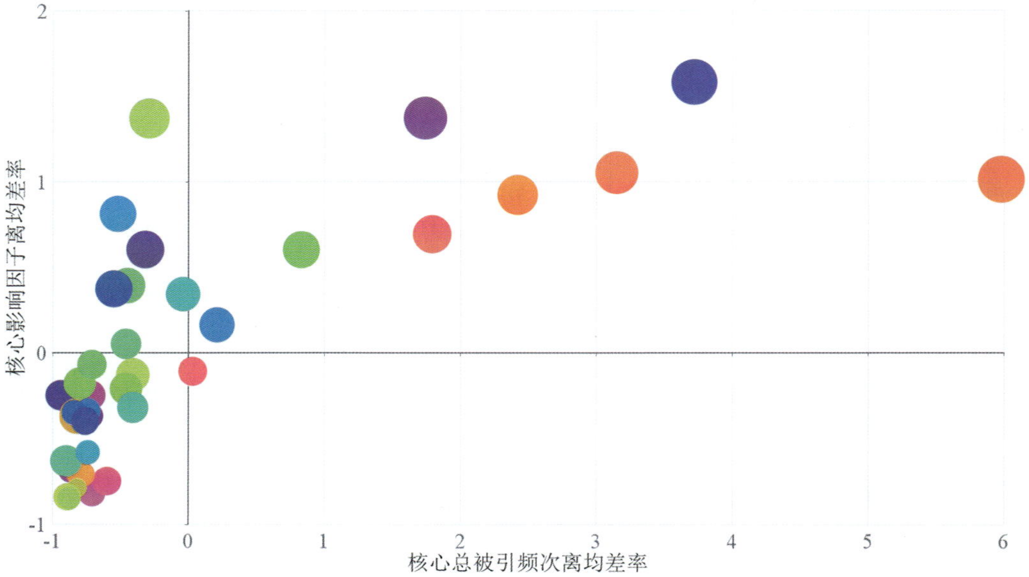

2023 年电气工程类期刊核心总被引频次和核心影响因子离均差率的分布图
（节点大小表示综合评价总分）

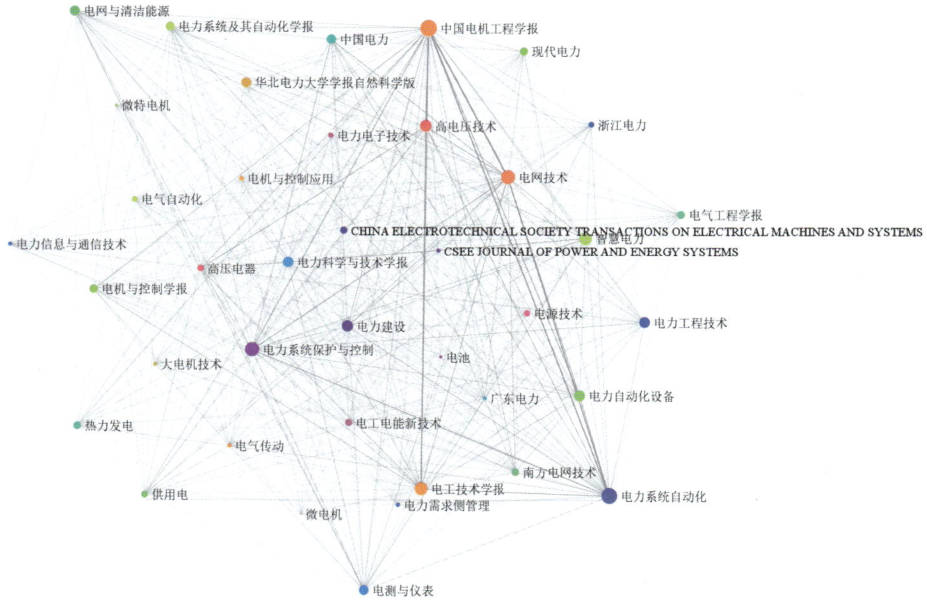

2023 年电气工程类期刊互引关系示意图

表 7-86　2023 年电气工程类期刊主要指标

CODE	刊名	核心总被引频次			核心影响因子			综合评价总分		学科扩散指标	学科影响指标	红点指标
		数值	排名	离均差率	数值	排名	离均差率	数值	排名			
RA01	CHINA ELECTROTECHNICAL SOCIETY TRANSACTIONS ON ELECTRICAL MACHINES AND SYSTEMS	238	39	−0.94	1.609	22	−0.25	33.0	22	1.10	0.56	[illegible]
I720	CSEE JOURNAL OF POWER AND ENERGY SYSTEMS	1050	24	−0.72	1.371	26	−0.37	22.6	32	2.69	0.82	[illegible]
R051	大电机技术	423	36	−0.89	0.845	30	−0.61	20.9	36	2.36	0.56	[illegible]
R673	电测与仪表	4585	8	0.21	2.505	14	0.16	44.5	14	7.95	0.92	[illegible]
R003	电池	483	34	−0.87	0.670	32	−0.69	19.3	37	3.41	0.36	[illegible]
R010	电工电能新技术	1052	23	−0.72	1.615	21	−0.25	31.4	23	5.31	0.95	[illegible]
R043	电工技术学报	12973	4	2.42	4.147	6	0.92	58.2	6	12.05	1.00	[illegible]
R088	电机与控制学报	2058	16	−0.46	1.710	20	−0.21	37.4	17	6.67	0.87	[illegible]
R045	电机与控制应用	764	30	−0.80	0.635	33	−0.71	23.6	30	3.77	0.79	[illegible]
R011	电力电子技术	1089	22	−0.71	0.397	37	−0.82	26.1	29	4.74	0.85	[illegible]
R769	电力工程技术	1696	19	−0.55	2.952	12	0.37	49.3	10	4.49	0.90	[illegible]
A199	电力建设	2599	12	−0.32	3.447	10	0.60	51.3	8	6.72	0.90	[illegible]
R654	电力科学与技术学报	1826	18	−0.52	3.907	7	0.81	47.8	11	4.41	0.90	[illegible]
N102	电力系统保护与控制	10399	6	1.74	5.115	3	1.37	66.4	3	9.79	1.00	[illegible]
R071	电力系统及其自动化学报	2238	13	−0.41	1.888	18	−0.13	40.2	16	6.23	0.92	[illegible]
S019	电力系统自动化	17921	2	3.72	5.571	1	1.58	75.2	2	10.56	1.00	[illegible]
R745	电力信息与通信技术	996	25	−0.74	1.431	24	−0.34	22.5	33	3.92	0.69	[illegible]
R750	电力需求侧管理	603	33	−0.84	1.404	25	−0.35	22.7	31	2.62	0.77	[illegible]
R090	电力自动化设备	6947	7	0.83	3.457	9	0.60	49.6	9	8.18	0.97	[illegible]
R044	电气传动	820	28	−0.78	0.632	34	−0.71	22.1	34	4.21	0.90	[illegible]
R428	电气工程学报	386	38	−0.90	0.793	31	−0.63	35.5	19	3.46	0.87	[illegible]
R058	电气自动化	408	37	−0.89	0.344	38	−0.84	26.9	28	3.38	0.82	[illegible]
R039	电网技术	15750	3	3.15	4.418	4	1.05	65.8	4	12.18	0.97	[illegible]
R116	电网与清洁能源	2075	15	−0.45	3.007	11	0.39	45.3	12	5.23	0.92	[illegible]
R019	电源技术	1505	20	−0.60	0.548	35	−0.75	29.7	26	8.18	0.85	[illegible]
R038	高电压技术	10589	5	1.79	3.643	8	0.69	52.6	7	12.31	1.00	[illegible]
R037	高压电器	3894	9	0.03	1.918	17	−0.11	30.1	25	6.85	0.90	[illegible]
R095	供用电	1090	21	−0.71	2.019	16	−0.07	30.8	24	2.95	0.82	[illegible]
R547	广东电力	977	26	−0.74	0.900	29	−0.58	21.4	35	4.54	0.79	[illegible]
R046	华北电力大学学报自然科学版	695	31	−0.82	1.371	27	−0.37	44.5	13	5.31	0.90	[illegible]
R117	南方电网技术	2036	17	−0.46	2.274	15	0.05	33.3	21	4.79	0.92	[illegible]
R501	热力发电	2231	14	−0.41	1.472	23	−0.32	34.6	20	8.05	0.82	[illegible]
R057	微电机	686	32	−0.82	0.444	36	−0.79	14.0	39	3.95	0.56	[illegible]
R085	微特电机	454	35	−0.88	0.331	39	−0.85	18.3	38	3.05	0.44	[illegible]

表 7-86　2023 年电气工程类期刊主要指标（续）

CODE	刊名	核心总被引频次			核心影响因子			综合评价总分		学科扩散指标	学科影响指标	红点指标
		数值	排名	离均差率	数值	排名	离均差率	数值	排名			
R089	现代电力	773	29	−0.80	1.772	19	−0.18	36.8	18	3.97	0.95	0.70
R777	浙江电力	895	27	−0.76	1.297	28	−0.40	27.6	27	3.82	0.87	0.60
R072	智慧电力	2709	11	−0.29	5.127	2	1.37	58.4	5	4.79	0.87	0.74
R040	中国电机工程学报	26509	1	5.98	4.331	5	1.01	79.0	1	17.23	1.00	0.53
R511	中国电力	3648	10	−0.04	2.902	13	0.34	43.2	15	9.62	0.92	0.68
	39 种期刊平均值	3797			2.159							

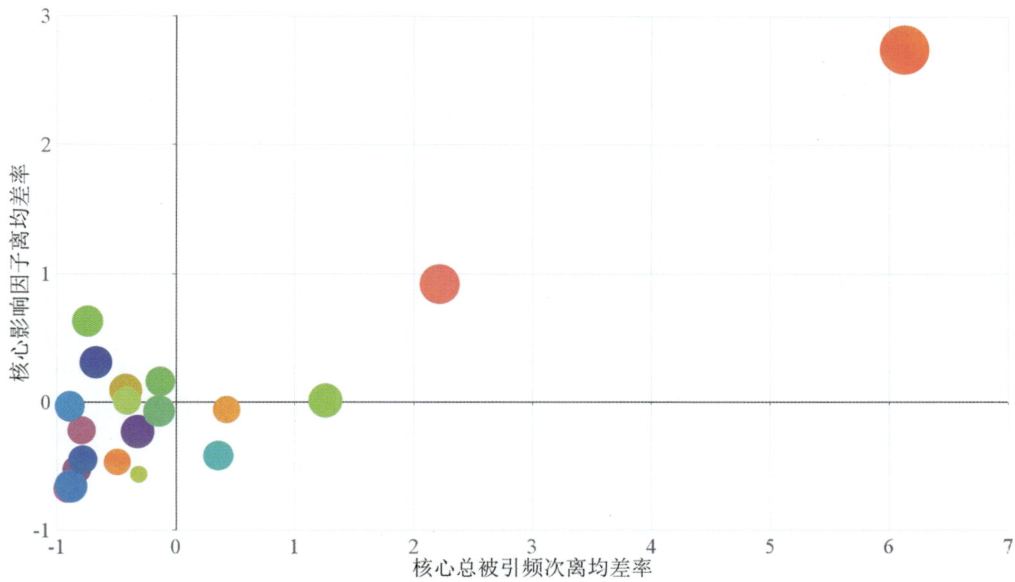

2023 年能源科学综合类期刊核心总被引频次和核心影响因子离均差率的分布图
（节点大小表示综合评价总分）

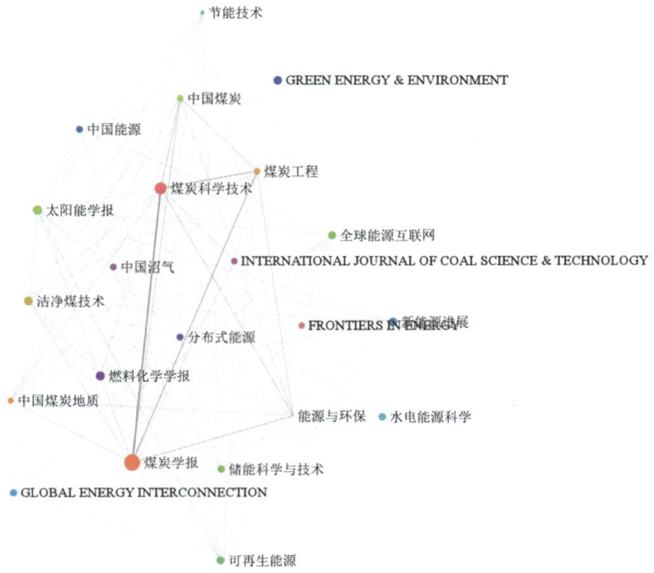

2023 年能源科学综合类期刊互引关系示意图

表 7-87 2023 年能源科学综合类期刊主要指标

CODE	刊名	核心总被引频次			核心影响因子			综合评价总分		学科扩散指标	学科影响指标	红点指标
		数值	排名	离均差率	数值	排名	离均差率	数值	排名			
I249	FRONTIERS IN ENERGY	197	22	−0.91	0.438	22	−0.68	27.5	18	3.77	0.27	0.00
Q744	GLOBAL ENERGY INTERCONNECTION	240	21	−0.89	1.342	9	−0.03	31.6	11	2.45	0.32	0.38
Z037	GREEN ENERGY & ENVIRONMENT	737	13	−0.67	1.812	4	0.31	38.0	7	5.64	0.32	0.00
I168	INTERNATIONAL JOURNAL OF COAL SCIENCE & TECHNOLOGY	473	17	−0.79	1.070	13	−0.22	28.5	16	4.82	0.41	0.00
L508	储能科学与技术	1969	6	−0.13	1.597	5	0.16	30.9	12	14.00	0.59	0.59
K581	分布式能源	258	20	−0.89	1.317	10	−0.04	29.5	14	4.32	0.55	0.57
L587	节能技术	481	16	−0.79	0.768	16	−0.44	19.6	21	6.18	0.41	0.39
K553	洁净煤技术	1313	11	−0.42	1.509	6	0.09	38.4	6	9.82	0.68	0.43
L516	可再生能源	1938	7	−0.14	1.276	12	−0.07	35.5	8	16.95	0.68	0.48
K038	煤炭工程	3235	4	0.43	1.290	11	−0.06	26.6	19	12.68	0.41	0.47
K005	煤炭科学技术	7285	2	2.22	2.644	2	0.92	56.8	2	18.59	0.50	0.49
K017	煤炭学报	16116	1	6.13	5.162	1	2.74	86.9	1	27.32	0.68	0.40
K570	能源与环保	1569	8	−0.31	0.590	20	−0.57	10.6	22	10.05	0.55	0.49
L044	全球能源互联网	583	14	−0.74	2.244	3	0.63	34.6	9	5.00	0.45	0.44
D002	燃料化学学报	1538	9	−0.32	1.064	14	−0.23	40.4	4	10.77	0.59	0.39
P007	水电能源科学	3076	5	0.36	0.803	15	−0.42	33.0	10	21.32	0.41	0.31
L009	太阳能学报	5101	3	1.26	1.397	7	0.01	41.7	3	26.95	0.77	0.83
R516	新能源进展	266	19	−0.88	0.467	21	−0.66	38.6	5	6.73	0.41	0.45
K579	中国煤炭	1327	10	−0.41	1.396	8	0.01	28.1	17	10.86	0.50	0.47
K037	中国煤炭地质	1159	12	−0.49	0.730	18	−0.47	25.8	20	9.23	0.41	0.32
R524	中国能源	507	15	−0.78	0.757	17	−0.45	30.1	13	10.27	0.73	0.48
H204	中国沼气	392	18	−0.83	0.652	19	−0.53	29.1	15	6.00	0.32	0.37
	22 种期刊平均值	2262			1.378							

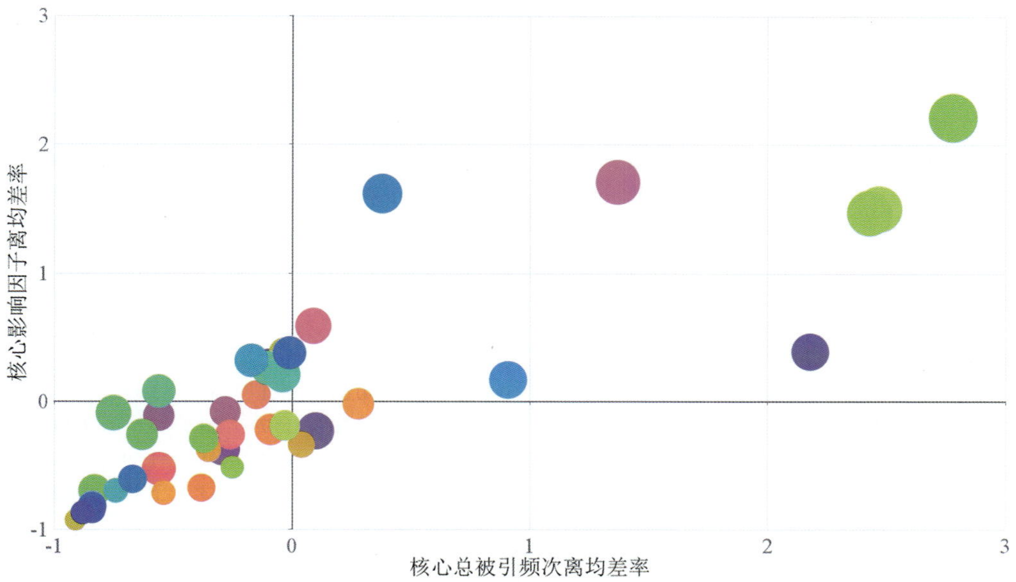

2023 年石油天然气工程类期刊核心总被引频次和核心影响因子离均差率的分布图
（节点大小表示综合评价总分）

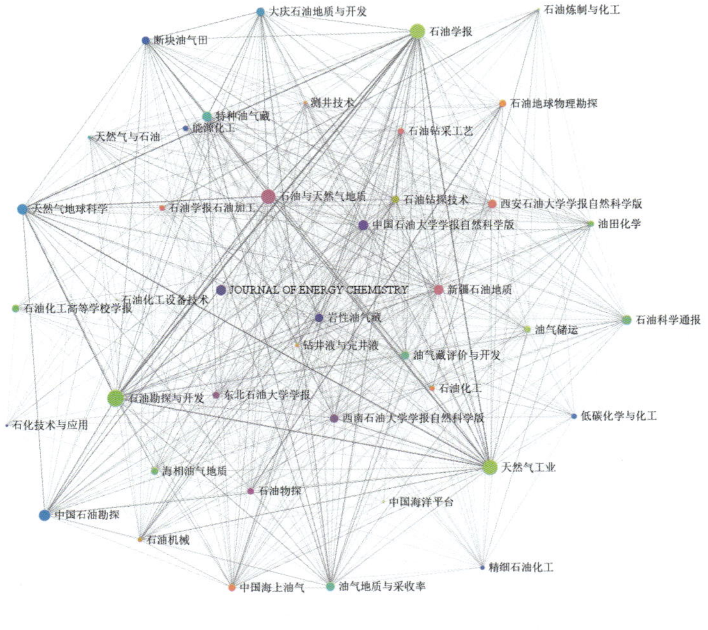

2023 年石油天然气工程类期刊互引关系示意图

表 7-88　2023 年石油天然气工程类期刊主要指标

CODE	刊名	核心总被引频次			核心影响因子			综合评价总分		学科扩散指标	学科影响指标	红点指标
		数值	排名	离均差率	数值	排名	离均差率	数值	排名			
I105	JOURNAL OF ENERGY CHEMISTRY	6151	4	2.18	2.721	7	0.39	50.4	7	6.88	0.32	0.26
L017	测井技术	894	28	−0.54	0.542	36	−0.72	20.9	37	2.93	0.68	0.59
L512	大庆石油地质与开发	1611	20	−0.17	2.582	10	0.32	41.1	15	3.44	0.85	0.75
T074	低碳化学与化工	641	33	−0.67	0.761	32	−0.61	29.6	30	3.17	0.41	0.50
L004	东北石油大学学报	860	29	−0.56	1.730	20	−0.11	34.7	24	3.68	0.83	0.66
T241	断块油气田	1926	12	−0.01	2.693	8	0.38	39.7	18	3.61	0.78	0.68
L037	海相油气地质	719	32	−0.63	1.452	24	−0.26	35.7	21	2.54	0.63	0.91
T542	精细石油化工	310	38	−0.84	0.294	39	−0.85	25.8	34	2.54	0.39	0.36
T501	能源化工	303	39	−0.84	0.350	37	−0.82	29.4	31	3.39	0.56	0.42
T933	石化技术与应用	228	40	−0.88	0.259	40	−0.87	20.3	38	1.85	0.34	0.52
L016	石油地球物理勘探	2470	8	0.28	1.914	17	−0.02	35.2	23	4.83	0.68	0.33
L015	石油化工	1206	27	−0.38	0.618	33	−0.68	28.1	32	5.12	0.63	0.37
L034	石油化工高等学校学报	326	36	−0.83	0.592	34	−0.70	36.7	20	2.61	0.71	0.33
L021	石油化工设备技术	175	41	−0.91	0.135	41	−0.93	16.3	41	1.59	0.29	0.18
L019	石油机械	2010	11	0.04	1.292	27	−0.34	26.0	33	5.49	0.73	0.45
L031	石油勘探与开发	7324	1	2.78	6.277	1	2.21	84.1	1	7.02	0.93	0.78
L043	石油科学通报	485	35	−0.75	1.783	19	−0.09	45.0	11	2.78	0.78	0.52
L030	石油炼制与化工	1444	21	−0.25	0.946	30	−0.52	19.4	39	4.27	0.49	0.48
L005	石油物探	1403	23	−0.28	1.805	18	−0.08	33.9	25	3.27	0.71	0.36
L028	石油学报	6719	2	2.47	4.879	4	1.50	76.0	2	7.88	0.93	0.73
L012	石油学报石油加工	1642	19	−0.15	2.050	16	0.05	29.6	29	5.02	0.61	0.35
L006	石油与天然气地质	4589	5	1.37	5.296	2	1.71	71.0	4	3.95	0.83	0.91
L008	石油钻采工艺	1427	22	−0.26	1.445	25	−0.26	31.8	27	4.02	0.85	0.70
L025	石油钻探技术	1879	14	−0.03	2.680	9	0.37	37.4	19	4.32	0.85	0.66
L505	特种油气藏	1865	15	−0.04	2.363	13	0.21	46.9	10	4.00	0.80	0.82
L518	天然气地球科学	3702	6	0.91	2.291	14	0.17	51.1	6	4.56	0.80	0.79
L029	天然气工业	6649	3	2.43	4.819	5	1.47	74.6	3	9.49	0.98	0.77
L507	天然气与石油	498	34	−0.74	0.592	35	−0.70	21.7	36	3.37	0.85	0.35
L010	西安石油大学学报自然科学版	854	31	−0.56	0.921	31	−0.53	41.5	14	5.00	0.80	0.54
L002	西南石油大学学报自然科学版	1373	24	−0.29	1.222	28	−0.37	42.2	13	5.00	0.93	0.60
L007	新疆石油地质	2108	10	0.09	3.110	6	0.59	47.0	9	3.78	0.78	0.86
E163	岩性油气藏	1750	18	−0.10	2.498	11	0.28	40.8	16	3.63	0.80	0.81
L027	油气储运	1883	13	−0.03	1.585	21	−0.19	32.8	26	6.66	0.78	0.46
L504	油气地质与采收率	1751	17	−0.10	2.454	12	0.26	42.8	12	4.20	0.88	0.73
L359	油气藏评价与开发	859	30	−0.56	2.106	15	0.08	39.8	17	2.90	0.80	0.59
L033	油田化学	1225	26	−0.37	1.387	26	−0.29	30.1	28	3.07	0.80	0.58

表 7-88　2023 年石油天然气工程类期刊主要指标（续）

CODE	刊名	核心总被引频次			核心影响因子			综合评价总分		学科扩散指标	学科影响指标	红点指标
		数值	排名	离均差率	数值	排名	离均差率	数值	排名			
L013	中国海上油气	1758	16	–0.09	1.532	22	–0.22	35.4	22	4.83	0.93	0.56
L026	中国海洋平台	324	37	–0.83	0.336	38	–0.83	18.2	40	1.83	0.20	0.25
L001	中国石油大学学报自然科学版	2130	9	0.10	1.496	23	–0.23	49.9	8	7.95	0.93	0.46
L532	中国石油勘探	2668	7	0.38	5.118	3	1.62	56.0	5	3.93	0.76	0.62
L018	钻井液与完井液	1256	25	–0.35	1.216	29	–0.38	22.6	35	2.32	0.68	0.65
	41 种期刊平均值	1936			1.955							

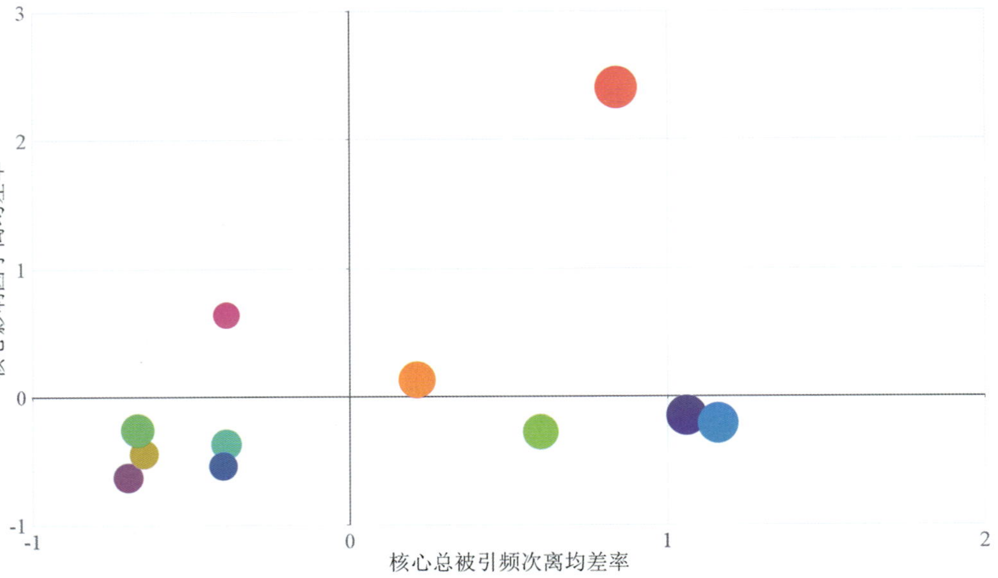

2023 年核科学技术类期刊核心总被引频次和核心影响因子离均差率的分布图
（节点大小表示综合评价总分）

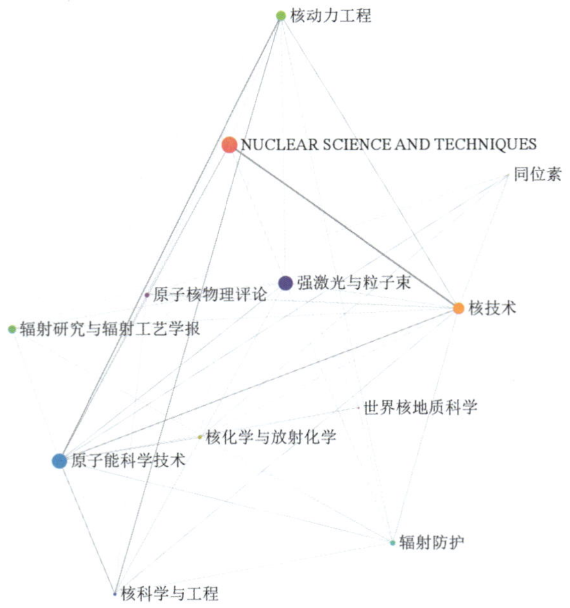

2023 年核科学技术类期刊互引关系示意图

表 7-89　2023 年核科学技术类期刊主要指标

CODE	刊名	核心总被引频次			核心影响因子			综合评价总分		学科扩散指标	学科影响指标	[illegible]
		数值	排名	离均差率	数值	排名	离均差率	数值	排名			
I074	NUCLEAR SCIENCE AND TECHNIQUES	1369	3	0.84	2.188	1	2.40	64.0	1	8.50	0.75	[illegible]
Q006	辐射防护	453	7	−0.39	0.408	9	−0.37	33.4	7	9.67	1.00	[illegible]
Q005	辐射研究与辐射工艺学报	244	11	−0.67	0.474	6	−0.26	39.8	6	9.17	0.67	[illegible]
Q004	核动力工程	1192	4	0.60	0.462	8	−0.28	44.9	5	18.83	1.00	[illegible]
Q002	核化学与放射化学	262	9	−0.65	0.351	10	−0.45	29.7	9	6.08	0.75	[illegible]
Q001	核技术	900	5	0.21	0.724	3	0.13	48.7	4	18.08	1.00	[illegible]
Q009	核科学与工程	450	8	−0.40	0.298	11	−0.54	28.8	10	10.83	1.00	[illegible]
C007	强激光与粒子束	1532	2	1.06	0.544	4	−0.15	58.5	3	19.17	0.83	[illegible]
E054	世界核地质科学	455	6	−0.39	1.051	2	0.64	25.5	11	6.75	0.58	[illegible]
Q003	同位素	246	10	−0.67	0.470	7	−0.27	24.8	12	7.33	0.58	[illegible]
C108	原子核物理评论	227	12	−0.70	0.235	12	−0.63	31.7	8	5.75	0.83	[illegible]
Q008	原子能科学技术	1612	1	1.16	0.507	5	−0.21	60.5	2	24.58	1.00	[illegible]
	12 种期刊平均值	745			0.643							

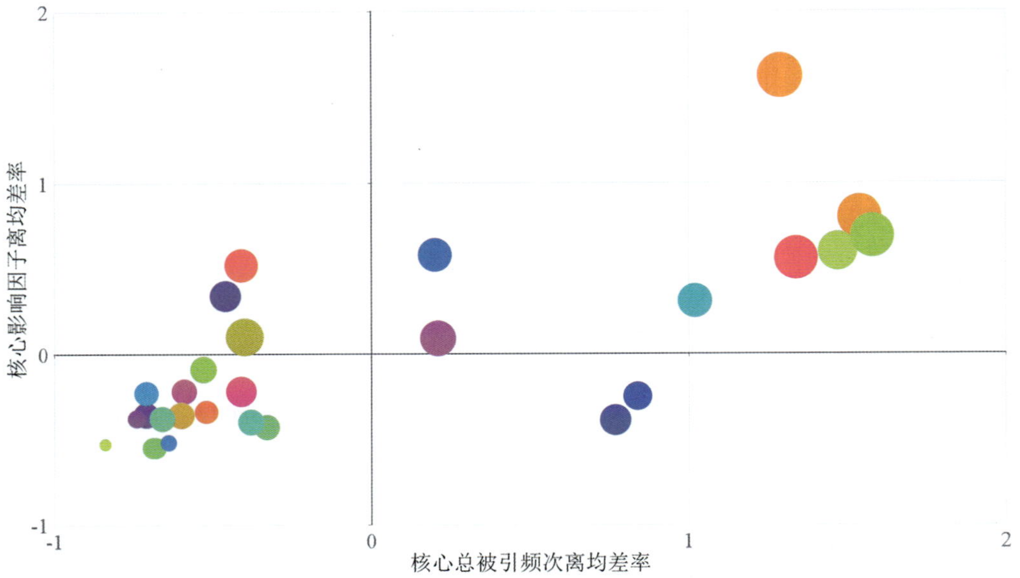

2023 年电子技术类期刊核心总被引频次和核心影响因子离均差率的分布图
（节点大小表示综合评价总分）

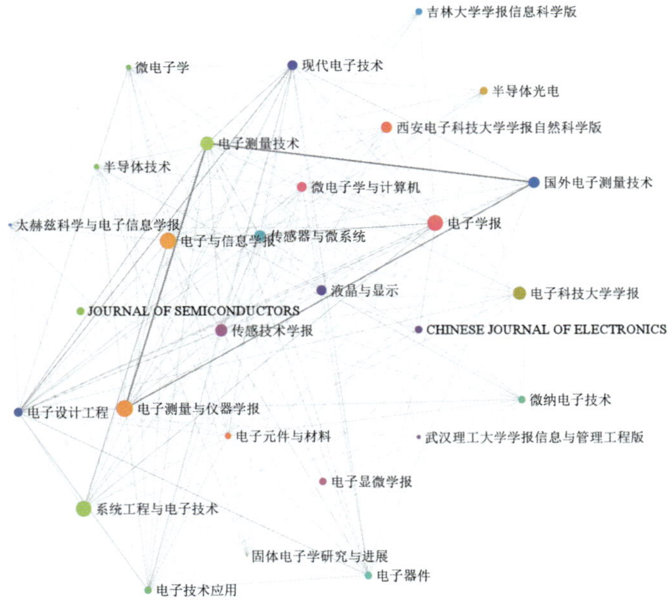

2023 年电子技术类期刊互引关系示意图

表 7-90　2023 年电子技术类期刊主要指标

CODE	刊名	核心总被引频次			核心影响因子			综合评价总分		学科扩散指标	学科影响指标	红点指标
		数值	排名	离均差率	数值	排名	离均差率	数值	排名			
I116	CHINESE JOURNAL OF ELECTRONICS	397	25	−0.71	0.502	18	−0.36	23.8	18	5.75	0.71	[illegible]
R062	JOURNAL OF SEMICONDUCTORS	642	18	−0.53	0.715	12	−0.09	25.2	16	4.54	0.61	[illegible]
R024	半导体光电	545	20	−0.60	0.500	19	−0.36	25.3	15	5.93	0.61	[illegible]
R063	半导体技术	427	24	−0.69	0.352	28	−0.55	15.7	24	4.36	0.64	[illegible]
N060	传感技术学报	1656	9	0.21	0.858	11	0.09	46.0	7	14.29	0.79	[illegible]
R532	传感器与微系统	2754	6	1.02	1.028	9	0.31	42.6	8	17.21	0.79	[illegible]
R055	电子测量技术	3370	3	1.47	1.258	4	0.60	54.4	5	16.61	0.79	[illegible]
R021	电子测量与仪器学报	3124	5	1.29	2.061	1	1.62	72.4	1	14.57	0.82	[illegible]
R067	电子技术应用	921	11	−0.33	0.448	24	−0.43	23.1	20	9.71	0.82	[illegible]
R036	电子科技大学学报	818	13	−0.40	0.861	10	0.10	51.1	6	13.04	0.82	[illegible]
R512	电子器件	852	12	−0.38	0.473	23	−0.40	24.4	17	7.61	0.79	[illegible]
R724	电子设计工程	2516	7	0.84	0.586	16	−0.25	29.7	14	14.00	0.82	[illegible]
R001	电子显微学报	565	19	−0.59	0.613	14	−0.22	23.4	19	7.64	0.25	[illegible]
R006	电子学报	3191	4	1.34	1.230	6	0.56	67.4	4	17.36	0.86	[illegible]
R022	电子与信息学报	3461	2	1.54	1.416	2	0.80	70.5	2	17.04	0.82	[illegible]
R020	电子元件与材料	661	17	−0.52	0.518	17	−0.34	19.6	23	6.39	0.61	[illegible]
R047	固体电子学研究与进展	225	28	−0.84	0.370	26	−0.53	5.3	28	2.50	0.68	[illegible]
R683	国外电子测量技术	1635	10	0.20	1.244	5	0.58	40.8	9	9.79	0.46	[illegible]
R586	吉林大学学报信息科学版	393	26	−0.71	0.602	15	−0.23	21.3	22	6.64	0.46	[illegible]
R652	太赫兹科学与电子信息学报	496	21	−0.64	0.379	25	−0.52	9.7	27	5.75	0.68	[illegible]
R064	微电子学	439	23	−0.68	0.356	27	−0.55	15.7	25	4.11	0.71	[illegible]
R004	微电子学与计算机	810	14	−0.41	0.616	13	−0.22	33.7	13	8.61	0.82	[illegible]
R098	微纳电子技术	466	22	−0.66	0.487	20	−0.38	23.0	21	5.75	0.75	[illegible]
J018	武汉理工大学学报信息与管理工程版	360	27	−0.74	0.485	21	−0.38	11.9	26	5.79	0.29	[illegible]
R009	西安电子科技大学学报自然科学版	810	15	−0.41	1.199	7	0.52	40.1	10	8.71	0.79	[illegible]
R059	系统工程与电子技术	3520	1	1.58	1.332	3	0.69	68.2	3	16.39	0.79	[illegible]
R748	现代电子技术	2417	8	0.77	0.476	22	−0.39	35.0	11	17.57	0.82	[illegible]
C503	液晶与显示	738	16	−0.46	1.050	8	0.34	34.8	12	6.46	0.68	[illegible]
	28 种期刊平均值	1365			0.786							

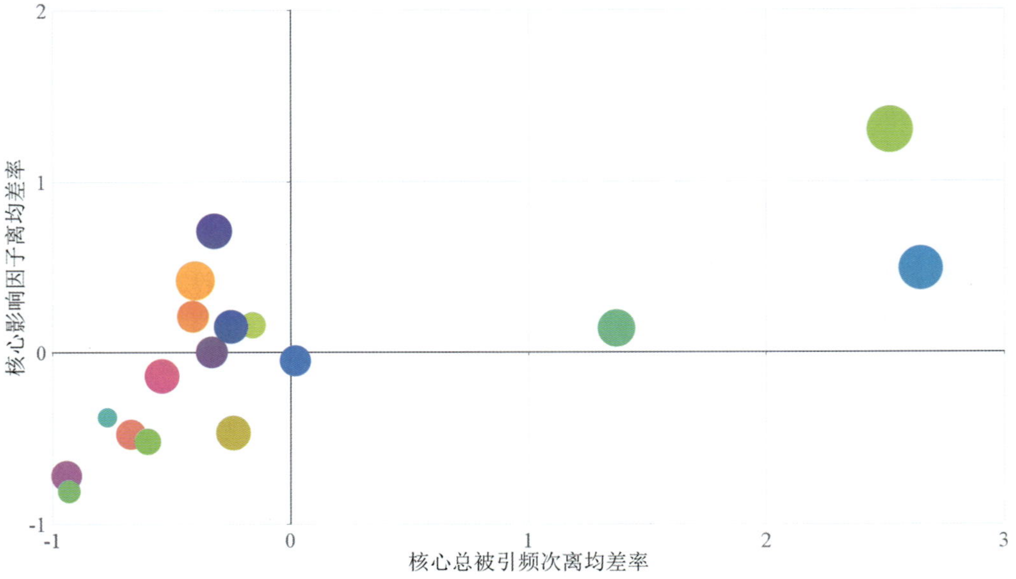

2023 年光电子学与激光技术类期刊核心总被引频次和核心影响因子离均差率的分布图
（节点大小表示综合评价总分）

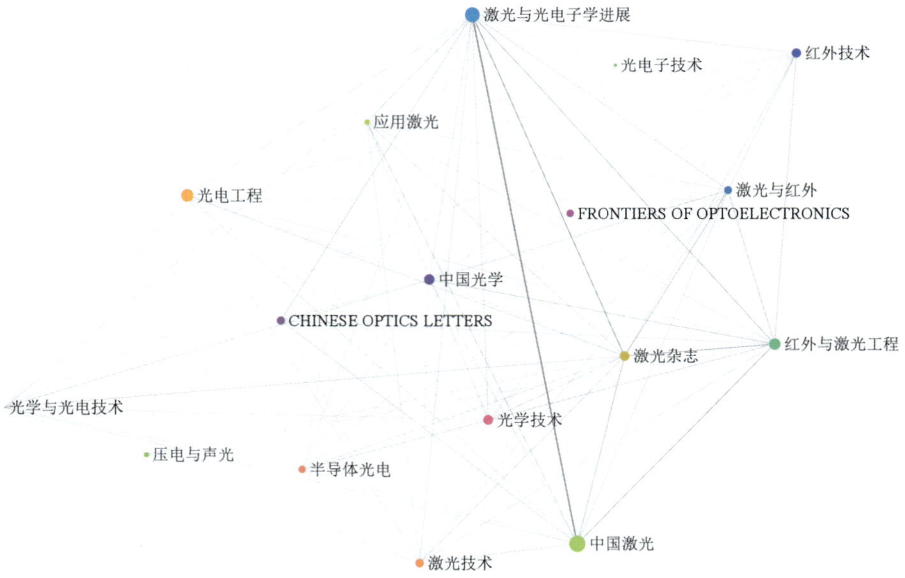

2023 年光电子学与激光技术类期刊互引关系示意图

表 7-91　2023 年光电子学与激光技术类期刊主要指标

CODE	刊名	核心总被引频次			核心影响因子			综合评价总分		学科扩散指标	学科影响指标	红点指标
		数值	排名	离均差率	数值	排名	离均差率	数值	排名			
I071	CHINESE OPTICS LETTERS	1094	9	−0.33	0.961	9	0.00	36.2	10	7.00	0.94	0.00
I132	FRONTIERS OF OPTOELECTRONICS	98	17	−0.94	0.273	16	−0.72	33.4	12	2.59	0.41	0.00
R024	半导体光电	545	14	−0.67	0.500	14	−0.48	32.1	13	9.76	0.88	0.29
R026	光电工程	988	10	−0.40	1.374	4	0.42	54.6	3	13.29	0.88	0.45
R082	光电子技术	112	16	−0.93	0.185	17	−0.81	18.5	16	3.76	0.53	0.24
N015	光学技术	752	12	−0.54	0.830	11	−0.14	43.1	6	11.82	0.82	0.52
R097	光学与光电技术	377	15	−0.77	0.597	12	−0.38	13.5	17	6.82	0.76	0.34
R535	红外技术	1223	7	−0.25	1.109	7	0.15	41.3	8	15.65	0.82	0.50
R084	红外与激光工程	3888	3	1.37	1.101	8	0.14	50.6	4	24.47	1.00	0.37
R025	激光技术	970	11	−0.41	1.166	5	0.21	36.5	9	12.24	0.94	0.92
R514	激光与光电子学进展	5985	1	2.65	1.436	3	0.49	69.9	2	37.59	0.94	0.75
R521	激光与红外	1669	4	0.02	0.922	10	−0.05	34.8	11	16.94	0.88	0.43
R028	激光杂志	1244	6	−0.24	0.511	13	−0.47	42.6	7	20.88	0.82	0.50
R069	压电与声光	656	13	−0.60	0.461	15	−0.52	24.4	15	11.12	0.47	0.22
R033	应用激光	1374	5	−0.16	1.118	6	0.16	24.9	14	12.29	0.82	0.70
C099	中国光学	1114	8	−0.32	1.654	2	0.71	45.6	5	11.24	0.88	0.42
R066	中国激光	5762	2	2.52	2.216	1	1.30	77.2	1	25.82	0.94	0.97
	17 种期刊平均值	1638			0.966							

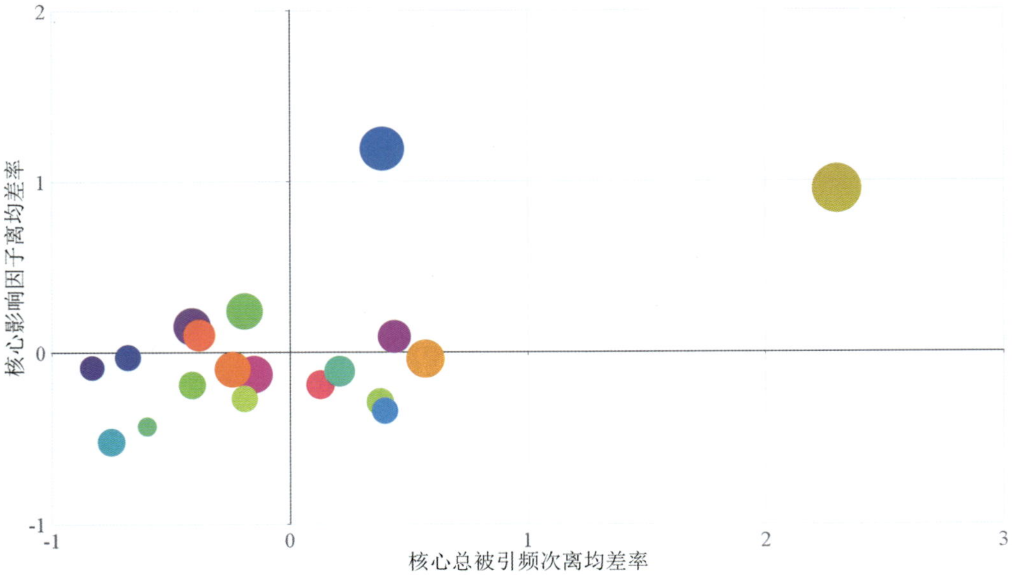

2023 年通信技术类期刊核心总被引频次和核心影响因子离均差率的分布图
（节点大小表示综合评价总分）

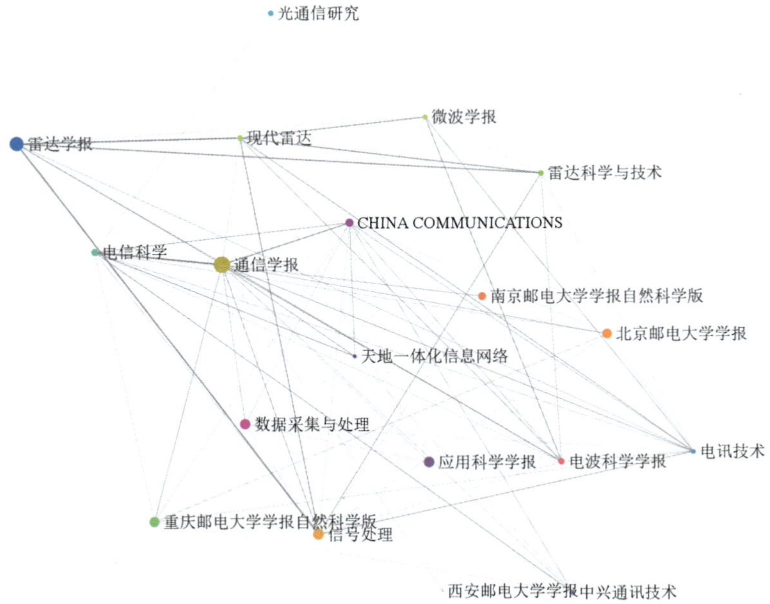

2023 年通信技术类期刊互引关系示意图

表 7-92　2023 年通信技术类期刊主要指标

CODE	刊名	核心总被引频次			核心影响因子			综合评价总分		学科扩散指标	学科影响指标	红点指标
		数值	排名	离均差率	数值	排名	离均差率	数值	排名			
I710	CHINA COMMUNICATIONS	1031	3	0.44	0.941	6	0.09	39.1	8	9.68	1.00	0.19
R018	北京邮电大学学报	544	12	−0.24	0.774	10	−0.10	45.6	7	12.26	0.63	0.46
R559	重庆邮电大学学报自然科学版	585	10	−0.19	1.063	3	0.24	47.4	6	10.37	0.63	0.49
R007	电波科学学报	814	8	0.13	0.695	14	−0.19	30.0	11	8.89	0.68	0.36
R684	电信科学	870	7	0.21	0.768	11	−0.11	33.6	10	10.47	0.68	0.45
R754	电讯技术	1009	4	0.40	0.568	17	−0.34	24.6	16	10.32	0.84	0.39
R688	光通信研究	180	18	−0.75	0.412	19	−0.52	27.2	12	4.26	0.26	0.20
R096	雷达科学与技术	425	14	−0.41	0.699	13	−0.19	26.8	14	5.58	0.42	0.36
R758	雷达学报	996	5	0.39	1.885	1	1.19	70.0	2	9.16	0.63	0.54
R008	南京邮电大学学报自然科学版	446	13	−0.38	0.949	5	0.10	36.9	9	8.21	0.58	0.41
R005	数据采集与处理	610	9	−0.15	0.752	12	−0.13	50.2	4	12.95	0.63	0.45
R776	天地一体化信息网络	123	19	−0.83	0.784	9	−0.09	21.5	18	1.89	0.32	0.54
R065	通信学报	2370	1	2.30	1.682	2	0.95	86.7	1	19.21	1.00	0.52
R070	微波学报	584	11	−0.19	0.628	15	−0.27	24.6	15	7.37	0.58	0.26
R671	西安邮电大学学报	287	16	−0.60	0.491	18	−0.43	13.0	19	4.89	0.32	0.31
R087	现代雷达	989	6	0.38	0.607	16	−0.29	26.8	13	9.84	0.58	0.32
R034	信号处理	1130	2	0.57	0.828	8	−0.04	51.7	3	13.89	0.89	0.39
A015	应用科学学报	423	15	−0.41	0.988	4	0.15	50.0	5	10.53	0.42	0.46
R775	中兴通讯技术	233	17	−0.68	0.833	7	−0.03	24.1	17	4.68	0.68	0.55
	19 种期刊平均值	718			0.860							

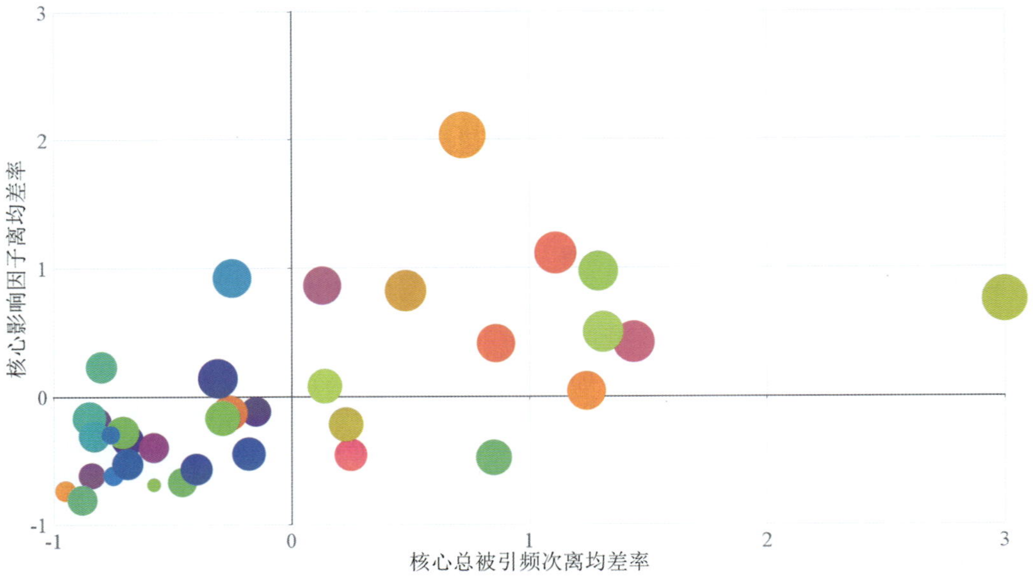

2023 年计算机科学技术类期刊核心总被引频次和核心影响因子离均差率的分布图
（节点大小表示综合评价总分）

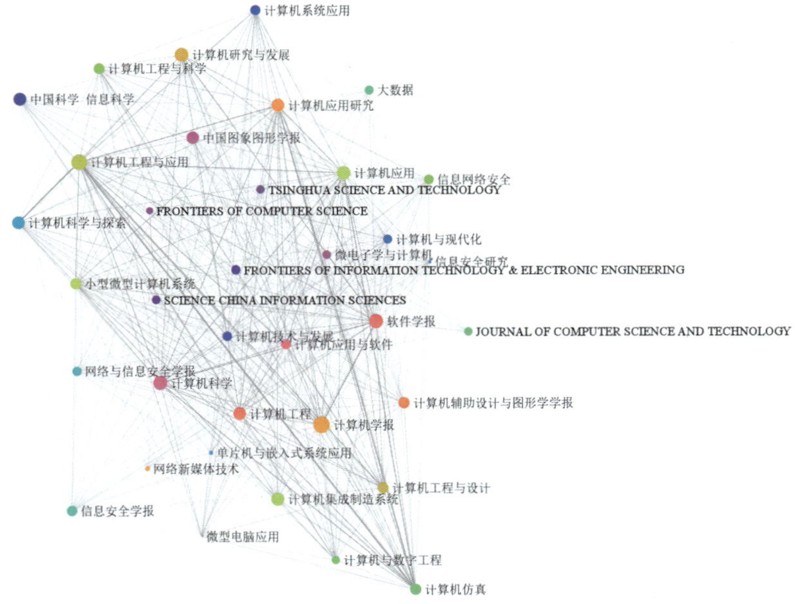

2023 年计算机科学技术类期刊互引关系示意图

表 7-93　2023 年计算机科学技术类期刊主要指标

CODE	刊名	核心总被引频次			核心影响因子			综合评价总分		学科扩散指标	学科影响指标	红点指标
		数值	排名	离均差率	数值	排名	离均差率	数值	排名			
I735	FRONTIERS OF COMPUTER SCIENCE	311	33	−0.84	0.391	32	−0.62	24.9	32	3.33	0.81	0.06
S891	FRONTIERS OF INFORMATION TECHNOLOGY & ELECTRONIC ENGINEERING	601	25	−0.69	0.679	24	−0.34	36.2	23	6.89	0.75	0.31
S051	JOURNAL OF COMPUTER SCIENCE AND TECHNOLOGY	226	35	−0.88	0.194	36	−0.81	31.7	29	2.94	0.75	0.05
A146	SCIENCE CHINA INFORMATION SCIENCES	1651	15	−0.15	0.906	15	−0.12	32.3	28	9.17	0.97	0.03
I009	TSINGHUA SCIENCE AND TECHNOLOGY	344	31	−0.82	0.829	19	−0.20	31.4	30	4.83	0.81	0.07
S055	大数据	387	30	−0.80	1.274	11	0.23	35.3	24	5.03	0.69	0.55
S086	单片机与嵌入式系统应用	480	28	−0.75	0.396	31	−0.62	13.9	34	3.19	0.42	0.50
S049	计算机仿真	3575	8	0.85	0.537	28	−0.48	45.9	13	17.39	0.78	0.51
S013	计算机辅助设计与图形学学报	1425	18	−0.26	0.898	16	−0.13	45.3	14	10.50	0.75	0.51
S012	计算机工程	3594	7	0.86	1.464	10	0.41	52.2	12	16.33	0.94	0.76
S034	计算机工程与科学	1381	19	−0.29	0.858	18	−0.17	44.0	15	11.17	0.72	0.63
S022	计算机工程与设计	2379	12	0.23	0.802	20	−0.22	42.9	17	13.69	0.83	0.81
S025	计算机工程与应用	7732	1	3.00	1.812	7	0.75	74.6	2	24.11	0.97	0.81
S030	计算机集成制造系统	4429	4	1.29	2.034	3	0.97	56.8	7	13.75	0.72	0.48
S520	计算机技术与发展	1159	21	−0.40	0.447	30	−0.57	36.6	22	10.75	0.72	0.77
S006	计算机科学	4714	2	1.44	1.465	9	0.42	61.9	4	19.44	0.97	0.68
S085	计算机科学与探索	1452	17	−0.25	1.986	4	0.92	53.4	10	9.56	0.86	0.71
S509	计算机系统应用	1589	16	−0.18	0.573	26	−0.45	40.0	19	13.25	0.75	0.78
S018	计算机学报	3329	9	0.72	3.132	1	2.03	78.7	1	16.36	0.94	0.62
S021	计算机研究与发展	2864	10	0.48	1.886	6	0.82	60.9	5	13.64	0.94	0.58
S029	计算机应用	4474	3	1.31	1.557	8	0.50	59.8	6	19.03	0.89	0.76
S016	计算机应用研究	4337	5	1.24	1.077	14	0.04	54.1	9	18.42	0.89	0.66
S009	计算机应用与软件	2417	11	0.25	0.562	27	−0.46	38.3	20	15.22	0.92	0.59
S048	计算机与数字工程	1036	22	−0.46	0.345	33	−0.67	31.0	31	10.03	0.61	0.65
S500	计算机与现代化	596	26	−0.69	0.490	29	−0.53	34.4	26	6.69	0.58	0.76
S011	软件学报	4084	6	1.11	2.180	2	1.11	62.5	3	15.03	0.97	0.56
S017	网络新媒体技术	98	36	−0.95	0.271	35	−0.74	15.6	33	1.22	0.25	0.50
S082	网络与信息安全学报	323	32	−0.83	0.711	23	−0.31	34.8	25	3.14	0.83	0.57
R004	微电子学与计算机	810	23	−0.58	0.616	25	−0.40	32.6	27	6.69	0.75	0.42
S033	微型电脑应用	808	24	−0.58	0.322	34	−0.69	6.8	36	4.67	0.42	0.45
S027	小型微型计算机系统	2211	13	0.14	1.119	13	0.08	43.6	16	10.89	0.83	0.78
S081	信息安全学报	294	34	−0.85	0.863	17	−0.17	41.2	18	2.86	0.78	0.61
S087	信息安全研究	460	29	−0.76	0.722	22	−0.30	12.0	35	3.42	0.69	0.58

表 7-93　2023 年计算机科学技术类期刊主要指标（续）

CODE	刊名	核心总被引频次			核心影响因子			综合评价总分		学科扩散指标	学科影响指标	红点指标
		数值	排名	离均差率	数值	排名	离均差率	数值	排名			
S046	信息网络安全	558	27	–0.71	0.745	21	–0.28	38.0	21	4.92	0.81	0.72
Z317	中国科学 信息科学	1343	20	–0.31	1.181	12	0.14	55.9	8	12.28	0.92	0.54
R083	中国图象图形学报	2177	14	0.13	1.928	5	0.86	52.3	11	12.00	0.78	0.79
	36 种期刊平均值	1935			1.035							

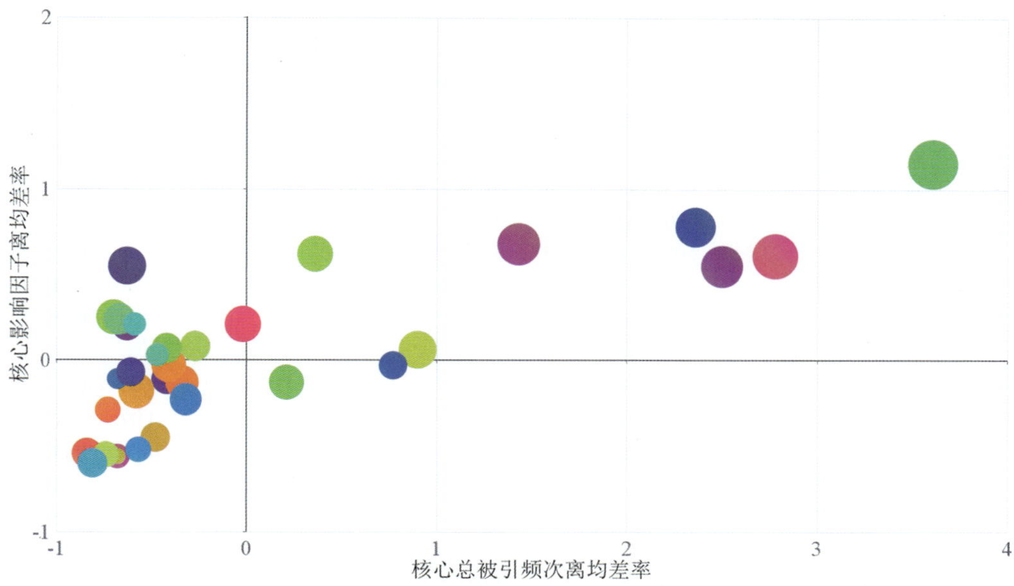

2023 年化学工程综合类期刊核心总被引频次和核心影响因子离均差率的分布图
（节点大小表示综合评价总分）

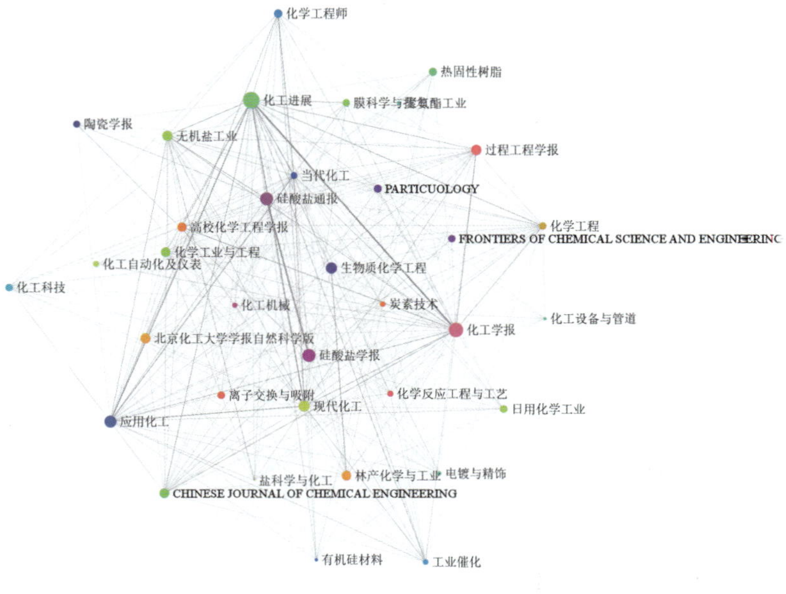

2023 年化学工程综合类期刊互引关系示意图

表 7-94　2023 年化学工程综合类期刊主要指标

CODE	刊名	核心总被引频次			核心影响因子			综合评价总分		学科扩散指标	学科影响指标	红点指标
		数值	排名	离均差率	数值	排名	离均差率	数值	排名			
T100	CHINESE JOURNAL OF CHEMICAL ENGINEERING	1424	9	0.21	0.559	22	−0.13	43.6	11	10.54	0.89	0.17
I248	FRONTIERS OF CHEMICAL SCIENCE AND ENGINEERING	442	23	−0.63	0.770	12	0.20	31.8	20	3.71	0.60	0.01
I202	PARTICUOLOGY	687	15	−0.42	0.572	20	−0.11	34.2	17	6.60	0.54	0.12
T020	北京化工大学学报自然科学版	490	20	−0.58	0.525	24	−0.18	45.2	10	7.54	0.69	0.31
T941	当代化工	2094	7	0.77	0.620	18	−0.03	28.9	25	10.80	0.77	0.49
T508	电镀与精饰	625	17	−0.47	0.658	16	0.03	18.8	32	3.29	0.29	0.43
T016	高校化学工程学报	780	13	−0.34	0.556	23	−0.13	40.2	14	7.77	0.86	0.57
T563	工业催化	503	19	−0.57	0.310	28	−0.52	23.8	28	3.31	0.46	0.88
T004	硅酸盐通报	4126	3	2.50	0.994	6	0.55	63.4	4	12.40	0.71	0.68
T005	硅酸盐学报	2864	5	1.43	1.078	3	0.68	64.4	3	12.31	0.71	0.49
T008	过程工程学报	1152	10	−0.02	0.778	10	0.21	47.2	8	9.00	0.80	0.51
T006	化工机械	382	26	−0.68	0.284	31	−0.56	22.2	30	4.09	0.40	0.22
T101	化工进展	5441	1	3.61	1.376	1	1.15	88.6	1	18.51	0.97	0.71
T532	化工科技	220	34	−0.81	0.255	35	−0.60	31.7	22	3.60	0.46	0.49
T146	化工设备与管道	243	32	−0.79	0.258	34	−0.60	15.0	34	2.60	0.26	0.30
T007	化工学报	4464	2	2.78	1.034	5	0.61	73.9	2	17.77	0.97	0.80
T066	化工自动化及仪表	311	31	−0.74	0.288	30	−0.55	24.5	27	4.51	0.14	0.16
T009	化学反应工程与工艺	233	33	−0.80	0.258	33	−0.60	25.6	26	2.46	0.63	0.35
T025	化学工程	608	18	−0.48	0.355	27	−0.45	30.8	23	5.94	0.80	0.50
T567	化学工程师	808	12	−0.32	0.491	25	−0.23	37.0	15	8.71	0.66	0.54
T076	化学工业与工程	360	29	−0.70	0.799	8	0.25	43.0	12	4.49	0.80	0.51
T512	聚氨酯工业	480	21	−0.59	0.774	11	0.21	19.0	31	2.69	0.34	0.57
T010	离子交换与吸附	190	35	−0.84	0.296	29	−0.54	32.5	19	2.77	0.46	0.48
T017	林产化学与工业	693	14	−0.41	0.621	17	−0.03	42.7	13	6.60	0.54	0.45
T077	膜科学与技术	680	16	−0.42	0.687	14	0.07	31.7	21	4.29	0.43	0.65
T105	热固性树脂	392	25	−0.67	0.797	9	0.24	34.8	16	3.14	0.34	0.74
T070	日用化学工业	860	11	−0.27	0.693	13	0.08	33.0	18	6.46	0.37	0.50
H083	生物质化学工程	435	24	−0.63	0.992	7	0.55	51.6	6	4.97	0.34	0.53
T015	炭素技术	318	30	−0.73	0.452	26	−0.29	23.5	29	3.40	0.34	0.62
V531	陶瓷学报	456	22	−0.61	0.594	19	−0.07	30.0	24	4.20	0.34	0.49
T072	无机盐工业	1600	8	0.36	1.040	4	0.62	46.2	9	8.23	0.77	0.60
T063	现代化工	2245	6	0.90	0.682	15	0.06	51.0	7	14.00	0.94	0.55
T054	盐科学与化工	373	28	−0.68	0.281	32	−0.56	9.3	35	3.71	0.34	0.29
T949	应用化工	3963	4	2.36	1.142	2	0.78	57.2	5	15.31	0.89	0.54
T916	有机硅材料	374	27	−0.68	0.568	21	−0.11	15.6	33	2.46	0.37	0.60
	35 种期刊平均值	1180			0.641							

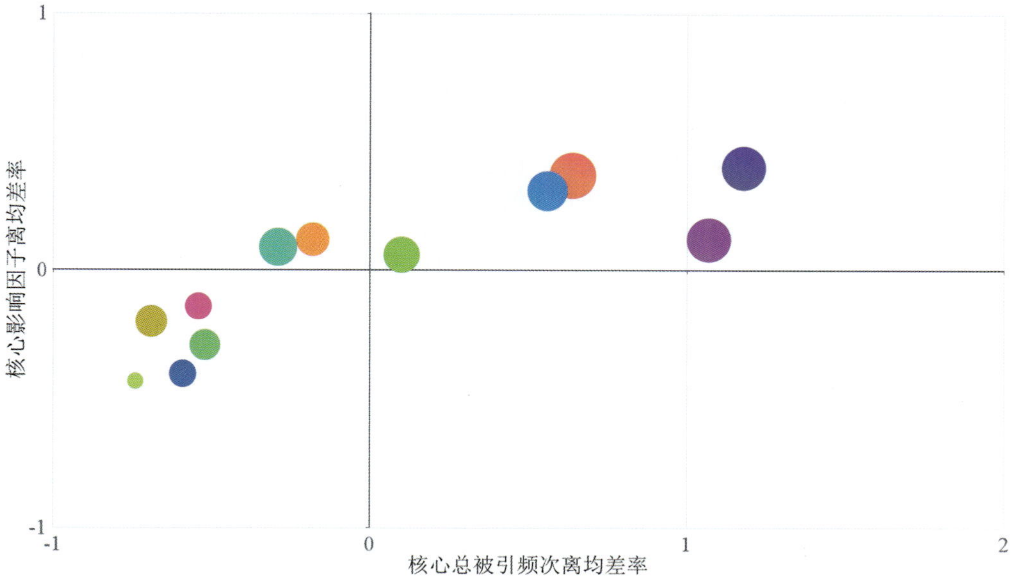

2023 年高聚物工程类期刊核心总被引频次和核心影响因子离均差率的分布图
（节点大小表示综合评价总分）

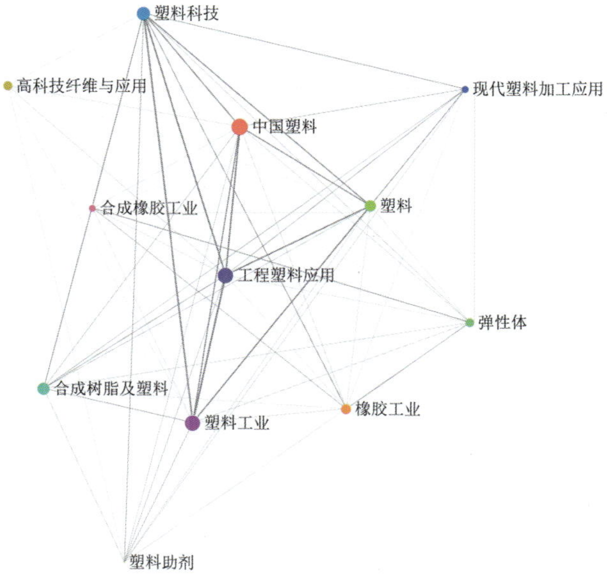

2023 年高聚物工程类期刊互引关系示意图

表 7-95　2023 年高聚物工程类期刊主要指标

CODE	刊名	核心总被引频次			核心影响因子			综合评价总分		学科扩散指标	学科影响指标	红点指标
		数值	排名	离均差率	数值	排名	离均差率	数值	排名			
T078	高科技纤维与应用	274	11	–0.69	0.540	9	–0.20	35.6	8	8.25	0.67	0.34
T003	工程塑料应用	1941	1	1.18	0.946	1	0.40	69.8	2	20.00	1.00	0.65
T505	合成树脂及塑料	629	7	–0.29	0.740	6	0.09	51.6	5	9.58	0.92	0.63
T018	合成橡胶工业	409	9	–0.54	0.579	8	–0.14	26.1	11	7.75	0.83	0.73
T106	塑料	976	5	0.10	0.717	7	0.06	46.8	6	14.42	0.92	0.64
T014	塑料工业	1841	2	1.07	0.760	4	0.12	69.5	3	23.25	1.00	0.56
T536	塑料科技	1390	4	0.56	0.888	3	0.31	57.3	4	17.25	1.00	0.62
T079	塑料助剂	231	12	–0.74	0.385	12	–0.43	9.3	12	5.83	0.83	0.30
T500	弹性体	426	8	–0.52	0.477	10	–0.29	33.7	9	8.50	1.00	0.61
T929	现代塑料加工应用	367	10	–0.59	0.406	11	–0.40	26.7	10	7.00	0.83	0.69
T064	橡胶工业	728	6	–0.18	0.756	5	0.12	39.9	7	11.75	0.92	0.49
T022	中国塑料	1455	3	0.64	0.925	2	0.37	77.0	1	20.33	1.00	0.55
	12 种期刊平均值	889			0.677							

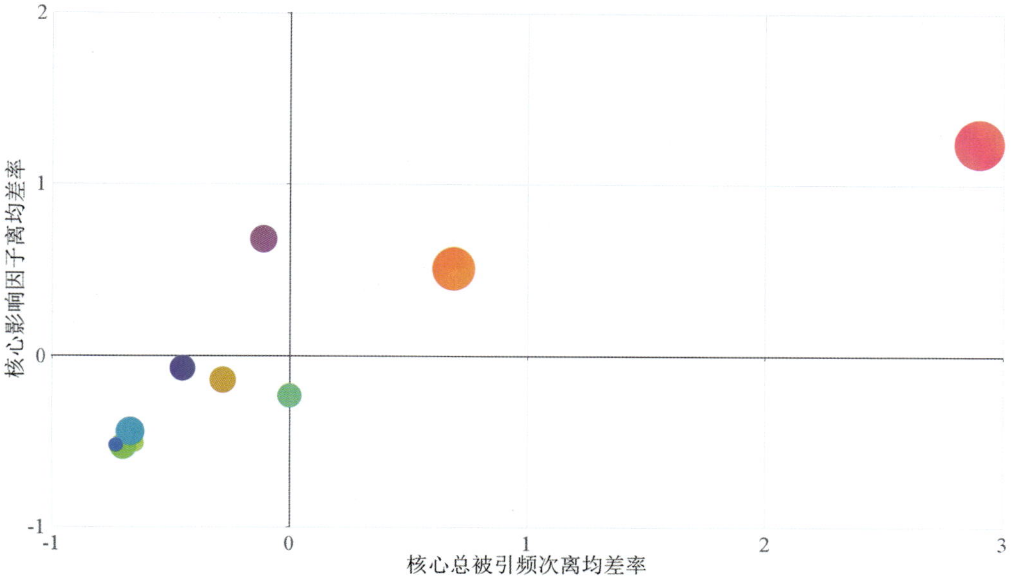

2023 年精细化学工程类期刊核心总被引频次和核心影响因子离均差率的分布图
（节点大小表示综合评价总分）

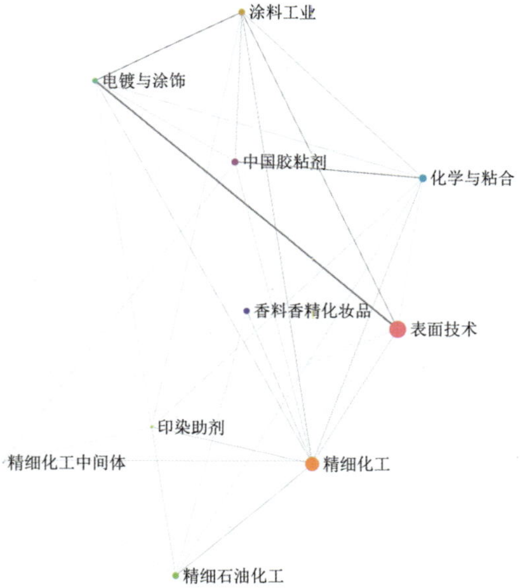

2023 年精细化学工程类期刊互引关系示意图

表 7-96　2023 年精细化学工程类期刊主要指标

CODE	刊名	核心总被引频次			核心影响因子			综合评价总分		学科扩散指标	学科影响指标	红点指标
		数值	排名	离均差率	数值	排名	离均差率	数值	排名			
T098	表面技术	3991	1	2.90	1.391	1	1.24	89.2	1	40.60	0.80	0.52
T598	电镀与涂饰	1026	3	0.00	0.476	6	−0.23	20.8	8	18.90	0.80	0.67
T931	化学与粘合	336	8	−0.67	0.350	7	−0.44	29.6	3	14.40	0.80	0.36
T102	精细化工	1730	2	0.69	0.936	3	0.51	66.0	2	34.10	1.00	0.63
T955	精细化工中间体	272	10	−0.73	0.300	9	−0.52	7.8	10	11.10	0.40	0.21
T542	精细石油化工	310	9	−0.70	0.294	10	−0.53	24.8	5	10.40	0.70	0.28
T103	涂料工业	735	5	−0.28	0.536	5	−0.14	24.7	6	16.00	0.90	0.30
T073	香料香精化妆品	565	6	−0.45	0.577	4	−0.07	23.8	7	14.00	0.40	0.42
T104	印染助剂	356	7	−0.65	0.303	8	−0.51	11.8	9	10.30	0.60	0.16
T075	中国胶粘剂	906	4	−0.11	1.043	2	0.68	26.6	4	13.10	0.60	0.43
	10 种期刊平均值	1023			0.621							

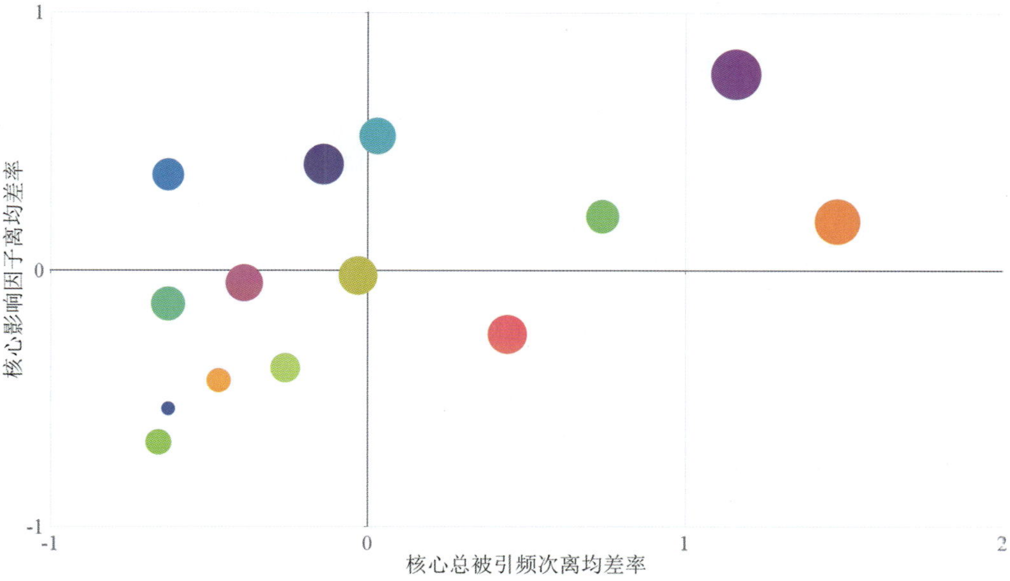

2023 年应用化学工程类期刊核心总被引频次和核心影响因子离均差率的分布图
（节点大小表示综合评价总分）

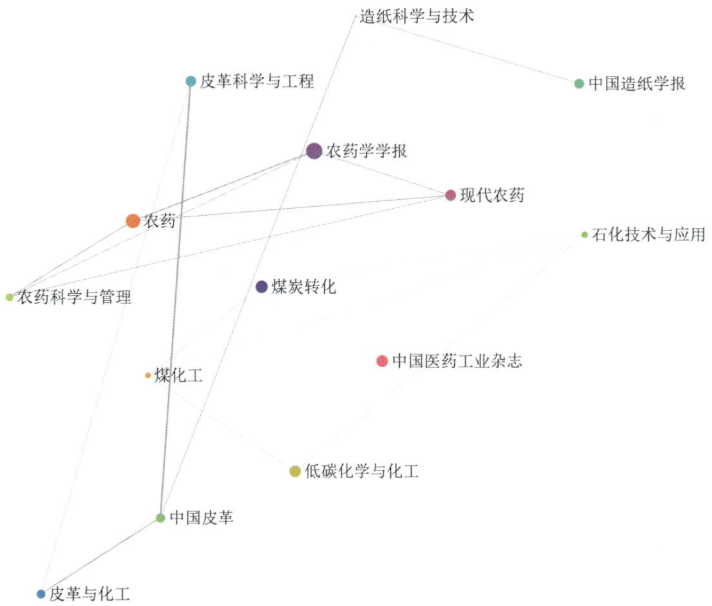

2023 年应用化学工程类期刊互引关系示意图

表 7-97　2023 年应用化学工程类期刊主要指标

CODE	刊名	核心总被引频次			核心影响因子			综合评价总分		学科扩散指标	学科影响指标	红点指标
		数值	排名	离均差率	数值	排名	离均差率	数值	排名			
T074	低碳化学与化工	641	6	−0.03	0.761	7	−0.02	53.2	5	9.29	0.29	0.33
T060	煤化工	349	10	−0.47	0.445	12	−0.43	20.7	13	6.57	0.29	0.12
D027	煤炭转化	569	7	−0.14	1.090	3	0.41	57.9	3	8.79	0.29	0.22
T034	农药	1644	1	1.48	0.921	6	0.19	73.0	2	17.64	0.36	0.63
T924	农药科学与管理	494	8	−0.26	0.479	11	−0.38	31.3	11	10.14	0.29	0.65
H404	农药学学报	1433	2	1.16	1.366	1	0.76	90.5	1	16.00	0.29	0.61
U602	皮革科学与工程	683	5	0.03	1.179	2	0.52	47.2	7	5.86	0.43	0.28
U604	皮革与化工	246	11	−0.63	1.063	4	0.37	36.7	10	3.57	0.29	0.34
T933	石化技术与应用	228	14	−0.66	0.259	14	−0.67	24.0	12	5.43	0.29	0.24
H417	现代农药	408	9	−0.39	0.737	8	−0.05	49.6	6	9.86	0.29	0.69
U643	造纸科学与技术	244	13	−0.63	0.359	13	−0.54	6.9	14	4.86	0.29	0.19
U020	中国皮革	1154	3	0.74	0.934	5	0.21	39.8	9	8.29	0.29	0.35
T019	中国医药工业杂志	957	4	0.44	0.580	10	−0.25	54.5	4	15.07	0.14	0.30
U033	中国造纸学报	245	12	−0.63	0.670	9	−0.13	42.0	8	7.50	0.14	0.44
	14 种期刊平均值	664			0.775							

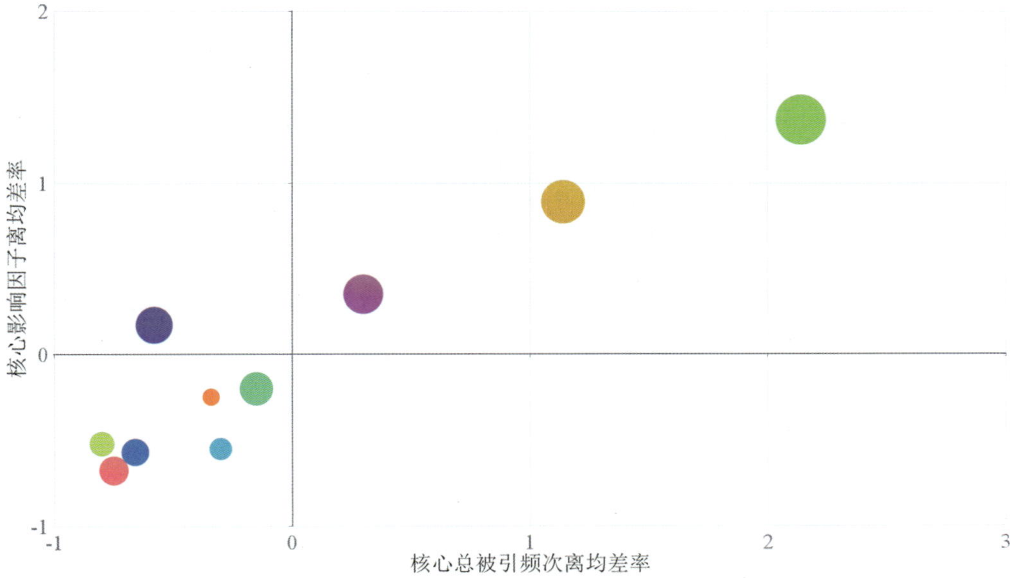

2023 年仪器仪表技术类期刊核心总被引频次和核心影响因子离均差率的分布图
（节点大小表示综合评价总分）

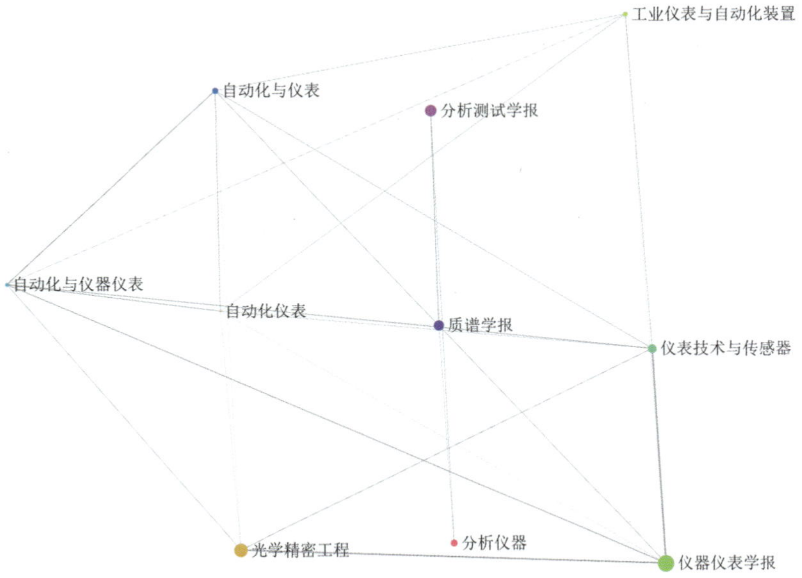

2023 年仪器仪表技术类期刊互引关系示意图

表 7-98　2023 年仪器仪表技术类期刊主要指标

CODE	刊名	核心总被引频次			核心影响因子			综合评价总分		学科扩散指标	学科影响指标	红点指标
		数值	排名	离均差率	数值	排名	离均差率	数值	排名			
D022	分析测试学报	2188	3	0.30	1.320	3	0.35	56.3	3	38.40	0.40	0.33
D062	分析仪器	418	9	−0.75	0.311	10	−0.68	30.6	6	20.60	0.50	0.15
N037	工业仪表与自动化装置	343	10	−0.80	0.466	7	−0.52	21.9	8	13.20	0.50	0.49
N033	光学精密工程	3600	2	1.14	1.850	2	0.89	68.1	2	43.40	0.70	0.35
N074	仪表技术与传感器	1428	4	−0.15	0.782	5	−0.20	39.6	5	31.10	0.70	0.55
N066	仪器仪表学报	5280	1	2.14	2.329	1	1.37	89.3	1	61.10	0.90	0.35
C034	质谱学报	710	7	−0.58	1.149	4	0.17	48.5	4	21.40	0.40	0.18
N013	自动化仪表	1103	6	−0.34	0.740	6	−0.25	10.7	10	25.40	0.80	0.57
S501	自动化与仪表	564	8	−0.66	0.423	9	−0.57	27.3	7	19.70	0.70	0.52
R611	自动化与仪器仪表	1177	5	−0.30	0.439	8	−0.55	18.3	9	26.90	0.70	0.52
	10 种期刊平均值	1681			0.981							

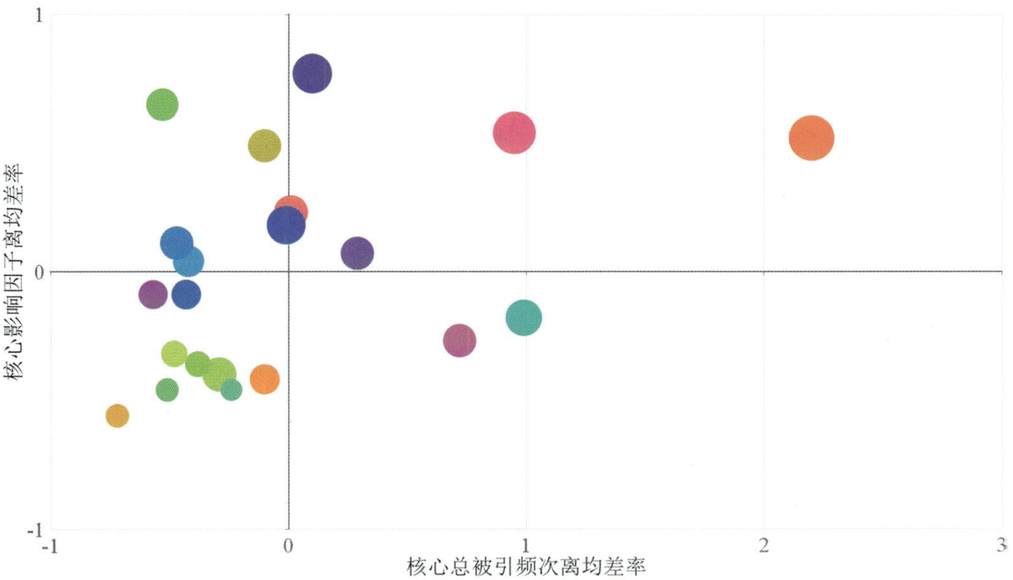

2023 年兵器科学与技术类期刊核心总被引频次和核心影响因子离均差率的分布图
（节点大小表示综合评价总分）

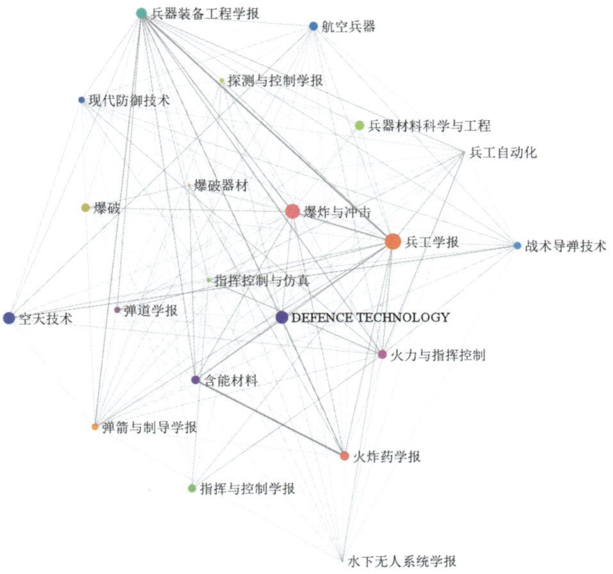

2023 年兵器科学与技术类期刊互引关系示意图

表 7-99　2023 年兵器科学与技术类期刊主要指标

CODE	刊名	核心总被引频次			核心影响因子			综合评价总分		学科扩散指标	学科影响指标	红点指标
		数值	排名	离均差率	数值	排名	离均差率	数值	排名			
I226	DEFENCE TECHNOLOGY	1216	6	0.10	1.520	1	0.77	56.3	3	13.29	0.95	0.05
N017	爆破	999	9	–0.10	1.281	5	0.49	39.6	10	6.57	0.48	0.52
N012	爆破器材	308	21	–0.72	0.383	21	–0.56	19.7	19	3.52	0.52	0.38
N006	爆炸与冲击	2158	3	0.95	1.325	3	0.54	65.5	2	12.48	0.81	0.39
N008	兵工学报	3548	1	2.20	1.313	4	0.52	74.1	1	20.00	1.00	0.45
R730	兵工自动化	842	11	–0.24	0.463	20	–0.46	17.2	21	10.57	0.90	0.38
N085	兵器材料科学与工程	786	12	–0.29	0.519	17	–0.40	41.6	6	10.29	0.76	0.35
T094	兵器装备工程学报	2204	2	0.99	0.707	13	–0.18	47.5	5	18.14	1.00	0.46
N004	弹道学报	475	20	–0.57	0.782	12	–0.09	30.4	16	5.43	0.86	0.56
N009	弹箭与制导学报	997	10	–0.10	0.503	18	–0.42	32.4	14	9.95	0.90	0.36
L586	含能材料	1428	5	0.29	0.919	9	0.07	39.5	11	6.81	0.71	0.49
Y556	航空兵器	590	16	–0.47	0.956	8	0.11	40.6	8	7.33	0.76	0.65
N005	火力与指挥控制	1904	4	0.72	0.632	14	–0.27	40.3	9	13.57	0.86	0.41
N007	火炸药学报	1115	7	0.01	1.056	6	0.23	41.5	7	5.71	0.76	0.90
Y571	空天技术	1093	8	–0.01	1.018	7	0.18	53.7	4	9.19	0.90	0.42
N907	水下无人系统学报	543	18	–0.51	0.464	19	–0.46	19.6	20	6.19	0.71	0.49
N043	探测与控制学报	581	17	–0.48	0.583	15	–0.32	25.3	17	8.57	0.90	0.45
Y561	现代防御技术	637	15	–0.43	0.785	11	–0.09	31.8	15	6.81	0.76	0.41
Y521	战术导弹技术	639	14	–0.42	0.899	10	0.04	35.5	13	6.86	0.90	0.56
N091	指挥控制与仿真	686	13	–0.38	0.554	16	–0.36	23.8	18	7.00	0.67	0.31
N094	指挥与控制学报	518	19	–0.53	1.422	2	0.65	38.0	12	4.38	0.57	0.45
	21 种期刊平均值	1108			0.861							

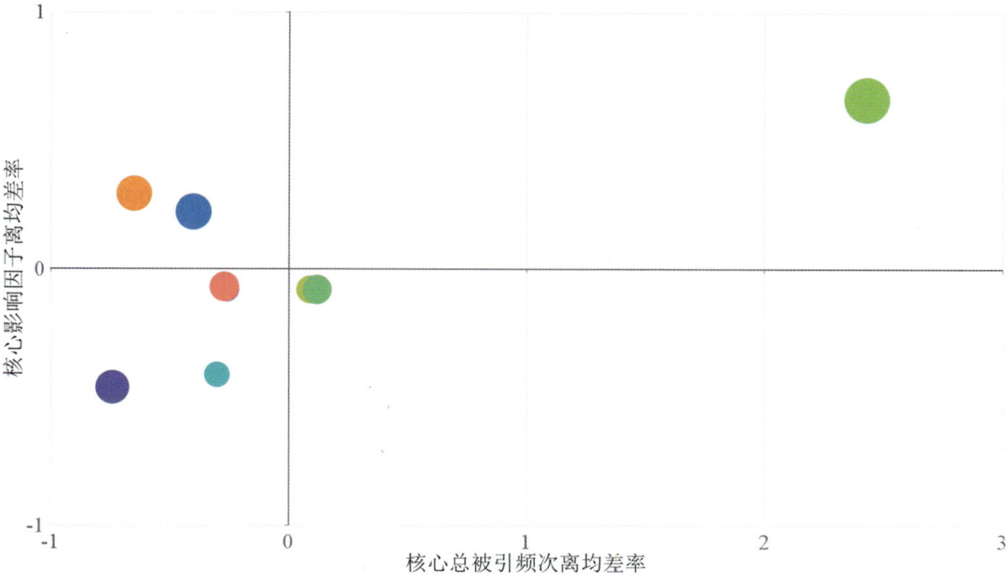

2023 年纺织科学技术类期刊核心总被引频次和核心影响因子离均差率的分布图
（节点大小表示综合评价总分）

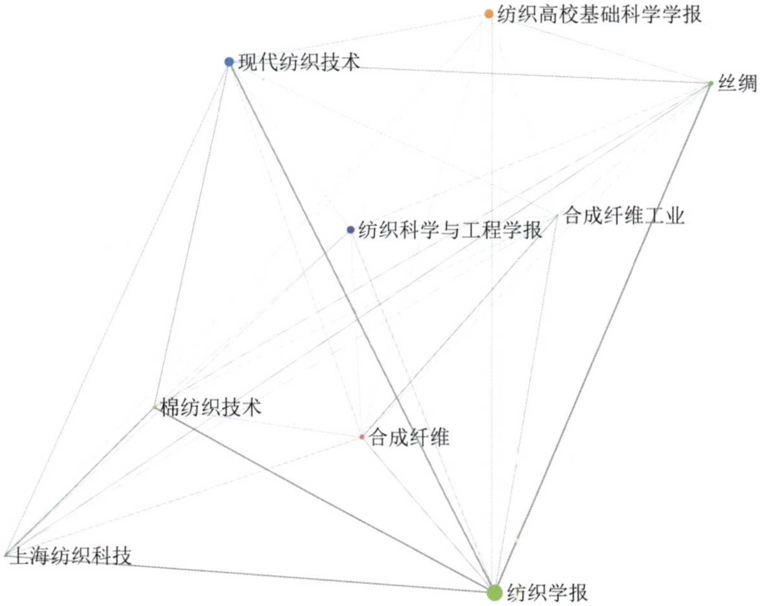

2023 年纺织科学技术类期刊互引关系示意图

表 7-100　2023 年纺织科学技术类期刊主要指标

CODE	刊名	核心总被引频次			核心影响因子			综合评价总分		学科扩散指标	学科影响指标	红点指标
		数值	排名	离均差率	数值	排名	离均差率	数值	排名			
U013	纺织高校基础科学学报	249	8	−0.65	0.762	2	0.29	44.9	3	7.78	1.00	0.16
Q418	纺织科学与工程学报	183	9	−0.74	0.319	9	−0.46	40.7	4	8.56	1.00	0.51
U053	纺织学报	2449	1	2.43	0.976	1	0.66	74.7	1	29.56	1.00	0.48
T067	合成纤维	520	5	−0.27	0.550	4	−0.07	31.0	5	11.89	1.00	0.50
T065	合成纤维工业	526	4	−0.26	0.544	5	−0.08	22.4	9	10.00	1.00	0.60
U036	棉纺织技术	780	3	0.09	0.541	7	−0.08	27.4	7	12.44	1.00	0.42
U528	上海纺织科技	497	6	−0.30	0.348	8	−0.41	23.4	8	11.33	1.00	0.72
U056	丝绸	800	2	0.12	0.544	6	−0.08	30.7	6	10.78	1.00	0.27
U634	现代纺织技术	428	7	−0.40	0.718	3	0.22	46.8	2	9.56	1.00	0.46
	9 种期刊平均值	715			0.589							

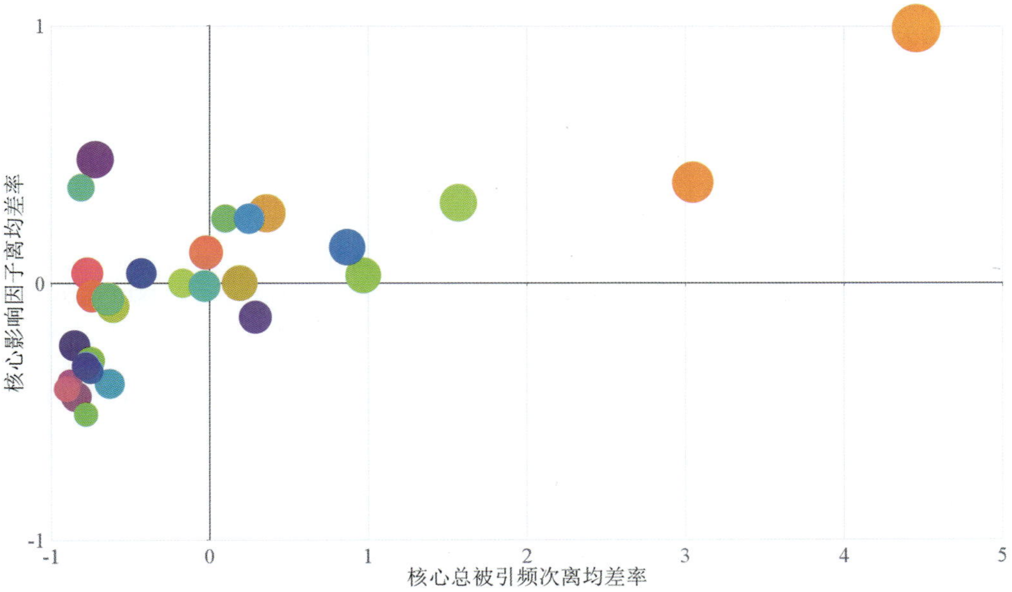

2023 年食品科学技术类期刊核心总被引频次和核心影响因子离均差率的分布图
（节点大小表示综合评价总分）

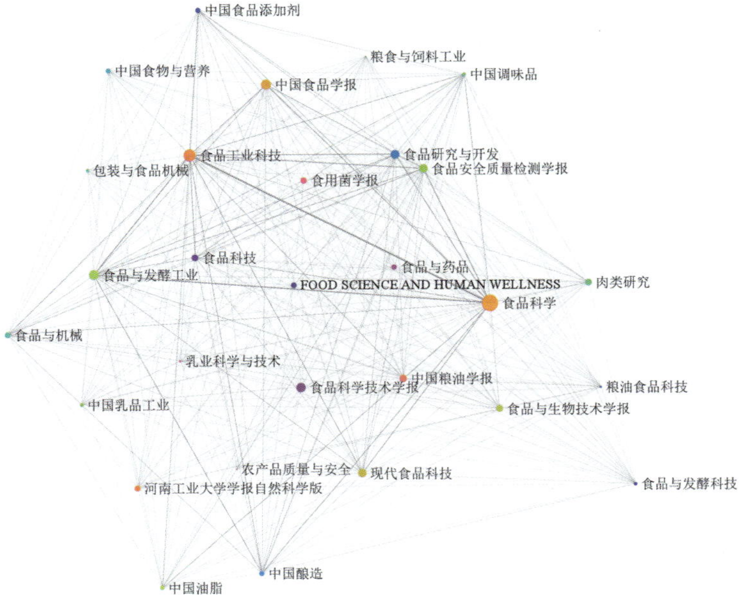

2023 年食品科学技术类期刊互引关系示意图

表 7-101　2023 年食品科学技术类期刊主要指标

CODE	刊名	核心总被引频次			核心影响因子			综合评价总分		学科扩散指标	学科影响指标	红点指标
		数值	排名	离均差率	数值	排名	离均差率	数值	排名			
U649	FOOD SCIENCE AND HUMAN WELLNESS	530	27	−0.85	0.953	21	−0.24	34.8	16	4.38	0.72	0.00
U521	包装与食品机械	703	25	−0.81	1.726	4	0.37	26.9	25	4.76	0.72	0.37
U004	河南工业大学学报自然科学版	941	19	−0.74	1.198	17	−0.05	35.3	15	5.79	0.97	0.55
U055	粮食与饲料工业	807	23	−0.78	0.618	29	−0.51	20.9	29	5.66	0.83	0.49
U626	粮油食品科技	894	21	−0.75	0.829	24	−0.34	23.6	27	5.86	0.93	0.52
H071	农产品质量与安全	433	28	−0.88	0.782	25	−0.38	21.0	28	5.03	0.79	0.39
U515	肉类研究	1302	17	−0.64	1.187	18	−0.06	37.7	12	4.76	0.83	0.74
H097	乳业科学与技术	349	29	−0.90	0.742	27	−0.41	23.6	26	2.45	0.83	0.71
U049	食品安全质量检测学报	7122	4	0.97	1.300	13	0.03	45.4	7	18.03	1.00	0.68
U005	食品工业科技	14654	2	3.05	1.751	3	0.39	60.4	2	21.59	1.00	0.78
U648	食品科技	4658	7	0.29	1.098	20	−0.13	38.6	10	13.48	1.00	0.77
U006	食品科学	19755	1	4.46	2.500	1	0.99	83.5	1	23.00	1.00	0.69
A117	食品科学技术学报	1029	18	−0.72	1.857	2	0.48	49.5	5	6.48	0.97	0.56
U617	食品研究与开发	6759	5	0.87	1.435	9	0.14	46.9	6	17.07	1.00	0.81
U035	食品与发酵工业	9298	3	1.57	1.650	5	0.31	50.4	4	16.28	1.00	0.72
U641	食品与发酵科技	784	24	−0.78	0.855	23	−0.32	28.0	23	5.83	0.97	0.66
U547	食品与机械	3501	12	−0.03	1.246	16	−0.01	35.5	14	14.93	0.97	0.56
U029	食品与生物技术学报	1415	15	−0.61	1.139	19	−0.09	38.1	11	9.52	1.00	0.61
G748	食品与药品	578	26	−0.84	0.700	28	−0.44	33.1	17	7.90	0.69	0.55
H838	食用菌学报	817	22	−0.77	1.309	12	0.04	36.2	13	4.59	0.72	0.49
U010	现代食品科技	4317	9	0.19	1.253	15	0.00	44.9	8	14.86	1.00	0.69
U001	中国粮油学报	3554	11	−0.02	1.404	10	0.12	40.5	9	11.21	1.00	0.63
U609	中国酿造	4510	8	0.25	1.569	8	0.25	32.7	19	10.55	0.97	0.83
U052	中国乳品工业	914	20	−0.75	0.878	22	−0.30	28.3	22	4.76	0.86	0.59
U635	中国食品添加剂	2079	14	−0.43	1.310	11	0.04	32.9	18	10.45	0.97	0.76
U007	中国食品学报	4919	6	0.36	1.594	6	0.27	51.6	3	15.24	1.00	0.66
U563	中国食物与营养	1335	16	−0.63	0.762	26	−0.39	32.1	20	13.00	0.93	0.44
U501	中国调味品	3966	10	0.10	1.578	7	0.25	27.8	24	9.24	1.00	0.84
U032	中国油脂	2999	13	−0.17	1.260	14	0.00	30.2	21	10.97	0.97	0.48
	29 种期刊平均值	3618			1.258							

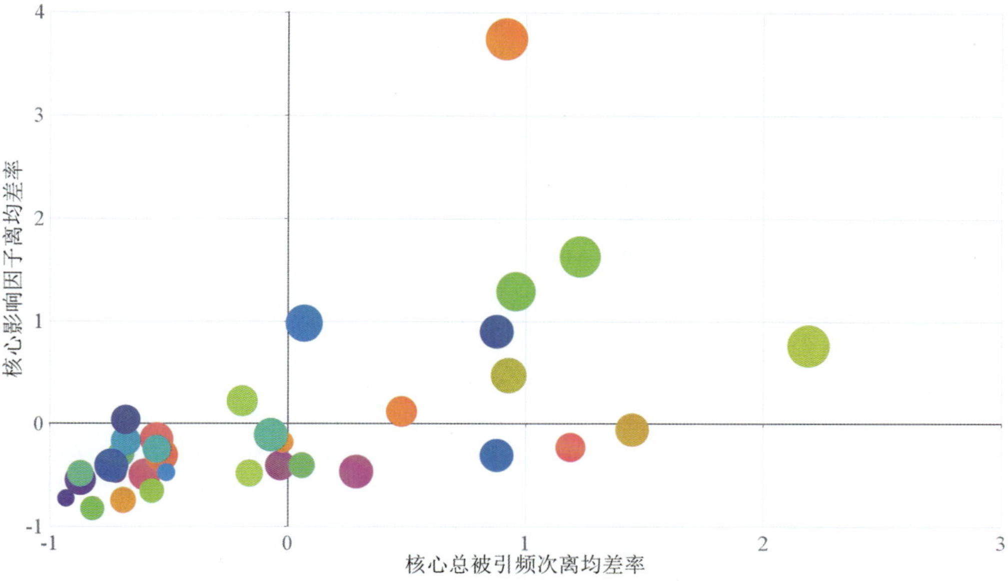

2023 年建筑科学与技术类期刊核心总被引频次和核心影响因子离均差率的分布图
（节点大小表示综合评价总分）

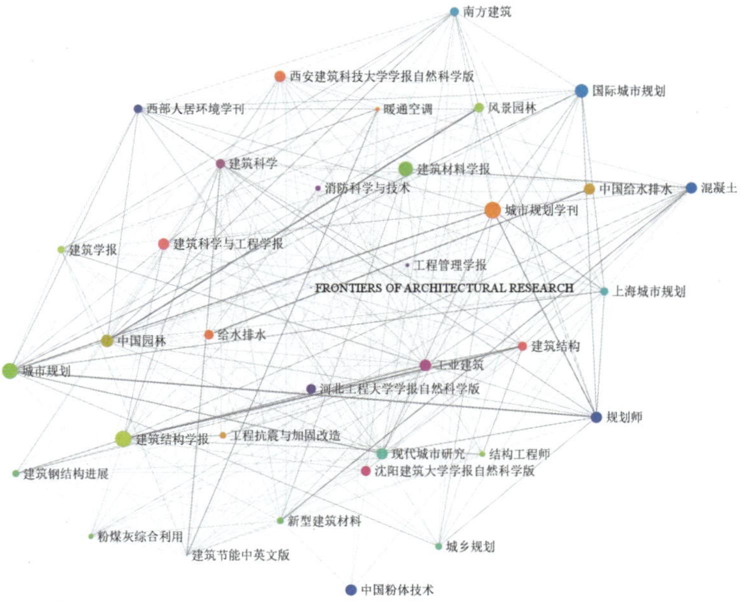

2023 年建筑科学与技术类期刊互引关系示意图

表 7-102　2023 年建筑科学与技术类期刊主要指标

CODE	刊名	核心总被引频次			核心影响因子			综合评价总分		学科扩散指标	学科影响指标	红点指标
		数值	排名	离均差率	数值	排名	离均差率	数值	排名			
V575	FRONTIERS OF ARCHITECTURAL RESEARCH	108	35	−0.93	0.233	33	−0.73	10.7	35	1.17	0.31	0.00
V050	城市规划	3433	3	1.23	2.293	2	1.63	60.5	3	8.60	0.57	0.42
V028	城市规划学刊	2949	7	0.92	4.132	1	3.74	63.5	2	6.37	0.57	0.35
V062	城乡规划	199	34	−0.87	0.444	28	−0.49	24.8	26	2.03	0.49	0.49
V052	粉煤灰综合利用	284	32	−0.82	0.144	35	−0.83	20.5	30	2.91	0.40	0.56
V048	风景园林	1253	19	−0.19	1.063	8	0.22	34.6	16	4.23	0.49	0.65
V021	给水排水	2282	10	0.48	0.976	9	0.12	33.9	18	8.80	0.49	0.32
S712	工程管理学报	424	30	−0.72	0.454	26	−0.48	15.9	33	4.06	0.31	0.34
V033	工程抗震与加固改造	470	28	−0.69	0.221	34	−0.75	23.6	28	2.86	0.34	0.65
V010	工业建筑	1986	11	0.29	0.464	25	−0.47	41.3	7	9.46	0.83	0.63
V572	规划师	2901	8	0.88	1.658	5	0.90	41.0	9	6.71	0.51	0.51
V529	国际城市规划	1645	12	0.07	1.724	4	0.98	49.7	5	6.31	0.54	0.39
K032	河北工程大学学报自然科学版	207	33	−0.87	0.391	31	−0.55	34.4	17	3.69	0.37	0.46
V560	混凝土	2897	9	0.88	0.599	20	−0.31	40.5	11	7.60	0.54	0.77
V051	建筑材料学报	3019	5	0.96	2.000	3	1.29	55.0	4	8.31	0.54	0.61
V057	建筑钢结构进展	457	29	−0.70	0.613	18	−0.30	25.4	25	2.77	0.43	0.74
V523	建筑节能中英文版	758	20	−0.51	0.449	27	−0.48	11.7	34	4.66	0.71	0.52
V014	建筑结构	3369	4	1.19	0.669	16	−0.23	31.8	20	8.71	0.69	0.60
V044	建筑结构学报	4905	1	2.19	1.534	6	0.76	63.8	1	8.26	0.60	0.74
V005	建筑科学	1496	15	−0.03	0.513	22	−0.41	32.5	19	8.77	0.80	0.54
V013	建筑科学与工程学报	697	22	−0.55	0.741	13	−0.15	40.0	12	5.29	0.46	0.69
V047	建筑学报	1289	18	−0.16	0.443	29	−0.49	26.7	24	5.34	0.71	0.16
V049	结构工程师	658	24	−0.57	0.297	32	−0.66	21.5	29	4.17	0.51	0.53
V089	南方建筑	494	26	−0.68	0.719	14	−0.17	31.8	21	2.94	0.57	0.40
V032	暖通空调	1502	14	−0.02	0.711	15	−0.18	17.2	32	6.20	0.51	0.55
V088	上海城市规划	695	23	−0.55	0.655	17	−0.25	28.6	23	3.40	0.49	0.45
V011	沈阳建筑大学学报自然科学版	611	25	−0.60	0.438	30	−0.50	36.4	15	6.54	0.57	0.64
V018	西安建筑科技大学学报自然科学版	726	21	−0.53	0.601	19	−0.31	39.7	14	7.31	0.86	0.50
V573	西部人居环境学刊	489	27	−0.68	0.906	10	0.04	30.8	22	3.34	0.57	0.42
V087	现代城市研究	1425	17	−0.07	0.780	12	−0.11	40.9	10	7.46	0.57	0.37
T953	消防科学与技术	1482	16	−0.04	0.517	21	−0.41	20.2	31	7.89	0.46	0.33
V056	新型建筑材料	1637	13	0.06	0.511	23	−0.41	24.2	27	6.54	0.51	0.63
V568	中国粉体技术	402	31	−0.74	0.511	24	−0.41	41.2	8	5.46	0.17	0.26
V036	中国给水排水	3771	2	1.45	0.817	11	−0.06	40.0	13	11.03	0.60	0.35
V039	中国园林	2975	6	0.93	1.282	7	0.47	45.2	6	7.74	0.63	1.00
	35 种期刊平均值	1540			0.872							

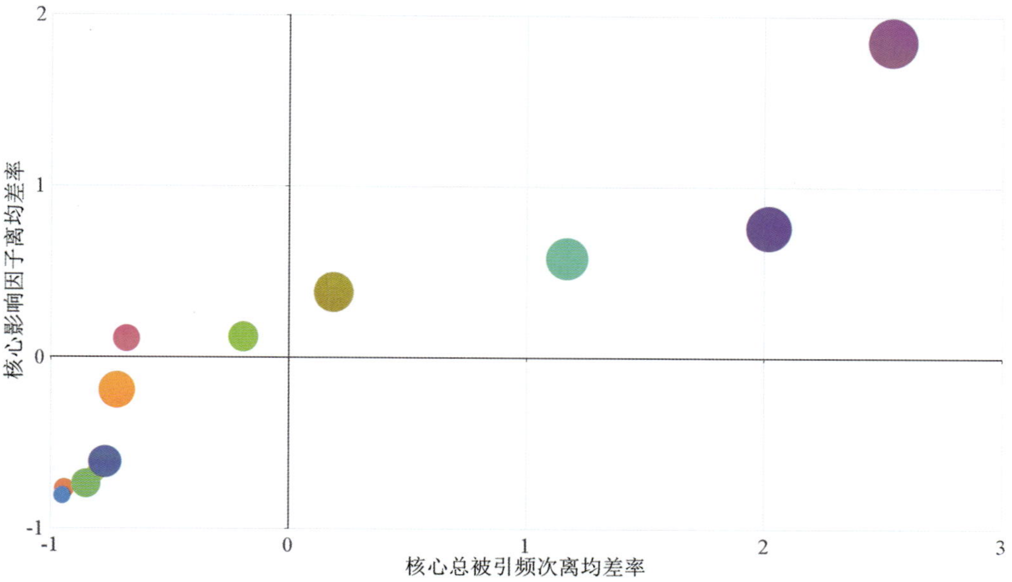

2023 年土木工程类期刊核心总被引频次和核心影响因子离均差率的分布图
（节点大小表示综合评价总分）

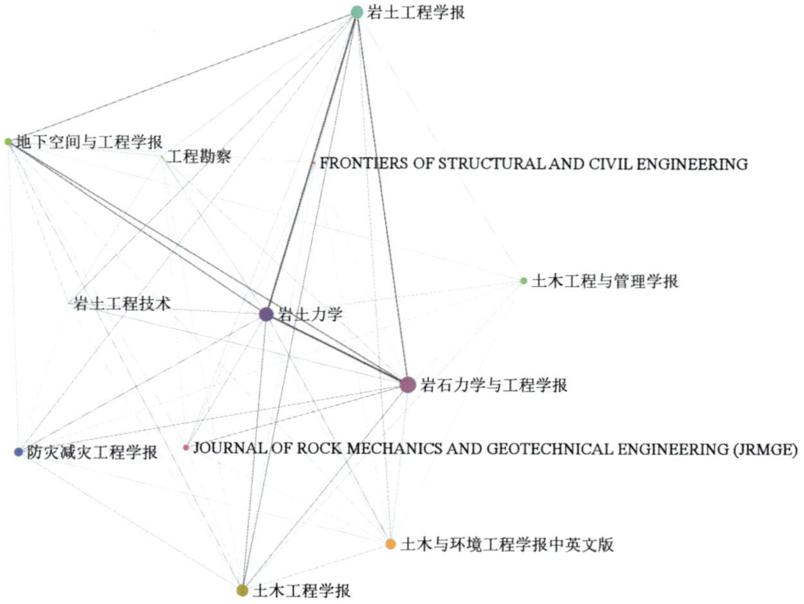

2023 年土木工程类期刊互引关系示意图

表 7-103　2023 年土木工程类期刊主要指标

CODE	刊名	核心总被引频次			核心影响因子			综合评价总分		学科扩散指标	学科影响指标	红点指标
		数值	排名	离均差率	数值	排名	离均差率	数值	排名			
I725	FRONTIERS OF STRUCTURAL AND CIVIL ENGINEERING	272	11	−0.94	0.343	11	−0.77	14.0	10	8.67	0.67	0.00
C010	JOURNAL OF ROCK MECHANICS AND GEOTECHNICAL ENGINEERING (JRMGE)	1377	6	−0.68	1.625	6	0.11	25.7	9	17.50	0.83	0.07
V031	地下空间与工程学报	3517	5	−0.19	1.646	5	0.12	31.9	7	28.00	1.00	0.47
Z544	防灾减灾工程学报	981	8	−0.77	0.578	8	−0.61	38.9	6	21.67	0.83	0.43
V030	工程勘察	809	9	−0.81	0.472	9	−0.68	12.1	11	19.67	0.75	0.26
V029	土木工程学报	5118	4	0.19	2.036	4	0.38	56.7	4	31.92	1.00	0.41
V035	土木工程与管理学报	627	10	−0.85	0.385	10	−0.74	30.1	8	17.08	0.75	0.38
V019	土木与环境工程学报中英文版	1195	7	−0.72	1.184	7	−0.19	47.2	5	26.67	1.00	0.40
C005	岩石力学与工程学报	15287	1	2.54	4.196	1	1.85	87.5	1	40.92	1.00	0.96
V574	岩土工程技术	217	12	−0.95	0.279	12	−0.81	10.4	12	8.75	0.67	0.55
V037	岩土工程学报	9378	3	1.17	2.320	3	0.58	63.6	3	36.58	1.00	0.48
C004	岩土力学	13021	2	2.02	2.583	2	0.76	72.9	2	41.17	1.00	0.50
	12 种期刊平均值	4317			1.471							

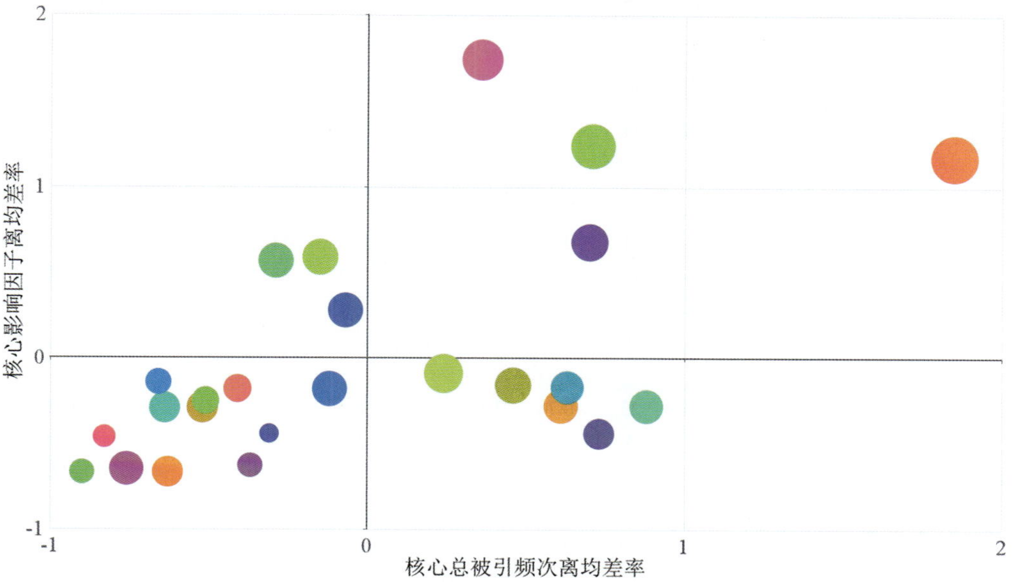

2023 年水利工程类期刊核心总被引频次和核心影响因子离均差率的分布图
（节点大小表示综合评价总分）

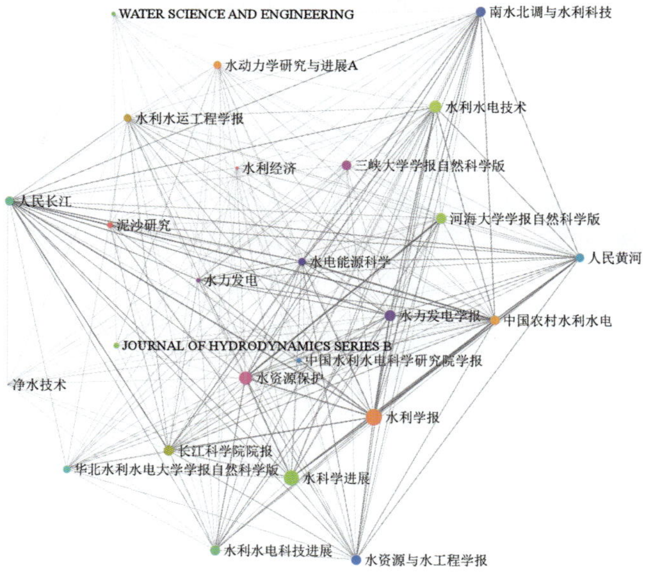

2023 年水利工程类期刊互引关系示意图

表 7-104　2023 年水利工程类期刊主要指标

CODE	刊名	核心总被引频次			核心影响因子			综合评价总分		学科扩散指标	学科影响指标	红点指标
		数值	排名	离均差率	数值	排名	离均差率	数值	排名			
W015	JOURNAL OF HYDRODYNAMICS SERIES B	865	18	−0.51	1.075	14	−0.25	26.4	20	7.88	0.80	0.01
W030	WATER SCIENCE AND ENGINEERING	173	25	−0.90	0.467	25	−0.67	22.1	23	3.68	0.88	0.00
W010	长江科学院院报	2602	8	0.46	1.196	10	−0.16	46.3	7	18.16	0.92	0.51
W012	河海大学学报自然科学版	1515	13	−0.15	2.273	5	0.59	46.5	6	14.20	0.92	0.45
W543	华北水利水电大学学报自然科学版	648	21	−0.64	1.012	18	−0.29	34.0	18	9.20	0.76	0.49
Z553	净水技术	1227	15	−0.31	0.792	20	−0.44	13.7	25	9.08	0.52	0.32
W590	南水北调与水利科技	1650	11	−0.07	1.825	7	0.28	43.7	10	12.16	0.92	0.62
W002	泥沙研究	1048	17	−0.41	1.170	12	−0.18	28.0	19	6.32	0.84	0.37
W555	人民黄河	2888	6	0.63	1.181	11	−0.17	38.6	14	16.48	0.96	0.59
W504	人民长江	3341	2	0.88	1.027	16	−0.28	40.2	13	19.28	0.92	0.55
R086	三峡大学学报自然科学版	430	23	−0.76	0.498	23	−0.65	42.1	11	9.24	0.72	0.35
P007	水电能源科学	3076	3	0.73	0.803	19	−0.44	34.6	16	18.76	0.96	0.52
W004	水动力学研究与进展 A	666	20	−0.63	0.475	24	−0.67	34.6	17	8.32	0.80	0.32
W013	水科学进展	3035	4	0.71	3.191	2	1.24	71.2	2	14.28	0.96	0.58
R050	水力发电	1117	16	−0.37	0.523	22	−0.63	22.7	22	11.00	0.92	0.58
R049	水力发电学报	3017	5	0.70	2.401	4	0.68	49.9	5	12.60	1.00	0.52
R587	水利经济	300	24	−0.83	0.765	21	−0.46	18.7	24	3.52	0.72	0.47
W011	水利水电技术	2198	10	0.24	1.299	8	−0.09	55.0	4	17.20	0.92	0.71
W502	水利水电科技进展	1259	14	−0.29	2.241	6	0.57	44.2	8	9.24	0.92	0.51
W006	水利水运工程学报	857	19	−0.52	1.019	17	−0.29	34.7	15	8.96	0.92	0.49
W003	水利学报	5057	1	1.85	3.086	3	1.17	79.1	1	20.36	1.00	0.43
R566	水资源保护	2417	9	0.36	3.901	1	1.74	59.9	3	12.32	0.88	0.56
W570	水资源与水工程学报	1564	12	−0.12	1.162	13	−0.18	44.2	9	14.32	0.92	0.57
W005	中国农村水利水电	2854	7	0.61	1.031	15	−0.28	41.5	12	17.20	0.92	0.48
W557	中国水利水电科学研究院学报	609	22	−0.66	1.222	9	−0.14	24.2	21	6.72	0.88	0.48
	25 种期刊平均值	1777			1.425							

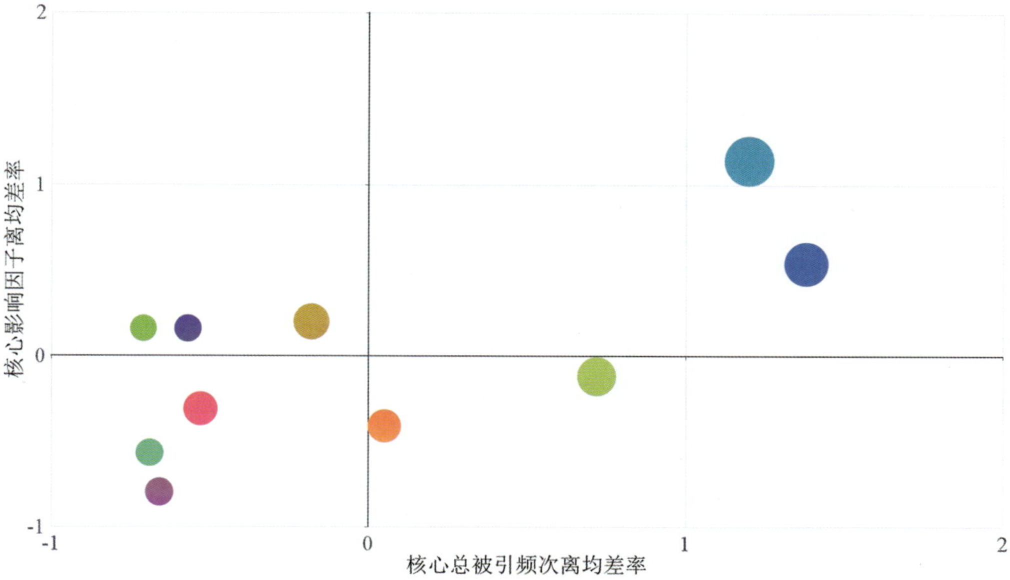

2023 年交通运输工程类期刊核心总被引频次和核心影响因子离均差率的分布图
（节点大小表示综合评价总分）

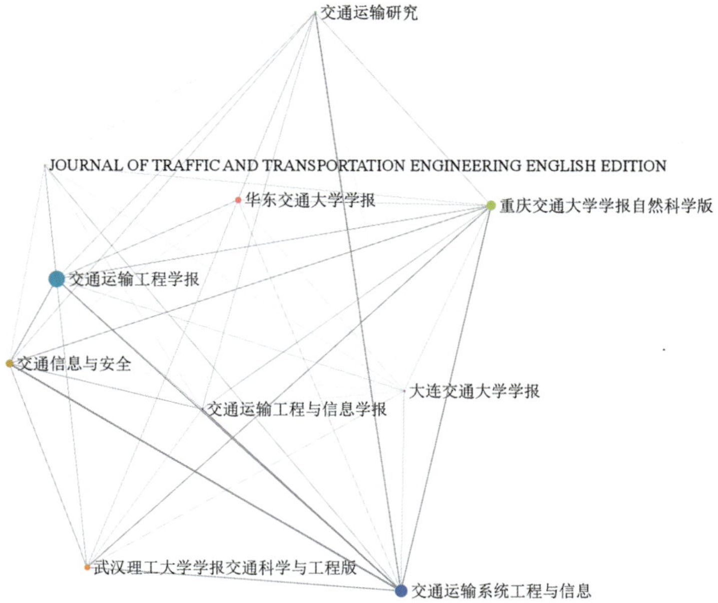

2023 年交通运输工程类期刊互引关系示意图

表 7-105　2023 年交通运输工程类期刊主要指标

CODE	刊名	核心总被引频次			核心影响因子			综合评价总分		学科扩散指标	学科影响指标	红点指标
		数值	排名	离均差率	数值	排名	离均差率	数值	排名			
X053	JOURNAL OF TRAFFIC AND TRANSPORTATION ENGINEERING ENGLISH EDITION	257	10	−0.71	1.154	5	0.16	25.3	10	9.40	0.80	0.00
X029	重庆交通大学学报自然科学版	1533	3	0.72	0.879	6	−0.12	54.3	3	37.40	1.00	0.88
X001	大连交通大学学报	308	8	−0.66	0.202	10	−0.80	28.1	7	16.10	0.70	0.28
X003	华东交通大学学报	423	6	−0.53	0.681	7	−0.31	41.8	5	21.80	0.80	0.28
X020	交通信息与安全	728	5	−0.18	1.197	3	0.20	46.7	4	19.10	1.00	0.78
X672	交通运输工程学报	1962	2	1.20	2.123	1	1.14	88.5	1	34.80	1.00	0.79
X695	交通运输工程与信息学报	383	7	−0.57	1.154	4	0.16	27.1	9	12.20	1.00	0.94
X685	交通运输系统工程与信息	2125	1	1.38	1.530	2	0.54	69.0	2	31.70	1.00	0.97
X516	交通运输研究	275	9	−0.69	0.429	9	−0.57	28.1	8	13.00	0.80	0.45
X017	武汉理工大学学报交通科学与工程版	936	4	0.05	0.586	8	−0.41	39.7	6	30.70	1.00	0.46
	10 种期刊平均值	893			0.994							

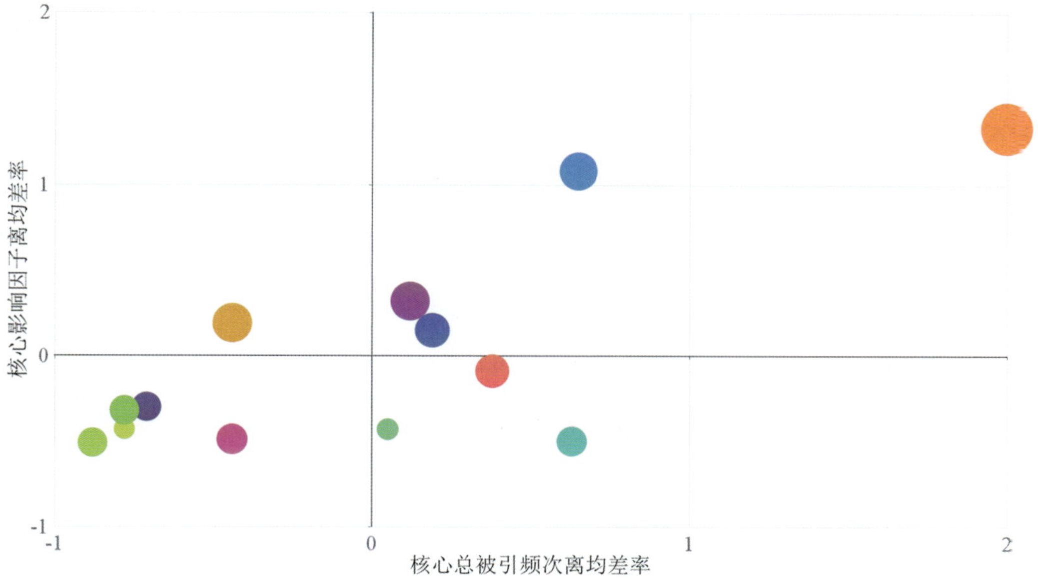

2023 年公路运输类期刊核心总被引频次和核心影响因子离均差率的分布图
（节点大小表示综合评价总分）

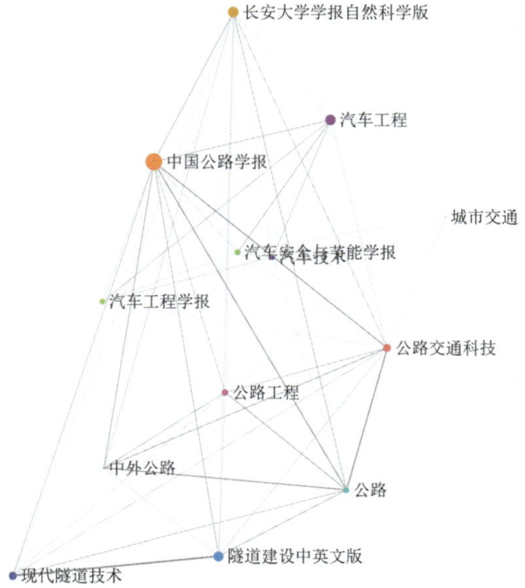

2023 年公路运输类期刊互引关系示意图

表 7-106　2023 年公路运输类期刊主要指标

CODE	刊名	核心总被引频次			核心影响因子			综合评价总分		学科扩散指标	学科影响指标	红点指标
		数值	排名	离均差率	数值	排名	离均差率	数值	排名			
X036	长安大学学报自然科学版	1010	9	−0.44	1.212	4	0.19	55.5	2	18.46	0.92	0.99
X046	城市交通	406	11	−0.78	0.583	9	−0.43	15.7	13	8.85	0.54	0.35
X579	公路	2958	3	0.63	0.512	12	−0.50	32.7	8	27.54	0.85	0.63
X022	公路工程	1021	8	−0.44	0.520	11	−0.49	34.2	7	16.54	0.77	0.54
X026	公路交通科技	2506	4	0.38	0.931	6	−0.09	40.7	6	27.92	0.92	0.99
X532	汽车安全与节能学报	391	12	−0.78	0.698	8	−0.32	31.1	10	11.23	0.54	0.34
X018	汽车工程	2026	6	0.12	1.346	3	0.32	54.6	3	24.77	0.77	0.44
X500	汽车工程学报	212	13	−0.88	0.503	13	−0.51	31.3	9	8.54	0.46	0.37
X013	汽车技术	530	10	−0.71	0.718	7	−0.30	30.9	11	13.08	0.69	0.40
X634	隧道建设中英文版	2997	2	0.65	2.121	2	1.08	51.6	4	22.69	0.69	0.50
X673	现代隧道技术	2160	5	0.19	1.172	5	0.15	43.3	5	18.92	0.62	0.51
X031	中国公路学报	5433	1	2.00	2.384	1	1.33	96.1	1	35.92	0.92	0.99
X539	中外公路	1895	7	0.05	0.578	10	−0.43	17.0	12	17.54	0.62	0.65
	13 种期刊平均值	1811			1.021							

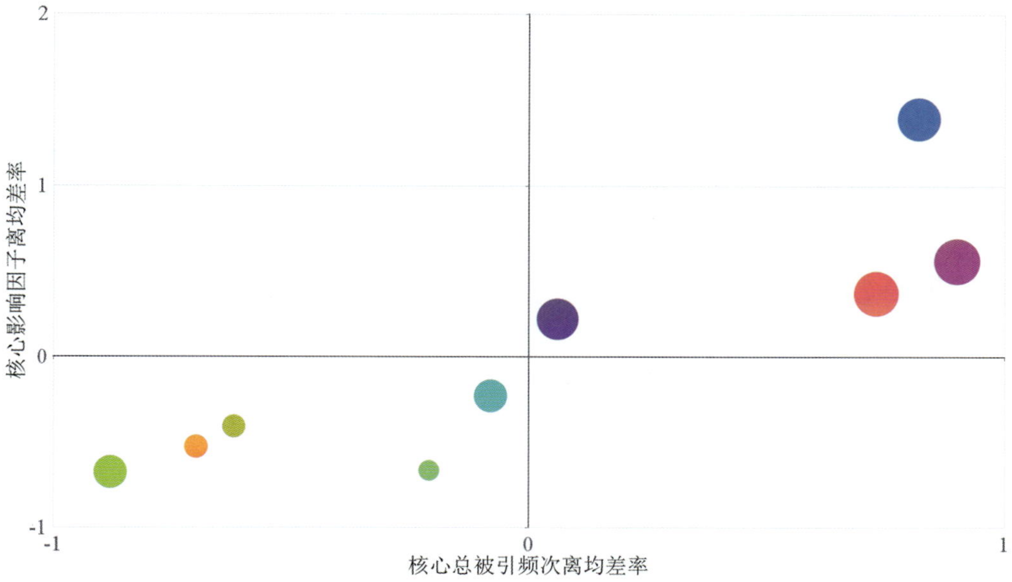

2023 年铁路运输类期刊核心总被引频次和核心影响因子离均差率的分布图
（节点大小表示综合评价总分）

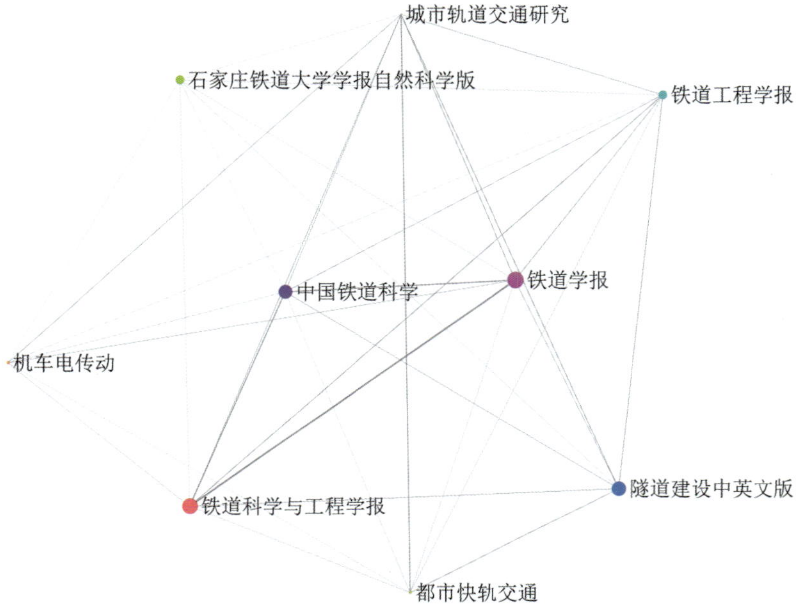

2023 年铁路运输类期刊互引关系示意图

表 7-107　2023 年铁路运输类期刊主要指标

CODE	刊名	核心总被引频次			核心影响因子			综合评价总分		学科扩散指标	学科影响指标	红点指标
		数值	排名	离均差率	数值	排名	离均差率	数值	排名			
X043	城市轨道交通研究	1297	6	−0.21	0.289	8	−0.67	15.5	9	29.56	1.00	0.85
X034	都市快轨交通	634	7	−0.62	0.523	6	−0.41	18.9	8	16.22	0.89	0.84
X011	机车电传动	489	8	−0.70	0.415	7	−0.53	19.9	7	13.78	0.89	0.53
X042	石家庄铁道大学学报自然科学版	197	9	−0.88	0.280	9	−0.68	39.5	5	13.11	1.00	0.33
X634	隧道建设中英文版	2997	2	0.82	2.121	1	1.39	65.7	3	32.78	0.89	0.47
X521	铁道工程学报	1511	5	−0.08	0.683	5	−0.23	39.4	6	28.44	1.00	0.43
X007	铁道科学与工程学报	2855	3	0.73	1.214	3	0.37	72.3	2	45.44	1.00	0.44
X005	铁道学报	3128	1	0.90	1.380	2	0.56	75.2	1	40.78	1.00	0.44
X004	中国铁道科学	1743	4	0.06	1.079	4	0.22	61.9	4	32.44	1.00	0.55
	9 种期刊平均值	1650			0.887							

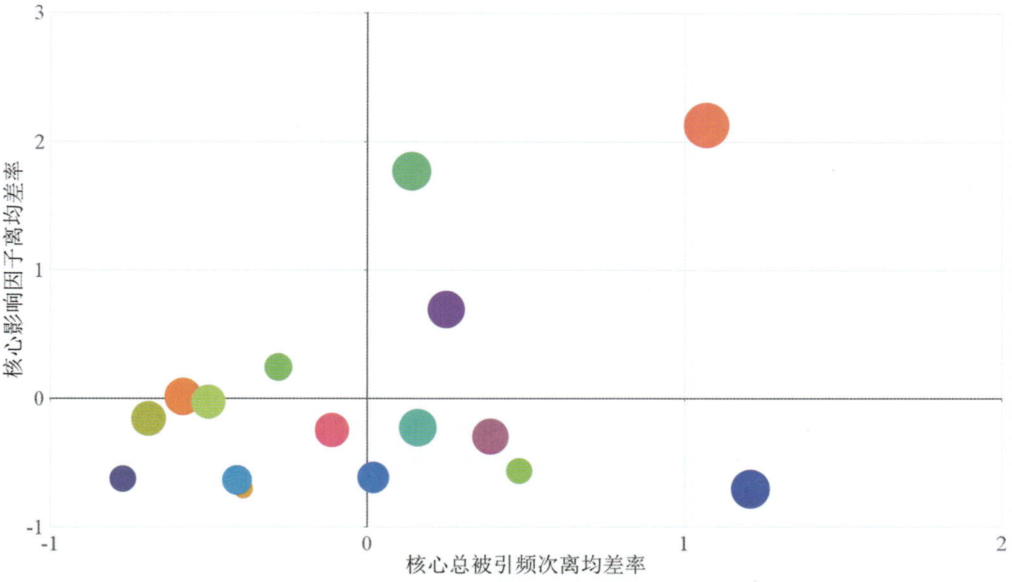

2023 年水路运输类期刊核心总被引频次和核心影响因子离均差率的分布图
（节点大小表示综合评价总分）

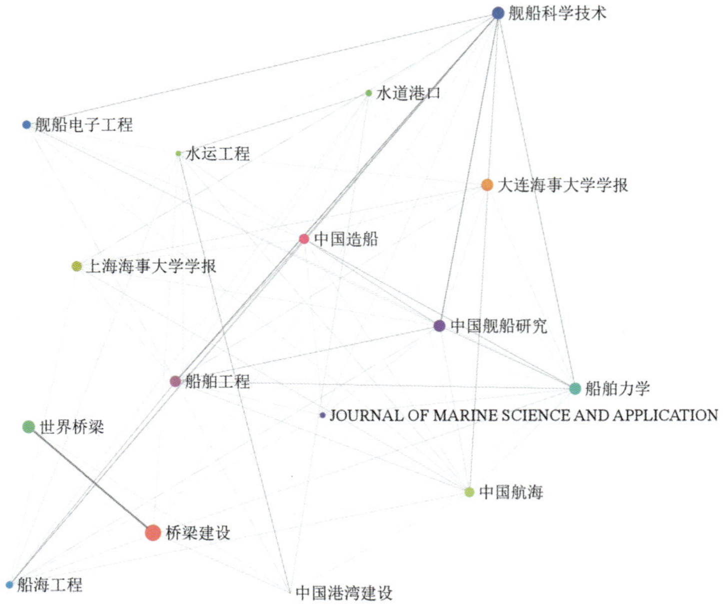

2023 年水路运输类期刊互引关系示意图

表 7-108　2023 年水路运输类期刊主要指标

CODE	刊名	核心总被引频次			核心影响因子			综合评价总分		学科扩散指标	学科影响指标	红点指标
		数值	排名	离均差率	数值	排名	离均差率	数值	排名			
I229	JOURNAL OF MARINE SCIENCE AND APPLICATION	245	16	−0.77	0.325	13	−0.63	25.3	14	5.44	0.63	0.01
X010	船舶工程	1459	4	0.39	0.615	10	−0.30	46.9	7	16.56	0.88	0.41
X633	船舶力学	1212	6	0.16	0.671	8	−0.23	50.4	4	13.19	0.81	0.50
X635	船海工程	622	12	−0.41	0.316	14	−0.64	31.5	12	10.63	0.88	0.37
X024	大连海事大学学报	441	14	−0.58	0.883	5	0.01	50.0	6	10.81	0.63	0.36
Y522	舰船电子工程	1071	8	0.02	0.330	12	−0.62	35.7	11	14.50	0.63	0.30
Y564	舰船科学技术	2321	1	1.21	0.257	15	−0.71	53.5	3	24.25	0.94	0.47
X021	桥梁建设	2165	2	1.07	2.735	1	2.13	73.1	1	10.25	0.44	0.92
X038	上海海事大学学报	323	15	−0.69	0.736	7	−0.16	42.8	8	7.63	0.69	0.22
X538	世界桥梁	1193	7	0.14	2.423	2	1.77	54.0	2	7.00	0.25	0.81
X533	水道港口	759	10	−0.28	1.081	4	0.24	27.7	13	6.63	0.44	0.40
X528	水运工程	1556	3	0.48	0.376	11	−0.57	24.3	15	13.50	0.94	0.35
X035	中国港湾建设	634	11	−0.39	0.250	16	−0.71	13.0	16	7.25	0.50	0.34
X039	中国航海	526	13	−0.50	0.846	6	−0.03	41.1	10	8.63	0.88	0.45
N108	中国舰船研究	1307	5	0.25	1.479	3	0.69	50.3	5	14.69	0.81	0.48
X012	中国造船	932	9	−0.11	0.652	9	−0.25	42.2	9	10.69	0.88	0.55
	16 种期刊平均值	1048			0.873							

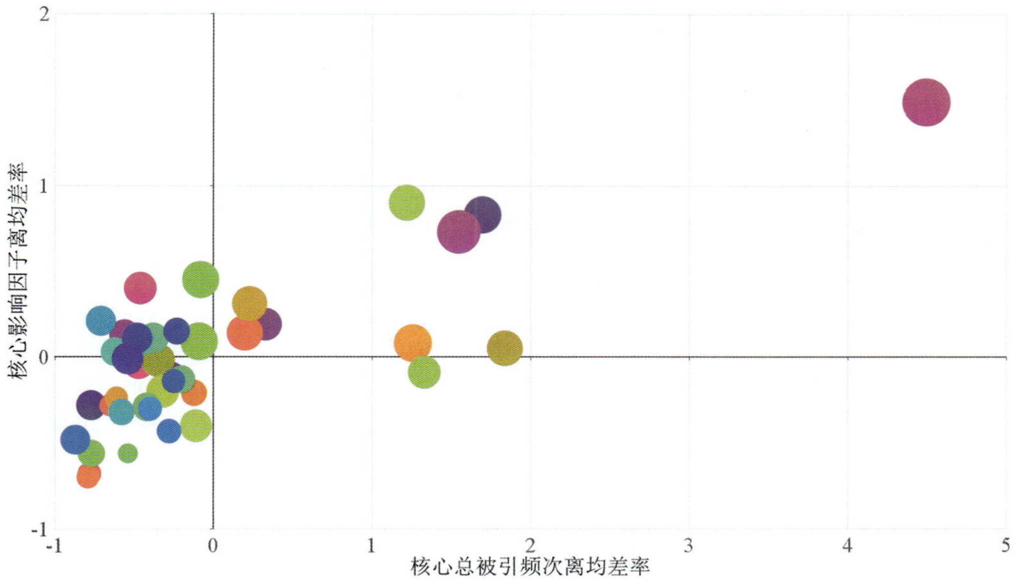

2023 年航空、航天科学技术类期刊核心总被引频次和核心影响因子离均差率的分布图
（节点大小表示综合评价总分）

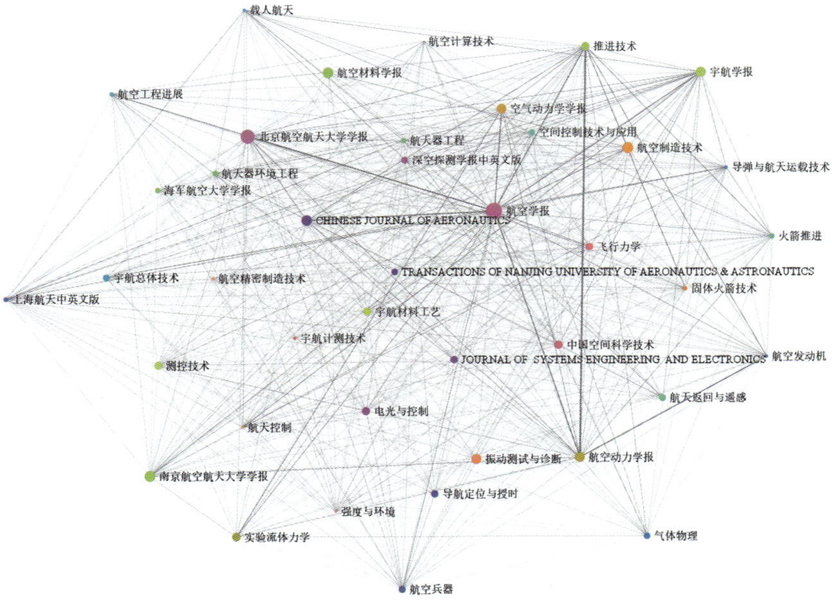

2023 年航空、航天科学技术类期刊互引关系示意图

表 7-109　2023 年航空、航天科学技术类期刊主要指标

CODE	刊名	核心总被引频次			核心影响因子			综合评价总分		学科扩散指标	学科影响指标	红点指标
		数值	排名	离均差率	数值	排名	离均差率	数值	排名			
I122	CHINESE JOURNAL OF AERONAUTICS	3038	3	1.70	1.568	3	0.83	49.7	5	8.85	0.95	0.03
I144	JOURNAL OF SYSTEMS ENGINEERING AND ELECTRONICS	820	18	−0.27	0.754	24	−0.12	35.7	17	5.17	0.49	0.00
I017	TRANSACTIONS OF NANJING UNIVERSITY OF AERONAUTICS & ASTRONAUTICS	257	38	−0.77	0.620	30	−0.28	32.0	24	3.07	0.49	0.56
Y001	北京航空航天大学学报	2876	4	1.55	1.489	4	0.73	68.3	2	13.20	0.98	0.51
Y022	测控技术	998	13	−0.11	0.518	35	−0.40	37.5	16	7.56	0.78	0.45
Y503	导弹与航天运载技术	812	19	−0.28	0.491	36	−0.43	21.5	34	4.39	0.85	0.42
Y563	导航定位与授时	518	29	−0.54	0.850	20	−0.01	35.5	18	3.68	0.44	0.31
R740	电光与控制	1493	8	0.33	1.019	9	0.19	38.3	12	6.39	0.49	0.58
Y006	飞行力学	599	27	−0.47	0.824	22	−0.04	34.3	19	3.85	0.76	0.57
Y013	固体火箭技术	989	14	−0.12	0.678	28	−0.21	24.5	32	4.39	0.76	0.60
Y029	海军航空大学学报	258	37	−0.77	0.377	38	−0.56	26.8	29	2.59	0.46	0.46
Y556	航空兵器	590	28	−0.48	0.956	13	0.11	33.8	20	3.76	0.71	0.74
Y027	航空材料学报	1041	11	−0.08	1.246	5	0.45	49.4	6	5.39	0.51	0.45
Y017	航空动力学报	3204	2	1.84	0.902	18	0.05	45.7	9	7.59	0.80	0.44
Y554	航空发动机	847	17	−0.25	0.735	26	−0.14	20.4	36	4.07	0.59	0.92
Y052	航空工程进展	475	32	−0.58	0.580	34	−0.32	24.4	33	3.95	0.71	0.50
Y031	航空计算技术	514	30	−0.54	0.377	39	−0.56	14.4	41	3.51	0.68	0.35
Y012	航空精密制造技术	234	40	−0.79	0.257	41	−0.70	18.6	39	2.59	0.37	0.45
Y002	航空学报	6195	1	4.50	2.142	1	1.49	82.4	1	12.71	1.00	0.55
Y014	航空制造技术	2550	6	1.26	0.929	17	0.08	51.2	3	7.68	0.78	0.62
Y034	航天返回与遥感	698	22	−0.38	0.955	14	0.11	33.7	21	3.88	0.54	0.42
Y015	航天控制	444	33	−0.61	0.652	29	−0.24	18.9	38	3.20	0.66	0.61
Y033	航天器工程	902	15	−0.20	0.747	25	−0.13	26.6	30	4.90	0.61	0.28
Y032	航天器环境工程	648	24	−0.42	0.607	32	−0.29	28.7	27	4.83	0.73	0.43
Y040	火箭推进	611	25	−0.46	0.935	16	0.09	27.9	28	2.83	0.61	0.41
Y051	空间控制技术与应用	427	34	−0.62	0.881	19	0.03	29.8	26	2.93	0.59	0.57
Y016	空气动力学学报	1383	9	0.23	1.123	7	0.31	44.0	10	5.83	0.71	0.61
Y026	南京航空航天大学学报	1028	12	−0.09	0.938	15	0.09	50.5	4	8.17	0.83	0.53
Y504	气体物理	141	41	−0.87	0.446	37	−0.48	31.7	25	1.51	0.49	0.56
Y009	强度与环境	393	35	−0.65	0.619	31	−0.28	17.7	40	2.78	0.68	0.42
Y555	上海航天中英文版	868	16	−0.23	0.984	10	0.15	25.9	31	5.59	0.76	0.53
T763	深空探测学报中英文版	496	31	−0.56	0.972	12	0.13	32.8	22	2.90	0.54	0.32
Y018	实验流体力学	731	21	−0.35	0.840	21	−0.02	40.0	11	4.22	0.59	0.53

表 7-109　2023 年航空、航天科学技术类期刊主要指标（续）

CODE	刊名	核心总被引频次			核心影响因子			综合评价总分		学科扩散指标	学科影响指标	红点指标
		数值	排名	离均差率	数值	排名	离均差率	数值	排名			
Y025	推进技术	2628	5	1.33	0.783	23	−0.09	38.2	14	6.66	0.88	0.67
Y020	宇航材料工艺	768	20	−0.32	0.683	27	−0.20	37.9	15	5.00	0.61	0.39
Y008	宇航计测技术	248	39	−0.78	0.278	40	−0.68	20.2	37	2.80	0.41	0.21
Y024	宇航学报	2505	7	1.22	1.634	2	0.90	46.8	7	7.05	1.00	0.61
Y054	宇航总体技术	329	36	−0.71	1.037	8	0.21	32.4	23	2.41	0.63	0.41
Y057	载人航天	678	23	−0.40	0.599	33	−0.30	20.6	35	4.17	0.66	0.39
Y010	振动测试与诊断	1355	10	0.20	0.982	11	0.14	46.0	8	7.44	0.51	0.45
Y003	中国空间科学技术	605	26	−0.46	1.198	6	0.40	38.3	13	3.76	0.66	0.38
	41 种期刊平均值	1127			0.859							

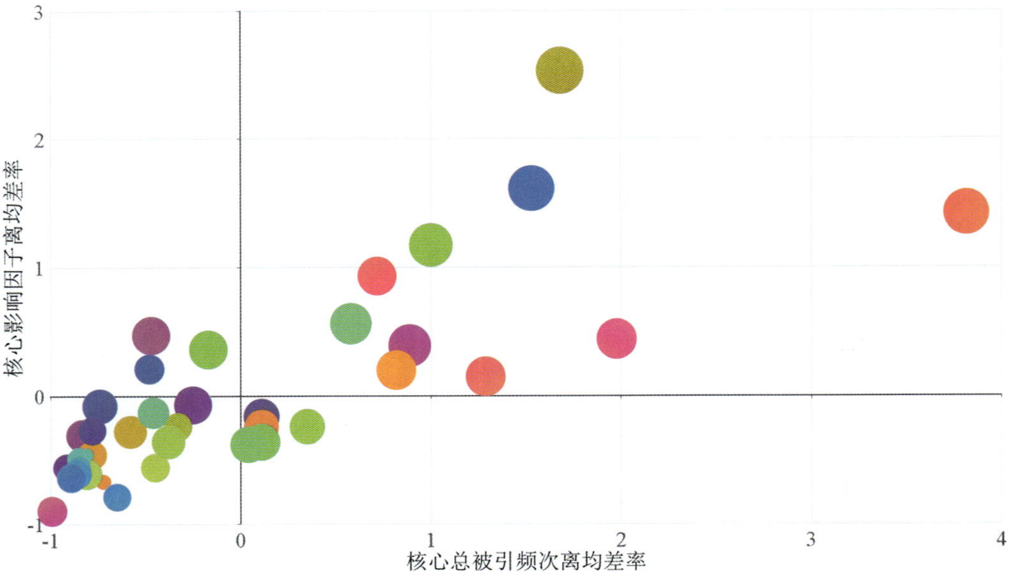

2023 年环境科学技术及资源科学技术类期刊核心总被引频次和核心影响因子离均差率的分布图
（节点大小表示综合评价总分）

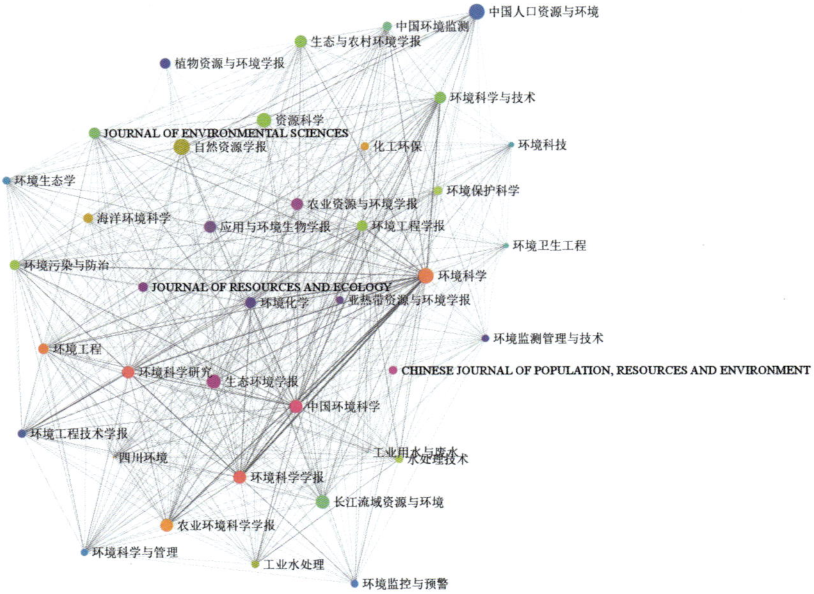

2023 年环境科学技术及资源科学技术类期刊互引关系示意图

表 7-110 2023 年环境科学技术及资源科学技术类期刊主要指标

CODE	刊名	核心总被引频次			核心影响因子			综合评价总分		学科扩散指标	学科影响指标	红点指标
		数值	排名	离均差率	数值	排名	离均差率	数值	排名			
I219	CHINESE JOURNAL OF POPULATION, RESOURCES AND ENVIRONMENT	47	38	−0.99	0.171	38	−0.90	32.7	25	1.00	0.18	0.00
Z027	JOURNAL OF ENVIRONMENTAL SCIENCES	3350	15	0.04	1.009	26	−0.38	47.3	15	14.95	0.92	0.33
F208	JOURNAL OF RESOURCES AND ECOLOGY	546	32	−0.83	1.124	23	−0.31	38.5	21	5.45	0.50	0.46
Z029	长江流域资源与环境	5111	10	0.58	2.561	6	0.56	61.2	6	14.24	0.87	0.52
Z013	工业水处理	2163	18	−0.33	1.253	18	−0.24	29.0	31	8.11	0.71	0.56
Z032	工业用水与废水	607	31	−0.81	0.888	27	−0.46	7.3	38	2.84	0.58	0.51
Z010	海洋环境科学	1344	24	−0.58	1.173	22	−0.28	38.5	22	7.39	0.84	0.49
Z009	化工环保	707	28	−0.78	0.879	28	−0.46	30.8	27	5.74	0.74	0.59
Z017	环境保护科学	612	30	−0.81	0.633	33	−0.61	34.5	24	6.13	0.84	0.52
Z005	环境工程	3574	14	0.11	1.243	20	−0.24	42.9	19	15.63	1.00	0.57
Z550	环境工程技术学报	1689	23	−0.48	1.978	11	0.21	32.0	26	9.34	0.95	0.70
Z021	环境工程学报	4370	11	0.35	1.253	19	−0.24	45.4	17	15.16	0.92	0.61
D024	环境化学	3594	12	0.11	1.370	17	−0.16	46.0	16	14.26	0.92	0.60
Z554	环境监测管理与技术	704	29	−0.78	1.196	21	−0.27	28.1	33	5.68	0.79	0.57
Z525	环境监控与预警	355	36	−0.89	0.596	35	−0.64	30.0	29	3.16	0.63	0.65
Z506	环境科技	483	34	−0.85	0.722	31	−0.56	19.7	35	4.24	0.84	0.56
Z004	环境科学	15590	1	3.82	3.969	3	1.42	74.6	3	20.37	0.97	0.80
Z003	环境科学学报	7408	5	1.29	1.887	13	0.15	56.9	8	19.68	0.97	0.66
Z002	环境科学研究	5561	9	0.72	3.157	5	0.93	54.0	10	16.66	0.97	0.66
Z521	环境科学与管理	1127	25	−0.65	0.341	37	−0.79	27.9	34	10.03	0.92	0.48
Z025	环境科学与技术	3576	13	0.11	1.048	25	−0.36	48.8	14	16.53	0.95	0.73
Z518	环境生态学	448	35	−0.86	0.631	34	−0.61	30.1	28	5.00	0.84	0.55
Z035	环境卫生工程	491	33	−0.85	0.837	29	−0.49	18.9	36	3.53	0.63	0.61
Z019	环境污染与防治	2015	19	−0.38	1.056	24	−0.36	40.5	20	11.87	0.92	0.64
Z008	农业环境科学学报	5875	8	0.82	1.970	12	0.20	56.1	9	13.42	0.97	0.66
H773	农业资源与环境学报	1709	22	−0.47	2.405	7	0.47	51.8	13	9.58	0.79	0.62
H784	生态环境学报	6093	7	0.89	2.276	9	0.39	64.7	5	15.37	0.97	0.67
Z023	生态与农村环境学报	2697	16	−0.17	2.225	10	0.36	52.9	11	12.29	0.92	0.66
Z016	水处理技术	1793	20	−0.45	0.724	30	−0.56	29.8	30	7.29	0.71	0.60
Z007	四川环境	913	26	−0.72	0.540	36	−0.67	8.2	37	5.79	0.79	0.50
E047	亚热带资源与环境学报	303	37	−0.91	0.714	32	−0.56	28.9	32	3.71	0.37	0.41
F100	应用与环境生物学报	2410	17	−0.25	1.517	14	−0.07	51.9	12	10.42	0.89	0.36
Z551	植物资源与环境学报	831	27	−0.74	1.514	15	−0.08	43.7	18	5.50	0.39	0.28
Z030	中国环境监测	1753	21	−0.46	1.426	16	−0.13	35.8	23	8.66	0.82	0.57

表 7-110　2023 年环境科学技术及资源科学技术类期刊主要指标（续）

CODE	刊名	核心总被引频次			核心影响因子			综合评价总分		学科扩散指标	学科影响指标	红点指标
		数值	排名	离均差率	数值	排名	离均差率	数值	排名			
Z001	中国环境科学	9635	2	1.98	2.365	8	0.44	58.0	7	21.58	1.00	0.65
Z546	中国人口资源与环境	8183	4	1.53	4.273	2	1.61	75.7	2	18.00	0.82	0.30
Z022	资源科学	6473	6	1.00	3.551	4	1.17	67.4	4	17.63	0.89	0.60
Z012	自然资源学报	8654	3	1.68	5.790	1	2.53	80.6	1	16.45	0.82	0.41
	38 种期刊平均值	3231			1.639							

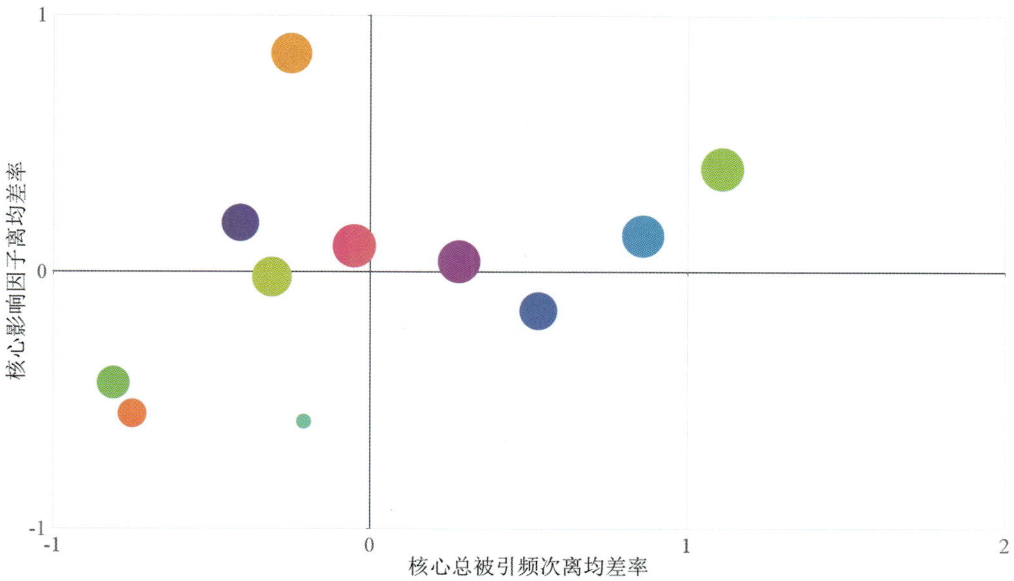

2023 年安全科学技术类期刊核心总被引频次和核心影响因子离均差率的分布图
（节点大小表示综合评价总分）

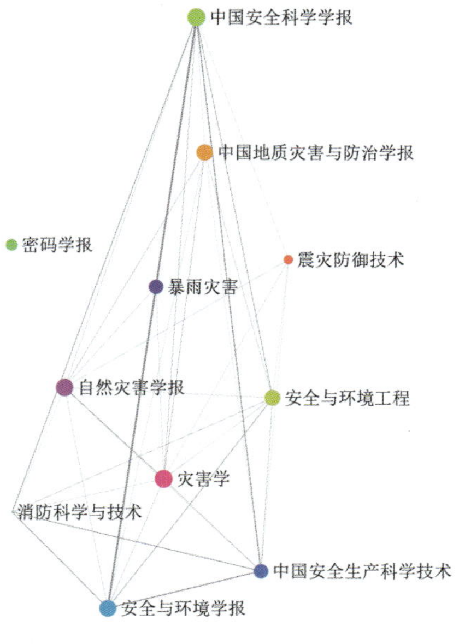

2023 年安全科学技术类期刊互引关系示意图

表 7-111　2023 年安全科学技术类期刊主要指标

CODE	刊名	核心总被引频次			核心影响因子			综合评价总分		学科扩散指标	学科影响指标	红点指标
		数值	排名	离均差率	数值	排名	离均差率	数值	排名			
E625	安全与环境工程	1290	8	-0.31	1.197	7	-0.02	55.9	6	36.36	0.82	0.39
Z549	安全与环境学报	3472	2	0.86	1.392	4	0.14	63.1	4	57.73	0.73	0.98
E045	暴雨灾害	1105	9	-0.41	1.453	3	0.19	49.5	8	10.82	0.36	0.22
R119	密码学报	358	11	-0.81	0.700	9	-0.43	38.5	9	8.00	0.09	0.01
T953	消防科学与技术	1482	6	-0.21	0.517	11	-0.58	8.1	11	25.09	0.73	0.44
E148	灾害学	1777	5	-0.05	1.343	5	0.10	66.6	2	37.64	0.91	0.46
E316	震灾防御技术	473	10	-0.75	0.549	10	-0.55	29.5	10	11.00	0.64	0.19
G129	中国安全科学学报	3946	1	1.11	1.702	2	0.40	66.7	1	48.45	0.82	0.38
Z552	中国安全生产科学技术	2867	3	0.53	1.032	8	-0.15	50.5	7	40.09	0.91	0.45
E604	中国地质灾害与防治学报	1405	7	-0.25	2.263	1	0.85	59.6	5	22.09	0.64	0.64
E137	自然灾害学报	2395	4	0.28	1.272	6	0.04	65.1	3	39.09	0.91	0.32
	11 种期刊平均值	1870			1.220							

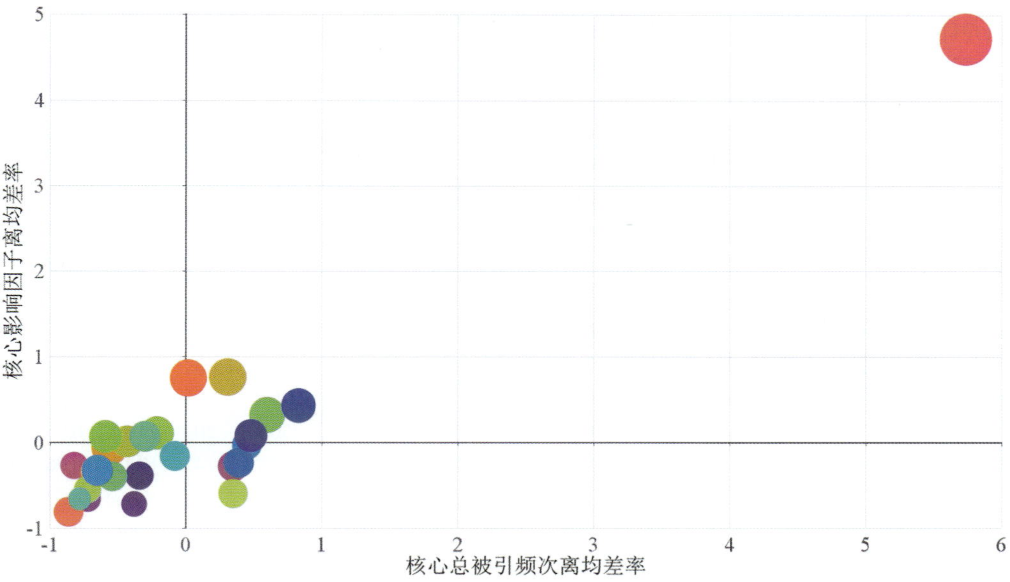

2023 年管理学类期刊核心总被引频次和核心影响因子离均差率的分布图
（节点大小表示综合评价总分）

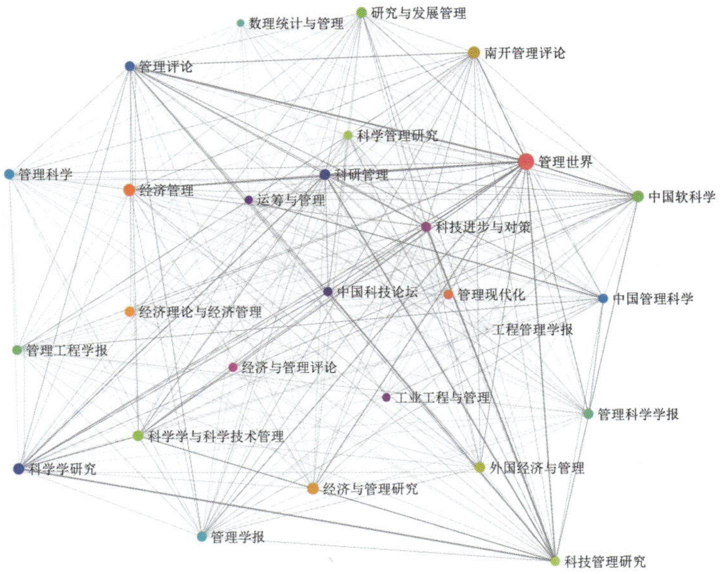

2023 年管理学类期刊互引关系示意图

表 7-112　2023 年管理学类期刊主要指标

CODE	刊名	核心总被引频次			核心影响因子			综合评价总分		学科扩散指标	学科影响指标	红点指标
		数值	排名	离均差率	数值	排名	离均差率	数值	排名			
S712	工程管理学报	424	27	−0.87	0.454	27	−0.82	0.1	27	5.26	0.33	0.35
N110	工业工程与管理	897	23	−0.72	0.869	23	−0.66	24.0	24	7.81	0.63	0.24
W007	管理工程学报	1485	17	−0.54	1.517	20	−0.40	31.6	17	10.15	0.96	0.40
W018	管理科学	1141	20	−0.65	1.688	17	−0.33	35.2	11	8.44	0.89	0.42
W008	管理科学学报	2285	13	−0.30	2.711	8	0.07	34.5	12	11.52	1.00	0.40
W025	管理评论	4532	6	0.39	1.932	14	−0.24	33.2	15	17.52	1.00	0.43
S744	管理世界	21939	1	5.74	14.461	1	4.72	96.5	1	22.63	1.00	0.39
S745	管理现代化	461	26	−0.86	0.474	26	−0.81	31.4	19	8.33	0.81	0.59
W016	管理学报	2980	11	−0.08	2.127	13	−0.16	33.0	16	14.70	0.96	0.43
S759	经济管理	3316	10	0.02	4.412	3	0.75	49.6	2	12.70	0.93	0.60
S762	经济理论与经济管理	1118	21	−0.66	1.649	18	−0.35	34.4	13	9.07	0.89	0.37
S230	经济与管理评论	578	25	−0.82	1.851	15	−0.27	27.0	22	7.56	0.74	0.70
S773	经济与管理研究	1418	18	−0.56	2.373	12	−0.06	46.2	4	12.11	0.96	0.65
S812	科技管理研究	4400	7	0.35	1.002	22	−0.60	30.7	20	23.81	0.96	0.57
R588	科技进步与对策	4389	8	0.35	1.815	16	−0.28	33.7	14	17.19	0.96	0.64
S816	科学管理研究	915	22	−0.72	1.146	21	−0.55	26.3	23	8.67	0.74	0.55
W514	科学学研究	5963	2	0.83	3.603	4	0.43	42.7	6	23.78	1.00	0.54
S818	科学学与科学技术管理	2586	12	−0.21	2.807	6	0.11	39.5	7	12.85	0.96	0.56
W531	科研管理	4813	4	0.48	2.735	7	0.08	38.8	8	16.30	1.00	0.53
S776	南开管理评论	4275	9	0.31	4.442	2	0.76	49.6	3	12.15	1.00	0.38
W009	数理统计与管理	710	24	−0.78	0.852	24	−0.66	18.1	26	10.26	0.59	0.23
S795	外国经济与管理	1862	16	−0.43	2.562	10	0.01	36.4	10	10.59	0.96	0.54
S821	研究与发展管理	1342	19	−0.59	2.706	9	0.07	37.7	9	9.15	0.96	0.67
B522	运筹与管理	2006	15	−0.38	0.703	25	−0.72	23.5	25	14.37	0.85	0.37
W021	中国管理科学	4722	5	0.45	2.459	11	−0.03	31.5	18	18.33	0.96	0.40
A098	中国科技论坛	2154	14	−0.34	1.531	19	−0.39	28.6	21	14.67	0.93	0.55
S825	中国软科学	5205	3	0.60	3.327	5	0.32	45.5	5	21.41	1.00	0.52
	27 种期刊平均值	3256			2.526							

8　2023 年中国科技核心期刊综合评价

表 8-1　2023 年中国科技核心期刊综合评价总分排名（自然科学）

CODE	刊名	核心总被引频次		核心影响因子		综合评价总分	
		数值	排名	数值	排名	数值	排名
A103	中国科学 物理学 力学 天文学	995	1108	0.710	1363	38.1; 50.9; 99.3	1
H527	草业学报	5488	93	2.589	94	99.2	2
S919	心理科学进展	4226	158	1.404	459	98.3	3
S744	管理世界	21939	3	14.46	1	96.5	4
X031	中国公路学报	5433	96	2.384	129	96.1	5
G143	中华骨科杂志	2886	313	1.732	282	92.9	6
G978	中华消化外科杂志	2709	347	3.588	38	92.8	7
E305	地理学报	13658	17	6.104	3	91.7	8
K015	中国矿业大学学报	3494	224	3.035	61	77.6; 91.7	8
G023	南方医科大学学报	1903	560	1.203	644	91.4	10
H404	农药学学报	1433	793	1.366	492	59.2; 90.5	11
S026	自动化学报	4746	121	2.845	70	89.9	12
G147	中华结核和呼吸杂志	3855	181	2.353	137	89.4	13
N066	仪器仪表学报	5280	98	2.329	138	89.3	14
T098	表面技术	3991	170	1.391	472	89.2	15
H034	作物学报	6402	67	2.522	106	89.2	15
G396	中国循证医学杂志	2555	380	1.640	327	66.6; 88.9	17
T101	化工进展	5441	95	1.376	480	88.6	18
A010	北京师范大学学报自然科学版	938	1166	0.961	938	88.5	19
X672	交通运输工程学报	1962	533	2.123	173	88.5	19
G156	中华内科杂志	3508	220	2.254	150	88.2	21
G182	中国中西医结合杂志	4795	120	2.484	116	87.8	22
F009	植物生态学报	5045	110	2.692	86	87.6	23
G776	中国全科医学	8610	40	2.425	122	87.6	23
C005	岩石力学与工程学报	15287	13	4.196	19	83.9; 87.5	25
G139	中华耳鼻咽喉头颈外科杂志	2369	425	1.016	878	87.4	26
N051	机械工程学报	10995	23	1.741	279	87.3	27
K017	煤炭学报	16116	8	5.162	7	86.9	28
A108	中国科学 地球科学	5982	78	2.558	103	86.9	28
R065	通信学报	2370	424	1.682	309	86.7	30
Z006	遥感学报	3285	254	2.708	82	85.9	31
H030	中国农业科学	11967	21	2.392	127	85.3	32
G152	中华流行病学杂志	5628	88	2.371	132	85.2	33
L031	石油勘探与开发	7324	50	6.277	2	84.1	34
E111	湖泊科学	3958	175	2.631	93	83.8	35
G142	中华妇产科杂志	3481	225	2.568	97	83.8	35
U006	食品科学	19755	5	2.500	110	83.5	37
H008	水产学报	2942	303	1.438	437	83.5	37

表 8-1　2023 年中国科技核心期刊综合评价总分排名（自然科学）（续）

CODE	刊名	核心总被引频次		核心影响因子		综合评价总分*	
		数值	排名	数值	排名	数值	排名
G138	中华儿科杂志	3896	178	1.844	243	83.2	39
G272	中国实用外科杂志	4464	140	2.736	76	82.7	40
E656	地球信息科学学报	2855	326	2.233	154	82.6	41
E152	测绘学报	4053	169	2.565	98	82.4	42
Y002	航空学报	6195	70	2.142	168	82.4	42
G161	中华肾脏病杂志	1346	850	1.609	336	82.2	44
F205	生物技术通报	2833	331	1.223	619	82.1	45
B025	系统工程理论与实践	4440	141	2.255	149	82.0	46
G176	中华医学杂志	8987	33	2.123	174	82.0	46
E153	地球物理学报	8131	42	1.580	353	81.9	48
M628	中国冶金	1783	607	1.685	305	81.9	48
H577	植物保护	3557	210	1.221	625	81.8	50
H039	园艺学报	5147	103	2.353	136	81.7	51
H027	中国农业大学学报	3310	250	1.683	307	81.5	52
G106	中国康复医学杂志	3398	235	1.363	495	81.4	53
G119	中国循环杂志	4100	166	4.036	26	80.8	54
S001	控制与决策	4361	147	1.993	204	80.7	55
K512	采矿与安全工程学报	3456	230	2.502	109	80.6	56
Z012	自然资源学报	8654	39	5.790	4	80.6	56
M028	中国有色金属学报	4339	149	1.774	267	80.5	58
Q718	SIGNAL TRANSDUCTION AND TARGETED THERAPY	3149	267	2.406	124	80.4	59
M012	金属学报	3380	237	1.837	244	80.3	60
H279	农业工程学报	21436	4	2.785	75	79.9	61
Q716	MILITARY MEDICAL RESEARCH	475	1677	2.043	194	79.7	62
F011	微生物学通报	3671	196	1.281	573	79.7	62
G604	中国实验方剂学杂志	13946	16	3.110	55	79.4	64
G140	中华放射学杂志	2877	316	1.804	258	79.2	65
W003	水利学报	5057	109	3.086	59	79.1	66
E107	武汉大学学报信息科学版	4287	154	2.048	192	74.2; 79.1	66
R040	中国电机工程学报	26509	2	4.331	16	79.0	68
G146	中华护理杂志	8093	43	3.328	47	78.8	69
S018	计算机学报	3329	247	3.132	52	78.7	70
G132	中国中药杂志	15718	10	3.127	54	78.6	71
G299	中国组织工程研究	6808	57	1.185	674	78.5	72
F231	动物营养学报	7671	47	1.990	205	78.4	73
E046	心理学报	2892	311	1.322	531	78.4	73
E357	地学前缘	5988	76	2.223	157	78.2	75
G039	中南大学学报医学版	1378	829	0.935	970	78.0	76
A004	华中师范大学学报自然科学版	677	1433	0.846	1108	77.4	77
H012	土壤学报	5675	87	3.956	30	77.2	78
R066	中国激光	5762	84	2.216	159	77.2	78
T022	中国塑料	1455	782	0.925	984	77.0	80
Z014	生态学报	30962	1	3.726	34	76.8	81

表 8-1　2023 年中国科技核心期刊综合评价总分排名（自然科学）（续）

CODE	刊名	核心总被引频次		核心影响因子		综合评价总分	
		数值	排名	数值	排名	数值	排名
H555	中国生态农业学报中英文版	4867	117	2.799	74	76.5	82
G172	中华血液学杂志	1779	609	1.445	434	76.5	82
L028	石油学报	6719	63	4.879	11	76.0	84
A107	中国科学 生命科学	1800	600	1.947	217	75.9	85
Z546	中国人口资源与环境	8183	41	4.273	17	75.7	86
H053	中南林业科技大学学报	3035	284	2.085	179	71.0; 75.5	87
S019	电力系统自动化	17921	6	5.571	5	75.2	88
C050	光学学报	6090	74	1.911	226	75.2	88
X005	铁道学报	3128	273	1.380	478	75.2	88
I206	CELLULAR & MOLECULAR IMMUNOLOGY	1561	714	1.462	424	75.0	91
G600	中国针灸	5592	89	2.228	155	75.0	91
N754	中国工程科学	2954	300	4.081	24	74.9	93
E309	岩石学报	9351	31	1.878	234	74.8	94
U053	纺织学报	2449	404	0.976	919	74.7	95
Z004	环境科学	15590	11	3.969	29	74.6	96
S025	计算机工程与应用	7732	46	1.812	253	74.6	96
L029	天然气工业	6649	64	4.819	12	74.6	96
G276	临床耳鼻咽喉头颈外科杂志	1886	569	0.998	894	74.4	99
H280	林业科学	4387	145	1.187	672	74.3	100
G501	临床肝胆病杂志	4615	129	1.546	369	74.3	100
G267	中国实用内科杂志	2371	423	1.455	428	74.3	100
C091	光谱学与光谱分析	4985	111	1.112	753	66.6; 74.2	103
N008	兵工学报	3548	213	1.313	538	74.1	104
H014	植物保护学报	2441	407	1.545	370	74.0	105
T007	化工学报	4464	139	1.034	855	73.9	106
G194	中华医院感染学杂志	5476	94	1.056	823	73.8	107
G408	中华创伤骨科杂志	2016	515	1.663	316	73.7	108
G859	中华中医药学刊	8852	35	1.949	216	65.3; 73.7	108
G045	四川大学学报医学版	1142	981	1.119	744	73.6	110
E115	地球科学进展	3372	239	1.728	286	73.5	111
G093	针刺研究	3254	256	2.980	64	73.5	111
G007	中草药	15354	12	3.132	51	73.5	111
G400	中国康复理论与实践	2521	392	1.471	415	73.5	111
G963	现代预防医学	6781	59	1.472	413	73.4	115
E310	地理研究	8728	38	4.258	18	73.3	116
G197	中华神经科杂志	4638	127	1.511	393	73.3	116
X021	桥梁建设	2165	476	2.735	78	73.1	118
T034	农药	1644	676	0.921	988	38.2; 73.0	119
F049	生物多样性	4205	160	1.957	215	72.9	120
C004	岩土力学	13021	18	2.583	95	68.8; 72.9	120
G179	中华肿瘤杂志	2418	411	3.039	60	72.8	122
R021	电子测量与仪器学报	3124	274	2.061	187	72.4	123
C073	工程热物理学报	2272	451	0.511	1759	46.7; 72.3	124

表 8-1　2023 年中国科技核心期刊综合评价总分排名（自然科学）（续）

CODE	刊名	核心总被引频次		核心影响因子		综合评价总分*	
		数值	排名	数值	排名	数值	排名
X007	铁道科学与工程学报	2855	325	1.214	631	72.3	124
G454	中国医院管理	3252	257	2.198	162	72.3	124
H049	环境昆虫学报	1527	735	1.157	702	57.8; 72.1	127
F015	昆虫学报	2014	518	0.955	950	72.1	127
H018	西北农林科技大学学报自然科学版	2932	304	1.284	569	72.0	129
G118	中国修复重建外科杂志	2107	491	1.479	408	72.0	129
K009	煤田地质与勘探	2971	295	2.362	135	71.9	131
M103	材料导报	7844	45	1.517	385	71.8	132
G416	海南医学院学报	1524	738	0.854	1094	71.7	133
G111	中国免疫学杂志	3217	263	1.137	726	71.7	133
G010	中医杂志	10255	26	2.713	80	71.7	133
M104	TRANSACTIONS OF NONFERROUS METALS SOCIETY OF CHINA	4545	133	1.634	329	71.6	136
G850	辽宁中医药大学学报	5124	104	1.314	537	71.6	136
E142	地球科学	5792	83	2.378	130	71.5	138
G228	中国实用妇科与产科杂志	3523	216	2.633	92	71.4	139
A055	湖南师范大学自然科学学报	455	1716	1.141	721	71.2	140
W013	水科学进展	3035	283	3.191	49	71.2	140
G157	中华皮肤科杂志	2015	516	1.307	548	71.1	142
L006	石油与天然气地质	4589	131	5.296	6	71.0	143
G096	中国病理生理杂志	2320	440	1.356	504	70.9	144
E599	经济地理	9589	29	4.188	20	70.8	145
E116	吉林大学学报地球科学版	2943	302	2.146	166	57.5; 70.7	146
G793	中华胃肠外科杂志	2540	383	2.043	193	70.7	146
R022	电子与信息学报	3461	229	1.416	451	70.5	148
D004	分析试验室	1573	708	1.071	804	36.6; 70.3	149
G716	中国卫生政策研究	1500	753	2.015	200	70.3	149
G014	吉林大学学报医学版	1104	1017	0.955	949	70.2	151
G091	浙江大学学报医学版	635	1476	1.032	857	70.2	151
R758	雷达学报	996	1106	1.885	232	70.0	153
H020	中国水稻科学	1759	618	2.669	88	70.0	153
E010	地质学报	6788	58	2.048	191	69.9	155
R514	激光与光电子学进展	5985	77	1.436	439	69.9	155
G164	中华外科杂志	2731	346	1.960	213	69.9	155
Q213	INTERNATIONAL JOURNAL OF ORAL SCIENCE	392	1814	1.313	540	69.8	158
T003	工程塑料应用	1941	542	0.946	955	69.8	158
K001	中南大学学报自然科学版	4831	118	1.348	510	69.8	158
G908	中国学校卫生	3288	253	1.140	722	69.7	161
G150	中华老年医学杂志	2308	443	1.350	507	69.7	161
G002	北京大学学报医学版	1476	773	0.962	934	69.5	163
A075	科学通报	8778	37	1.491	401	69.5	163
G066	上海交通大学学报医学版	1267	895	0.731	1314	69.5	163
T014	塑料工业	1841	592	0.760	1265	69.5	163

表 8-1 2023 年中国科技核心期刊综合评价总分排名（自然科学）（续）

CODE	刊名	核心总被引频次		核心影响因子		综合评价总分	
		数值	排名	数值	排名	数值	排名
N030	振动与冲击	9642	27	1.303	556	69.5	163
G137	中华创伤杂志	1598	700	1.487	405	69.4	168
G302	中华疾病控制杂志	2783	335	1.935	218	69.4	168
G739	中华糖尿病杂志	2834	330	3.972	28	69.1	170
X685	交通运输系统工程与信息	2125	488	1.530	375	69.0	171
H025	北京林业大学学报	2844	329	1.520	379	65.6; 68.8	172
G021	陆军军医大学学报	1676	660	0.681	1419	68.7	173
G253	中国卫生统计	2529	389	1.204	643	68.5	174
Y001	北京航空航天大学学报	2876	317	1.489	402	55.3; 68.3	175
I072	CELL RESEARCH	3384	236	2.134	169	68.2	176
R059	系统工程与电子技术	3520	217	1.332	522	59.0; 68.2	176
G282	中华男科学杂志	1700	649	1.303	553	68.2	176
N033	光学精密工程	3600	201	1.850	242	68.1	179
H033	南京林业大学学报自然科学版	2356	429	1.687	304	61.4; 68.1	179
G148	中华口腔医学杂志	1879	573	1.310	543	67.9	181
G875	中华实用儿科临床杂志	2881	315	1.146	717	67.9	181
F019	MOLECULAR PLANT	4951	112	2.439	121	67.8	183
A066	陕西师范大学学报自然科学版	499	1637	0.811	1165	67.7	184
F047	中国实验动物学报	825	1275	1.047	835	67.7	184
D013	CHINESE JOURNAL OF CATALYSIS	3008	290	2.560	101	67.6	186
G202	肾脏病与透析肾移植杂志	658	1446	0.906	1019	67.5	187
R006	电子学报	3191	265	1.230	616	67.4	188
M050	钢铁	3405	234	2.537	105	67.4	188
Z022	资源科学	6473	66	3.551	40	67.4	188
G017	北京中医药大学学报	3542	214	2.559	102	67.3	191
F003	生物工程学报	2094	492	1.276	577	67.2	192
H890	植物营养与肥料学报	6929	55	2.823	71	67.1	193
G538	中国癌症杂志	1684	657	3.471	43	66.8	194
G910	中华中医药杂志	17453	7	1.583	350	54.1; 66.8	194
F004	微生物学报	2327	436	1.045	839	66.7	196
G129	中国安全科学学报	3946	177	1.702	296	66.7	196
E148	灾害学	1777	610	1.343	517	61.9; 66.6	198
N102	电力系统保护与控制	10399	25	5.115	10	66.4	199
G654	护理研究	6772	60	1.309	544	66.4	199
G951	现代中西医结合杂志	4914	114	0.916	997	66.4	199
G125	中国医学科学院学报	950	1153	0.911	1004	66.4	199
H224	西北林学院学报	2957	298	1.692	301	52.9; 66.3	203
G901	中国当代儿科杂志	1895	565	1.553	364	66.3	203
G166	中华物理医学与康复杂志	2597	370	1.369	490	66.3	203
T102	精细化工	1730	637	0.936	969	66.0	206
Z018	应用生态学报	14156	15	2.859	69	65.9	207
R039	电网技术	15750	9	4.418	14	65.8	208
E654	中国地质	4270	156	2.949	66	65.8	208

表 8-1 2023 年中国科技核心期刊综合评价总分排名（自然科学）（续）

CODE	刊名	核心总被引频次		核心影响因子		综合评价总分	
		数值	排名	数值	排名	数值	排名
G318	中国药房	5255	99	1.412	455	65.8	208
X634	隧道建设中英文版	2997	292	2.121	176	51.6; 65.7	211
N006	爆炸与冲击	2158	480	1.325	529	65.5	212
A636	中国科学院院刊	3744	188	3.474	42	65.3	213
H044	中国生物防治学报	1975	529	1.580	352	65.2	214
H287	水土保持学报	6755	62	2.497	114	65.1	215
C006	物理学报	5993	75	0.711	1358	65.1	215
E137	自然灾害学报	2395	418	1.272	581	39.4; 65.1	215
E130	地理科学	7081	53	3.569	39	64.9	218
G177	中华预防医学杂志	3233	259	1.739	281	64.9	218
F035	应用昆虫学报	2188	471	0.818	1152	64.8	220
N059	中国机械工程	4699	124	1.463	422	64.8	220
H784	生态环境学报	6093	73	2.276	143	59.4; 64.7	222
G985	中国艾滋病性病	2583	372	1.493	400	64.7	222
G422	中国脑血管病杂志	1389	826	2.504	108	64.7	222
H281	林业科学研究	2158	481	1.692	302	64.5	225
E021	气候变化研究进展	1686	655	3.460	44	64.5	225
T005	硅酸盐学报	2864	322	1.078	791	64.4	227
D001	物理化学学报	2013	519	2.550	104	64.4	227
G102	中国公共卫生	3763	187	1.565	360	64.4	227
G170	中华心血管病杂志	4505	136	1.853	239	64.3	230
I201	CHINESE MEDICAL JOURNAL	4311	153	1.512	392	64.2	231
H056	水土保持研究	5174	102	2.481	117	64.2	231
H052	植物病理学报	1302	880	1.111	754	64.2	231
K504	采矿与岩层控制工程学报	1005	1095	3.103	57	64.1	234
R501	热力发电	2231	461	1.472	414	34.6; 64.1	234
I074	NUCLEAR SCIENCE AND TECHNIQUES	1369	839	2.188	163	64.0	236
V044	建筑结构学报	4905	115	1.534	372	63.8	237
K022	金属矿山	3710	192	1.383	476	63.8	237
J001	清华大学学报自然科学版	2261	453	1.592	345	63.8	237
B522	运筹与管理	2006	523	0.703	1373	23.5; 63.8	237
G173	中华眼科杂志	2013	520	1.328	527	63.8	237
I129	PROTEIN & CELL	999	1101	2.327	139	63.7	242
M045	矿冶工程	1675	661	1.190	667	63.7	242
G001	ACTA PHARMACOLOGICA SINICA	2336	435	1.513	391	63.6	244
E584	地理科学进展	6270	68	3.536	41	63.6	244
H773	农业资源与环境学报	1709	643	2.405	125	51.8; 63.6	244
V037	岩土工程学报	9378	30	2.320	140	63.6	244
I184	INTERNATIONAL JOURNAL OF MINING SCIENCE AND TECHNOLOGY	1490	759	2.493	115	63.5	248
V028	城市规划学刊	2949	301	4.132	23	63.5	248
T004	硅酸盐通报	4126	162	0.994	897	63.4	250
G155	中华内分泌代谢杂志	1969	530	2.267	146	63.4	250
Z549	安全与环境学报	3472	228	1.392	471	63.1	252

表 8-1 2023 年中国科技核心期刊综合评价总分排名（自然科学）（续）

CODE	刊名	核心总被引频次		核心影响因子		综合评价总分	
		数值	排名	数值	排名	数值	排名
Q933	康复学报	693	1416	1.273	580	63.1	252
Z008	农业环境科学学报	5875	81	1.970	210	56.1; 63.0	254
S011	软件学报	4084	168	2.180	165	62.5	255
I150	SCIENCE CHINA LIFE SCIENCES	2200	466	1.851	240	62.4	256
H999	北方园艺	5106	107	1.035	851	62.4	256
M029	稀有金属	1777	611	1.897	227	62.4	256
G072	中华生殖与避孕杂志	1027	1074	1.100	767	62.4	256
S003	系统仿真学报	2861	324	1.359	499	62.2	260
S004	机器人	1486	765	1.971	209	62.1	261
E154	水文地质工程地质	2356	428	2.127	171	50.4; 62.1	261
G648	中华骨与关节外科杂志	1159	968	1.060	817	62.1	261
H057	土壤通报	3729	190	2.186	164	62.0	264
G068	复旦学报医学版	779	1330	0.929	983	61.9	265
G503	护理学杂志	7972	44	2.001	202	61.9	265
S006	计算机科学	4714	123	1.465	419	61.9	265
Z023	生态与农村环境学报	2697	354	2.225	156	52.9; 61.9	265
X004	中国铁道科学	1743	628	1.079	789	61.9	265
E352	气象	4102	164	2.066	186	61.8	270
E001	气象学报	3145	269	2.097	178	61.8	270
G483	世界中医药	5571	90	1.722	290	52.7; 61.6	272
F001	生理学报	686	1426	0.888	1041	47.1; 61.5	273
G187	解放军医学院学报	1246	905	0.963	933	61.4	274
Z029	长江流域资源与环境	5111	106	2.561	100	61.2	275
E122	应用气象学报	2438	409	3.915	31	61.1	276
G073	首都医科大学学报	905	1191	0.953	951	61.0	277
F038	植物生理学报	3568	209	1.479	410	61.0	277
S021	计算机研究与发展	2864	323	1.886	231	60.9	279
Z317	中国科学 信息科学	1343	853	1.181	681	55.9; 60.9	279
F018	菌物学报	2523	391	1.803	259	60.8	281
G079	卫生研究	1320	866	0.978	915	60.8	281
G195	中华超声影像学杂志	1694	651	1.495	399	60.8	281
G812	中医药学报	2346	431	1.829	248	53.5; 60.8	281
M705	NANO-MICRO LETTERS	2871	319	4.181	21	60.7	285
R575	发电技术	869	1231	3.088	58	60.7	285
A061	南京师大学报自然科学版	399	1800	0.852	1095	60.7	285
K030	中国矿业	2872	318	1.010	885	60.6	288
V050	城市规划	3433	232	2.293	141	60.5	289
Q008	原子能科学技术	1612	692	0.507	1767	60.5	289
G192	中国脊柱脊髓杂志	1543	723	1.049	831	60.5	289
U005	食品工业科技	14654	14	1.751	275	60.4	292
H845	分子植物育种	5242	100	0.987	907	60.3	293
H019	浙江农林大学学报	1512	744	1.277	576	48.9; 60.2	294
Q225	肿瘤综合治疗电子杂志	667	1440	3.991	27	60.2	294

表 8-1　2023 年中国科技核心期刊综合评价总分排名（自然科学）（续）

CODE	刊名	核心总被引频次		核心影响因子		综合评价总分	
		数值	排名	数值	排名	数值	排名
E308	地球物理学进展	3791	184	1.411	456	60.0	296
H028	果树学报	3853	182	1.657	319	60.0	296
G141	中华放射医学与防护杂志	1064	1048	0.826	1141	60.0	296
G362	国际检验医学杂志	2243	459	0.568	1656	59.9	299
R566	水资源保护	2417	414	3.901	33	59.9	299
F100	应用与环境生物学报	2410	417	1.517	384	51.9; 59.9	299
S029	计算机应用	4474	138	1.557	362	59.8	302
G081	西安交通大学学报医学版	800	1307	0.888	1040	59.7	303
G117	中国心理卫生杂志	2955	299	1.251	597	59.7	303
G766	实用心脑肺血管病杂志	1623	686	0.909	1010	40.9; 59.6	305
E604	中国地质灾害与防治学报	1405	811	2.263	147	40.5; 59.6	305
E350	矿物学报	1400	817	1.095	773	59.4	307
M052	稀有金属材料与工程	4626	128	0.828	1135	59.4	307
H202	作物杂志	2484	398	1.669	315	59.4	307
G077	华中科技大学学报医学版	632	1481	0.859	1082	59.3	310
H278	农业机械学报	11817	22	3.024	62	59.3	310
H223	热带作物学报	3038	281	1.113	752	59.3	310
H238	植物遗传资源学报	2764	340	1.746	276	59.3	310
H525	草地学报	4895	116	2.644	90	59.2	314
H290	中国水产科学	2054	506	1.117	748	59.2	314
G127	中国医学影像技术	2737	343	1.122	739	59.2	314
H850	水生态学杂志	1317	872	1.471	416	29.3; 59.1	317
A052	华南师范大学学报自然科学版	436	1743	0.697	1387	59.0	318
F204	生物加工过程	486	1657	1.243	607	59.0	318
G613	中国慢性病预防与控制	1942	541	1.761	273	59.0	318
G123	中国医科大学学报	999	1099	0.767	1252	59.0	318
E591	自然资源遥感	1478	772	1.583	349	59.0	318
F255	中国生物工程杂志	876	1226	0.960	939	58.8	323
G231	中华肝脏病杂志	2458	402	1.966	212	58.8	323
A054	华东师范大学学报自然科学版	455	1715	0.582	1622	58.7	325
G311	中国皮肤性病学杂志	1639	680	0.854	1093	58.6	326
C007	强激光与粒子束	1532	732	0.544	1693	58.5	327
G062	山东大学学报医学版	941	1161	0.754	1277	58.5	327
H266	经济林研究	1431	794	1.821	250	58.4	329
R072	智慧电力	2709	348	5.127	8	58.4	329
H283	江西农业大学学报	1566	711	1.328	526	58.3	331
F048	中国比较医学杂志	1523	740	1.128	732	58.3	331
R043	电工技术学报	12973	19	4.147	22	58.2	333
Q911	国际眼科杂志	2806	334	1.125	735	58.2	333
D031	CHINESE CHEMICAL LETTERS	5700	86	1.860	237	58.1	335
G787	中国健康教育	1859	583	1.131	730	58.1	335
H958	中国农学通报	8928	34	0.943	961	58.1	335
F029	JOURNAL OF INTEGRATIVE PLANT BIOLOGY	2439	408	2.058	188	58.0	338

表 8-1　2023 年中国科技核心期刊综合评价总分排名（自然科学）（续）

CODE	刊名	核心总被引频次		核心影响因子		综合评价总分	
		数值	排名	数值	排名	数值	排名
G012	安徽医科大学学报	1505	749	0.702	1374	58.0	338
Z001	中国环境科学	9635	28	2.365	133	58.0	338
D027	煤炭转化	569	1560	1.090	779	57.9	341
E005	高原气象	3535	215	2.811	72	57.7	342
M001	理化检验化学分册	1457	781	0.783	1211	57.6	343
G324	实用医学杂志	4598	130	1.363	496	57.6	343
G186	重庆医科大学学报	1112	1009	0.647	1489	57.5	345
G631	中国感染控制杂志	1988	526	2.075	183	57.5	345
G174	中华检验医学杂志	1560	715	1.308	547	57.5	345
H003	华中农业大学学报	1675	662	1.585	347	57.4	348
D024	环境化学	3594	204	1.370	489	46.0; 57.4	348
A005	北京大学学报自然科学版	1541	724	1.086	782	57.3	350
A062	广西师范大学学报自然科学版	574	1555	0.996	895	57.3	350
H700	江苏农业科学	7574	48	1.074	800	57.3	350
T536	塑料科技	1390	824	0.888	1044	57.3	350
T949	应用化工	3963	174	1.142	719	57.2	354
H234	草业科学	4313	152	1.547	368	57.1	355
A017	浙江大学学报工学版	2478	399	1.073	801	57.1	355
G271	临床放射学杂志	3054	280	1.245	603	57.0	357
G154	中华泌尿外科杂志	1916	555	1.313	539	57.0	357
E004	地球科学与环境学报	1082	1033	1.959	214	56.9	359
D506	化学进展	1535	727	0.826	1140	56.9	359
Z003	环境科学学报	7408	49	1.887	230	56.9	359
C510	力学进展	911	1187	2.389	128	56.9	359
H021	南京农业大学学报	1673	663	1.356	502	56.9	359
G035	河北医科大学学报	1162	966	0.694	1391	56.8	364
S030	计算机集成制造系统	4429	142	2.034	196	56.8	364
K005	煤炭科学技术	7285	51	2.644	91	56.8	364
G058	南京医科大学学报自然科学版	1213	928	0.756	1272	56.8	364
G218	ACTA PHARMACEUTICA SINICA B	2658	361	2.667	89	56.7	368
V029	土木工程学报	5118	105	2.036	195	56.7	368
H262	东北林业大学学报	2444	405	0.892	1038	45.0; 56.5	370
G059	南京中医药大学学报	1942	540	1.836	245	56.5	370
M015	JOURNAL OF MATERIALS SCIENCE & TECHNOLOGY	6898	56	1.922	223	56.4	372
K018	工矿自动化	2344	433	2.067	185	56.4	372
I226	DEFENCE TECHNOLOGY	1216	927	1.520	380	56.3	374
D022	分析测试学报	2188	472	1.320	532	44.5; 56.3	374
K525	矿产保护与利用	1318	870	1.356	503	56.3	374
A064	西南师范大学学报自然科学版	932	1173	0.502	1779	56.3	374
J003	哈尔滨工业大学学报	2555	379	1.042	845	56.1	378
A058	河南师范大学学报自然科学版	429	1751	0.819	1151	56.1	378
G043	华西口腔医学杂志	833	1269	0.907	1012	56.1	378
H037	棉花学报	1027	1075	2.033	197	56.1	378

表 8-1　2023 年中国科技核心期刊综合评价总分排名（自然科学）（续）

CODE	刊名	核心总被引频次		核心影响因子		综合评价总分	
		数值	排名	数值	排名	数值	排名
G883	中国实验血液学杂志	1350	848	0.784	1207	56.1	378
K558	煤矿安全	3496	223	1.048	834	56.0	383
S002	信息与控制	733	1379	1.745	277	56.0	383
Z543	遥感技术与应用	1601	698	1.131	731	56.0	383
L532	中国石油勘探	2668	360	5.118	9	56.0	383
E625	安全与环境工程	1290	888	1.197	656	55.9	387
G906	世界科学技术－中医药现代化	4355	148	1.351	505	46.6; 55.7	388
G663	中国骨质疏松杂志	3571	208	1.785	265	55.7	388
H221	中国农业资源与区划	3980	171	2.142	167	55.7	388
H748	麦类作物学报	3019	288	1.656	320	55.6	391
G517	中国微生态学杂志	1708	645	0.884	1045	19.3; 55.6	391
X036	长安大学学报自然科学版	1010	1086	1.212	634	45.0; 55.5	393
G608	放射学实践	2225	462	1.382	477	55.5	393
G005	海军军医大学学报	1210	930	0.665	1449	55.4	395
H013	华南农业大学学报	1319	867	1.234	612	55.3	396
H015	水土保持通报	3474	226	1.764	271	55.3	396
G488	针灸临床杂志	2286	447	1.182	678	55.3	396
G417	中国护理管理	4201	161	1.813	252	55.3	396
I157	SCIENCE CHINA PHYSICS, MECHANICS & ASTRONOMY	1400	818	1.601	339	55.2	400
V051	建筑材料学报	3019	287	2.000	203	55.0	401
W011	水利水电技术	2198	467	1.299	558	55.0	401
E106	矿床地质	3133	271	1.796	261	54.9	403
E113	沉积学报	3451	231	2.122	175	54.8	404
F215	生命科学	1140	985	0.746	1289	54.8	404
Z028	生态学杂志	8781	36	2.474	118	54.7	406
H035	浙江大学学报农业与生命科学版	1003	1096	1.120	743	54.7	406
G116	中华危重病急救医学	3131	272	1.791	263	54.7	406
R026	光电工程	988	1118	1.374	483	54.6	409
X018	汽车工程	2026	511	1.346	514	54.6	409
G273	中国实用儿科杂志	1602	697	1.065	809	54.6	409
G057	东南大学学报医学版	762	1345	0.848	1102	54.5	412
H042	核农学报	3725	191	1.795	262	54.5	412
H199	江苏农业学报	2137	485	1.761	272	54.5	412
H004	西南大学学报自然科学版	1918	552	1.139	725	54.5	412
T019	中国医药工业杂志	957	1148	0.580	1629	20.3; 54.5	412
R055	电子测量技术	3370	240	1.258	587	54.4	417
E126	石油实验地质	2535	386	3.686	35	54.4	417
X029	重庆交通大学学报自然科学版	1533	730	0.879	1052	37.7; 54.3	419
H222	农业现代化研究	1473	774	1.833	247	54.3	419
G071	沈阳药科大学学报	1089	1028	0.917	995	32.2; 54.3	419
X030	西安交通大学学报	2600	368	1.465	418	54.3	419
G687	中国妇幼健康研究	1235	914	0.647	1488	54.3	419
G853	中国实验诊断学	1785	605	0.566	1658	54.3	419

表 8-1 2023 年中国科技核心期刊综合评价总分排名（自然科学）（续）

CODE	刊名	核心总被引频次		核心影响因子		综合评价总分	
		数值	排名	数值	排名	数值	排名
G028	广西医科大学学报	1114	1007	0.512	1757	54.2	425
Q918	中国医院	2160	479	1.540	371	54.2	425
G181	中山大学学报医学科学版	675	1435	0.848	1100	54.2	425
S016	计算机应用研究	4337	150	1.077	793	54.1	428
E109	大气科学	3223	261	1.929	221	54.0	429
Z002	环境科学研究	5561	91	3.157	50	54.0	429
X538	世界桥梁	1193	944	2.423	123	54.0	429
M020	有色金属冶炼部分	1164	965	0.873	1063	54.0	429
B015	数学的实践与认识	1526	736	0.226	2118	53.9	433
I083	SCIENCE BULLETIN	4229	157	1.715	291	53.8	434
J030	北京工业大学学报	1180	952	1.091	777	53.8	434
G552	磁共振成像	1557	717	1.020	871	53.8	434
H051	森林与环境学报	987	1120	1.488	404	53.8	434
G753	中国预防医学杂志	1401	816	1.513	389	53.8	434
G846	中国中西医结合肾病杂志	1928	549	0.780	1223	22.9; 53.8	434
G027	广东药科大学学报	827	1272	0.866	1072	38.1; 53.7	440
G498	国际骨科学杂志	388	1817	0.701	1380	53.7	440
E140	空间科学学报	395	1807	0.516	1746	35.6; 53.7	440
Y571	空天技术	1093	1025	1.018	876	53.7	440
G817	协和医学杂志	1111	1010	1.836	246	53.7	440
G615	诊断学理论与实践	547	1582	0.988	904	53.7	440
H385	西部林业科学	1123	996	1.443	435	53.6	445
G008	药学学报	3595	202	1.434	441	53.6	446
H909	玉米科学	2455	403	1.528	377	53.6	446
G743	中华耳科学杂志	1318	871	0.938	967	53.6	446
Y564	舰船科学技术	2321	439	0.257	2101	53.5	450
G484	世界中西医结合杂志	2826	332	0.916	996	53.5	450
G323	中国康复	1389	825	1.437	438	53.5	450
G645	中国循证心血管医学杂志	1761	616	0.683	1413	41.3; 44.7; 53.5	450
G642	中国肿瘤	1939	543	3.130	53	53.5	450
S085	计算机科学与探索	1452	785	1.986	207	53.4	455
G670	成都医学院学报	739	1368	0.930	976	53.3	456
H011	河南农业大学学报	1391	822	1.624	331	53.3	456
G858	中华肿瘤防治杂志	1792	603	1.182	677	53.3	456
T074	低碳化学与化工	641	1470	0.761	1262	29.6; 53.2	459
B020	应用数学和力学	891	1211	1.123	737	20.9; 53.2	459
V039	中国园林	2975	294	1.282	571	45.2; 53.2	459
E300	地球学报	2290	446	1.467	417	53.1	462
G751	中华健康管理学杂志	940	1163	1.440	436	53.1	462
G316	军事护理	2764	339	1.761	274	53.0	464
G036	郑州大学学报医学版	852	1248	0.789	1198	53.0	464
G756	中国循证儿科杂志	760	1348	1.320	534	44.8; 51.3; 53.0	464
N071	热加工工艺	4686	125	0.472	1830	52.9	467

表 8-1 2023 年中国科技核心期刊综合评价总分排名（自然科学）（续）

CODE	刊名	核心总被引频次		核心影响因子		综合评价总分	
		数值	排名	数值	排名	数值	排名
G900	中华烧伤与创面修复杂志	1622	687	1.465	420	52.9	467
E003	海洋学报	2171	474	0.901	1025	52.8	469
G048	解放军医学杂志	1679	658	1.740	280	52.8	469
G389	上海中医药杂志	2928	306	1.228	618	44.8; 52.7	471
G554	眼科新进展	1208	932	0.826	1142	52.7	471
S725	中国卫生经济	2243	458	1.516	386	52.7	471
G832	中国中医药信息杂志	3646	199	1.701	297	41.0; 52.7	471
G133	中国肿瘤临床	1703	648	0.962	936	52.7	471
R038	高电压技术	10589	24	3.643	36	52.6	476
I254	LIGHT SCIENCE & APPLICATIONS	2373	422	1.731	283	52.5	477
E549	地球与环境	1330	860	1.520	381	52.5	477
H045	干旱地区农业研究	3322	248	1.729	285	52.5	477
B021	系统科学与数学	925	1176	0.858	1083	21.2; 52.5	477
G644	中国医药导报	6128	72	0.783	1209	52.5	477
G226	中国普通外科杂志	1621	688	1.363	493	52.4	482
G432	川北医学院学报	1140	984	0.785	1202	52.3	483
R083	中国图象图形学报	2177	473	1.928	222	52.3	483
J033	华中科技大学学报自然科学版	2061	502	1.104	763	52.2	485
S012	计算机工程	3594	203	1.464	421	52.2	485
J032	同济大学学报自然科学版	2696	355	0.792	1196	52.2	485
E313	中国海洋大学学报自然科学版	1743	629	0.714	1346	42.5; 42.8; 52.2	485
G121	中国药理学通报	3029	285	1.503	395	52.2	485
G337	中国感染与化疗杂志	1299	881	1.680	310	52.1	490
G429	中国食品卫生杂志	1348	849	1.286	566	52.1	490
E026	地质力学学报	1291	887	2.200	161	43.6; 52.0	492
M030	工程科学学报	2768	338	1.930	220	52.0	492
R060	控制理论与应用	2343	434	1.234	613	52.0	492
H069	南方农业学报	3291	252	1.350	506	52.0	492
A032	西北大学学报自然科学版	846	1255	1.074	799	52.0	492
H270	西南林业大学学报	1390	823	1.191	666	35.1; 52.0	492
F023	植物学报	1732	635	1.371	486	52.0	492
G097	中国超声医学杂志	2473	400	1.357	500	52.0	492
G237	中国现代医学杂志	2677	357	1.114	750	52.0	492
H063	ANIMAL NUTRITION	951	1152	1.612	334	51.9	501
C002	工程力学	6244	69	2.054	189	46.8; 51.9	501
G591	中华医院管理杂志	1677	659	1.386	475	51.8	503
I159	JOURNAL OF ZHEJIANG UNIVERSITY SCIENCE B	899	1197	1.246	601	48.9; 51.7	504
F020	西北植物学报	4102	165	1.456	426	51.7	504
R034	信号处理	1130	993	0.828	1133	51.7	504
T505	合成树脂及塑料	629	1487	0.740	1302	51.6	507
N672	机电工程	1373	833	1.387	474	51.6	507
H083	生物质化学工程	435	1744	0.992	899	51.6	507
U007	中国食品学报	4919	113	1.594	342	51.6	507

表 8-1 2023 年中国科技核心期刊综合评价总分排名（自然科学）（续）

CODE	刊名	核心总被引频次		核心影响因子		综合评价总分	
		数值	排名	数值	排名	数值	排名
G367	中华实用诊断与治疗杂志	1690	653	1.097	770	51.6	507
G632	中国中医基础医学杂志	5853	82	1.551	366	51.5	512
E009	地质论评	3377	238	1.678	312	51.3	513
A199	电力建设	2599	369	3.447	46	51.3	513
W012	河海大学学报自然科学版	1515	743	2.273	145	46.5; 51.3	513
F010	水生生物学报	2388	419	1.231	615	51.3	513
G876	中华老年心脑血管病杂志	1733	633	0.957	946	46.4; 51.3	513
A078	福建师范大学学报自然科学版	344	1884	0.553	1675	51.2	518
Y014	航空制造技术	2550	381	0.929	981	51.2	518
G188	细胞与分子免疫学杂志	1063	1049	0.736	1309	51.2	518
H205	中国油料作物学报	2001	524	1.401	464	51.2	518
R036	电子科技大学学报	818	1284	0.861	1079	41.5; 51.1	522
A045	暨南大学学报自然科学与医学版	409	1787	0.799	1182	39.2; 51.1	522
G056	免疫学杂志	961	1145	1.149	710	51.1	522
W009	数理统计与管理	710	1397	0.852	1096	18.1; 51.1	522
L518	天然气地球科学	3702	194	2.291	142	51.1	522
T063	现代化工	2245	457	0.682	1417	51.0	527
E150	地震地质	1849	586	1.200	649	50.8	528
H064	THE CROP JOURNAL	997	1105	1.363	494	50.7	529
E146	大地构造与成矿学	1846	588	1.652	322	50.7	529
Y004	振动工程学报	1603	696	1.105	761	36.6; 50.7	529
C099	中国光学	1114	1008	1.654	321	45.6; 50.7	529
A036	中山大学学报自然科学版	860	1240	0.797	1185	50.7	529
R084	红外与激光工程	3888	180	1.101	766	50.6	534
P006	热能动力工程	1270	894	0.616	1549	50.6	534
H043	土壤	3295	251	2.073	184	50.6	534
G529	中国卒中杂志	1504	750	1.343	516	50.6	534
D005	分析化学	2189	470	1.043	841	50.5	538
Y026	南京航空航天大学学报	1028	1072	0.938	966	38.2; 50.5	538
Z552	中国安全生产科学技术	2867	320	1.032	856	50.5	538
I105	JOURNAL OF ENERGY CHEMISTRY	6151	71	2.721	79	50.4	541
X633	船舶力学	1212	929	0.671	1434	24.8; 50.4	541
G997	国际口腔医学杂志	589	1535	0.737	1306	50.4	541
U035	食品与发酵工业	9298	32	1.650	324	50.4	541
H061	西南农业学报	3948	176	1.290	563	50.4	541
H382	森林工程	768	1335	1.580	354	37.5; 50.3	546
G769	中国病毒病杂志	584	1540	1.456	427	48.7; 50.3	546
N108	中国舰船研究	1307	878	1.479	407	50.3	546
A106	中国科学 化学	1049	1057	0.565	1659	50.3	546
C325	菌物研究	395	1805	1.205	642	45.8; 50.2	550
R005	数据采集与处理	610	1507	0.752	1280	50.2	550
G168	中华消化杂志	1895	564	1.373	484	50.2	550
I237	FRONTIERS OF MEDICINE	579	1549	0.948	954	50.1	553

表 8-1 2023 年中国科技核心期刊综合评价总分排名（自然科学）（续）

CODE	刊名	核心总被引频次		核心影响因子		综合评价总分	
		数值	排名	数值	排名	数值	排名
I067	JOURNAL OF CENTRAL SOUTH UNIVERSITY	2536	385	1.285	568	50.0	554
F022	ZOOLOGICAL RESEARCH	742	1366	0.754	1276	50.0	554
X024	大连海事大学学报	441	1738	0.883	1048	33.3; 50.0	554
E127	地质通报	3812	183	1.370	488	50.0	554
N084	摩擦学学报	1594	702	1.607	338	50.0	554
G328	新乡医学院学报	846	1254	0.728	1320	50.0	554
A015	应用科学学报	423	1766	0.988	905	50.0	554
L001	中国石油大学学报自然科学版	2130	486	1.496	398	49.9; 50.0	554
N069	机床与液压	3789	185	0.787	1200	49.9	562
G222	临床麻醉学杂志	2563	376	1.702	295	49.9	562
R049	水力发电学报	3017	289	2.401	126	49.9	562
G965	同济大学学报医学版	634	1478	0.900	1027	49.8	565
G241	中国急救医学	1705	647	1.552	365	49.8	565
H567	中国农业科技导报	2385	420	1.427	446	49.8	565
I122	CHINESE JOURNAL OF AERONAUTICS	3038	282	1.568	359	49.7	568
V529	国际城市规划	1645	675	1.724	289	49.7	568
J042	吉林大学学报工学版	2261	452	1.289	564	49.7	568
G596	上海针灸杂志	2317	441	1.056	822	49.7	568
G727	中国性科学	1839	593	0.661	1457	49.7	568
R090	电力自动化设备	6947	54	3.457	45	49.6	573
S759	经济管理	3316	249	4.412	15	49.6	573
S776	南开管理评论	4275	155	4.442	13	49.6	573
G946	上海中医药大学学报	1042	1063	1.286	565	49.6	573
H417	现代农药	408	1790	0.737	1307	35.5; 49.6	573
G320	中国肺癌杂志	1294	885	1.455	429	49.6	573
E045	暴雨灾害	1105	1015	1.453	431	31.6; 49.5	579
H006	东北农业大学学报	1451	786	1.219	626	49.5	579
G938	国际呼吸杂志	1233	916	0.535	1712	49.5	579
S503	控制工程	1902	562	0.979	913	49.5	579
A117	食品科学技术学报	1029	1070	1.857	238	49.5	579
H001	茶叶科学	1177	955	1.593	344	49.4	584
Y027	航空材料学报	1041	1064	1.246	599	49.4	584
E510	测绘通报	2928	305	1.199	650	49.3	586
R769	电力工程技术	1696	650	2.952	65	49.3	586
E145	海洋科学	1755	621	0.684	1412	49.3	586
G266	口腔医学研究	989	1114	0.601	1581	49.2	589
A527	贵州师范大学学报自然科学版	386	1822	0.528	1725	49.1	590
D012	色谱	1783	606	1.680	311	49.1	590
G624	生殖医学杂志	1566	710	0.962	935	49.1	590
I146	SCIENCE CHINA CHEMISTRY	2023	512	1.650	323	49.0	593
J004	华南理工大学学报自然科学版	1489	760	0.780	1222	49.0	593
G725	陕西中医	4490	137	1.811	255	49.0	593
X006	上海交通大学学报	1836	594	1.116	749	49.0	593

表 8-1　2023 年中国科技核心期刊综合评价总分排名（自然科学）（续）

CODE	刊名	核心总被引频次		核心影响因子		综合评价总分	
		数值	排名	数值	排名	数值	排名
I026	CHINESE JOURNAL OF INTEGRATIVE MEDICINE	1239	911	1.058	819	48.8	597
Z025	环境科学与技术	3576	205	1.048	833	48.8	597
H245	基因组学与应用生物学	1928	550	0.405	1933	48.8	597
A537	科学技术与工程	12080	20	1.232	614	48.8	597
G679	中国医疗设备	2077	499	0.795	1189	48.8	597
J075	ENGINEERING	1957	535	1.416	450	48.7	602
Q001	核技术	900	1194	0.724	1323	48.7	602
H350	中国土地科学	3426	233	4.039	25	48.7	602
C037	光子学报	1852	584	0.945	958	48.6	605
H740	林业工程学报	1189	948	1.109	758	48.6	605
G595	器官移植	797	1312	1.548	367	48.6	605
J051	工程科学与技术	1846	589	1.676	313	48.5	608
C034	质谱学报	710	1399	1.149	711	36.9; 48.5	608
S052	智能系统学报	984	1124	1.253	593	48.5	608
H213	中国草地学报	2417	412	2.498	112	48.5	608
G907	中国计划生育学杂志	2087	495	0.858	1084	48.5	608
G193	中国医学影像学杂志	1562	713	1.241	609	48.5	608
E600	测绘科学	2193	468	0.994	896	48.4	614
G423	临床肾脏病杂志	647	1462	0.656	1462	48.3	615
C059	CHINESE PHYSICS LETTERS	1671	665	1.079	788	48.2	615
F225	微生物学杂志	666	1441	0.827	1139	48.2	615
M019	钢铁研究学报	1866	578	1.519	382	48.1	618
E360	工程地质学报	3628	200	1.989	206	48.1	618
E504	矿物岩石地球化学通报	1619	689	1.260	585	48.1	618
H024	沈阳农业大学学报	1038	1066	0.934	973	48.1	618
X032	西南交通大学学报	1796	601	1.153	707	48.1	618
J023	东北大学学报自然科学版	1908	557	0.776	1232	48.0	623
G031	贵州医科大学学报	790	1318	0.552	1676	48.0	623
E008	海洋与湖沼	1875	576	0.855	1091	48.0	623
E027	现代地质	2153	483	1.303	554	48.0	623
G980	新疆医科大学学报	974	1136	0.484	1807	48.0	623
G692	中华临床感染病杂志	651	1457	1.333	521	48.0	623
N991	INTERNATIONAL JOURNAL OF EXTREME MANUFACTURING	347	1878	2.868	68	47.9	629
N021	焊接学报	2368	427	1.213	633	47.9	629
G987	护理学报	3066	279	1.479	409	47.9	629
K554	矿业安全与环保	1405	812	1.610	335	47.9	629
G350	临床与病理杂志	1328	861	0.617	1548	47.9	629
E101	山地学报	1429	796	1.349	509	47.9	629
G519	中国医药	2431	410	1.404	460	47.9	629
R654	电力科学与技术学报	1826	596	3.907	32	47.8	636
F043	动物学杂志	1002	1098	0.530	1721	47.8	636
H032	华北农学报	2673	358	1.377	479	47.8	636

表 8-1 2023 年中国科技核心期刊综合评价总分排名（自然科学）（续）

CODE	刊名	核心总被引频次		核心影响因子		综合评价总分	
		数值	排名	数值	排名	数值	排名
E527	地理与地理信息科学	1760	617	2.077	182	47.7	639
F033	兽类学报	770	1334	0.906	1018	47.7	639
G560	中国计划生育和妇产科	988	1119	0.650	1480	35.6; 47.7	639
A645	科技导报	2611	366	0.914	999	47.6	642
H998	渔业科学进展	1489	761	1.400	465	47.6	642
H201	浙江农业学报	2082	496	1.077	792	47.6	642
T094	兵器装备工程学报	2204	465	0.707	1368	47.5	645
G052	军事医学	687	1421	0.429	1902	47.5	645
N111	现代制造工程	1255	902	0.791	1197	47.5	645
I137	NANO RESEARCH	5958	80	1.884	233	47.4	648
J021	重庆大学学报自然科学版	1155	974	0.930	978	47.4	648
R559	重庆邮电大学学报自然科学版	585	1537	1.063	814	36.1; 47.4	648
G541	中国卫生资源	891	1212	1.146	716	47.4	648
H242	中国畜牧杂志	3551	212	1.189	669	47.4	648
Z027	JOURNAL OF ENVIRONMENTAL SCIENCES	3350	244	1.009	887	47.3	653
A512	重庆师范大学学报自然科学版	366	1848	0.453	1864	47.3	653
G471	中国医学前沿杂志电子版	1486	763	1.177	684	47.3	653
T008	过程工程学报	1152	977	0.778	1225	47.2	656
K010	矿业研究与开发	2127	487	1.076	796	47.2	656
U602	皮革科学与工程	683	1429	1.179	682	47.2	656
V019	土木与环境工程学报中英文版	1195	943	1.184	676	47.2	656
G442	JOURNAL OF INTEGRATIVE MEDICINE	739	1369	0.930	977	47.1	660
E091	大气科学学报	1603	695	2.237	153	47.1	660
G053	昆明医科大学学报	1007	1093	0.508	1766	47.1	660
G263	中华行为医学与脑科学杂志	1693	652	1.210	636	47.1	660
G011	癌症	475	1676	1.362	498	47.0	664
L007	新疆石油地质	2108	490	3.110	56	47.0	664
G105	中国寄生虫学与寄生虫病杂志	1207	933	1.254	590	47.0	664
X010	船舶工程	1459	778	0.615	1554	46.9	667
Y019	复合材料学报	3967	172	1.523	378	46.9	667
G390	口腔疾病防治	517	1614	0.606	1566	46.9	667
U617	食品研究与开发	6759	61	1.435	440	46.9	667
L505	特种油气藏	1865	579	2.363	134	46.9	667
G857	中国骨与关节杂志	778	1331	0.667	1443	46.9	667
H029	JOURNAL OF ANIMAL SCIENCE AND BIOTECHNOLOGY	1123	997	1.403	463	46.8	673
H017	JOURNAL OF INTEGRATIVE AGRICULTURE	2702	352	1.244	604	46.8	673
J028	东南大学学报自然科学版	1597	701	0.913	1000	46.8	673
N050	机械科学与技术	1910	556	0.860	1080	46.8	673
N023	流体机械	1659	670	1.786	264	46.8	673
T106	塑料	976	1133	0.717	1340	46.8	673
U634	现代纺织技术	428	1753	0.718	1338	46.8	673

表 8-1 2023 年中国科技核心期刊综合评价总分排名（自然科学）（续）

CODE	刊名	核心总被引频次		核心影响因子		综合评价总分	
		数值	排名	数值	排名	数值	排名
Y024	宇航学报	2505	395	1.634	328	46.8	673
A109	中国科学 技术科学	1672	664	1.350	508	46.8	673
M105	粉末冶金工业	946	1157	1.481	406	46.7	682
X020	交通信息与安全	728	1385	1.197	655	46.7	682
G089	营养学报	1337	857	0.840	1115	46.7	682
G564	中药新药与临床药理	2168	475	1.593	343	46.7	682
F034	ACTA BIOCHIMICA ET BIOPHYSICA SINICA	1028	1071	0.813	1157	46.6	686
GG01	WORLD JOURNAL OF PEDIATRICS	518	1611	0.649	1484	46.6	686
H005	大连海洋大学学报	1238	913	1.206	640	39.0; 46.6	686
E020	干旱区地理	2624	364	2.219	158	46.6	686
E105	干旱区研究	2965	296	2.702	84	46.6	686
G825	中国儿童保健杂志	1862	581	0.825	1143	42.8; 46.6	686
G232	中国胸心血管外科临床杂志	1156	973	0.873	1062	46.6	686
G009	中国药学杂志	3266	255	1.181	680	46.6	686
I218	CHINESE JOURNAL OF MECHANICAL ENGINEERING	1027	1073	0.877	1059	46.5	694
T611	天然产物研究与开发	2904	307	1.397	468	46.5	694
B028	系统工程	909	1188	1.035	853	46.5	694
H210	中国农业气象	1722	640	2.259	148	45.2; 46.5	694
N039	功能材料	1980	528	0.649	1482	46.4	698
G026	广东医学	2559	378	0.769	1244	46.4	698
S015	模式识别与人工智能	825	1274	0.970	926	46.4	698
A105	中国科学 数学	380	1830	0.193	2129	46.4	698
I255	NATIONAL SCIENCE REVIEW	2534	387	1.770	269	46.3	702
W010	长江科学院院报	2602	367	1.196	658	46.3	702
S773	经济与管理研究	1418	806	2.373	131	46.2	704
H007	四川农业大学学报	897	1199	1.080	786	46.2	704
T072	无机盐工业	1600	699	1.040	847	46.2	704
G122	中国药理学与毒理学杂志	1108	1014	1.168	692	46.2	704
H288	西北农业学报	2615	365	1.191	664	46.1	708
H939	中国稻米	1397	819	1.698	299	46.1	708
G135	中华病理学杂志	1845	591	0.918	993	46.1	708
H103	种子	2563	374	1.054	825	46.1	708
N060	传感技术学报	1656	671	0.858	1086	46.0	712
Y010	振动测试与诊断	1355	843	0.982	911	46.0	712
G515	中华全科医学	3147	268	1.191	665	46.0	712
G685	中医学报	3670	197	1.096	771	46.0	712
H038	大豆科学	1428	797	1.065	810	45.9	716
S049	计算机仿真	3575	206	0.537	1705	45.9	716
K582	矿业科学学报	565	1562	1.434	442	45.9	716
G410	标记免疫分析与临床	1434	792	0.681	1418	45.8	719
G664	临床和实验医学杂志	2777	336	0.798	1184	45.8	719
G317	临床泌尿外科杂志	1010	1088	0.897	1032	45.8	719

表 8-1 2023 年中国科技核心期刊综合评价总分排名（自然科学）（续）

CODE	刊名	核心总被引频次		核心影响因子		综合评价总分	
		数值	排名	数值	排名	数值	排名
G115	中国生物医学工程学报	541	1590	0.746	1290	45.8	719
Y017	航空动力学报	3204	264	0.902	1024	45.7	723
I050	RARE METALS	2309	442	1.582	351	45.6	724
R018	北京邮电大学学报	544	1586	0.774	1234	32.0; 45.6	724
H862	饲料工业	2549	382	1.529	376	45.6	724
G373	中国微创外科杂志	1618	690	0.993	898	45.6	724
G185	肿瘤防治研究	888	1213	1.075	797	45.6	724
H068	南方水产科学	989	1115	1.305	550	45.5	729
A041	天津大学学报	1197	939	0.711	1357	45.5	729
M053	中国材料进展	1146	980	0.820	1149	45.5	729
S825	中国软科学	5205	101	3.327	48	45.5	729
G747	中国新药杂志	3074	278	1.282	572	45.5	729
H062	HORTICULTURAL PLANT JOURNAL	571	1557	2.500	111	45.4	734
Z010	海洋环境科学	1344	852	1.173	687	38.5; 45.4	734
Z021	环境工程学报	4370	146	1.253	594	45.4	734
U049	食品安全质量检测学报	7122	52	1.300	557	45.4	734
G120	中国药科大学学报	559	1571	0.582	1619	33.0; 45.4	734
A907	沉积与特提斯地质	870	1228	2.085	181	45.3	739
R116	电网与清洁能源	2075	500	3.007	63	45.3	739
H356	河南农业科学	2571	373	1.323	530	45.3	739
S013	计算机辅助设计与图形学学报	1425	801	0.898	1031	45.3	739
G607	临床儿科杂志	1101	1020	0.644	1493	45.3	739
F027	四川动物	686	1423	0.596	1593	45.3	739
G211	中国糖尿病杂志	1430	795	1.357	501	45.3	739
H294	中国畜牧兽医	3121	276	1.004	890	45.3	739
G555	中华急诊医学杂志	2815	333	1.703	294	45.3	739
T020	北京化工大学学报自然科学版	490	1652	0.525	1729	33.5; 45.2	748
N590	工程设计学报	463	1699	0.767	1250	45.2	748
G661	国际医学放射学杂志	656	1451	0.983	910	45.2	748
G038	武汉大学学报医学版	642	1468	0.585	1612	45.2	748
E143	地震学报	1196	941	0.707	1367	45.1	752
E362	地质科技通报	2700	353	2.027	198	45.1	752
E155	海洋地质与第四纪地质	1522	741	0.803	1175	37.7; 45.1	752
D030	化学学报	1403	815	1.242	608	45.1	752
G639	中华老年多器官疾病杂志	809	1297	0.691	1397	45.1	752
X025	哈尔滨工程大学学报	1714	641	0.744	1293	45.0	757
L043	石油科学通报	485	1661	1.783	266	45.0	757
G249	中国骨与关节损伤杂志	1890	568	0.805	1172	45.0	757
G502	中华保健医学杂志	732	1380	0.910	1007	45.0	757
U013	纺织高校基础科学学报	249	2017	0.762	1258	44.9	761
Q004	核动力工程	1192	946	0.462	1849	44.9	761
A028	湖南大学学报自然科学版	1882	572	1.020	870	44.9	761
G548	湖南师范大学学报医学版	845	1258	0.537	1706	44.9	761

表 8-1　2023 年中国科技核心期刊综合评价总分排名（自然科学）（续）

CODE	刊名	核心总被引频次		核心影响因子		综合评价总分	
		数值	排名	数值	排名	数值	排名
G646	辽宁中医杂志	5749	85	0.981	912	44.9	761
U010	现代食品科技	4317	151	1.253	595	44.9	761
F024	遗传	1293	886	0.814	1156	44.9	761
G741	蚌埠医学院学报	1419	804	0.677	1424	44.8	768
H243	吉林农业大学学报	1199	938	1.488	403	44.8	768
G521	中国疼痛医学杂志	1846	587	1.514	387	44.8	768
I232	NEURAL REGENERATION RESEARCH	2414	416	1.037	850	44.6	771
R673	电测与仪表	4585	132	2.505	107	44.5	772
P003	动力工程学报	1352	846	1.320	533	44.5	772
R046	华北电力大学学报自然科学版	695	1413	1.371	487	38.1; 44.5	772
A025	南京大学学报自然科学版	744	1364	0.650	1478	44.5	772
G233	中国矫形外科杂志	3730	189	1.042	846	44.5	772
F008	植物科学学报	1126	995	1.043	843	44.4	777
G366	中国社会医学杂志	749	1362	0.747	1287	44.4	777
A022	西北师范大学学报自然科学版	383	1826	0.414	1918	44.3	779
A063	厦门大学学报自然科学版	710	1398	0.529	1723	44.3	779
G546	中国 CT 和 MRI 杂志	2867	321	0.938	968	44.3	779
G528	中国中西医结合消化杂志	1762	615	1.249	598	42.6; 44.3	779
F013	JOURNAL OF GENETICS AND GENOMICS	963	1144	0.973	924	44.2	783
W502	水利水电科技进展	1259	899	2.241	152	44.2	783
W570	水资源与水工程学报	1564	712	1.162	698	44.2	783
G109	中国临床药理学杂志	4209	159	1.156	703	44.2	783
G734	护士进修杂志	3675	195	1.046	836	44.1	787
G880	临床超声医学杂志	975	1135	0.695	1389	44.1	787
N061	图学学报	768	1336	0.890	1039	44.1	787
G451	现代消化及介入诊疗	1253	904	0.580	1631	44.1	787
H023	畜牧兽医学报	2563	375	1.060	818	44.1	787
I037	CHINESE JOURNAL OF CANCER RESEARCH	788	1320	2.127	172	44.0	792
E112	地震研究	809	1296	1.149	712	44.0	792
S034	计算机工程与科学	1381	828	0.858	1085	44.0	792
Y016	空气动力学学报	1383	827	1.123	738	44.0	792
G964	医学与社会	1934	548	1.346	513	44.0	792
E124	中国沙漠	3335	246	2.216	160	44.0	792
G675	中国血吸虫病防治杂志	1077	1037	1.461	425	44.0	792
G586	实用妇产科杂志	1453	783	0.974	923	43.9	799
B027	系统管理学报	966	1142	1.245	602	43.9	799
G242	中国神经免疫学和神经病学杂志	630	1486	1.189	670	43.9	799
W590	南水北调与水利科技	1650	674	1.825	249	43.7	802
Z551	植物资源与环境学报	831	1270	1.514	388	43.7	802
G520	中成药	6625	65	1.498	396	43.7	802
G691	中华关节外科杂志电子版	894	1205	0.575	1640	43.7	802
T100	CHINESE JOURNAL OF CHEMICAL ENGINEERING	1424	803	0.559	1669	43.6	806

表 8-1 2023 年中国科技核心期刊综合评价总分排名（自然科学）（续）

CODE	刊名	核心总被引频次		核心影响因子		综合评价总分	
		数值	排名	数值	排名	数值	排名
G101	CHINESE JOURNAL OF NATURAL MEDICINES	1141	983	1.210	637	43.6	806
S027	小型微型计算机系统	2211	464	1.119	745	43.6	806
A038	云南大学学报自然科学版	1053	1054	0.862	1078	43.5	809
W014	武汉大学学报工学版	1322	864	1.022	867	43.4	810
G277	中国内镜杂志	1065	1046	1.009	888	43.4	810
GA01	BIOMEDICAL AND ENVIRONMENTAL SCIENCES	684	1427	0.625	1531	43.3	812
G886	介入放射学杂志	1725	639	1.049	832	43.3	812
D002	燃料化学学报	1538	725	1.064	812	40.4; 43.3	812
X673	现代隧道技术	2160	478	1.172	688	43.3	812
G243	中国医院药学杂志	3705	193	1.280	575	43.3	812
E358	高校地质学报	1482	769	0.669	1440	43.2	817
G288	脑与神经疾病杂志	505	1630	0.546	1687	43.2	817
E157	岩石矿物学杂志	1264	896	1.205	641	43.2	817
R511	中国电力	3648	198	2.902	67	43.2	817
G758	中国中西医结合外科杂志	1016	1081	0.975	921	41.6; 43.2	817
Y007	材料工程	2247	456	1.184	675	43.1	822
E139	地质科学	1503	751	1.285	567	43.1	822
A030	东北师大学报自然科学版	354	1866	0.405	1931	43.1	822
N015	光学技术	752	1360	0.830	1129	40.1; 43.1	822
G112	中国人兽共患病学报	1263	897	0.958	943	43.1	822
E601	古地理学报	1892	566	1.419	449	43.0	827
T076	化学工业与工程	360	1855	0.799	1181	43.0	827
F016	生物化学与生物物理进展	694	1415	0.549	1683	43.0	827
G221	中国临床心理学杂志	3220	262	1.155	704	43.0	827
H002	安徽农业大学学报	1088	1029	0.749	1283	42.9	831
E024	地球化学	1628	684	0.730	1317	42.9	831
Z005	环境工程	3574	207	1.243	606	42.9	831
S022	计算机工程与设计	2379	421	0.802	1177	42.9	831
F203	生理科学进展	619	1497	0.866	1071	42.9	831
G067	现代免疫学	385	1824	0.654	1466	42.9	831
G622	中国医学物理学杂志	939	1164	0.613	1556	34.1; 42.9	831
G446	中华神经医学杂志	1077	1038	0.751	1282	42.9	831
Q931	分子影像学杂志	405	1796	0.582	1621	42.8	839
X038	上海海事大学学报	323	1911	0.736	1308	28.1; 42.8	839
L504	油气地质与采收率	1751	623	2.454	120	42.8	839
D020	高等学校化学学报	1532	733	0.649	1481	42.7	842
W514	科学学研究	5963	79	3.603	37	42.7	842
T017	林产化学与工业	693	1417	0.621	1538	40.9; 42.7	842
G665	宁夏医科大学学报	728	1384	0.480	1813	42.7	842
G064	山西医科大学学报	688	1420	0.418	1913	42.7	842
G814	中国临床医生杂志	2495	397	1.193	662	42.7	842
I726	FRONTIERS OF PHYSICS	559	1569	1.207	639	42.6	848

表 8-1　2023 年中国科技核心期刊综合评价总分排名（自然科学）（续）

CODE	刊名	核心总被引频次		核心影响因子		综合评价总分*	
		数值	排名	数值	排名	数值	排名
N001	北京理工大学学报	1708	646	1.432	444	42.6	848
R532	传感器与微系统	2754	341	1.028	862	42.6	848
R028	激光杂志	1244	907	0.511	1760	42.6	848
H804	山东农业科学	2304	444	1.019	875	42.6	848
G974	中国临床医学	798	1309	0.684	1409	42.6	848
G633	中国血液净化	1131	992	0.782	1217	28.2; 42.6	848
G757	中国中西医结合皮肤性病学杂志	767	1338	0.527	1727	25.4; 42.6	848
G060	中华结直肠疾病电子杂志	575	1554	1.077	794	42.6	848
A656	济南大学学报自然科学版	420	1775	0.827	1137	42.5	857
G136	中华传染病杂志	1069	1041	1.140	723	42.5	857
G278	NEUROSCIENCE BULLETIN	954	1150	0.958	944	42.4	859
G641	河北医学	1709	644	0.805	1173	42.4	859
GE01	生物医学转化	64	2157	0.533	1718	42.4	859
G088	医用生物力学	983	1125	1.303	552	20.2; 42.4	859
G715	中国生育健康杂志	456	1710	0.640	1501	42.4	859
A040	国防科技大学学报	987	1121	0.773	1238	42.3	864
M600	黄金科学技术	586	1536	0.715	1343	42.3	864
E540	水文	1083	1032	1.194	661	42.3	864
A024	武汉大学学报理学版	444	1733	0.699	1385	42.3	864
G849	中国现代应用药学	3161	266	1.236	610	42.3	864
G659	国际妇产科学杂志	651	1456	0.686	1404	42.2	869
L002	西南石油大学学报自然科学版	1373	834	1.222	622	41.2; 42.2	869
X012	中国造船	932	1171	0.652	1473	42.2	869
H226	灌溉排水学报	2539	384	1.597	340	42.1	872
E311	海洋通报	963	1143	0.733	1312	42.1	872
H203	湖北农业科学	3472	227	0.361	1978	42.1	872
R086	三峡大学学报自然科学版	430	1749	0.498	1787	34.4; 42.1	872
G159	中华精神科杂志	912	1186	1.121	741	42.1	872
G153	中华麻醉学杂志	1643	677	0.930	979	42.1	872
E135	冰川冻土	2736	344	1.190	668	42.0	878
U033	中国造纸学报	245	2023	0.670	1437	42.0	878
I173	CHINESE JOURNAL OF CHEMISTRY	1950	539	1.559	361	41.9	880
X003	华东交通大学学报	423	1767	0.681	1420	32.8; 41.8	881
G419	心血管病学进展	709	1401	0.479	1814	41.8	881
G455	疑难病杂志	1352	845	1.051	829	41.8	881
G775	动物医学进展	1522	742	0.670	1435	41.7	884
J053	合肥工业大学学报自然科学版	1095	1022	0.534	1713	41.7	884
G630	陕西医学杂志	2703	351	1.413	453	41.7	884
G006	生物医学工程学杂志	812	1289	0.840	1117	41.7	884
L009	太阳能学报	5101	108	1.397	469	41.7	884
N085	兵器材料科学与工程	786	1321	0.519	1739	41.6	889
T580	塑性工程学报	1777	612	1.218	628	41.6	889
S024	遥感信息	894	1207	0.859	1081	41.6	889

表 8-1 2023 年中国科技核心期刊综合评价总分排名（自然科学）（续）

CODE	刊名	核心总被引频次		核心影响因子		综合评价总分*	
		数值	排名	数值	排名	数值	排名
G290	中国防痨杂志	1763	614	1.660	317	41.6	889
H295	中国水土保持科学	1392	820	1.202	647	41.6	889
G262	中华肝胆外科杂志	1350	847	1.218	627	41.6	889
D021	高分子学报	1243	908	1.222	621	41.5	895
N007	火炸药学报	1115	1006	1.056	820	41.5	895
L010	西安石油大学学报自然科学版	854	1247	0.921	990	34.9; 41.5	895
W005	中国农村水利水电	2854	327	1.031	858	29.7; 41.5	895
E151	地质与勘探	2037	509	1.574	356	41.4	899
S157	国际生殖健康 / 计划生育杂志	442	1734	0.606	1567	41.4	899
Q384	皮肤科学通报	252	2012	0.318	2040	41.4	899
V010	工业建筑	1986	527	0.464	1844	41.3	902
G030	广州中医药大学学报	2527	390	1.044	840	41.3	902
R535	红外技术	1223	923	1.109	756	41.3	902
G283	上海口腔医学	642	1467	0.625	1529	41.3	902
G300	现代妇产科进展	1118	1002	0.847	1107	41.3	902
N103	中国表面工程	1080	1036	1.109	759	41.3	902
A016	兰州大学学报自然科学版	937	1167	0.991	900	41.2	908
P011	燃烧科学与技术	461	1700	0.573	1643	41.2	908
G238	听力学及言语疾病杂志	984	1123	0.636	1511	41.2	908
S081	信息安全学报	294	1954	0.863	1077	41.2	908
E123	应用海洋学学报	760	1347	1.089	780	41.2	908
V568	中国粉体技术	402	1798	0.511	1763	41.2	908
S591	中国医学装备	1955	536	0.738	1305	41.2	908
E102	成都理工大学学报自然科学版	1229	919	1.209	638	38.0; 41.1	915
L512	大庆石油地质与开发	1611	693	2.582	96	41.1	915
E563	热带地理	1481	771	1.329	523	41.1	915
E642	热带海洋学报	947	1155	0.878	1056	41.1	915
X039	中国航海	526	1601	0.846	1109	41.1	915
S020	中文信息学报	1322	863	1.013	880	41.1	915
V572	规划师	2901	309	1.658	318	41.0	921
B525	国际输血及血液学杂志	179	2102	0.323	2029	30.4; 41.0	921
D018	化学通报	695	1414	0.510	1765	41.0	921
G254	中华普通外科杂志	1418	805	0.813	1158	41.0	921
J024	大连理工大学学报	551	1579	0.472	1828	40.9	925
K526	河南理工大学学报自然科学版	760	1349	0.855	1088	40.9	925
V087	现代城市研究	1425	802	0.780	1221	40.9	925
A002	浙江大学学报理学版	457	1706	0.591	1601	40.9	925
H106	智慧农业中英文	328	1902	1.571	357	40.9	925
F002	中国生物化学与分子生物学报	757	1355	0.637	1507	40.9	925
G619	中国眼耳鼻喉科杂志	423	1764	0.542	1698	39.4; 40.9	925
R683	国外电子测量技术	1635	683	1.244	605	40.8	932
G452	疾病监测	1805	599	1.163	697	40.8	932
G076	天津医药	1162	967	0.762	1260	40.8	932

表 8-1　2023 年中国科技核心期刊综合评价总分排名（自然科学）（续）

CODE	刊名	核心总被引频次		核心影响因子		综合评价总分*	
		数值	排名	数值	排名	数值	排名
E163	岩性油气藏	1750	625	2.498	113	40.8	932
D016	应用化学	804	1306	0.848	1101	40.8	932
G623	中国现代神经疾病杂志	838	1264	0.829	1130	40.8	932
I222	GENOMICS PROTEOMICS & BIOINFORMATICS	639	1473	1.202	648	40.7	938
I012	INSECT SCIENCE	645	1464	0.769	1243	40.7	938
Q418	纺织科学与工程学报	183	2096	0.319	2038	40.7	938
X026	公路交通科技	2506	394	0.931	974	40.7	938
G881	临床军医杂志	1533	729	0.721	1328	40.7	938
G945	中国职业医学	1166	964	1.294	560	40.7	938
Y556	航空兵器	590	1533	0.956	947	33.8; 40.6	944
H286	农业生物技术学报	1259	898	0.776	1230	40.6	944
G626	天津中医药	2007	522	1.068	808	31.1; 40.6	944
G326	胃肠病学和肝病学杂志	1137	988	0.518	1744	40.6	944
G380	中国心血管杂志	1373	835	1.478	411	40.6	944
I154	CHINESE GEOGRAPHICAL SCIENCE	652	1455	0.738	1304	40.5	949
H265	福建农业学报	1312	875	0.847	1106	40.5	949
Z019	环境污染与防治	2015	517	1.056	821	40.5	949
V560	混凝土	2897	310	0.599	1587	40.5	949
G836	药物评价研究	2023	513	1.188	671	40.5	949
U001	中国粮油学报	3554	211	1.404	458	39.6; 40.5	949
G108	中国临床解剖学杂志	902	1192	0.685	1406	40.5	949
G303	中国男科学杂志	704	1405	1.085	783	40.5	949
G728	中华骨质疏松和骨矿盐疾病杂志	914	1182	1.093	775	40.5	949
G415	国际内分泌代谢杂志	500	1636	1.433	443	40.4	958
J022	山东大学学报工学版	559	1570	0.776	1229	40.4	958
N005	火力与指挥控制	1904	559	0.632	1519	40.3	960
G553	局解手术学杂志	675	1436	0.533	1716	40.3	960
F025	中国细胞生物学学报	933	1170	0.496	1790	40.3	960
H208	中国烟草科学	1731	636	1.811	256	40.3	960
G095	VIROLOGICA SINICA	583	1541	0.902	1023	40.2	964
G229	卒中与神经疾病	494	1648	0.655	1463	40.2	964
R071	电力系统及其自动化学报	2238	460	1.888	229	40.2	964
T016	高校化学工程学报	780	1328	0.556	1671	40.2	964
G816	广西医学	1903	561	0.505	1772	40.2	964
N057	机械强度	1313	874	0.660	1459	40.2	964
Q908	临床肺科杂志	1891	567	0.747	1288	40.2	964
W504	人民长江	3341	245	1.027	864	40.2	964
F213	生物学杂志	862	1236	0.713	1352	40.2	964
I282	ASIAN JOURNAL OF ANDROLOGY	529	1596	0.514	1752	40.1	973
X014	北京交通大学学报	805	1304	0.810	1166	40.1	973
G992	长春中医药大学学报	1861	582	0.827	1136	40.1	973
R009	西安电子科技大学学报自然科学版	810	1293	1.199	651	36.5; 40.1	973
M504	有色金属科学与工程	826	1273	1.127	733	40.1	973

表 8-1 2023 年中国科技核心期刊综合评价总分排名（自然科学）（续）

CODE	刊名	核心总被引频次		核心影响因子		综合评价总分	
		数值	排名	数值	排名	数值	排名
G629	中国热带医学	1407	810	0.963	932	40.1	973
G681	中医药导报	4108	163	1.196	659	25.7; 40.1	973
G719	吉林中医药	2691	356	0.896	1033	32.2; 40.0	980
S509	计算机系统应用	1589	703	0.573	1644	40.0	980
V013	建筑科学与工程学报	697	1411	0.741	1298	40.0	980
G325	口腔医学	792	1315	0.537	1707	40.0	980
Y018	实验流体力学	731	1381	0.840	1118	40.0	980
J002	西安理工大学学报	332	1898	0.662	1456	40.0	980
G341	现代泌尿外科杂志	881	1222	0.546	1685	40.0	980
V036	中国给水排水	3771	186	0.817	1153	40.0	980
I071	CHINESE OPTICS LETTERS	1094	1023	0.961	937	36.2; 39.9	988
H665	花生学报	508	1626	1.198	654	39.9	988
E361	气候与环境研究	1039	1065	0.991	901	39.9	988
Z512	生态科学	1935	547	1.497	397	39.9	988
G760	实用医院临床杂志	1344	851	0.660	1458	39.9	988
T064	橡胶工业	728	1386	0.756	1270	39.9	988
A580	应用基础与工程科学学报	1322	865	1.347	512	39.9	988
G234	中国动脉硬化杂志	1199	937	1.398	467	39.9	988
N089	中国工程机械学报	525	1603	0.781	1219	39.9	988
Q005	辐射研究与辐射工艺学报	244	2029	0.474	1825	39.8	997
E312	海洋湖沼通报	823	1276	0.595	1594	39.8	997
U004	河南工业大学学报自然科学版	941	1162	1.198	652	35.3; 39.8	997
G476	心脑血管病防治	763	1344	0.714	1347	38.3; 39.8	997
G087	药物分析杂志	2707	349	1.159	701	39.8	997
C503	液晶与显示	738	1371	1.050	830	34.8; 39.8	997
G480	医学研究杂志	1488	762	0.530	1722	39.8	997
L359	油气藏评价与开发	859	1243	2.106	177	39.8	997
U020	中国皮革	1154	975	0.934	972	39.8	997
E570	地球环境学报	427	1756	0.831	1128	39.7	1006
T241	断块油气田	1926	551	2.693	85	39.7	1006
A112	江西师范大学学报自然科学版	365	1851	0.643	1496	39.7	1006
H393	山西农业大学学报自然科学版	729	1382	1.133	729	39.7	1006
G700	实用老年医学	1009	1090	0.671	1433	39.7	1006
X017	武汉理工大学学报交通科学与工程版	936	1168	0.586	1610	27.1; 39.7	1006
V018	西安建筑科技大学学报自然科学版	726	1387	0.601	1580	33.2; 39.7	1006
G269	中国普外基础与临床杂志	1081	1034	0.684	1411	39.7	1006
G165	中华微生物学和免疫学杂志	534	1592	0.585	1613	39.7	1006
A905	自然杂志	594	1530	0.832	1126	39.7	1006
N088	组合机床与自动化加工技术	2088	494	0.870	1065	39.7	1006
C072	RESEARCH IN ASTRONOMY AND ASTROPHYSICS	812	1291	0.418	1914	39.6	1017
N017	爆破	999	1102	1.281	574	39.6	1017
G656	环球中医药	3353	243	1.202	646	27.6; 39.6	1017
N074	仪表技术与传感器	1428	799	0.782	1216	39.6	1017

表 8-1　2023 年中国科技核心期刊综合评价总分排名（自然科学）（续）

CODE	刊名	核心总被引频次		核心影响因子		综合评价总分	
		数值	排名	数值	排名	数值	排名
L586	含能材料	1428	798	0.919	992	39.5	1021
S818	科学学与科学技术管理	2586	371	2.807	73	39.5	1021
X042	石家庄铁道大学学报自然科学版	197	2084	0.280	2075	22.3; 39.5	1021
S918	心理科学	2044	508	0.541	1700	39.5	1021
F228	热带亚热带植物学报	899	1196	1.147	714	39.4	1025
X521	铁道工程学报	1511	745	0.683	1414	39.4	1025
A102	中国科学院大学学报	596	1529	0.719	1334	39.4	1025
C056	高压物理学报	603	1520	0.702	1376	39.3	1028
S813	卫生软科学	820	1281	0.808	1168	39.3	1028
G421	现代药物与临床	2217	463	0.788	1199	39.3	1028
A007	中国科学技术大学学报	393	1808	0.177	2136	39.3	1028
G882	环境与职业医学	1357	842	0.840	1116	39.2	1032
G638	检验医学	981	1127	0.643	1497	39.2	1032
I710	CHINA COMMUNICATIONS	1031	1069	0.941	965	39.1	1034
C071	发光学报	946	1156	1.142	720	39.1	1034
H218	畜牧与兽医	1484	767	0.730	1316	39.1	1034
G754	中国临床研究	1458	780	0.819	1150	39.1	1034
G526	中华全科医师杂志	1951	538	1.164	696	39.1	1034
Q784	FOREST ECOSYSTEMS	171	2109	0.448	1871	39.0	1039
F014	ZOOLOGICAL SYSTEMATICS	217	2068	0.245	2108	39.0	1039
A029	福州大学学报自然科学版	557	1574	0.707	1366	39.0	1039
C035	红外与毫米波学报	623	1494	0.615	1553	39.0	1039
Q919	实用临床医药杂志	2774	337	0.765	1254	39.0	1039
D003	无机材料学报	1094	1024	0.804	1174	39.0	1039
A150	西安科技大学学报	1023	1078	0.990	902	39.0	1039
G065	中华肾病研究电子杂志	183	2097	0.331	2018	39.0	1039
I091	SCIENCE CHINA TECHNOLOGICAL SCIENCES	2191	469	1.102	765	38.9	1047
G322	创伤外科杂志	994	1109	0.753	1279	38.9	1047
Z544	防灾减灾工程学报	981	1128	0.578	1633	38.9	1047
G114	中国神经精神疾病杂志	899	1198	0.666	1447	38.9	1047
I063	JOURNAL OF GEOGRAPHICAL SCIENCES	1580	705	1.004	889	38.8	1051
E301	第四纪研究	2368	426	1.585	346	38.8	1051
G556	分子诊断与治疗杂志	1281	891	0.773	1237	38.8	1051
A001	复旦学报自然科学版	426	1758	0.812	1160	38.8	1051
W531	科研管理	4813	119	2.735	77	38.8	1051
F214	生物技术进展	594	1532	0.884	1046	38.8	1051
M102	新型炭材料	646	1463	1.414	452	38.8	1051
G070	神经解剖学杂志	423	1769	0.550	1679	38.7	1058
E655	世界地理研究	1411	808	1.893	228	38.7	1058
E023	天文学报	216	2070	0.346	1997	38.7	1058
GB02	医学新知	191	2090	0.719	1332	38.7	1058
I062	ADVANCES IN ATMOSPHERIC SCIENCES	1781	608	1.375	482	38.6	1062
L004	东北石油大学学报	860	1241	1.730	284	34.7; 38.6	1062

表 8-1　2023 年中国科技核心期刊综合评价总分排名（自然科学）（续）

CODE	刊名	核心总被引频次		核心影响因子		综合评价总分	
		数值	排名	数值	排名	数值	排名
G453	江苏大学学报医学版	429	1752	0.863	1075	38.6	1062
J020	昆明理工大学学报自然科学版	467	1692	0.558	1670	38.6	1062
W555	人民黄河	2888	312	1.181	679	38.6	1062
U648	食品科技	4658	126	1.098	768	38.6	1062
R516	新能源进展	266	1988	0.467	1836	38.6	1062
F208	JOURNAL OF RESOURCES AND ECOLOGY	546	1584	1.124	736	38.5	1069
J035	江苏大学学报自然科学版	680	1431	0.902	1022	38.5	1069
R119	密码学报	358	1858	0.700	1381	38.5	1069
G809	中国医刊	1866	577	1.176	685	38.5	1069
G461	中华普通外科学文献电子版	468	1691	0.676	1425	38.5	1069
E092	JOURNAL OF METEOROLOGICAL RESEARCH	656	1452	0.986	908	38.4	1074
G458	传染病信息	749	1363	1.071	805	38.4	1074
G294	华西医学	1191	947	0.665	1450	38.4	1074
K553	洁净煤技术	1313	873	1.509	394	38.4	1074
G574	山东中医杂志	1876	575	0.809	1167	38.4	1074
E133	地层学杂志	880	1223	1.329	524	38.3	1079
R740	电光与控制	1493	757	1.019	874	38.3	1079
S009	计算机应用与软件	2417	415	0.562	1662	38.3	1079
G999	检验医学与临床	3124	275	0.581	1625	38.3	1079
J011	太原理工大学学报	703	1407	0.832	1125	38.3	1079
G210	微循环学杂志	266	1990	0.652	1476	38.3	1079
Y003	中国空间科学技术	605	1517	1.198	653	38.3	1079
G796	中国输血杂志	1918	553	0.807	1171	21.3; 38.3	1079
M100	ACTA METALLURGICA SINICA	1176	957	1.073	802	38.2	1087
A042	广西大学学报自然科学版	719	1392	0.405	1932	38.2	1087
H289	林业与生态科学	296	1950	0.504	1773	38.2	1087
Q910	临床肿瘤学杂志	905	1190	0.756	1271	38.2	1087
G224	实用口腔医学杂志	852	1251	0.672	1431	38.2	1087
Y025	推进技术	2628	363	0.783	1210	38.2	1087
G870	中国临床药理学与治疗学	1193	945	0.879	1053	38.2	1087
U647	中国烟草学报	1546	722	1.454	430	38.2	1087
G171	中华胸心血管外科杂志	806	1303	0.719	1335	38.2	1087
G682	中南医学科学杂志	828	1271	0.987	906	38.2	1087
U535	轻工机械	304	1938	0.493	1791	38.1	1097
A615	石河子大学学报自然科学版	515	1617	0.534	1714	38.1	1097
U029	食品与生物技术学报	1415	807	1.139	724	38.1	1097
G094	中风与神经疾病杂志	990	1113	0.630	1521	38.1	1097
Z037	GREEN ENERGY & ENVIRONMENT	737	1372	1.812	254	38.0	1101
H390	山西农业科学	1917	554	0.929	982	38.0	1101
H048	土壤与作物	456	1707	1.344	515	38.0	1101
S046	信息网络安全	558	1573	0.745	1291	38.0	1101
N094	指挥与控制学报	518	1612	1.422	448	38.0	1101

表 8-1 2023 年中国科技核心期刊综合评价总分排名（自然科学）（续）

CODE	刊名	核心总被引频次		核心影响因子		综合评价总分	
		数值	排名	数值	排名	数值	排名
I142	JOURNAL OF IRON AND STEEL RESEARCH, INTERNATIONAL	1330	859	0.907	1015	37.9	1106
H272	广东海洋大学学报	818	1285	1.065	811	34.3; 37.9	1106
H228	广东农业科学	2903	308	1.080	787	37.9	1106
Y020	宇航材料工艺	768	1337	0.683	1415	37.9	1106
B013	运筹学学报	127	2127	0.234	2115	37.9	1106
R589	IEEE/CAA JOURNAL OF AUTOMATICA SINICA	1579	706	2.085	180	37.8	1111
G047	南昌大学学报医学版	392	1813	0.398	1936	37.8	1111
G768	实用预防医学	2560	377	1.311	541	37.8	1111
G914	天津中医药大学学报	945	1158	1.193	663	37.8	1111
G524	中国中医急症	4086	167	1.027	863	37.8	1111
C001	力学学报	2141	484	1.303	555	37.7	1116
U515	肉类研究	1302	879	1.187	673	37.7	1116
F046	生命科学研究	356	1860	0.634	1513	37.7	1116
Y023	西北工业大学学报	1177	953	0.725	1321	37.7	1116
S821	研究与发展管理	1342	855	2.706	83	37.7	1116
G884	职业与健康	3026	286	0.784	1208	37.7	1116
A079	中国基础科学	301	1944	0.392	1943	37.7	1116
F258	合成生物学	288	1963	0.958	945	37.6	1123
G898	河北医药	2736	345	0.562	1663	37.6	1123
G800	胃肠病学	797	1313	0.486	1801	37.6	1123
Y022	测控技术	998	1103	0.518	1743	37.5	1126
F028	广西植物	1938	544	1.171	689	37.5	1126
G206	中国介入影像与治疗学	894	1203	0.964	931	37.5	1126
G305	中国实用护理杂志	2706	350	0.868	1070	37.5	1126
G160	中华神经外科杂志	1954	537	1.012	881	37.5	1126
G695	肿瘤预防与治疗	608	1511	0.847	1105	37.5	1126
I243	FRONTIERS OF MATERIALS SCIENCE	163	2115	0.674	1427	37.4	1132
R088	电机与控制学报	2058	504	1.710	293	37.4	1132
G942	临床误诊误治	1362	841	0.925	985	37.4	1132
L025	石油钻探技术	1879	574	2.680	87	37.4	1132
H225	中国兽医学报	1808	598	0.761	1261	37.4	1132
H207	中国蔬菜	1936	546	1.148	713	37.4	1132
G286	中华风湿病学杂志	883	1217	0.491	1793	37.4	1132
G183	中药材	5514	92	1.150	709	37.4	1132
Q709	INFECTIOUS DISEASES OF POVERTY	519	1608	0.801	1178	37.3	1140
M101	矿冶	556	1576	0.580	1627	37.3	1140
H082	HORTICULTURE RESEARCH	1743	630	1.413	454	37.2	1142
I041	JOURNAL OF ZHEJIANG UNIVERSITY SCIENCE A	644	1465	0.908	1011	37.2	1142
G018	病毒学报	856	1246	0.843	1112	37.2	1142
G291	临床骨科杂志	941	1160	1.120	742	37.2	1142
U563	中国食物与营养	1335	858	0.762	1259	32.1; 37.2	1142

表 8-1　2023 年中国科技核心期刊综合评价总分排名（自然科学）（续）

CODE	刊名	核心总被引频次		核心影响因子		综合评价总分*	
		数值	排名	数值	排名	数值	排名
G504	中华临床医师杂志电子版	1042	1062	0.269	2090	37.2	1142
B031	工程数学学报	173	2105	0.322	2033	30.7; 37.1	1148
G457	实用骨科杂志	1049	1058	0.776	1231	37.1	1148
G250	中国新药与临床杂志	959	1146	0.921	989	37.1	1148
I189	SCIENCE CHINA MATHEMATICS	442	1736	0.164	2143	37.0	1151
E118	地震工程与工程振动	1684	656	0.603	1576	37.0	1151
T567	化学工程师	808	1299	0.491	1794	37.0	1151
E114	天文学进展	87	2151	0.181	2134	37.0	1151
G447	中国临床保健杂志	912	1185	0.892	1037	37.0	1151
E048	干旱气象	1627	685	1.969	211	32.4; 36.9	1156
R008	南京邮电大学学报自然科学版	446	1731	0.949	953	28.3; 36.9	1156
A056	上海大学学报自然科学版	350	1872	0.434	1895	36.9	1156
J012	郑州大学学报工学版	650	1458	1.054	827	36.9	1156
G304	中国临床医学影像杂志	1231	917	0.767	1253	36.9	1156
G926	中国数字医学	1392	821	0.869	1066	36.9	1156
G542	毒理学杂志	420	1778	0.584	1615	36.8	1162
R089	现代电力	773	1333	1.772	268	36.8	1162
H247	畜牧与饲料科学	797	1310	0.620	1541	36.8	1162
E053	岩矿测试	1439	790	1.743	278	36.8	1162
M036	有色金属工程	1196	942	1.028	861	36.8	1162
D017	CHINESE JOURNAL OF POLYMER SCIENCE	915	1181	1.105	762	36.7	1167
U604	皮革与化工	246	2022	1.063	815	36.7	1167
L034	石油化工高等学校学报	326	1906	0.592	1598	36.7	1167
K002	非金属矿	894	1209	0.686	1405	36.6	1170
H268	福建农林大学学报自然科学版	947	1154	0.910	1006	36.6	1170
S520	计算机技术与发展	1159	971	0.447	1872	36.6	1170
U037	林产工业	848	1252	1.726	287	36.6	1170
J058	河北科技大学学报	338	1891	0.764	1256	36.5	1174
R025	激光技术	970	1141	1.166	693	36.5	1174
I059	ACTA GEOLOGICA SINICA ENGLISH EDITION	1364	840	0.907	1013	36.4	1176
I018	JOURNAL OF FORESTRY RESEARCH	1013	1084	0.687	1403	36.4	1176
G041	湖南中医药大学学报	2443	406	1.176	686	36.4	1176
E354	矿物岩石	883	1215	1.161	699	36.4	1176
V011	沈阳建筑大学学报自然科学版	611	1506	0.438	1888	30.7; 36.4	1176
F042	生命的化学	738	1370	0.406	1929	36.4	1176
G534	实用放射学杂志	2885	314	0.895	1034	36.4	1176
S795	外国经济与管理	1862	580	2.562	99	36.4	1176
G686	中国实用神经疾病杂志	1638	681	1.125	734	36.4	1176
G377	中国现代中药	2641	362	1.315	536	36.4	1176
M004	机械工程材料	1235	915	0.539	1704	36.3	1186
H838	食用菌学报	817	1286	1.309	545	36.2; 36.3	1186
G296	中华围产医学杂志	1371	837	1.003	891	36.3	1186

表 8-1　2023 年中国科技核心期刊综合评价总分排名（自然科学）（续）

CODE	刊名	核心总被引频次		核心影响因子		综合评价总分	
		数值	排名	数值	排名	数值	排名
G847	中华现代护理杂志	5346	97	1.092	776	36.3	1186
S891	FRONTIERS OF INFORMATION TECHNOLOGY & ELECTRONIC ENGINEERING	601	1525	0.679	1421	36.2	1190
G264	肠外与肠内营养	631	1483	1.122	740	36.2	1190
M033	桂林理工大学学报	725	1388	0.643	1495	36.2	1190
E149	海洋学研究	369	1844	0.417	1916	36.2	1190
T553	化学与生物工程	603	1522	0.467	1837	34.6; 36.2	1190
E120	南京信息工程大学学报自然科学版	426	1757	0.888	1043	36.2	1190
M032	武汉科技大学学报自然科学版	314	1923	0.585	1614	36.2	1190
F050	植物研究	1137	987	0.945	959	36.2	1190
M006	材料科学与工艺	627	1489	0.799	1180	36.1	1198
E144	大地测量与地球动力学	1548	721	0.732	1313	34.1; 36.1	1198
G957	腹部外科	314	1921	0.561	1665	36.1	1198
G207	公共卫生与预防医学	1557	716	1.713	292	36.1	1198
E006	海洋科学进展	675	1434	0.669	1439	36.1	1198
H105	农学学报	1209	931	0.629	1522	36.1	1198
H046	PEDOSPHERE	991	1110	0.832	1127	36.0	1204
G486	现代中药研究与实践	710	1400	0.877	1058	36.0	1204
G255	中国肿瘤生物治疗杂志	632	1482	0.574	1642	36.0	1204
G543	中国耳鼻咽喉头颈外科	822	1278	0.514	1754	35.9	1207
G184	肿瘤	557	1575	0.931	975	35.9	1207
D036	电化学	327	1905	0.719	1331	35.8	1209
A023	首都师范大学学报自然科学版	251	2015	0.280	2076	35.8	1209
G896	现代中医临床	882	1220	1.214	632	35.8	1209
Z030	中国环境监测	1753	622	1.426	447	35.8	1209
G625	中国医院用药评价与分析	1084	1031	0.628	1526	35.8	1209
I144	JOURNAL OF SYSTEMS ENGINEERING AND ELECTRONICS	820	1283	0.754	1275	35.7	1214
L037	海相油气地质	719	1391	1.452	432	35.7	1214
Y522	舰船电子工程	1071	1040	0.330	2024	35.7	1214
G844	医药导报	2018	514	0.977	917	35.7	1214
G598	中国媒介生物学及控制杂志	1577	707	1.135	727	35.7	1214
G579	中华口腔医学研究杂志电子版	172	2108	0.323	2030	35.7	1214
T078	高科技纤维与应用	274	1978	0.540	1702	35.6	1220
G742	山东大学耳鼻喉眼学报	607	1512	0.702	1377	27.7; 35.6	1220
G281	医学研究与战创伤救治	1410	809	0.945	957	35.6	1220
G054	中华肝脏外科手术学电子杂志	422	1770	0.529	1724	27.5; 35.6	1220
Y563	导航定位与授时	518	1613	0.850	1097	35.5	1224
R428	电气工程学报	386	1821	0.793	1192	35.5	1224
H060	湖南农业大学学报自然科学版	1062	1051	1.046	837	35.5	1224
G439	脊柱外科杂志	464	1696	0.796	1188	35.5	1224
L516	可再生能源	1938	545	1.276	578	35.5	1224
U547	食品与机械	3501	221	1.246	600	35.5	1224

表 8-1 2023 年中国科技核心期刊综合评价总分排名（自然科学）（续）

CODE	刊名	核心总被引频次		核心影响因子		综合评价总分	
		数值	排名	数值	排名	数值	排名
G565	徐州医科大学学报	449	1724	0.637	1508	35.5	1224
Y521	战术导弹技术	639	1472	0.899	1030	35.5	1224
G841	中国现代普通外科进展	784	1323	0.588	1607	35.5	1224
G930	国际流行病学传染病学杂志	407	1792	0.824	1145	33.2; 35.4	1233
T011	南京工业大学学报自然科学版	619	1498	0.835	1122	35.4	1233
L013	中国海上油气	1758	619	1.532	373	35.4	1233
S055	大数据	387	1820	1.274	579	35.3	1236
G235	中华高血压杂志	1500	754	1.216	629	35.3	1236
W018	管理科学	1141	982	1.688	303	35.2	1238
G609	热带医学杂志	1655	672	0.930	980	35.2	1238
G069	上海医学	614	1503	0.581	1626	35.2	1238
L016	石油地球物理勘探	2470	401	1.914	225	35.2	1238
S700	心理发展与教育	1311	877	1.030	859	35.2	1238
M022	中国稀土学报	976	1134	1.257	589	35.2	1238
U011	制冷学报	765	1341	0.755	1274	35.1	1244
G678	中国中西医结合影像学杂志	463	1698	0.577	1635	35.1	1244
E049	JOURNAL OF ARID LAND	510	1624	0.561	1664	35.0	1246
I224	MACHINE INTELLIGENCE RESEARCH	221	2059	0.942	963	35.0	1246
H275	贵州农业科学	1907	558	0.539	1703	35.0	1246
H219	排灌机械工程学报	1486	764	1.347	511	35.0	1246
R748	现代电子技术	2417	413	0.476	1822	35.0	1246
G582	中国煤炭工业医学杂志	474	1682	0.503	1775	35.0	1246
G780	CANCER BIOLOGY & MEDICINE	619	1500	1.367	491	34.9	1252
G319	神经损伤与功能重建	808	1298	0.781	1220	34.9	1252
A006	四川大学学报自然科学版	713	1394	0.662	1455	34.9	1252
G752	中国卫生质量管理	1531	734	1.196	657	34.9	1252
U649	FOOD SCIENCE AND HUMAN WELLNESS	530	1594	0.953	952	34.8	1256
S741	地域研究与开发	2276	450	1.770	270	34.8	1256
G349	国际泌尿系统杂志	637	1475	0.395	1941	34.8	1256
J017	河北工业大学学报	244	2028	0.187	2131	34.8	1256
R521	激光与红外	1669	666	0.922	987	34.8	1256
T105	热固性树脂	392	1812	0.797	1186	34.8	1256
A014	山西大学学报自然科学版	370	1843	0.318	2041	34.8	1256
S082	网络与信息安全学报	323	1912	0.711	1359	34.8	1256
J025	燕山大学学报	411	1784	0.847	1104	34.8	1256
H410	作物研究	766	1340	0.624	1532	34.8	1256
C054	声学学报	1060	1053	0.795	1190	34.7	1266
W006	水利水运工程学报	857	1245	1.019	873	34.7	1266
C109	应用光学	1009	1089	0.812	1161	34.7	1266
C100	噪声与振动控制	1452	784	0.711	1355	34.7	1266
I120	JOURNAL OF OCEAN UNIVERSITY OF CHINA	499	1638	0.334	2013	31.1; 34.6	1270
V048	风景园林	1253	903	1.063	813	34.6	1270
H047	甘肃农业大学学报	1319	868	0.977	916	34.6	1270

表 8-1 2023 年中国科技核心期刊综合评价总分排名（自然科学）（续）

CODE	刊名	核心总被引频次		核心影响因子		综合评价总分	
		数值	排名	数值	排名	数值	排名
E578	国土资源科技管理	188	2094	0.281	2072	34.6	1270
H240	家畜生态学报	1158	972	0.643	1498	34.6	1270
G594	口腔生物医学	95	2145	0.342	2005	34.6	1270
G204	临床检验杂志	867	1234	0.636	1510	34.6	1270
L044	全球能源互联网	583	1542	2.244	151	34.6	1270
F044	生物资源	506	1629	0.673	1429	34.6	1270
P007	水电能源科学	3076	277	0.803	1176	33.0; 34.6	1270
W004	水动力学研究与进展 A	666	1442	0.475	1823	34.6	1270
G475	中国肝脏病杂志电子版	292	1957	1.081	785	34.6	1270
G718	中国心血管病研究	942	1159	1.307	549	34.6	1270
G313	中国医师杂志	1523	739	0.566	1657	34.6	1270
Q906	安徽医药	2300	445	0.729	1319	34.5	1284
W008	管理科学学报	2285	448	2.711	81	34.5	1284
Z017	环境保护科学	612	1504	0.633	1515	34.5	1284
N047	机械设计	1613	691	0.849	1098	34.5	1284
G397	江苏中医药	2074	501	0.895	1035	34.5	1284
G601	外科理论与实践	424	1763	0.694	1392	34.5	1284
A909	FUNDAMENTAL RESEARCH	244	2027	0.824	1146	34.4	1290
M655	NANOTECHNOLOGY AN PRECISION ENGINEERING	136	2123	0.271	2086	34.4	1290
K032	河北工程大学学报自然科学版	207	2076	0.391	1945	27.0; 34.4	1290
S500	计算机与现代化	596	1528	0.490	1797	34.4	1290
S762	经济理论与经济管理	1118	1003	1.649	325	34.4	1290
G810	浙江医学	1606	694	0.498	1788	34.4	1290
I200	CHINESE JOURNAL OF TRAUMATOLOGY	288	1962	0.591	1602	34.3	1296
C106	CHINESE PHYSICS B	3224	260	0.403	1934	34.3	1296
H009	蚕业科学	627	1491	0.660	1460	34.3	1296
Y006	飞行力学	599	1527	0.824	1144	34.3	1296
J013	哈尔滨理工大学学报	667	1439	0.909	1009	34.3	1296
G301	河北中医药学报	494	1647	0.768	1247	27.5; 34.3	1296
K004	矿产综合利用	1666	669	1.145	718	34.3	1296
G310	临床精神医学杂志	862	1238	0.651	1477	34.3	1296
H847	水产科学	1219	924	0.863	1074	34.3	1296
G339	中国病原生物学杂志	1371	836	0.706	1369	34.3	1296
I202	PARTICUOLOGY	687	1422	0.572	1645	34.2	1306
M008	材料科学与工程学报	1043	1061	0.723	1324	34.2	1306
X022	公路工程	1021	1079	0.520	1738	34.2	1306
G869	结直肠肛门外科	626	1492	0.692	1396	34.2	1306
G145	中华核医学与分子影像杂志	927	1175	1.309	546	34.2	1306
G175	中华医学遗传学杂志	1167	962	0.482	1809	34.2	1306
F007	PLANT DIVERSITY	1173	958	1.235	611	34.1	1312
G292	寄生虫与医学昆虫学报	158	2117	0.711	1360	34.1	1312
A515	深圳大学学报理工版	412	1783	0.525	1730	34.1	1312
G270	中国耳鼻咽喉颅底外科杂志	607	1513	0.744	1294	34.1	1312

表 8-1　2023 年中国科技核心期刊综合评价总分排名（自然科学）（续）

CODE	刊名	核心总被引频次		核心影响因子		综合评价总分*	
		数值	排名	数值	排名	数值	排名
G576	中国肿瘤外科杂志	408	1791	0.707	1365	34.1	1312
W543	华北水利水电大学学报自然科学版	648	1461	1.012	883	34.0	1317
G329	神经疾病与精神卫生	433	1746	0.654	1467	34.0	1317
H233	中国土壤与肥料	3362	242	1.683	308	34.0	1317
U645	保鲜与加工	1246	906	1.029	860	30.4; 33.9	1320
V021	给水排水	2282	449	0.976	918	33.9	1320
L005	石油物探	1403	814	1.805	257	33.9	1320
G746	实用肝脏病杂志	1506	747	0.959	941	33.9	1320
G331	药学研究	796	1314	0.629	1523	33.9	1320
G441	中国口腔颌面外科杂志	431	1747	0.466	1840	33.9	1320
K045	INTERNATIONAL JOURNAL OF MINERALS, METALLURGY AND MATERIALS	1757	620	1.620	332	33.8	1326
I065	RICE SCIENCE	379	1834	0.855	1090	33.8	1326
N070	锻压技术	1639	679	1.090	778	33.8	1326
H326	中国兽医科学	1102	1019	0.772	1239	33.8	1326
G667	中国综合临床	380	1832	0.514	1751	33.8	1326
G285	中华消化内镜杂志	1534	728	1.109	760	33.8	1326
Y034	航天返回与遥感	698	1410	0.955	948	33.7	1332
R588	科技进步与对策	4389	144	1.815	251	33.7	1332
J059	空军工程大学学报	515	1619	0.712	1353	33.7	1332
T500	弹性体	426	1759	0.477	1818	33.7	1332
R004	微电子学与计算机	810	1292	0.616	1550	32.6; 33.7	1332
G265	医学影像学杂志	2529	388	0.663	1452	33.7	1332
C052	应用声学	594	1531	0.601	1579	33.7	1332
N026	材料热处理学报	2057	505	0.855	1092	33.6	1339
R684	电信科学	870	1230	0.768	1248	33.6	1339
T001	高分子材料科学与工程	1882	571	0.794	1191	33.6	1339
H244	河北农业大学学报	869	1232	0.879	1050	33.6	1339
G438	现代临床护理	735	1374	0.798	1183	33.6	1339
H414	中国家禽	1966	532	0.911	1002	33.6	1339
G531	中国医药生物技术	284	1968	0.410	1922	33.6	1339
Q920	中华医学超声杂志电子版	1182	949	0.623	1535	33.6	1339
T002	高分子通报	858	1244	0.636	1509	33.5	1347
G485	世界临床药物	604	1519	0.448	1870	33.5	1347
G588	西部医学	1444	787	0.745	1292	33.5	1347
Q284	中华心力衰竭和心肌病杂志中英文	257	2007	0.739	1303	33.5	1347
I132	FRONTIERS OF OPTOELECTRONICS	98	2142	0.273	2083	33.4	1351
Q006	辐射防护	453	1720	0.408	1923	33.4	1351
U030	西安工程大学学报	466	1695	0.846	1110	33.4	1351
G689	中华妇幼临床医学杂志电子版	395	1806	0.518	1741	32.6; 33.4	1351
G343	GENERAL PSYCHIATRY	580	1547	1.054	826	33.3	1355
H395	北方农业学报	551	1578	0.550	1678	33.3	1355
R117	南方电网技术	2036	510	2.274	144	33.3	1355

表 8-1　2023 年中国科技核心期刊综合评价总分排名（自然科学）（续）

CODE	刊名	核心总被引频次		核心影响因子		综合评价总分	
		数值	排名	数值	排名	数值	排名
W025	管理评论	4532	134	1.932	219	33.2	1358
N028	机械设计与制造	3509	219	0.503	1776	33.2	1358
H292	上海海洋大学学报	1168	960	1.043	842	29.7; 33.2	1358
H282	上海农业学报	729	1383	0.505	1771	33.2	1358
G024	福建医科大学学报	284	1970	0.407	1925	33.1	1362
A035	吉林大学学报理学版	734	1376	0.690	1399	33.1	1362
K008	辽宁工程技术大学学报自然科学版	734	1378	0.461	1852	33.1	1362
H415	热带生物学报	413	1782	0.771	1241	33.1	1362
G748	食品与药品	578	1551	0.700	1382	32.2; 33.1	1362
G649	影像诊断与介入放射学	344	1883	0.708	1364	33.1	1362
G314	中国疫苗和免疫	1458	779	1.861	236	33.1	1362
G599	中南药学	2117	489	0.755	1273	33.1	1362
RA01	CHINA ELECTROTECHNICAL SOCIETY TRANSACTIONS ON ELECTRICAL MACHINES AND SYSTEMS	238	2036	1.609	337	33.0	1370
Q748	INTERNATIONAL JOURNAL OF NURSING SCIENCES	218	2066	0.486	1804	33.0	1370
D026	分析科学学报	656	1453	0.735	1310	33.0	1370
W016	管理学报	2980	293	2.127	170	33.0	1370
T070	日用化学工业	860	1242	0.693	1393	33.0	1370
G107	中国抗生素杂志	1131	991	1.011	884	33.0	1370
H793	中国森林病虫	491	1651	1.094	774	33.0	1370
G540	中国卫生信息管理杂志	835	1268	1.070	806	33.0	1370
G505	中华乳腺病杂志电子版	249	2016	0.272	2084	33.0	1370
D503	功能高分子学报	297	1949	0.808	1170	32.9	1379
G274	临床与实验病理学杂志	1553	719	0.570	1651	32.9	1379
E302	湿地科学	1312	876	1.513	390	32.9	1379
H276	新疆农业科学	1990	525	0.748	1284	32.9	1379
U635	中国食品添加剂	2079	498	1.310	542	32.9	1379
M009	材料研究学报	810	1294	0.785	1204	32.8	1384
G426	国际神经病学神经外科学杂志	461	1703	0.610	1561	32.8	1384
T763	深空探测学报中英文版	496	1643	0.972	925	32.8	1384
J036	西安工业大学学报	228	2049	0.282	2071	32.8	1384
G627	循证医学	259	2000	0.360	1979	31.5; 32.8	1384
L027	油气储运	1883	570	1.585	348	32.8	1384
G706	中国优生与遗传杂志	1108	1013	0.391	1946	32.8	1384
G196	肿瘤药学	327	1904	0.502	1781	32.8	1384
I139	CHEMICAL RESEARCH IN CHINESE UNIVERSITIES	454	1719	0.460	1853	32.7	1392
I219	CHINESE JOURNAL OF POPULATION, RESOURCES AND ENVIRONMENT	47	2162	0.171	2140	32.7	1392
X579	公路	2958	297	0.512	1758	32.7	1392
N083	金属热处理	3139	270	0.741	1299	32.7	1392
G702	温州医科大学学报	476	1675	0.432	1897	32.7	1392
A081	中国科学基金	1080	1035	1.405	457	32.7	1392

表 8-1 2023 年中国科技核心期刊综合评价总分排名（自然科学）（续）

CODE	刊名	核心总被引频次		核心影响因子		综合评价总分	
		数值	排名	数值	排名	数值	排名
U609	中国酿造	4510	135	1.569	358	32.7	1392
D011	化学试剂	1119	1001	1.079	790	32.6	1399
S050	计算机测量与控制	2247	455	0.582	1624	32.6	1399
U017	天津工业大学学报	288	1964	0.549	1680	32.6	1399
N035	液压与气动	2079	497	1.022	868	32.6	1399
G251	中华放射肿瘤学杂志	1006	1094	0.695	1390	32.6	1399
V005	建筑科学	1496	756	0.513	1756	32.5	1404
T010	离子交换与吸附	190	2092	0.296	2058	32.5	1404
G345	临床急诊杂志	932	1172	1.012	882	32.5	1404
G834	实用药物与临床	991	1111	0.779	1224	32.5	1404
C008	应用力学学报	1230	918	0.623	1536	32.5	1404
G843	中国中西医结合急救杂志	1065	1045	0.958	942	22.2; 32.5	1404
Q231	中华心血管病杂志网络版	95	2146	0.722	1327	32.5	1404
N009	弹箭与制导学报	997	1104	0.503	1777	32.4	1411
G879	肝胆外科杂志	480	1668	0.546	1686	32.4	1411
G690	肝胆胰外科杂志	600	1526	0.760	1264	32.4	1411
A031	河北大学学报自然科学版	299	1947	0.444	1877	32.4	1411
J052	沈阳工业大学学报	712	1395	0.835	1123	32.4	1411
E138	物探与化探	1958	534	0.911	1003	32.4	1411
J045	西华大学学报自然科学版	314	1922	0.445	1875	32.4	1411
Y054	宇航总体技术	329	1901	1.037	849	32.4	1411
A146	SCIENCE CHINA INFORMATION SCIENCES	1651	673	0.906	1016	32.3	1419
H364	广西林业科学	510	1623	0.533	1715	32.3	1419
B014	计算数学	106	2138	0.296	2059	32.3	1419
E548	世界地质	606	1515	0.590	1603	32.3	1419
B007	数学进展	134	2124	0.116	2157	32.3	1419
A033	四川师范大学学报自然科学版	290	1958	0.315	2045	32.3	1419
G620	北京中医药	2846	328	1.160	700	18.3; 32.2	1425
P004	内燃机学报	584	1539	0.754	1278	32.2	1425
H864	饲料研究	3500	222	1.202	645	32.2	1425
G412	肿瘤学杂志	516	1615	0.537	1708	32.2	1425
R024	半导体光电	545	1585	0.500	1786	25.3; 32.1	1429
E543	测绘工程	456	1708	0.653	1468	32.1	1429
G983	国际免疫学杂志	372	1841	0.623	1533	32.1	1429
N011	南京理工大学学报自然科学版	790	1317	1.010	886	32.1	1429
M114	SCIENCE CHINA MATERIALS	1714	642	1.222	623	32.0	1433
I017	TRANSACTIONS OF NANJING UNIVERSITY OF AERONAUTICS & ASTRONAUTICS	257	2006	0.620	1542	26.6; 32.0	1433
N019	低温工程	325	1907	0.407	1926	32.0	1433
G874	法医学杂志	590	1534	0.375	1970	32.0	1433
A535	广西科学	516	1616	0.594	1596	32.0	1433
Z550	环境工程技术学报	1689	654	1.978	208	32.0	1433

表 8-1　2023 年中国科技核心期刊综合评价总分排名（自然科学）（续）

CODE	刊名	核心总被引频次		核心影响因子		综合评价总分	
		数值	排名	数值	排名	数值	排名
C003	计算力学学报	821	1279	0.653	1469	32.0	1433
G075	中华眼科医学杂志电子版	173	2106	0.318	2039	32.0	1433
Q954	中华重症医学电子杂志	219	2065	0.228	2117	32.0	1433
F021	JOURNAL OF MOLECULAR CELL BIOLOGY	422	1771	0.457	1858	31.9	1442
V031	地下空间与工程学报	3517	218	1.646	326	31.9	1442
K016	湖南科技大学学报自然科学版	325	1908	0.515	1750	31.9	1442
G797	临床输血与检验	619	1501	0.678	1422	24.7; 31.9	1442
I248	FRONTIERS OF CHEMICAL SCIENCE AND ENGINEERING	442	1735	0.770	1242	31.8	1446
V014	建筑结构	3369	241	0.669	1441	31.8	1446
W567	节水灌溉	1667	668	1.254	591	31.8	1446
J008	兰州理工大学学报	541	1591	0.433	1896	31.8	1446
V089	南方建筑	494	1646	0.719	1333	31.8	1446
G332	生物医学工程研究	225	2055	0.507	1768	31.8	1446
C033	声学技术	640	1471	0.576	1638	31.8	1446
L008	石油钻采工艺	1427	800	1.445	433	31.8	1446
Y561	现代防御技术	637	1474	0.785	1205	31.8	1446
G464	中国血管外科杂志电子版	403	1797	0.580	1630	31.8	1446
S051	JOURNAL OF COMPUTER SCIENCE AND TECHNOLOGY	226	2053	0.194	2127	31.7	1456
M039	粉末冶金技术	526	1600	0.743	1295	31.7	1456
G384	河北中医	1791	604	0.544	1694	31.7	1456
T532	化工科技	220	2064	0.255	2102	31.7	1456
F045	激光生物学报	310	1931	0.486	1803	31.7	1456
T077	膜科学与技术	680	1430	0.687	1402	31.7	1456
Y504	气体物理	141	2122	0.446	1874	29.1; 31.7	1456
E363	世界地震工程	751	1361	0.620	1540	31.7	1456
A510	信阳师范学院学报自然科学版	385	1823	0.572	1646	31.7	1456
G308	医学与哲学	2323	438	0.811	1163	31.7	1456
C108	原子核物理评论	227	2051	0.235	2114	24.7; 31.7	1456
Q744	GLOBAL ENERGY INTERCONNECTION	240	2034	1.342	518	31.6	1467
W007	管理工程学报	1485	766	1.517	383	31.6	1467
C058	CHINESE PHYSICS C	878	1225	0.600	1582	31.5	1469
X635	船海工程	622	1495	0.316	2044	31.5	1469
G478	骨科	302	1943	0.500	1785	31.5	1469
G063	山东中医药大学学报	1298	882	1.169	691	31.5	1469
Q219	上海预防医学	955	1149	0.816	1154	31.5	1469
G578	心血管康复医学杂志	552	1577	0.605	1569	31.5	1469
B001	应用数学学报	204	2077	0.118	2156	31.5	1469
E169	中国地质调查	527	1598	1.119	746	31.5	1469
W021	中国管理科学	4722	122	2.459	119	31.5	1469
G407	转化医学杂志	318	1917	0.626	1528	31.5	1469
I009	TSINGHUA SCIENCE AND TECHNOLOGY	344	1885	0.829	1132	31.4	1479

表 8-1 2023 年中国科技核心期刊综合评价总分排名（自然科学）（续）

CODE	刊名	核心总被引频次		核心影响因子		综合评价总分	
		数值	排名	数值	排名	数值	排名
G786	安徽医学	1202	936	0.559	1667	31.4	1479
R010	电工电能新技术	1052	1055	1.615	333	31.4	1479
S745	管理现代化	461	1702	0.474	1824	31.4	1479
G061	青岛大学学报医学版	342	1888	0.279	2078	31.4	1479
M023	冶金分析	1025	1077	0.785	1203	31.4	1479
K580	有色金属选矿部分	1169	959	1.304	551	31.4	1479
G212	CHRONIC DISEASES AND TRANSLATIONAL MEDICINE	59	2158	0.258	2099	31.3	1486
C103	固体力学学报	493	1649	0.553	1674	31.3	1486
T924	农药科学与管理	494	1645	0.479	1815	12.0; 31.3	1486
X500	汽车工程学报	212	2073	0.503	1774	31.3	1486
G003	基础医学与临床	1223	922	0.605	1571	31.2	1490
G513	内蒙古医科大学学报	565	1565	0.653	1471	31.2	1490
G699	西部中医药	2248	454	0.906	1017	14.7; 31.2	1490
I051	ACTA MATHEMATICAE APPLICATAE SINICA	79	2155	0.150	2146	31.1	1493
H079	BIOSAFETY AND HEALTH	86	2152	0.380	1961	31.1	1493
I239	WORLD JOURNAL OF ACUPUNCTURE-MOXIBUSTION	331	1899	1.327	528	31.1	1493
G934	国际中医中药杂志	938	1165	0.588	1606	21.5; 31.1	1493
X532	汽车安全与节能学报	391	1816	0.698	1386	31.1	1493
E500	盐湖研究	407	1793	0.767	1251	31.1	1493
M043	轧钢	1010	1087	1.261	584	31.1	1493
H215	中国果树	1668	667	1.253	592	31.1	1493
E050	GEOSCIENCE FRONTIERS	1108	1012	1.035	852	31.0	1501
T067	合成纤维	520	1607	0.550	1677	31.0	1501
S048	计算机与数字工程	1036	1067	0.345	1998	31.0	1501
H099	中国预防兽医学报	1484	768	1.338	520	31.0	1501
G134	中国组织化学与细胞化学杂志	303	1941	0.397	1938	31.0	1501
Q948	中华介入放射学电子杂志	247	2019	0.481	1811	31.0	1501
G015	CHINA CDC WEEKLY	780	1329	1.114	751	30.9	1507
L508	储能科学与技术	1969	531	1.597	341	30.9	1507
G049	解剖学报	510	1625	0.491	1796	30.9	1507
X013	汽车技术	530	1595	0.718	1337	30.9	1507
GC01	JOURNAL OF PANCREATOLOGY	12	2164	0.133	2153	30.8	1511
G085	创伤与急危重病医学	357	1859	0.596	1590	30.8	1511
R095	供用电	1090	1026	2.019	199	30.8	1511
J014	河南科技大学学报自然科学版	469	1690	0.690	1400	30.8	1511
Z009	化工环保	707	1403	0.879	1051	30.8	1511
T025	化学工程	608	1510	0.355	1986	30.8	1511
B006	数学学报	218	2067	0.143	2149	30.8	1511
V573	西部人居环境学刊	489	1653	0.906	1020	30.8	1511
G885	中国现代手术学杂志	260	1998	0.458	1856	30.8	1511
G549	癌变·畸变·突变	247	2020	0.343	2002	30.7	1520

表 8-1　2023 年中国科技核心期刊综合评价总分排名（自然科学）（续）

CODE	刊名	核心总被引频次		核心影响因子		综合评价总分	
		数值	排名	数值	排名	数值	排名
N992	精密成形工程	980	1129	1.088	781	30.7	1520
S812	科技管理研究	4400	143	1.002	892	30.7	1520
G890	实用肿瘤杂志	605	1516	1.404	461	30.7	1520
U056	丝绸	800	1308	0.544	1692	30.7	1520
A053	云南师范大学学报自然科学版	253	2010	0.642	1500	30.7	1520
D062	分析仪器	418	1780	0.311	2048	30.6	1526
E131	海洋工程	879	1224	0.752	1281	30.6	1526
G628	老年医学与保健	894	1204	0.702	1378	30.6	1526
G261	临床心血管病杂志	1197	940	1.178	683	30.6	1526
S023	制造业自动化	1499	755	0.554	1673	30.5	1530
G149	中华劳动卫生职业病杂志	1369	838	0.786	1201	30.5	1530
G506	中华损伤与修复杂志电子版	464	1697	0.545	1690	30.5	1530
G889	INTERNATIONAL JOURNAL OF DERMATOLOGY AND VENEREOLOGY	107	2137	0.120	2155	30.4	1533
N004	弹道学报	475	1678	0.782	1213	30.4	1533
R533	内燃机工程	474	1680	0.605	1570	30.4	1533
G482	医学动物防制	986	1122	0.623	1534	30.4	1533
C032	量子电子学报	331	1900	0.511	1762	30.3	1537
G824	中华临床营养杂志	420	1776	0.811	1164	30.3	1537
U014	东华大学学报自然科学版	483	1664	0.516	1748	30.2	1539
C036	数学物理学报	269	1983	0.285	2069	27.7; 30.2	1539
M007	中国腐蚀与防护学报	1404	813	2.004	201	30.2	1539
G973	中国呼吸与危重监护杂志	752	1358	0.718	1336	30.2	1539
U032	中国油脂	2999	291	1.260	586	30.2	1539
G773	中华实验眼科杂志	924	1177	0.614	1555	30.2	1539
G020	大连医科大学学报	322	1914	0.381	1960	30.1	1545
R037	高压电器	3894	179	1.918	224	30.1	1545
Z518	环境生态学	448	1728	0.631	1520	30.1	1545
G575	四川医学	852	1250	0.423	1905	30.1	1545
V035	土木工程与管理学报	627	1488	0.385	1953	30.1	1545
G605	医疗卫生装备	1219	926	0.648	1487	30.1	1545
L033	油田化学	1225	921	1.387	473	30.1	1545
R524	中国能源	507	1627	0.757	1269	30.1	1545
R007	电波科学学报	814	1288	0.695	1388	30.0	1553
Z525	环境监控与预警	355	1862	0.596	1591	30.0	1553
H701	江西农业学报	1815	597	0.642	1499	30.0	1553
V054	矿产勘查	1464	776	0.922	986	30.0	1553
G287	临床口腔医学杂志	922	1178	0.877	1057	30.0	1553
G256	临床外科杂志	1288	890	0.702	1375	30.0	1553
V531	陶瓷学报	456	1712	0.594	1597	30.0	1553
E125	西北地质	1434	791	1.399	466	30.0	1553
G737	中华生物医学工程杂志	287	1967	0.382	1957	30.0	1553
R062	JOURNAL OF SEMICONDUCTORS	642	1469	0.715	1344	25.2; 29.9	1562
C060	波谱学杂志	243	2032	0.792	1194	29.9	1562

表 8-1　2023 年中国科技核心期刊综合评价总分排名（自然科学）（续）

CODE	刊名	核心总被引频次		核心影响因子		综合评价总分	
		数值	排名	数值	排名	数值	排名
H284	海洋渔业	845	1257	1.166	694	29.9	1562
G855	临床消化病杂志	353	1868	0.513	1755	29.9	1562
E110	热带气象学报	1242	909	0.975	920	29.9	1562
Q949	中华老年骨科与康复电子杂志	223	2057	0.639	1503	29.9	1562
G169	中华小儿外科杂志	1239	910	0.632	1518	27.9; 29.9	1562
B023	CHINESE ANNALS OF MATHEMATICS SERIES B	90	2150	0.129	2154	29.8	1569
E525	地质与资源	659	1445	0.876	1060	29.8	1569
A021	华侨大学学报自然科学版	343	1887	0.341	2006	29.8	1569
N048	金刚石与磨料磨具工程	527	1599	0.782	1214	29.8	1569
Y051	空间控制技术与应用	427	1754	0.881	1049	29.8	1569
G309	临床神经病学杂志	519	1609	0.625	1530	29.8	1569
Z016	水处理技术	1793	602	0.724	1322	29.8	1569
N052	压力容器	1152	978	1.684	306	29.8	1569
G867	中国实用口腔科杂志	708	1402	0.714	1348	29.8	1569
Q707	WORLD JOURNAL OF TRADITIONAL CHINESE MEDICINE	112	2133	0.720	1329	29.7	1578
R019	电源技术	1505	748	0.548	1684	29.7	1578
R724	电子设计工程	2516	393	0.586	1611	29.7	1578
G954	国际外科学杂志	506	1628	0.516	1749	29.7	1578
Q002	核化学与放射化学	262	1994	0.351	1990	17.9; 29.7	1578
G651	微生物与感染	192	2088	0.333	2016	29.7	1578
G720	遵义医科大学学报	399	1802	0.458	1855	29.7	1578
E307	地震工程学报	1104	1016	0.584	1616	29.6	1585
T931	化学与粘合	336	1893	0.350	1991	21.1; 29.6	1585
L012	石油学报石油加工	1642	678	2.050	190	29.6	1585
K013	有色金属矿山部分	575	1553	0.768	1245	29.6	1585
I230	JOURNAL OF MOUNTAIN SCIENCE	1017	1080	0.531	1720	29.5	1589
K581	分布式能源	258	2002	1.317	535	29.5	1589
D015	分子催化	450	1722	1.673	314	29.5	1589
X693	应用科技	269	1984	0.362	1977	29.5	1589
G479	预防医学	1727	638	1.135	728	29.5	1589
E316	震灾防御技术	473	1683	0.549	1681	27.1; 29.5	1589
G236	中国医学计算机成像杂志	515	1618	0.685	1408	29.5	1589
G975	国际麻醉学与复苏杂志	1122	999	0.868	1069	29.4	1596
G940	国际心血管病杂志	221	2061	0.370	1973	29.4	1596
N053	机械与电子	365	1852	0.277	2081	29.4	1596
T501	能源化工	303	1939	0.350	1992	29.4	1596
D023	无机化学学报	1060	1052	0.667	1442	29.4	1596
G842	中西医结合肝病杂志	1003	1097	0.740	1301	27.3; 29.4	1596
A084	黑龙江大学自然科学学报	208	2075	0.162	2144	29.3	1602
D501	化学研究	234	2042	0.434	1892	29.3	1602
A074	沈阳大学学报自然科学版	182	2100	0.324	2028	29.3	1602
F257	实验动物科学	369	1845	0.407	1924	29.3	1602

表 8-1　2023 年中国科技核心期刊综合评价总分排名（自然科学）（续）

CODE	刊名	核心总被引频次		核心影响因子		综合评价总分	
		数值	排名	数值	排名	数值	排名
D025	有机化学	1340	856	0.482	1810	29.3	1602
G124	中国医疗器械杂志	393	1809	0.378	1965	29.3	1602
J057	工业工程	367	1846	0.444	1878	29.2	1608
A506	宁波大学学报理工版	224	2056	0.317	2042	29.2	1608
A141	山东科技大学学报自然科学版	502	1634	0.759	1266	29.2	1608
H080	生物安全学报	471	1687	1.020	872	29.2	1608
I250	FRONTIERS OF MATHEMATICS IN CHINA	94	2147	0.174	2138	29.1	1612
G653	现代检验医学杂志	1015	1082	0.969	928	29.1	1612
G440	药学实践与服务	511	1622	0.575	1641	29.1	1612
H204	中国沼气	392	1815	0.652	1475	21.3; 29.1	1612
G191	中华眼底病杂志	684	1428	0.549	1682	29.1	1612
G522	肿瘤研究与临床	478	1669	0.372	1971	29.1	1612
G126	CHINESE MEDICAL SCIENCES JOURNAL	143	2120	0.337	2009	29.0	1618
Z013	工业水处理	2163	477	1.253	596	29.0	1618
H016	扬州大学学报农业与生命科学版	674	1437	0.671	1432	29.0	1618
G100	中国法医学杂志	790	1319	0.716	1342	29.0	1618
G335	中华航海医学与高气压医学杂志	815	1287	0.655	1465	29.0	1618
Q929	肿瘤代谢与营养电子杂志	627	1490	1.098	769	29.0	1618
N764	JOURNAL OF BIONIC ENGINEERING	658	1447	1.034	854	28.9	1624
T941	当代化工	2094	493	0.620	1543	28.9	1624
N040	机械传动	1751	624	0.706	1370	28.9	1624
H200	亚热带农业研究	268	1985	0.758	1268	28.9	1624
E047	亚热带资源与环境学报	303	1942	0.714	1351	28.9	1624
M035	JOURNAL OF RARE EARTHS	1744	627	1.376	481	28.8	1629
Q009	核科学与工程	450	1723	0.298	2055	28.8	1629
G395	兰州大学学报医学版	477	1674	0.701	1379	28.8	1629
Y032	航天器环境工程	648	1460	0.607	1564	28.7	1632
A637	山东科学	323	1913	0.443	1882	28.7	1632
D014	影像科学与光化学	561	1567	0.622	1537	28.7	1632
M005	材料保护	1742	631	0.640	1502	28.6	1635
D035	分子科学学报	147	2119	0.342	2004	28.6	1635
G338	腹腔镜外科杂志	1120	1000	0.907	1014	28.6	1635
G033	哈尔滨医科大学学报	306	1936	0.355	1985	28.6	1635
A191	杭州师范大学学报自然科学版	236	2039	0.332	2017	28.6	1635
A067	河南大学学报自然科学版	310	1929	0.472	1829	28.6	1635
A013	南昌大学学报理科版	313	1925	0.423	1904	28.6	1635
V088	上海城市规划	695	1412	0.655	1464	28.6	1635
B004	数学年刊 A	94	2148	0.063	2164	28.6	1635
J016	浙江工业大学学报	466	1693	0.693	1394	28.6	1635
A098	中国科技论坛	2154	482	1.531	374	28.6	1635
E096	CHINA GEOLOGY	236	2041	0.975	922	28.5	1646
I168	INTERNATIONAL JOURNAL OF COAL SCIENCE & TECHNOLOGY	473	1685	1.070	807	28.5	1646
A652	北华大学学报自然科学版	448	1726	0.459	1854	28.5	1646

表 8-1 2023 年中国科技核心期刊综合评价总分排名（自然科学）（续）

CODE	刊名	核心总被引频次		核心影响因子		综合评价总分	
		数值	排名	数值	排名	数值	排名
A011	河南科学	512	1621	0.269	2089	28.5	1646
A080	高技术通讯	498	1640	0.343	2003	28.4	1650
G448	热带病与寄生虫学	316	1920	0.911	1005	28.4	1650
C038	真空与低温	354	1865	0.421	1909	28.4	1650
G104	中国海洋药物	366	1849	0.489	1798	28.4	1650
G468	中华消化病与影像杂志电子版	287	1966	0.596	1592	28.4	1650
G013	安徽中医药大学学报	1123	998	1.109	757	28.3	1655
U055	粮食与饲料工业	807	1301	0.618	1546	20.9; 23.5; 28.3	1655
G293	临床血液学杂志	782	1325	0.942	962	21.5; 28.3	1655
B017	模糊系统与数学	350	1871	0.292	2064	28.3	1655
H070	山地农业生物学报	578	1552	0.868	1068	28.3	1655
U052	中国乳品工业	914	1183	0.878	1055	28.3	1655
G703	中华实验和临床感染病杂志电子版	338	1890	0.378	1964	28.3	1655
K025	矿产与地质	1075	1039	0.482	1808	28.2	1662
G402	中国分子心脏病学杂志	245	2026	0.390	1948	28.2	1662
G158	中华器官移植杂志	518	1610	0.430	1898	28.2	1662
X001	大连交通大学学报	308	1935	0.202	2125	21.0; 28.1	1665
B029	复杂系统与复杂性科学	321	1915	0.673	1428	28.1	1665
Z554	环境监测管理与技术	704	1404	1.196	660	28.1	1665
X516	交通运输研究	275	1976	0.429	1901	28.1	1665
H031	山东农业大学学报自然科学版	781	1326	0.576	1639	28.1	1665
L015	石油化工	1206	934	0.618	1547	28.1	1665
G260	心脏杂志	396	1804	0.477	1819	28.1	1665
K579	中国煤炭	1327	862	1.396	470	28.1	1665
G180	中日友好医院学报	352	1869	0.603	1575	28.1	1665
W002	泥沙研究	1048	1060	1.170	690	28.0	1674
F229	生物技术	348	1876	0.294	2060	28.0	1674
U641	食品与发酵科技	784	1322	0.855	1089	28.0	1674
Z521	环境科学与管理	1127	994	0.341	2007	27.9	1677
Y040	火箭推进	611	1505	0.935	971	27.9	1677
G802	临床神经外科杂志	414	1781	0.603	1574	27.9	1677
Q940	中国癌症防治杂志	469	1689	1.039	848	27.9	1677
GB03	CHINESE NEUROSURGICAL JOURNAL	50	2159	0.411	1921	27.8	1681
B003	高校应用数学学报	102	2141	0.074	2163	27.8	1681
A039	湖北大学学报自然科学版	260	1997	0.414	1919	27.8	1681
S507	计算技术与自动化	305	1937	0.434	1893	27.8	1681
G677	颈腰痛杂志	845	1259	0.481	1812	27.8	1681
U501	中国调味品	3966	173	1.578	355	27.8	1681
X533	水道港口	759	1351	1.081	784	27.7	1687
G736	中华内分泌外科杂志	542	1589	0.894	1036	27.7	1687
G470	中华细胞与干细胞杂志电子版	96	2144	0.352	1989	27.7	1687
G387	实验动物与比较医学	336	1894	0.610	1562	24.4; 27.6	1690
R777	浙江电力	895	1201	1.297	559	27.6	1690

表 8-1 2023 年中国科技核心期刊综合评价总分排名（自然科学）（续）

CODE	刊名	核心总被引频次		核心影响因子		综合评价总分	
		数值	排名	数值	排名	数值	排名
N046	制造技术与机床	1202	935	0.619	1544	27.6	1690
G055	中华肩肘外科电子杂志	223	2058	0.468	1834	27.6	1690
G178	中华整形外科杂志	1064	1047	0.693	1395	27.6	1690
I249	FRONTIERS IN ENERGY	197	2085	0.438	1887	27.5	1695
A504	天津师范大学学报自然科学版	237	2038	0.399	1935	27.5	1695
U036	棉纺织技术	780	1327	0.541	1699	27.4	1697
G996	皖南医学院学报	318	1916	0.354	1987	27.4	1697
E051	铀矿地质	1033	1068	0.912	1001	27.4	1697
A003	安徽大学学报自然科学版	265	1991	0.476	1820	27.3	1700
E359	气象科学	1069	1042	0.645	1492	27.3	1700
C009	实验力学	752	1359	0.562	1661	27.3	1700
M041	稀土	776	1332	0.611	1560	27.3	1700
Q968	中医肿瘤学杂志	334	1897	0.918	994	27.3	1700
S501	自动化与仪表	564	1566	0.423	1907	26.7; 27.3	1700
A009	安徽师范大学学报自然科学版	184	2095	0.181	2133	27.2	1706
H040	淡水渔业	1013	1083	1.018	877	27.2	1706
R688	光通信研究	180	2101	0.412	1920	27.2	1706
N993	实验技术与管理	2504	396	0.664	1451	27.2	1706
G583	中国临床新医学	807	1302	0.685	1407	27.2	1706
X695	交通运输工程与信息学报	383	1825	1.154	705	27.1	1711
B008	应用概率统计	90	2149	0.188	2130	27.1	1711
G280	中华口腔正畸学杂志	237	2037	0.600	1583	27.1	1711
S230	经济与管理评论	578	1550	1.851	241	27.0	1714
G246	口腔颌面外科杂志	252	2011	0.369	1975	27.0	1714
N104	中国惯性技术学报	1319	869	1.803	260	27.0	1714
G765	中国小儿急救医学	837	1265	0.665	1448	27.0	1714
I220	FRONTIERS OF EARTH SCIENCE	215	2072	0.273	2082	26.9	1718
U521	包装与食品机械	703	1406	1.726	288	26.9	1718
R058	电气自动化	408	1789	0.344	2000	26.9	1718
G050	解剖学杂志	547	1580	0.532	1719	26.9	1718
A060	西南民族大学学报自然科学版	336	1895	0.421	1910	26.9	1718
G660	国际消化病杂志	360	1856	0.571	1647	26.8	1723
G937	国际肿瘤学杂志	383	1827	0.463	1846	26.8	1723
Y029	海军航空大学学报	258	2003	0.377	1967	19.8; 26.8	1723
M018	勘察科学技术	203	2079	0.170	2141	26.8	1723
R096	雷达科学与技术	425	1760	0.699	1384	26.8	1723
R087	现代雷达	989	1117	0.607	1565	26.8	1723
G705	中华医学教育杂志	934	1169	0.653	1470	26.8	1723
B030	ACTA MATHEMATICA SINICA ENGLISH SERIES	182	2099	0.112	2159	26.7	1730
V047	建筑学报	1289	889	0.443	1883	26.7	1730
T929	现代塑料加工应用	367	1847	0.406	1930	26.7	1730
A019	郑州大学学报理学版	334	1896	0.900	1028	26.7	1730
N830	中国测试	2047	507	1.262	583	26.7	1730

表 8-1 2023 年中国科技核心期刊综合评价总分排名（自然科学）（续）

CODE	刊名	核心总被引频次		核心影响因子		综合评价总分	
		数值	排名	数值	排名	数值	排名
G913	中国药事	1067	1044	0.870	1064	26.7	1730
G897	中华移植杂志电子版	264	1992	0.316	2043	26.7	1730
Y033	航天器工程	902	1193	0.747	1286	26.6	1737
G044	华西药学杂志	972	1140	1.026	865	26.6	1737
H333	经济动物学报	215	2071	0.510	1764	26.6	1737
G257	临床内科杂志	1131	990	1.153	708	26.6	1737
K038	煤炭工程	3235	258	1.290	562	26.6	1737
A026	内蒙古大学学报自然科学版	251	2013	0.379	1962	26.6	1737
A111	内蒙古师范大学学报自然科学汉文版	195	2086	0.260	2094	26.6	1737
H584	植物检疫	656	1454	0.704	1372	26.6	1737
G103	中国骨伤	1850	585	1.165	695	26.6	1737
T075	中国胶粘剂	906	1189	1.043	844	26.6	1737
G463	中华腔镜外科杂志电子版	485	1660	0.535	1710	26.6	1737
E012	JOURNAL OF OCEANOLOGY AND LIMNOLOGY	614	1502	0.325	2027	26.5	1748
C094	计算物理	486	1658	0.821	1148	26.5	1748
G518	预防医学情报杂志	1176	956	0.849	1099	26.5	1748
I207	CHINESE HERBAL MEDICINES	290	1959	0.667	1444	26.4	1751
W015	JOURNAL OF HYDRODYNAMICS SERIES B	865	1235	1.075	798	26.4	1751
G616	ONCOLOGY AND TRANSLATIONAL MEDICINE	36	2163	0.099	2162	26.4	1751
G673	临床药物治疗杂志	875	1227	0.808	1169	26.4	1751
G866	微创泌尿外科杂志	289	1960	0.485	1805	26.4	1751
G258	中国生物制品学杂志	895	1202	0.506	1770	26.4	1751
S816	科学管理研究	915	1180	1.146	715	26.3	1757
A654	云南民族大学学报自然科学版	221	2060	0.293	2063	26.3	1757
S999	智能科学与技术学报	267	1987	1.077	795	26.3	1757
G507	解剖科学进展	543	1588	0.464	1843	26.2	1760
A008	南开大学学报自然科学版	267	1986	0.337	2010	26.2	1760
R011	电力电子技术	1089	1027	0.397	1939	26.1	1762
E022	古生物学报	797	1311	0.437	1889	26.1	1762
T018	合成橡胶工业	409	1788	0.579	1632	26.1	1762
N054	机械设计与研究	1509	746	0.878	1054	26.1	1762
T013	人工晶体学报	977	1131	0.391	1947	26.1	1762
G162	中华实验和临床病毒学杂志	523	1606	0.638	1504	26.1	1762
Q440	RESEARCH	862	1237	1.340	519	26.0	1768
N056	长春理工大学学报自然科学版	377	1836	0.333	2014	26.0	1768
L019	石油机械	2010	521	1.292	561	26.0	1768
E052	微体古生物学报	449	1725	0.238	2112	26.0	1768
N076	焊接	757	1354	0.814	1155	25.9	1772
Y555	上海航天中英文版	868	1233	0.984	909	25.9	1772
E616	测绘地理信息	870	1229	0.838	1120	25.8	1774
C097	光散射学报	189	2093	0.382	1958	25.8	1774

表 8-1 2023 年中国科技核心期刊综合评价总分排名（自然科学）（续）

CODE	刊名	核心总被引频次		核心影响因子		综合评价总分	
		数值	排名	数值	排名	数值	排名
G936	国际儿科学杂志	690	1419	0.644	1494	25.8	1774
D037	化学研究与应用	1257	900	0.592	1600	25.8	1774
T542	精细石油化工	310	1928	0.294	2061	24.8; 25.8	1774
G491	岭南心血管病杂志	328	1903	0.383	1956	25.8	1774
H516	热带农业科学	1148	979	0.446	1873	25.8	1774
G401	生物骨科材料与临床研究	410	1786	0.628	1525	25.8	1774
Q958	血管与腔内血管外科杂志	411	1785	0.397	1937	25.8	1774
K037	中国煤炭地质	1159	970	0.730	1315	25.8	1774
Q905	中华解剖与临床杂志	488	1656	0.609	1563	25.8	1774
C010	JOURNAL OF ROCK MECHANICS AND GEOTECHNICAL ENGINEERING (JRMGE)	1377	831	1.625	330	25.7	1785
G523	内科理论与实践	226	2052	0.422	1908	25.7	1785
G163	中华实验外科杂志	1763	613	0.522	1736	25.7	1785
T009	化学反应工程与工艺	233	2045	0.258	2097	25.6	1788
G998	机器人外科学杂志中英文	166	2113	0.781	1218	25.5	1789
A083	科技通报	724	1389	0.208	2124	25.5	1789
E054	世界核地质科学	455	1714	1.051	828	25.5	1789
G803	肝脏	981	1126	0.436	1891	25.4	1792
G497	国际放射医学核医学杂志	233	2046	0.269	2088	25.4	1792
G336	护理管理杂志	1733	634	1.699	298	25.4	1792
V057	建筑钢结构进展	457	1705	0.613	1559	25.4	1792
G755	中国药业	2671	359	0.650	1479	25.4	1792
N092	FRICTION	843	1261	1.329	525	25.3	1797
I229	JOURNAL OF MARINE SCIENCE AND APPLICATION	245	2025	0.325	2026	25.3	1797
X053	JOURNAL OF TRAFFIC AND TRANSPORTATION ENGINEERING ENGLISH EDITION	257	2004	1.154	706	25.3	1797
E306	地震	610	1508	0.300	2054	25.3	1797
T012	青岛科技大学学报自然科学版	281	1972	0.587	1608	25.3	1797
N043	探测与控制学报	581	1543	0.583	1618	25.3	1797
N065	特种铸造及有色合金	1549	720	0.605	1572	25.3	1797
G856	实用肿瘤学杂志	366	1850	0.710	1361	25.2	1804
E351	中国地震	761	1346	0.772	1240	25.2	1804
A077	贵州大学学报自然科学版	371	1842	0.535	1711	25.1	1806
J055	海军工程大学学报	477	1673	0.521	1737	25.1	1806
B011	应用数学	159	2116	0.259	2095	25.1	1806
G220	中国药物化学杂志	421	1773	0.683	1416	25.1	1806
A110	宁夏大学学报自然科学版	174	2104	0.320	2036	25.0	1810
I735	FRONTIERS OF COMPUTER SCIENCE	311	1926	0.391	1944	24.9	1811
G525	华南预防医学	1296	884	0.941	964	24.9	1811
R033	应用激光	1374	832	1.118	747	24.9	1811
H273	中国南方果树	1532	731	0.778	1226	24.9	1811
G016	北京医学	1048	1059	0.599	1586	24.8	1815
V062	城乡规划	199	2081	0.444	1879	24.8	1815

表 8-1　2023 年中国科技核心期刊综合评价总分排名（自然科学）（续）

CODE	刊名	核心总被引频次		核心影响因子		综合评价总分	
		数值	排名	数值	排名	数值	排名
G496	国际老年医学杂志	424	1762	0.796	1187	24.8	1815
G340	联勤军事医学	604	1518	0.478	1816	24.8	1815
A020	山东大学学报理学版	455	1717	0.378	1966	24.8	1815
Q003	同位素	246	2021	0.470	1833	24.8	1815
G321	现代口腔医学杂志	281	1973	0.302	2052	24.8	1815
G223	现代医学	835	1267	0.502	1780	24.8	1815
G721	新医学	602	1523	0.527	1728	24.8	1815
G227	中国药物警戒	1166	963	0.774	1236	24.8	1815
G603	生物医学工程与临床	310	1930	0.384	1954	24.7	1825
H041	特产研究	547	1581	0.615	1552	24.7	1825
T103	涂料工业	735	1373	0.536	1709	24.7	1825
U562	烟草科技	2061	503	1.223	620	24.7	1825
H891	中国动物传染病学报	648	1459	0.821	1147	24.7	1825
R711	测试技术学报	245	2024	0.371	1972	24.6	1830
R754	电讯技术	1009	1091	0.568	1655	24.6	1830
R070	微波学报	584	1538	0.628	1524	24.6	1830
N044	无损检测	791	1316	0.309	2050	24.6	1830
Y013	固体火箭技术	989	1116	0.678	1423	24.5	1834
J019	河北工业科技	182	2098	0.329	2025	24.5	1834
T066	化工自动化及仪表	311	1927	0.288	2068	24.5	1834
M021	上海金属	503	1633	0.605	1568	24.5	1834
R512	电子器件	852	1249	0.473	1826	24.4	1838
E569	海洋地质前沿	822	1277	0.827	1138	24.4	1838
Y052	航空工程进展	475	1679	0.580	1628	24.4	1838
R069	压电与声光	656	1449	0.461	1851	24.4	1838
X528	水运工程	1556	718	0.376	1969	24.3	1842
N022	轴承	899	1195	0.589	1605	24.3	1842
I165	CHINA FOUNDRY	313	1924	0.848	1103	24.2	1844
C070	CHINESE JOURNAL OF CHEMICAL PHYSICS	192	2087	0.239	2110	24.2	1844
A087	新疆大学学报自然科学版中英文版	262	1995	0.457	1857	24.2	1844
V056	新型建筑材料	1637	682	0.511	1761	24.2	1844
G877	药物流行病学杂志	619	1499	0.632	1516	24.2	1844
W557	中国水利水电科学研究院学报	609	1509	1.222	624	24.2	1844
G845	中国小儿血液与肿瘤杂志	199	2082	0.320	2037	21.5; 23.2; 24.2	1844
E566	气象科技	1828	595	1.867	235	24.1	1851
N029	润滑与密封	1845	590	0.712	1354	24.1	1851
G761	中华危重症医学杂志电子版	437	1742	0.546	1688	24.1	1851
R775	中兴通讯技术	233	2044	0.833	1124	24.1	1851
I209	ACTA OCEANOLOGICA SINICA	723	1390	0.348	1995	24.0	1855
E132	地质找矿论丛	456	1709	0.355	1983	24.0	1855
N110	工业工程与管理	897	1200	0.869	1067	24.0	1855
U533	木材科学与技术	387	1819	0.667	1446	24.0	1855
T933	石化技术与应用	228	2050	0.259	2096	20.3; 24.0	1855

表 8-1　2023 年中国科技核心期刊综合评价总分排名（自然科学）（续）

CODE	刊名	核心总被引频次		核心影响因子		综合评价总分	
		数值	排名	数值	排名	数值	排名
G004	北京生物医学工程	407	1794	0.714	1350	23.9	1860
C101	力学季刊	485	1659	0.959	940	23.9	1860
G527	药学与临床研究	437	1740	0.428	1903	23.9	1860
I116	CHINESE JOURNAL OF ELECTRONICS	397	1803	0.502	1782	23.8	1863
T563	工业催化	503	1632	0.310	2049	23.8	1863
T073	香料香精化妆品	565	1564	0.577	1637	23.8	1863
N091	指挥控制与仿真	686	1424	0.554	1672	23.8	1863
I090	JOURNAL OF WUHAN UNIVERSITY OF TECHNOLOGY MATERIALS SCIENCE EDITION	622	1496	0.331	2021	21.7; 23.7	1867
H989	杂草学报	354	1867	0.966	930	23.7	1867
R045	电机与控制应用	764	1342	0.635	1512	23.6	1869
V033	工程抗震与加固改造	470	1688	0.221	2119	23.6	1869
U626	粮油食品科技	894	1208	0.829	1131	23.6	1869
H097	乳业科学与技术	349	1873	0.742	1296	23.6	1869
F040	生物信息学	128	2126	0.381	1959	23.6	1869
H317	中国兽药杂志	572	1556	0.462	1848	23.6	1869
T015	炭素技术	318	1919	0.452	1866	23.5	1875
G333	医学分子生物学杂志	125	2130	0.238	2111	23.5	1875
G456	中国妇产科临床杂志	1273	893	1.071	803	23.5	1875
R001	电子显微学报	565	1563	0.613	1557	23.4	1878
D602	合成化学	251	2014	0.180	2135	23.4	1878
G971	环境卫生学杂志	581	1544	0.717	1339	23.4	1878
C134	热科学与技术	303	1940	0.453	1865	20.3; 23.4	1878
U528	上海纺织科技	497	1642	0.348	1994	23.4	1878
B012	数学杂志	85	2153	0.136	2151	23.4	1878
E537	JOURNAL OF EARTH SCIENCE	977	1132	1.258	588	23.3	1884
G929	国际精神病学杂志	1154	976	0.710	1362	23.3	1884
E564	海洋技术学报	473	1684	0.322	2034	23.3	1884
G230	临床皮肤科杂志	1008	1092	0.430	1900	23.3	1884
G792	西北药学杂志	1353	844	1.103	764	23.3	1884
R013	中国激光医学杂志	299	1946	0.778	1227	23.3	1884
G244	中国工业医学杂志	766	1339	0.582	1620	23.2	1890
C055	低温物理学报	72	2156	0.112	2160	23.1	1891
R067	电子技术应用	921	1179	0.448	1869	23.1	1891
B002	高等学校计算数学学报	50	2160	0.038	2165	23.1	1891
Q209	中华炎性肠病杂志中英文版	294	1953	0.920	991	23.1	1891
Q913	临床眼科杂志	336	1892	0.278	2079	23.0	1895
Q957	首都公共卫生	477	1672	0.840	1119	23.0	1895
R098	微纳电子技术	466	1694	0.487	1800	23.0	1895
Q952	中华胃肠内镜电子杂志	191	2091	0.627	1527	23.0	1895
C095	COMMUNICATIONS IN THEORETICAL PHYSICS	419	1779	0.322	2032	22.9	1899
G873	中华眼视光学与视觉科学杂志	764	1343	0.767	1249	22.9	1899

表 8-1　2023 年中国科技核心期刊综合评价总分排名（自然科学）（续）

CODE	刊名	核心总被引频次		核心影响因子		综合评价总分	
		数值	排名	数值	排名	数值	排名
E304	古脊椎动物学报	546	1583	0.543	1696	22.8	1901
H217	陕西农业科学	883	1216	0.423	1906	22.8	1901
N024	车用发动机	279	1975	0.335	2012	22.7	1903
R750	电力需求侧管理	603	1521	1.404	462	22.7	1903
R050	水力发电	1117	1004	0.523	1735	22.7	1903
B018	系统工程学报	735	1375	0.691	1398	22.7	1903
N994	真空科学与技术学报	710	1396	0.443	1881	22.7	1903
G239	中国介入心脏病学杂志	1167	961	1.695	300	22.7	1903
H081	中国热带农业	421	1774	0.775	1233	22.7	1903
I720	CSEE JOURNAL OF POWER AND ENERGY SYSTEMS	1050	1056	1.371	485	22.6	1910
G652	实用皮肤病学杂志	355	1864	0.388	1949	22.6	1910
L018	钻井液与完井液	1256	901	1.216	630	22.6	1910
R745	电力信息与通信技术	996	1107	1.431	445	22.5	1913
Q956	肝癌电子杂志	158	2118	1.061	816	22.5	1913
F206	微生物学免疫学进展	318	1918	0.500	1784	22.5	1913
G701	组织工程与重建外科杂志	422	1772	0.502	1783	22.5	1913
T065	合成纤维工业	526	1602	0.544	1691	22.4	1917
R586	吉林大学学报信息科学版	393	1810	0.602	1578	21.3; 22.4	1917
G637	中国国境卫生检疫杂志	346	1881	0.518	1742	22.4	1917
G770	中华脑血管病杂志电子版	142	2121	0.395	1942	22.4	1917
N027	电加工与模具	257	2008	0.315	2046	22.3	1921
H261	辽宁农业科学	431	1748	0.333	2015	22.3	1921
T006	化工机械	382	1828	0.284	2070	22.2	1923
W030	WATER SCIENCE AND ENGINEERING	173	2107	0.467	1835	22.1	1924
R044	电气传动	820	1282	0.632	1517	22.1	1924
G259	诊断病理学杂志	804	1305	0.407	1928	17.0; 22.1	1924
G347	中国中西医结合耳鼻咽喉科杂志	380	1831	0.420	1911	13.8; 22.1	1924
G643	中医正骨	1181	950	0.812	1162	22.1	1924
G495	国际病毒学杂志	387	1818	0.720	1330	22.0	1929
S505	系统仿真技术	106	2139	0.193	2128	22.0	1929
G473	中华腔镜泌尿外科杂志电子版	524	1605	0.663	1454	22.0	1929
N037	工业仪表与自动化装置	343	1886	0.466	1839	21.9	1932
N063	机械设计与制造工程	570	1558	0.268	2091	21.9	1932
I166	CHINESE JOURNAL OF ACOUSTICS	50	2161	0.141	2150	21.8	1934
M013	钢铁钒钛	631	1485	0.456	1860	21.8	1934
K517	煤矿机械	2345	432	0.443	1884	21.8	1934
G852	中国急救复苏与灾害医学杂志	1441	789	0.969	929	21.8	1934
L507	天然气与石油	498	1639	0.592	1599	21.7	1938
A076	河北师范大学学报自然科学版	167	2112	0.262	2093	21.6	1939
Q368	新发传染病电子杂志	560	1568	1.363	497	21.6	1939
G835	职业卫生与应急救援	635	1477	0.760	1263	21.6	1939
Y503	导弹与航天运载技术	812	1290	0.491	1795	21.5	1942
E315	地理信息世界	453	1721	0.489	1799	21.5	1942

表 8-1　2023 年中国科技核心期刊综合评价总分排名（自然科学）（续）

CODE	刊名	核心总被引频次		核心影响因子		综合评价总分	
		数值	排名	数值	排名	数值	排名
V049	结构工程师	658	1448	0.297	2057	21.5	1942
R776	天地一体化信息网络	123	2132	0.784	1206	21.5	1942
E303	中国岩溶	1491	758	1.211	635	21.5	1942
A034	甘肃科学学报	253	2009	0.248	2106	21.4	1947
R547	广东电力	977	1130	0.900	1026	21.4	1947
G025	工业卫生与职业病	566	1561	0.649	1485	21.3	1949
K505	黑龙江科技大学学报	292	1955	0.331	2020	21.3	1949
G536	中国临床神经科学	420	1777	0.599	1584	21.3	1949
G082	中华新生儿科杂志中英文版	656	1450	0.813	1159	21.3	1949
G610	中华胰腺病杂志	374	1838	0.462	1847	21.3	1949
E574	工程地球物理学报	845	1256	1.015	879	21.2	1954
Q909	临床小儿外科杂志	844	1260	0.684	1410	21.2	1954
E159	新疆地质	759	1352	0.451	1867	21.2	1954
G098	中华地方病学杂志	1238	912	1.020	869	21.1	1957
G833	中华老年口腔医学杂志	347	1879	0.669	1438	21.1	1957
D604	化学分析计量	887	1214	0.649	1483	21.0	1959
M051	金属功能材料	461	1701	0.979	914	21.0	1959
H071	农产品质量与安全	433	1745	0.782	1215	18.1; 19.9; 21.0	1959
G710	四川精神卫生	350	1870	0.471	1831	21.0	1959
M544	钛工业进展	455	1713	0.900	1029	21.0	1959
HA01	中国农机化学报	2348	430	1.095	772	21.0	1959
L017	测井技术	894	1210	0.542	1697	20.9	1965
R051	大电机技术	423	1768	0.845	1111	20.9	1965
E007	极地研究	280	1974	0.465	1841	20.9	1965
G707	武警医学	701	1408	0.420	1912	20.9	1965
E136	物探化探计算技术	446	1730	0.293	2062	20.9	1965
T598	电镀与涂饰	1026	1076	0.476	1821	20.8	1970
G199	发育医学电子杂志	220	2063	0.525	1731	20.8	1970
N515	机械制造与自动化	759	1350	0.331	2022	20.8	1970
T060	煤化工	349	1875	0.445	1876	20.7	1973
G544	中国临床药学杂志	309	1932	0.355	1984	20.7	1973
G110	中国麻风皮肤病杂志	836	1266	0.506	1769	20.7	1973
C096	ACTA MATHEMATICA SCIENTIA	298	1948	0.215	2121	17.4; 20.6	1976
E108	海洋预报	505	1631	0.748	1285	20.6	1976
Y057	载人航天	678	1432	0.599	1585	20.6	1976
G892	中华心律失常学杂志	691	1418	1.556	363	20.6	1976
S590	中华医学教育探索杂志	973	1139	0.456	1859	20.6	1976
V052	粉煤灰综合利用	284	1969	0.144	2148	20.5	1981
M505	腐蚀与防护	1280	892	0.559	1668	20.5	1981
G953	精神医学杂志	601	1524	0.915	998	20.5	1981
G462	中华普外科手术学杂志电子版	698	1409	0.909	1008	20.5	1981
Y554	航空发动机	847	1253	0.735	1311	20.4	1985
N106	人类工效学	229	2048	0.208	2123	20.4	1985

表 8-1　2023 年中国科技核心期刊综合评价总分排名（自然科学）（续）

CODE	刊名	核心总被引频次		核心影响因子		综合评价总分	
		数值	排名	数值	排名	数值	排名
N014	计量学报	1735	632	1.463	423	20.3	1987
G894	口腔颌面修复学杂志	271	1982	0.527	1726	20.2	1988
E633	气象与环境学报	1111	1011	1.284	570	20.2	1988
T953	消防科学与技术	1482	770	0.517	1745	8.1; 20.2	1988
Y008	宇航计测技术	248	2018	0.278	2080	20.2	1988
G297	中国美容整形外科杂志	974	1138	0.646	1490	20.1	1992
N067	电焊机	958	1147	0.543	1695	20.0	1993
GB01	MEDICAL REVIEW	9	2165	0.148	2147	19.9	1994
X011	机车电传动	489	1654	0.415	1917	19.9	1994
H102	林业调查规划	447	1729	0.246	2107	19.9	1994
Z034	生态毒理学报	1580	704	1.023	866	19.8	1997
C093	现代应用物理	163	2114	0.281	2073	19.8	1997
G962	眼科	292	1956	0.323	2031	19.8	1997
N012	爆破器材	308	1934	0.383	1955	19.7	2000
Z506	环境科技	483	1663	0.722	1326	19.7	2000
H067	中国真菌学杂志	399	1801	0.523	1732	19.7	2000
Q950	中华神经创伤外科电子杂志	258	2001	0.533	1717	19.7	2000
I227	JOURNAL OF CHINESE PHARMACEUTICAL SCIENCES	288	1961	0.439	1886	19.6	2004
R020	电子元件与材料	661	1444	0.518	1740	19.6	2004
N105	工程爆破	664	1443	0.944	960	19.6	2004
R097	光学与光电技术	377	1835	0.597	1589	13.5; 19.6	2004
L587	节能技术	481	1665	0.768	1246	19.6	2004
N907	水下无人系统学报	543	1587	0.464	1842	19.6	2004
G693	中华临床免疫和变态反应杂志	423	1765	0.565	1660	19.6	2004
G083	心肺血管病杂志	1097	1021	0.874	1061	19.5	2011
H212	中国麻业科学	266	1989	0.649	1486	19.5	2011
R611	自动化与仪器仪表	1177	954	0.439	1885	18.3; 19.5	2011
L030	石油炼制与化工	1444	788	0.946	956	19.4	2014
R003	电池	483	1662	0.670	1436	19.3	2015
E103	华南地震	325	1909	0.455	1861	19.3	2015
G444	中国体外循环杂志	346	1882	0.741	1297	19.3	2015
G469	实用器官移植电子杂志	474	1681	1.000	893	19.2	2018
E635	沙漠与绿洲气象	1067	1043	1.230	617	15.3; 19.1	2019
G306	中国医师进修杂志	1087	1030	0.970	927	19.1	2019
G838	肿瘤影像学	347	1880	0.706	1371	19.1	2019
M010	材料开发与应用	441	1737	0.330	2023	19.0	2022
T512	聚氨酯工业	480	1666	0.774	1235	19.0	2022
X034	都市快轨交通	634	1479	0.523	1734	18.9	2024
G920	儿科药学杂志	643	1466	0.514	1753	12.7; 18.9	2024
Y015	航天控制	444	1732	0.652	1474	18.9	2024
Z035	环境卫生工程	491	1650	0.837	1121	18.9	2024
T508	电镀与精饰	625	1493	0.658	1461	18.8	2028
R587	水利经济	300	1945	0.765	1255	18.7	2029

表 8-1　2023 年中国科技核心期刊综合评价总分排名（自然科学）（续）

CODE	刊名	核心总被引频次		核心影响因子		综合评价总分	
		数值	排名	数值	排名	数值	排名
R519	信息技术	1013	1085	0.437	1890	18.7	2029
G240	中国中医骨伤科杂志	1463	777	0.864	1073	18.7	2029
Y012	航空精密制造技术	234	2043	0.257	2100	18.6	2032
R082	光电子技术	112	2134	0.185	2132	18.5	2033
R085	微特电机	454	1718	0.331	2019	18.3	2034
N034	装备环境工程	1343	854	0.582	1623	18.3	2034
G358	解剖学研究	489	1655	0.613	1558	18.2	2036
L026	中国海洋平台	324	1910	0.336	2011	18.2	2036
G848	中华手外科杂志	1378	830	0.715	1345	17.9	2038
Q907	空军航空医学	570	1559	0.571	1648	17.8	2039
Y009	强度与环境	393	1811	0.619	1545	17.7	2040
G307	中华医学科研管理杂志	295	1951	0.587	1609	17.3	2041
R730	兵工自动化	842	1262	0.463	1845	17.2	2042
P009	工业加热	261	1996	0.168	2142	17.2	2042
V032	暖通空调	1502	752	0.711	1356	17.2	2042
N064	工具技术	1139	986	0.571	1649	17.0	2045
X539	中外公路	1895	563	0.578	1634	17.0	2045
F041	人类学学报	734	1377	0.663	1453	16.9	2047
M047	冶金能源	283	1971	0.667	1445	16.9	2047
K014	矿山机械	739	1367	0.313	2047	16.7	2049
H211	中国棉花	990	1112	0.841	1114	16.6	2050
E651	海洋测绘	580	1546	0.577	1636	7.5; 16.5	2051
G580	立体定向和功能性神经外科杂志	169	2110	0.340	2008	16.3	2052
L021	石油化工设备技术	175	2103	0.135	2152	16.3	2052
E626	CT 理论与应用研究	239	2035	0.367	1976	16.2	2054
I225	JOURNAL OF ACUPUNCTURE AND TUINA SCIENCE	273	1979	0.454	1862	16.1	2055
J018	武汉理工大学学报信息与管理工程版	360	1854	0.485	1806	11.9; 16.1	2055
Y591	导航定位学报	478	1670	0.674	1426	16.0	2057
H227	东北农业科学	1219	925	0.637	1506	16.0	2057
R016	绝缘材料	1538	726	1.271	582	16.0	2057
H026	竹子学报	221	2062	0.196	2126	16.0	2057
S712	工程管理学报	424	1761	0.454	1863	0.1; 15.9	2061
G334	湖北中医药大学学报	1063	1050	0.843	1113	15.9	2061
G899	海军医学杂志	930	1174	0.645	1491	15.8	2063
G672	口腔材料器械杂志	131	2125	0.430	1899	15.8	2063
G203	中国心脏起搏与心电生理杂志	456	1711	0.344	1999	15.8	2063
R063	半导体技术	427	1755	0.352	1988	15.7	2066
X046	城市交通	406	1795	0.583	1617	15.7	2066
R064	微电子学	439	1739	0.356	1982	15.7	2066
H220	渔业现代化	754	1356	1.110	755	15.7	2066
S017	网络新媒体技术	98	2143	0.271	2087	15.6	2070
G403	药物不良反应杂志	580	1548	0.461	1850	15.6	2070
T916	有机硅材料	374	1837	0.568	1654	15.6	2070

表 8-1　2023 年中国科技核心期刊综合评价总分排名（自然科学）（续）

CODE	刊名	核心总被引频次		核心影响因子		综合评价总分	
		数值	排名	数值	排名	数值	排名
X043	城市轨道交通研究	1297	883	0.289	2067	15.5	2073
C092	核聚变与等离子体物理	199	2083	0.240	2109	15.5	2073
H293	杂交水稻	974	1137	0.598	1588	15.4	2075
A018	湘潭大学学报自然科学版	241	2033	0.559	1666	15.3	2076
G514	药物生物技术	525	1604	0.569	1653	15.3	2076
M048	贵金属	429	1750	0.777	1228	15.1	2078
E158	CHINA OCEAN ENGINEERING	379	1833	0.359	1981	15.0	2079
T146	化工设备与管道	243	2031	0.258	2098	15.0	2079
A115	实验室研究与探索	2744	342	0.603	1577	14.9	2081
H340	桉树科技	203	2078	0.516	1747	14.8	2082
N624	焊接技术	631	1484	0.238	2113	14.8	2082
K035	中国钨业	381	1829	0.523	1733	14.8	2082
G794	中国临床神经外科杂志	861	1239	0.477	1817	14.7	2085
N107	模具技术	105	2140	0.176	2137	14.6	2086
Q921	保健医学研究与实践	478	1671	0.496	1789	14.4	2087
Y031	航空计算技术	514	1620	0.377	1968	14.4	2087
N086	真空	355	1863	0.385	1950	14.4	2087
C105	ACTA MECHANICA SINICA	820	1280	0.990	903	14.0	2090
I725	FRONTIERS OF STRUCTURAL AND CIVIL ENGINEERING	272	1980	0.343	2001	14.0	2090
R057	微电机	686	1425	0.444	1880	14.0	2090
S086	单片机与嵌入式系统应用	480	1667	0.396	1940	13.9	2093
E141	华北地震科学	211	2074	0.114	2158	13.9	2093
E521	气象与环境科学	999	1100	1.472	412	13.9	2093
G939	国际脑血管病杂志	559	1572	0.615	1551	13.8	2096
Z553	净水技术	1227	920	0.792	1195	13.7	2097
G284	中国消毒学杂志	1469	775	0.828	1134	13.7	2097
G428	中国美容医学	2326	437	0.653	1472	13.5	2099
T057	合成材料老化与应用	783	1324	0.594	1595	13.4	2100
G750	中国病案	1526	737	0.570	1652	13.4	2100
G298	中国斜视与小儿眼科杂志	236	2040	0.385	1951	12.0; 13.4	2100
N013	自动化仪表	1103	1018	0.740	1300	10.7; 13.3	2103
G500	北京口腔医学	359	1857	0.470	1832	13.2	2104
M631	黄金	1116	1005	0.638	1505	13.2	2104
G798	现代泌尿生殖肿瘤杂志	192	2089	0.347	1996	13.1	2106
G472	中华疝和腹壁外科杂志电子版	714	1393	0.714	1349	13.1	2106
R671	西安邮电大学学报	287	1965	0.491	1792	12.5; 13.0	2108
X035	中国港湾建设	634	1480	0.250	2104	13.0	2108
G749	中国中医眼科杂志	1180	951	1.045	838	13.0	2108
N075	铸造	1132	989	0.571	1650	12.9	2111
V030	工程勘察	809	1295	0.472	1827	12.1	2112
S087	信息安全研究	460	1704	0.722	1325	12.0	2113
K036	中国锰业	497	1641	0.783	1212	12.0	2113

表 8-1 2023 年中国科技核心期刊综合评价总分排名（自然科学）（续）

CODE	刊名	核心总被引频次		核心影响因子		综合评价总分*	
		数值	排名	数值	排名	数值	排名
F039	JOURNAL OF SYSTEMATICS AND EVOLUTION	753	1357	0.800	1179	11.9	2115
P018	动力学与控制学报	448	1727	0.759	1267	11.8	2116
A586	沈阳师范大学学报自然科学版	169	2111	0.211	2122	11.8	2116
T104	印染助剂	356	1861	0.303	2051	11.8	2116
V523	建筑节能中英文版	758	1353	0.449	1868	11.7	2119
S031	遥测遥控	257	2005	0.407	1927	11.7	2119
G713	中国药物应用与监测	437	1741	0.792	1193	11.7	2119
P001	汽轮机技术	472	1686	0.350	1993	11.6	2122
Q937	消化肿瘤杂志电子版	201	2080	0.604	1573	11.2	2123
G092	浙江中医药大学学报	1748	626	1.055	824	11.1	2124
GF01	中华急危重症护理杂志	373	1839	0.863	1076	11.0	2125
H128	北方水稻	275	1977	0.248	2105	10.8	2126
G587	中国辐射卫生	881	1221	0.856	1087	10.8	2126
V575	FRONTIERS OF ARCHITECTURAL RESEARCH	108	2135	0.233	2116	10.7	2128
V023	中国非金属矿工业导刊	667	1438	0.689	1401	10.7	2128
GD01	中华航空航天医学杂志	294	1952	0.272	2085	10.7	2128
K570	能源与环保	1569	709	0.590	1604	10.6	2131
H072	农业工程	581	1545	0.290	2065	10.5	2132
V574	岩土工程技术	217	2069	0.279	2077	10.4	2133
H538	草原与草坪	882	1219	0.884	1047	10.3	2134
Q926	中华脑科疾病与康复杂志电子版	126	2128	0.267	2092	10.3	2134
G489	中华医学美学美容杂志	882	1218	0.730	1318	9.9	2136
R652	太赫兹科学与电子信息学报	496	1644	0.379	1963	9.7	2137
M014	硬质合金	364	1853	0.634	1514	9.5	2138
G474	中华肺部疾病杂志电子版	841	1263	0.673	1430	9.5	2138
G740	中华卫生杀虫药械	743	1365	0.699	1383	9.4	2140
T079	塑料助剂	231	2047	0.385	1952	9.3	2141
T054	盐科学与化工	373	1840	0.281	2074	9.3	2141
I008	WUHAN UNIVERSITY JOURNAL OF NATURAL SCIENCES	107	2136	0.152	2145	9.2	2143
P010	小型内燃机与车辆技术	124	2131	0.106	2161	9.2	2143
G248	中国药物依赖性杂志	339	1889	0.434	1894	8.9	2145
G662	内科急危重症杂志	529	1597	0.716	1341	8.8	2146
C104	力学与实践	894	1206	0.621	1539	8.7	2147
E636	湿地科学与管理	400	1799	0.762	1257	8.2	2148
Z007	四川环境	913	1184	0.540	1701	8.2	2148
K550	中国钼业	347	1877	0.297	2056	8.2	2148
H844	甘蔗糖业	349	1874	0.486	1802	7.9	2151
T955	精细化工中间体	272	1981	0.300	2053	7.8	2152
N079	液压气动与密封	953	1151	0.418	1915	7.8	2152
K020	铀矿冶	263	1993	0.254	2103	7.6	2154
Z032	工业用水与废水	607	1514	0.888	1042	7.3	2155

表 8-1　2023 年中国科技核心期刊综合评价总分排名（自然科学）（续）

CODE	刊名	核心总被引频次		核心影响因子		综合评价总分*	
		数值	排名	数值	排名	数值	排名
F005	ENTOMOTAXONOMIA	80	2154	0.173	2139	7.0	2156
U643	造纸科学与技术	244	2030	0.359	1980	6.9	2157
E639	地理空间信息	1159	969	0.503	1778	5.9; 6.8	2158
S033	微型电脑应用	808	1300	0.322	2035	6.8	2158
P005	工业炉	126	2129	0.215	2120	6.4	2160
G437	中国听力语言康复科学杂志	502	1635	0.466	1838	3.5; 6.2	2161
R047	固体电子学研究与进展	225	2054	0.370	1974	5.3	2162
C509	物理与工程	260	1999	0.289	2066	4.6	2163
E546	高原山地气象研究	531	1593	0.905	1021	4.2	2164
Q442	中国科学数据中英文网络版	309	1933	0.545	1689	2.4	2165

*注：对复分入多个学科的期刊，在不同学科内计算的综合评价总分不同，以自然科学领域学科较高的一个总分分值参加排名。

9 2023 年中国科技核心期刊目录

9.1 2023 年中国科技核心期刊（中文）目录

表 9-1 2023 年中国科技核心期刊（中文）目录

CODE	刊名	学科分类	主编
E626	CT 理论与应用研究	工程与技术科学基础学科	丁志峰
G549	癌变・畸变・突变	肿瘤学	程书钧
G011	癌症	肿瘤学	徐瑞华
A003	安徽大学学报自然科学版	自然科学综合大学学报	罗斌
H002	安徽农业大学学报	农业大学学报	程备久
A009	安徽师范大学学报自然科学版	自然科学师范大学学报	王伦
G012	安徽医科大学学报	医药大学学报	曹云霞
G786	安徽医学	医学综合	陶仪声
Q906	安徽医药	医学综合	徐恒秋
G013	安徽中医药大学学报	中医药大学学报	吴德玲
E625	安全与环境工程	安全科学技术	王焰新
Z549	安全与环境学报	安全科学技术	冯长根
H340	桉树科技	林学	陈少雄
R024	半导体光电	电子技术；光电子学与激光技术	刘昌林
R063	半导体技术	电子技术	蔡树军
U521	包装与食品机械	食品科学技术	李善为
Q921	保健医学研究与实践	保健医学	吴宗辉
U645	保鲜与加工	园艺学；农业工程	王文生
E045	暴雨灾害	大气科学；安全科学技术	傅云飞；柯怡明
N017	爆破	兵器科学与技术	王玉杰
N012	爆破器材	兵器科学与技术	何勇
N006	爆炸与冲击	兵器科学与技术	刘仓理
H395	北方农业学报	农业综合	路战远
H128	北方水稻	农艺学	李振宇
H999	北方园艺	园艺学	陶可全
A652	北华大学学报自然科学版	自然科学综合大学学报	吕洪斌
G002	北京大学学报医学版	医药大学学报	詹启敏
A005	北京大学学报自然科学版	自然科学综合大学学报	赵光达
J030	北京工业大学学报	工程技术大学学报	彭永臻
Y001	北京航空航天大学学报	工程技术大学学报；航空、航天科学技术	赵沁平
T020	北京化工大学学报自然科学版	工程技术大学学报；化学工程综合	刘振宇
X014	北京交通大学学报	工程技术大学学报	余祖俊
G500	北京口腔医学	口腔医学	白玉兴
N001	北京理工大学学报	工程技术大学学报	王成
H025	北京林业大学学报	农业大学学报；林学	尹伟伦
G004	北京生物医学工程	生物医学工程学	蔺嫦燕

表 9-1　2023 年中国科技核心期刊（中文）目录（续）

CODE	刊名	学科分类	主编
A010	北京师范大学学报自然科学版	自然科学师范大学学报	保继光
G016	北京医学	医学综合	金大鹏
R018	北京邮电大学学报	工程技术大学学报；通信技术	刘杰
G620	北京中医药	中医学；中药学	屠志涛
G017	北京中医药大学学报	中医药大学学报	王永炎
G741	蚌埠医学院学报	医药大学学报	翁建平
G410	标记免疫分析与临床	核医学、医学影像学	田亚平
T098	表面技术	精细化学工程	吴护林
E135	冰川冻土	地理学	康世昌
N008	兵工学报	兵器科学与技术	许毅达
R730	兵工自动化	兵器科学与技术	黄荔
N085	兵器材料科学与工程	兵器科学与技术	赵宝荣
T094	兵器装备工程学报	兵器科学与技术	彭熙
G018	病毒学报	微生物学、病毒学	许文波
C060	波谱学杂志	物理学	刘买利
M005	材料保护	材料科学综合	雷明凯
M103	材料导报	材料科学综合	黄维
Y007	材料工程	材料科学综合	戴圣龙
M010	材料开发与应用	材料科学综合	廖志谦
M008	材料科学与工程学报	材料科学综合	韩高荣
M006	材料科学与工艺	材料科学综合	苑世剑
N026	材料热处理学报	材料科学综合	周玉
M009	材料研究学报	材料科学综合	叶恒强
K512	采矿与安全工程学报	矿山工程技术	曹胜根
K504	采矿与岩层控制工程学报	矿山工程技术	康红普
H009	蚕业科学	畜牧、兽医科学	李木旺
H525	草地学报	草原学	王堃
H234	草业科学	草原学	侯扶江
H527	草业学报	草原学	南志标
H538	草原与草坪	草原学	师尚礼
E616	测绘地理信息	测绘科学技术	李清泉
E543	测绘工程	测绘科学技术	刘志强
E600	测绘科学	测绘科学技术	燕琴
E510	测绘通报	测绘科学技术	陈平
E152	测绘学报	测绘科学技术	杨元喜
L017	测井技术	石油天然气工程	陈宝
Y022	测控技术	航空、航天科学技术	王彤
R711	测试技术学报	工程与技术科学基础学科	刘俊
H001	茶叶科学	园艺学	江用文
X036	长安大学学报自然科学版	工程技术大学学报；公路运输	沙爱民
N056	长春理工大学学报自然科学版	工程技术大学学报	杨华民
G992	长春中医药大学学报	中医药大学学报	仝小林
W010	长江科学院院报	水利工程	徐平
Z029	长江流域资源与环境	环境科学技术及资源科学技术	王焰新

表 9-1　2023 年中国科技核心期刊（中文）目录（续）

CODE	刊名	学科分类	主编
G264	肠外与肠内营养	普通外科学、胸外科学、心血管外科学	任建安
N024	车用发动机	动力工程	段金栋
E113	沉积学报	地质学	王成善
A907	沉积与特提斯地质	地质学	李文昌
E102	成都理工大学学报自然科学版	自然科学综合大学学报；地球科学综合	刘清友
G670	成都医学院学报	医药大学学报	潘克俭
V050	城市规划	建筑科学与技术	吴良镛
V028	城市规划学刊	建筑科学与技术	吴志强
X043	城市轨道交通研究	铁路运输	孙章
X046	城市交通	公路运输	王静霞
V062	城乡规划	建筑科学与技术	陈秉钊
J021	重庆大学学报自然科学版	工程技术大学学报	王时龙
X029	重庆交通大学学报自然科学版	工程技术大学学报；交通运输工程	唐伯明
A512	重庆师范大学学报自然科学版	自然科学师范大学学报	杨新民
G186	重庆医科大学学报	医药大学学报	黄爱龙
R559	重庆邮电大学学报自然科学版	工程技术大学学报；通信技术	蒋昌俊
L508	储能科学与技术	能源科学综合	黄学杰
G432	川北医学院学报	医药大学学报	杜勇
N060	传感技术学报	电子技术	黄庆安
R532	传感器与微系统	电子技术	于海超
G458	传染病信息	感染性疾病学、传染病学	王福生
X010	船舶工程	水路运输	闻雪友
X633	船舶力学	力学；水路运输	颜开
X635	船海工程	水路运输	范世东
G322	创伤外科杂志	烧伤外科学、整形外科学	张连阳
G085	创伤与急危重病医学	临床医学综合	王辉山
G552	磁共振成像	核医学、医学影像学	金征宇
G229	卒中与神经疾病	神经病学、精神病学	曾庆杏；张兆辉
E144	大地测量与地球动力学	地球物理学；测绘科学技术	晁洪太
E146	大地构造与成矿学	地质学	徐义刚
R051	大电机技术	电气工程	高洪军
H038	大豆科学	农艺学	刘忠堂
X024	大连海事大学学报	工程技术大学学报；水路运输	靳志宏
H005	大连海洋大学学报	农业大学学报；水产学	宋林生
X001	大连交通大学学报	工程技术大学学报；交通运输工程	陈秉智
J024	大连理工大学学报	工程技术大学学报	程耿东
G020	大连医科大学学报	医药大学学报	赵杰
E109	大气科学	大气科学	陆日宇
E091	大气科学学报	大气科学	王会军
L512	大庆石油地质与开发	石油天然气工程	吴河勇
S055	大数据	计算机科学技术	郑纬民
S086	单片机与嵌入式系统应用	计算机科学技术	何立民
H040	淡水渔业	水产学	李创举
N004	弹道学报	兵器科学与技术	王中原

表 9-1　2023 年中国科技核心期刊（中文）目录（续）

CODE	刊名	学科分类	主编
N009	弹箭与制导学报	兵器科学与技术	郑菊红
T941	当代化工	化学工程综合	王雪丽
Y503	导弹与航天运载技术	航空、航天科学技术	李明华
Y591	导航定位学报	测绘科学技术	党亚民
Y563	导航定位与授时	航空、航天科学技术	曲蕴杰
T074	低碳化学与化工	石油天然气工程；应用化学工程	古共伟
N019	低温工程	机械制造工艺与设备	杨思锋
C055	低温物理学报	物理学	陈仙辉
E133	地层学杂志	地质学	朱茂炎
E130	地理科学	地理学	陈发虎
E584	地理科学进展	地理学	廖小罕
E639	地理空间信息	地理学；测绘科学技术	何保国
E315	地理信息世界	地理学	陈军
E305	地理学报	地理学	刘昌明
E310	地理研究	地理学	封志明
E527	地理与地理信息科学	地理学	邱明慧；吴立新
E024	地球化学	地球科学综合	彭平安
E570	地球环境学报	地球科学综合	安芷生
E142	地球科学	地球科学综合	王焰新
E115	地球科学进展	地球科学综合	傅伯杰
E004	地球科学与环境学报	地球科学综合	彭建兵
E153	地球物理学报	地球物理学	潘永信
E308	地球物理学进展	地球物理学	潘永信
E656	地球信息科学学报	测绘科学技术	徐冠华
E300	地球学报	地球科学综合	严光生
E549	地球与环境	地球科学综合	王世杰
V031	地下空间与工程学报	土木工程	刘新荣
E357	地学前缘	地球科学综合	王成善
S741	地域研究与开发	地理学	冯德显
E306	地震	地球物理学	任金卫
E150	地震地质	地球物理学	张培震
E307	地震工程学报	地球物理学	石玉成
E118	地震工程与工程振动	地球物理学	孙柏涛
E143	地震学报	地球物理学	丁志峰
E112	地震研究	地球物理学	王彬
E362	地质科技通报	地质学	王华
E139	地质科学	地质学	肖文交
E026	地质力学学报	力学；地质学	邓军
E009	地质论评	地质学	杨文采
E127	地质通报	地质学	吕庆田
E010	地质学报	地质学	杨经绥
E151	地质与勘探	地质学	陈海弟
E525	地质与资源	地质学	贾伟光
E132	地质找矿论丛	地质学	沈名星

表 9-1　2023 年中国科技核心期刊（中文）目录（续）

CODE	刊名	学科分类	主编
E301	第四纪研究	地质学	丁仲礼
R007	电波科学学报	通信技术	董庆生
R673	电测与仪表	电气工程	刘献成
R003	电池	电气工程	文力
T508	电镀与精饰	化学工程综合	赵达均
T598	电镀与涂饰	精细化学工程	谢素玲
R010	电工电能新技术	电气工程	林良真
R043	电工技术学报	电气工程	马伟明
R740	电光与控制	航空、航天科学技术	刘红漫
N067	电焊机	机械制造工艺与设备	彭亚萍
D036	电化学	化学	田昭武
R088	电机与控制学报	电气工程	戈宝军
R045	电机与控制应用	电气工程	黄坚
N027	电加工与模具	机械制造工艺与设备	吴强
R011	电力电子技术	电气工程	吕庆敏
R769	电力工程技术	电气工程	李群
A199	电力建设	电气工程	郑宝森
R654	电力科学与技术学报	电气工程	曾祥君
N102	电力系统保护与控制	电气工程	姚志清
R071	电力系统及其自动化学报	电气工程	李林川
S019	电力系统自动化	电气工程	薛禹胜
R745	电力信息与通信技术	电气工程	郭剑波
R750	电力需求侧管理	电气工程	陈江华
R090	电力自动化设备	电气工程	郭效军
R044	电气传动	电气工程	王建峰
R428	电气工程学报	电气工程	程明
R058	电气自动化	电气工程	黄建民
R039	电网技术	电气工程	吴玉生
R116	电网与清洁能源	电气工程	衣立东
R684	电信科学	通信技术	梁海滨
R754	电讯技术	通信技术	雷历
R019	电源技术	电气工程	黄才勇
R055	电子测量技术	电子技术	孙圣和
R021	电子测量与仪器学报	电子技术	彭喜元
R067	电子技术应用	电子技术	余莲
R036	电子科技大学学报	工程技术大学学报；电子技术	邓龙江
R512	电子器件	电子技术	雷威
R724	电子设计工程	电子技术	金戈
R001	电子显微学报	电子技术	张泽
R006	电子学报	电子技术	郝跃
R022	电子与信息学报	电子技术	朱敏慧
R020	电子元件与材料	电子技术	钟彩霞
J023	东北大学学报自然科学版	工程技术大学学报	左良
H262	东北林业大学学报	农业大学学报；林学	李坚

表 9-1　2023 年中国科技核心期刊（中文）目录（续）

CODE	刊名	学科分类	主编
H006	东北农业大学学报	农业大学学报	李庆章
H227	东北农业科学	农业综合	王立春
A030	东北师大学报自然科学版	自然科学师范大学学报	薛康
L004	东北石油大学学报	工程技术大学学报；石油天然气工程	阎铁
U014	东华大学学报自然科学版	工程技术大学学报	孙福良
G057	东南大学学报医学版	医药大学学报	朱正娥
J028	东南大学学报自然科学版	工程技术大学学报	毛善锋
P003	动力工程学报	动力工程	严宏强
P018	动力学与控制学报	力学	赵跃宇
F043	动物学杂志	昆虫学、动物学	孙悦华
G775	动物医学进展	畜牧、兽医科学	张彦明
F231	动物营养学报	畜牧、兽医科学	计成
X034	都市快轨交通	铁路运输	施仲衡
G542	毒理学杂志	预防医学与公共卫生学综合	高星
T241	断块油气田	石油天然气工程	孔凡群
N070	锻压技术	机械制造工艺与设备	陆辛
G920	儿科药学杂志	儿科学；药学	李廷玉
R575	发电技术	动力工程	彭桂云
C071	发光学报	物理学	申德振
G199	发育医学电子杂志	儿科学	封志纯
G874	法医学杂志	军事医学与特种医学	朱广友
Z544	防灾减灾工程学报	土木工程	欧进萍
U013	纺织高校基础科学学报	纺织科学技术	李鹏飞
Q418	纺织科学与工程学报	纺织科学技术	夏平
U053	纺织学报	纺织科学技术	刘军
G608	放射学实践	核医学、医学影像学	朱文珍；胡道予；夏黎明
Y006	飞行力学	航空、航天科学技术	张东卫
K002	非金属矿	矿山工程技术	贾茂荣
K581	分布式能源	能源科学综合	郭婷婷
D022	分析测试学报	化学；仪器仪表技术	程志青
D005	分析化学	化学	汪尔康
D026	分析科学学报	化学	程介克
D004	分析试验室	化学；冶金工程技术	屠海令
D062	分析仪器	仪器仪表技术	毛兰群
D015	分子催化	化学	李树本
D035	分子科学学报	化学	孙家钟
Q931	分子影像学杂志	核医学、医学影像学	黎孟枫
G556	分子诊断与治疗杂志	临床诊断学	李明
H845	分子植物育种	农艺学	张启发
V052	粉煤灰综合利用	建筑科学与技术	王长荣
M105	粉末冶金工业	冶金工程技术	杨树森
M039	粉末冶金技术	冶金工程技术	王尔德
V048	风景园林	建筑科学与技术	王向荣
Q006	辐射防护	核科学技术	李德平

表 9-1 2023 年中国科技核心期刊（中文）目录（续）

CODE	刊名	学科分类	主编
Q005	辐射研究与辐射工艺学报	核科学技术	李景烨
H268	福建农林大学学报自然科学版	农业大学学报	郑金贵
H265	福建农业学报	农业综合	王景辉
A078	福建师范大学学报自然科学版	自然科学师范大学学报	朱鹤健
G024	福建医科大学学报	医药大学学报	林建银
A029	福州大学学报自然科学版	自然科学综合大学学报	魏可镁
M505	腐蚀与防护	材料科学综合	杨武
G068	复旦学报医学版	医药大学学报	曹世龙
A001	复旦学报自然科学版	自然科学综合大学学报	杨福家
Y019	复合材料学报	材料科学综合	章明秋
B029	复杂系统与复杂性科学	信息科学与系统科学	于金鹏；林崇
G957	腹部外科	普通外科学、胸外科学、心血管外科学	陈孝平
G338	腹腔镜外科杂志	普通外科学、胸外科学、心血管外科学	姜希宏；寿楠海
H045	干旱地区农业研究	农业综合	贾志宽
E048	干旱气象	大气科学；地理学	张书余
E020	干旱区地理	地理学	黄文房
E105	干旱区研究	地理学	夏训诚
A034	甘肃科学学报	自然科学综合	李枝葱
H047	甘肃农业大学学报	农业大学学报	赵兴绪
H844	甘蔗糖业	农艺学	安玉兴
Q956	肝癌电子杂志	肿瘤学	蔡建强；董家鸿
G879	肝胆外科杂志	普通外科学、胸外科学、心血管外科学	吴孟超
G690	肝胆胰外科杂志	普通外科学、胸外科学、心血管外科学	夏景林
G803	肝脏	消化病学	姚光弼
M050	钢铁	金属材料	田志凌
M013	钢铁钒钛	金属材料	古隆建
M019	钢铁研究学报	金属材料	干勇
D020	高等学校化学学报	化学	于吉红
B002	高等学校计算数学学报	数学	陈志明
R038	高电压技术	电气工程	杨迎建
T001	高分子材料科学与工程	材料科学综合	徐僖
T002	高分子通报	化学	李永舫
D021	高分子学报	化学	王佛松
A080	高技术通讯	自然科学综合	张旭
T078	高科技纤维与应用	高聚物工程	罗益锋
E358	高校地质学报	地质学	王德滋
T016	高校化学工程学报	化学工程综合	岑沛霖
B003	高校应用数学学报	数学	李大潜；林正炎
R037	高压电器	电气工程	薛晔
C056	高压物理学报	物理学	邹广田
E005	高原气象	大气科学	文军
E546	高原山地气象研究	大气科学	李跃清
V021	给水排水	建筑科学与技术	关兴旺
N105	工程爆破	工程与技术科学基础学科	张梅花

表 9-1　2023 年中国科技核心期刊（中文）目录（续）

CODE	刊名	学科分类	主编
E574	工程地球物理学报	地球物理学	何继善
E360	工程地质学报	地质学	王思敬
S712	工程管理学报	建筑科学与技术；管理学	王要武
V030	工程勘察	土木工程	方鸿琪
V033	工程抗震与加固改造	建筑科学与技术	王亚勇
M030	工程科学学报	工程与技术科学基础学科	徐金梧
J051	工程科学与技术	工程与技术科学基础学科	谢和平
C002	工程力学	力学；工程与技术科学基础学科	袁驷
C073	工程热物理学报	物理学；动力工程	蔡睿贤
N590	工程设计学报	机械工程设计	冯培恩
B031	工程数学学报	数学；工程与技术科学基础学科	李大潜
T003	工程塑料应用	高聚物工程	孙安垣
N064	工具技术	工程与技术科学基础学科	辛节之
K018	工矿自动化	矿山工程技术	胡穗延
T563	工业催化	化学工程综合	房根祥
J057	工业工程	工程与技术科学基础学科	孙友松
N110	工业工程与管理	管理学	饶芳权
P009	工业加热	动力工程	范超英
V010	工业建筑	建筑科学与技术	白云
P005	工业炉	动力工程	曹田力
Z013	工业水处理	环境科学技术及资源科学技术	刘燕飞
G025	工业卫生与职业病	流行病学、环境医学	李涛
N037	工业仪表与自动化装置	仪器仪表技术	印建安
Z032	工业用水与废水	环境科学技术及资源科学技术	汪炎
G207	公共卫生与预防医学	预防医学与公共卫生学综合	孙昌松
X579	公路	公路运输	谭昌富
X022	公路工程	公路运输	龚赛群
X026	公路交通科技	公路运输	陈国靖
N039	功能材料	材料科学综合	赵光明
D503	功能高分子学报	化学	林嘉平
R095	供用电	电气工程	余贻鑫
E601	古地理学报	地质学	冯增昭
E304	古脊椎动物学报	地质学	张弥曼
E022	古生物学报	地质学	李星学
G478	骨科	骨外科学	陈安民
R047	固体电子学研究与进展	电子技术	杨乃彬
Y013	固体火箭技术	航空、航天科学技术	闫大庆
C103	固体力学学报	力学	王铁军
W007	管理工程学报	管理学	吴晓波
W018	管理科学	管理学	李一军
W008	管理科学学报	管理学	丁烈云
W025	管理评论	管理学	李建平
S744	管理世界	管理学	李志军
S745	管理现代化	管理学	刘兴华

表 9-1　2023 年中国科技核心期刊（中文）目录（续）

CODE	刊名	学科分类	主编
W016	管理学报	管理学	杨治
H226	灌溉排水学报	农业工程	齐学斌
R026	光电工程	光电子学与激光技术	罗先刚
R082	光电子技术	光电子学与激光技术	王绪丰
C091	光谱学与光谱分析	物理学；化学	高松
C097	光散射学报	物理学	姚建林
R688	光通信研究	通信技术	李汉兵
N015	光学技术	物理学；光电子学与激光技术	赵跃进
N033	光学精密工程	仪器仪表技术	曹健林
C050	光学学报	物理学	龚旗煌
R097	光学与光电技术	物理学；光电子学与激光技术	潘德彬
C037	光子学报	物理学	郝跃
R547	广东电力	电气工程	郑晓光
H272	广东海洋大学学报	农业大学学报；水产学	潘新祥
H228	广东农业科学	农业综合	陆华忠
G027	广东药科大学学报	医药大学学报；药学	郭娇
G026	广东医学	医学综合	李国营
A042	广西大学学报自然科学版	自然科学综合大学学报	马少健
A535	广西科学	自然科学综合	黄日波
H364	广西林业科学	林学	李开祥
A062	广西师范大学学报自然科学版	自然科学师范大学学报	苏桂发
G028	广西医科大学学报	医药大学学报	曾志羽
G816	广西医学	医学综合	骆丽琳
F028	广西植物	植物学	李先琨
G030	广州中医药大学学报	中医药大学学报	王伟
V572	规划师	建筑科学与技术	刘芳
T004	硅酸盐通报	化学工程综合	缪昌文
T005	硅酸盐学报	化学工程综合	南策文
M048	贵金属	金属材料	王建强
A077	贵州大学学报自然科学版	自然科学综合大学学报	李军旗
H275	贵州农业科学	农业综合	周维佳
A527	贵州师范大学学报自然科学版	自然科学师范大学学报	乙引
G031	贵州医科大学学报	医药大学学报	罗鹏
M033	桂林理工大学学报	工程技术大学学报	王敦球
A040	国防科技大学学报	工程技术大学学报	廖湘科
G495	国际病毒学杂志	微生物学、病毒学	王全意
V529	国际城市规划	建筑科学与技术	王凯
G936	国际儿科学杂志	儿科学	李书琴
G497	国际放射医学核医学杂志	核医学、医学影像学	樊飞跃
G659	国际妇产科学杂志	妇产科学	郎景和
G498	国际骨科学杂志	骨外科学	张长青
G938	国际呼吸杂志	呼吸病学、结核病学	阎锡新
G362	国际检验医学杂志	临床诊断学	府伟灵
G929	国际精神病学杂志	神经病学、精神病学	陈晓岗

表 9-1　2023 年中国科技核心期刊（中文）目录（续）

CODE	刊名	学科分类	主编
G997	国际口腔医学杂志	口腔医学	石冰
G496	国际老年医学杂志	保健医学	王放
G930	国际流行病学传染病学杂志	感染性疾病学、传染病学；流行病学、环境医学	毛江森
G975	国际麻醉学与复苏杂志	外科学综合	曾因明
G349	国际泌尿系统杂志	泌尿外科学	朱冬三
G983	国际免疫学杂志	基础医学	李殿俊
G939	国际脑血管病杂志	神经病学、精神病学	田增民
G415	国际内分泌代谢杂志	内分泌病学与代谢病学、风湿病学	陆再英
G426	国际神经病学神经外科学杂志	神经病学、精神病学	肖波；刘志雄；崔丽英
S157	国际生殖健康 / 计划生育杂志	优生学、计划生育学	王一飞
B525	国际输血及血液学杂志	临床医学综合；血液病学、肾脏病学	廖清奎
G954	国际外科学杂志	外科学综合	刘建
G660	国际消化病杂志	消化病学	马雄
G940	国际心血管病杂志	心血管病学	赵强
Q911	国际眼科杂志	眼科学	惠延年
G661	国际医学放射学杂志	核医学、医学影像学	刘筠
G934	国际中医中药杂志	中医学；中药学	曹洪欣
G937	国际肿瘤学杂志	肿瘤学	李宝生
E578	国土资源科技管理	地理学	张荣光
R683	国外电子测量技术	电子技术	陈光禹
H028	果树学报	园艺学	方金豹
T008	过程工程学报	化学工程综合	张锁江
X025	哈尔滨工程大学学报	工程技术大学学报	杨士莪
J003	哈尔滨工业大学学报	工程技术大学学报	李隆球
J013	哈尔滨理工大学学报	工程技术大学学报	刘献礼
G033	哈尔滨医科大学学报	医药大学学报	朱大岭
J055	海军工程大学学报	工程技术大学学报	李泽良
Y029	海军航空大学学报	工程技术大学学报；航空、航天科学技术	钟阳春
G005	海军军医大学学报	医药大学学报	吴孟超
G899	海军医学杂志	医学综合	管柏林
G416	海南医学院学报	医药大学学报	刘军保
L037	海相油气地质	石油天然气工程	熊湘华
E651	海洋测绘	海洋科学、水文学；测绘科学技术	申家双
E569	海洋地质前沿	海洋科学、水文学	吴能有
E155	海洋地质与第四纪地质	地质学；海洋科学、水文学	吴能有
E131	海洋工程	海洋科学、水文学	夏云峰
E312	海洋湖沼通报	海洋科学、水文学	赵栋梁
Z010	海洋环境科学	海洋科学、水文学；环境科学技术及资源科学技术	王菊英
E564	海洋技术学报	海洋科学、水文学	彭伟
E145	海洋科学	海洋科学、水文学	杨红生
E006	海洋科学进展	海洋科学、水文学	李铁刚
E311	海洋通报	海洋科学、水文学	石绥祥
E003	海洋学报	海洋科学、水文学	陈大可

表 9-1 2023 年中国科技核心期刊（中文）目录（续）

CODE	刊名	学科分类	主编
E149	海洋学研究	海洋科学、水文学	李三忠
H284	海洋渔业	水产学	庄平
E008	海洋与湖沼	海洋科学、水文学	王凡
E108	海洋预报	海洋科学、水文学	王辉
L586	含能材料	兵器科学与技术	龙新平
N076	焊接	机械制造工艺与设备	张汇文
N624	焊接技术	机械制造工艺与设备	王莹
N021	焊接学报	机械制造工艺与设备	张汇文
A191	杭州师范大学学报自然科学版	自然科学师范大学学报	尚永丰
Y556	航空兵器	兵器科学与技术；航空、航天科学技术	樊会涛
Y027	航空材料学报	航空、航天科学技术	戴圣龙
Y017	航空动力学报	航空、航天科学技术	陶智
Y554	航空发动机	航空、航天科学技术	蔚夺魁
Y052	航空工程进展	航空、航天科学技术	唐长红
Y031	航空计算技术	航空、航天科学技术	胡林平
Y012	航空精密制造技术	航空、航天科学技术	庞长涛
Y002	航空学报	航空、航天科学技术	孙晓峰
Y014	航空制造技术	航空、航天科学技术	罗京华
Y034	航天返回与遥感	航空、航天科学技术	王小勇
Y015	航天控制	航空、航天科学技术	禹春梅
Y033	航天器工程	航空、航天科学技术	马世俊
Y032	航天器环境工程	航空、航天科学技术	姜利祥
T057	合成材料老化与应用	材料科学综合	杨育农
D602	合成化学	化学	王公应
F258	合成生物学	生物工程	元英进
T505	合成树脂及塑料	高聚物工程	洪定一
T067	合成纤维	纺织科学技术	王爱兵
T065	合成纤维工业	纺织科学技术	任诚
T018	合成橡胶工业	高聚物工程	朱景芬
J053	合肥工业大学学报自然科学版	工程技术大学学报	何晓雄
A031	河北大学学报自然科学版	自然科学综合大学学报	孙汉文
K032	河北工程大学学报自然科学版	工程技术大学学报；建筑科学与技术	李万庆
J017	河北工业大学学报	工程技术大学学报	夏巨敏
J019	河北工业科技	工程与技术科学基础学科	靳占忠
J058	河北科技大学学报	自然科学综合大学学报	李强
H244	河北农业大学学报	农业大学学报	王慧军
A076	河北师范大学学报自然科学版	自然科学师范大学学报	李有成
G035	河北医科大学学报	医药大学学报	温进坤
G641	河北医学	医学综合	孟庆仁
G898	河北医药	医学综合	狄岩
G384	河北中医	中医学	李立
G301	河北中医药学报	中医学；中药学	宗全和
W012	河海大学学报自然科学版	工程技术大学学报；水利工程	郭志平
A067	河南大学学报自然科学版	自然科学综合大学学报	李小建

表 9-1 2023 年中国科技核心期刊（中文）目录（续）

CODE	刊名	学科分类	主编
U004	河南工业大学学报自然科学版	工程技术大学学报；食品科学技术	吴成福
J014	河南科技大学学报自然科学版	自然科学综合大学学报	苏娟华
A011	河南科学	自然科学综合	姜俊
K526	河南理工大学学报自然科学版	工程技术大学学报	邹友峰
H011	河南农业大学学报	农业大学学报	王艳玲
H356	河南农业科学	农业综合	张新友
A058	河南师范大学学报自然科学版	自然科学师范大学学报	刘科
Q004	核动力工程	核科学技术	罗琦
Q002	核化学与放射化学	化学；核科学技术	沈兴海
Q001	核技术	核科学技术	马余刚
C092	核聚变与等离子体物理	物理学	李正武
Q009	核科学与工程	核科学技术	阮可强
H042	核农学报	农业综合	温贤芳
A084	黑龙江大学自然科学学报	自然科学综合大学学报	陈念陔
K505	黑龙江科技大学学报	工程技术大学学报	孟上九
R535	红外技术	光电子学与激光技术	苏君红
C035	红外与毫米波学报	物理学	褚君浩
R084	红外与激光工程	光电子学与激光技术	孙再龙
A039	湖北大学学报自然科学版	自然科学综合大学学报	吴传喜
H203	湖北农业科学	农业综合	昌炎新
G334	湖北中医药大学学报	中医药大学学报	王华
A028	湖南大学学报自然科学版	工程技术大学学报	王道平
K016	湖南科技大学学报自然科学版	工程技术大学学报	许中坚
H060	湖南农业大学学报自然科学版	农业大学学报	官春云
G548	湖南师范大学学报医学版	医药大学学报	符晓华
A055	湖南师范大学自然科学学报	自然科学师范大学学报	杨春明
G041	湖南中医药大学学报	中医药大学学报	尤昭玲
E111	湖泊科学	海洋科学、水文学	秦伯强
G336	护理管理杂志	护理学	张秀英
G987	护理学报	护理学	周春兰
G503	护理学杂志	护理学	刘义兰
G654	护理研究	护理学	王斌全；王益锵
G734	护士进修杂志	护理学	过慧谨
H665	花生学报	农艺学	段淑芬
E141	华北地震科学	地球物理学	罗兰格
R046	华北电力大学学报自然科学版	工程技术大学学报；电气工程	阎维平
H032	华北农学报	农业综合	李广敏
W543	华北水利水电大学学报自然科学版	水利工程	李宝萍
X003	华东交通大学学报	工程技术大学学报；交通运输工程	王全金
A054	华东师范大学学报自然科学版	自然科学师范大学学报	王建磐
E103	华南地震	地球物理学	王正尚
J004	华南理工大学学报自然科学版	工程技术大学学报	李元元
H013	华南农业大学学报	农业大学学报	庞雄飞
A052	华南师范大学学报自然科学版	自然科学师范大学学报	翁佩萱

表 9-1　2023 年中国科技核心期刊（中文）目录（续）

CODE	刊名	学科分类	主编
G525	华南预防医学	预防医学与公共卫生学综合	杨杏芬
A021	华侨大学学报自然科学版	自然科学综合大学学报	吴承业
G043	华西口腔医学杂志	口腔医学	周学东
G044	华西药学杂志	药学	张志荣
G294	华西医学	医学综合	李为民
G077	华中科技大学学报医学版	医药大学学报	田玉科
J033	华中科技大学学报自然科学版	工程技术大学学报	李培根
H003	华中农业大学学报	农业大学学报	邓秀新
A004	华中师范大学学报自然科学版	自然科学师范大学学报	邱紫华
Z009	化工环保	环境科学技术及资源科学技术	杨再鹏
T006	化工机械	化学工程综合	张志远
T101	化工进展	化学工程综合	黄丽娟
T532	化工科技	化学工程综合	鲁建春
T146	化工设备与管道	化学工程综合	叶文邦
T007	化工学报	化学工程综合	李静海
T066	化工自动化及仪表	化学工程综合	张志远
T009	化学反应工程与工艺	化学工程综合	洪定一
D604	化学分析计量	化学	孙安恒
T025	化学工程	化学工程综合	程惠亭
T567	化学工程师	化学工程综合	尚影
T076	化学工业与工程	化学工程综合	韩金玉
D506	化学进展	化学	王夔
D011	化学试剂	化学	李建华
D018	化学通报	化学	朱道本
D030	化学学报	化学	沈延昌
D501	化学研究	化学	倪嘉缵
D037	化学研究与应用	化学	赵华明
T553	化学与生物工程	化学；生物工程	刘安强
T931	化学与粘合	化学；精细化学工程	白雪峰
Z017	环境保护科学	环境科学技术及资源科学技术	王振宇
Z005	环境工程	环境科学技术及资源科学技术	翁仲颖
Z550	环境工程技术学报	环境科学技术及资源科学技术	孟伟
Z021	环境工程学报	环境科学技术及资源科学技术	冯宗炜
D024	环境化学	化学；环境科学技术及资源科学技术	汪桂斌
Z554	环境监测管理与技术	环境科学技术及资源科学技术	喻义勇
Z525	环境监控与预警	环境科学技术及资源科学技术	张涛
Z506	环境科技	环境科学技术及资源科学技术	孙菱
Z004	环境科学	环境科学技术及资源科学技术	赵进才
Z003	环境科学学报	环境科学技术及资源科学技术	汤鸿宵
Z002	环境科学研究	环境科学技术及资源科学技术	刘鸿亮
Z521	环境科学与管理	环境科学技术及资源科学技术	王泽斌
Z025	环境科学与技术	环境科学技术及资源科学技术	纪洪盛
H049	环境昆虫学报	昆虫学、动物学；植物保护学	庞雄飞
Z518	环境生态学	环境科学技术及资源科学技术	高吉喜

表 9-1 2023 年中国科技核心期刊（中文）目录（续）

CODE	刊名	学科分类	主编
Z035	环境卫生工程	环境科学技术及资源科学技术	张范
G971	环境卫生学杂志	预防医学与公共卫生学综合	金银龙
Z019	环境污染与防治	环境科学技术及资源科学技术	李全胜
G882	环境与职业医学	流行病学、环境医学	张胜年
G656	环球中医药	中医学；中药学	张伯礼
M631	黄金	金属材料	韦华南
M600	黄金科学技术	金属材料	陈玉民
V560	混凝土	建筑科学与技术	张彤
Y040	火箭推进	航空、航天科学技术	旷武岳
N005	火力与指挥控制	兵器科学与技术	高英武
N007	火炸药学报	兵器科学与技术	覃光明
X011	机车电传动	铁路运输	丁荣军
N069	机床与液压	机械制造工艺与设备	闵新和
N672	机电工程	机械工程设计	赵群
S004	机器人	信息与系统科学相关工程与技术	于海斌
G998	机器人外科学杂志中英文	外科学综合	王共先
N040	机械传动	机械工程设计	王树新
M004	机械工程材料	机械工程设计	杨武
N051	机械工程学报	机械工程设计	宋天虎
N050	机械科学与技术	机械工程设计	周宗锡
N057	机械强度	机械制造工艺与设备	王长路
N047	机械设计	机械工程设计	王庆禹
N054	机械设计与研究	机械工程设计	邹慧君
N028	机械设计与制造	机械工程设计	甄星耀
N063	机械设计与制造工程	机械工程设计	汤文成
N053	机械与电子	机械工程设计	付建平
N515	机械制造与自动化	机械工程设计	易红
G003	基础医学与临床	医学综合	陈孟勤
H245	基因组学与应用生物学	生物学基础学科	李宁
R025	激光技术	光电子学与激光技术	曹三松
F045	激光生物学报	生物学基础学科	胡能书
R514	激光与光电子学进展	光电子学与激光技术	范滇元
R521	激光与红外	光电子学与激光技术	耿林
R028	激光杂志	光电子学与激光技术	程正学
E116	吉林大学学报地球科学版	自然科学综合大学学报；地球科学综合	林学钰
J042	吉林大学学报工学版	工程技术大学学报	任露泉
A035	吉林大学学报理学版	自然科学综合大学学报	裘式纶
R586	吉林大学学报信息科学版	工程技术大学学报；电子技术	刘大有
G014	吉林大学学报医学版	医药大学学报	李玉林
H243	吉林农业大学学报	农业大学学报	肖振铎
G719	吉林中医药	中医学；中药学	仝小林
E007	极地研究	海洋科学、水文学	刘瑞源
G452	疾病监测	流行病学、环境医学	祁国明
A656	济南大学学报自然科学版	自然科学综合大学学报	赵锡平

表 9-1　2023 年中国科技核心期刊（中文）目录（续）

CODE	刊名	学科分类	主编
G439	脊柱外科杂志	骨外科学	贾连顺
N014	计量学报	工程与技术科学基础学科	赵晓娜
S050	计算机测量与控制	信息与系统科学相关工程与技术	荀永明
S049	计算机仿真	计算机科学技术	吴连伟
S013	计算机辅助设计与图形学学报	计算机科学技术	吴恩华
S012	计算机工程	计算机科学技术	游小明
S034	计算机工程与科学	计算机科学技术	王志英
S022	计算机工程与设计	计算机科学技术	沈志达
S025	计算机工程与应用	计算机科学技术	怀进鹏
S030	计算机集成制造系统	计算机科学技术	杨海成
S520	计算机技术与发展	计算机科学技术	王守智
S006	计算机科学	计算机科学技术	陈国良
S085	计算机科学与探索	计算机科学技术	周志华
S509	计算机系统应用	计算机科学技术	苏振泽
S018	计算机学报	计算机科学技术	高文
S021	计算机研究与发展	计算机科学技术	樊建平
S029	计算机应用	计算机科学技术	张景中
S016	计算机应用研究	计算机科学技术	刘营
S009	计算机应用与软件	计算机科学技术	朱三元
S048	计算机与数字工程	计算机科学技术	简湘瑞
S500	计算机与现代化	计算机科学技术	付康
S507	计算技术与自动化	信息与系统科学相关工程与技术	罗安
C003	计算力学学报	力学	亢战
B014	计算数学	数学	周爱辉
C094	计算物理	物理学	江松
G292	寄生虫与医学昆虫学报	基础医学	赵彤言
A045	暨南大学学报自然科学与医学版	自然科学综合大学学报；医药大学学报	孙升云
H240	家畜生态学报	畜牧、兽医科学	陈玉林
G638	检验医学	临床诊断学	王华梁
G999	检验医学与临床	临床医学综合	廖璞
V051	建筑材料学报	建筑科学与技术	蒋正武
V057	建筑钢结构进展	建筑科学与技术	李国强
V523	建筑节能中英文版	建筑科学与技术	侯恩哲
V014	建筑结构	建筑科学与技术	王学东
V044	建筑结构学报	建筑科学与技术	聂建国
V005	建筑科学	建筑科学与技术	黄世敏
V013	建筑科学与工程学报	建筑科学与技术	周绪红
V047	建筑学报	建筑科学与技术	崔愷
Y522	舰船电子工程	水路运输	简湘瑞
Y564	舰船科学技术	水路运输	张信学
G453	江苏大学学报医学版	医药大学学报	许文荣
J035	江苏大学学报自然科学版	工程技术大学学报	颜晓红
H700	江苏农业科学	农业综合	常有宏
H199	江苏农业学报	农业综合	易中懿

表 9-1 2023 年中国科技核心期刊（中文）目录（续）

CODE	刊名	学科分类	主编
G397	江苏中医药	中医学	黄亚博
H283	江西农业大学学报	农业大学学报	黄路生
H701	江西农业学报	农业综合	戴星照
A112	江西师范大学学报自然科学版	自然科学师范大学学报	戴利朝
X020	交通信息与安全	交通运输工程	钟鸣
X672	交通运输工程学报	交通运输工程	沙爱民
X695	交通运输工程与信息学报	交通运输工程	刘晓波；贺正冰
X685	交通运输系统工程与信息	交通运输工程	毛保华
X516	交通运输研究	交通运输工程	王先进
L587	节能技术	能源科学综合	陈浮
W567	节水灌溉	农业工程	崔远来
K553	洁净煤技术	能源科学综合	解强
V049	结构工程师	建筑科学与技术	蒋欢军
G869	结直肠肛门外科	普通外科学、胸外科学、心血管外科学	陈俊强
G187	解放军医学院学报	医药大学学报	陈香英
G048	解放军医学杂志	医学综合	付小兵
G507	解剖科学进展	基础医学	王振宇
G049	解剖学报	基础医学	章静波
G358	解剖学研究	基础医学	姚志彬
G050	解剖学杂志	基础医学	许家军
G886	介入放射学杂志	核医学、医学影像学	颜志平
N048	金刚石与磨料磨具工程	机械制造工艺与设备	王琴
M051	金属功能材料	金属材料	赵栋梁
K022	金属矿山	矿山工程技术	王运敏
N083	金属热处理	机械制造工艺与设备	王华明
M012	金属学报	金属材料	叶恒强
E599	经济地理	地理学	樊杰
H333	经济动物学报	畜牧、兽医科学	刘忠军
S759	经济管理	管理学	史丹
S762	经济理论与经济管理	管理学	郭庆旺
H266	经济林研究	林学	谭晓风
S230	经济与管理评论	管理学	刘兴云
S773	经济与管理研究	管理学	吴卫星
N992	精密成形工程	机械制造工艺与设备	吴护林
G953	精神医学杂志	神经病学、精神病学	王汝展
T102	精细化工	精细化学工程	韩建国
T955	精细化工中间体	精细化学工程	王百森
T542	精细石油化工	石油天然气工程；精细化学工程	顾玉亮
G677	颈腰痛杂志	骨外科学	李嘉寿
Z553	净水技术	水利工程	吴今明
G553	局解手术学杂志	外科学综合	张绍祥
T512	聚氨酯工业	化学工程综合	张骥红
R016	绝缘材料	材料科学综合	祝晚华
G316	军事护理	护理学	李树贞

表 9-1　2023 年中国科技核心期刊（中文）目录（续）

CODE	刊名	学科分类	主编
G052	军事医学	军事医学与特种医学	张学敏
F018	菌物学报	微生物学、病毒学	戴玉成
C325	菌物研究	微生物学、病毒学；园艺学	李玉
M018	勘察科学技术	矿山工程技术	杨书涛
Q933	康复学报	保健医学	陈立典
A645	科技导报	自然科学综合	包为民
S812	科技管理研究	管理学	姚化荣
R588	科技进步与对策	管理学	穆荣平
A083	科技通报	自然科学综合	俞志华
S816	科学管理研究	管理学	姚化荣
A537	科学技术与工程	工程与技术科学基础学科	明廷华
A075	科学通报	自然科学综合	高福
W514	科学学研究	管理学	方新
S818	科学学与科学技术管理	管理学	柳卸林
W531	科研管理	管理学	穆荣平
L516	可再生能源	能源科学综合	张大雷
E140	空间科学学报	天文学；地球物理学	吴季
Y051	空间控制技术与应用	航空、航天科学技术	袁利
J059	空军工程大学学报	工程技术大学学报	张建业
Q907	空军航空医学	医学综合	罗正学
Y016	空气动力学学报	航空、航天科学技术	唐志共
Y571	空天技术	兵器科学与技术	李文杰
S503	控制工程	信息与系统科学相关工程与技术	柴天佑
R060	控制理论与应用	信息科学与系统科学	裴海龙
S001	控制与决策	信息科学与系统科学	王福利；杨光红
G672	口腔材料器械杂志	口腔医学	薛淼
G246	口腔颌面外科杂志	口腔医学	王佐林
G894	口腔颌面修复学杂志	口腔医学	刘洪臣
G390	口腔疾病防治	口腔医学	邵龙泉
G594	口腔生物医学	口腔医学	徐艳；李铁军
G325	口腔医学	口腔医学	王林
G266	口腔医学研究	口腔医学	陈智
K525	矿产保护与利用	矿山工程技术	冯安生
V054	矿产勘查	矿山工程技术	杨自安
K025	矿产与地质	矿山工程技术	莫江平
K004	矿产综合利用	矿山工程技术	颜世强
E106	矿床地质	地质学	毛景文
K014	矿山机械	矿山工程技术	刘汉卿
E350	矿物学报	矿山工程技术	胡瑞忠
E354	矿物岩石	地质学	刘兴德
E504	矿物岩石地球化学通报	地球科学综合	欧阳自远
M101	矿冶	冶金工程技术	战凯
M045	矿冶工程	冶金工程技术	曾维勇
K554	矿业安全与环保	矿山工程技术	谢和平

表 9-1　2023 年中国科技核心期刊（中文）目录（续）

CODE	刊名	学科分类	主编
K582	矿业科学学报	矿山工程技术	彭苏萍
K010	矿业研究与开发	矿山工程技术	尹彦波
F015	昆虫学报	昆虫学、动物学	孙江华
J020	昆明理工大学学报自然科学版	自然科学综合大学学报	束洪春
G053	昆明医科大学学报	医药大学学报	夏雪山
G395	兰州大学学报医学版	医药大学学报	李玉民
A016	兰州大学学报自然科学版	自然科学综合大学学报	涂永强
J008	兰州理工大学学报	工程技术大学学报	李有堂
G628	老年医学与保健	保健医学	俞卓伟
R096	雷达科学与技术	通信技术	吴剑旗
R758	雷达学报	通信技术	丁赤飚
T010	离子交换与吸附	化学工程综合	张全兴
M001	理化检验化学分册	冶金工程技术	冯冲先；沈虹
C101	力学季刊	力学	仲政
C510	力学进展	力学	戴兰宏
C001	力学学报	力学	陆夕云
C104	力学与实践	力学	林建忠
G580	立体定向和功能性神经外科杂志	神经病学、精神病学	傅先明
G340	联勤军事医学	医学综合	江建荣
U055	粮食与饲料工业	畜牧、兽医科学；农业工程；食品科学技术	高建峰
U626	粮油食品科技	食品科学技术	孙辉
C032	量子电子学报	物理学	郭光灿
K008	辽宁工程技术大学学报自然科学版	自然科学综合大学学报	邵良杉
H261	辽宁农业科学	农业综合	隋国民
G850	辽宁中医药大学学报	中医药大学学报	吕晓东
G646	辽宁中医杂志	中医学	吕晓东
U037	林产工业	林学	张建辉
T017	林产化学与工业	林学；化学工程综合	宋湛谦
H102	林业调查规划	林学	张子翼
H740	林业工程学报	林学	蒋剑春
H280	林业科学	林学	尹伟伦
H281	林业科学研究	林学	张守攻
H289	林业与生态科学	林学	客绍英
G880	临床超声医学杂志	核医学、医学影像学	冉海涛
G607	临床儿科杂志	儿科学	孙锟
G276	临床耳鼻咽喉头颈外科杂志	耳鼻咽喉科学	孔维佳；黄选兆
G271	临床放射学杂志	核医学、医学影像学	郑传胜；韩萍
Q908	临床肺科杂志	呼吸病学、结核病学	孙耕耘
G501	临床肝胆病杂志	消化病学	贾继东
G291	临床骨科杂志	骨外科学	戴尅戎；江曙
G664	临床和实验医学杂志	临床医学综合	刘建
G345	临床急诊杂志	临床医学综合	彭南生
G204	临床检验杂志	临床诊断学	许斌

表 9-1 2023 年中国科技核心期刊（中文）目录（续）

CODE	刊名	学科分类	主编
G310	临床精神医学杂志	神经病学、精神病学	张宁
G881	临床军医杂志	临床医学综合	薛蓬
G287	临床口腔医学杂志	口腔医学	陈卫民
G222	临床麻醉学杂志	外科学综合	于布为；黄宇光
G317	临床泌尿外科杂志	泌尿外科学	肖传国
G257	临床内科杂志	内科学综合	胡豫
G230	临床皮肤科杂志	皮肤病学	范卫新
G309	临床神经病学杂志	神经病学、精神病学	张颖东
G802	临床神经外科杂志	神经病学、精神病学	刘宏毅
G423	临床肾脏病杂志	血液病学、肾脏病学	徐钢
G797	临床输血与检验	临床医学综合；血液病学、肾脏病学	吴敦武
G256	临床外科杂志	外科学综合	陈孝平
G942	临床误诊误治	临床医学综合	赵会懂
G855	临床消化病杂志	消化病学	易粹琼
Q909	临床小儿外科杂志	儿科学	梅海波
G261	临床心血管病杂志	心血管病学	廖玉华
G293	临床血液学杂志	临床医学综合；血液病学、肾脏病学	宋善俊；陆道培；胡丽华
Q913	临床眼科杂志	眼科学	陈逖
G673	临床药物治疗杂志	药学	胡欣
G350	临床与病理杂志	基础医学	李元建；柯杨
G274	临床与实验病理学杂志	基础医学	孟刚；步宏
Q910	临床肿瘤学杂志	肿瘤学	秦叔逵
G491	岭南心血管病杂志	心血管病学	林曙光
N023	流体机械	机械工程设计	宋东岚
G021	陆军军医大学学报	医药大学学报	卞修武
H748	麦类作物学报	农艺学	吉万全
T060	煤化工	应用化学工程	施福富
K558	煤矿安全	矿山工程技术	梁运涛
K517	煤矿机械	矿山工程技术	卢盛春
K038	煤炭工程	能源科学综合	李常文
K005	煤炭科学技术	能源科学综合	王国法
K017	煤炭学报	能源科学综合	刘峰
D027	煤炭转化	应用化学工程	李晋平
K009	煤田地质与勘探	矿山工程技术	董书宁
R119	密码学报	安全科学技术	冯登国
U036	棉纺织技术	纺织科学技术	杨家密
H037	棉花学报	农艺学	李付广
G056	免疫学杂志	基础医学	吴玉章
B017	模糊系统与数学	数学	罗懋康
S015	模式识别与人工智能	信息与系统科学相关工程与技术	郑南宁
T077	膜科学与技术	化学工程综合	郑根江
N084	摩擦学学报	机械工程设计	刘维民
N107	模具技术	机械制造工艺与设备	周雄辉
U533	木材科学与技术	林学	姜征

表 9-1 2023 年中国科技核心期刊（中文）目录（续）

CODE	刊名	学科分类	主编
A013	南昌大学学报理科版	自然科学综合大学学报	江风益
G047	南昌大学学报医学版	医药大学学报	辛洪波
R117	南方电网技术	电气工程	饶宏
V089	南方建筑	建筑科学与技术	何镜堂
H069	南方农业学报	农业综合	邓国富
H068	南方水产科学	水产学	李来好
G023	南方医科大学学报	医药大学学报	黎孟枫
A025	南京大学学报自然科学版	自然科学综合大学学报	龚昌德
T011	南京工业大学学报自然科学版	工程技术大学学报	蒋军成
Y026	南京航空航天大学学报	工程技术大学学报；航空、航天科学技术	宋迎东
N011	南京理工大学学报自然科学版	工程技术大学学报	何勇
H033	南京林业大学学报自然科学版	农业大学学报；林学	曹福亮
H021	南京农业大学学报	农业大学学报	沈其荣
A061	南京师大学报自然科学版	自然科学师范大学学报	陈国祥
E120	南京信息工程大学学报自然科学版	工程技术大学学报	金双根
G058	南京医科大学学报自然科学版	医药大学学报	胡志斌
R008	南京邮电大学学报自然科学版	工程技术大学学报；通信技术	汪联辉
G059	南京中医药大学学报	中医药大学学报	程海波
A008	南开大学学报自然科学版	自然科学综合大学学报	田建国
S776	南开管理评论	管理学	白长虹
W590	南水北调与水利科技	水利工程	张栓堂
G288	脑与神经疾病杂志	神经病学、精神病学	郭力
G662	内科急危重症杂志	内科学综合	汪道文；徐永健
G523	内科理论与实践	内科学综合	宁光
A026	内蒙古大学学报自然科学版	自然科学综合大学学报	班士良
A111	内蒙古师范大学学报自然科学汉文版	自然科学师范大学学报	张颖娟
G513	内蒙古医科大学学报	医药大学学报	乔鹏飞
R533	内燃机工程	动力工程	金东寒
P004	内燃机学报	动力工程	苏万华
T501	能源化工	石油天然气工程	储政
K570	能源与环保	能源科学综合	王春林
W002	泥沙研究	水利工程	国庆超
A506	宁波大学学报理工版	自然科学综合大学学报	姚菊明
A110	宁夏大学学报自然科学版	自然科学综合大学学报	李星
G665	宁夏医科大学学报	医药大学学报	田丰年
H071	农产品质量与安全	农业综合；农业工程；食品科学技术	钱永忠
H105	农学学报	农业综合	刘旭
T034	农药	植物保护学；应用化学工程	刘长令
T924	农药科学与管理	植物保护学；应用化学工程	隋鹏飞
H404	农药学学报	植物保护学；应用化学工程	周志强
H072	农业工程	农业工程	方宪法
H279	农业工程学报	农业工程	朱明
Z008	农业环境科学学报	农业工程；环境科学技术及资源科学技术	蔡祖聪
H278	农业机械学报	农业工程	任露泉

表 9-1 2023 年中国科技核心期刊（中文）目录（续）

CODE	刊名	学科分类	主编
H286	农业生物技术学报	农业综合	武维华
H222	农业现代化研究	农业工程	王克林
H773	农业资源与环境学报	农业工程；环境科学技术及资源科学技术	熊明民
V032	暖通空调	建筑科学与技术	刘承军
H219	排灌机械工程学报	农业工程	袁寿其
Q384	皮肤科学通报	皮肤病学	肖生祥
U602	皮革科学与工程	应用化学工程	彭必雨
U604	皮革与化工	应用化学工程	贾宏春
E021	气候变化研究进展	大气科学	秦大河
E361	气候与环境研究	大气科学	王自发
Y504	气体物理	物理学；航空、航天科学技术	沈清
E352	气象	大气科学	矫梅燕
E566	气象科技	大气科学	徐祥德；李良序
E359	气象科学	大气科学	杨修群
E001	气象学报	大气科学	丁一汇
E521	气象与环境科学	大气科学	王鹏祥
E633	气象与环境学报	大气科学	陈力强
X532	汽车安全与节能学报	公路运输	李克强
X018	汽车工程	公路运输	葛松林
X500	汽车工程学报	公路运输	李开国
X013	汽车技术	公路运输	郝旭辉
P001	汽轮机技术	动力工程	张宏涛
G595	器官移植	外科学综合	陈规划
Y009	强度与环境	航空、航天科学技术	王梦魁
C007	强激光与粒子束	核科学技术	张维岩
X021	桥梁建设	水路运输	彭旭民
G061	青岛大学学报医学版	医药大学学报	谢俊霞
T012	青岛科技大学学报自然科学版	自然科学综合大学学报	陈克正
U535	轻工机械	机械制造工艺与设备	黄丽珍
J001	清华大学学报自然科学版	工程技术大学学报	石磊
L044	全球能源互联网	能源科学综合	周舟
D002	燃料化学学报	化学；能源科学综合	房倚天
P011	燃烧科学与技术	动力工程	尧命发
G448	热带病与寄生虫学	流行病学、环境医学	汪天平
E563	热带地理	地理学	张虹鸥；黄光庆
E642	热带海洋学报	海洋科学、水文学	李超伦
H516	热带农业科学	农业综合	陈业渊
E110	热带气象学报	大气科学	薛纪善
H415	热带生物学报	生物学基础学科	罗杰
F228	热带亚热带植物学报	植物学	叶清
G609	热带医学杂志	流行病学、环境医学	余新炳
H223	热带作物学报	农艺学	邹学校；郭安平
T105	热固性树脂	化学工程综合	于浩
N071	热加工工艺	机械制造工艺与设备	张磊

表 9-1　2023 年中国科技核心期刊（中文）目录（续）

CODE	刊名	学科分类	主编
C134	热科学与技术	物理学；动力工程	沈胜强
R501	热力发电	动力工程；电气工程	苏立新
P006	热能动力工程	动力工程	林枫
T013	人工晶体学报	材料科学综合	祝世宁
N106	人类工效学	工程与技术科学基础学科	金会庆
F041	人类学学报	生物学基础学科	刘武
W555	人民黄河	水利工程	李文学
W504	人民长江	水利工程	仲志余
T070	日用化学工业	化学工程综合	黄建滨
U515	肉类研究	食品科学技术	孙勇
H097	乳业科学与技术	食品科学技术	孙勇
S011	软件学报	计算机科学技术	赵琛
N029	润滑与密封	工程与技术科学基础学科	贺石中
R086	三峡大学学报自然科学版	工程技术大学学报；水利工程	沈艳军
D012	色谱	化学	张玉奎
H382	森林工程	林学；农业工程	董喜斌
H051	森林与环境学报	林学	尹伟伦
E635	沙漠与绿洲气象	大气科学；地理学	崔彩霞
H070	山地农业生物学报	农业综合	陈祥盛
E101	山地学报	地理学	邓伟
G742	山东大学耳鼻喉眼学报	医药大学学报；耳鼻咽喉科学	潘新良
J022	山东大学学报工学版	工程技术大学学报	李术才
A020	山东大学学报理学版	自然科学综合大学学报	刘建亚
G062	山东大学学报医学版	医药大学学报	陈子江
A141	山东科技大学学报自然科学版	自然科学综合大学学报	周东华
A637	山东科学	自然科学综合	王军成
H031	山东农业大学学报自然科学版	农业大学学报	冷畅俭
H804	山东农业科学	农业综合	李向东
G063	山东中医药大学学报	中医药大学学报	武继彪
G574	山东中医杂志	中医学	武继彪
A014	山西大学学报自然科学版	自然科学综合大学学报	李思殿
H393	山西农业大学学报自然科学版	农业大学学报	徐明岗
H390	山西农业科学	农业综合	张强
G064	山西医科大学学报	医药大学学报	李思进
H217	陕西农业科学	农业综合	夏显力
A066	陕西师范大学学报自然科学版	自然科学师范大学学报	刘忠文
G630	陕西医学杂志	医学综合	杨世兴
G725	陕西中医	中医学	杨世兴
V088	上海城市规划	建筑科学与技术	张帆
A056	上海大学学报自然科学版	自然科学综合大学学报	孙晋良
U528	上海纺织科技	纺织科学技术	李勇
X038	上海海事大学学报	工程技术大学学报；水路运输	严伟
H292	上海海洋大学学报	农业大学学报；水产学	万荣
Y555	上海航天中英文版	航空、航天科学技术	林立芳

表 9-1　2023 年中国科技核心期刊（中文）目录（续）

CODE	刊名	学科分类	主编
X006	上海交通大学学报	工程技术大学学报	郑杭
G066	上海交通大学学报医学版	医药大学学报	陈国强
M021	上海金属	金属材料	翟启杰
G283	上海口腔医学	口腔医学	张志愿
H282	上海农业学报	农业综合	吴爱忠
G069	上海医学	医学综合	樊嘉
Q219	上海预防医学	预防医学与公共卫生学综合	吴凡
G596	上海针灸杂志	针灸、中医骨伤	黄琴峰；马晓芃
G946	上海中医药大学学报	中医药大学学报	陈凯先
G389	上海中医药杂志	中医学；中药学	严世芸
T763	深空探测学报中英文版	航空、航天科学技术	吴伟仁
A515	深圳大学学报理工版	工程技术大学学报	毛军发
G329	神经疾病与精神卫生	神经病学、精神病学	崔光成
G070	神经解剖学杂志	基础医学	李云庆
G319	神经损伤与功能重建	神经病学、精神病学	王伟
A074	沈阳大学学报自然科学版	自然科学综合大学学报	原忠虎
J052	沈阳工业大学学报	工程技术大学学报	秦毅
V011	沈阳建筑大学学报自然科学版	工程技术大学学报；建筑科学与技术	严文复
H024	沈阳农业大学学报	农业大学学报	陈启军
A586	沈阳师范大学学报自然科学版	自然科学师范大学学报	刘红薇
G071	沈阳药科大学学报	医药大学学报；药学	程卯生
G202	肾脏病与透析肾移植杂志	泌尿外科学	刘志红
F203	生理科学进展	生物学基础学科	王宪
F001	生理学报	生物学基础学科；基础医学	管又飞
F042	生命的化学	生物学基础学科	陈剑峰
F215	生命科学	生物学基础学科	赵国屏
F046	生命科学研究	生物学基础学科	梁宋平
Z034	生态毒理学报	生态学	王子健
H784	生态环境学报	生态学；环境科学技术及资源科学技术	陶澍
Z512	生态科学	生态学	段舜山
Z014	生态学报	生态学	傅伯杰
Z028	生态学杂志	生态学	贾永锋
Z023	生态与农村环境学报	农业工程；环境科学技术及资源科学技术	蔡道基
H080	生物安全学报	农业综合	龙民生；万方浩；Geoff M.Gurr
F049	生物多样性	生物学基础学科	马克平
F003	生物工程学报	生物工程	邓子新
G401	生物骨科材料与临床研究	骨外科学	李锋
F016	生物化学与生物物理进展	生物学基础学科	赫荣乔
F229	生物技术	生物工程	张介驰
F214	生物技术进展	生物工程	林敏
F205	生物技术通报	生物工程	谢旗
F204	生物加工过程	生物工程	应汉杰
F040	生物信息学	生物学基础学科	任南琪

表 9-1　2023 年中国科技核心期刊（中文）目录（续）

CODE	刊名	学科分类	主编
F213	生物学杂志	生物学基础学科	罗家騄
G006	生物医学工程学杂志	生物医学工程学	李虹
G332	生物医学工程研究	生物医学工程学	凌沛学；韩金祥
G603	生物医学工程与临床	生物医学工程学	李彤
GE01	生物医学转化	基础医学	董尔丹
H083	生物质化学工程	化学工程综合	周永红
F044	生物资源	生物学基础学科	孙明
G624	生殖医学杂志	优生学、计划生育学	郎景和
C033	声学技术	物理学	胡长青
C054	声学学报	物理学	李晓东
E302	湿地科学	地理学	吕宪国
E636	湿地科学与管理	地理学	刘世荣
A615	石河子大学学报自然科学版	自然科学综合大学学报	代斌
T933	石化技术与应用	石油天然气工程；应用化学工程	殷茜
X042	石家庄铁道大学学报自然科学版	工程技术大学学报；铁路运输	龙奋杰
L016	石油地球物理勘探	石油天然气工程	李培明
L015	石油化工	石油天然气工程	郭子芳
L034	石油化工高等学校学报	石油天然气工程	王亚新
L021	石油化工设备技术	石油天然气工程	孙丽丽
L019	石油机械	石油天然气工程	贺会群
L031	石油勘探与开发	石油天然气工程	戴金星
L043	石油科学通报	石油天然气工程	陈勉
L030	石油炼制与化工	石油天然气工程	汪燮卿
E126	石油实验地质	地质学	郭旭升
L005	石油物探	石油天然气工程	严建文
L028	石油学报	石油天然气工程	赵宗举
L012	石油学报石油加工	石油天然气工程	汪燮卿
L006	石油与天然气地质	石油天然气工程	王庭斌
L008	石油钻采工艺	石油天然气工程	朱瑞彬
L025	石油钻探技术	石油天然气工程	马开华
F257	实验动物科学	昆虫学、动物学	荣瑞章
G387	实验动物与比较医学	昆虫学、动物学；基础医学	刘瑞三
N993	实验技术与管理	工程与技术科学基础学科	吕志刚
C009	实验力学	力学	方如华
Y018	实验流体力学	航空、航天科学技术	乐嘉陵
A115	实验室研究与探索	工程与技术科学基础学科	夏有为
G534	实用放射学杂志	核医学、医学影像学	鱼博浪；宦怡
G586	实用妇产科杂志	妇产科学	王世阆
G746	实用肝脏病杂志	消化病学	周天仇
G457	实用骨科杂志	骨外科学	卫小春
G224	实用口腔医学杂志	口腔医学	赵铱民
G700	实用老年医学	保健医学	顾寿永
Q919	实用临床医药杂志	生物医学工程学	史宏灿
G652	实用皮肤病学杂志	皮肤病学	杨蓉娅

表 9-1 2023 年中国科技核心期刊（中文）目录（续）

CODE	刊名	学科分类	主编
G469	实用器官移植电子杂志	外科学综合	沈中阳
G766	实用心脑肺血管病杂志	普通外科学、胸外科学、心血管外科学；心血管病学	王拥军
G834	实用药物与临床	药学	滕卫平
G324	实用医学杂志	临床医学综合	苏焕群
G760	实用医院临床杂志	临床医学综合	韩盛玺
G768	实用预防医学	预防医学与公共卫生学综合	罗普泉
G856	实用肿瘤学杂志	肿瘤学	庞达
G890	实用肿瘤杂志	肿瘤学	张苏展
U049	食品安全质量检测学报	食品科学技术	吴永宁
U005	食品工业科技	食品科学技术	张铁鹰
U648	食品科技	食品科学技术	兰向东
U006	食品科学	食品科学技术	孙勇
A117	食品科学技术学报	食品科学技术	孙宝国
U617	食品研究与开发	食品科学技术	赵丽
U035	食品与发酵工业	食品科学技术	朱庆裴
U641	食品与发酵科技	食品科学技术	陈功
U547	食品与机械	食品科学技术	黄寿恩
U029	食品与生物技术学报	食品科学技术	裘松良
G748	食品与药品	药学；食品科学技术	凌沛学
H838	食用菌学报	园艺学；食品科学技术	吴爱忠
E655	世界地理研究	地理学	杜德斌
E363	世界地震工程	地球物理学	孙柏涛
E548	世界地质	地质学	孙革
E054	世界核地质科学	核科学技术	李子颖
G906	世界科学技术－中医药现代化	中医学；中药学	陈凯先
G485	世界临床药物	药学	周斌
X538	世界桥梁	水路运输	彭旭民
G484	世界中西医结合杂志	中西医结合医学	路志正
G483	世界中医药	中医学；中药学	吴以岭
Q957	首都公共卫生	预防医学与公共卫生学综合	徐建国
A023	首都师范大学学报自然科学版	自然科学师范大学学报	郭长彬
G073	首都医科大学学报	医药大学学报	王晓民
F033	兽类学报	昆虫学、动物学	王德华
R005	数据采集与处理	通信技术	贲德
W009	数理统计与管理	数学；管理学	杨振海
B015	数学的实践与认识	数学	林群
B007	数学进展	数学	李亦
B004	数学年刊 A	数学	李大潜
C036	数学物理学报	数学；物理学	丁夏畦
B006	数学学报	数学	王跃飞；张立群
B012	数学杂志	数学	齐民友
H847	水产科学	水产学	周遵春
H008	水产学报	水产学	黄硕琳

表 9-1　2023 年中国科技核心期刊（中文）目录（续）

CODE	刊名	学科分类	主编
Z016	水处理技术	环境科学技术及资源科学技术	高从堦
X533	水道港口	水路运输	赵冲久
P007	水电能源科学	能源科学综合；水利工程	邴凤山；张勇传
W004	水动力学研究与进展 A	水利工程	周连第
W013	水科学进展	水利工程	刘国纬
R050	水力发电	水利工程	徐方军
R049	水力发电学报	水利工程	谷兆祺
R587	水利经济	水利工程	郑垂勇
W011	水利水电技术	水利工程	王海锋
W502	水利水电科技进展	水利工程	顾冲时
W006	水利水运工程学报	水利工程	张瑞凯
W003	水利学报	水利工程	程晓陶
F010	水生生物学报	生物学基础学科	桂建芳
H850	水生态学杂志	生态学；水产学	常剑波
H015	水土保持通报	农业工程	李锐
H287	水土保持学报	农业工程	刘宝元
H056	水土保持研究	农业工程	刘国彬
E540	水文	海洋科学、水文学	邓坚
E154	水文地质工程地质	地质学；海洋科学、水文学	陈梦熊
N907	水下无人系统学报	兵器科学与技术	董春鹏
X528	水运工程	水路运输	吴澎
R566	水资源保护	水利工程	王沛芳
W570	水资源与水工程学报	水利工程	蔡焕杰
U056	丝绸	纺织科学技术	宣友木
G045	四川大学学报医学版	医药大学学报	张肇达
A006	四川大学学报自然科学版	自然科学综合大学学报	刘应明
F027	四川动物	昆虫学、动物学	岳碧松
Z007	四川环境	环境科学技术及资源科学技术	叶宏
G710	四川精神卫生	神经病学、精神病学	唐向东
H007	四川农业大学学报	农业大学学报	李明洲
A033	四川师范大学学报自然科学版	自然科学师范大学学报	周一阳
G575	四川医学	医学综合	卓凯星
H862	饲料工业	畜牧、兽医科学	聂春宵
H864	饲料研究	畜牧、兽医科学	李寰旭
T106	塑料	高聚物工程	杨明锦
T014	塑料工业	高聚物工程	陈敏剑
T536	塑料科技	高聚物工程	于文杰
T079	塑料助剂	高聚物工程	杨明
T580	塑性工程学报	机械制造工艺与设备	陆辛
X634	隧道建设中英文版	公路运输；铁路运输	张炜
R652	太赫兹科学与电子信息学报	电子技术	毛军发
L009	太阳能学报	能源科学综合	石定寰
J011	太原理工大学学报	工程技术大学学报	谢克昌
M544	钛工业进展	金属材料	周廉

表 9-1　2023 年中国科技核心期刊（中文）目录（续）

CODE	刊名	学科分类	主编
T500	弹性体	高聚物工程	蔡小平
T015	炭素技术	化学工程综合	解治友
N043	探测与控制学报	兵器科学与技术	张龙山
V531	陶瓷学报	化学工程综合	秦锡麟
H041	特产研究	农业综合	沈育杰
L505	特种油气藏	石油天然气工程	张方礼
N065	特种铸造及有色合金	机械制造工艺与设备	袁振国
R776	天地一体化信息网络	通信技术	陆军
A041	天津大学学报	工程技术大学学报	龚克
U017	天津工业大学学报	工程技术大学学报	杨庆新
A504	天津师范大学学报自然科学版	自然科学师范大学学报	高玉葆
G076	天津医药	医学综合	张愈
G626	天津中医药	中医学；中药学	张伯礼
G914	天津中医药大学学报	中医药大学学报	张伯礼
T611	天然产物研究与开发	中药学	李伯刚
L518	天然气地球科学	石油天然气工程	戴金星
L029	天然气工业	石油天然气工程	杨雨
L507	天然气与石油	石油天然气工程	郭成华
E023	天文学报	天文学	甘为群
E114	天文学进展	天文学	袁峰
X521	铁道工程学报	铁路运输	何宁
X007	铁道科学与工程学报	铁路运输	余志武
X005	铁道学报	铁路运输	赵国堂
G238	听力学及言语疾病杂志	耳鼻咽喉科学	陶泽璋；韩德民；韩东一
R065	通信学报	通信技术	张平
G965	同济大学学报医学版	医药大学学报	陈义汉
J032	同济大学学报自然科学版	工程技术大学学报	李杰
Q003	同位素	核科学技术	罗顺忠
N061	图学学报	机械工程设计	汪国平
T103	涂料工业	精细化学工程	竺玉书
V029	土木工程学报	土木工程	徐培福
V035	土木工程与管理学报	土木工程	丁烈云
V019	土木与环境工程学报中英文版	土木工程	黄宗明
H043	土壤	土壤学	赵其国
H057	土壤通报	土壤学	须湘成
H012	土壤学报	土壤学	史学正
H048	土壤与作物	土壤学	张福锁
Y025	推进技术	航空、航天科学技术	郑日恒
S795	外国经济与管理	管理学	郑少华
G601	外科理论与实践	外科学综合	林言箴；李宏为
G996	皖南医学院学报	医药大学学报	李朝品
S017	网络新媒体技术	计算机科学技术	倪宏
S082	网络与信息安全学报	计算机科学技术	方滨兴
R070	微波学报	通信技术	杨乃恒

表 9-1　2023 年中国科技核心期刊（中文）目录（续）

CODE	刊名	学科分类	主编
G866	微创泌尿外科杂志	泌尿外科学	张旭；孙颖浩
R057	微电机	电气工程	牒正文
R064	微电子学	电子技术	成福康
R004	微电子学与计算机	电子技术；计算机科学技术	唐磊
R098	微纳电子技术	电子技术	李和委
F004	微生物学报	微生物学、病毒学	李季伦
F206	微生物学免疫学进展	微生物学、病毒学	朱莉萍
F011	微生物学通报	微生物学、病毒学	周宁一
F225	微生物学杂志	微生物学、病毒学	张忠泽
G651	微生物与感染	感染性疾病学、传染病学	闻玉梅
R085	微特电机	电气工程	施进浩
E052	微体古生物学报	地质学	穆西南
S033	微型电脑应用	计算机科学技术	朱仲英
G210	微循环学杂志	基础医学	李艳
S813	卫生软科学	卫生管理学、健康教育学	吴明
G079	卫生研究	卫生管理学、健康教育学	段国兴
G800	胃肠病学	消化病学	萧树东
G326	胃肠病学和肝病学杂志	消化病学	段芳龄
G702	温州医科大学学报	医药大学学报	吕帆
D003	无机材料学报	材料科学综合	陈立东
D023	无机化学学报	化学	游效曾
T072	无机盐工业	化学工程综合	刘红光
N044	无损检测	机械制造工艺与设备	王务同
W014	武汉大学学报工学版	工程技术大学学报	刘经南
A024	武汉大学学报理学版	自然科学综合大学学报	邓子新
E107	武汉大学学报信息科学版	自然科学综合大学学报；测绘科学技术	李建成
G038	武汉大学学报医学版	医药大学学报	黄从新
M032	武汉科技大学学报自然科学版	工程技术大学学报	刘光临
X017	武汉理工大学学报交通科学与工程版	工程技术大学学报；交通运输工程	李腊元
J018	武汉理工大学学报信息与管理工程版	工程技术大学学报；电子技术	程森成
G707	武警医学	医学综合	李小萍
D001	物理化学学报	化学	唐有祺
C006	物理学报	物理学	高鸿钧
C509	物理与工程	物理学	顾牡；王青
E136	物探化探计算技术	地质学	贺振华
E138	物探与化探	地质学	熊盛青
R009	西安电子科技大学学报自然科学版	工程技术大学学报；电子技术	梁昌洪
U030	西安工程大学学报	工程技术大学学报	高岭
J036	西安工业大学学报	工程技术大学学报	刘卫国
V018	西安建筑科技大学学报自然科学版	工程技术大学学报；建筑科学与技术	赵鸿铁
X030	西安交通大学学报	工程技术大学学报	陶文铨
G081	西安交通大学学报医学版	医药大学学报	闫剑群
A150	西安科技大学学报	工程技术大学学报	伍永平
J002	西安理工大学学报	工程技术大学学报	刘宏昭

表 9-1 2023 年中国科技核心期刊（中文）目录（续）

CODE	刊名	学科分类	主编
L010	西安石油大学学报自然科学版	工程技术大学学报；石油天然气工程	屈展
R671	西安邮电大学学报	工程技术大学学报；通信技术	温小郑
A032	西北大学学报自然科学版	自然科学综合大学学报	赵重远
E125	西北地质	地质学	夏林圻
Y023	西北工业大学学报	工程技术大学学报	胡沛泉
H224	西北林学院学报	农业大学学报；林学	范升才
H018	西北农林科技大学学报自然科学版	农业大学学报	张涌
H288	西北农业学报	农业综合	宋继学
A022	西北师范大学学报自然科学版	自然科学师范大学学报	赵更吉
G792	西北药学杂志	药学	杨世民
F020	西北植物学报	植物学	胡正海
H385	西部林业科学	林学	郎南军
V573	西部人居环境学刊	建筑科学与技术	赵万民
G588	西部医学	医学综合	李光明
G699	西部中医药	中医学；中药学	潘文
J045	西华大学学报自然科学版	工程技术大学学报	罗中先
H004	西南大学学报自然科学版	自然科学综合大学学报	向仲怀
X032	西南交通大学学报	工程技术大学学报	翟婉明
H270	西南林业大学学报	农业大学学报；林学	刘惠民
A060	西南民族大学学报自然科学版	自然科学综合大学学报	曾明
H061	西南农业学报	农业综合	李跃建
A064	西南师范大学学报自然科学版	自然科学师范大学学报	李明
L002	西南石油大学学报自然科学版	工程技术大学学报；石油天然气工程	杜志敏
M041	稀土	材料科学综合	杨占峰
M029	稀有金属	金属材料	屠海令
M052	稀有金属材料与工程	金属材料	殷为宏
S505	系统仿真技术	信息与系统科学相关工程与技术	万钢
S003	系统仿真学报	信息与系统科学相关工程与技术	李伯虎；赵沁平
B028	系统工程	信息科学与系统科学	陈收
B025	系统工程理论与实践	信息科学与系统科学	陈光亚
B018	系统工程学报	信息科学与系统科学	刘豹
R059	系统工程与电子技术	信息与系统科学相关工程与技术；电子技术	施荣
B027	系统管理学报	信息科学与系统科学	王浣尘
B021	系统科学与数学	数学；信息科学与系统科学	陈翰馥
G188	细胞与分子免疫学杂志	基础医学	金伯泉
A063	厦门大学学报自然科学版	自然科学综合大学学报	张鸿斌
V087	现代城市研究	建筑科学与技术	叶菊华
E027	现代地质	地质学	邓军
R089	现代电力	电气工程	宋永华
R748	现代电子技术	电子技术	郝跃；许蒲；李明远
Y561	现代防御技术	兵器科学与技术	李文军
U634	现代纺织技术	纺织科学技术	陈建勇
G300	现代妇产科进展	妇产科学	江森
T063	现代化工	化学工程综合	揭玉斌

表 9-1　2023 年中国科技核心期刊（中文）目录（续）

CODE	刊名	学科分类	主编
G653	现代检验医学杂志	临床诊断学	宋张骏
G321	现代口腔医学杂志	口腔医学	俞光岩
R087	现代雷达	通信技术	陈玲
G438	现代临床护理	护理学	成守珍
G798	现代泌尿生殖肿瘤杂志	肿瘤学	那彦群；叶章群
G341	现代泌尿外科杂志	泌尿外科学	贺大林
G067	现代免疫学	基础医学	周光炎
H417	现代农药	植物保护学；应用化学工程	张湘宁
U010	现代食品科技	食品科学技术	李琳
T929	现代塑料加工应用	高聚物工程	顾越峰
X673	现代隧道技术	公路运输	梅志荣
G451	现代消化及介入诊疗	消化病学	张万岱
G421	现代药物与临床	药学	杨宝峰
G223	现代医学	医学综合	孙载阳
C093	现代应用物理	物理学	邱爱慈
G963	现代预防医学	预防医学与公共卫生学综合	张本
N111	现代制造工程	机械制造工艺与设备	徐大湧
G951	现代中西医结合杂志	中西医结合医学	李月梅
G486	现代中药研究与实践	中药学	胡世林；赵国胜
G896	现代中医临床	中医学	王永炎
T073	香料香精化妆品	精细化学工程	金其璋
A018	湘潭大学学报自然科学版	自然科学综合大学学报	黄云清
T064	橡胶工业	高聚物工程	何晓玫
T953	消防科学与技术	建筑科学与技术；安全科学技术	王铁强
Q937	消化肿瘤杂志电子版	肿瘤学	何裕隆
P010	小型内燃机与车辆技术	动力工程	何海生
S027	小型微型计算机系统	计算机科学技术	林浒
G817	协和医学杂志	医学综合	赵玉沛
G083	心肺血管病杂志	心血管病学	陈宝田
S700	心理发展与教育	心理学	林崇德
S918	心理科学	心理学	李其维
S919	心理科学进展	心理学	蒋毅
E046	心理学报	心理学	傅小兰
G476	心脑血管病防治	心血管病学；神经病学、精神病学	金宏义
G419	心血管病学进展	心血管病学	徐俊波
G578	心血管康复医学杂志	心血管病学	刘江生
G260	心脏杂志	心血管病学	裴建明
Q368	新发传染病电子杂志	感染性疾病学、传染病学	陆普选
A087	新疆大学学报自然科学版中英文版	自然科学综合大学学报	蒋海军
E159	新疆地质	地质学	李向东
H276	新疆农业科学	农业综合	戴健
L007	新疆石油地质	石油天然气工程	夏明生
G980	新疆医科大学学报	医药大学学报	哈木拉提・吾甫尔
R516	新能源进展	能源科学综合	李小森

表 9-1 2023 年中国科技核心期刊（中文）目录（续）

CODE	刊名	学科分类	主编
G328	新乡医学院学报	医药大学学报	乔汉臣
V056	新型建筑材料	建筑科学与技术	张美强
M102	新型炭材料	材料科学综合	成会明
G721	新医学	医学综合	陈规划
R034	信号处理	通信技术	龙腾
S081	信息安全学报	计算机科学技术	方滨兴
S087	信息安全研究	计算机科学技术	李新友
R519	信息技术	信息与系统科学相关工程与技术	张丽丽
S046	信息网络安全	计算机科学技术	关非
S002	信息与控制	信息科学与系统科学	王天然
A510	信阳师范学院学报自然科学版	自然科学师范大学学报	李俊
G565	徐州医科大学学报	医药大学学报	郑骏年
H023	畜牧兽医学报	畜牧、兽医科学	文杰
H218	畜牧与兽医	畜牧、兽医科学	石放雄
H247	畜牧与饲料科学	畜牧、兽医科学	金海
Q958	血管与腔内血管外科杂志	普通外科学、胸外科学、心血管外科学	刘昌伟
G627	循证医学	临床诊断学；流行病学、环境医学	吴一龙
R069	压电与声光	光电子学与激光技术	胡少勤
N052	压力容器	机械制造工艺与设备	王冰
H200	亚热带农业研究	农业综合	林文雄
E047	亚热带资源与环境学报	环境科学技术及资源科学技术	张新时
U562	烟草科技	园艺学	谢剑平
J025	燕山大学学报	工程技术大学学报	张福成
E053	岩矿测试	地质学	尹明
E157	岩石矿物学杂志	地质学	沈其韩
C005	岩石力学与工程学报	力学；土木工程	冯夏庭
E309	岩石学报	地质学	从柏林
V574	岩土工程技术	土木工程	常士骠
V037	岩土工程学报	土木工程	蔡正银
C004	岩土力学	力学；土木工程	孔令伟
E163	岩性油气藏	石油天然气工程	刘金新
S821	研究与发展管理	管理学	骆品亮
E500	盐湖研究	海洋科学、水文学	高世扬
T054	盐科学与化工	化学工程综合	夏万顺
G962	眼科	眼科学	徐亮
G554	眼科新进展	眼科学	余涵
H016	扬州大学学报农业与生命科学版	农业大学学报	顾铭洪
S031	遥测遥控	信息与系统科学相关工程与技术	李艳华
Z543	遥感技术与应用	测绘科学技术	姜景山
S024	遥感信息	测绘科学技术	陈述彭
Z006	遥感学报	测绘科学技术	顾行发
G403	药物不良反应杂志	药学	程经华
G087	药物分析杂志	药学	涂国士
G877	药物流行病学杂志	药学	曾繁典

表 9-1 2023 年中国科技核心期刊（中文）目录（续）

CODE	刊名	学科分类	主编
G836	药物评价研究	药学	汤立达
G514	药物生物技术	药学	吴梧桐
G440	药学实践与服务	药学	姜远英
G008	药学学报	药学	王晓良
G331	药学研究	药学	李军
G527	药学与临床研究	药学	王明时
M023	冶金分析	冶金工程技术	贾云海
M047	冶金能源	冶金工程技术	罗文泉
C503	液晶与显示	物理学；电子技术	郭海成
N079	液压气动与密封	工程与技术科学基础学科	宋京其
N035	液压与气动	机械工程设计	宋京其
G605	医疗卫生装备	卫生管理学、健康教育学	孙景工
G482	医学动物防制	流行病学、环境医学	段利国
G333	医学分子生物学杂志	基础医学	邓耀祖
GB02	医学新知	医学综合	王行环；魏万林
G281	医学研究与战创伤救治	医学综合	何子安
G480	医学研究杂志	医学综合	赵瑞芹
G265	医学影像学杂志	核医学、医学影像学	武乐斌
G964	医学与社会	医学综合	刘建凡
G308	医学与哲学	医学综合	张大庆；赵明杰
G844	医药导报	药学	刘东
G088	医用生物力学	力学；基础医学	姜宗来
N074	仪表技术与传感器	仪器仪表技术	刘凯
N066	仪器仪表学报	仪器仪表技术	张钟华
F024	遗传	生物学基础学科	黄勋
G455	疑难病杂志	临床医学综合	马智
T104	印染助剂	精细化学工程	况余春
G089	营养学报	预防医学与公共卫生学综合	郭长江
D014	影像科学与光化学	化学	王雪松
G649	影像诊断与介入放射学	核医学、医学影像学	孟俊非
B008	应用概率统计	数学	陈松蹊
C109	应用光学	物理学	王惠林
E123	应用海洋学学报	海洋科学、水文学	蔡锋
T949	应用化工	化学工程综合	朱明道
D016	应用化学	化学	张洪杰
A580	应用基础与工程科学学报	工程与技术科学基础学科	倪晋仁
R033	应用激光	光电子学与激光技术	王之江
X693	应用科技	信息与系统科学相关工程与技术	朱齐丹
A015	应用科学学报	通信技术	王廷云
F035	应用昆虫学报	昆虫学、动物学	戈峰
C008	应用力学学报	力学	陈宜亨
E122	应用气象学报	大气科学	张人禾
Z018	应用生态学报	生态学	于贵瑞
C052	应用声学	物理学	王秀明

表 9-1　2023 年中国科技核心期刊（中文）目录（续）

CODE	刊名	学科分类	主编
B011	应用数学	数学	李大潜
B020	应用数学和力学	数学；力学	卢天健
B001	应用数学学报	数学	巩馥洲
F100	应用与环境生物学报	生物学基础学科；环境科学技术及资源科学技术	吴宁
M014	硬质合金	金属材料	赵声志
L359	油气藏评价与开发	石油天然气工程	吴聿元
L027	油气储运	石油天然气工程	张栋
L504	油气地质与采收率	石油天然气工程	牛栓文
L033	油田化学	石油天然气工程	张熙
E051	铀矿地质	矿山工程技术	李子颖
K020	铀矿冶	矿山工程技术	阙为民
T916	有机硅材料	化学工程综合	周远建
D025	有机化学	化学	丁奎岭
M036	有色金属工程	金属材料	沈政昌
M504	有色金属科学与工程	金属材料	罗仙平
K013	有色金属矿山部分	矿山工程技术	杨小聪
K580	有色金属选矿部分	矿山工程技术	孙传尧
M020	有色金属冶炼部分	冶金工程技术	王海北
H998	渔业科学进展	水产学	金显仕
H220	渔业现代化	水产学	陈军
Y020	宇航材料工艺	航空、航天科学技术	吕宏军
Y008	宇航计测技术	航空、航天科学技术	王文革
Y024	宇航学报	航空、航天科学技术	吴燕生
Y054	宇航总体技术	航空、航天科学技术	何巍
H909	玉米科学	农艺学	王立春
G479	预防医学	预防医学与公共卫生学综合	王桢
G518	预防医学情报杂志	预防医学与公共卫生学综合	吴先萍
H039	园艺学报	园艺学	张友军
C108	原子核物理评论	物理学；核科学技术	肖国青
Q008	原子能科学技术	核科学技术	薛小刚
A038	云南大学学报自然科学版	自然科学综合大学学报	张力
A654	云南民族大学学报自然科学版	自然科学综合大学学报	张桥贵
A053	云南师范大学学报自然科学版	自然科学师范大学学报	高云
B013	运筹学学报	数学	戴彧虹
B522	运筹与管理	数学；管理学	章祥荪
H989	杂草学报	植物保护学	张绍明
H293	杂交水稻	农艺学	廖伏明
E148	灾害学	地球物理学；安全科学技术	刘晨
Y057	载人航天	航空、航天科学技术	周建平
U643	造纸科学与技术	应用化学工程	陈洋
C100	噪声与振动控制	机械工程设计	严济宽
M043	轧钢	冶金工程技术	丁波
Y521	战术导弹技术	兵器科学与技术	张冬青

表 9-1　2023 年中国科技核心期刊（中文）目录（续）

CODE	刊名	学科分类	主编
A017	浙江大学学报工学版	工程技术大学学报	谭建荣
A002	浙江大学学报理学版	自然科学综合大学学报	贺贤土；张富春
H035	浙江大学学报农业与生命科学版	农业大学学报	张国平
G091	浙江大学学报医学版	医药大学学报	周天华
R777	浙江电力	电气工程	董毓华
J016	浙江工业大学学报	工程技术大学学报	郑华均
H019	浙江农林大学学报	农业大学学报；林学	沈希
H201	浙江农业学报	农业综合	林福呈
G810	浙江医学	医学综合	李兰娟
G092	浙江中医药大学学报	中医药大学学报	陈忠
G093	针刺研究	针灸、中医骨伤	朱兵
G488	针灸临床杂志	针灸、中医骨伤	孙忠人
N086	真空	工程与技术科学基础学科	宋青竹
N994	真空科学与技术学报	工程与技术科学基础学科	刘明
C038	真空与低温	物理学	李得天
G259	诊断病理学杂志	基础医学；临床诊断学	卞修武；梁智勇；石怀银；张建中
G615	诊断学理论与实践	临床诊断学	王学锋
Y010	振动测试与诊断	航空、航天科学技术	赵淳生
Y004	振动工程学报	力学；机械工程设计	胡海岩
N030	振动与冲击	机械工程设计	恽伟君
E316	震灾防御技术	地球物理学；安全科学技术	李小军
J012	郑州大学学报工学版	工程技术大学学报	李燕燕
A019	郑州大学学报理学版	自然科学综合大学学报	李燕燕
G036	郑州大学学报医学版	医药大学学报	李燕燕
G835	职业卫生与应急救援	预防医学与公共卫生学综合	王祖兵
G884	职业与健康	流行病学、环境医学	王撷秀
H577	植物保护	植物保护学	陈万权
H014	植物保护学报	植物保护学	彩万志
H052	植物病理学报	植物保护学	郭泽建
H584	植物检疫	植物保护学	朱水芳
F008	植物科学学报	植物学	王青锋
F038	植物生理学报	植物学	何祖华
F009	植物生态学报	植物学	方精云
F023	植物学报	植物学	王台
F050	植物研究	植物学	付玉杰
H238	植物遗传资源学报	农艺学	刘旭
H890	植物营养与肥料学报	土壤学	周卫
Z551	植物资源与环境学报	环境科学技术及资源科学技术	姚东瑞
N091	指挥控制与仿真	兵器科学与技术	何佳洲
N094	指挥与控制学报	兵器科学与技术	费爱国
U011	制冷学报	动力工程	何雅玲
N046	制造技术与机床	机械工程设计	黄正华
S023	制造业自动化	信息与系统科学相关工程与技术	尹作重

表 9-1　2023 年中国科技核心期刊（中文）目录（续）

CODE	刊名	学科分类	主编
C034	质谱学报	化学；仪器仪表技术	陈洪渊
R072	智慧电力	电气工程	别朝红
H106	智慧农业中英文	农业综合	赵春江
S999	智能科学与技术学报	信息与系统科学相关工程与技术	王飞跃
S052	智能系统学报	信息与系统科学相关工程与技术	李德毅
G007	中草药	中药学	刘昌孝；汤立达
G520	中成药	中药学	陶建生
G546	中国 CT 和 MRI 杂志	核医学、医学影像学	王成林
Q940	中国癌症防治杂志	肿瘤学	唐卫中
G538	中国癌症杂志	肿瘤学	邵志敏
G985	中国艾滋病性病	皮肤病学	尚红
G129	中国安全科学学报	安全科学技术	王浩水；范维澄
Z552	中国安全生产科学技术	安全科学技术	张兴凯
F048	中国比较医学杂志	基础医学	秦川
N103	中国表面工程	机械制造工艺与设备	邵天敏
G750	中国病案	卫生管理学、健康教育学	刘爱民
G769	中国病毒病杂志	微生物学、病毒学；预防医学与公共卫生学综合	庄辉
G096	中国病理生理杂志	基础医学	陆大祥
G339	中国病原生物学杂志	微生物学、病毒学	庄辉
M053	中国材料进展	材料科学综合	周廉
H213	中国草地学报	草原学	王育青
N830	中国测试	工程与技术科学基础学科	杨杰斌
G097	中国超声医学杂志	核医学、医学影像学	周晓东
G529	中国卒中杂志	神经病学、精神病学	王拥军
G901	中国当代儿科杂志	儿科学	杨于嘉
H939	中国稻米	农艺学	钱前
E351	中国地震	地球物理学	王海涛
E654	中国地质	地质学	郝梓国
E169	中国地质调查	地质学	刘延明
E604	中国地质灾害与防治学报	地质学；安全科学技术	殷跃平
R040	中国电机工程学报	电气工程	汤涌
R511	中国电力	电气工程	胡兆光
G234	中国动脉硬化杂志	心血管病学	姜志胜
H891	中国动物传染病学报	畜牧、兽医科学	马志永
G825	中国儿童保健杂志	保健医学；儿科学	杨玉凤
G270	中国耳鼻咽喉颅底外科杂志	耳鼻咽喉科学	孙虹；赵素萍
G543	中国耳鼻咽喉头颈外科	耳鼻咽喉科学	王琪
G100	中国法医学杂志	军事医学与特种医学	刘耀
G290	中国防痨杂志	呼吸病学、结核病学	肖和平
V023	中国非金属矿工业导刊	矿山工程技术	李志威
G320	中国肺癌杂志	肿瘤学	周清华
G402	中国分子心脏病学杂志	心血管病学	惠汝太
V568	中国粉体技术	建筑科学与技术	郑水林

表 9-1 2023 年中国科技核心期刊（中文）目录（续）

CODE	刊名	学科分类	主编
G587	中国辐射卫生	预防医学与公共卫生学综合	苏旭
M007	中国腐蚀与防护学报	材料科学综合	左良；宫声凯
G456	中国妇产科临床杂志	妇产科学	魏丽惠
G687	中国妇幼健康研究	优生学、计划生育学	李旭
G475	中国肝脏病杂志电子版	消化病学	成军
G631	中国感染控制杂志	感染性疾病学、传染病学	吴安华
G337	中国感染与化疗杂志	感染性疾病学、传染病学	张婴元
X035	中国港湾建设	水路运输	彭瑞
V036	中国给水排水	建筑科学与技术	吴凡松
N089	中国工程机械学报	机械制造工艺与设备	郑惠强
N754	中国工程科学	工程与技术科学基础学科	吴曼青
G244	中国工业医学杂志	流行病学、环境医学	阎波
G102	中国公共卫生	预防医学与公共卫生学综合	徐建国
X031	中国公路学报	公路运输	沙爱民
G103	中国骨伤	针灸、中医骨伤	董福慧
G249	中国骨与关节损伤杂志	骨外科学	郭林新
G857	中国骨与关节杂志	骨外科学	张英泽
G663	中国骨质疏松杂志	内分泌病学与代谢病学、风湿病学	张萌萌
W021	中国管理科学	管理学	蔡晨
N104	中国惯性技术学报	工程与技术科学基础学科	赵小明
C099	中国光学	物理学；光电子学与激光技术	王家骐
G637	中国国境卫生检疫杂志	流行病学、环境医学	孙肖红
H215	中国果树	园艺学	刘凤之
L013	中国海上油气	石油天然气工程	邓运华
E313	中国海洋大学学报自然科学版	自然科学综合大学学报；海洋科学、水文学；水产学	李华军
L026	中国海洋平台	石油天然气工程	谢新
G104	中国海洋药物	药学	管华诗
X039	中国航海	水路运输	何建中
G973	中国呼吸与危重监护杂志	呼吸病学、结核病学	刘春涛；林江涛
G417	中国护理管理	护理学	张海燕
Z030	中国环境监测	环境科学技术及资源科学技术	王业耀
Z001	中国环境科学	环境科学技术及资源科学技术	张远航
N059	中国机械工程	机械工程设计	董仕节
A079	中国基础科学	自然科学综合	程津培
R066	中国激光	光电子学与激光技术	李儒新
R013	中国激光医学杂志	临床医学综合	顾瑛
G852	中国急救复苏与灾害医学杂志	医学综合	李宗浩
G241	中国急救医学	临床医学综合	曹俊强
G192	中国脊柱脊髓杂志	骨外科学	吕国华；李中实
G560	中国计划生育和妇产科	妇产科学；优生学、计划生育学	朱兰
G907	中国计划生育学杂志	优生学、计划生育学	吴尚纯
G105	中国寄生虫学与寄生虫病杂志	基础医学	曹建平
H414	中国家禽	畜牧、兽医科学	邹剑敏

表 9-1　2023 年中国科技核心期刊（中文）目录（续）

CODE	刊名	学科分类	主编
G787	中国健康教育	卫生管理学、健康教育学	陶茂萱
N108	中国舰船研究	水路运输	谢伟
T075	中国胶粘剂	精细化学工程	田素敏
G233	中国矫形外科杂志	烧伤外科学、整形外科学	孙磊
G239	中国介入心脏病学杂志	心血管病学	霍勇
G206	中国介入影像与治疗学	核医学、医学影像学	肖越勇；李肖；金龙
G323	中国康复	保健医学	黄晓琳
G400	中国康复理论与实践	保健医学	吴弦光；李建军
G106	中国康复医学杂志	保健医学	励建安；陈立典
G107	中国抗生素杂志	药学	刘昌孝
A098	中国科技论坛	管理学	胡志坚
A108	中国科学 地球科学	地球科学综合	郑永飞
A106	中国科学 化学	化学	万立骏
A109	中国科学 技术科学	工程与技术科学基础学科	叶恒强
A107	中国科学 生命科学	生物学基础学科	王大成
A105	中国科学 数学	数学	席南华
A103	中国科学 物理学 力学 天文学	力学；物理学；天文学	王鼎盛；张杰
Z317	中国科学 信息科学	信息科学与系统科学；计算机科学技术	梅宏
A081	中国科学基金	自然科学综合	高福
A007	中国科学技术大学学报	自然科学综合大学学报	包信和
Q442	中国科学数据中英文网络版	信息科学与系统科学	郭华东
A102	中国科学院大学学报	自然科学综合大学学报	石耀霖
A636	中国科学院院刊	自然科学综合	侯建国
Y003	中国空间科学技术	航空、航天科学技术	杨孟飞
G441	中国口腔颌面外科杂志	口腔医学	郑家伟
K030	中国矿业	矿山工程技术	赵奎涛
K015	中国矿业大学学报	工程技术大学学报；矿山工程技术	贺靖峰
U001	中国粮油学报	农业工程；食品科学技术	于衍霞
G447	中国临床保健杂志	保健医学	胡世莲
G108	中国临床解剖学杂志	基础医学	欧阳钧
G536	中国临床神经科学	神经病学、精神病学	蒋雨平
G794	中国临床神经外科杂志	神经病学、精神病学	徐国政
G221	中国临床心理学杂志	心理学	姚树桥
G583	中国临床新医学	临床医学综合	杨建荣
G754	中国临床研究	临床医学综合	王琦
G870	中国临床药理学与治疗学	药学	黄志力
G109	中国临床药理学杂志	药学	韩启德
G544	中国临床药学杂志	药学	周宏灏
G814	中国临床医生杂志	临床医学综合	杨普
G974	中国临床医学	临床医学综合	樊嘉
G304	中国临床医学影像杂志	核医学、医学影像学	郭启勇
G110	中国麻风皮肤病杂志	皮肤病学	张福仁
H212	中国麻业科学	农艺学	邱化蛟
G613	中国慢性病预防与控制	预防医学与公共卫生学综合	江国虹

表 9-1 2023 年中国科技核心期刊（中文）目录（续）

CODE	刊名	学科分类	主编
G598	中国媒介生物学及控制杂志	流行病学、环境医学	刘起勇
K579	中国煤炭	能源科学综合	张勇
K037	中国煤炭地质	能源科学综合	潘树仁
G582	中国煤炭工业医学杂志	医学综合	刘和亮
G428	中国美容医学	临床医学综合	朱宏亮
G297	中国美容整形外科杂志	临床医学综合	袁继龙
K036	中国锰业	金属材料	谢封尉
H211	中国棉花	农艺学	李付广
G111	中国免疫学杂志	基础医学	田志刚
K550	中国钼业	金属材料	刘晓辉
G303	中国男科学杂志	性医学	戴继灿
H273	中国南方果树	园艺学	陈善春
G422	中国脑血管病杂志	神经病学、精神病学	焦力群
G277	中国内镜杂志	外科学综合	雷光华
R524	中国能源	能源科学综合	原松华
U609	中国酿造	食品科学技术	王文平
W005	中国农村水利水电	农业工程；水利工程	黄介生
HA01	中国农机化学报	农业工程	陈巧敏
H958	中国农学通报	农业综合	印遇龙
H027	中国农业大学学报	农业大学学报	李保国
H567	中国农业科技导报	农业综合	范云六
H030	中国农业科学	农业综合	陈化兰
H210	中国农业气象	大气科学；农业综合	梅旭荣
H221	中国农业资源与区划	农业综合	吴文斌
G311	中国皮肤性病学杂志	皮肤病学	肖生祥
U020	中国皮革	应用化学工程	丁志文
G226	中国普通外科杂志	普通外科学、胸外科学、心血管外科学	王志明
G269	中国普外基础与临床杂志	普通外科学、胸外科学、心血管外科学	严律南
G776	中国全科医学	临床医学综合	杨辉
H081	中国热带农业	农业综合	韩沛新
G629	中国热带医学	流行病学、环境医学	王善青
Z546	中国人口资源与环境	环境科学技术及资源科学技术	刘燕华
G112	中国人兽共患病学报	流行病学、环境医学	严延生
U052	中国乳品工业	食品科学技术	姜毓君
S825	中国软科学	管理学	赵志耘
H793	中国森林病虫	林学	方国飞
E124	中国沙漠	地理学	王涛
G366	中国社会医学杂志	卫生管理学、健康教育学	卢祖洵
G114	中国神经精神疾病杂志	神经病学、精神病学	曾进胜
G242	中国神经免疫学和神经病学杂志	神经病学、精神病学	陈海波；胡学强
H555	中国生态农业学报中英文版	农业综合	刘昌明
H044	中国生物防治学报	植物保护学	张杰
F255	中国生物工程杂志	生物工程	陈志南
F002	中国生物化学与分子生物学报	生物学基础学科	周春燕

表 9-1 2023 年中国科技核心期刊（中文）目录（续）

CODE	刊名	学科分类	主编
G115	中国生物医学工程学报	生物医学工程学	刘德培
G258	中国生物制品学杂志	生物医学工程学	杨晓明
G715	中国生育健康杂志	优生学、计划生育学	刘建蒙
L001	中国石油大学学报自然科学版	工程技术大学学报；石油天然气工程	戴彩丽
L532	中国石油勘探	石油天然气工程	赵文智
F047	中国实验动物学报	昆虫学、动物学	秦川
G604	中国实验方剂学杂志	中药学	吴以岭
G883	中国实验血液学杂志	血液病学、肾脏病学	吴祖泽
G853	中国实验诊断学	临床诊断学	崔树森；王鸿利
G273	中国实用儿科杂志	儿科学	薛辛东
G228	中国实用妇科与产科杂志	妇产科学	张淑兰
G305	中国实用护理杂志	护理学	尤黎明
G867	中国实用口腔科杂志	口腔医学	孙宏晨
G267	中国实用内科杂志	内科学综合	康健
G686	中国实用神经疾病杂志	神经病学、精神病学	李楠
G272	中国实用外科杂志	外科学综合	刘永锋
U635	中国食品添加剂	食品科学技术	齐庆中
G429	中国食品卫生杂志	卫生管理学、健康教育学	吴永宁
U007	中国食品学报	食品科学技术	陈坚
U563	中国食物与营养	预防医学与公共卫生学综合；食品科学技术	柳正
H317	中国兽药杂志	畜牧、兽医科学	黄伟忠
H326	中国兽医科学	畜牧、兽医科学	郑海学
H225	中国兽医学报	畜牧、兽医科学	郭建顺
G796	中国输血杂志	临床医学综合；血液病学、肾脏病学	刘忠
H207	中国蔬菜	园艺学	张圣平
G926	中国数字医学	核医学、医学影像学	叶全富
H290	中国水产科学	水产学	王小虎
H020	中国水稻科学	农艺学	程式华
W557	中国水利水电科学研究院学报	水利工程	杨晓东
H295	中国水土保持科学	农业工程	周心澄
T022	中国塑料	高聚物工程	张玉霞
G211	中国糖尿病杂志	内分泌病学与代谢病学、风湿病学	纪立农
G521	中国疼痛医学杂志	临床医学综合	万有；樊碧发
G444	中国体外循环杂志	外科学综合	侯晓彤
U501	中国调味品	食品科学技术	杨旭
X004	中国铁道科学	铁路运输	周新军
G437	中国听力语言康复科学杂志	保健医学；耳鼻咽喉科学	龙墨；梁巍；于丽玫
R083	中国图象图形学报	计算机科学技术	吴一戎
H350	中国土地科学	土壤学	高廷利
H233	中国土壤与肥料	土壤学	易可可
G373	中国微创外科杂志	外科学综合	乔杰
G517	中国微生态学杂志	生态学；基础医学	李兰娟
S725	中国卫生经济	卫生管理学、健康教育学	傅卫

表 9-1 2023 年中国科技核心期刊（中文）目录（续）

CODE	刊名	学科分类	主编
G253	中国卫生统计	卫生管理学、健康教育学	孟群
G540	中国卫生信息管理杂志	卫生管理学、健康教育学	吴士勇
G716	中国卫生政策研究	卫生管理学、健康教育学	代涛
G752	中国卫生质量管理	卫生管理学、健康教育学	张宗久；高敬龙
G541	中国卫生资源	卫生管理学、健康教育学	郝模
K035	中国钨业	金属材料	曹欣荣
M022	中国稀土学报	材料科学综合	严纯华
F025	中国细胞生物学学报	生物学基础学科	赵允
G841	中国现代普通外科进展	普通外科学、胸外科学、心血管外科学	董家鸿；徐克森
G623	中国现代神经疾病杂志	神经病学、精神病学	只达石
G885	中国现代手术学杂志	外科学综合	李永国
G237	中国现代医学杂志	医学综合	陈子华
G849	中国现代应用药学	药学	郑裕国
G377	中国现代中药	中药学	赵润怀
G284	中国消毒学杂志	预防医学与公共卫生学综合	周来新
G765	中国小儿急救医学	儿科学	刘春峰
G845	中国小儿血液与肿瘤杂志	血液病学、肾脏病学；儿科学；肿瘤学	王天有；袁伯伦
G298	中国斜视与小儿眼科杂志	儿科学；眼科学	李巧娴
G117	中国心理卫生杂志	心理学	于欣
G718	中国心血管病研究	心血管病学	屈正
G380	中国心血管杂志	心血管病学	何青
G203	中国心脏起搏与心电生理杂志	普通外科学、胸外科学、心血管外科学	黄从新
G250	中国新药与临床杂志	药学	唐希灿
G747	中国新药杂志	药学	桑国卫
G727	中国性科学	性医学	姜辉
G232	中国胸心血管外科临床杂志	普通外科学、胸外科学、心血管外科学	刘伦旭
G118	中国修复重建外科杂志	烧伤外科学、整形外科学	杨志明
H294	中国畜牧兽医	畜牧、兽医科学	李琍
H242	中国畜牧杂志	畜牧、兽医科学	呙于明
G908	中国学校卫生	卫生管理学、健康教育学	陶芳标
G464	中国血管外科杂志电子版	普通外科学、胸外科学、心血管外科学	王深明
G675	中国血吸虫病防治杂志	流行病学、环境医学	周晓农
G633	中国血液净化	临床医学综合；血液病学、肾脏病学	王梅
G119	中国循环杂志	心血管病学	高润霖
G756	中国循证儿科杂志	临床诊断学；儿科学；流行病学、环境医学	桂永浩
G645	中国循证心血管医学杂志	临床诊断学；心血管病学；流行病学、环境医学	魏万林；胡大一
G396	中国循证医学杂志	临床诊断学；流行病学、环境医学	李幼平
H208	中国烟草科学	园艺学	王元英
U647	中国烟草学报	园艺学	谢剑平
E303	中国岩溶	地质学	蒋忠诚
G619	中国眼耳鼻喉科杂志	眼科学；耳鼻咽喉科学	孙兴怀；迟放鲁
G318	中国药房	药学	张健
G120	中国药科大学学报	医药大学学报；药学	王广基

表 9-1　2023 年中国科技核心期刊（中文）目录（续）

CODE	刊名	学科分类	主编
G121	中国药理学通报	药学	魏伟；李俊
G122	中国药理学与毒理学杂志	药学	张永祥
G913	中国药事	药学	桑国卫
G220	中国药物化学杂志	药学	张礼和
G227	中国药物警戒	药学	沈传勇
G248	中国药物依赖性杂志	药学	陆林
G713	中国药物应用与监测	药学	郭代红
G009	中国药学杂志	药学	桑国卫
G755	中国药业	药学	刘斌
M628	中国冶金	冶金工程技术	王新江
G809	中国医刊	临床医学综合	杜贤
G123	中国医科大学学报	医药大学学报	闻德亮
G124	中国医疗器械杂志	卫生管理学、健康教育学	郁红漪
G679	中国医疗设备	卫生管理学、健康教育学	姜远海
G306	中国医师进修杂志	临床医学综合	姒健敏
G313	中国医师杂志	临床医学综合	周智广
G236	中国医学计算机成像杂志	核医学、医学影像学	沈天真
G125	中国医学科学院学报	医药大学学报	曹雪涛
G471	中国医学前沿杂志电子版	医学综合	张烜；宁光
G622	中国医学物理学杂志	基础医学；生物医学工程学	胡逸民
G127	中国医学影像技术	核医学、医学影像学	李坤成；田家玮
G193	中国医学影像学杂志	核医学、医学影像学	周诚；马林
S591	中国医学装备	卫生管理学、健康教育学	崔泽实
G519	中国医药	临床医学综合	杨秋
G644	中国医药导报	医学综合	王青
T019	中国医药工业杂志	药学；应用化学工程	周伟澄
G531	中国医药生物技术	生物医学工程学	蒋建东
Q918	中国医院	卫生管理学、健康教育学	刘谦
G454	中国医院管理	卫生管理学、健康教育学	刘国栋
G243	中国医院药学杂志	药学	张玉
G625	中国医院用药评价与分析	药学	张相林
G314	中国疫苗和免疫	生物医学工程学	赵铠
G706	中国优生与遗传杂志	优生学、计划生育学	左伋
H205	中国油料作物学报	农艺学	黄凤洪
U032	中国油脂	食品科学技术	武丽荣
M028	中国有色金属学报	金属材料	黄伯云
H099	中国预防兽医学报	畜牧、兽医科学	步志高
G753	中国预防医学杂志	预防医学与公共卫生学综合	冯子健
V039	中国园林	林学；建筑科学与技术	王向荣
X012	中国造船	水路运输	吴有生
U033	中国造纸学报	应用化学工程	陈嘉翔；朱尹策
H204	中国沼气	农业工程；能源科学综合	张凤桐
G600	中国针灸	针灸、中医骨伤	刘保延
H067	中国真菌学杂志	临床医学综合	温海

表 9-1 2023 年中国科技核心期刊（中文）目录（续）

CODE	刊名	学科分类	主编
G945	中国职业医学	流行病学、环境医学	黄汉林
G347	中国中西医结合耳鼻咽喉科杂志	耳鼻咽喉科学；中西医结合医学	唐有法
G843	中国中西医结合急救杂志	临床医学综合；中西医结合医学	王今达
G757	中国中西医结合皮肤性病学杂志	皮肤病学；中西医结合医学	温海
G846	中国中西医结合肾病杂志	血液病学、肾脏病学；中西医结合医学	陈孝文
G758	中国中西医结合外科杂志	外科学综合；中西医结合医学	吴咸中
G528	中国中西医结合消化杂志	消化病学；中西医结合医学	危北海；李乾构；张声生
G678	中国中西医结合影像学杂志	核医学、医学影像学	杨培民
G182	中国中西医结合杂志	中西医结合医学	陈可冀
G132	中国中药杂志	中药学	黄璐琦
G240	中国中医骨伤科杂志	针灸、中医骨伤	王胜利
G632	中国中医基础医学杂志	中医学	孟庆云
G524	中国中医急症	中医学	晁恩祥
G749	中国中医眼科杂志	中医学	亢泽峰
G832	中国中医药信息杂志	中医学；中药学	叶祖光
G642	中国肿瘤	肿瘤学	赫捷
G133	中国肿瘤临床	肿瘤学	郝希山
G255	中国肿瘤生物治疗杂志	肿瘤学	曹雪涛
G576	中国肿瘤外科杂志	肿瘤学	唐金海；曾庆琪
G667	中国综合临床	临床医学综合	孙国贵
G299	中国组织工程研究	生物医学工程学	唐佩福
G134	中国组织化学与细胞化学杂志	基础医学	李和
G502	中华保健医学杂志	保健医学	范利
G135	中华病理学杂志	基础医学	梁智勇
G195	中华超声影像学杂志	核医学、医学影像学	姜玉新
G136	中华传染病杂志	感染性疾病学、传染病学	张文宏
G408	中华创伤骨科杂志	骨外科学	裴国献
G137	中华创伤杂志	烧伤外科学、整形外科学	王正国
G098	中华地方病学杂志	流行病学、环境医学	孙殿军
G138	中华儿科杂志	儿科学	王天有
G139	中华耳鼻咽喉头颈外科杂志	耳鼻咽喉科学	高志强
G743	中华耳科学杂志	耳鼻咽喉科学	杨仕明
G140	中华放射学杂志	核医学、医学影像学	金征宇
G141	中华放射医学与防护杂志	军事医学与特种医学	王瑞发
G251	中华放射肿瘤学杂志	肿瘤学	易俊林
G474	中华肺部疾病杂志电子版	呼吸病学、结核病学	钱桂生
G286	中华风湿病学杂志	内分泌病学与代谢病学、风湿病学	栗占国
G142	中华妇产科杂志	妇产科学	郎景和
G689	中华妇幼临床医学杂志电子版	妇产科学；儿科学	母得志
G262	中华肝胆外科杂志	普通外科学、胸外科学、心血管外科学	赵玉沛
G231	中华肝脏病杂志	消化病学	任红
G054	中华肝脏外科手术学电子杂志	消化病学；普通外科学、胸外科学、心血管外科学	陈规划；刘允怡
G235	中华高血压杂志	心血管病学	胡大一

表 9-1　2023 年中国科技核心期刊（中文）目录（续）

CODE	刊名	学科分类	主编
G143	中华骨科杂志	骨外科学	田伟
G648	中华骨与关节外科杂志	骨外科学	邱贵兴
G728	中华骨质疏松和骨矿盐疾病杂志	内分泌病学与代谢病学、风湿病学	廖二元；夏维波
G691	中华关节外科杂志电子版	骨外科学	王坤正；白波
G335	中华航海医学与高气压医学杂志	军事医学与特种医学	张建
GD01	中华航空航天医学杂志	军事医学与特种医学	卢志平
G145	中华核医学与分子影像杂志	核医学、医学影像学	李亚明
G146	中华护理杂志	护理学	刘苏君
GF01	中华急危重症护理杂志	护理学	金静芬
G555	中华急诊医学杂志	临床医学综合	马岳峰
G302	中华疾病控制杂志	预防医学与公共卫生学综合	叶冬青
G055	中华肩肘外科电子杂志	骨外科学	姜保国
G174	中华检验医学杂志	临床诊断学	潘柏申
G751	中华健康管理学杂志	卫生管理学、健康教育学	曾强
G147	中华结核和呼吸杂志	呼吸病学、结核病学	瞿介明
G060	中华结直肠疾病电子杂志	普通外科学、胸外科学、心血管外科学	王锡山
Q905	中华解剖与临床杂志	外科学综合	周建生
Q948	中华介入放射学电子杂志	核医学、医学影像学	单鸿
G159	中华精神科杂志	神经病学、精神病学	李凌江
G579	中华口腔医学研究杂志电子版	口腔医学	黄洪章
G148	中华口腔医学杂志	口腔医学	王松灵
G280	中华口腔正畸学杂志	口腔医学	林久祥
G149	中华劳动卫生职业病杂志	流行病学、环境医学	王生
G639	中华老年多器官疾病杂志	保健医学	范利
Q949	中华老年骨科与康复电子杂志	保健医学	张英泽
G833	中华老年口腔医学杂志	口腔医学	刘洪臣
G876	中华老年心脑血管病杂志	心血管病学；神经病学、精神病学	李小鹰
G150	中华老年医学杂志	保健医学	奚桓
G692	中华临床感染病杂志	感染性疾病学、传染病学	李兰娟
G693	中华临床免疫和变态反应杂志	内分泌病学与代谢病学、风湿病学	张宏誉；尹佳
G504	中华临床医师杂志电子版	临床医学综合	顾晋
G824	中华临床营养杂志	预防医学与公共卫生学综合	赵维纲
G152	中华流行病学杂志	流行病学、环境医学	李立明
G153	中华麻醉学杂志	外科学综合	熊利泽
G154	中华泌尿外科杂志	泌尿外科学	黄健
G282	中华男科学杂志	性医学	商学军
Q926	中华脑科疾病与康复杂志电子版	神经病学、精神病学	徐如祥；于炎冰
G770	中华脑血管病杂志电子版	神经病学、精神病学	樊东升
G155	中华内分泌代谢杂志	内分泌病学与代谢病学、风湿病学	宁光
G736	中华内分泌外科杂志	外科学综合	任国胜
G156	中华内科杂志	内科学综合	贾伟平
G157	中华皮肤科杂志	皮肤病学	陆前进
G461	中华普通外科学文献电子版	普通外科学、胸外科学、心血管外科学	王深明
G254	中华普通外科杂志	普通外科学、胸外科学、心血管外科学	冷希圣

表 9-1 2023 年中国科技核心期刊（中文）目录（续）

CODE	刊名	学科分类	主编
G462	中华普外科手术学杂志电子版	普通外科学、胸外科学、心血管外科学	李世拥；张忠涛
G158	中华器官移植杂志	外科学综合	陈孝平
G473	中华腔镜泌尿外科杂志电子版	泌尿外科学	高新；孙颖浩
G463	中华腔镜外科杂志电子版	普通外科学、胸外科学、心血管外科学	刘荣；郑民华
G526	中华全科医师杂志	临床医学综合	祝墡珠
G515	中华全科医学	临床医学综合	王福生
G505	中华乳腺病杂志电子版	普通外科学、胸外科学、心血管外科学	姜军
G472	中华疝和腹壁外科杂志电子版	普通外科学、胸外科学、心血管外科学	陈杰；沈英末
G900	中华烧伤与创面修复杂志	烧伤外科学、整形外科学	罗高兴
Q950	中华神经创伤外科电子杂志	神经病学、精神病学	徐如祥；王海峰
G197	中华神经科杂志	神经病学、精神病学	蒲传强
G160	中华神经外科杂志	神经病学、精神病学	张亚卓
G446	中华神经医学杂志	神经病学、精神病学	徐如祥
G065	中华肾病研究电子杂志	血液病学、肾脏病学	陈香美
G161	中华肾脏病杂志	血液病学、肾脏病学	余学清
G737	中华生物医学工程杂志	生物医学工程学	钟南山
G072	中华生殖与避孕杂志	优生学、计划生育学	乔杰
G162	中华实验和临床病毒学杂志	微生物学、病毒学	洪涛
G703	中华实验和临床感染病杂志电子版	感染性疾病学、传染病学	成军
G163	中华实验外科杂志	外科学综合	龚建平
G773	中华实验眼科杂志	眼科学	王丽娅
G875	中华实用儿科临床杂志	儿科学	郭学鹏
G367	中华实用诊断与治疗杂志	临床诊断学	邵凤民
G848	中华手外科杂志	骨外科学	顾玉东
G506	中华损伤与修复杂志电子版	烧伤外科学、整形外科学	夏照帆
G739	中华糖尿病杂志	内分泌病学与代谢病学、风湿病学	翁建平
G164	中华外科杂志	外科学综合	赵玉沛
G116	中华危重病急救医学	临床医学综合	沈中阳
G761	中华危重症医学杂志电子版	临床医学综合	郑树森
G165	中华微生物学和免疫学杂志	基础医学	李启明
G296	中华围产医学杂志	妇产科学	杨慧霞
G740	中华卫生杀虫药械	流行病学、环境医学	汪春晖
Q952	中华胃肠内镜电子杂志	普通外科学、胸外科学、心血管外科学	令狐恩强
G793	中华胃肠外科杂志	普通外科学、胸外科学、心血管外科学	兰平
G166	中华物理医学与康复杂志	保健医学	黄晓琳
G470	中华细胞与干细胞杂志电子版	基础医学	谭建明；谷涌泉
G847	中华现代护理杂志	护理学	沈宁
G468	中华消化病与影像杂志电子版	消化病学	王宝成；孙钢
G285	中华消化内镜杂志	消化病学	张澍田
G978	中华消化外科杂志	普通外科学、胸外科学、心血管外科学	董家鸿
G168	中华消化杂志	消化病学	谢渭芬
G169	中华小儿外科杂志	外科学综合；儿科学	冯杰雄
Q284	中华心力衰竭和心肌病杂志中英文	普通外科学、胸外科学、心血管外科学	张健
G892	中华心律失常学杂志	心血管病学	张澍

表 9-1　2023 年中国科技核心期刊（中文）目录（续）

CODE	刊名	学科分类	主编
G170	中华心血管病杂志	心血管病学	韩雅玲
Q231	中华心血管病杂志网络版	心血管病学	霍勇
G082	中华新生儿科杂志中英文版	儿科学	冯琪
G263	中华行为医学与脑科学杂志	神经病学、精神病学	白波
G171	中华胸心血管外科杂志	普通外科学、胸外科学、心血管外科学	朱晓东
G172	中华血液学杂志	血液病学、肾脏病学	吴德沛
Q209	中华炎性肠病杂志中英文版	消化病学	胡品津；吴小剑
G191	中华眼底病杂志	眼科学	许迅
G075	中华眼科医学杂志电子版	眼科学	王宁利；谢立信
G173	中华眼科杂志	眼科学	姚克
G873	中华眼视光学与视觉科学杂志	眼科学	瞿佳
Q920	中华医学超声杂志电子版	核医学、医学影像学	姜玉新；唐杰
S590	中华医学教育探索杂志	卫生管理学、健康教育学	雷寒
G705	中华医学教育杂志	卫生管理学、健康教育学	王维民
G307	中华医学科研管理杂志	卫生管理学、健康教育学	董尔丹
G489	中华医学美学美容杂志	临床医学综合	李世荣
G175	中华医学遗传学杂志	基础医学	沈岩
G176	中华医学杂志	医学综合	高润霖
G194	中华医院感染学杂志	感染性疾病学、传染病学	刘运喜
G591	中华医院管理杂志	卫生管理学、健康教育学	封国生
G610	中华胰腺病杂志	消化病学	李兆申
G897	中华移植杂志电子版	外科学综合	郑树森
G177	中华预防医学杂志	预防医学与公共卫生学综合	陈君石
G178	中华整形外科杂志	烧伤外科学、整形外科学	栾杰
G859	中华中医药学刊	中医学；中药学	吕晓东
G910	中华中医药杂志	中医学；中药学	佘靖
G858	中华肿瘤防治杂志	肿瘤学	于金明
G179	中华肿瘤杂志	肿瘤学	赫捷
Q954	中华重症医学电子杂志	临床医学综合	邱海波
G039	中南大学学报医学版	医药大学学报	陈翔
K001	中南大学学报自然科学版	工程技术大学学报	黄伯云
H053	中南林业科技大学学报	农业大学学报；林学	吴义强
G599	中南药学	药学	李焕德
G682	中南医学科学杂志	医学综合	文格波
G180	中日友好医院学报	医学综合	柯元南
G181	中山大学学报医学科学版	医药大学学报	高国全
A036	中山大学学报自然科学版	自然科学综合大学学报	胡建勋
X539	中外公路	公路运输	刘玉兰
S020	中文信息学报	信息与系统科学相关工程与技术	孙茂松
G842	中西医结合肝病杂志	消化病学；中西医结合医学	盛国光
R775	中兴通讯技术	通信技术	蒋贤骏
G183	中药材	中药学	元四辉
G564	中药新药与临床药理	中药学	王伟
G685	中医学报	中医学	许二平

表 9-1　2023 年中国科技核心期刊（中文）目录（续）

CODE	刊名	学科分类	主编
G681	中医药导报	中医学；中药学	陈燕
G812	中医药学报	中医学；中药学	匡海学
G010	中医杂志	中医学	张伯礼
G643	中医正骨	针灸、中医骨伤	李无阴
Q968	中医肿瘤学杂志	肿瘤学	周岱翰
G184	肿瘤	肿瘤学	刘颖斌
Q929	肿瘤代谢与营养电子杂志	肿瘤学	石汉平；李薇
G185	肿瘤防治研究	肿瘤学	魏少忠
G412	肿瘤学杂志	肿瘤学	毛伟敏
G522	肿瘤研究与临床	肿瘤学	梁小波
G196	肿瘤药学	肿瘤学	王静
G838	肿瘤影像学	肿瘤学	常才；彭卫军；樊卫
G695	肿瘤预防与治疗	肿瘤学	郎锦义
Q225	肿瘤综合治疗电子杂志	肿瘤学	沈琳
H103	种子	农艺学	苏跃
G094	中风与神经疾病杂志	神经病学、精神病学	崔俐
N022	轴承	机械制造工艺与设备	杜迎辉
H026	竹子学报	林学	王玉魁
N075	铸造	机械制造工艺与设备	曲学良
G407	转化医学杂志	医学综合	田光
N034	装备环境工程	机械制造工艺与设备	张伦武
Z022	资源科学	环境科学技术及资源科学技术	高星
S026	自动化学报	信息与系统科学相关工程与技术	柴天佑
N013	自动化仪表	信息与系统科学相关工程与技术；仪器仪表技术	徐建平
S501	自动化与仪表	信息与系统科学相关工程与技术；仪器仪表技术	张昊
R611	自动化与仪器仪表	信息与系统科学相关工程与技术；仪器仪表技术	孙怀义
A905	自然杂志	自然科学综合	吴明红
E137	自然灾害学报	地球科学综合；安全科学技术	谢礼立
Z012	自然资源学报	环境科学技术及资源科学技术	李文华
E591	自然资源遥感	测绘科学技术	唐文周
G229	卒中与神经疾病	神经病学、精神病学	曾庆杏；张兆辉
N088	组合机床与自动化加工技术	机械工程设计	刘庆乐
G701	组织工程与重建外科杂志	烧伤外科学、整形外科学	章一新
L018	钻井液与完井液	石油天然气工程	陈世春
G720	遵义医科大学学报	医药大学学报	李春鸣
H034	作物学报	农艺学	万建民
H410	作物研究	农艺学	段美娟
H202	作物杂志	农艺学	赵明

9.2 2023 年中国科技核心期刊（英文）目录

表 9-2 2023 年中国科技核心期刊（英文）目录

CODE	刊名	学科分类	主编
F034	ACTA BIOCHIMICA ET BIOPHYSICA SINICA	生物学基础学科	丁建平
I059	ACTA GEOLOGICA SINICA ENGLISH EDITION	地质学	侯增谦
C096	ACTA MATHEMATICA SCIENTIA	数学；物理学	丁夏畦
B030	ACTA MATHEMATICA SINICA ENGLISH SERIES	数学	马志明；田刚
I051	ACTA MATHEMATICAE APPLICATAE SINICA	数学	马志明
C105	ACTA MECHANICA SINICA	力学	郑晓静
M100	ACTA METALLURGICA SINICA	金属材料	叶恒强
I209	ACTA OCEANOLOGICA SINICA	海洋科学、水文学	陈大可
G218	ACTA PHARMACEUTICA SINICA B	药学	蒋建东；王锐
G001	ACTA PHARMACOLOGICA SINICA	药学	丁健
I062	ADVANCES IN ATMOSPHERIC SCIENCES	大气科学	吕达仁；朱江；Ming Xue
H063	ANIMAL NUTRITION	畜牧、兽医科学	印遇龙；Mingan Choct
I282	ASIAN JOURNAL OF ANDROLOGY	性医学	李劲松
GA01	BIOMEDICAL AND ENVIRONMENTAL SCIENCES	预防医学与公共卫生学综合	赵文华
H079	BIOSAFETY AND HEALTH	流行病学、环境医学	武桂珍
G780	CANCER BIOLOGY & MEDICINE	肿瘤学	郝希山
I072	CELL RESEARCH	生物学基础学科	李党生
I206	CELLULAR & MOLECULAR IMMUNOLOGY	基础医学	曹雪涛；田志刚
I139	CHEMICAL RESEARCH IN CHINESE UNIVERSITIES	化学	于吉红
G015	CHINA CDC WEEKLY	预防医学与公共卫生学综合	高福
I710	CHINA COMMUNICATIONS	通信技术	陆建华
RA01	CHINA ELECTROTECHNICAL SOCIETY TRANSACTIONS ON ELECTRICAL MACHINES AND SYSTEMS	电气工程	马伟明
I165	CHINA FOUNDRY	机械制造工艺与设备	娄延春
E096	CHINA GEOLOGY	地质学	郝梓国
E158	CHINA OCEAN ENGINEERING	海洋科学、水文学	窦希萍
B023	CHINESE ANNALS OF MATHEMATICS SERIES B	数学	李大潜
D031	CHINESE CHEMICAL LETTERS	化学	梁晓天
I154	CHINESE GEOGRAPHICAL SCIENCE	地理学	傅伯杰
I207	CHINESE HERBAL MEDICINES	中药学	刘昌孝；汤立达
I166	CHINESE JOURNAL OF ACOUSTICS	物理学	李晓东
I122	CHINESE JOURNAL OF AERONAUTICS	航空、航天科学技术	孙晓峰
I037	CHINESE JOURNAL OF CANCER RESEARCH	肿瘤学	柯杨
D013	CHINESE JOURNAL OF CATALYSIS	化学	李灿；张涛
T100	CHINESE JOURNAL OF CHEMICAL ENGINEERING	化学工程综合	费维扬

表 9-2　2023 年中国科技核心期刊（英文）目录（续）

CODE	刊名	学科分类	主编
C070	CHINESE JOURNAL OF CHEMICAL PHYSICS	化学	杨学明
I173	CHINESE JOURNAL OF CHEMISTRY	化学	麻生明
I116	CHINESE JOURNAL OF ELECTRONICS	电子技术	张尧学
I026	CHINESE JOURNAL OF INTEGRATIVE MEDICINE	中西医结合医学	陈可冀
I218	CHINESE JOURNAL OF MECHANICAL ENGINEERING	机械工程设计	雒建斌
G101	CHINESE JOURNAL OF NATURAL MEDICINES	药学	孔令义
D017	CHINESE JOURNAL OF POLYMER SCIENCE	化学	周其凤
I219	CHINESE JOURNAL OF POPULATION, RESOURCES AND ENVIRONMENT	环境科学技术及资源科学技术	刘燕华
I200	CHINESE JOURNAL OF TRAUMATOLOGY	烧伤外科学、整形外科学	王正国
I201	CHINESE MEDICAL JOURNAL	医学综合	钱贻简
G126	CHINESE MEDICAL SCIENCES JOURNAL	医学综合	刘德培
GB03	CHINESE NEUROSURGICAL JOURNAL	医学综合	赵继宗
I071	CHINESE OPTICS LETTERS	物理学；光电子学与激光技术	徐至展
C106	CHINESE PHYSICS B	物理学	欧阳钟灿
C058	CHINESE PHYSICS C	物理学	马基茂
C059	CHINESE PHYSICS LETTERS	物理学	朱邦芬
G212	CHRONIC DISEASES AND TRANSLATIONAL MEDICINE	临床医学综合	王俊
C095	COMMUNICATIONS IN THEORETICAL PHYSICS	物理学	何祚庥
I720	CSEE JOURNAL OF POWER AND ENERGY SYSTEMS	电气工程	周孝信
I226	DEFENCE TECHNOLOGY	兵器科学与技术	冯长根
J075	ENGINEERING	工程与技术科学基础学科	周济；Reddy Raj
F005	ENTOMOTAXONOMIA	昆虫学、动物学	张雅林
U649	FOOD SCIENCE AND HUMAN WELLNESS	食品科学技术	孙勇
Q784	FOREST ECOSYSTEMS	林学	尹伟仑
N092	FRICTION	工程与技术科学基础学科	雒建斌
I249	FRONTIERS IN ENERGY	能源科学综合	翁史烈；倪维斗；苏义脑；彭苏萍
V575	FRONTIERS OF ARCHITECTURAL RESEARCH	建筑科学与技术	王建国
I248	FRONTIERS OF CHEMICAL SCIENCE AND ENGINEERING	化学工程综合	王静康；薛群基；曹湘洪
I735	FRONTIERS OF COMPUTER SCIENCE	计算机科学技术	李未；陆汝钤
I220	FRONTIERS OF EARTH SCIENCE	地球科学综合	高炜
S891	FRONTIERS OF INFORMATION TECHNOLOGY & ELECTRONIC ENGINEERING	计算机科学技术	潘云鹤；费爱国
I243	FRONTIERS OF MATERIALS SCIENCE	材料科学综合	顾秉林
I250	FRONTIERS OF MATHEMATICS IN CHINA	数学	张恭庆
I237	FRONTIERS OF MEDICINE	医学综合	陈赛娟；杨宝峰；陈孝平
I132	FRONTIERS OF OPTOELECTRONICS	光电子学与激光技术	周炳坤
I726	FRONTIERS OF PHYSICS	物理学	赵光达
I725	FRONTIERS OF STRUCTURAL AND CIVIL ENGINEERING	土木工程	崔俊芝；张建云
A909	FUNDAMENTAL RESEARCH	自然科学综合	龚旗煌
G343	GENERAL PSYCHIATRY	神经病学、精神病学	徐一峰
I222	GENOMICS PROTEOMICS & BIOINFORMATICS	生物学基础学科	于军

表 9-2　2023 年中国科技核心期刊（英文）目录（续）

CODE	刊名	学科分类	主编
E050	GEOSCIENCE FRONTIERS	地球科学综合	莫宣学
Q744	GLOBAL ENERGY INTERCONNECTION	能源科学综合	刘振亚
Z037	GREEN ENERGY & ENVIRONMENT	能源科学综合	张锁江
H062	HORTICULTURAL PLANT JOURNAL	园艺学	孙日飞
H082	HORTICULTURE RESEARCH	园艺学	程宗明
R589	IEEE/CAA JOURNAL OF AUTOMATICA SINICA	信息与系统科学相关工程与技术	周孟初
Q709	INFECTIOUS DISEASES OF POVERTY	感染性疾病学、传染病学	周晓农
I012	INSECT SCIENCE	昆虫学、动物学	王牧牧
I168	INTERNATIONAL JOURNAL OF COAL SCIENCE & TECHNOLOGY	能源科学综合	彭苏萍
G889	INTERNATIONAL JOURNAL OF DERMATOLOGY AND VENEREOLOGY	皮肤病学	王宝玺
N991	INTERNATIONAL JOURNAL OF EXTREME MANUFACTURING	机械制造工艺与设备	郭东明
K045	INTERNATIONAL JOURNAL OF MINERALS, METALLURGY AND MATERIALS	材料科学综合	吴爱祥
I184	INTERNATIONAL JOURNAL OF MINING SCIENCE AND TECHNOLOGY	矿山工程技术	贺靖峰
Q748	INTERNATIONAL JOURNAL OF NURSING SCIENCES	护理学	刘华平
Q213	INTERNATIONAL JOURNAL OF ORAL SCIENCE	口腔医学	周学东
I225	JOURNAL OF ACUPUNCTURE AND TUINA SCIENCE	针灸、中医骨伤	陈汉平
H029	JOURNAL OF ANIMAL SCIENCE AND BIOTECHNOLOGY	畜牧、兽医科学	李德发
E049	JOURNAL OF ARID LAND	地理学	陈曦
N764	JOURNAL OF BIONIC ENGINEERING	机械工程设计	任露泉
I067	JOURNAL OF CENTRAL SOUTH UNIVERSITY	工程技术大学学报	黄伯云
I227	JOURNAL OF CHINESE PHARMACEUTICAL SCIENCES	药学	张礼和
S051	JOURNAL OF COMPUTER SCIENCE AND TECHNOLOGY	计算机科学技术	李国杰
E537	JOURNAL OF EARTH SCIENCE	地球科学综合	王亨君
I105	JOURNAL OF ENERGY CHEMISTRY	石油天然气工程	包信和；ALEXIS T. BELL
Z027	JOURNAL OF ENVIRONMENTAL SCIENCES	环境科学技术及资源科学技术	汤鸿霄
I018	JOURNAL OF FORESTRY RESEARCH	林学	杨传平
F013	JOURNAL OF GENETICS AND GENOMICS	生物学基础学科	左建儒
I063	JOURNAL OF GEOGRAPHICAL SCIENCES	地理学	郑度
W015	JOURNAL OF HYDRODYNAMICS SERIES B	水利工程	周连第
H017	JOURNAL OF INTEGRATIVE AGRICULTURE	农业综合	王汉中
G442	JOURNAL OF INTEGRATIVE MEDICINE	中西医结合医学	赵伟康
F029	JOURNAL OF INTEGRATIVE PLANT BIOLOGY	植物学	刘春明
I142	JOURNAL OF IRON AND STEEL RESEARCH, INTERNATIONAL	金属材料	田志凌
I229	JOURNAL OF MARINE SCIENCE AND APPLICATION	水路运输	边信黔
M015	JOURNAL OF MATERIALS SCIENCE & TECHNOLOGY	材料科学综合	杨锐
E092	JOURNAL OF METEOROLOGICAL RESEARCH	大气科学	丁一汇
F021	JOURNAL OF MOLECULAR CELL BIOLOGY	生物学基础学科	李党生
I230	JOURNAL OF MOUNTAIN SCIENCE	地理学	崔鹏
I120	JOURNAL OF OCEAN UNIVERSITY OF CHINA	自然科学综合大学学报；海洋科学、水文学	文圣常

表 9-2 2023 年中国科技核心期刊（英文）目录（续）

CODE	刊名	学科分类	主编
E012	JOURNAL OF OCEANOLOGY AND LIMNOLOGY	海洋科学、水文学	曾呈奎
GC01	JOURNAL OF PANCREATOLOGY	消化病学	赵玉沛
M035	JOURNAL OF RARE EARTHS	材料科学综合	严纯华
F208	JOURNAL OF RESOURCES AND ECOLOGY	环境科学技术及资源科学技术	李文华
C010	JOURNAL OF ROCK MECHANICS AND GEOTECHNICAL ENGINEERING (JRMGE)	土木工程	钱七虎
R062	JOURNAL OF SEMICONDUCTORS	物理学；电子技术	王守武
F039	JOURNAL OF SYSTEMATICS AND EVOLUTION	植物学	杨亲二
I144	JOURNAL OF SYSTEMS ENGINEERING AND ELECTRONICS	航空、航天科学技术	施荣
X053	JOURNAL OF TRAFFIC AND TRANSPORTATION ENGINEERING ENGLISH EDITION	交通运输工程	Richard Kim
I090	JOURNAL OF WUHAN UNIVERSITY OF TECHNOLOGY MATERIALS SCIENCE EDITION	工程技术大学学报；材料科学综合	张清杰
I041	JOURNAL OF ZHEJIANG UNIVERSITY SCIENCE A	自然科学综合大学学报	杨卫
I159	JOURNAL OF ZHEJIANG UNIVERSITY SCIENCE B	自然科学综合大学学报；生物学基础学科	段树民；巴德年
I254	LIGHT SCIENCE & APPLICATIONS	物理学	曹健林
I224	MACHINE INTELLIGENCE RESEARCH	信息与系统科学相关工程与技术	谭铁牛
GB01	MEDICAL REVIEW	医学综合	詹启敏
Q716	MILITARY MEDICAL RESEARCH	军事医学与特种医学	付小兵
F019	MOLECULAR PLANT	植物学	许大全
I137	NANO RESEARCH	材料科学综合	戴宏杰；薛其坤
M705	NANO-MICRO LETTERS	材料科学综合	张亚非
M655	NANOTECHNOLOGY AN PRECISION ENGINEERING	机械工程设计	胡小唐
I255	NATIONAL SCIENCE REVIEW	自然科学综合	白春礼
I232	NEURAL REGENERATION RESEARCH	神经病学、精神病学	苏国辉；徐晓明
G278	NEUROSCIENCE BULLETIN	神经病学、精神病学	路长林
I074	NUCLEAR SCIENCE AND TECHNIQUES	核科学技术	马余刚
G616	ONCOLOGY AND TRANSLATIONAL MEDICINE	肿瘤学	陈安民；于世英；A.D.Ho
I202	PARTICUOLOGY	化学工程综合	郭慕孙
H046	PEDOSPHERE	土壤学	周健民
F007	PLANT DIVERSITY	植物学	Sergei Volis; 周浙昆
I129	PROTEIN & CELL	生物学基础学科	饶子和
I050	RARE METALS	金属材料	屠海令
Q440	RESEARCH	自然科学综合	崔天宏
C072	RESEARCH IN ASTRONOMY AND ASTROPHYSICS	天文学	汪景琇；景益鹏
I065	RICE SCIENCE	农艺学	程式华
I083	SCIENCE BULLETIN	自然科学综合	王恩哥
I146	SCIENCE CHINA CHEMISTRY	化学	万立骏
A146	SCIENCE CHINA INFORMATION SCIENCES	计算机科学技术	梅宏
I150	SCIENCE CHINA LIFE SCIENCES	生物学基础学科	李家洋
M114	SCIENCE CHINA MATERIALS	材料科学综合	李亚栋
I189	SCIENCE CHINA MATHEMATICS	数学	袁亚湘
I157	SCIENCE CHINA PHYSICS, MECHANICS & ASTRONOMY	物理学	谢心澄

表 9-2　2023 年中国科技核心期刊（英文）目录（续）

CODE	刊名	学科分类	主编
I091	SCIENCE CHINA TECHNOLOGICAL SCIENCES	工程与技术科学基础学科	张统一
Q718	SIGNAL TRANSDUCTION AND TARGETED THERAPY	肿瘤学	魏于全；张康
H064	THE CROP JOURNAL	农艺学	万建民
I017	TRANSACTIONS OF NANJING UNIVERSITY OF AERONAUTICS & ASTRONAUTICS	工程技术大学学报；航空、航天科学技术	宣益民
M104	TRANSACTIONS OF NONFERROUS METALS SOCIETY OF CHINA	金属材料	黄伯云
I009	TSINGHUA SCIENCE AND TECHNOLOGY	计算机科学技术	孙家广
G095	VIROLOGICA SINICA	微生物学、病毒学	陈新文
W030	WATER SCIENCE AND ENGINEERING	水利工程	吴中如；Vijay P. SINGH
I239	WORLD JOURNAL OF ACUPUNCTURE-MOXIBUSTION	针灸、中医骨伤	喻晓春
GG01	WORLD JOURNAL OF PEDIATRICS	儿科学	赵正言；舒强
Q707	WORLD JOURNAL OF TRADITIONAL CHINESE MEDICINE	中医学	果德安；韩晶岩
I008	WUHAN UNIVERSITY JOURNAL OF NATURAL SCIENCES	自然科学综合大学学报	舒红兵
F022	ZOOLOGICAL RESEARCH	昆虫学、动物学	张亚平
F014	ZOOLOGICAL SYSTEMATICS	昆虫学、动物学	冯祚建

10 期刊变更情况

表 10-1 自然科学领域期刊名称变更情况

CODE	2024 年版刊名	2023 年版刊名
T074	低碳化学与化工	天然气化工
Y029	海军航空大学学报	海军航空工程学院学报
G005	海军军医大学学报	第二军医大学学报
G316	军事护理	解放军护理杂志
J059	空军工程大学学报	空军工程大学学报自然科学版
G340	联勤军事医学	华南国防医学杂志
G021	陆军军医大学学报	第三军医大学学报
U533	木材科学与技术	木材工业
G440	药学实践与服务	药学实践杂志
G281	医学研究与战创伤救治	医学研究生学报
E591	自然资源遥感	国土资源遥感